Das große
HEILIGEN
LEXIKON

Das große HEILIGEN LEXIKON

Clemens Jöckle

PARKLAND

Titelbild:
Ausschnitt aus Hl. Familie, Gemälde von Martin Schongauer, Kunsthistor. Museum, Wien
Johannes Chrysostomos, Mosaik, Hagia Sophia, Istanbul
Franz von Assisi (Ausschnitt), Fresko von Giotto, S. Francesco, Assisi

Sonderausgabe für Parkland Verlag, Köln 2003
© 2003 by I.P. Verlagsgesellschaft
International Publishing GmbH, Germering
Satz: Satz & Repro Grieb, München
Gesamtherstellung: I.P. Verlag
ISBN: 3-89340-045-1

Vorwort

Zum Wesen der Kirche, so sehr sie auch aus sündigen Menschen besteht, gehört die Heiligkeit. Die ganze Gemeinde der Getauften ist nach den Worten des 1. Petrusbriefs ein heiliges, Gott zugeeignetes, priesterliches Volk. Deswegen kannte die frühe Gemeinde auch nicht die Hervorhebung einzelner Glieder. Doch entstand aus dem antiken Brauch, am Jahrestag des Todes- oder Begräbnistages ein Totenmahl zu halten, die Heiligenverehrung, weil – zum ersten Mal im Schreiben der Gemeinde von Smyrna über den Tod ihres Bischofs Polykarp greifbar – die Jahresfeier Sache der ganzen Gemeinde wurde. Ausgangspunkt war dabei die Vorstellung von der Fürbittkraft der Martyrer.

Das Heiligenfest ist von seinem Ursprung her betrachtet als Christusfest zu verstehen. Es verherrlicht nicht den Toten, sondern Jesus Christus, der in dem Streben jedes Heiligen seinen Ostersieg durchgesetzt hat; deutlich wird dies daran, daß nicht das Verlesen der Martyrerakten, Heiligenviten oder Legenden im Mittelpunkt der Tagesliturgie steht – außer im Kirchengebet wird der Heilige während der Liturgie kaum angesprochen –, sondern die Verkündigung des Gotteswortes.

Die Heiligkeit jedes Christen wird für die Gemeinde und die gesamte Kirche dann von Bedeutung, wenn die Lebensgestaltung in Christus normale Dimensionen übersteigt. Das geschah zuerst beim Martyrer und seinem Blutzeugnis, weil er bis zur letzten Konsequenz Zeugnis abgelegt hat, bis hinein in die besonders qualifizierten Lebensformen der Jungfräulichkeit und des Bekennertums, ebenso wie der im Alltag vorbildhaft gelebten Heiligkeit. Dabei ist das Bild des Heiligen so bunt und vielgestaltig, wie das Menschenleben nur sein kann. Immer bleibt offenkundig, daß Heiligkeit Geschenk Gottes ist, und Heiligenverehrung letztlich zum Lobpreis der Gnade Gottes führt.

Dieses Lexikon verzeichnet eine Auswahl von Heiligen. Vollständig aufgenommen wurden die im römischen Generalkalender, veröffentlicht auf Grund des Motu proprio »Mysterii paschalis« von Papst Paul VI. durch die Ritenkongregation in der »Grundordnung des Kirchenjahres und des Kalenders« vom 21. 3. 1969, aufgeführten Heiligen. Aus den Eigenkalendern für Teilkirchen wurden ausgewählte Heilige aufgenommen, die sich besonderer volkstümlicher Verehrung erfreuen, eine vielgestaltige Ikonographie aufweisen oder sonstwie Beachtung verdienen. Dabei wurde in seltenen Fällen nicht auf aus dem Heiligenregister gestrichene Heilige verzichtet, wie zum Beispiel das Stichwort Christophorus wegen der großen Verehrung und Stellung dieses Heiligen als Nothelfer belegt.

Besonderen Dank schuldet der Verfasser Herrn Dr. Lothar Altmann, der das Werk angeregt und betreut hat.

Speyer, am Fest des hl. Königs Stephan von Ungarn
Clemens Jöckle

Abkürzungsverzeichnis

Apg.	=	Apostelgeschichte
Apk.	=	Apokalypse
bischöfl.	=	bischöflich
ehem.	=	ehemalig/ehemals
ev.	=	evangelisch
Fig.	=	Figur
Gal.	=	Galerie
Gem.	=	Gemälde
hl.	=	heilig
Jh.	=	Jahrhundert
Jo.	=	Johannes
kath.	=	katholisch
Lk.	=	Lukas
Mk.	=	Markus
Mt.	=	Matthäus
röm.	=	römisch
sog.	=	sogenannt
v.	=	von
Var.	=	Variante

Die Randziffern verweisen auf die zugehörigen Farbabbildungen.

Achatius

(Acacius, Akakios, Agatus) und die 10 000 Martyrer von Armenien, Martyrer, hl.

Fest: 22. 6.

Legende: Im 12. Jh. in Anlehnung an die Thebaische Legion zum Ansporn für die Kreuzfahrer entstanden, 1343 durch Giselher von Slatheim ins Deutsche übertragen: Der heidnische Fürst A. wird mit seinen 9000 Soldaten von dem römischen Kaiser Hadrian und Antoninus für einen Feldzug in Kleinasien angeworben. – A. verheißen Engel den Sieg, wenn er zu Christus betet. – Nach dem Sieg werden A. und seine Truppen zur Glaubensunterweisung an den Berg Ararat (Armenien) geführt, wo sie dreißig Tage von himmlischer Nahrung leben und dem Heidentum abschwören. – A. und seine 10 000 Mann werden getauft. – Der Berg öffnet sich, und A. und seine Truppe erleben eine Vision ihres Martyrertodes. – Hadrian und Antoninus rufen gegen die Abtrünnigen sieben orientalische Könige. – A. und seine Mannen verweigern heidnische Opfer und die Anbetung der Götzenbilder. – Die Menge wirft mit Steinen nach A., die jedoch zurückprallen. – A. und die Soldaten werden mit Knüppeln gefoltert, wonach die Erde zu beben beginnt. – Feuer verbrennt die Hände der Henkersknechte. – Weitere 1000 aus der Menge treten bekehrt zum Christentum über. – Der Kaiser läßt A. und seine 10 000 Gefährten über Nägel (Var.: Fußangeln) schreiten, wobei Engel sie darüber hinwegheben. – Geißelung und Dornenkrönung von A. und seinen Gefährten. Dabei verdorren den Schergen die Hände. – A. und seine Gefährten werden auf dem Ararat gekreuzigt, wobei die Sonne sich verfinstert und der Mond sich blutrot verfärbt, und/oder in Dornengestrüpp aufgespießt. – Dabei wird A. mit einem Bohrer geblendet.

Patronat: Todesfurcht, schwere Glaubenszweifel, Todeskrankheiten. Einer der 14 Nothelfer.

Verehrung und Kultorte: Unter Papst Gregor XIII. (1572–1585) ins Martyrologium Romanum aufgenommen. Reliquien in Rom, Bologna, Avignon, Köln, Bern, Engelberg/Schweiz (12. Jh.) und Halle (Hallesches Heiltum fol. 276v).

Aberglauben: Im Kloster Engelberg/Schweiz wurde die Reliquie des hl. A. beim Ausbruch von Bränden dem Feuer entgegengehalten, damit es erlösche.

Darstellungen in der Kunst: *Gewandung:* Als Neger (Reisbach/Niederbayern, Gem. Donauschule um 1520); Ritter (Straßburg, Münster, Glasmalerei um 1250); Kreuzfahrer, Edelmann mit Herzogshut oder Barett (Stift Nonnberg bei Salzburg, Gem. um 1460); als greiser Patriarch (Oberstadion, Gem. 1458); im Lendentuch auf den Dornbusch gespießt (Wiener Neustadt, St. Stephan, Gem. 2. Hälfte 15. Jh.). Bischofsdarst. sind eine Verwechslung mit A. von Melitene († 499), der auf dem Konzil von Ephesus 431 gegen die Nestorianer argumentierte (Maastricht, Dominikanerkirche, Fresko 1337). *Attribute:* Dornenstrauch, dürrer Ast (Wien, St. Stephan, Friedrichsgrab um 1500); Bohrer (Köln, Wallraf-Richartz-Museum, Sippenaltar um 1500); mit Dornenkrone bekrönt (Paris, Stundenbuch der Anna von Bretagne, Buchmalerei Anfang 15. Jh.); Fahne, Lanze (Bozen, St. Jakob, Fig. um 1500); Schwert (Cade/ Sachsen, Retabelflügel um 1500/10); Streitaxt (Baar/Schweiz, Beinhaus St. Anna Fig. 16. Jh.); Kreuzzugsbanner (Pögstall/Österreich, Gem. um 1500); Palme (Innsbruck, Ambraser Sammlung, Gem. 1515); Kreuz, Kruzifix (München, Graphische Sammlung, Zeichnung von C. D. Asam 18. Jh.). *Martyrium:* Nürnberg/Germanisches Nationalmuseum, Predella des Augustiner-Altares um 1480; Klosterkirche Marienstern, Panschwitz-Kuckau/Sachsen, Flügel des Magdalenaaltars um 1525. *Zyklen:* Boppard/Severikirche, Wandmalerei Ende 13. Jh.; Bern/ Münster, Chorfenster v. Nikolaus Magerfritz und Bernhard 1447; Hamburg/Kunsthalle, Gem. von J. Pontormo 1528/29.

57 **Adalbert** von Prag
(Vojtěch), Bischof, Martyrer, hl.
Fest: 23. 4. (Tag des Martyrertodes).
Leben: * um 956 in Libice als Sohn des Fürsten Slavník, erzogen in Magdeburg. 982 von Erzbischof Willigis von Mainz zum 2. Bischof von Prag konsekriert. Aus Protest gegen heidnische Bräuche verließ A. zweimal sein Bistum und lebte als Benediktinermönch in Rom. 996 ging A. nach Ermordung

seiner Familie durch Vršovecs nach Polen zurück, war tätig in der Mission in Ostpreußen, wo er am 23. 4. von heidnischen Pruzzen ermordet wurde. Herzog Boleslav der Tapfere ließ A. im Dom zu Gnesen beisetzen, der A. geweiht wurde. Kaiser Otto III. wallfahrtete im Jahr 1000 zu A.'s Grab. 1039 wurden seine Reliquien als Kriegsbeute nach Prag überführt und in St. Veit beigesetzt.
Legende: historische Legenden: Die Bischofswahl von A. wird von einem in den Prager Dom eingedrungenen Besessenen verkündet, den anschließend der Teufel durch den Mund verläßt. – A. tauft den ungarischen König Stephan. – A. gründet das Kloster Brévnov 993. – A. segnet Böhmen. Wunderlegenden: A. bittet bei einer Dürre um Regen für das Land. – A. befreit durch

Herzog Boleslav zwei Christenknaben. – A. schützt eine Ehebrecherin. – A. tritt in Wielun/Ukraine einer Schlange auf den Kopf, so daß im Umkreis einer Meile alle Schlangen ihre Köpfe verlieren und versteinert sind. – A. verbietet Fröschen, die ihn im Gebet stören, zu quaken. – Legenden um Martyrium und Tod: A. wird von Pruzzen bei Königsberg/Ostpreußen mit Spießen durchbohrt und mit einem Ruder erschlagen. – A.'s Kopf wird nach der Enthauptung auf einen Pfahl gesteckt. – Polen lösen den Leichnam A.'s von den Heiden aus. – A.'s Leichnam bewacht ein Adler bis zur Überführung nach Gnesen. – Legenden nach dem Tod:. – A. zelebriert mit Jan Hus eine Messe (vgl. Gem. in der Schloßgalerie Nelahozeves/Moldau; urspr. aus Vlněves um 1520).

Patronat: Landespatron Böhmens neben Prokop und Wenzel.

Verehrung und Kultorte: Grab in Prag, Veitsdom, Pyxisreliquiar im Dom zu Gnesen 1424. Hauptverehrungsstätten: Prag, Gnesen, Breslau, Böhmen, Schlesien, Polen, Ungarn, Deutschland, Italien.

Aberglauben: Fest A.'s gilt besonders in Oberschlesien als Lostag für das künftige Wetter: Die Frösche verstummen so viele Tage nach dem A.-Tag, als sie zuvor gequakt hätten. – Das aus Brunnen in der unmittelbaren Nähe von A. – Kirchen in Böhmen geschöpfte Wasser hat besondere Heilkraft.

Darstellungen in der Kunst: *Gewandung:* Als Bischof im Ornat mit Stab und Mitra (Prag, Nationalmuseum, Votivbild des Očko v. Vlašim um 1370); als Erzbischof mit Pallium (Rom, S. Bartolomeo all' Isola Tiberina 11. Jh.); als Benediktiner im Habit (Schloß Karlstein, Fresko 1357); seit dem 16. Jh. bärtig. *Attribute:* abgeschlagener Kopf (Gnesen, Dom, Reliquiar 1494); Ruder (Breslau, Corpus-Christi-Kirche, Gem. 1497); Spieße (Hrnčiř/Böhmen, Gem. 18. Jh.); Fahne (Schedels Weltchronik, Holzschnitt 1493); pferdefüßiger Teufel unter seinen Füßen (Aa-

chen, St. Adalbert, Fig. 2. Hälfte 14. Jh.). *Zyklen:* Gnesen, 18 Reliefs an den Bronzetüren des Domes 1175; Prag/St. Veit, 10 Reliefs am Silbersarkophag v. Peter v. Rennen 1662; Lochstätt bei Pillau/Schloßkapelle, Flügelaltar um 1500.

Adrian von Nikomedien

(Hadrian), röm. Offizier, Martyrer hl.

Fest: 8. 9. (Martyrologium Hieronymianum 4. 3., Ostkirche 26. 8.).

Leben: Als Offizier in Nikomedien unter Kaiser Galerius (305–311) und dessen Mitregent Maximian (285–305). Martyrium während der Christenverfolgung. Translation der Gebeine nach Konstantinopel, im 7. Jh. nach Rom.

Legende: A. verfolgt 23 Christen, deren Standhaftigkeit ihn bekehrt. – A. weigert sich im Angesicht des Kaisers Galerius den Göttern zu opfern und wird in Ketten gelegt und ins Gefängnis geworfen. – Seine Frau Natalie pflegt in Männerkleidern als heimliche Christin ihren Mann und seine Glaubensbrüder im Gefängnis. – A. werden auf einem Amboß die Beine zerschmettert und mit einem Beil die Arme abgehauen, woran er stirbt. – Nathalie entwendet heimlich einen Arm A.'s. – Kaiser Galerius will die Leichname von A. und seinen Gefährten verbrennen lassen, doch Regen vom Himmel löscht das Feuer. – Die Leichname werden nach Konstantinopel verbracht. – Nathalie entflieht mit der Armreliquie A.'s auf einem Schiff vor einem sie begehrenden Tribun und wird auf der Reise von A. beschützt, der das Schiff des Tribunen durch widrige Winde zur Umkehr zwingt und den Teufel, der Nathalie in eine falsche Richtung in den Untergang treiben möchte, vertreibt. – Nathalie fügt den Arm zu dem in Konstantinopel verwahrten Leichnam und stirbt danach.

Patronat.: Patron der Städte Grammont bei Gent u. Lissabon, Soldaten, Gefängniswärter, Scharfrichter, Schmiede, Boten, bei plötzlichem Tod und Pest.

Verehrung und Kultorte: Byzanz (seit 4. Jh.), Rom (seit 7. Jh.), Grammont bei Gent, Lissabon, Niederlande (12. Jh.), Frankreich (12. Jh.).

Aberglauben: Am 4. 3., dem ursprünglichen Festtag soll man Adriansküchlein (Pfannkuchen) essen – vermutlich christliche Übertragung vom antiken Brauch des Umzugs zu Ehren der Erdgöttin am gleichen Tag, wo man heiße und fette Speisen aß.

Darstellungen in der Kunst: *Gewandung:* in Tunika und Mantel (Bamberg, Ellenhard-Sakramentar, Buchmalerei 11. Jh., Palermo, Capella Palatina, Mosaik 12. Jh.); als jugendlicher Krieger in Harnisch (verbreitet i. d. Niederlanden); in bürgerlicher Tracht (Lübeck, Marienkirche, Gem. Ende 15. Jh.). *Attribute:* Amboß (Brügge, Johannesspital, Altarflügel v. Hans Memling Ende 15. Jh.); Schwert (Sint-Lenaarts, St-Léonard, Glasmalerei 1544); Beil (Hannover, Landesmuseum, Altarflügel 1525); Fahne bzw. Banner mit Kreuz (Venedig, Markusbibliothek, Breviarium Grimani, Buchmalerei 1475); abgeschlagene Hand (Lübeck, Marienkirche, Gem. Ende 15. Jh.); Löwe (Aachen, Sammlung Nellesen, Altargem. Ende 15. Jh.); auf einem Widder (Dortmund, Museum für Kunst und Kulturgeschichte, Fig. niederrheinisch 16. Jh.). *Martyrium:* Stuttgart/Landesbibliothek, Stuttgarter Passionale, Buchmalerei 1130, Stuttgart/Landesbibliothek, Zwiefaltener Martyrium, Buchmalerei um 1147). *Zyklen:* Chicago/Art Institut, Reliquienkästchen Anfang 12. Jh. Wien/Nationalbibliothek, Legende des hl. A. v. Meister der Miniaturen der Maria von Burgund, Buchmalerei 1483.

Aegidius

(Gilg, Gilles, Till), Einsiedler, Abt, hl.

Fest: 1. 9.

Leben: Einsiedler in der Provence, erster Abt des später nach ihm benannten Klosters St-Gilles. † um 720. Seit dem 11. Jh. Wallfahrt zu seinem Grab.

Legende: Ae. wird in Athen aus königlichem Geschlecht geboren und genießt eine gute Ausbildung, besonders ist er in der hl. Schrift bewandert. – Ae. schenkt auf einem Kirchgang einem Kranken am Weg seinen Rock. – Ae. treibt einem in der Kirche schreienden Besessenen einen Dämon aus. – Ae. rettet ein Schiff aus Seenot, das ihn dafür auf den Weg nach Rom mitnimmt. – Ae. heilt in Arles eine Frau vom Fieber. – Ae. geht in die Einsamkeit zu Vredemius in die Provence. – Ae. zieht sich vollständig von den Menschen in eine abgeschiedene Höhle mit einer Quelle zurück. – Ae. ernährt sich von der Milch einer Hirschkuh. – Das Tier wird von der Jagdgesellschaft des Westgotenkönigs Flavius Wamba verfolgt und sucht bei Ae. Schutz. Die Hunde der Jagdgesellschaft können sich nicht der Höhle nähern. Ae. wird von einem unbedachten Jäger mit einem Pfeil angeschossen. Der König und der Bischof von Nîmes finden den verwundeten Ae. und stiften ein Kloster, dessen Abt Ae. wird. – Ae. leistet Fürbitte für Karl (ursprünglich Karl Martell, später auf Karl den Großen übertragen) wegen dessen nicht gebeichteter Sünde. Ein Engel legt den quittierten Schuldschein Karls auf dem Altar nieder, als Ae. die Messe liest. – Ae. erweckt in Nîmes den Sohn des Fürsten. – Ae. empfängt von Papst Gregor neben Privilegien für sein Kloster als Geschenk zwei Türflügel mit Apostelreliefs, die Ae. in den Tiber wirft und sie Gott empfiehlt. Die Türen schwimmen von selbst nach Frankreich in den Hafen von St-Gilles, wo sie Ae. bei seiner Rückkehr findet. – Als ein Mitbruder an der Jungfräulichkeit Mariens zweifelt und

drei Fragen in den Sand schreibt, erblühen als Antwort Ae.'s drei weiße Lilien aus dürrem Boden.

Patronat: Landespatron von Kärnten und Steiermark, Stadtpatron von Toulouse, Edinburgh, Osnabrück, Nürnberg, Braunschweig, der Bogenschützen, Pferdehändler, Schiffbrüchigen und stillenden Mütter. Seit dem 15. Jh. einer der 14 Nothelfer, Patron gegen Unfruchtbarkeit, Aussatz, Epilepsie, für eine gute Beichte, im Elsaß gegen Ohrenweh.

Verehrung und Kultorte: Grab in St-Gilles, Reliquien in Toulouse/St-Sernin. Besondere Verehrung an politisch exponierten Orten im Mittelalter, z.B. Aachen (Darstellung am Karlsschrein); Chartres (Glasgemälde), Edinburgh, Schottland, Burgund, Polen, Wien (Johannesmantel des Ordens vom Goldenen Vlies), als Patron von Spitälern in ganz Europa als volkstümlicher Heiliger verehrt.

Aberglauben: bedeutender Lostag: Ae. macht den Herbst, indem er dessen Dauer, Güte und Windrichtung bestimmt. – Ae. hält das Wetter vier Wochen fest. – Am 1. 9. wird in Spanien Fenchel als Tiermedizin mit besonderer Weiheformel gesegnet. – Kinder, die viel weinen, werden im Erzbistum Köln als »Krieschgilles« bezeichnet.

Darstellungen in der Kunst: *Gewandung:* als Benediktinerabt in der Flocke (Parnkofen/Niederbayern, Fig. um 1510); mit Albe und Kasel (Rom, S. Clemente, Fresko in der Unterkirche 11. Jh.); im Pluviale (Aix-en-Provence, Musée Paul Arbaud, Gem. um 1450); in Pontifikalkleidung (Kopenhagen, Nationalmuseum, Figurenretabel aus Preetz Mitte 15. Jh.). *Attribute:* Abtattribute Stab, Regelbuch (Berlin, Staatliche Museen/Gemäldegalerie, Altarbild neben einer Kreuzigung um 1220); Birett (Höhenstadt/Niederbayern, Fig. um 1480); gelegentlich infuliert mit Mitra (Heiligenblut/Kärnten, Fig. Anfang 16. Jh.); Pontifikalien (Lengmoos/Oberbayern, Figur Anfang 15. Jh.); Pfeil, Hirschkuh (Prag, Narodni Galeri, Wittingauer Altar um 1380); Brust Ae.'s von Pfeil durchbohrt (Esztergom, Museum, Gem. von T. de Coloswar 1427); Hand Ae.'s und Hirschkuh von Pfeil durchbohrt (Washington, National Gallery, Gem. des Meisters v. St-Gilles). *Zyklen:* Wien/Österreichische Nationalbibliothek, Krummauer Bildercodex Mitte 14. Jh.; Chartres/Kathedrale, Südportal, Archivoltenszenen um 1220; London/Victoria and Albert Museum, Außenseite des rechten Flügels vom Apokalypsenaltar aus der Werkstatt des Meister Bertram.

Afra von Augsburg 56
Martyrerin, hl.
Fest: 7. 8.
Leben: erlitt das Martyrium um 304 in der diokletianischen Verfolgung. Begraben im Bereich von Augsburg, St. Ulrich, ursprünglich in einer Memorie.

S. AFRA M.

Legende: * als Tochter des Königs von Zypern. – A. träumt, sie solle Königin von Augsburg werden und zieht mit ihrer Mutter dorthin. – A. unterhält ein Dirnenhaus. – Der während der Christenverfolgung nach Augsburg gelangte Bischof Narcissus von Gerona/Spanien nimmt unwissend Quartier bei A., die durch das dort gesprochene Tischgebet bekehrt wird. – A. versteckt den hl. Narcissus vor Häschern unter einem Flachsbündel. – A. läßt sich als Christin taufen. – A. weigert sich, den Götzen zu opfern. – A. erleidet das Martyrium, indem sie auf dem Lechfeld an einen Baumstamm gebunden und verbrannt wird. – A's. Mutter Hilaria baut eine Kapelle für das Grab ihrer Tochter A. – Hilaria und ihre Mägde (Eunomia, Eutropia u. Digna) werden nach ihrer Bekehrung in ihrem Haus verbrannt. – A. führt den hl. Ulrich im Traum auf das Lechfeld zu einer von Petrus gegen Herzog Arnulf den Bösen abgehaltenen Synode. – Stechmücken verteidigen das Grab des hl. Narcissus in Gerona, als Truppen im Kampf gegen Pedro III. von Aragon das Grab plündern wollen.

Patronat: Dirnen, Büßerinnen, Arme Seelen, Heilkräuter, Feuersnot.

Verehrung und Kultorte: Grab seit dem 8. Jh. in St. A./Augsburg, Verehrung und Wallfahrt seit 565 bezeugt. 1012 Benediktinerstift St. Ulrich u. Afra, dort 1064 Wiederauffindung des angeblichen Sarkophages. Patrozinien zahlreicher Kirchen und Kapellen u. a. Le Mans, Abtei Neresheim, Maidbronn bei Würzburg, Speyer/Dom.

Aberglauben: Kräuter, die im A.-Turm zu Augsburg gelagert werden, sind vor Ungeziefer geschützt. – Der Zauberspruch Afra nostra läßt in Anhalt eine Flinte versagen (vermutlich eher ein Klangwort denn ein tatsächlicher Zusammenhang mit der hl. Afra).

Darstellungen in der Kunst: *Gewandung:* in zeitgenössischer vornehmer Damengewandung. *Attribute:* Kopftuch als Hinweis auf die Büßerin (Stuttgart, Landesbibliothek, Zwiefaltener Martyrium, Buchmalerei um 1147); Krone als Königstochter (London, Victoria and Albert Museum, Dedikationsblatt vom Augsburger Psalterium, Buchmalerei v. G. Beck 1495); Palme, Salbgefäß als Angleichung an Attribute der Büßerin Maria Magdalena (Freiburg, Münster, Glasmalerei 13. Jh.); Scheiterhaufen, brennender Holzstoß (Salzburg, Stift Nonnberg, Gem. um 1500); Baum (Rechbergreuthen, Fig. um 1490); Säule, an die A. gefesselt ist (Schedels Weltchronik, Holzschnitt 1493); brennendes Holzscheit (Frankfurt, Dom, Striegelaltar 1505); dürres Reisig (Wien, St. Stephan, Herzogenkapelle, Fig. Mitte 15. Jh.); Strick als Zeichen der Fessel (Ulm, Münster, Chorgestühl, Relief 1474); Flachsbündel (Köln, Wallraf-Richartz-Museum, Flügel des Thomasretabels vom Meister des Bartholomäusaltars 15. Jh.); Zirbelnuß als Hinweis der Herkunft der Hl., aus dem Augsburger Wappen entnommen. *Besondere Szenen:* Hilaria und ihre Mägde Eunomia, Eutropia u. Digna werden nach ihrer Bekehrung in ihrem Haus verbrannt (Eichstätt, Bischöfl. Hauskapelle, Gem. von H. Holbein d. Ä. 1490). *Zyklen:* Stuttgart/Landesbibliothek, Stuttgarter Passionale um 1130; Straubing/St. Jakob, Reliefs Ende 15. Jh., Valencia/Kathedrale, Gem. um 1500 (im Zusammenhang mit dem hl. Narcissus).

Agatha von Catania

Martyrerin, hl.

Fest: 5. 2. (weitere Feste: 5., 12., 25. 7./ 5. 10./6. 12.).

Leben: A. stammte aus vornehmer sizilianischer Familie und erlitt das Martyrium während der Christenverfolgung unter Kaiser Decius.

Legende: A. weist Heiratsanträge des Stadtpräfekten Quintian zurück. – A. wird einer Kupplerin übergeben, die ihr Aphrodisia reicht, vermag aber ihre Reinheit zu bewah-

ren. – A. schwört dem christlichen Glauben nicht ab und wird gefoltert. – A. werden die Brüste abgeschnitten, darauf erscheint der hl. Petrus und heilt sie. – A. wird nackt über brennende Kohlen, die mit spitzigen Scherben vermischt sind, gewälzt und erleidet den Tod. – Bei der Bestattung A.'s erscheint ein Jüngling, der eine Marmortafel mit der Inschrift »Mentem sanctam, spontaneam, honorem Deo et patriae liberationem« in den Sarg legt. – A. wird im Himmel gekrönt. – Quintian wird von seinem eigenen Pferd in den Fluß geworfen. – Als am Jahrestag von A.'s Tod der Ätna ausbricht, hält man die Lava dadurch auf, daß man ihr A.'s. Schleier entgegenträgt. – A. heilt die kranke Mutter der hl. Luzia.

Patronat: Patronin von Catania. Gegen Vulkanausbrüche, Feuersbrünste, Erdbeben. Patronin der Glockengießer, Gelbgießer, Goldschmiede, Hochofen- und Bergarbeiter, Weber, Ammen, Hungerleider, bei Brustkrankheiten und Entzündungen.

Verehrung und Kultorte: bestattet in Catania, Schleier-Reliquie in Florenz, Dom.

Aberglauben: A.-Kerzen schützen den Hausrat vor Feuer. – Am Vorabend des A.-Fest (5. 2.) gesegnetes Brot in den Bäckereien schützt das neugekaufte Vieh im Stall, jedes Vieh beim ersten Austrieb und erleichtert das Kalben. – An der Isar wird Brustkrebskranken A.-Brot gereicht. – A.-Brot schützt Äcker vor Kornbrand und Ungeziefer. – A.-Brot dient zur Erkundung der Ernteerwartung der Saat. – A.-Brot im Butterfaß beschleunigt das Butterstampfen. – Schimmelt A.-Brot, muß jemand im Haus sterben. – Ins Wasser geworfenes A.-Brot zeigt die Stelle an, wo ein Ertrunkener liegt. – A.-Brot vertreibt Heimweh. – A.-Brot dient als Schutzmittel auf gefahrvoller Reise. – A.-Brot bewahrt Dienstboten die Reinheit. – A.-Brot schützt gegen böse Geister und Hexen. – A.-Brot ist ein Mittel gegen Feuer und Brand, wenn es in die Flammen geworfen wird. – Sog. A.-Zettel mit besonderen Segensformeln werden in die Flammen geworfen, um sie zum Erlöschen zu bringen. – In Weizen/Baden wallfahrten am A.-Fest unfruchtbare Frauen. Wer am. A-Fest Weihwasser trinkt, den sticht keine Schlange. – In Tschechien sperrt man die Gänse am A.-Fest ein, damit sie nicht in andere Ställe fremd gehen.

Darstellungen in der Kunst: *Gewandung:* mit langem, gegürteten Kleid und Mantel in antikischem Habitus (Ravenna, S. Apollinare in Classe, Mosaik 6. Jh.) oder nach der jeweiligen Zeitmode, gelegentlich Schleier oder halbnackt (Florenz, Palazzo Pitti, Gem. v. S. del Piombo 1520). *Attribute:* Zange als Marterinstrument (Soest, Wiesenkirche, Aldegreveraltar, Fig. 16. Jh.); Krone in verhüllten Händen (Neapel, Katakombe v. S. Gennaro, Fresko nach 763); Palme (Köln, Wallraf-Richartz-Museum, Gem. 15. Jh.); Fackel (Wien, St. Stephan, Bischofstor Ende 14. Jh.); Tortsche [= spiralig gedrehte Kerze] (Darmstadt, Landesmuseum, Gem. 1. Hälfte 15. Jh.); Brot (Rottweil, Lorenzkapelle, Fig. um 1510); abgeschnittene Brüste an einer Kordel (Fermo, Erzbisch. Palais, Gem. 15. Jh.); Brüste auf einem Buch liegend (Köln, Schnütgenmuseum, Relief Ende 14. Jh.); Brüste auf einer Schüssel (Montpellier, Musée Fabre, Gem. 1630/32 v. F. Zurbarán); Wunden an der Brust (Neapel, Pinacoteca, Gem. v. M. Stanzione 17. Jh.); eine der unverletzten Brüste auf untergeschobenen Teller gelegt (Valladolid, Dom, Fig. 18. Jh.). *Besondere Szenen:* Beim Ausbruch des Ätna trägt man dem Lavastrom A.'s. Schleier entgegen (Ingstetten, Fresko von K. Huber 1791). *Martyrium:* Stuttgart/Landesbibliothek, Stuttgarter Passionale um 1130. *Zyklen:* Castoreale/S.A., Predella um 1420; Disentis/A. – Kapelle, Wandmalerei 1430/40; Cremona/S. A., Altar-Retabel um 1400, Fresken 16. Jh.; Arfoli (Valdarno)/S.A., Fresko 14. Jh.; Florenz/S. A., Fresken v. G. Bizelli 16. Jh.; Agatharied/Oberbayern, Flügelaltar Ende 15. Jh.; Clermond-Ferrand/Kathedrale, Glasmalerei 13. Jh.

43 **Agnes** von Rom
Jungfrau, Martyrerin, hl.

Fest: 21. 1. (Begräbnistag), 28. 1. (Agnes Erscheinung mit dem Lamm). In der Ostkirche 5. 7.

Leben: A. stammt aus vornehmer röm. Familie und erlitt das Martyrium in jugendlichem Alter entweder unter Kaiser Diokletian (304) oder bereits Valerian (258/59).

Legende: Die Werbung des Sohnes eines Stadtpräfekten beantwortet die 13jährige A. ablehnend. – A. ist durch einen goldenen Ring mit Christus verlobt. – A. wird als Christin erkannt und vor Gericht gestellt. – A. wird nackt in ein Freudenhaus gebracht, doch bedecken lange Haarlocken wie ein Mantel den Körper. – Ein Engel bekleidet A. mit einem Lichtgewand, das das Bordell überstrahlt. – Der liebeskranke Sohn des Stadtpräfekten fällt bei der Berührung des Körpers von A. tot um (Var. : wird von einem bösen Geist erwürgt.). – A. bittet Gott, den Sohn des Präfekten wieder zum Leben zu erwecken, was auch geschieht. – A. wird von einem anderen Richter in ein Feuer geworfen, das erlischt. – Durch ein in ihren Leib (Var. : Kehle) gestoßenes Schwert erleidet A. das Martyrium. – Heiden belästigen mit Steinwürfen die Christen während des Begräbnisses von A. – Das Grab A.'s bewacht ihre Milchschwester Emerentiana, eine Katechumene, die von Heiden gesteinigt wird. – Die Heiden werden durch ein Erdbeben, begleitet von Blitz und Donner, getötet. – Am Grab von A. zeigt sich nach acht Tagen ein Jungfrauenreigen, unter ihnen Agnes mit einem Lämmchen. – Am Grab A.'s wird Constantia, die Tochter der Kaiserin Helena vom Aussatz geheilt. – Constantia stiftet in Rom die Kirche S. Agnese fuori le mura über dem A.-Grab. – A. erscheint mit den hl. Thekla, Petrus und Paulus dem hl. Martin v. Tours. – Der Priester Paulinus von S. Agnese vermählt sich, geplagt von schweren unkeuschen Anfechtungen, durch Ringtausch auf Befehl des Papstes mit dem Bildnis der hl. A., so daß von da an die sündhafte Versuchung von ihm genommen ist.

Patronat: Trinitarierorden, Jungfrauen, Kinder, Verlobte, Heime für Arbeiterinnen, Gärtner.

Verehrung und Kultorte: Rom/S. Agnese fuori le mura (Kirche über dem Grab gestiftet im 4. Jh. von Constantia, neu erbaut 624–638); Rom/S. Agnese in Agone (Stätte des Martyriums), 8. Jh., Neubau 1652 von Borromini. Reliquientranslationen 966 nach Utrecht, 1048 auf Veranlassung von Papst Damasus II. nach Brixen. Niederlande, Deutschland.

Aberglauben: Bedeutender Fristtag: es erscheinen die ersten Frühlingslerchen und Beginn der Bienenschwärme. – In der Nacht vor ihrem Fest zeigt A. jungen Mädchen ihren künftigen Mann im Traum, wenn sie zuvor gefastet haben. – Die Hühner legen fleißig, wenn sie am A.-Fest mit den ersten Küchlein aus der Pfanne gefüttert werden.

Darstellungen in der Kunst: *Gewandung:* in antikem Gewand (Rom, Cimitero de Panfilo, Goldglas 4. Jh.); langes, gegürtetes Kleid und loses um den Körper geschlagenes Manteltuch, teilweise in der zeitgenössischen Mode (Ulm, Münster, Fig. in einem Retabel Anfang 16. Jh.); vom Haar bedeckter Körper (Dresden, Gemäldegalerie Alter Meister, Gem. v. J. de Ribera 1641). *Attribute:* Martyrerkrone auf dem Haupt (Rom, S. Maria Antiqua, Wandmalerei 817–824); Martyrerkrone auf einem Tuch tragend (Rom, S. Prassede, Mosaik A. 9. Jh.); Martyrerkrone von Gott Vater über das Haupt gehalten, Schriftrolle, Schwert, Feuer zu Füßen (Rom, S. Agnese fuori le mura, Mosaik 7. Jh.); Pfauenfeder (Köln, Wallraf-Richartz-Museum, Gem. v. Meister der Ursulalegende um 1495); Palme (Esslingen, St. Dionysius, Glasmalerei Ende 13. Jh.); Lilie u. brennende Lampe als Verkörperung der klugen Jungfrau (Rom, Oratorium S. Silvestro bei S. Martino ai monti, Mosaik Anfang 13. Jh.); Lamm (Ravenna, S. Apollinare Nuovo, Mosaik 6. Jh.); Lamm mit Kreuzfahne (Siena, Dommuseum, Maesta v. Duccio 1311); Lamm mit Christuszeichen im Kreis (Siena, Pinacoteca Nazionale, Gem. v. A. Lorenzetti 14. Jh.); Lamm zu Füßen (Köln, Wallraf-Richartz-Museum, Gem. v. Meister der hl. Sippe 1493/94; Lamm auf dem Schoß (Köln, Wallraf-Richartz-Museum, Gem. v. Meister der Ursula-Legende um 1485); Tauben (Rom, Cimitero de Panfilo, Goldglas 14. Jh.); emporgehaltener Brautring (Münster, Domschatz, Fig. um 1520). *Besondere Szenen:* A. im Freudenhaus (Rom, S. Agnese in Piazza

Erzengel und Maria

1 *Allerheiligen, Gem. v. Albrecht Dürer, Kunsthistorisches Museum/Wien*

2 *Erzengel Michael, Fig. v. Hubert Gerhard, St. Michael/München*

3 *Erzengel Gabriel, Mosaik, Hagia Sophia/ Istanbul*

4 *Mariä Verkündigung, Gem. v. Simone Martini, Uffizien/Florenz*

5 *Geburt Mariens, Gem. v. Albrecht Altdorfer, Alte Pinakothek/München*

6 *Anbetung der Könige, Türrelief, St. Maria im Kapitol/Köln*

7 *Hl. Familie, Gem. v. Martin Schongauer, Kunsthistorisches Museum/Wien*

8 *Maria Immaculata, Gem. v. Giambattista Tiepolo, Prado/Madrid*

3

7

Navona, Relief v. Algardi 1653); Mystische Verlobung der hl. Agnes mit dem Christuskind (Esztergom, Erzbischöfl. Museum, Gem. 2.Hälfte 15. Jh.); mystische Verlobung mit dem Christus verkörpernden Lamm (Sinzenich, Fig. um 1500). *Martyrium:* durch Erdolchung (Rom, Lateran, Laurentiuskapelle, Fresko 1277–1280); durch Enthauptung (Passau, Dom, Gem. v. J. M. Rottmayr 1694). *Zyklen:* Neapel/S. Maria di Donna, Fresko Mitte 14. Jh.; Pavia/S. Teodoro, Fresko 16. Jh.; London/British Museum, Goldbecher für Karl V. v. Frankreich 1381.

Albertus Magnus

Bischof, Dominikaner, Kirchenlehrer, hl.
Fest: 15. 11. (Todestag).
Leben: * vor 1200 in Lauingen als Sohn eines Ritters aus dem Geschlecht derer von Bollstatt, 1223 Eintritt in den Dominikanerorden in Padua, kam nach Köln, seit 1228 Lehrtätigkeit in Hildesheim, Freiburg i. Br., Regensburg, Straßburg, 1243/44 Magister der theologischen Fakultät in Paris, 1248–1254 in Köln, 1254 Dominikanerprovinzial für Deutschland, 1260–1262 Bischof von Regensburg, 1264–1266 in Würzburg, 1268 in Straßburg, seit 1270 in Köln. +15. 11. 1280. Bedeutender Schriftsteller und Kreuzzugsprediger, Lehrer von Thomas von Aquin und Ulrich von Straßburg. Begraben in Köln, St. Andreas. Seligsprechung 1622, Heiligsprechung 1931. 1954 Übertragung der Gebeine aus dem gotischen in einen römischen Steinsarkophag. – A. integrierte bei einer weitgespannten Kenntnis unterschiedlicher Wissensgebiete auf theologisch-philosophischem wie naturwissenschaftlichem Sektor das seit dem 12. Jh. wieder erschlossene aristotelische, arabische und jüdische Gedankengut in das abendländische Denken. Über einen bloßen Enzyklopädisten hob ihn seine kritische Urteilsfähigkeit hinaus.

Legende: A., der ein schlechter Schüler war, erhält in einer Erscheinung von der Gottesmutter die Gabe der Weisheit. – A. prophezeiht die Größe seines Schülers Thomas v. Aquin. – A. hilft durch seine magische Weisheit, eine Königstochter aus Frankreich zu entführen. – A. klettert an einem in die Luft geworfenen Knäuel empor. – A. besitzt einen Zauberbecher (Var.: Zaubersack), mit dessen Hilfe er Kranke heilt. – A. reitet auf dem Rücken des Teufels nach Rom. – A. beschwört im Petersdom zu Rom Schlangen. – Bei einem Besuch König Wilhelms von Holland läßt A. mitten im Winter in einem Garten die Blumen erblühen. – Kurz vor seinem Ende entschwindet die Weisheit A.'s, damit er erkennt, daß auch sie göttliches Geschenk ist. – A. lebt gegen Ende seines Lebens als Einsiedler. – Der Leichnam des hl. A. wird von Bischof Siegfried von Westerburg ausgesegnet. – Gottfried von Duisburg erscheint dem hl. A. über seinem Grabe.
Patronat: Köln, Universität; Bergleute, Naturforscher (seit 1941).
Verehrung und Kultorte: Köln, St. Andreas mit kurz nach seinem Tod einsetzender Wallfahrt, Reliquien in Lauingen (Hirnschale) und Regensburg (Schulterblatt), Dominikanerorden. In Westfalen und im ehem. Gebiet des Erzbistum Salzburg sog. Albertitafeln, die in neun Doppelbildern Beispiel und Gegenbeispiel einer auf A. zurückgeführten Tugendlehre Gott wohlgefällige Werke demonstrieren.
Aberglauben: Viele Zauberbücher werden zu Unrecht mit A. in Verbindung gebracht, z. B. »Ägyptische Geheimnisse für Mensch und Vieh«.
Darstellungen in der Kunst: *Gewandung:* im Dominikanerhabit mit Talartunika, Skapulier und offener Kappe mit Kapuze (Wimpfen, Dominikanerkirche, Fig. 1737); Skapulier, Pluviale und Mitra (Köln, Holzschnitt Rudolfus de Noviomagio, Legenda litteralis 1480); im Pontifikalornat (Köln, St.

Andreas, Grabfig. 1671); als Gelehrter (Köln, Universität, Fig. v. G. Marcks 1956); am Schreibpult sitzend (Treviso, Kapitelsaal, Gem. v. T. da Modena 1352); als Prediger (Köln, Rathausturm, Fig. v. A. Iven 19. Jh.). *Attribut:* Mitra, Buch, Stab (Kelheim, Pfarrkirche, Fig. um 1460); die Mitra von sich weisend (Friesach, Gem. Anfang 18. Jh.); auf ein Dominikanerkloster hinweisend (Köln, St. Andreas, Gem. v. J. Hulsmann 17. Jh.); Schreibfeder (Klosterneuburg, Stiftsbibliothek, U-Initiale von A.'s. Kommentar zum Lukasevangelium MS 35 fol. 1 14. Jh.); Putto mit Schreibfeder (Landshut, Dominikanerkirche, Fig. am Hochaltar 1760). *Zyklen:* Köln/Legenda litteralis Holzschnitte 1480; Florenz/Uffizien, Gem. v. Fra Angelico (Schule); Racconigi/Schloßkapelle, Glasmalerei 19. Jh.; Regensburg/Albertikapelle, Gem. v. J. Altheimer 19. Jh.

Alexius von Edessa
Bekenner, hl.
Fest: 17. 7. (Ostkirche 17. 3., syrische Monophysiten 12. 3.).
Leben: Syrische Vita zwischen 450 und 475 entstanden, danach * als Sohn reicher römischer Eltern, verließ in der Hochzeitsnacht nach längerer Rücksprache seine Braut, Wallfahrt ins Hl. Land, † in Edessa als Einsiedler.
Legende: A. wird in Edessa zu Lebzeiten wie ein Heiliger verehrt, als dem Küster der Kirche in einem Gesicht die Heiligkeit des Bettlers kundgetan wird. – A. entflieht auf einem Schiff. – Widrige Winde verschlagen das Schiff nach Rom. – A. wird von seinem Vater, dem römischen Senator Euphemius, der ihn nicht erkennt, als Bettler aufgenommen. – A. lebt unerkannt unter der Kellertreppe in seinem Vaterhaus. – A. wird von den Dienern seines Vaters mit Speise versorgt. – A. wird von einer Magd mit Spülwasser begossen. – In der Messe werden die Versammelten durch eine Stimme und Glockenläuten aufgefordert, einen Heiligen in der Stadt zu suchen. – Nach dem Tod von A. offenbart ein hinterlassener Brief, den der Papst entziffert, die eigentliche Herkunft des Bettlers (Var.: Auf Kunde des herannahenden Endes findet der Papst in den Händen des sterbenden A. einen Brief an seinen Vater, in dem er sich zu erkennen gibt.). – Ein Diener mit einer Fackel findet den Leichnam A.'s. – Durch Berühren des Leichnams geschehen mehrere Heilungen. – A. wird in der Kirche des hl. Papstes Bonifatius (418–422) bestattet.
Patronat: 2. Stadtpatron von Innsbruck; Alexianer, Brüdergenossenschaften zur Pflege von kranken und geistesschwachen Personen (Mutterhaus in Aachen), Begarden, Beginen, Pilger, Bettler, Vagabunden (Niederösterreich), Kranke, Gürtler; gegen Erdbeben, Blitz und Ungewitter (Augsburg), Seuchen (Paderborn), und Pest (Solbad Hall).

Verehrung und Kultorte: Grab in Rom/SS. Bonifacio e Alessio, Reliquien durch den hl. Adalbert nach Prag-Břevnov transloziert, Reliquien in Rom/S. Niccolò presso Olitono, Polling bei Weilheim. Ordenspatron der Alexianer. Im späten Mittelalter Patron zahlreicher Leprosenkapellen wie in Freising. Nebenkapellen unter Emporen wie in Prien am Chiemsee, Prüfening. Heute verschwundene Altarpatrozinien in Tegernsee (1324), Speyer/Beginenklause (1377), Waldsassen, München/St. Peter, Scheyern, Heiligkreuz bei Wien. Alexiusstiegen in zahlreichen Frauenklöstern, wie Eichstätt/St. Walburga, Säben, Landshut, Seligenthal, Maria Medingen, Bad Wörishofen, Wien/Ursulinerinnen.

Aberglauben: Am Alexiustag schlägt es bei Regen das Korn auf.

Darstellungen in der Kunst: *Gewandung:* Eremitengewand (Monreale, Dom, Mosaik 12. Jh.); als Nacktasket (Recklinghausen, Ikonenmuseum, Russische Ikone 17. Jh.); Pilgertracht (Breisach, Münster, Steinfig. am Lettner 15. Jh.). *Attribute:* Buch (Oberbiberg/Bayern, Fig. Ende 17. Jh.); Pilgerstab (Kriebstein/Sachsen, Gem. 16. Jh.); Almosenkörbchen (Boppard, Karmeliterkirche, Wandmalerei Ende 15. Jh.); Schüssel mit Löffel (Brandenburg, Dom, Hochaltarretabel um 1400); Treppe, darunter schlafend (Donauwörth, Stadtpfarrkirche, Fig. v. G. Erhart 1503); Treppe mit Kübel ausgießender Magd (Straßburg, Münsterkanzel, Fig. Ende 15. Jh.); Treppe in der Hand haltend (Bad Oberdorf, Altargem. um 1490, Prag, Kloster Břevnov, Fig. v. J. J. Steinfels um 1690); Brief (Kriebstein/Sachsen, Gem. 16. Jh.); Schriftrolle (Köln, Wallraf-Richartz-Museum, Altarretabel, 2. Hälfte 15. Jh.) *Zyklen:* Hildesheim/S. Godehard, Buchmalerei 11. Jh., Rom/S. Clemente, Unterkirche, Fresko 11. Jh.; Esslingen/Frauenkirche, Fresko um 1340.

Alfons Maria von Liguori

Bischof, Redemtorist, Kirchenlehrer, hl.

Fest: 1. 8. (vor der Kalenderreform 2. 8.).

Leben: * 1696 in Marianelle bei Neapel, 1713 Doktor beider Rechte, tätig als Rechtsanwalt, 1724 Aufgabe des Berufes und Empfang der Tonsur, 1726 Priesterweihe, Wegbereiter des modernen Laienapostolates, 1730/31 Mitgründer des Ordens des heiligsten Erlösers in Scala bei Amalfi, 1732 Gründung der Kongregation des allerheiligsten Erlösers (Böhmen), 1749 päpstliche Bestätigung des Ordens, der sich der Volksmission widmet, 1762 Bischof v. S. Agata de'Goti bei Neapel, 1766 Stiftung einer Anstalt für Klosterfrauen, 1775 Niederlegung des Bischofsamtes, theologisch-schriftstellerische Tätigkeit. † 1787 im Kloster Pagani bei Neapel, dort begraben. 1838 Heiligsprechung, 1871 Erhebung zum Kirchenlehrer wegen seiner moraltheologischen Schriften.

Patronat: Laienapostolat.

Verehrung und Kultorte: Redemptoristen, Pagani bei Neapel, S. Agata de'Goti.

Darstellungen in der Kunst: *Gewandung:* in Soutane als jugendlicher Priester (Pagani, Gem. v. 1768); in Ordenstracht der Redemptoristen in wegen Gicht gebeugter Haltung (Andachtsbildchen Böhmen). *Attribut:* Kreuz.

Aloysius von Gonzaga

Jesuit, hl.

Fest: 21. 6. (Translationsfest 25. 6.).

Leben: * 1568 als ältester Sohn von Ferdinand Gonzaga, Markgraf von Mantua-Castiglione, in Castiglione delle Stiviere, 1581–1583 Page am Hof Philipps II. in Spanien. Frömmigkeit und Bußgesinnung führen zum Verzicht auf das Erbe. 1581 Eintritt in den Jesuitenorden, Noviziat in Rom, Tod 1591 mit 23 Jahren durch Ansteckung bei der Pflege von Pestkranken. Beisetzung in Rom/S. Ignazio. Heiligsprechung 1726.

Legende: A. empfängt die erste hl. Kommunion aus den Händen des hl. Karl Borromäus. – A. flieht vom Hof, weil er dem Befehl, den Schatten eines Mädchens zu küssen, nicht folgen will. – A. wird sein Tod binnen Jahresfrist nach strengsten Bußübungen geoffenbart. – A. und Antonius v. Padua wird von Erzengel Gabriel der Weg zum Himmel gewiesen.

Patronat: Mantua, Grafschaft Castiglione, studierende Jugend (seit 1729), gegen Pest und Augenleiden.

Verehrung und Kultorte: Grab in Rom/S. Ignazio, Kopfreliquiar in Castiglione. Patron zahlreicher Konvikte und Jugendkongregationen.

Aberglauben: Schutzgebete auf Sant Alar für Pferde in der Niederbretagne; besonders häufig in Bayern Verwechslung mit Eligius wegen der mundartlichen Aussprache des Heiligennamens als »Loisl«.

Darstellungen in der Kunst: *Gewandung:* Fürstengewand und Fürstenhut (Landsberg a. Lech, Heiligkreuzkirche, Gem. v. C. T. Scheffler 1754); Novizentracht des Jesuitenordens mit Soutane und Superpelliceum (Venedig, Palazzo Ducale, Gem. v. J. Tintoretto 16. Jh.) . *Attribute:* Lilie, Geißel, Totenkopf, Kruzifix (Mannheim, Städtisches Museum, Fig. v. P. Egell 1750); Jesuskind im Arm (Prag, Fig. v. M. Braun); in der Engelsglorie (Rom, S. Ignazio, Relief v. P. Legros I. 1698–99). *Besondere Szenen:* Empfang der Erstkommunion aus den Händen des hl. Karl Borromäus (Mailand, Jesuitenkirche, Gem. v. F. de Cayrò 18. Jh.); Das Gelübde des hl. A. (Nantes, Musée, Gem. v. Th. Boyermanns 1671). *Zyklen:* Augsburg, Kupferstichfolge v. Göz-Klauber Mitte 18. Jh.

Altmann von Passau
Bischof, hl.

Fest: 8. 8. (in Wien 9. 8.).

Leben: * um 1015 aus adeligem westfälischen Geschlecht, Kanoniker und Lehrer an der Domschule Paderborn, 1051 Propst des Kollegiatstiftes in Aachen und Hofkaplan Kaiser Heinrichs III.; 1065 Bischof von Passau. A. suchte das Bildungsniveau und die spirituelle Ausrichtung des Klerus zu verbessern. Gründung der Stifte St. Nikola bei Passau um 1070 und Göttweig 1083, Reform der Stifte St. Florian, Melk und St. Pölten. A. betrieb die Absetzung Kaiser Heinrichs IV. 1077 wegen der Laieninvestitur und mußte 1078 fliehen, wirkte seit 1080 unter dem Schutz des Markgrafen Leopold II. im heute österreichischen Teil der damaligen Diözese Passau. † 8. 8. 1091 in Zeiselmauer bei Wien. A. gilt als eine der bedeutendsten Bischofsgestalten am Ende des 11. Jh.

Verehrung und Kultorte: Leichnam im Stift Göttweig in einer eigenen A.-Krypta beigesetzt. Kult 1884 für die Diözesen Linz und St. Pölten, 1890 für Passau bestätigt.

Darstellungen in der Kunst: *Gewandung:* in pontifikaler Meßkleidung mit Kasel, Mitra und Stab (Göttweig, Stiftsbibliothek Ms. Nr. 2, Buchmalerei 12. Jh.); in pontifikaler Gewandung mit Pluviale, Mitra und Stab (Passau, Augustiner-Chorherrenstift St. Nikola, Oratorium, Fresko v. W. A. Heindl 1717/18 [1959 zerstört]). *Attribute:* an die Brust gedrücktes Buch (Göttweig, Stiftskirche, Fig. um 1530). *Zyklus:* Göttweig/Graphisches Kabinett, Schabkunstblatt v. E. C. Weiß 18. Jh.

Amandus von Maastricht
Bischof, Benediktiner, hl.

Fest 6. 2. (Translationsfest 26. 10.).

Leben: * um 594 im Gebiet von Nantes, Benediktinermönch, Einsiedler bei Bourges, Bischof von Maastricht 647–649, zeitweise zur Mission in Tirol und Salzburg, Gründer zahlreicher Klöster und Kirchen in Flandern, die alle ein Petruspatrozinium erhielten. † in Elno 679 oder 684.

Legende: In der legendären Vita A.'s von seinem Schüler Baudemundus zuerst Mönch auf der Insel Ogia bei La Rochelle, wo er eine außergewöhnlich große Schlange mit dem Kreuzzeichen von der Insel verscheucht. – A. ernährt sich als Einsiedler fünfzehn Jahre lang von Wasser und Gerstenbrot. – Bei einer Romreise wird A. in einer Vision in St. Peter vom hl. Petrus der Auftrag zur Mission Galliens erteilt. – A. erweckt einen Hingerichteten zum Leben, um zu beweisen, daß Gott gnädiger als ein irdischer Richter ist. – A. befreit Gefangene. – A. entgeht den Anschlägen seiner Feinde, die ihn auf einen Berg locken, um ihn zu töten, indem Gott ein Unwetter über sie kommen läßt. – A. führt den hl. Bavo ins Kloster ein. – A. wirft König Dagobert seine Missetaten vor, wird von ihm verbannt, jedoch bald zurückgeholt. – A. tauft Sigisbert, den Sohn König Dagoberts. – Der Säugling Sigisbert

antwortet bei der Taufe dem hl. A. mit Amen. – Ein Spielmann, der A. verspottet, wird vom bösen Geist besessen und stirbt jämmerlich. – Die hl. Adelgundis von Maubeuge beobachtet die Himmelfahrt des hl. A.

Patronat: Apostel der Belgier, Patron v. Flandern, Maastricht, Utrecht, Salzburg, der Weinhändler.

Verehrung und Kultorte: Leichnam in Salzburg, St. Peter (im 8. Jh. durch den hl. Rupert transloziert); Belgien, Worms.

Darstellungen in der Kunst: *Gewandung:* als Bischof in Ornat meist mit Mitra und/oder Stab (Salzburg, St. Peter, Schreinfig. 1446); als Glaubensprediger (Antwerpen, St. Paul, Außenflügel der Kreuzaufrichtung v. P. P. Rubens). *Attribut:* Schlange (Salzburg, St. Peter, Silberstatuette um 1750); Kirchenmodell (Lille, Museum, Sitzfig. 16. Jh.). *Besondere Szenen:* Taufe des Sigisbert (Gent, Nikolauskirche, Gem. v. J. van Cleve 16. Jh.); Reliquientranslation (Salzburg, St.Peter, Deckengem. v. F. X. König 1757). *Zyklen:* Valenciennes/Bibliothèque Municipale MS 501 um 1175; London/Victoria and Albert Museum, Reliefs am Reliquiar v. Hugo von Oignes Ende 13. Jh.

Ambrosius von Mailand
Bischof, Bekenner, einer der vier großen abendländischen Kirchenlehrer, hl.

Fest: 7. 12. (seit dem 11. Jh. als Tag der Taufe bzw. Bischofsweihe).

Leben: * 333/34 oder 339/40 in Trier als Sohn des Praefectus praetoris Galliarum, nach dem Tod des Vaters Rückkehr der Mutter nach Rom, wo A. eine rhetorische und juristische Ausbildung erhielt. Um 370 war A. Consularis Liguriae et Aemiliae in Mailand. Bei der Bischofswahl 374 bei Auseinandersetzungen zwischen Katholiken und Arianern wollte A., damals Katechumene, von Amts wegen für Ordnung sorgen und wurde überraschend von beiden Parteien zum Bischof von Mailand gewählt. 382 durfte auf Initiative A.'s die unter Gratian aus dem Sitzungssaal des römischen Senats entfernte Statue der Victoria trotz einer heidnischen Senatsmehrheit unter Führung des Rhetors Symmachus nicht wieder aufgestellt werden. A. vereitelte die Bestrebungen der arianisch gesinnten Kaisermutter Justina, dem Arianismus durch Zuweisung einer Mailänder Kirche mehr Geltung zu verschaffen. Auf den Synoden von Aquileia 381 und Rom 382 hat A. das Zurückdrängen des Arianismus auf Illyrien bewirkt. A. brachte gegenüber Kaiser Theodosius die kirchliche Bußforderung zur Geltung, als der Kaiser wegen einer Revolte in Thessalonike bei einer Strafaktion 7000 Menschen umbringen ließ. In seinen Schriften, die seelsorglich wirken sollten, finden sich neben exegetischen, homiletischen und katechetischen Werken auch eine christliche Ethik. A. zeichnete sich durch sein mutiges und kämpferisches Eintreten für die Freiheiten der Kirche jeglichem Versuch staatlicher Bevormundung gegenüber aus, verfaßte Streitschriften gegen den Arianismus, gegen Sabellius und Eunomius. Außerdem dichtete und komponierte A. zahlreiche Hymnen, wie »Aeterne rerum conditor«. † 4. April 397.

Legende: In den Mund des neugeborenen A. setzt sich ein Bienenschwarm. – Bei der Bischofswahl ruft ein Kind seinen Namen aus. – A. versucht sich durch Flucht der Wahl zu entziehen. – A. geißelt die Arianer. – A. verwehrt Kaiser Theodosius den Zugang zur Kirche und erteilt erst nach geleisteter Buße Absolution. – A. zelebriert während der Entrückung in einer Messe das Begräbnis des hl. Martin. – A. findet die Gebeine der hl. Gervasius und Protasius und segnet die Reliquien ein. – A. führt Donator zum Jesuskind. – A. krönt Bischof Angilbert II. von Mailand. – A. erweckt das Kind Pansophius. – A. rettet ein Haus vor der Überschwemmung. – A. heilt einen Besessenen. – Ein arianischer Ketzer sieht, wie bei der Predigt ein Engel dem A. ins Ohr flüstert. – Bei der Herberge eines Reichen in Tuscien flieht Ambrosius vor den Sünden an dieser Stätte, kurze Zeit später wird der Reiche von der Erde verschluckt. – A. heilt den hl. Nicetas während einer Messe. – A. diskutiert mit dem hl. Augustinus, bekehrt und tauft ihn samt seinem Sohn Adeodat. – Christus verkündet A. den nahenden Tod. – Ein Engel prophezeiht Bischof Honoratus von Vercellae A.'s Tod. – A. schwingt in einer Schlacht der Mailänder gegen Kaiser Ludwig den Bayern die Geißel.

Patronat: Stadtpatron von Mailand und Bologna, Wachszieher, Bienenzüchter, Lebzelter und Steinmetzen.

Verehrung und Kultorte: Beigesetzt in S. Ambrogio, Mailand; 789 Benediktinerkloster an seiner Grabesstätte in Mailand. Der Todestag (4. April) heißt Brosientag, an dem in gelehrten Schulen Italiens ein Schulbischof unter den Kindern ernannt und ein Kinderfest abgehalten wurde.

Aberglauben: Der Hymnus »Obduxere polum nubila coeli« des A. wird zur Erflehung guten Wetters bei anhaltender Dürre oder unaufhörlichem Regen gesungen.

Darstellungen in der Kunst: *Gewandung:* lange Tunika, einfacher Mantel, an der Brustseite mit Kreuz (Mailand, S. Ambrogio, Kapelle S. Vittore, Mosaik um 470); als Bischof mit Pluviale (Salzburg, St. Peter, Gem. Ende 15. Jh.); als Bischof in der Schreibstube (Padua, Eremitanikirche, Fresko v. Niccolò Pizzolo 15. Jh.); als Lehrer und Kirchenvater (Rom, S. Maria Antiqua, Wandmalerei 9. (?) Jh.); als Assistenzfigur bei Darstellungen der Geburt Jesu wegen der Kompetenz in Fragen der Unbefleckten Empfängnis (Dresden, Gemäldegalerie Alter Meister, Gem. v. D. Dossi 17. Jh.) und der Mariologie (Trier, Kath. Akademie, Glasmalerei v. H. Dieckmann 1933); in theologischen Disputdarstellungen als Anwalt der göttlichen Offenbarung und der Eucharistie (Città del Vaticano,

Andreas

Stanzen, Disputà v. Raffael 1508). *Attribute:* Kreuz (Mailand, Bibliotheca Ambrosiana Cod. graec. 89); Buch, Stab, Geißel (Köln, Wallraf-Richartz-Museum, Gem. im sog Thomasaltar 1499); Schreibfeder, Taube als Zeichen der göttlichen Inspiration (Mailand, Ziborium von S. Ambrogio, Tympanonrelief 12. Jh.); Kirchenmodell (Bilbao, Sacrestia di Santiago Fig. 1545); Kind in der Wiege (München, Alte Pinakothek, Kirchenväterretabel v. M. Pacher 1483); seinen Stab in den Mund eines unter seinen Füßen knienden Herrschers stoßend (Chartres, Kathedrale, Südportal, linkes Gewände um 1215/20); Bienenkorb (Waldsassen, Klosterkirche, Fig. um 1700). *Zyklen:* Mailand/S. Ambrogio, Paliotto, Reliefs (Treibarbeit) 9. Jh.; Mailand/S. Ambrogio, Apsismosaik 12. Jh.; Rom/Katharinenkapelle in der Oberkirche v. S. Clemente, Fresko v. Masolini vor 1431.

21 **Andreas**
Apostel, Martyrer, hl.
Fest: 30. 11., 9. 5. (Translationsfest).
Leben: * in Bethsaida als Sohn eines Fischers namens Jonas. A. wohnte in Kapharnaum und wurde als Jünger Johannes des Täufers von Jesus Christus als erster Jünger berufen (synopt. Ev.). Mit Petrus, Jakobus d. Ä.und Johannes Ev. zählte er zu den ersten vier Jüngern des Herrn. Namentlich erwähnt bei dem Wunder der Brotvermehrung (Jo 6, 8–9), bei der Wiederkunftsrede Christi (Mk 13, 3), bei der Todesankündigung Jesu (Jo 12, 20–22) und bei der Geistsendung in der Apostelgeschichte. Frühchristliche Schriftsteller wie Gregor von Nazianz, Theodoret, Nikephorus, Origines und Hieronymus bezeichnen Pontus, Bithynien, Balkan, Thrakien, Griechenland und Epirus sowie Achaia als besonderes Missions- und Predigtgebiet v. A † 60/62 vermutlich in Patras unter Stadthalter Aegeas durch das Martyrium am Kreuz.

Legende: A. predigt den Skythen. – Ein Engel geleitet A. zu Schiff zum hl. Matthäus nach Murgundia (Var.: Mirmidonia). – A. findet den Kerker offen und heilt das entstellte Gesicht (Var.: die Blindheit) des hl. Matthäus. – Die Bewohner von Murgundia schleifen A. gefesselt durch ihre Stadt. – A. bekehrt die Bewohner und geht nach Antiochien. – Die Eltern eines edlen Jünglings, der A. gegen deren Willen nachfolgt, zünden das Haus des A. an, der Jüngling kann das Feuer dank A.'s Hilfe mit einem Glas Wasser löschen. – Beim Versuch, in das Haus über Leitern einzudringen, werden die Eltern des Jünglings blind und sterben nach fünf Tagen. – A. bekehrt und errettet eine schwangere Frau eines Mörders, die nicht gebären konnte und die Göttin Diana angerufen hatte. – A. vertreibt die Sünden eines Wollüstigen namens Nikolaus durch fünftägiges Fasten, das der Sünder sechs Monate halten mußte. – Ein schöner Jüngling bittet A. um Hilfe vor den inzestuösen Nachstellungen seiner Mutter und deren ungerechten Beschuldigungen vor einem Richter. – Der Richter läßt den Jüngling in einen Sack mit Pech stoßen und in den Fluß werfen, den fürsprechenden A. läßt er in den Kerker werfen. – Ein Erdstoß wirft nach dem Gebet des A. alle zu Boden und ein Blitz verbrennt das böse Weib, worauf sich der Richter bekehrt. – In Nikaia vertreibt A. sieben Dämonen und erweckt einen Jüngling, den die sieben aus der Stadt vertriebenen Dämonen in Gestalt von Hunden getötet haben. – A. erweckt vierzig Schiffbrüchige. – In Konstantinopel setzt A. als »Gründer von Byzanz« in der Marienkirche der Akropolis Stachys als ersten Patriarchen ein. – In Achaia baut A. Kirchen. – A. tauft Maximila, die Frau des Stadthalters Aegeas von Patras. – A. bleibt in einer Disputation mit Gelehrten standhaft im Glauben. – Aegeas läßt A. (von 21 Knechten) geißeln und zum langsamen Tod an ein Gabelkreuz binden. – A. predigt am Kreuz

hängend zwei Tage dem Volk. – Als Knechte den Leichnam des A. am Kreuz quälen wollen, sind ihre Arme plötzlich gelähmt. – Ein Licht vom Himmel umhüllt den sterbenden A. – Als Aegeas A. verhöhnt, wird er mit Wahnsinn geschlagen und stirbt auf dem Heimweg. – Maximila begräbt A. ehrenvoll. – Aus dem Grab des A. fließt Manna. – A. rettet als Pilgrim verkleidet einen Bischof vor den Nachstellungen des als Frau verkleideten Teufels. – A. hilft einem Bischof, dem Kirchengut zu Unrecht genommen wurde, indem er den Usurpator mit Krankheit und jähem Tod schlägt.

Patronat: Orden vom Goldenen Vlies (1429 von Philipp dem Guten gegründet), A.-Orden König Jakobs von England (1540 gestiftet), A. – Orden des Zaren Peter I. (1698 gestiftet), Rußland, Griechenland, Burgund, Spanien, Schottland, Sizilien, Niederösterreich, Stadtpatron von Neapel, Ravenna, Brescia, Amalfi, Mantua, Manila, Brügge, Bordeaux, Patras. Patron der Fischer, Fischhändler, Seiler, Metzger, Wasserträger, alter Jungfern, Bergwerke; gegen Gicht, Halsweh, eheliche Unfruchtbarkeit, um Heirat.

Verehrung und Kultorte: Fest seit 4. Jh., Reliquien 357 nach Konstantinopel in die Apostelkirche transloziert, 1208 Reliquien in Ravenna (seit 6. Jh.); Mailand, Brescia, Nola, Amalfi (1208 durch Kardinal Petrus v. Capua), Sandale des hl. A. in Trier (v. Bischof Egbert Ende 10. Jh.); Moskau, rechte Hand (13. Jh.); Siegburg, Servatiusschatz sog. Andreaskasten (Anfang 13. Jh.); Patras, Kopfreliquie, 1462 nach Rom durch Pius II. übertragen, 1964 durch Paul VI. zurückgegeben, weitere Kopfreliquie in Pienza. Zahnreliquie in Namur. Reliquien des A.-Kreuzes in Beaune b. Marseille/Abtei St. Victor und Brüssel/Palastkapelle, frühe Patrozinien in Ravenna/Erzbischöfliche Kapelle (5. Jh.); Rom/A.-Kloster auf dem Celius (um 600); besondere Verehrung in Österreich, Spanien, Würzburg/Dom (ursprünglich A.-Patrozinium).

Aberglaube: A.-Nacht sog. Lostag, an dem heiratslustige Mädchen den zukünftigen Liebhaber zu Gesicht bekommen, wenn sie je nach Region unterschiedliche Handlungen und Gebete meist in vollständiger Nacktheit verrichten, z.B. nackt mit einem neuen Besen ihre Kammer fegen, nackt auf ein auf den Boden gelegtes Silberstück in der Kammer treten, nackt in den Schornstein schauen u. ä. Wenn dagegen am A.-Tag ein Bursche oder Mädchen einen Sarg hinter einem Baum sehen, bleiben sie ledig. – An Husten leidende Kinder umarmen am A.-Tag die Statue des Heiligen. – In der A.-Nacht lassen sich besonders gut verborgene Schätze heben.

Darstellungen in der Kunst: *Gewandung:* lange, gegürtete Tunika, Pallium, seit dem Mittelalter zu einem engen am Hals geschlossenen Mantel umgedeutet, barfüßig, in der Ostkirche Sandalen, sich sträubendes Haar (Ravenna, Erzbischöfl. Kapelle, Mosaik um 500); als Fischer mit kurzer Tunika, beim Martyrium Lendentuch. *Attribute:* Schriftrolle (Rom, S. Lorenzo fuori le mura, Wandmalerei 8. Jh.); aufgeschlagenes Buch (Nürnberg, St. Sebald, Fig. v. Veit Stoß um 1506), Buch (Atri, Kathedrale, Fresko 13./14. Jh.); lateinisches Kreuz (Aachen, Münster, Marienschrein, Relief um 1230); Gabelkreuz – sog. Andreaskreuz (Freising, Diözesanmuseum, Gem. v. Meister der Pollinger Tafeln um 1460); Kreuz mit zwei Querbalken (Erfurt, Dom, Fig. am Turm um 1350); Fisch (S. Gimignano, S. Agostino, Retabel v. P. F. Fiorentino 1494); Fischernetz (Brüssel, Musées Royaux des Beaux-Arts, Gem. v. J.

Ribera 17. Jh.); zwei Fische (Kupferstich v. J. Callot 1631/32); Strick (Stuttgart, Staatsgalerie, Graph. Sammlung, Rötel v. D. Tiepolo 1751/53). *Martyrium:* häufig u. a. Frankfurt, Städel, Gem. von der Lochner-Werkstatt, Sevilla, Museum, Gem. v. J. de las Roelas 1609/12. *Besondere Szenen:* Brotvermehrung (Melbourne, National Gallery, Gem. v. Meister der Katharinenlegende 15. Jh.); Berufung des A. (Rom, Sixtinische Kapelle, Gem. v. D. Ghirlandajo 1586); Andreashaupt, von zwei Engeln getragen (Rom, S. Andrea della Valle, Fresko 1660). *Zyklen:* London/British Museum, Antependium aus Solsona um 1200; Chartres/Kathedrale, Glasmalerei 13. Jh.; New York/Metropolitan Museum, Gem. v. L. Borrassa Anfang 15. Jh.; Rom/San Andrea della Valle, Apsiskalotte v. Domenichino 1624–1628; Heinrichshofen/St. Andreas, Deckenfresko v. F. M. Kuen 1753.

Angela Merici von Brescia
Ordensgründerin, hl.

Fest: 27. 1. (Todestag), (bis 1969 21. 2. im Martyrologium Romanum), 31. 5. (Translationsfest für den Kapuziner-Orden).

Leben: * 1474 in Desenzano am Gardasee, als Waise bei ihrem Oheim aufgewachsen, seit 1516 in Brescia, 1525 Wallfahrt nach Palästina mit zeitweiliger Erblindung, 25. 11. 1535 Gründung der »Genossenschaft der hl. Ursula« mit zwölf Gefährtinnen, erste Oberin des Ordens. Die Mitglieder sollten ursprünglich ohne Ordenstracht in ihrer Familie leben, die evangelischen Räte beachten und sich der Erziehung der weiblichen Jugend annehmen, vor allem aus sozial niederen Schichten. † 27. 1. 1540. Begraben in Brescia, S. Afra. Päpstliche Genehmigung der Gründung 1544. 1768 Seligsprechung, 1807 Heiligsprechung.

Patronat: Ursulinerinnen, weibliche studierende Kinder, Jugendliche.

Verehrung und Kultorte: Brescia, in den Niederlassungen des Ursulinen-Ordens.
Darstellungen in der Kunst: *Gewandung:* Ordenstracht der Ursulinerinnen (Brescia, S. Afra, Sakristei, Gem. v. 1550); als Pilgerin (Stahlstich v. G. M. Tagliaferri 19. Jh.); *Attribute:* Tisch mit Kreuz und Buch (Mailand, Collezione Casati, Gem. 18. Jh.); Lilien, Rosenkranz, Regelbuch (Kunsthandel, Gem. v. A. Steiner v. Felsburg 2. Hälfte 19. Jh.). *Zyklus:* Chiari bei Brescia/St. Ursula, Gem. 16. Jh.

13 Anna
5 Mutter Mariens, hl.

Fest: 26. 7. (1481 im röm. Kalendarium durch Papst Sixtus IV., 1584 weltweit durch Papst Gregor XIII. angeordnet), Ostkirche 25. 7. (Joachim und Anna 9. 9., Empfängnis der hl. Anna 9. 12.).
Legende: Die Lebensbeschreibung der hl. Anna in den apokryphen Evangelien, insbesondere dem Protoevangelium des Jacobus, der alttestamentlichen Hanna, der Mutter Samuels (1 Sam. 1–2,11) nachgebildet. A. wird als Tochter der Emerentia (Var.: Susanna) geboren. – A. soll aus dem Stamm Levi stammen. – A. wählt unter ihren Freiern. – A. verteilt ihr Vermögen als Almosen unter die Armen. – A., Gattin Joachims, bleibt bis ins hohe Alter kinderlos. – Ein Priester verweigert Joachim im Tempel zu Jerusalem das Opfer, da er wegen seiner Kinderlosigkeit dem Fluch des Gesetzes verfallen sei. – Joachim flieht vor Anna. – A. klagt und wird von der Magd Euthina (Var.: Judith) verspottet. – Ein Engel verkündet Joachim, der bei seinen Hirten weilt, die Geburt A.'s. – Der gleiche Engel weist A., die gerade ein Vogelnest betrachtet, an, zur goldenen Pforte zu gehen, wo sie ihren Mann träfe. – Die dreijährige Maria wird von Joachim und A. in den Tempel gebracht, um nach der Entwöhnung das vorgeschriebene Opfer darzubringen. – Maria steigt ohne fremde Hilfe die 15 Stufen zum Brandopferaltar empor. – Maria wird nach der Segnung durch den Hohenpriester von A. liebkost (Kolakeia). – A. unterweist die kleine Maria im Lesen. – Maria verabschiedet sich von A. und Joachim, um als Tempeljungfrau nach Jerusalem zu gehen. – Auf dem Weg zum Tempel erheben sich die Vorväter aus den Sarkophagen in der Naherwartung ihrer Erlösung. – Maria wird unter die Schar der Tempeljungfrauen in Jerusalem aufgenommen, wo sie A. und Joachim besuchen wollen, aber von Maria abgewiesen werden. – Nach Joachims Tod heiratet A. noch zweimal, darunter den Stolanus, und gebiert noch zwei Töchter mit Namen Maria. – A. stirbt im 72. Lebensjahr in Jerusalem. – A.'s Grab wird am Schafsteich nahe dem Schafstor in Jerusalem lokalisiert.
Patronat: A.-Bruderschaften an zahlreichen Orten (Steinerberg/Schweiz 1609, Goslar 1622, , Wien 1668, A.-Bruderschaft der geistigen Arbeiter in Koblenz). Patronat: Witwen, werdende Mütter, kinderlose Frauen,

Pestkranke, Ammen, Brautleute, Hausrat, Hausfrauen, Hausgehilfen, Schneider, Krämer, Müller, Sailer, Spitzenklöppler, Knechte, Weber, Kunstschreiner, Elbschiffer, Bergleute, Sterbende, angerufen in der Bretagne um grünes Gras und reiche Heuernte, Stadtpatronin v. Florenz, weil am A.-Fest Walter v. Brienne, der die Stadt tyrannisierte, vertrieben werden konnte, Neapel, Innnsbruck, weil am A.-Fest die Bayern aus Wilten abzogen, Patronin des Spitals in Como 1468, v. Roznava (Slowakei).

Verehrung und Kultorte: Reliquien (unecht): Konstantinopel, Maphorion der hl. A.; Apt/Südfrankreich, Kathedrale, Gebeine (9. Jh.); Wien/St. Stephan, Handreliquie; Annaberg/Sachsen, Hirnschale; Annaberg/Schlesien, Daumenreliquie; weitere Reliquien in Peschiera (Gardasee)/S. Angelo (9. Jh.); Weingarten (1182), Bremen (1199), Chartres (1204), Lützel/Schweiz (1205), Mainz (1212), Düren (1501), Baupré (1688), Montréal (1841), Paderborn, Minden, Regensburg, Salamanca, Genua. Wallfahrten u. a. in Anne d'Auray/Bretagne, Nantes, Annaberg/Niederösterreich, Annaberg/Sachsen, Burrweiler/Pfalz, Rosenberg bei Breslau, Niederschlettenbach/Pfalz, Altwasser/Tschechien, Fujieda/Japan, Las Palmas. Der Dienstag ist der hl. A. geweiht. – Franziskaner, Benediktiner, Augustiner-Chorherren, Karmeliten, Deutschorden, Burgund, England, Jerusalem, St. Annakirche am Schafteich, Erzstift Trier (gefördert durch Johannes Trithemius).

Aberglaube: Schwangere Frauen tragen auf der Brust einen A.-Zettel. – Das A.-Wasser dient als Heilmittel in leiblichen Nöten, wie Fieber, Kopf, Brust, Bauchweh, Augenkrankheiten. – Gicht kann durch einen Spruch, in dem A. den personifizierten Gichtern entgegentritt und sie in das wilde Heer schickt, geheilt werden.

Darstellungen in der Kunst: *Gewandung:* als Matrone in grünem Mantel und rotem Kleid, Kopftuch, stark an die jeweilige Mode angelehnt (Münster, Landesmuseum, Gem. des Meisters v. Liesborn um 1480); Haube (Wimpfen, Stiftskirche, Fig. um 1500). *Attribute:* Finger auf den Lippen, um die unbefleckte Empfängnis anzudeuten (Warschau, Nationalmuseum, Wandmalerei aus Faras, Nubien 1. Hälfte 8. Jh.); Buch (München, Bürgersaal, Fig. v. 1710); Lilienstengel (Chartres, Kathedrale, Nordrose, Glasmalerei 13. Jh.); bekleidetes Marienkind mit Krönchen auf dem Arm (Worms, Liebfrauenkirche, Südportal um 1300); A. gravida mit Marienkind in der Mandorla in ihrem Schoß (Venedig, Bilbliotheca Nazionale Marciana, Buchmalerei v. S. Bening im Breviarium Grimani um 1510); Marienkind und Jesuskind hintereinander gestaffelt auf dem Schoß bzw. im Arm – sog. Anna Selbdritt (Paderborn, Domschatz, Fig. um 1520); Marienkind und Jesuskind auf dem Schoß einander gegenübersitzend (St. Gallen, Stiftsbibliothek, kolorierter Frühdruck 15. Jh.); A. neben Maria auf einer Bank, zwischen sich den Jesusknaben (Berlin-Dahlem, Fig. v. G. v. Leyden vor 1463); A. und Maria stehend, den nackten Jesusknaben zwischen sich, der auf eine Schlange tritt (Rom, Galleria Borghese, Gem. v. M. Caravaggio um 1605). *Besondere Szenen:* Wurzel Emerentiana (Madrid, Museo Lázaro Galdiano, flämisches Gem. um 1500); Theologendisput um die unbefleckte Empfängnis (Frankfurt/Main, Historisches Museum, flämisches Gem. um 1490). *Zyklen:* Konstantinopel/Chorakirche, Mosaik 14. Jh.; Venedig/San Marco, rückwärtige Tabernakelsäule 13. Jh.; Olinda/Brasilien, Franziskanerkirche, Gem. 18. Jh.

Anno von Köln

Erzbischof, hl.

Fest: 5. 12. (vor der Kalenderreform 4. 12.)

Leben: * um 1010 aus schwäbischem Geschlecht, Studien in Bamberg, 1054 Propst in Goslar, 1056 Erzbischof von Köln, 1062/63 Reichsverweser für den minderjährigen König Heinrich IV. A. gründete mehrere Stifte, wie Köln/S. Maria ad gradus und St. Georg, und Klöster, darunter Siegburg. * dort am 4. 12. 1075. Heiligsprechung 1183.

Patronat: Gichtkranke.

Verehrung und Kultorte: Begraben in Siegburg, Leichnam in dem 1183 nach der Heiligsprechung begonnenen und nur durch Zeichnungen überlieferten A.-Schrein. Tumba in Köln/St. Georg.

Legenden: A. wäscht den Ärmsten die Füße und speist sie. – A. bestraft ungerechte Schöffen.

Darstellungen in der Kunst: *Gewandung:* als Bischof in pontifikaler Meßkleidung mit Kasel, Pallium und Mitra (Köln, Wallraf-Richartz-Museum, Gem. um 1420/25); in pontifikaler Meßkleidung mit Kasel und Mitra (Köln, Wallraf-Richartz-Museum, Gem. v. B. Bruyn d. Ä. um 1530); in pontifikaler Gewandung mit Pluviale und Mitra (Köln, Dom, Gem. auf Stein um 1400); in weitärmeliger Flocke (Hamburg, Museum für Kunst und Gewerbe, Email um 1160/70). *Attribute:* aufgeschlagenes Buch (Köln, Wallraf-Richartz-Museum, Gem. v. B. Bruyn d. Ä. um 1530); Kirchenmodell (Köln, Dom, Fig. 1521); fünf Kirchenmodelle (Darmstadt, Landesbibliothek, Vita A.'s, Buchmalerei um 1200). *Besondere Szenen:* die Investitur von A. durch Kaiser Heinrich III. (Hamburg, Museum für Kunst und Gewerbe, Email um 1160/70); A. löst Pfalzgraf Heinrich vom Bann (Ludwigshafen, Wilhelm-Hack-Museum, Gem. 1521); A. verehrt im Traum das von der Kaiserin Helena ihm vorgewiesene Kreuz (Köln, St. Gereon, Gem. J. Hülsmann und J. Toussyn zugeschrieben um 1635). *Zyklen:* Paris/Louvre, Zeichnungen der Reliefs des A.-Schreines v. A. Braun um 1600; Köln/Dom, Flügel des Agilolfusaltars, Gem. um 1521.

Anselm von Canterbury

Erzbischof, Benediktiner, Kirchenlehrer, hl.

Fest: 21. 4.

Leben: * um 1033/34 in Aosta/Piemont, 1060 Eintritt in das Benediktinerkloster Le Bec bei Rouen, 1073 dort Abt, 1093 von Wilhelm dem Eroberer als Erzbischof nach Canterbury berufen. A. setzte sich dort für die Freiheit der Kirche ein und wurde deswegen 1097 verbannt, von König Heinrich I. reinvestiert. 1103 erneut verbannt, konnte A. 1106 nach England zurückkehren. Bedeutend sind seine theologischen Schriften über Gottesbeweise und die unbefleckte Empfängnis Mariens. † 1109 in Canterbury und dort beigesetzt (Schrein während der Reformation zerstört). 1494 Heiligsprechung. 1720 zum Kirchenlehrer ernannt.

Legende: A. erscheint die Muttergottes in der Studierstube. – A. und Martin als Überwindern der Häretiker erscheint Maria zwischen Gott Vater und Jesus. – A. errettet den Benediktinerabt Elfino aus Seenot.

Verehrung und Kultorte: Canterbury, Aosta, Turin, Le Bec.

Darstellungen in der Kunst: *Gewandung:* im bischöflichen Ornat mit Meßgewand (Admont, Stiftsbibliothek MS 289 3. Viertel 12. Jh.); mit Pluviale (Brügge, Jerusalemkirche, Glasmalerei Ende 16. Jh.); als Abt (S. Miniato al Tedesco, S. Francesco, Fresko 14. Jh.). *Attribute:* Buch, Mathilde von Tuszien übergebend (Oxford, Bodleian Library MS. Auct. D 26. Fol. 156 um 1150); Buch (Münster, Diözesanmuseum, Steinrelief aus Vinnenberg Anfang 16. Jh.); Schrifttafel (Busseto/Parma, Kollgegiatskirche, Gem. v. M. Anselmi 1. Hälfte 16. Jh.); Schreibfeder (Antwerpen, Gem. v. Th. Boejeramus 19. Jh.);

Spruchband mit dem Text »Non puto esse verum amatorem virginis, qui celebrare respuit festum suae conceptionis« (Lucca, Pinacoteca Nazionale, Gem. um 1477). *Besondere Szenen:* im Zusammenhang mit der unbefleckten Empfängnis Mariens (Fiesole, S. Francesco, Gem. v. P. di Cosimo Ende 15. Jh.); A. im Theologendisput über die Unbefleckte Empfängnis mit Eva und Schlange (Berlin-Dahlem, Gemäldegalerie, Gem. v. G. Genga um 1515).

Ansgar von Hamburg
Bischof, hl.
Fest: 3. 2.
Leben: * 801 bei Corbie, Eintritt in das dortige Kloster, 823 Lehrer an der Klosterschule Corvey (Westfalen), 826–828 von Kaiser Ludwig beauftragt, in Dänemark und Schweden zu missionieren. 831 zum Bischof des neu gegründeten Bistums Hamburg von Drogo von Metz geweiht im Beisein der Bischöfe von Mainz, Reims, Trier, Bremen und Verden, 832 von Papst Gregor IV. zum Legaten für die nordischen Völker ernannt, 845 Bischof von Bremen, 852 zweite Missionsreise in Schweden. † 865 in Bremen.
Legende: A. tritt mit fünf Jahren nach dem Tod seiner Mutter in das Kloster Corbie ein. – A. knüpft Fischernetze. – A. löst Gefangene aus. – A. gründet die Petrikirche in Hamburg. – A. wird mehrerer Visionen gewürdigt.
Patronat: Bistum Hamburg, Bremen.
Verehrung und Kultorte: Nordwestdeutschland, skandinavische Länder.
Darstellungen in der Kunst: *Gewandung:* als Bischof mit Stab, Mitra und Pallium (Borby bei Eckernförde, Tympanonrelief 2. Hälfte

12. Jh.); als Benediktiner und Glaubensbote (Muri, Abteikirche, Fresko v. F. Giorgioli 1696/97). *Attribute:* Kirchenmodell (Hamburg, Petrikirche, Fig. v. B. Notke 1480/90); Bremer Ratsschlüssel (Ramelsloh, Stiftskirche, Glasmalerei Ende 15. Jh.). *Zyklen:* Bremen/S.Ansgar, Wandmalerei 15. Jh.

33 Antonius Abbas, der Große
Einsiedler, hl.
Fest: 17. 1.
Leben: * kurz nach 250, um 271 besuchte A. als Mönch Alexandrien und verursachte einen Volksauflauf, weil alle den Mann Gottes sehen wollten, lebte unweit des Roten Meeres auf dem Berg Kolzim, an dessen Fuß sich eine Kolonie von Einsiedlern bildete. Mit 90 Jahren besuchte A. Paul von Theben. † 356 im Alter von 105 Jahren. Unter den Schriften sind sieben Briefe in lateinischer Fassung erhalten, darunter ein Einführungsunterricht für Novizen des Mönchtums.
Legende: Die Vita verfaßte Athanasius v. Alexandrien. Sie zeigt den im immerwährenden Dämonenkampf siegreichen Gottesmann mit Zügen eines Wundertäters: A. studiert die hl. Schriften. – A. teilt seinen Besitz an die Armen aus in radikaler Befolgung der Worte Christi: »Verkaufe alles, was du hast« bei Mt. 19,21. – A. übergibt seine Schwester einer Jungfrauengemeinschaft. – A. treibt Dämonen aus einem Mädchen aus. – A. lebt in einem Felsengrab. – A. erscheint der Teufel in Gestalt eines schwarzen Knaben. – A. wird von einer großen Schar böser Geister in seiner Höhle geschlagen und gezerrt, so daß ein Knecht (Var.: ein anderer Einsiedler) ihn für tot hält und auf seinen Schultern zur Bestattung davon trägt, doch kommt A. in der Nacht wieder zu sich. – A. sieht auf seinem Weg in die Wüste eine silberne Schüssel liegen, erkennt sie aber als Blendwerk des Teufels und läßt sie unberührt liegen, daraufhin löst sie sich in Rauch

auf. – Als A. die Welt mit unentwirrbaren Schlingen überspannt sieht, wird ihm in einem Gesicht die Gewißheit, daß nur Demut die Welt von den Verstrickungen lösen kann. – Engel erheben A. in den Himmel, während die Teufel dies nicht verhindern können, da er als Mönch in der Wüste ohne Sünde war. – Einem Bogenschützen, der Anstoß an der Fröhlichkeit der Einsiedler nimmt, befiehlt A., immer wieder aufs Neue seinen Bogen zu spannen, bis der Schütze sich weigert, weil dieser zerbrechen könne, und A. ihm dies als Bild des Lebens mit Gott deutet: »Würden wir uns über unser Maß anspannen, wären wir bald zerbrochen«. – Ein Engel wird zu A. gesandt, als dieser in der Einsamkeit Langeweile empfindet, um ihn durch Arbeit und Gebet anzuspornen. – A. sieht in einem Gesicht, wie Rosse den Altar Gottes zerstampfen, und deutet dies als Gefahr für den Glauben der Christen. Zwei Jahre später brechen die arianischen Streitigkeiten aus. – A. schreibt dem ägyptischen Herzog (sic!) Bellachius, der als Anhänger des Arius rechtgläubige Nonnen und Mönche entkleiden und mit Geißeln schlagen ließ, einen Brief, in dem er ihm den Zorn Gottes androht. Bellachius wird fünf Tage später von seinem eigenen Pferd zerstampft. – A. macht sich auf die Suche nach dem Einsiedler Paul von Theben, wobei ein Satyr, ein Hippocentaurus und ein Wolf ihm den Weg weisen. – Der Rabe, der Paul von Theben täglich ein Brot als Mahlzeit bringt, schafft am Tag des Besuches von Antonius zwei Brote herbei. – A. erfährt in einem Gesicht den Tod Pauls von Theben, dessen Seele Engel in den Himmel tragen. – Zwei Löwen graben für Paul von Theben das Grab. – Als A. den Tod nahen fühlt, bittet er seine Gefährten, den Mantel, den ihm Athanasius einst schenkte, nach seinem Tod zurückzubringen. – A. wird auf eigenen Wunsch an einer geheimen Stelle begraben, deswegen wird sein Leichnam erst 561 gefunden und

nach Alexandrien gebracht. Posthume Legenden: A. heilt den Sohn eines Edelmannes vom sog. Antoniusfeuer.

Patronat: Antoniter-Orden (gegründet 1059 in St-Didier-de-la-Motte); Antoniter-Chorherren (1217 gegründet für die Krankenpflege); Antoniter-Ritterorden (1382 durch Adalbert von Bayern gegründet); Schutzpatron der Armen, Kranken, Haustiere, Schweine, Schweinehirten, Metzger, Bürstenmacher, des Ritterstandes. Angerufen gegen A.-Feuer und Pest.

Verehrung und Kultorte: Konstantinopel (Leichnam 635 vor den Sarazenen gerettet), Reliquien in Freckenhorst (seit 865), Siena/Ospidale di S. Maria della Scala(15. Jh.); Frankreich, Burgund.

Aberglauben: Gegen das A.-Feuer, das von A. sowohl als Strafe verhängt als auch als Beschützer abgewehrt werden kann, wird A.-Wasser eingesetzt. – In Schlesien vergeht das A.-Feuer, wenn einer männlichen Person eine weibliche oder umgekehrt dreimal Funken mit einem Feuerstein aus der Haut schlägt. – Das durch ein umgehängtes Glöckchen kenntlich gemachte A.-Schwein, entstanden aus einem Privileg der Antoniter, als Entgelt für ihren Krankendienst ihre Schweine frei weiden lassen zu dürfen, wird auf Gemeindekosten gehalten, und zu Weihnachten (Var.: Silvester) mit Efeu gegen Bräune und Bezauberung bekränzt, zum Schlachter geführt, sein Fleisch in der Kirche an Arme verschenkt. – In Graveson an der Rhonemündung taucht man eine A.-Statue am 27. April um gute Ernte, Schutz vor Epidemien und gefahrlose Entbindungen dreimal in einen Bach. – A.-Brot schimmelt nicht. – Im Allgäu soll man am A.-Tag die Stube nicht ausfegen, damit der Raum von Wanzen verschont bleibt.

Darstellungen in der Kunst: *Gewandung:* als Einsiedler in enger, weitärmliger bis zu den Füßen reichender, geflochtener Tunika (Köln, St. Kunibert, Wandmalerei um 1250); als greiser Mönch in härenem, gegürtetem Gewand mit schwarzem Mantelumhang, in der Tracht der Antoniter in faltigem, mit mittelweiten Ärmeln versehenem gegürteten Rock, schmalem Skapulier, mit Kapuze versehener Kappa, oft mit aufgenähtem T-förmigen Kreuzchen als Ordensabzeichen der Antoniter, und Birett (Zürich, Polytechnische Hochschule, Schrotblatt aus Köln um 1470/80). *Attribute:* Krückstock (München, Alte Pinakothek, Gem. v. S. Lochner 15 Jh.); Taustab (Colmar, Unterlindenmuseum, Gem. vom Marienaltar aus Isenheim v. M. Schongauer um 1470); Abtsstab (Münster, Landesmuseum, Fig. aus einem Retabel von Kloster Marienfeld Anfang 16. Jh.); Stab mit kugeligem Knauf (Rothenburg, Jakobskirche, Hochaltarfig. von T. Riemenschneider); Stab (Enkhausen bei Arnsberg, Fig. Anfang 16. Jh.); T-förmiges Handkreuzchen (Gallmannswei bei Stockach, Fig. Ende 15. Jh.); Handkreuz, um damit Dämonen siegreich abzuwehren (Eichstätt, Mariensteiner Kirche, Gem. um 1500); Kreuz mit zwei Querbalken (Garmisch, alte Pfarrkirche, Glasmalerei um 1440); Rosenkranz (Rostock, Marienkirche, Fig. am Rochusaltar Anfang 16. Jh.); Buch mit Ordensregeln (Colmar, Unterlindenmuseum, Fig. vom Isenheimer Altar v. H. Hagenauer Ende 15. Jh.); Glöckchen als Zeichen des Antoniterprivilegs, für ihre Spitäler Almosen zu sammeln (Lübeck, Marienkirche, Fig. am Lettner 1518); Krückstock mit Glöckchen (Gehmen/Westfalen, Fig. Ende 15. Jh.); mit Glöckchen versehener Taustab (Zöschau/Sachsen, Retabelgem. frühes 16. Jh.); zwei am Querbalken des T-Kreuzes befestigte Glöckchen (Reisbach/Niederbayern, Fig. um 1510); Glöckchen an der Fackel (Münster/Westfalen, Fig. des ehem. Lettners um 1545); Glöckchen am Hals des Schweinchens (Rostock, Nikolaikirche, Gem. um 1450); Fackel (Laer/Westfalen, Fig. um 1450); Gefäß mit Feuer (Zülpich, Retabelfig. um 1500); in Flammen stehend (Mesum/Westfalen, Fig. um 1500); über Flammen sitzend als Hinweis auf die Bekämpfung des Antoniusfeuers (München, Graphische Sammlung, Holzschnitt um 1450); Schweinchen (Altenbeken/Westfalen, Fig. um 1500); Schweinchen unter der Kappa (Burg auf Fehmarn, Fig. 15. Jh.); das Schweinchen bei der Fütterung (Besigheim, Stadtkirche, Relief um 1520); Teufel unter dem Fuß des hl. A. (Havixbeck, Fig. Ende 15. Jh.); zwei Teufel (Enkhausen, Fig. 15. Jh.); drei Teufel (Linz/Donau, Studienbibliothek, anonymer Kupferstich 15. Jh.); Teufel mit Prunkbecher (Lübeck, Annenmuseum, Retabelfig. vom Antoniusretabel 1522); Teufelsfratze (Herford, Münsterkirche, Fig. Ende 15. Jh.); drei gehörnte Teufelsfratzen (Cappenberg, Fig. spätes 15. Jh.). *Besondere Szenen:* Besuch des A. bei Paul von Theben (Madrid, Prado, Gem. von D. Velázquez); Versuchung des A. (Colmar, Unterlindenmuseum, Flügel vom Isenheimer Altar des Meisters MGN; Duisburg, Museum, Gem.

v. M. Ernst 1945; Bremen, Kunsthalle, Triptychon v. M. Beckmann 1936/37); Versuchung des A. durch den Teufel in Gestalt einer krallenbewehrten Frau (Madrid, Prado, Gem. v. J. Patinir 16. Jh.). *Zyklen:* Chartres/Kathedrale, Glasmalerei an der Südseite des Chores, 13. Jh.; Salem/Museum im ehem. Kloster, Salemer Altar v. M. Schaffner 1517; München/Alte Pinakothek, Kölner Gem. um 1500.

Antonius Maria Claret

Erzbischof, Claretiner, hl.

Fest: 24. 10. (vor der Kalenderreform 23. 10.).

Leben: * 1807 in Sallent/Spanien als Sohn eines Webers, 1835 Priesterweihe, konnte wegen schwächlicher Konstitution nicht Jesuit werden, Missionsprediger in Katalanien, 1849 Gründung der Missionsgesellschaft der »Söhne des Unbefleckten Herzens Mariä« (Claretiner), 1855 Gründung des »Apostolischen Bildungsinstituts von der unbefleckten Empfängnis« (Claretinerinnen), 1850 – 1857 Erzbischof v. Santiago de Cuba, 1857 Beichtvater der Königin Isabella II., 1869/70 Teilnehmer am I. Vaticanum, † 24. 10. 1870 im Zisterzienserkloster Fontfroide (Südfrankreich).

Darstellungen in der Kunst: *Gewandung:* als Erzbischof mit Soutane, Rochett und Cappa magna (Rom, Cura Generalizia dei PP Claretini, Gem. v. F. Barrio 19. Jh.). *Attribut:* über dem Brustkreuz strahlendes Medaillon.

Antonius Maria Zaccaria von Cremona

Barnabit, hl.

Fest: 6. 7. (vor der Kalenderreform 5. 7.).

Leben: † 1502 in Cremona, tätig als Arzt, 1528 Priesterweihe, 1530 Mitgründer der Regularkleriker v. hl. Paulus (Barnabiten, genannt nach dem St. Barnabaskloster in

Mailand, das 1538 bezogen wurde) und der »Englischen Schwestern vom hl. Paulus« (Angeliken). A. gilt als Vorkämpfer der sogenannten »Katholischen Reform« in der Lombardei und in Venezien, einer inneren Erneuerungsbewegung nach dem religiösen Niedergang im Laufe des Spätmittelalters. A. verbreitete die Andachtsformen des Vierzigstündigen Gebetes, förderte die Verehrung des Altarsakramentes und führte das Freitagsläuten als Brauch in der Kirche ein. † 1539.

Darstellungen in der Kunst: *Gewandung:* in Ordenstracht der Barnabiten (Kupferstich in Weigel, Columnae militantis ecclesiae, Nürnberg 1725 Nr. 64). *Attribute:* Lilie, Kelch, Hostie (Mailand, Bibliotheca Ambrosiana, Gem. v. V. Santagostini 17. Jh.).

74 **Antonius** von Padua
Franziskaner, hl.
Fest: 13. 6.
Leben: * 1195 in Lissabon als Fernando Martin de Bulhom, 1212 Eintritt in das Augustinerchorherrenstift Coimbra, Studium der Theologie, 1220 Übertritt in das dortige Franziskanerkloster, ausgelöst durch die Reliquienübertragung der fünf franziskanischen Martyrer aus Marokko, Wahl des Ordensnamens. A. zog als Missionar im gleichen Jahr nach Marokko, wo ihn Krankheit an Missionspredigten hinderte, auf der Rückreise wurde A. nach Sizilien verschlagen, 1221 Teilnahme am Generalkapitel des Ordens in Assisi, dort in die Provinz Romagna aufgenommen, lebte zurückgezogen in der Einsiedelei Monte Paolo bei Forli, 1222–1224 als Wanderprediger gegen die Katharer tätig, lehrte im Franziskanerkloster Bologna und machte die Theologie des hl. Augustinus für den Orden fruchtbar, 1224–1227 in Frankreich Predigttätigkeit gegen die Albigenser, Guardian in Puy, 1226 Kustos in Limoges, 1227 Provinzial der Romagna, 1230 von dem Amt befreit, um sich ganz der Predigttätigkeit in Padua widmen zu können. A. geißelte in seinen Ansprachen politische und soziale Verhältnisse und setzte sich für die Freilassung zahlungsunfähiger Schuldner aus dem Gefängnis ein, lebte im letzten Lebensjahr auf einem Nußbaum in Camposampiero, † 1231 auf dem Weg nach Padua. 1232 Heiligsprechung. 1946 zum Kirchenlehrer erhoben.

Legende: Umkreis der Predigttätigkeit: A. predigt zu den Fischen, die sich um ihn sammeln, während die Menschen fern bleiben. – A. predigt im Regen, ohne daß die Zuhörer naß werden. – Der Tyrann Ezzelin ist von der Predigt des A.'s so ergriffen, daß er sich einen Strick um den Hals und Nacken legt und sich schuldig bekennt. – A. hält eine Leichenpredigt nach Lukas 12,34: »Wo dein Schatz ist, ist dein Herz«. Die Angehörigen finden daraufhin das Herz des verstorbenen Geizhalses in dessen Geldtruhe. – A. zeigt einem drei Tage hungernden Esel das Hl. Sakrament, worauf der Esel sein Futter verschmäht und auf die Knie fällt. Daraufhin bekehrt sich ein Ketzer. – Ein Jüngling hat sich ein Bein abgeschlagen aus Reue, daß er damit seine Mutter mißhandelt hatte nach Mt 5,29. – A. heilt auf Bitten der Mutter das Bein wieder an. – A. erwirkt, daß ein Säugling die Unschuld seiner des Ehebruchs angeklagten Mutter bezeugt. – A. erweckt seinen Tags zuvor ertrunkenen Neffen. – A. erweckt ein in siedendes Wasser gefallenes Kind vom Tode. – A. erweckt einen Jüngling, damit er die Unschuld seines Vaters (Var.: seiner Eltern), dem Mord an dem Jüngling vorgeworfen wird, bezeugt. – Eine Besessene, der A. einen Zettel mit der Antiphon »Ecce crucem« im Schlaf um den Hals gehängt hat, wird von Dämonen befreit. – A. bewirkt, daß ein zu Boden geworfener Glasbecher nicht zerbricht. – A. rettet eine von ihrem Mann verwundete Frau. – A. erscheint das Jesuskind in einer Lichtglorie. –

Antonius von Padua

Andr. Matth. Wolffgang Sculps.

Bekannt sind ferner 47 posthume Legenden, darunter: A. rettet ein Schiff aus Seenot. – A. befreit Alicante von der Herrschaft des Beys von Algier. – A. wirkt bei der Eroberung von Oran 1732 ein.

Patronat: Patron von Padua, Lissabon, Spalato, Paderborn, Hildesheim, Liebenden, Eheleuten, Frauen, Kindern, Reisenden, Pferden, Eseln, Bergleuten, Fayencefabrikanten. Gegen Unfruchtbarkeit, Fieber, Dämonen, Schiffbruch, Kriegsnot, Pest, für das Wiederfinden verlorener Gegenstände.

Verehrung und Kultorte: Reliquien 1263 nach Padua/S. Antonio im Beisein des hl. Bonaventura transloziert; A. genießt weltweite Verehrung, bes. im Franziskanerorden und in Padua/Il Santo.

Aberglauben: Antoniussegen zum Schutz gegen böse Geister, ferner Bannspruch böser Geister während der Schatzsuche.

Darstellungen in der Kunst: *Gewandung:* als bartloser, junger Franziskaner (Florenz, Accademia, Diptychon v. Berlingheri 13. Jh.); als bärtiger Franziskaner (Assisi, S. Francesco, Oberkirche, Fresko 13. Jh.); als Augustinerchorherr (Kupferstich v. J.B. Jezl 18.Jh); als Gelehrter (Bergamo, Accademia, Gem. v. S. del Piombo); als Admiral in Uniform (St. Anton bei Riez, Fig. 18. Jh.). *Attribute:* Buch (Köln, Wallraf-Richartz-Museum, Gem. 1. Hälfte 15. Jh.); Flamme (Florenz, S. Croce, Fresko v. A Gaddi um 1394); flammendes Herz (Rom, Aracoeli, Gem. v. B. Gozzoli 15. Jh.); Lilie (Padua, Il Santo, Fig. v. Donatello 1448); Jesuskind stehend oder sitzend (Wien, Kunsthistorisches Museum, Gem. v. G. David um 1500); Jesuskind in einer Mandorla vor der Brust (Badajoz/Spanien, Kathedrale, Holzrelief an der Chorgestühlsstalle 1555); Jesuskind in Gebetsnuß im geöffneten Buch liegend (Madrid, Prado, Gem. v. El Greco um 1600); Fisch, Kreuzzettel (Wien, Kunsthistorisches Museum, Antependium um 1502); Esel, Monstranz und Hostie (Creisfeld/Sachsen, Predella um 1500). *Besondere Szenen:* Als Prediger im Nußbaum (Venedig, Accademia, Gem. v. Sebastiani 17. Jh.); Fischpredigt (Rom, Gal. Borghese, Gem. v. P. Veronese 16. Jh.); Hostienwunder (Esztergom, Museum, Gem. 1. Hälfte 18. Jh.); Erscheinung des Jesuskindes (St. Petersburg, Eremitage, Gem. v. B. E. Murillo). *Zyklen:* Assisi/S. Francesco, Oberkirche, Glasmalerei um 1300; Padua/S. Antonio, Reliefs am A.-Grab v. Donatello und Werkstatt; Partenkirchen/St. Anton, Fresko v. J. E. Holzer 1736.

Apollinaris von Ravenna
Bischof, Martyrer, hl.

Fest: 23. 7. (Todestag).

Leben: erster Bischof von Ravenna, † um 75 in Classe bei Ravenna, nach anderer Version um 200 n. C., Martyrium fraglich. Begraben in Classe, 856 Translation der Reliquien nach Ravenna in die Kirche S. Martino al cielo d'oro, seitdem S. Apollinare Nuovo.

Legende: A. begleitet als Jünger den Apostel Petrus von Antiochien nach Rom. – A. wirkt als Missionar in Ravenna. – A. heilt den blinden Sohn des Soldaten Irenäus. – A. wird von Petrus zum Bischof gesalbt. – A. muß sich vor dem Tribun von Ravenna verteidigen. – A. heilt Thekla, die Gattin des Tribunen. – A. erweckt die Tochter des Stadtpräfekten Rufus. – A. wird in den Kerker geworfen, dort von Engeln gespeist. – A. bringt den Apollotempel in Ravenna durch sein Gebet zum Einsturz. – A. entkommt nach Mißhandlung zu Schiff. – A. predigt in Dalmatien. Nach Ravenna zurückgekehrt, wird A. mit einer Keule erschlagen. – A. erscheint dem Gründer der Kamaldulenser Romuald.

Patronat: Ravenna, Classe, Aachen-Burtscheid, A.-Kloster, Remagen, Düsseldorf, der Nadler, gegen Gicht, Gallensteine, Epilepsie, Krankheiten der Geschlechtsteile.

Verehrung und Kultorte: Reliquien in Ravenna/S. Apollinare Nuovo, Reims, Dijon/

St-Benigne, Apollinarisberg bei Remagen (Kopfreliquie seit 1394 bezeugt mit Wallfahrt seit dem 14. Jh.); Düsseldorf/St. Lamberti, Siegburg/Pfarrkirche (A.-Schrein seit 1446), Gorkum bei Utrecht (Armreliquie), Obermichelbach bei Mulhouse im Elsaß, Aachen-Burtscheid/A.-Kloster (v. Otto III. gegründet).

Aberglauben: Wer A. auf dem Apollinarisberg soviel Ähren opfert wie sein Körpergewicht, wird von der Fallsucht geheilt.

Darstellungen in der Kunst: *Gewandung:* als Bischof des byzantinischen Ritus in Dalmatik, Planeta und Pallium (Ravenna, S. Apollinare in Classe, Mosaik. 6. Jh.); als Bischof des lateinischen Ritus mit Stab und Mitra (Spoleto, Pinacoteca Communale, Gem. v. L. di Tommé um 1370). *Attribute:* Krone (Ravenna, S. Apollinare Nuovo, Langhausmosaik 3. Viertel 6. Jh.); Keule (Holzschnitt aus »Vita Sanctorum« 1488). *Zyklen:* Chartres/Kathedrale, Glasmalerei 13. Jh.; Rom/S. Apollinare, Fresko (zerstört, durch Stiche überliefert) v. Pomarancio 16. Jh.; Apollinarisberg bei Remagen, Wandmalerei v. A Müller 1856.

Apollonia von Alexandrien
Jungfrau, Martyrerin, hl.
Fest: 9. 2.
Leben: A., eine betagte Christin, erlitt 249 das Martyrium in Alexandrien.
Legende: A., die Tochter eines Königs, besitzt unermeßlichen Reichtum und wird in einem Turm von zwölf Jungfrauen bedient. – A. verschenkt ihren Schmuck, ein Geschenk ihres Lieblingsbruders. – A. verweigert eine ihr zugedachte Ehe. – A. wird von einem Engel zu einem Einsiedler geführt, wo sie die Taufe empfängt. – A. wird von Engeln aufgefordert, in Alexandria zu predigen. – A. verspürt den Haß eines Zauberers, der die Volksmenge gegen sie aufrührt, so daß A. neben anderen Christinnen auf die Straße

geschleift und gemartert wird. – Die Königstochter A. wird auf Befehl ihres Vaters gemartert. (Var.: A., die Schwester des Laurentius, ist nach Ägypten ausgewandert, wo sie unter Kaiser Decius das Martyrium erleidet). – A. werden die Augen ausgestochen, doch Engel erneuern das Augenlicht. – A. werden die Ohren mit Blei ausgegossen. – A. wird die Haut mit einem Messer abgezogen. – A. werden durch Zertrümmern der Kinnlade alle Zähne ausgeschlagen (Var.: A. werden alle Zähne mit einer Zange ausgerissen). – A. springt freiwillig in das Feuer, in das sie gestoßen werden soll (Var.: A. wird mit dem Schwert enthauptet).

Patronat: Zahnärzte, gegen Zahnleiden.
Verehrung und Kultorte: ausgehend vom Orient in ganz Europa, besonders am Rhein in Deutschland und den Niederlanden. Wallfahrt in Staufen (Schwarzwald) zum Löffelkäpili.
Aberglauben: Wer den Mund mit Wasser aus dem A.-Brunnen auf dem Kapellenberg in Sachsen spült, bekommt nie mehr Zahnweh. – Bei Staufen (Schwarzwald) legen Zahnwehkranke den Speiselöffel im »Löffelkäpili« zu Füßen einer A.-Statue nieder und erfahren Linderung. – Ebenda hängen Frauen Hemdchen der Kinder, die schwer zahnen, an der A.-Statue auf. – Die Würmer aus den Zähnen zieht der A.-Wurz in Bayern.
Darstellungen in der Kunst: *Gewandung:* als Jungfrau in der Zeitmode gehorchender Tracht (Brüssel, Musées Royaux des Beaux-Arts, Gem. v. Meister der Lucia-Legende Ende 15. Jh.) mit Kopftuch (Pisa, Museo Civico, Gem. v. S. Martini 14. Jh.); als Fürstin (Prag, Nationalgalerie, Gem. am Rahmen der Schwanbergschen Heimsuchung um 1450); als Hofdame (Paris, Louvre, Gem. v. F. Zurbarán 1636); als Einsiedlerin (Kupferstich v. J. Sadeler nach M. de Vos 1600). *Attribute:* Palme (Verona, Museo del Castelvecchio, Gem. v. Martino da Verona 16. Jh.); Zange mit Zahn zwischen den Grei-

fern (Regensburg, Alte Kapelle, Fig. Mitte 18. Jh.); geschlossenes Buch (Mailand, Collezione Poldi-Pezzoli, Gem. 15. Jh.); geöffnetes Buch (Saint Louis, City Art Museum, Gem. 15. Jh.); Buchbeutel (zahlreiche frühe Holzschnitte); Meißel (Bergheim, Hochaltar, Fig. 1707); Meißel und Klauhammer als Zahnarztinstrumente (Villingen, Museum, Gobelin Ende 15. Jh.); Krone, Szepter (Prag, Nationalgalerie, Gem. am Rahmen der Schwanbergschen Heimsuchung um 1450); Bohrer zum Augenausstechen, Messer zum Hautabziehen und Zange (Köln, Kunstgewerbemuseum, Wandteppich aus Neuburg/Donau um 1425). *Martyrium:* Ausziehen der Zähne (Brünn, Landesmuseum, Gem. um 1430); auf einem Folterbrett liegend (Chantilly, Musée Condé, Stundenbuch des Etienne Chevalier, Buchmalerei um 1450); Feuertod (Kupferstich v. J. Sadeler nach M. de Vos 1600). *Zyklen:* Florenz/Accademia, Predella v. F. Granacci 16. Jh.

Athanasius der Große v. Alexandrien
Bischof, Kirchenvater, hl.
Fest.: 2. 5.
Leben: * um 296 in Alexandria; als Diakon und Sekretär seines Bischofs Alexander Teilnehmer am Konzil von Nikaia 325, dort erste Dispute mit Arianern, 328 zum Bischof in Alexandria geweiht. Wegen A.'s Weigerung, Arius wieder in die Gemeinschaft der Gläubigen aufzunehmen, wurde A. auf Grund falscher Anklagen von der Synode von Tyrus 335 abgesetzt und von Kaiser Konstantin nach Trier verbannt. 337 Rückkehr nach dessen Tod, 339 auf der Synode von Antiochien erneut abgesetzt, floh er zu Papst Julius I. nach Rom. 346 wurde ihm auf einen bereits 343 gestellten Antrag der Synode von Sardika die Rückkehr von Kaiser Konstantius gestattet, nachdem 345 sein Gegenbischof Gregor gestorben war. 355 von der Synode von Mailand erneut abge-

setzt, begab er sich zu den Mönchen in die ägyptische Wüste; sein Gegenbischof Georg wurde 361 ermordet. Von Kaiser Julian 362 zurückgerufen, wurde er von der heidnischen Reaktion als »Friedensstörer und Feind der Götter« zum vierten Mal vertrieben, eine fünfte Verbannung traf A. unter Kaiser Valens, infolge der drohenden Haltung seiner Diözesanen wurde er nach kurzer Zeit wieder zurückgerufen. † als Bischof 373. Wichtigste Schrift sind die drei Reden gegen die Arianer, in denen A. die nizänische Lehre vom ewigen Ursprung des Sohnes aus dem Vater und der wesenhaften Einheit des Sohnes mit dem Vater verteidigt. Um 357 verfaßte A. die Vita des hl. Antonius, den er in seiner Jugend persönlich kennengelernt hatte.

Verehrung und Kultorte: Als Kirchenvater in der lateinischen Kirche und in allen Ostkirchen verehrt.

Darstellungen in der Kunst: *Gewandung:* als Bischof des ostkirchlichen Ritus in Stoicharion, Epitrachelion, Epigonation, Phelonion, Omophorion und Evangeliar (Palermo, Capella Palatina, Mosaik nach 1130); als Bischof des lateinischen Ritus (Valladolid, Kathedrale, Gem. v. Meister v. S. Ildefonso Ende 15. Jh.); als Kardinal (Gotha, Museum, Skizze v. P. P. Rubens 1620); als Mönch schreibend (Stuttgart, Landesbibliothek, Stuttgarter Passionale, Buchmalerei 12. Jh.). *Attribute:* Schriftrolle (Venedig, S. Marco, Mosaik 13. Jh.). *Besondere Szenen:* Die Weisheit inspiriert A. (Kupferstich bei Giulini, Erbauungsbuch, Augsburg 1754).

Augustinus von Canterbury

Bischof, Apostel Englands, hl.

Fest: 27. 5. (vor der Kalenderreform 28. 5., in England und dem Benediktinerorden 26. 5.).

Leben: A. wurde als Prior des Benediktinerklosters St. Andreas in Rom 594 mit etwa 40 Gefährten zur Mission nach England durch Papst Gregor den Großen entsandt. Zu dem Erfolg der Mission trug die fränkische Prinzessin Bertha bei. A. suchte einen Ausgleich zwischen altbritischen, sächsischen und römischen Gebräuchen und half, Mißtrauen langsam abzubauen. A. wurde zum Erzbischof von Canterbury und 601 zum Primas v. England ernannt. † 26. 5. 604/605. Begraben in der Klosterkirche St. Peter und Paul in Canterbury.

Legende: A. wird von Berichten über die Wildheit der Angelsachsen entmutigt und kehrt nach Rom zurück. – Der Papst sendet A. ein zweites Mal aus. – A. bekehrt König Ethelbert v. Kent.

Darstellungen in der Kunst: *Gewandung:* als Bischof im Ornat (Canterbury, Kathedrale, Glasmalerei um 1470); als Benediktiner-Missionar (Muri, Klosterkirche, Fresko v. F. A. Giorgioli 1696/97). *Besondere Szenen:* Ankunft A'.s in England (Rom, S. Gregorio, Capella del Triclino, Fresko v. A. Viviano da Urbino um 1600).

Augustinus von Hippo 30

Bischof, einer der vier abendländischen Kirchenväter, Kirchenlehrer, hl.

Fest: 28. 8.

Leben: * 354 in Thagaste. Ursprünglich zum Rhetor von seinem Vater bestimmt, studierte A. in Thagaste und Madaura. 371 Übersiedlung nach Karthago, lebte ausschweifend und in einem bis ca. 384 bestehenden Konkubinat, dem sein Sohn Adeodatus entsproß († 390). Obwohl seine Mutter Monika Christin war, ließ sie sich von ihrem Ehrgeiz nach einer glänzenden Zukunft ihres Sohnes leiten. Bei der Pflichtlektüre von Ciceros »Hortensius« während des Studiums erwachte die Sehnsucht nach der philosophischen Weisheit. A. schloß sich der Lehre des Manichäismus an, die ihm im Gegensatz zum Christentum als weniger autoritative und aufgeklärte Religion erschien. 374/75 Lehrer der freien Künste in Thagaste, doch wurde A. von seiner Mutter als vom Glauben Abgefallener nicht im Elternhaus aufgenommen. Zunehmende Skepsis am Manichäismus wurde durch ein Gespräch A.'s mit dem Manichäerbischof Faustus von Mileve bestärkt, dessen mangelhafte Bildung A. durchschaute. 383 Übersiedlung nach Rom gegen den Willen der Mutter, 384 durch Vermittlung des heidnischen Stadtpräfekten Quintus Aurelius Symmachus

Lehrer der Rhetorik in Mailand. Als Zuhörer der Predigten von Bischof Ambrosius von Mailand, der das Alte Testament allegorisch zu erklären pflegte, zeigte sich A. eine Möglichkeit, Gott als reinen Geist, die Geistigkeit der Seele und die Willensfreiheit trotz bestimmter Aussagen des Alten Testamentes zu postulieren. 386 Beschäftigung mit Schriften Plotins, wobei A. der neuplatonische Presbyter Simplicianus zeigte, wie die Logostheologie des Johannesprologs die Nouslehre Plotins vervollständige. Durch die Philosophie wurde A. ein Zugang zum Glauben an Gott eröffnet. A. hatte auch ein direktes Bekehrungserlebnis: Unter einem Feigenbaume liegend hörte er mehrfach eine Kinderstimme die Worte sprechen: tolle, lege (= nimm und lies). Er schlug in den Paulusbriefen die Stelle Röm 13,13 auf und alle Finsternis des Zweifels war geflohen. Im Herbst 386 legte er sein Lehramt nieder, zog nach Cassiciacum auf ein Landgut seines Freundes, um sich mit Beginn der nächsten Fastenzeit zur Taufe zu melden. In seinen »Bekenntnissen« schildert A., wie er unter Verzicht auf die Ehe enthaltsam leben und sich ganz der Erforschung der Wahrheit widmen wolle. 387 Taufe in der Osternacht mit seinem Sohn durch Bischof Ambrosius. Vor der Rückreise nach Afrika starb in Ostia A.'s Mutter Monika. A. lebte in klösterlicher Abgeschiedenheit in Thagaste. 391 begehrte ihn Bischof Valerius von Hippo als Presbyter, 395 Weihe zum Mitbischof, nach dem Tod des Valerius wurde A. Bischof von Hippo. Vornehmlich die Auseinandersetzung mit den Manichäern und Abhandlungen gegen die Irrlehre der Donatisten in Nordafrika prägen seine Wirksamkeit. 411 Disputation zu Karthago mit 286 katholischen und 279 donatistischen Bischöfen. Seit 412 Auseinandersetzung und Widerlegung des Pelagianismus. † 28. 8. 430 in Hippo. In seinen Schriften, die ihn zum bedeutendsten Philosophen und Theologen der alten Kirche wer-

den ließen, hat er den Neuplatonismus christianisiert. A. befaßte sich in seinen Untersuchungen mit vielen Themen, die von Gottesbeweisen, der Trinitätslehre, der Erbsünde und Gnade, oder den Sakramenten handeln, bezog aber auch zu ethischen und sozialen Fragen Stellung.

Legende: A. glaubt als Kind, daß der Feigenbaum weine, wenn man eine Frucht von ihm breche. – A.'s Mutter Monika träumt von einer hölzernen Schranke, an der sie einem Jüngling begegnet, der weissagt, wo sie sei, werde auch er sein. – A. entweicht heimlich von Thagaste nach Karthago. – A. liest unter Zahnschmerzen die Meinung des Philosophen Cornelius, das höchste Gut des Leibes sei, keinen Schmerz zu fühlen, er aber vor Schmerz die Sprache verliert. Erst als er auf Wachstafeln schreibt, die Christen möchten für ihn beten, fühlt er sich gesund. – Bei der Taufe A.'s entsteht das Te deum als Zwiegespräch zwischen Ambrosius und A. – A. rottet die Wiedertäufer(!), Donatisten und Manichäer aus. – A. treibt mit seinen Tränen, die in ein Ölgefäß geflossen sind, bei einer Frau in Hippo den Teufel aus. – A. treibt mit seinem Gebet ohne persönliche Anwesenheit einem Jüngling einen Teufel aus. – A. wäscht einem Pilger die Füße und erkennt Christus. – A. heilt einen Kranken vor einer gefährlichen Operation. – A. begegnet, über das Geheimnis der Dreifaltigkeit sinnend, einem Knäblein, das das Meer mit seiner Schöpfkelle in eine Sandkuhle schöpfen will, und erhält auf seine Zweifel hin die Antwort, eher gelingt dies, als daß du das Wesen Gottes erfassen kannst. – A. erhält Einblick in das Sündenregister, das der Teufel von der Menschheit angelegt hat und findet bei sich den Eintrag, die Complet vergessen zu haben. Als er dies nachgeholt hat, ist die Eintragung zum Ärger des Teufels gelöscht.

Patronat: Augustiner-Chorherren, Augustiner-Eremiten, Stadt Karthago, Theologen.

Verehrung und Kultorte: Leichnam aus Sardinien um 700 nach Pavia/S. Pietro in Ciel d'Oro gebracht, 1695 in der Krypta wiederentdeckt, wo er im 12. Jh. in Kriegswirren versteckt worden war. Im 18. Jh. im Dom zu Pavia, 1900 rückübertragen. Karthago (seit 10. Jh.); Trier (10. Jh.); Spanien (1677 auf Bitten Karls II. kirchlicher Feiertag).
Aberglauben: Schildwächter der Stunde von 12–1 Uhr, wer zu dieser Zeit stirbt, kann die besondere Fürbitte des hl. A. erflehen.
Darstellungen in der Kunst: *Gewandung:* in Toga als römisches Autorenportrait (Rom, Lateran, alte Bibliothek unter der Capella Sancta Sanctorum, Fresko spätes 6. Jh.); als Bischof in Casel mit Pallium (Stift Nonnberg/Salzburg, Wandmalerei Mitte 12. Jh.); als Bischof im Pluviale (Münster, Landesmuseum, Fig. 18. Jh.); als Bischof in Soutane und Cappa magna (Florenz, Ognisantikirche, Fresko v. S. Botticelli Ende 15. Jh.); als Gelehrter (Florenz, Ognisantikirche, Fresko v. S. Botticelli); als Augustinerchorherr (Augsburg, Hl. Kreuz, Gem. v. J. Magges 1767); als Augustinereremit (Rimini, S. Agostino, Fresko 14. Jh.). *Attribute:* ins Ohr flüsternder Engel (Paris, Bibliothèque Nationale Cod. Par. lat. 1987 fol. 43, Buchmalerei 11. Jh.); Geisttaube (München, Alte Pinakothek, Kirchenväteraltar aus Neustift bei Brixen v. M. Pacher 1483); Adler (Berlin, Kupferstichkabinett, Kupferstich v. Meister der Berliner Passion 15. Jh.); Schreiber (Orléans, Bibliothek MS 46 fol. 1, Buchmalerei 10. Jh.); Schülerschar (Florenz, MS Pluto 12. 17 fol 3v, englische Buchmalerei 12. Jh.); einzelner Schüler (Engelberg, Cod. 15 fol. 125, Buchmalerei 12. Jh.); Schreibfeder und Tintenfaß in der Hand (Florenz, Ognisantikirche, Fresko v. S. Botticelli); Schreibfeder v. einem Putto emporgehalten (Augsburg, Hl. Kreuz, Gem. v. J. Magges 1767); Brille (Nürnberg, Lorenzkirche, Gem. v. 1477); Kind mit dem Löffel als Anspielung auf die entsprechende Legende (Eichstätt, Diöze-

sanmuseum, linker Flügel des Rosenkranzaltares um 1520); Herz in der Hand, von zwei Pfeilen durchbohrt als Sinnbild der Gottes- und Nächstenliebe (Münster, Landesmuseum, Gem. v. Meister des Schöppinger Retabels 15. Jh.); von Pfeil durchbohrtes Herz (Köln, Wallraf-Richartz-Museum, Gem. v. S. Lochner 1445/50); flammendes Herz (Bonn, Landesmuseum, Triptychon frühes 15. Jh.); von Putten emporgehaltener Lilienkranz, Lilie, Zügel, Amor mit Pfeil als Hinweis auf die ausschweifende Jugend und Bekehrung (Mainz, Augustinerkirche, Fresko v. J. B. Enderle 1771/72). *Besondere Szenen:* A. zwischen dem die Seitenwunde zeigenden Christus und der Milch aus der Brust pressenden Gottesmutter Maria (Madrid, Accademia S. Fernando, Gem. v. P. P. Rubens); Szene des Tolle-Lege (Paris, Louvre, Zeichnung v. Charles le Brun 17. Jh.); Übergabe der A.-Regel (Venedig, Accademia, Gem. v. C.

Augustinus von Hippo

Calieri). *Zyklen:* Erfurt/Augustinerkirche, Glasmalerei 1. Viertel 14. Jh.); Pavia/S. Pietro in Ciel d'Oro, Reliefs v. G. Balduccio 1362; S. Gimignano/Augustinerkirche, Fresken v. B. Gozzolo und G. d'Andrea 1465; Neustift bei Brixen, Altargem. des Meisters v. Uttenheim 1460/70; Rottenbuch/Augustiner-Chorherrenkirche, Fresken v. M. Günther 1742; Mainz/Augustinerkirche, Fresken v. J. B. Enderle 1771/72.

B

Barbara

Jungfrau, Martyrerin, Nothelferin, hl.
Fest: 4. 12.
Legende: nach Vita und Passio von Simeon Metaphrastes des 9. Jh., den sog. Dicta Originis de Beata Barbara und der erweiterten Legende von Johann v. Wackerzeele aus der 2. Hälfte des 15. Jh.: B. wird im 3. Jh. in Nikomedien (Var.: in Heliopolis oder Catania) als schöne und kluge Tochter des Heiden Dioscurus geboren. – B. richtet in einem Brief Fragen an den Kirchenvater Origines, der ihr durch den Priester Valentinus Antwort zuteil werden läßt. – Valentinus wird von B. als Arzt bezeichnet und erhält so Zutritt. – Valentinus tauft B. (Var.: B. wird vom hl. Geist erleuchtet, steigt in ein heidnisches Brunnenbecken und wird von Johannes dem Täufer in einer Vision getauft). – B. wehrt sich gegen die Heiratspläne ihres Vaters, bekehrt sich zum Christentum und läßt als symbolisches Zeichen in das an einem Turm angebaute Badehaus ein drittes Fenster (Var.: drei Kreuze in den Stein meißeln) brechen. (Var.: der Vater sperrt B. in einen Turm ein, damit sie in der Einsamkeit Gefallen an der Ehe finde). – B. erhält vom Jesusknaben eine Straußenfeder als Zeichen der Jungfräulichkeit. – B. erklärt dem Vater die Bedeutung des dritten Fensters, worauf er B. verurteilen läßt. – Auf der Flucht öffnet sich ein Felsen und verbirgt B. auf wunderbare Weise. (Var.: B. wird an den Haaren vor den Statthalter Marcianus geschleppt der B. nackt durch die Straßen jagen und auspeitschen läßt. – Nicht schriftlich belegte Var.: Die Ruten verwandeln sich in Pfauenfedern, worauf B. ihren Peinigern entkommt und sich im Felsen verborgen hält). – Ein Hirte verrät B. – Die Schafe des Hirten werden daraufhin in Heuschrecken verwandelt. – B. wird eingekerkert, mit Ruten gegeißelt, mit Keulen geschlagen (Var.: B. werden die Brüste abgeschnitten), und mit Fackeln gebrannt. – B. soll nackt auf dem Marktplatz ausgepeitscht werden, doch breiten Engel über ihren Leib ein schneeweißes Gewand. – B. wird von ihrem Vater enthauptet. – (Var.: B. wird nachts von Engeln bzw. von Christus gepflegt, um am nächsten Tag erneut standhaft Martern ertragen zu können). – B. betet vor dem Tod für alle, die ihres Leidens gedenken und leistet Fürbitte, damit sie vor Pest, Tod und Gottes Gericht bewahrt blieben. – B.'s Vater wird nach der Tat vom Blitz erschlagen. – Posthume Legenden: B. rettet einen Prämonstratenser vor dem Ertrinken. – B. schützt einen Bauern vor dem Schwerthieb eines Soldaten. – B. heilt Krüppel und Arme, die vor ihrem Leichnam beten.

Patronat: Stadtpatronin von Edessa, Kairo, der Architekten, Bauarbeiter, Bergleute (besonders in Sachsen, Schlesien, Böhmen, Südtirol, Lothringen, im Ruhrgebiet erst seit dem 19. Jh.), Dachdecker, Gefangene, Gießer, Glöckner, Hutmacher, Köche, Maurer, Mädchen, Metzger, Steinhauer, Totengräber, Zimmerleute, der Artillerie; Turm- und Festungspatronin, der Feuerwehr, des Wehrstandes, für eine gute Sterbestunde.
Verehrung und Kultorte: Reliquien um 1000 in Venedig/S. Marco, dann in Torcello/S. Giovanni Evangelista.
Aberglauben: Lostag für das künftige Jahr. Am B.-Tag darf man nicht nähen, sonst legen die Hühner ein ganzes Jahr nicht. – In Ungarn soll man in der B.-Nacht verborgene Schätze heben. Knappen stellen in der B.-Nacht Speise und Trank für die »Bergmannl« auf den Tisch der großen Stube. – Wer am B.-Tag in der Grube zu Ehren der Heiligen ein Licht brennen läßt, stirbt eines natürlichen Todes. – B.-Glocken werden bei schwerem Gewitter geläutet. – Die Kirschenzweige, die am B.-Tag in der Stube ins Wasser gestellt werden, blühen in der Christnacht. – In Niederösterreich wird für jedes Familienmitglied ein Zweig ins Wasser gestellt. Wessen Zweig zuerst blüht, hat im kommenden Jahr Glück.
Darstellungen in der Kunst: *Gewandung:* in Tunika, Mantelpallium (Rom, S. Maria Antiqua, Fresko 705/706); in langem, gegürtetem Kleid und Mantel (München, Bayerisches Nationalmuseum, Pähler Altar, Gem. um 1400/10); in vornehmer Tracht der Zeitmode mit Haube (Köln, Wallraf-Richartz-Museum, Gem. v. Meister der hl. Sippe um 1514/15); in Zeitmode mit Krone (Ehrenfriedersdorf/Sachsen, Fig. 1512); im Schutzmantel (Kallwang/Steiermark, St. Sebastian, Fig. 1692). *Attribute:* Kreuz (Rom, S. Maria Antiqua, Fresko 705/06); Buch (Leipzig, Stadtmuseum, Gem. um 1500); viereckiger Turm in der Landschaft (Annaberg-Buchholz, Münzeraltar, Gem. 1521/22); runder Turm in der Landschaft (Köln, Wallraf-Richartz-Museum, Gem. v. Meister der hl. Sippe um 1514/15); runder Turm am Boden (Köln, Wallraf-Richartz-Museum, Gem. vom Meister des Kirchsahrer Altars 1425/30); sechseckiger Turm am Boden (Köln, Wallraf-Richartz-Museum, Gem. v. Meister der Georgslegende um 1460); viereckiger Turm

am Boden (Oberstadion/Württemberg, Gem. 1458); sechseckiger Turm in der Hand (Köln, Wallraf-Richartz-Museum, Gem. um 1370/80); runder Turm in der Hand (Köln, Wallraf-Richartz-Museum, Gem. um 1330); runder Turm mit sechseckigem Oberge-schoß in der Hand (Köln, Wallraf-Richartz-Museum, Gem. v. Meister der Verherrlichung Mariens um 1470), viereckiger Turm in der Hand (Köln, Wallraf-Richartz-Museum, Gem. v. Stephan Lochner 1445/59); runder Turm mit Kelch und Hostie im Inneren in der Hand (Köln, Wallraf-Richartz-Museum, Gem. v. Meister v. St. Severin um 1505/10); runder Turm mit Kelch und Hostie auf den Oberschenkeln (Köln, Wallraf-Richartz-Museum, Gem. v. Meister der Ursula-Legende um 1485); viereckiger Turm mit Kelch und Hostie am Boden (Berlin, Kupferstichkabinett, Schrotblatt um 1470/80); Kelch und Hostie in einer Turmnische (Donzdorf, Gem. Ende 15. Jh.); Kelch mit Hostie ohne Turm (München, Alte Pinakothek, Gem. v. H. Holbein d. Ä. 1516); Kelch ohne Hostie (Oberbobritzsch/Sachsen, Altar, Fig. 1521); Fackel, zwei Schwerter zu Füßen (Köln, Kunstgewerbemuseum, Weberei um 1525); Straußenfeder (Berlin, Kaiser-Friedrich-Museum, Glasmalerei v. H. Baldung-Grien 16. Jh.); Figur des überwundenen Heiden (Dioscurus?) zu Füßen (Wien, Stephansdom, Brauttor, Fig. um 1370); Kanonenrohr (Mailand, Brera, Gem. v. G. B. Morini 17. Jh.); Palme (Lübeck, Dom, Dorsalrelief 15. Jh.); Schwert (Ipthausen/Unterfranken, Fig. um 1760). *Besondere Szenen:* Flucht B.'s vor den Peinigern (London, Dulwich College Gallery, Gem. v. P. P. Rubens um 1620); B. läßt in den Turm ein Fenster brechen (Città del Vaticano, Pinacoteca, Gem. des Meisters v. S. Miniato um 1660/80); B. rettet einen Prämonstratenser und einen Bauern vor dem Schwerthieb (Paris, Musée des Arts Décoratifs, Gem. 15./16. Jh.); B. erscheint Sterbenden in den Wolken (Untermieming/Tirol, Pfarrhaus, Gem. v. J. E. Holzer 18. Jh.); B. als Kirchenpatronin lädt Gläubige zum lutherischen (!) Abendmahl (Holzkirch bei Ulm, Gem. Mitte 18. Jh.); *Martyrium:* Enthauptungs B.'s (Oberbobritzsch/Sachsen, Gem. 1521). *Zyklen:* zahlreich, nach Simeon Metaphrastes: Helsinki/Nationalmuseum, Gem. v. Meister Francke 1. H. 15. Jh.; nach den Dicta Originis: Neustift bei Brixen, Gem. v. F. Pacher um 1475/80; nach Johann v. Wackerzeele: Brüssel/Musées Royaux du Cinquantenaire, Schnitzaltar 16. Jh.

Barnabas

Gefährte des Apostel Paulus, Martyrer, hl.
Fest: 11. 6., in ostkirchlichen Riten 11. 4.
Leben: erwähnt in der Apg. 14, 14 als Apostel in weiterem Sinn. B.= Sohn des Trostes ist Beiname, der von den Aposteln dem Joseph Justus, einem Leviten aus Zypern, nach Apg 4, 36 gegeben wurde. B. war in der christlichen Urgemeinde wegen seiner Freigebigkeit und Mildtätigkeit berühmt, weil er einen Acker verkaufte und den Erlös den Aposteln zu Füßen legte (Apg 4, 36). B. führte Saulus in den Kreis der Apostel ein (Apg 9, 27), predigte mit Paulus in Antiochien (Apg 9, 27) und brachte die dort gesammelten Gelder nach Jerusalem (Apg 11, 22 ff). B. begleitete Paulus auf der 1. Missionsreise 45–48 (Apg 13–14), nahm am Apostelkonzil in Jerusalem teil (Apg 15, 2 ff). B. trennte sich auf der 2. Missionsreise von Paulus und ging mit seinem Vetter Johannes Markus nach Zypern (Apg 15, 36–39, Kol 4,10). Nach 1 Kor 9, 6 arbeitete B. mit Paulus wieder in Korinth zusammen. Laut Tertullian ist B. Verfasser des Hebräerbriefes.
Legende: B. missioniert in Alexandrien, Makedonien, Rom und Mailand. – B. war der erste Bischof von Mailand. – B. missioniert in Zypern, wo er das Matthäusevangelium mit sich führt. – Durch Auflegen der hl. Schrift

heilt B. Kranke. – B. heilt Timon durch Handauflegung. – Der Zauberer Elymas, den Paulus eine Zeitlang des Augenlichtes beraubt, wehrt B. den Zugang nach Paphos. – Als B. Männer und Frauen nackt in den Götzentempel laufen sieht, läßt er durch sein Gebet den Tempel einstürzen. – In Salamis wird B. von Juden ergriffen, gesteinigt und lebend verbrannt. – Seine Anhänger stehlen heimlich das Gefäß mit den Gebeinen, das man ins Meer werfen will und begraben es in einer Höhle.

Patronat: Stadtpatron von Mailand und Florenz wegen eines B. zugeschriebenen Sieges am B.-Tag 1269 über Siena bei Colle Val d'Elsa und 1289 über Arezzo bei Campaldino; des 1530 von A. M. Zaccaria gegründeten Barnabitenordens für Jugenderziehung und Mission, Weber, Böttcher, gegen Trübsal, Streit, Hagelschlag.

Verehrung und Kultorte: 485/86 Auffindung des Grabes, durch Kaiser Zeno, Translation der Reliquien zusammen mit einer Handschrift des Matthäusevangeliums in die B.-Kirche nach Konstantinopel; in Mailand B.-Asche seit dem 5. Jh., Haupt seit dem 6. Jh. Reliquien in Edenna bei Bergamo, Pavia, Genua, Cremona, Camerino, Bologna, Neapel, Prag, Köln, Andechs, Toulouse, Tournai, Namur, Florenz (seit 1311).

Aberglauben: Regen am B.-Tag schadet der Rebenblüte.

Darstellungen in der Kunst: *Gewandung:* im Bischofsornat (Saint-Junien, Marienkapelle, Fresko Mitte 13. Jh.); als Kardinal (Carrara, Accademia, Gem. v. A Vivarini 15. Jh.); in Lendenschurz und Mantel (Bergamo, Kathedrale, Gem. v. A Boselli 16. Jh.); in bürgerlicher Tracht (Venedig, Accademia, Gem. v. P. Veronese 16. Jh.). *Attribute:* Evangelienrolle (Lucca, Kapitelsbibliothek Passionale C, Buchmalerei um 1125); Evangelienbuch (Zafra, Gem. v. F. Zurbarán 1643/44); Ölzweig (Prato, Ospedale della Misericordia, Gem. v. G. da Milano 14. Jh.);

Kirchenmodell (Mailand, Dom, Fig. 18. Jh.); Hellebarde (Paris, Bibliothèque Nationale lat. 10532, Buchmalerei 16. Jh.); Schere, Bettler zu Füßen (Venedig, Accademia, Gem. v. P. Veronese 16. Jh.). *Besondere Szenen:* B.'s Erwählung zum Apostel durch den hl. Geist (Antwerpen, Museum, Gem. v. A. Francken d. Ä. um 1600); Götzenopfer des Volkes an Paulus und B. in Lystra (Frankfurt, Städel, Gem. v. A. Elsheimer um 1600); B. heilt durch Auflegen des Evangeliums Kranke (Verona, S. Giorgio in Braida, Gem. v. P. Veronese um 1560); B.'s Trennung von Paulus (Mailand, S. Barnaba, Gem. v. S. Peterzano um 1573/92). *Martyrium:* Paris/Bibliothèque Nationale lat. 1023, Buchmalerei Ende 13. Jh.). *Zyklen:* sehr selten, u. a. Città del Vaticano/Pinacoteca, Gem. v. einem orcagnesken Meister 14(?). Jh.; New York/Kunsthandel, Gem. v. M. di Bartolommeo um 1500.

Bartholomäus

Apostel, Martyrer, hl.

Fest: 24. 8. (Translationsfest 4. 12.), griechische Riten 11. 6.

Leben: Im Neuen Testament nur in den sog. Apostellisten erwähnt, gilt neben Andreas als Erstberufener. Durch Rupert von Deutz im 11. Jh. wird B. gleichgesetzt mit Nathanael, den Jesus »einen wahren Israeliten ohne Falsch« nennt. Folgt man dieser Interpretation, wäre Nathanael der Eigenname und die Bezeichnung »Bar Tolmai« (= Sohn des Tolmai) ähnlich wie bei Simon Bar Jona Beiname.

Legende: Kindheitslegenden: Der Säugling wird in der Wiege durch den Teufel mit einem Wechselbalg ausgetauscht, nachdem B.'s Mutter sich dem Teufel verschrieben hat. – B. kehrt als Erwachsener nach Hause zurück und heilt die verstümmelte Hand seiner Mutter nach Empfang der Taufe. – Nach dem apokryphen B.-Evangelium: B.

stellt an Jesus zahlreiche Fragen, u. a. zum Abstieg in die Unterwelt und der Befreiung Adams, aller Patriarchen, Abrahams, Isaaks und Jakobs. – B. befragt die Gottesmutter über die Menschwerdung des Gottessohnes. – B. wird von Jesus in einer Art apokalyptischer Schau der Widersacher der Menschheit gezeigt. Nach verschiedenen Traditionen : B. befragt und beschwört ein Götzenbild in Astaroth/Indien, dem Ziel der ersten Missionsreise (Legenda aurea). – B. bekehrt nach Rhabanus Maurus Polimios, den Bruder des Königs Astyages, der später zum Bischof geweiht wird. – B. befreit die mondsüchtige Tochter des Polimios von einem Dämon. – B. läßt ein Götzenbild von Engeln festketten, das trotzdem das Opfer der Götzenpriester von sich weist. – B. widmet den Götzentempel dem wahren Gott. – B. läßt von einem Engel den Kirchturm des neuen Gotteshauses errichten. – Astyages und die Götzenpriester fallen der Besessenheit anheim und sterben bald darauf. – B. reist laut einem armenischen Homiliar nach Adana in Indien, zu den Medern und Persern, nach Bostra, nach Germanien, zu den Parthern und Elamitern und nach Golthon (Var.: B. missioniert nach Johannes Chrysostomos in Lykaonien, Mesopotamien und bei den Parthern.). – Nach koptischer Tradition war B. Begleiter des Andreas (Var.: des Matthäus oder des Philippus). – B. erleidet das Martyrium durch Steinigung und anschließender Verbrennung. (Var.: B. wird gekreuzigt. – B. wird mit dem Kopf nach unten gekreuzigt. – B. wird gehäutet und dann gekreuzigt. B. wird die Haut abgezogen und dann wird er ins Meer versenkt. – B. wird die Haut abgezogen und dann wird er totgeprügelt. – B. wird die Haut abgezogen und anschließend wird er ans Kreuz geschlagen. – B. wird von der Frau des Königs Astyages in einem mit Sand beschwerten Sack im Meer versenkt).

Patronat: Apostel von Großarmenien, Bistumspatron von Lüttich, Stadtpatron von

Altenburg, Bethune, Curzola, Frankfurt/Main, Fermo, Pilsen, Maastricht; der Bäcker, Bergleute, Buchbinder, Gerber, Handschuhmacher, Hirten, Landleute, Lederarbeiter, Metzger, Müller, Schneider, Schuhmacher, Winzer, der Öl-, Salz- und Käsehändler; der Stadt Florenz.

Verehrung und Kultorte: Leichnam angeblich in Kloster Bachkale/Armenien, um 410 nach Nephergerd durch Bischof Mârûtâ, 507 unter Kaiser Anastasios I. nach Daras/Mesopotamien transloziert; 983 von Kaiser Otto II. auf die Tiberinsel nach Rom; die Hirnschale seit 1283 in Frankfurt am Main; Reliquien in Lipari/Sizilien seit 580; 883 nach Benevent vor den Sarazenen geborgen. Armreliquie nach Canterbury durch Eduard den Bekenner.

Aberglauben: wichtiger Lostag für das Herbstwetter. – Am B.-Tag schlagen die

Schmiede den kalten Amboß, um die Ketten des Teufels festzuziehen. – Butter, die am B.-Tag ohne Salz angerührt wird, hat Heilkraft. – B.-Tag trägt zahlreiche unheimliche Züge, gilt als Tag eines Hexenfestes u. ä.

Darstellungen in der Kunst: *Gewandung:* als Apostel in langer, gegürteter Tunika, Mantelpallium (Köln, St. Ursula, Gem. um 1275); als Muskelmann in anatomischer Exaktheit (Mailand, Dom, Fig. v. M. d'Agrate um 1552/62); als nackter Kephalophore (Perugia, Nationalgalerie, Fresko 14. Jh.). *Attribute:* Schriftrolle (Monreale, Dom, Mosaik 12. Jh.); Buch (Città del Vaticano, Vatikanische Grotten, Fig. v. M. del Pollaiuolo 15. Jh.); Messer (München, Alte Pinakothek, Gem. v. Bartholomäusmeister um 1500); bezwungener König Astyages zu Füßen (Naumburg, Dom, Glasmalerei um 1250); an Kette gefesselter Satan (Vich, Kathedrale, Fig. v. P. Oller um 1425); abgezogene Haut in der Hand (Köln, Dreikönigsschrein, Fig. v. N. v. Verdun um 1220); Haut über dem linken Arm hängend (Frankfurt, Dom, Chorgestühl, Relief 1352); Haut am geschulterten Stecken tragend (Ljubljana, Nationalbibliothek, Glagolithisches Brevier, Buchmalerei 15. Jh.); Haut über der Schulter herabhängend (Perugia, Galleria Nazionale, Fresko 14. Jh.); Haut in beiden Händen vorweisend (Breslau, Schlesisches Museum, Fig. v. Th. Weissfeld 1705); Baum (Certosa di Pavia, Gem. G. B. da Sesto zugeschrieben Mitte 16. Jh.); Fahne (Florenz, Galeria degli Uffizi, Gem. v. J. di Landino 14. Jh.). *Besondere Szenen:* Vertauschung des Kindes nach der Geburt (San Gimignano, Museo Civico, Gem. v. L. di Nicolo di Pietro Gerini 1401). *Martyrium:* B. wird auf der Schindbank die Haut abgezogen (Siena, Museo Civico, Gem. Umkreis G. da Siena's um 1270); der an einen Pfahl gebundene B. wird geschunden in der Art der Marsyas-Ikonographie (Venedig, S. Staè, Gem. v. G. B. Tiepolo 1722/23); B. wird an einem Querholzbalken für die Schindung

Marienkult und Hl. Sippe

9   *Krönung Mariens, Gem. v. Fra Angelico, Uffizien/Florenz*

10   *Marienwallfahrtsstätte Fatima/Portugal*

11   *Marienwallfahrtsstätte Lourdes/Frankreich*

12   *Marienwallfahrtsstätte Tschenstochau/ Polen*

11   *Anna Selbdritt, Gem. v. Masaccio/Masolino, Uffizien/Florenz*

14   *Hl. Sippe, Gem. v. Geertgen tot Sint Jans, Rijksmuseum/Amsterdam*

15   *Taufe Christi durch Johannes, Gem. v. Perugino, Kunsthistorisches Museum/Wien*

16   *Christus bei Maria und Martha, Gem. v. Jacopo Tintoretto, Alte Pinakothek/ München*

17   *Maria Magdalena, Gem. v. Georges de La Tour, Louvre/Paris*

10

11

13

hochgezogen (Madrid, Prado, Gem. v. J. de Ribera 1630); B. wird, stehend an einen Baum gefesselt, die Haut abgezogen (Padubice, Pfarrkirche, Gem. v. M. L. Willmann 17. Jh.); B. wird aufrecht gekreuzigt (Berlin, Kupferstichkabinett, Holzschnitt v. L. Cranach d. Ä. 1510/15); B. wird mit dem Kopf nach unten gekreuzigt (seltene Darstellung auf einem anonymen Kupferstich um 1500); B. wird enthauptet (San Gimignano, Museo Civico, Gem. v. L. di Nicolo di Pietro Gerini 1401). *Zyklen*: Colmar/Dominikanerkirche, Glasmalerei 13. Jh.; Genua/S. Bartolomeo del Fossato, Gem. v. B. di Modena 14. Jh.

Basilius der Große
Erzbischof, Kirchenlehrer, hl.
Fest: 2. 1. (14. 6. Jahrestag der Bischofsweihe, in griechischen Riten 1. 1., zusammen mit Johannes Chrysostomos und Gregor von Nazianz 30. 1.).
Leben: * um 330 in Cäsarea/Kappadozien aus einer vornehmen christlichen Familie als Sohn eines angesehenen Rhetors, Studium der Rhetorik in Cäsarea, Konstantinopel und Athen, Freundschaft mit Gregor von Nazianz, 356 Empfang der Taufe, Reise zu den berühmtesten Aszeten nach Syrien, Palestina, Ägypten und Mesopotamien. B. entschloß sich, mit Gleichgesinnten in einer Einsiedelei in der Nähe von Neocäsarea bei Pontus zu leben, 358 Besuch seines Freundes Gregor; B. und Gregor verfaßten gemeinsam die Philokalia und stellten zwei Mönchsregeln auf. 364 durch Eusebius Presbyter in Cäsarea, 370 Bischof von Cäsarea, Metropolit von Kappadokien und Exarch der Diözese Pontus. B. bekämpfte, streng auf dem Boden der Konzilslehre von Nikaia stehend den unter Kaiser Valens einflußreichen Arianismus. Valens teilte, um den Einfluß B.'s zu beschneiden, B.'s Diözese 371 in zwei Hälften. – B.' s zahlreiche Schriften offenbaren eine starke Hinwendung zu ethischen und praktischen Problemen der Gemeindetheologie und beschränken sich nicht auf reine Spekulation. Auf liturgischem Gebiet ordnete B. den Ablauf des Gottesdienstes und verfaßte eine Anapohora, doch ist der unter der Bezeichnung B.-Liturgie in griechischen Riten an wenigen Tagen verwendete Kanon Ergebnis zahlreicher Umformungen. Unter den dogmatischen Schriften behandelt B. 375 die Gottheit des Heiligen Geistes, den B. aus dem Vater durch den Sohn ausgegangen sieht, aber der Hl. Geist hat nicht nur den Geist des Sohnes, sondern auch des Vaters, ohne die nizänische Formulierung expressis verbis zu verwenden, weil B., wie Gregor von Nazianz schreibt, nicht in den Ausdrücken, sondern in der Sache das Heil begründet sah (!). B. beschäftigte sich 364 in drei gegen Eunomius, der behauptete, der Mensch könne das Wesen Gottes begreifen, gerichteten Büchern mit den Wegen der Gotteserkenntnis und kam zu dem Ergebnis, daß der Mensch von Gott nur so viel wissen könne, wie in den Werken Gottes ausgeprägt sei. Da Gott seine ganze Macht in den Werken eingesetzt habe, erführen wir wohl Gottes Allmacht, aber nicht Gottes Wesen. Die Eigenschaften Gottes sind nach B. durch die menschliche Vernunft von sinnlichen Dingen abgeleitet und darum subjektiv, aber auch darin sei Realität. Den päpstlichen Primat lehnt B. ab, sah in der Person des Bischofs von Rom den Führer der abendländischen Bischöfe, erkannte ihm aber die maßgebende Rolle in dogmatischen Fragen zu. Einheit und Einigkeit können für B. nur durch ständigen Brief-und Botenverkehr mit den in einer Gemeinschaft verbundenen gleichgesinnten Bischöfen erreicht werden. Auf dem Gebiet der Ethik war B. von neuplatonischen Gedanken stark beeinflußt. B. betonte Vernunft und freien Willen, stellte als wesentliche Lebensregeln für das Streben nach Vollkommenheit »Erkenne dich selbst« und »achte auf dich selbst«

heraus, überwand gleichzeitig bedenkliche Einseitigkeiten des Aszese, wie die Ablehnung der Ehe oder des Eigentums. † 1. 1. 379 in Cäsarea.

Legende: nach der Legenda aurea: Der Einsiedler Ephrem sieht eine bis zum Himmel reichende Feuersäule als Bild der Größe B.'s. – Ephrem sieht die feurige Zunge, die B. im Mund trug. – B. läßt durch ein Wunder Ephrem griechisch reden. – Kaiser Valens versucht über den Oberküchenmeister Demosthenes, B. zur arianischen Glaubenslehre zu zwingen, was selbst durch Androhung der Folter nicht gelingt. – Als Kaiser Valens den Befehl zur Verbannung B.'s ausfertigen will, zerbricht ihm die Feder, so daß er von dem Vorhaben abläßt. – B. heilt einen jungen Mann, der, um die Liebe einer Frau zu erzwingen, sich dem Teufel verschrieben hat. – B. bekehrt einen jüdischen Arzt. – Eine Sünde auf einem Schuldbrief einer Frau wird getilgt, als sich diese verzweifelt über die Bahre B.'s wirft.

Patronat: Basilianer-Orden.

Verehrung und Kultorte: Leichnam in Cäsarea beigesetzt.

Darstellungen in der Kunst: *Gewandung:* als Bischof des ostkirchlichen Ritus in Stoicharion, Phelonion, Omophorion (Palermo, Capella Palatina, Mosaik 12. Jh.); als Bischof in pseudo-griechischem Phantasieornat (Paris, Louvre, Gem. v. F. Herrera 17. Jh.); als Bischof des lateinischen Ritus (Florenz, Baptisterium, Mosaik, Anfang 14. Jh.); in der Meßkasel mit Pallium (Madrid, Prado, Gem. Umkreis v. El Greco 17. Jh.); als Mönch des Basilianer-Ordens (Massa Maritima, Palazzo Communale, Gem. v. A. Lorenzetti 14. Jh.); als Benediktiner-Mönch in Kukulle (Málaga, Kathedrale, Fig. v. P. de Mena 17. Jh.); als Einsiedler (Linz, Bibliothek, Radierung v. M. Renz / J. de Monatlegre 1758). *Attribute:* Evangeliar (Rom, S. Maria Antiqua, Wandmalerei 8. Jh.); Stifter zu Füßen (Meißen, Dom, Lettner, Fig. Mitte 14. Jh.); Kirchen-

modell (Málaga, Kathedrale, Fig. v. P. de Mena 17. Jh.); Bücher, Totenkopf (Antwerpen, Kupferstich v. B. Bolswert 1619); Taube über dem Haupt (Paris, Louvre, Gem. v. F. Herrera 17. Jh.). *Besondere Szenen:* B. zieht einen Sünder aus den Klauen des Teufels (Stuttgart, Landesbibliothek, Passionale, Buchmalerei um 1120); B. als Vater des koinobitischen Mönchtums (Paris, Louvre, Gem. v. F. Herrera 17. Jh.); die Messe des hl. B. in Anwesenheit Kaiser Valens (Rom, S. Maria degli Angeli, Gem. v. P. Subleyras 1747).

Beda Venerabilis

Benediktiner, Kirchenlehrer, hl.

Fest: 25. 5. (vor der Kalenderreform 27. 5.).

Leben: * 672/73 in England, mit sieben Jahren Oblate im Kloster Wearmouth bei Sunderland, anschließend Benediktiner in Jarrow. B.'s Werke behandeln fast alle Gebiete des damaligen Wissens, wie Grammatik, Metrik, Rhetorik, Mathematik, Physik, Meteorologie, Astronomie, Musik, Poesie. Verfaßte ein Martyrologium auf historischen Quellen; außerdem stammt von ihm die erste abendländische Geschichte der Klöster und des Mönchtums; in seinen Briefen theologische Gedanken, die weit verbreitet auch von der Scholastik aufgegriffen wurden. † 735. 1899 zum Kirchenlehrer von Papst Leo XIII. ernannt.

Legende: Dem blind gewordenen B. wird von seinem Begleiter im Spott gesagt, eine große Menge harre seiner Predigt, in Wirklichkeit steht er alleine in der Landschaft, doch sprechen die Steine mit lauter Stimme das Amen.

Verehrung und Kultorte: Leichnam in Durham begraben.

Aberglauben: Auf B. geht ein Verzeichnis der 42 Unglückstage des Jahres zurück, das vielfach rezipiert wurde, wofür B. sich auf Johannes Laurentius Lydos (490–565 n. C.), De ostentis, stützte.

Bela IV.

Darstellungen in der Kunst: sehr selten. *Gewandung:* als Benediktiner (Viterbo, Kathedrale, Fresko v. L. de Viterbo 15./16. Jh.). *Attribut:* Buch (Münster, Bendiktinerkloster, Relief 16. Jh.). Die in der Literatur genannten Attribute Federkiel, Lineal, Studium eines Buches stammen von lediglich B. zugeschriebenen und unsicheren Darstellungen.

Bela IV.

König von Ungarn, hl.

Fest: 3. 5.

Leben: * 1206 in Preßburg, mit acht Jahren gekrönt, Antritt der Herrschaft nach dem Tod seines Bruders Andreas II. 1235. B. suchte die Einheit des Reiches zu stärken, den Einfluß der Stände zurückzudrängen. Gegen den Protest des Papstes zog er die nicht mit Verpflichtungen verbundenen erblichen Zuwendungen an die Kirche ein, erhielt wohl deswegen am 12. 4. 1241 beim Tartareneinfall keine Unterstützung durch Papst und Kaiser und erlitt eine Niederlage bei Mohi. 1247 nach Abzug der feindlichen Heere übertrug B. den Schutz Südost-Ungarns dem Johanniter-Orden. † 3. 5. 1270.

67 **Benedikt** von Nursia

68 Ordensgründer, hl.

Fest: 11. 7. (ursprüngliches Translationsfest des 8. Jh., vor der Kalenderreform Fest am Sterbetag 21. 3.).

Leben: * 480 in Nursia (Norica) in Umbrien, Sproß einer adeligen Familie. Studium in Rom; floh vor der sittenlosen Umgebung seiner Studiengenossen nach Affile in eine Asketengemeinschaft, anschließend drei Jahre in einer Höhle des Aniotals bei Subiaco in den Sabinerbergen als Einsiedler. Zum Vorsteher des Klosters Vicovaro gewählt, führte B. dort Reformen zu einem strengeren Ordensleben durch, kehrte nach einem Vergiftungsversuch durch einen Mönch nach Subiaco zurück, erneut zum Oberhaupt gewählt verlegte B. 529 das Kloster nach Monte Cassino. Abfassung der Regula, Ausbreitung des Ordens unter Annahme dieser Ordensregel, die Grundlage des abendländischen Mönchtums wurde. 543 Besuch Königs Totilas. Bis 547 existierten bereits 12 Niederlassungen, in Monte Cassino lebten 150 Mönche. † 21. 3. 547. Die Regula B.'s zeichnet sich durch Mäßigung und Anpassungsfähigkeit aus. B. vereinigt verschiedene asketische Traditionen des östlichen Mönchtums, wie Pachomius, Basilius, Makarius und des südgallischen Mönchtums mit seinem Zentrum Lérins. Wichtige Quellen waren die Schriften Johannes Cassians und die Magisterregel. B. ordnete das äußere wie das innere Leben einer klösterlichen Gemeinschaft unter der stabilitas loci (Ortsverbundenheit), conversatio morum suorum (sittenreiner Wandel) und oboedientia (Gehorsam). Wichtige Kernpunkte der Regel sind das Prinzip von Beten und Arbeiten und der Ordnung des Gottesdienstes, dem nichts vorgezogen werden darf. Durch die Regel leisteten die Benediktinerklöster den wichtigsten kulturschöpferischen Beitrag im Abendland.

Legende: nach Gregor dem Gr.: B. stellt durch sein Gebet die von seiner Amme aus Versehen zerbrochene Multer wieder her. – Der Mönch Romanus gibt B. das Asketengewand und läßt nach einem Glockensignal an einem Seil zu B. aus seiner Höhle Brot herab. – Der Teufel zerstört das Glöckchen. – Gott schickt einen Priester mit dem Ostermahl zu B. in dessen Höhle. – B. bekämpft die Versuchung durch das Weib, indem er sich nackt in Dornen wälzt. – (Var.: nach Legenda aurea: Drei Raben folgen B., als er seine Höhle verläßt und zwei Engel zeigen B. den Weg zu seiner neuen Wirkungsstätte). – Als B. Vorsteher eines Klosters ist, suchen ihn die Mönche zu vergiften, doch als B. den

Giftbecher segnet, zerspringt das Glas. – B. verläßt die Stätte und kehrt in seine Höhle zurück. – B. vertreibt mit einer Rute den Teufel, der in Gestalt eines schwarzen Knaben einen Mönch während des Gebetes unruhig werden läßt, so daß er umherschweift. – B. kennzeichnet auf einem Berg eine lebensnotwendige Quelle. – B. läßt eine in einen See gefallene Sichel wieder an die Oberfläche kommen, indem er den Griff ins Wasser taucht. – Auf Anweisung B.'s wandelt sein Schüler Maurus, ohne daß er dies bemerkt, über das Wasser, um den ertrinkenden Schüler Placidus zu retten. – Das von dem neidischen Presbyter Florentinus gesandte vergiftete Brot läßt B. von einem Raben davontragen. – Florentinus wird von einer Altane erschlagen, nachdem er sieben nackte Mädchen im Klostergarten einen Reigen tanzen ließ. – B. legt dem Überbringer der Nachricht vom Tod des Florentinus eine Buße auf, weil er über dessen Tod erfreut war. – B. verwandelt ein Apolloheiligtum in eine Kirche. – B. vertreibt den Teufel von einem Werkstein beim Kirchenbau, der sich nicht bewegen läßt. – B. vertreibt den Feuerschein, den der Teufel aus einem umgestürzten Götzenbild aufsteigen läßt. – B. erweckt einen jungen Mönch, der von einer einstürzenden Mauer erschlagen wurde, durch sein Gebet. – B. durchschaut Mönche, daß sie trotz Leugnen verbotenerweise außerhalb des Klosters bei einer frommen Frau Speise und Trank zu sich genommen haben. – B. hält einem Mönch vor, sich auf einer Reise von einem Begleiter zu Speise und Trank überreden lassen zu haben. – B. erkennt den Schwertträger des Königs Totila, Riggo, obwohl er auf Geheiß seines Herrn in königlichen Gewändern vor B. als vermeintlicher König auftreten sollte. – B. prophezeiht dem König Totila neun Jahre Regentschaft in Rom, im zehnten Jahr den Tod. – B. heilt einen Kleriker von einem bösen Geist, und befiehlt dem Geheilten, sich des

Fleischgenusses zu enthalten und auch auf höhere Weihen zu verzichten; der Kleriker vergißt im Alter die Mahnung und wird sogleich wieder vom bösen Geist befallen. – B. weint über die kommende Zerstörung seines Klosters. – B. sieht im Geiste, wie ein Mönch ein Lägel Wein heimlich versteckt und warnt ihn später, davon zu trinken; der Mönch findet später eine Schlange in der Flasche. – B. sieht, wie ein Mönch heimlich Tüchlein zum Geschenk annimmt und in seinem Busen verbirgt. – B. erkennt den heimlichen Stolz eines Mönches, der ihm eine Kerze beim Essen halten muß und nicht gerne dienen will. – B. weissagt während einer Hungersnot, daß am nächsten Tag 300 Scheffel Mehl vor der Türe stehen werden. – Dem Abt und Prior des Klosters bei Terracina gibt B. im Traum die Anweisung für das neue Kloster. – Zwei vornehme, mit der Exkommunikation bedrohte, gottgeweihte Frauen sterben und müssen, wie deren Amme in einem Gesicht sieht, den Gottesdienst nach dem Extra omnes des Diakons verlassen; auf Bitten B.'s wird diese Strafe aufgehoben. – Ein junger Mönch, der das Kloster ohne den Reisesegen verlassen hat, stirbt auf dem Weg zu seinen Eltern, doch die Erde behält ihn nicht, worauf B. ihn mit der Eucharistie auf der Brust beisetzen läßt. – Ein Drache hindert einen unsteten Mönch, sein Kloster zu verlassen. – B. heilt einen Aussätzigen. – Einem in Bedrängnis geratenen Schuldner wird geholfen, indem sich die geschuldete Summe durch das Gebet B.'s in einem Getreidekasten findet. – B. heilt einen jungen Mann von einer durch Vergiftung hervorgerufenen Hautkrankheit. – Als ein Mönch den Befehl B.'s den letzten Rest Öl aus der Vorratskammer einem Subdiakon zu geben, verweigert, läßt der erzürnte B. die Flasche aus der Vorratskammer werfen, damit im Kloster nichts durch Ungehorsam verbleibe, die Flasche zerbricht dabei nicht, so daß sie dem Bittsteller übergeben werden kann. – Auf das Gebet B.'s hin füllt sich ein leeres Faß allmählich mit Öl. – B. vertreibt mit einem Backenstreich einen Teufel, der einen Mönch quält. – B. löst durch einen Blick aus seinem Buch die Fesseln eines von dem arianischen Goten Zalla aus Habgier gefolterten Bauern und bezähmt die Wildheit des Goten. – B. erweckt ein verstorbenes Kind zum Leben. – B. sieht die Seele seiner Schwester Scholastika in den Himmel fliegen. – B. sieht in der Todesstunde des Bischof German von Auxerre, daß sich die Welt zu einem Sonnenstrahl vereinigt und Engel in einer feurigen Kugel die Seele des Bischofs zum Himmel tragen. – B. sagt seinen Tod voraus. – B. stirbt aufrecht stehend, von seinen Brüdern gestützt. – Nach dem Tod B.'s wird eine geistig verwirrte Frau in seiner Höhle bei Subiaco geheilt. – Weitere Legenden siehe unter dem Stichwort Scholastika.

Patronat: Benediktiner und Benediktinerinnen, Europa (Vater Europas durch Papst Pius XII., Schutzpatron des Abendlandes durch Papst Paul VI. 1964), des Hauses der Kapetinger, Frankreichs, der Höhlenforscher (seit 1957), Kupferschmiede, Lehrer, Schulkinder, Sterbenden, Rotgießer, Kupferschmiede, Bergleute; gegen Vergiftungen, Entzündungen, Steinleiden, Fieber, Zauberei, im Kampf.

Verehrung und Kultorte: Leichnam in Monte Cassino, 673 nach Fleury, unter Papst Zacharias (741–752) nach Monte Cassino zurückgebracht, Grab beim Wiederaufbau nach den Zerstörungen 1945 gefunden; Reliquien in Einsiedeln, Metten, Benediktbeuern (mit Bleibulle Papst Hadrians I. 772–795). Die um 580/590 bei dem Sturm der Langobarden vertriebenen Benediktiner gründen in Rom SS. Andrea e Gregorio, St. Augustinus in Canterbury das erste B.-Kloster in England; Karl der Große führt 816 für alle Klöster im Reich die Regula B.'s verpflichtend ein.

Aberglauben: Schildwächter der Sterbestunde zwischen 9 und 10 Uhr, B.'s-Schellen werden geläutet, um böse Geister von Sterbenden fern zu halten. – B.-Medaillen oder B.-Pfennige dienen als Amulette für Heilung von Mensch und Tier. – B.-Kraut und B.-Wurz sind Heilpflanzen und helfen, gestohlenes Holz wiederzuerlangen. – B.-Segen schützt vor Hexen und Teufel.

Darstellungen in der Kunst: *Gewandung:* in langer, gegürteter Tunika, Skapulier mit Kapuze (Rom, Coemeterium v. S. Ermete, Fresko 9. Jh.); in weiß-gelb karierter Tunika (Salzburg, Stift Nonnberg, Fresko um 1140; in Kukulle oder Flocke, seit 1550 nach Vorschrift Papst Pauls III. ausschließlich schwarz (Fürstenfeld, Fig. Anfang 16. Jh.); als Benediktiner in Mönchskleidung mit Birett (Vornbach, Fig. Ende 15. Jh.); als Olivetaner in weißem Habit (Florenz, S. Miniato, Fresko v. S. Aretino 1387); als Abt in pontifikaler Meßkleidung (Cismar, Klosterkirche, Relief um 1310/20); als Abt in Pluviale mit Mitra und Stab (Messina, Museo Civico, Gem. v. A. da Messina 15. Jh.). *Attribute:* Geschlossenes Buch (Bamberg, Stadtbibliothek Ms. Ed. II 11, Buchmalerei um 990); mit vor der Brust gehaltenem, aufgeschlagenem Regelbuch (Alzenau/Unterfranken, Fig. um 1760); inspirierender Engel (Perugia, Fontana Maggiore, Fig. v. G. Pisano 1287/95); Feder (Winchester, Kathedrale, Fresko 13. Jh.); Mitra (Chemnitz, Schloßkirche, Fig. 1525); Mitra zu Füßen (Regensburg, St. Emmeram, Dionysiusschrein, Relief um 1440); amphorenähnliche Flasche mit dunkler Flüssigkeit (Prüfening, Klosterkirche, Wandmalerei 12. Jh.); zersprungener Becher auf dem Buch (Blaubeuren, Klosterkirche, Fig. v. G. Erhart 16. Jh.); zersprungenes Buckelglas mit Schlange (Wien, Kunsthistorisches Museum, Relief v. A. Lackner 16. Jh.); Becher mit Schlange (Köln, St. Panthaleon, Glasmalerei 1622); Engel, Buch und Becher haltend (Neresheim, Abteikirche, Fresko v. M. Knoller 18. Jh.); Rute (Florenz, Museo di S. Marco, Gem. aus dem Fra Angelico-Umkreis 15. Jh.); einfacher Stab (Blaubeuren, Klosterkirche, Fig. v. G. Erhart 16. Jh.); T-förmiger Stab (Borgo S. Sepolcro, Palazzo Communale, Gem. v. P. della Francesca 15. Jh.); Abtsstab (Mailand, Museo Poldi Pezzoli, Gem. v. G. Padovano 15. Jh.); zerbrochenes Sieb am Boden (Brüssel, Musées Royaux des Beaux-Arts, Gem. v. J. van Coninxloo 16. Jh.); Getreideschwinge (Köln, St. Panthaleon, Glasmalerei 1622); Rabe (Seitenstetten/ Niederösterreich, Klosterkirche, Relief v. T. Stammel um 1750); Korb (Subiaco, Sacro Speco/Chiesa Inferiore, Fig. v. A. Raggi 18. Jh.); Demutsleiter (Seligenthal, Kloster, Wandmalerei Ende 15. Jh.); Feuerkugel (Göttweig, Stiftskirche, Gem. v. J. M. Schmidt 1773); Feuerkugel, Hostie (Bourgeuil, Benediktinerabtei, Gem. v. J. Restout II 18. Jh.). *Besondere Szenen:* der jugendliche

B. tötet seine Begierden im Dornbusch (Schloß Wolfegg, Gem. v. J. C. Storer 1661); B. schreibt, unter einer Palme sitzend, die Regula (Wiblingen, Chorgestühl, Relief v. F. J. Christian 1777); B. bespricht die Regel mit den Vertretern der Kirche (München, Alte Pinakothek, Gem. v. J. Polack Ende 15. Jh.); B. belehrt vor ihm kniende Mönche nach der Ordensregel (Parma, Regia Galleria, Gem. v. S. Aretino 14. Jh.); B. sieht die Dreifaltigkeit von Feuerglanz umhüllt (Madrid, Prado, Gem. v. A. Cano 17. Jh.); Tod B.'s (Ochsenhausen, Fig. v. E. Verhelst 1741); B. im Triumphwagen (Stift Melk, Prälatur, Fresko v. P. Troger 1739); B. erscheint den am Steinleiden erkrankten Kaiser Heinrich II. und nimmt ihm die Zweifel an der Echtheit der Reliquien (Bamberg, Dom, Kaisergrab, Relief v. T. Riemenschneider 1499). *Zyklen:* zahlreich, u. a. Florenz/S. Miniato, Fresken v. S. Aretino 1387; Florenz/ Kreuzgang der Badia, Fresken v. G. di Consalvo 1435/40; Wien/Albertina u. a., Zeichnungen zu Glasmalerei v. A. Dürer 1496; Monte Oliveto Maggiore, Fresken v. L. Signorelli 1497; St. Peter (Schwarzwald)/Kreuzgang, Gem. 18. Jh.

Benno von Meißen
Bischof, hl.
Fest: 16. 6.
Leben: * um 1010 in Hildesheim als Sproß eines sächsischen Grafengeschlechtes, 1066 Bischof von Meißen. B. beteiligte sich nicht am Sachsenkrieg und war auf der Seite des Papstes im Investiturstreit, deswegen wurde er von Kaiser Heinrich IV. 1085 abgesetzt, konnte aber 1088 sein Bistum wieder in Besitz nehmen. † 1106. Heiligsprechung 1523.
Legende: B. wirft die Schlüssel seiner Kathedrale nach der Absetzung in die Elbe, wo sie nach der Rückkehr im Bauch (Var.: unter den Flossen) eines Fisches gefunden wurden.

Patronat: Bistum Dresden-Meißen, Altbayern, München; Fischer Tuchmacher; gegen Pest, Unwetter, um Regen.

Verehrung und Kultorte: Feierliche Erhebung der Gebeine am 16. 6. 1524 gab Luther den Anlaß zu seiner Schrift »Wider den neuen Abgott und alten Teufel, der zu Meißen soll erhoben werden«. Wegen der Gefahr der Verunehrung Übergabe der Reliquien durch Bischof Johann von Haugwitz 1576 an Herzog Albrecht V. von Bayern, seit 1580 in der Frauenkirche/München in bedeutendem Silberreliquiar.

Aberglauben: Bei der Suche nach Quellen läßt die Anrufung B.'s diese hervorsprudeln.

Darstellungen in der Kunst: *Gewandung:* als Bischof in pontifikalem Ornat mit Pluviale und Mitra (Nürnberg, Germanisches Nationalmuseum, Fig. 1467). *Attribute:* Stab, Fisch auf Buch, Schlüssel (München, Frauenkirche, Silberfig. Anfang 17. Jh.); Engel hält Fisch und Schlüssel (Bautzen, Liebfrauenkirche, Fig. 1724). *Besondere Szenen:* Auffindung der Schlüssel (Rom, S. Maria dell'Anima, Gem. v. C. Saraceni Anfang 17. Jh.); Engel weist B. auf die Frauenkirche hin (München, Bayerische Staatsgemäldesammlungen, Gem. v. J. M. Rottmayr 1702)

Bernhard von Baden

Markgraf, sel.

Fest: 15. 7. (in den Diözesen Freiburg und Speyer).

Leben: * um 1428 auf Schloß Hohenbaden, war als Jugendlicher bereits in familiäre Auseinandersetzungen verwickelt, wobei er immer auf Ausgleich und Frieden drängte. B. verzichtete 1454 nach einjähriger Herrschaft auf den Landesanteil Baden-Durlach und trat als Söldnerführer und Gesandter in den Dienst Kaiser Friedrichs III. † auf einer Gesandschaftsreise im Interesse eines Kreuzuges gegen die Türken am 15. 7. 1458 in Moncalieri bei Turin. Seligsprechung 1769.

Patronate: Landespatron Badens, v. Hohenzollern, des Gräfensteiner Amtes, Bistumspatron v. Freiburg; Jungen, Männer.

Verehrung und Kultorte: Leichnam in Moncalieri, S. Maria della Scala.

Darstellungen in der Kunst: *Gewandung:* als Ritter in Rüstung ohne Helm (Baden-Baden, Neues Schloß Zähringer Museum, Gem. 1480/84); als Ritter in Rüstung mit Helm (Moncalieri, S. Maria della Scala, Fahnenstickerei 2. Hälfte 15. Jh.); als Landesfürst im Fürstenmantel über der Ritterrüstung (St. Peter/Schwarzwald, Fig. 1777). *Attribute:* Kreuzfahne, badischer Wappenschild (Baden-Baden, Neues Schloß Zähringer Museum, Gem. 1480/84); Lilie (St. Peter/Schwarzwald, Fig. 1777); Lamm auf Buch mit sieben Siegeln, Kreuz haltende Engel, Degen und Fahne zu Füßen (Kloster Lichtental bei Baden-Baden, Gem. v. J. Melling 1770).

Bernhard von Clairvaux

Zisterzienser, Abt, Kirchenlehrer, hl.

Fest: 20. 8.

Leben: * 1090 in Schloß Fontaines-lès-Dijon als Sohn des Tescelin de Saur und der Aleth von Montbard, Studium in Châtillon-sur-Seine. 1112 zusammen mit 30 jungen Leuten Eintritt in das Reformkloster Cîteaux, 1113 Profeß, 1115 als Abt zur Gründung nach Clairvaux zusammen mit 12 Brüdern ausgesandt, 1118 erste Tochtergründung von Trois-Fontaines, der zu B.'s Lebzeiten weitere 67 Neugründungen folgen sollten. B. reformierte das religiöse Leben seiner Zeit, war Berater der Päpste und warb im Auftrag des Papstes Eugen III. in Frankreich, Flandern und am Rhein für einen zweiten Kreuzzug (1147–1149), der zu einem Fiasko wurde. An diesem Fehlschlag trug B. schwer. B. ließ mit unbilliger Härte Lehrsätze des Aälard, eines Vertreters einer dialektisch-rationalen Theologie als Heräsie verurteilen.

Nach dem Wormser Konkordat 1122 entwickelte B. in seinen Schriften eine mystische Frömmigkeit, die zur Grundlage der späteren abendländischen Mystik wurde. † 20. 8. 1153 in Clairvaux. Heiligsprechung 1173.

Legende: nach der Legenda aurea: B. wird als Kind von der Mutter Gott geweiht. – In einem Traum schaut B.'s Mutter, sie habe einen weißen Hund mit rotem Streifen im Leibe; ihr wird der Traum so gedeutet, daß der Knabe heftig gegen die Widersacher der Kirche bellen werde. – B. verjagt eine Zauberin, die ihn vom Kopfschmerz heilen will, worauf die Krankheit zurückgeht. – B. wird in der Hirtenmesse am Weihnachtsmorgen einer Erscheinung des Jesusknaben gewürdigt. – B. wird von einer Frau in Versuchung geführt; um seine Begierden abzukühlen, wirft er sich in eiskaltes Wasser. – B. widersteht den Verlockungen einer Dirne, die während des Schlafes von B. sich nackt neben ihn gelegt hatte, worauf sie ob B.'s Tugendhaftigkeit entflieht. – B. wird in einer Herberge von der Wirtin versucht, die B. dreimal mit dem Ruf »Räuber, Diebe« vertreibt. – B. sagt seinem Bruder Gerardus einen Lanzenstich von einem Feind voraus. – B.'s Bruder wird tatsächlich verwundet und gefangen genommen, doch B. löst durch seinen Anruf in der Nacht die Fesseln, und die Gefängnistüre öffnet sich von selbst, so daß Gerardus entfliehen kann und beide in das Zisterzienserkloster eintreten können. – Auch der jüngste Bruder Nivardus begehrt das Ordensgewand zu späterer Zeit. – Als die B. übersandte Summe von 600 Mark Silber dem Boten geraubt wird, dankt B. Gott, daß diese Bürde genommen wurde. – B. läßt an einem Kanonikus, der B. in Wut auf die Wange schlug, keine Vergeltung zu. – B. weist seine hoffärtige Schwester Humbeline vom Kloster ab, die daraufhin in sich geht und eine Josephsehe lebt. – B. sieht bei einer Krankheit das Gottesgericht und widerlegt

mit Argumenten den Teufel. – B. reitet zur Kartause auf einem prächtig gesattelten Pferd und merkt dies erst, als ihn die Kartäuser deswegen rügen. – B. übersieht gedankenverloren den Genfer See und fragt seine Gefährten, wo das Wasser sei. – B. gibt einem der Spielsucht verfallenen Mönch Geld und läßt ihn in die Welt ziehen; der Mönch verspielt alles, doch B. nimmt ihn auf, damit er zeigen könne, daß man nicht beides verlieren dürfe. – B. verliert den Mönch Rupertus an Cluny; als er ihn durch einen Brief zurückrufen will, regnet es, doch der Schreiber kann den Brief vollenden, weil die Kraft der Liebe B.'s die Regentropfen von dem Papier fernhält. – B. wettet mit einem Bauern um sein Pferd, daß dieser nicht einmal andächtig ein Vaterunser sprechen könne und gewinnt, weil der Bauer in der Mitte des Gebetes an den schönen Sattel denken muß. – B. bannt die Fliegen, die die Mönche plagen, so daß man sie am Morgen tot findet. – B. heilt ein vom bösen Geist besessenes Weib. – B. heilt eine Frau von unsäglicher Wollust, indem er ihr seinen Stab gibt, um diesen neben sich in ihr Bett zu legen. – B. bekehrt den in Bann geschlagenen Herzog von Aquitanien und macht ihn angesichts des zu ihm herausgetragenen Leibes Christi bußfertig. – B. erkennt während des Meßopfers die Heiligkeit des verstorbenen Bischofs Malachias von Hybernia. – Ausführlichere Legendenfassungen bei Wilhelm von Thierry, Ernald von Bonneval und Gaufried von Auxerre, u. a.: B. läßt den Teufel an einem mit Getreide beladenen Wagen das gebrochene Rad zusammenhalten. – B. fügt in Speyer dem Salve regina den letzten Vers O clemens, o pia hinzu. – König Konrad III. führt in Speyer B. kranke Kinder zu. – B. wird nach der Predigt am Johannestag im Speyerer Dom wegen der begeisterten Menge vom König aus dem Dom getragen. – Die Muttergottes spritzt B. auf dessen Aufforderung »Monstra te esse matrem« (= Zeige, daß Du Mutter bist) Milch aus ihrer Brust auf seine Wange. – B. wird von dem Gekreuzigten in einer Vision umarmt.

Patronat: Zisterzienser, Burgund, Gibraltar, Ligurien, Stadtpatron von Genua, 3. Patron des Speyerer Domes; Bienen, Bienenzüchter, Wachszieher,in Bergnot geratene Menschen, gegen Kinderkrankheiten, Besessenheit, Tierseuchen, Ungewitter, der Todesstunde.

Verehrung und Kultorte: Begraben in Clairvaux, nach Aufhebung des Klosters 1790 in die Kirche von Ville-sous-la-Ferté transferiert, Haupt in der Kathedrale von Troyes.

Aberglauben: in Hohenfurt/Böhmen besondere Segensformel für Gebärende. – B.'s Name wird zur Dämonenabwehr in Zaubersprüchen gebraucht.

Darstellungen in der Kunst: *Gewandung:* als Zisterzienser in der weißen Kukulle (Marienfeld/Westfalen, Fig. Anfang 17. Jh.); in schwarzer Kukulle (München, Alte Pinakothek, Gem. v. Heisterbacher Altar 15. Jh.); im Meßgewand (Sanginesio, Pinacoteca, Gem. v. S. Folchetti 1492); in Albe und Kapuzenmantel (Freiburg, Münster, Fig. um 1300); im Schutzmantel (Altenberg, Glasmalerei v. Meister v. St. Severin und A. Woensam Anfang 16. Jh.). *Attribute:* Schabmesser (Nantes, Musée Dobrée Cod. V, Buchmalerei 12./13. Jh.); Schriftrolle (Poblet, Cod. 3, Buchmalerei 13. Jh.); Buch, Abtsstab (Paris, Sammlung Chéramy, Gem. v. El Greco 1577/79); aufgeschlagenes Buch (Madrid, Konvent S. Plácido, Fig. 17. Jh.); auf dem Buch liegende Mitra (Zaragoza, Museo de Bellas Artes, Gem. v. V. Verdusán Ende 17. Jh.); Mitra (Clairvaux, Abteikirche, Fig. 17. Jh.); Mitra zu Füßen (Toledo, Museio de Santa Cruz, Fig. 17. Jh.); Teufel an der Kette (Rom, S. Maria Maggiore, Fig. 15. Jh.); Kruzifix (Schöntal, Zisterzienserabteikirche, Relief 18. Jh.); Leidenswerkzeuge (Stams, Zisterzienserabteikirche, Gem. v. F. Wergant 18. Jh.); Rosenkranz (Orvieto, S. Giovenale, Fresko 14. Jh.); Bienenkorb (Antwerpen, Andreaskirche, Fig. v. A. Quellinus 17. Jh.); Rad mit Teufel (Köln, Wallraf-Richartz-Museum, Gem. v. Meister der Goldenen Tafel 15. Jh.); von Strahlen umgebene Scheibe mit Marienmonogramm (Würzburg, Stiftskirche Neumünster, Fig. 1742); weißes Hündchen (Hummelshain, Fig. um 1500); Reliquienschrein (Bar-sur-Aube, Fig. 14. Jh.); Demutsleiter (Seligenthal, Kosterbibliothek, Wandmalerei Ende 15. Jh.). *Besondere Szenen:* Bernhard am Pult sitzend und schreibend (Dijon, Museum, Gem. v. Ph. Quentin um 1600); Erscheinung Mariens vor B., sog. Doctrina (München, Alte Pinakothek, Gem. v. P. Perugino um 1500); Erscheinung Mariens vor B. mit entblößter Brust ohne Lactatio (Köln, Wallraf-Richartz-

Museum, Gem. v. Meister des Marienlebens um 1480); Lactatio B.'s durch Maria (New York, Metropolitan Museum of Art, Gem. v. J. Bellegambe um 1510); Umarmung B.'s durch den sich vom Kreuz herabneigenden Christus, sog. Amplexus (Madrid, Prado, Gem. v. F. Ribalta 1582). *Zyklen:* zahlreich, u. a. Heilsbronn/Zisterzienserabtei, Glasmalerei 2. Hälfte 15. Jh.; Shrewsbury-Köln / Domsakristei-Gondorf / Matthiaskapelle Köln/Schnütgenmuseum, Glasmalerei aus Altenberg v. A Woensam und Meister v. St. Severin Anfang 16. Jh.; Chiaravalle, Reliefs v. C. Garavaglia 1645.

Bernhardin von Siena
(Bernardino degli Albizechi),
Franziskaner, hl.
Fest: 20. 5.

Leben: * 8. 9. 1380 in Massa Marittima bei Florenz als Sproß der vornehmen sienesischen Familie Albizechi, 1402 Eintritt in den Franziskanerorden, 1404 Priesterweihe. B. schloß sich der Observanz in Colomaio an, 1417 Beginn der Predigttätigkeit vor dem Volk in Mittel-und Norditalien, um allgemein Sitten und Moral zu heben. B. verbreitete zusammen mit Johannes von Capestrano (siehe auch dort) die Verehrung des Namens Jesu, im Orden Reformator im Sinne der Observanten, 1433 Begleiter König Sigismunds nach Rom zur Kaiserkrönung, 1439 Einsatz auf dem Konzil von Florenz für die Union zwischen griechisch-orthodoxer und lateinischer Kirche, Generalvikar seines Ordens 1438–1442. Die ihm angetragenen Bischofsämter Siena, Ferrara und Urbino schlug B. aus. † 20. 5. 1444 in L'Aquila bei Rom. Heiligsprechung 1450.

Bernward

Legende: B. läßt ein achtmonatiges Kind die Unschuld seiner Mutter bezeugen. – B. heilt Blinde und Verletzte. – B. erweckt einen Toten. – Zahlreiche postume Wunder an seinem Grab.

Patronat: Observanten, Stadtpatron von Massa Marittima, der Wollweber, gegen Heiserkeit, Brustkrankheiten, Blutfluß.

Verehrung und Kultorte: Leichnam in L'Aquila/S. Francesco. Reliquien in Siena/Osservanza; Wallfahrt in Rom/S. Maria in Aracoeli, Siena, Massa Marittima, Perugia.

Aberglauben: In seiner Schrift »De idolatriae cultu« bekämpft B. den Aberglauben, teilt aber manchen am Ende des Mittelalters üblichen Mißbrauch mit.

Darstellungen in der Kunst: *Gewandung:* als Franziskaner in langer, mit einem Strickzingulum gegürteten Kutte und Kapuze (Toledo, Museo del Greco, Gem. v. El Greco um 1600). *Attribute:* geöffnetes Buch mit biblischem Text (Lübeck, Annenmuseum, Gem. 15. Jh.); IHS-Monogramm in von Strahlen umgebener runder Scheibe (Köln, Wallraf-Richartz-Museum, Gem. v. Meister der Verherrlichung Mariens 3. Viertel 15. Jh.); IHS-Monogramm in runder Scheibe, aus der Kruzifix herauswächst (Lübeck, Annenmuseum, Gem. 15. Jh.); IHS-Monogramm auf rechteckiger von Strahlen umgebener Tafel (Siena, Palazzo Pubblico, Fresko v. S. di Pietro 1450); Kruzifix (Siena, Dom, Kapitelsaal, Fresko v. S. di Pietro 1427); Kruzifix mit IHS-Monogramm (Siena, Pinacoteca Nazionale, Gem. Mitte 15. Jh.); drei Mitren (Kirch-Rosin/Mecklenburg, Retabelfig. um 1500); drei Mitren, drei Bischöfsstäbe (Kirchlinde/Westfalen, Retabelfig. um 1500); Taube am linken Ohr soufflierend (Siena, Hospital, Gem. 15. Jh.). *Besondere Szenen:* Elevatio B.'s durch Engel (Siena, Dom, Kapitelsaal. Fresko 15. Jh.); B. predigt vor zahlreichem Volk auf der Piazza del Campo in Siena (Siena, Dom, Kapitelsaal, Fresko v. S. di Pietro 1427). *Zyklen:* Rom/S. Maria in Aracoeli, Fresko v. Pinturicchio 1485/86; Perugia/Galleria Nazionale, Gem. v. F. di Lorenzo um 1500); Lodi/S. Francesco, Fresko C. da Lodi zugeschrieben 16. Jh.

Bernward von Hildesheim
Bischof, hl.

Fest: 20. 11.

Leben: † um 960 als Sproß aus sächsischem Hochadel, um 975 an der Domschule Hildesheim, Studium der Wissenschaften und technischen Künste. Seit 987 als Erzieher Kaiser Ottos III. in der Staatsverwaltung, 993 Bischof von Hildesheim. B. teilte das Bistum in Archidiakonate ein, förderte Klosterneugründungen wie Ringelheim, Steterburg, Ölsburg, Hilwartshausen und Heiningen. B. ließ gegen plündernde Normannen und Slawen Stadtmauern und Burgen errichten. 1000/1001 in Rom, 1007 in Flandern, 1015 Einweihung der Krypta der St. Michaelskirche/Hildesheim. Bedeutend seine Leistungen als Gründer der Hildesheimer Kunstschule und Förderer der Erzgießerei, des Goldschmiedehandwerks und der Buchmalerei. † 20. 11. 1022 in Hildesheim. Heiligsprechung 1193.

Patronat: Goldschmiede.

Verehrung und Kultorte: Beigesetzt im selbstentworfenen Sarkophag in der Michaelskirche /Hildesheim.

Darstellungen in der Kunst: *Gewandung:* als Bischof in pontifikalem Meßornat (Hildesheim, Dom, Rathmannmissale, Buchmalerei 1159); als Bischof in Pontifikalornat mit Pluviale (Hildesheim, St. Godehard, Chorgestühl, Fig. Ende 15. Jh.). *Attribute:* Stab, Buch (Hannover, Landesbibliothek, Codex regius Hannoveranus, Buchmalerei um 1250/75); Kirchenmodell (Hildesheim, St. Michael, Chorschrankenrelief Ende 12. Jh.); Bernwardkreuz (Hildesheim, St. Michael, Fig. um 1360); drei liegende Löwen zu Füßen

(Wienhausen, Kloster, Fig. um 1515). Die in der Literatur erwähnten Attribute Hammer und Kelch sind fiktiv.

Birgitta von Schweden
Ehefrau, Pilgerin, Ordensgründerin, hl.
Fest: 23. 7. (vor der Kalenderreform 8. 10., in Schweden 7. 10.).
Leben: * 1302/03 in Finstad/Upland aus einer vornehmen, mit dem Königshaus verwandten Familie. B. erhielt bei frommer Erziehung seit früher Jugend Visionen. 1316 mit Ulf Gudmarsson glücklich verheiratet, brachte sie acht Kinder zur Welt. 1335 Hofmeisterin am Königshof, um 1342 Pilgerfahrt mit ihrem Gatten nach Santiago de Compostela. Nach der Rückkehr zog sich Ulf Gudmarsson in das Zisterzienserkloster Alvastra bei Linköping zurück, dort † am 12. 2. 1344. Der Tod des Gatten veränderte das Leben B.'s. 1344 Niederlassung im Kloster Alvastra, wo sie die berühmte Vision hatte, Gottes Braut und Mittlerin zu sein. Gründung eines Ordens, für dessen Klosteranlage B. von König Magnus Erikson Vadstena am Vätternsee erhielt. 1349 Reise nach Rom; 1370 päpstliche Bestätigung der für ein Doppelkloster von Mönchen und Nonnen (1442 wieder aufgehoben) nach dem Vorbild von Fontefrault konzipierten Ordensregel durch Urban V., 1372/73 Wallfahrt ins Heilige Land, lebte anschließend 24 Jahre in Italien. Dort nahm B. großen Einfluß auf geistliche und weltliche Führer um eine sittliche Erneuerung ihrer Zeit. † 23. 7. 1373 in Rom. Heiligsprechung 1391 auf Grund eines Antrags von Kaiser Karl IV. 1377. – Die Visionen B.'s sind in schwedischer Sprache abgefaßt und wurden von Petrus Olavi von Alvastra und Magister Matthias von Linköping ins Lateinische übersetzt. Die Visionen vor allem in der Geburtsgrotte in Bethlehem beeinflußten die Ikonographie des Weihnachtsbildes, weil

B. eine weiß gekleidete Maria betend vor dem im Strahlenkranz liegenden nackten Kind sah. Auch Motive bei der Stuppacher Madonna von Meister MGN (wie der Regenbogen) gehen auf die Visonen B.'s zurück, zumal nach B. Maria wie ein Regenbogen in ständigem Gebet über der Welt stehe.
Patronat: Pilger, gute Sterbestunde.
Verehrung und Kultorte: Leichnam 1374 von ihrer Tochter Katharina nach Vadstena überführt, Armreliquie in Rom, Reliquie in Legden/Westfalen. Schweden, Skandinavien.
Aberglauben: Sammlung von 15 angeblichen Gebeten B.'s über Jesu Passion, die die genaue Zahl der Geißelhiebe, Schläge und Martern aufzählen und als Zettelamulett getragen werden konnte (von der Kirche verurteilt, jedoch bis heute zu finden).

Darstellungen in der Kunst: *Gewandung:* als Nonne in der Tracht der Birgittaschwestern in langem faltigen Gewand mit weiten Ärmeln, auf dem Kopf über dem Schleier die Chorschwesternkrone aus ledernem Reifen und zwei rechtwinklig sich überkreuzenden Bügeln (New York, Metropolitan Museum, Fig. um 1500); als Witwe mit weißem Kopftuch (Stockholm, Historiska Museet, Gem. v. H. Rode [?] 15. Jh.). *Attribute:* Äbtissinnenstab (Legden, Fig. 15. Jh.); geöffnetes Buch (Vadstena, Fig. um 1440); Buch, in das B. mit einer Feder schreibt (Nürnberg, Germanisches Nationalmuseum, Gem. um 1500); Schreibfeder in der rechten Hand (Lübeck, Heilig-Geist-Spital, Retabelfig. Ende 15. Jh.); Tintenfaß, Feder, Buch (New York, Metropolitan Museum, Fig. um 1500); Tintenfaß, Federbehälter (Stockholm, Historiska Museet, Gem. v. H. Rode [?] 15. Jh.); Krone, Löwenwappen (Prag, Bibliotheca Metropolitana, Holzschnitt 15. Jh.); Pilgerhut (Wien, St. Stephan, Chorgestühl, Fig. Ende 15. Jh.); Tasche, Pilgerkrone, am Pilgerstab aufgehängt (Nürnberg, Germanisches Nationalmuseum, Gem. um 1500); Herz mit Kreuz (Malchin/Mecklenburg, Gem. 15. Jh.). *Besondere Szenen:* ein Engel diktiert B. die Ordensregel (Frankfurt, Historisches Museum, Gem. v. Meister v. Brüssel 15. Jh.); B. verteilt ihre Ordensregel (Florenz, S. Maria Novella, Gem. v. Fra Bartolommeo Anfang 16. Jh.); B. empfängt die himmlische Vision von der auf den Knien gebärenden Maria (Florenz, S. Maria Novella, Fresko Ende 14. Jh.); B. empfängt die Vision von Christus an der Säule (London, National Gallery, Gem. v. D. Velázquez 17. Jh.); B. reitet auf einem Schimmel in Vadstena ein und erhält von einem Engel eine Schriftrolle (Turin, Biblioteca Nazionale MS I. III. 23, Buchmalerei 1. Hälfte 14. Jh.).

Blasius von Sebaste
Bischof, Nothelfer, hl.
Fest: 3. 2. (bis zum 11. Jh. 15. 2., in griechischen Riten 11. 2.).
Leben: B. war Bischof von Sebaste (heute Siwas), erlitt um 316 das Martyrium.
Legende: nach der Legenda aurea: B. wird wegen seiner hervorstechenden Sanftmut und seines heiligmäßigen Lebenswandels von der Bevölkerung zum Bischof gewählt. – B. flieht vor der Christenverfolgung unter Diokletian in eine Höhle und fristet ein Einsiedlerdasein. – Vögel bringen B. Speise in seine Höhle. – B. segnet wilde Tiere. – B. legt kranken Tieren seine Hand auf und macht sie gesund. – B. verhindert eine Jagd auf die um ihn gescharten Tiere. – B. heilt den Sohn einer Witwe, dem eine Fischgräte im Hals stecken geblieben war. – B. veranlaßt einen Wolf, das einer Witwe geraubte Schwein unversehrt zurückzubringen. – B. wird von dem Fürsten der Stadt in den Kerker geworfen. – Beim Verhöhr bezeichnet B. die heidnischen Götter als Teufel. – Die Witwe, der B. das Schwein wieder beschafft hatte, trägt den Schweinskopf, Brot und eine Kerze ins Gefängnis zu B. – B. erklärt der Witwe, sie solle jedes Jahr zum Gedenken an B. eine Kerze opfern, die viel Segen bringen werde. – Der heidnische Fürst läßt B. an einem Holzbalken aufhängen und sein Fleisch mit eisernen Kämmern abzerren. – Sieben Frauen sammeln B.'s Blut an der Marterstätte, werden verhöhrt, erklären sich listig bereit, vor den Götterbildern zu opfern, wenn diese zuvor in einem Teich gewaschen würden, doch werfen sie statt zu opfern die Statuen ins Wasser. – Die Frauen werden ähnlich wie B. gemartert, doch von einem Engel gestärkt. – Das Feuer im Ofen, in den sie geworfen werden sollen, erlischt. – Der Fürst läßt die Frauen enthaupten. – B. wird in den Teich geworfen, ertrinkt aber nicht, weil das Wasser durch das Kreuzzeichen austrocknet. – B. wird enthauptet.

Patronat: des Welfenhauses, Stadtpatron von Dubrovnik, Ärzte, Bauarbeiter, Blasmusiker, Gerber, Gipser, Haustiere, Hutmacher, Maurer, Schneider, Schuhmacher, Seifensieder, Steinhauer, Strumpfwirker, Weber, Wachszieher, Windmühlenbesitzer, Wollhändler, Vieh; gegen Halsleiden.

Verehrung und Kultorte: Reliquien in Braunschweig, Konstantinopel, Köln, Lübeck, Mailand, Mainz/Priesterseminar, Montpellier, Neapel, Paray-le-Monial, Paris, Ragusa, Rom, St. Blasien, Tarrent, Trier.

Aberglauben: Lostag für das Wetter im Vorfrühling. – Seit dem 6. Jh. ist eine Besegnung im Namen B.'s zur Entfernung eines Knochens aus dem Hals bekannt. – B.-Wasser gibt man jungen Hühnern zu trinken, damit sie der Fuchs nicht hole. – Am B.-Tag werden Pferde gesegnet. – B.-Brot vertreibt Halsweh. – Am B.-Tag darf man nicht spinnen, sonst zerreißt der Wind das Dach.

Darstellungen in der Kunst: *Gewandung:* als Bischof in Pontifikalkleidung mit Kasel (Monreale, Dom, Mosaik 12. Jh.); als Bischof im Pluviale mit Mitra und Stab (Mengen, Frauenkirche, Fig. Ende 15. Jh.). *Attribute:* Buch (Rom, S. Maria Antiqua, Fresko 10. Jh.); Vieh zu Füßen (Morpeth/Northumberland, Glasmalerei um 1400); Wolf und Schwein zu Füßen (Berlin, Welfenschatz, Plenar Ottos des Milden, Einbandrelief 11. Jh.); Schweinskopf in der Hand (Hautzenberg, Gem. um 1490); Blashorn (Neusitz, Retabelfig. 1515); Hechel (Leitmeritz, Gem. um 1460); Knabe (Krombeke, St. B., Reliefmedaillon 18. Jh.); brennende Kerze in der Linken (Lübeck, Dom, Geveradenaltar, Fig. 1492); Tortsche (Wien, Kunsthistorisches Museum, Fig. v. A. Lackner 1518); aus drei dünnen Wachsarmen geflochtene Kerze (Rißtissen, Friedhofskapelle, Fig. 1483); zwei gekreuzte Kerzen (Vierzehnheiligen, Gnadenaltar v. J. M. Feichtmayr 1764); Wachsstock (Aachen, Münster, Domschatzkammer, Gem. Ende 15. Jh.); Leuchter mit Kerze (Fehmarn, Burg, Fig. Ende 15. Jh.). *Besondere Szenen:* B. zieht eine Fischgräte aus dem Hals des Knaben (Lorca/Spanien, Gem. v. Salzillo 18. Jh.); das Wunder mit dem Wolf und dem Schwein (Straßburg, St. Thomas; Relief vor 1277); B. heilt kranke Tiere (Kaufbeuren, B.-Kapelle, Wirkteppich um 1578); B. in der Einsamkeit auf dem Berg Argaeus (Augsburg, Bibliothek, Kupferstich aus J. Giulini, Tägliche Erbauung eines Wahren Christen 1753). *Martyrium:* Martyrium mit der Hechel und Enthauptung (Paderborn, Erzbischöfliches Diözesanmuseum, Abdinghofer Tragaltar, Einlegearbeit v. R. von Helmarshausen Anfang 12. Jh.; Chartres, Kathedrale, Südportal, Fig. um 1225). *Zyklen:* Rom/S. Clemente, Unterkirche, Mosaik um 1100; St. Paul im Lavanttal, Pluviale, Stikkereien 1225/30; Kaufbeuren/B.-Kapelle,

Gem. um 1485; Ehingen/B.-Kirche, Fresken 1738.

Bonaventura von Bagnoreggio
(Johannes Fidanza), Franziskaner, Bischof, Kirchenlehrer, hl.

Fest: 15. 7.

Leben: * 1217 oder 1221 in Città di Bagnoreggio als Sohn des Arztes Giovanni di Fidanza und der Maria di Ritello. B. wurde von seiner Mutter mit 7 Jahren während einer schweren Krankheit dem hl. Franz v. Assisi versprochen. 1236–1242 in Paris bei Alexander von Hales Studium der artes liberales; 1243 Eintritt in den Franziskanerorden. Nach Noviziat und biblisch-theologischen Studien 1253 Magister. Am 2. 2. 1257 nach der erzwungenen Abdankung des Johannes von Parma Wahl zum General des Ordens, den er von Paris aus bis zum 20. 5. 1274 energisch und mit Realitätssinn leitete. Am 12. 8. 1257 zusammen mit Thomas von Aquin Aufnahme in das Professorenkollegium; am 28. 5. 1273 zur Vorbereitung des 2. Konzils von Lyon unter Ernennung zum Kardinalbischof von Albano von Papst Gregor X. nach Rom gerufen. B. war an den Unionsverhandlungen mit der griechisch-orthodoxen Kirche beteiligt, bei denen eine politische Notlage Kaiser Michaels VIII. Palaiologos ausgenutzt wurde, und predigte beim Vollzug der nur kurzfristig bestehenden Union. † 15. 7. 1274. Heiligsprechung am 15. 7. 1274. Ernennung zum Kirchenlehrer durch Papst Sixtus V. 1588. – B. baut in seinen zahlreichen Schriften, wie dem Sentenzenkommentar, den Kommentaren zur Hl. Schrift und vielen anderen, eine spekulativ-theologische Gedankenführung unter Berufung auf den Neuplatonismus und Augustinus auf, im Gegensatz zu Thomas von Aquin, der der Philosophie des Aristoteles zum Durchbruch verhalf. Der Begriff »Welt« bedeutet für B. im Sinne des Exemplarismus Bild und Gleichnis Gottes. Der menschliche Geist kann sich zu Gott dann erheben, wenn er in gläubiger Hingabe fähig geworden ist, den Schein der Dinge zu überwinden. Umbrae (Schatten), Vestigia (Spuren) und Imagines (Bilder) lassen den Glaubenden Gottes Bild erkennen und in diesen Spuren zu einer Gotteserfahrung bis hin zur Gottesliebe gelangen. Als Ordensgeneral vollendete B. im sog. Mendikantenstreit, zwischen einer rigorosen und einer liberalen Richtung vermittelnd, die Ordensverfassung und schuf die Legenda major als offizielle Vita des hl. Franz von Assisi, nachdem er frühere Lebensdarstellungen zerstören ließ.

Legende: Das neugeborene Knäblein wird von Franz von Assisi gesegnet. – B. wird als siebenjähriger Knabe von Franz von Assisi geheilt. – Aus Dankbarkeit bringt ihn die Mutter nochmals zu Franz, wobei dieser ausruft » O buona ventura« (= Oh gute Zukunft). – B. erweckt ein totgeborenes Kind. – B. zeigt dem hl. Thomas von Aquin als Quelle seiner Weisheit ein Kruzifix. – Ein Engel verkündet B., daß Gregor X. der neue Papst wird. – Die päpstliche Abordnung mit dem Ernennungsdekret zum Kardinalbischof trifft B. in der Küche beim Geschirrspülen an. – Da B. seine Arbeit nicht unterbrechen will, heißt er die Komission, den Kardinalshut vorläufig an einem Baum aufzuhängen. – B. glaubt, nicht der Kommunion würdig zu sein, bis ein Engel ihm einen Teil der Hostie des Priesters überbringt. – Die letzte Kommunion dringt durch B.'s Brust ins Herz ein.

Patronat: Franziskaner, Theologen, Arbeiter, Kinder, Lastenträger, Seidenfabrikanten.

Verehrung und Kultorte: Leichnam beigesetzt in der Sakristei des Franziskanerklosters Lyon, um 1450 in die neue Kirche St. Franziskus in Lyon übertragen, 1562 während der Hugenottenwirren Leichnam verbrannt, das damals gerettete Haupt seit 1807 verschollen. Armreliquiar in Bagnoreggio als Geschenk Karls VIII. von Frankreich.

Darstellungen in der Kunst: *Gewandung:* als Franziskaner in mit einem Strick gegürteter Kutte (Carrara, Pinacoteca, Gem. v. Bronzino 16. Jh.); als Franziskaner mit umgegürteter Buchtasche (Wien, Kunsthistorisches Museum, Antependium 1502); als Bischof mit Pluviale über der Franziskanerkutte (Troyes, St-Nicolas, Fig. v. F. Gentil um 1510); im Kapuzinerhabit mit Pluviale und Bischofsstab (Sevilla, Provinzialmuseum, Gem. v. B. E. Murillo 17. Jh.); als Kardinal in Cappa magna (Lille, Museum, Gem. v. P. P. Rubens um 1600); als Theologe am Schreibpult (Bergamo, Duomo, Gem. v. Morelli 18. Jh.). *Attribute:* am Baum hängender Kardinalshut (Köln, Wallraf-Richartz-Museum, Gem. v. Meister der Verherrlichung Mariens um 1480); Kardinalshut zu Füßen liegend (Paris, Louvre, Fig. v. der della-Robbia-Werkstatt 16. Jh.); Kardinalshut über dem Wappen schwebend (Köln, Wallraf-Richartz-Museum, Gem. v. Meister v. St. Severin um 1500); Kardinalshut über der Mitra schwebend (Aquila, Gem. v. Cola dell'Amatrice 16. Jh.); Kardinalshut an der Wand hängend (Rom, Museo Francescano, Aquarell 17. Jh.); Kardinalshut am Buchständer (Kirchlinde, Fig. um 1500); Kardinalshut in der Hand (Gransee, Gem. Anfang 16. Jh.); Mitra tragender Engel (Sevilla, Provinzialmuseum, Gem. v. B. E. Murillo 17. Jh.); Kardinalshut im Nacken (Wien, Kunsthistorisches Museum, Antependium 1502); Engelsköpfchen auf dem Pluviale (Corciano, Gem. v. B. Bonfigli 1472); Buch (Breslau, Museum, Gem. frühes 16. Jh.); Kruzifix in der Hand (München, Bayerisches Nationalmuseum, Gem. Anfang 16. Jh.); Kruzifix mit seitlich auswachsenden Zweigen und Blättern (Wien, Kunsthistorisches

Museum, Antependium 1502); Kruzifix mit Inschriftenbändern aus B.'s Traktaten (Corciano, Gem. v. B. Bonfigli 1472); Kreuzesbaum als Hinweis auf den Traktat B.'s »Ecce lignum Vitae« (Berlin-Dahlem, Gemäldegalerie, Gem. v. C. Crivelli 15. Jh.); Kreuzesbaum mit Pelikan (Florenz, Accademia, Gem. Pacino da Buonaguida zugeschrieben 1347). *Besondere Szenen:* B. als Zeuge der Unbefleckten Empfängnis Mariens (Douai, Musée, Gem. v. J. Bellegambe Anfang 16. Jh.); B. als Zuhörer des hl. Antonius von Padua im Nußbaum (Venedig, Accademia, Gem. v. L. Bastiani Ende 15. Jh.); B. schreibt seine Traktate (Florenz, S. Croce, Gem. v. T. Gaddi 1330/40); B. erweckt ein totgeborenes Kind (Bologna, Pinacoteca Nazionale, Gem. v. F. Gessi nach 1600); B. zeigt dem hl. Thomas die Quellen seiner Schriften (Berlin, ehem. Kaiser-Friedrich-Museum, Gem. v. F. Zurbarán 1629). *Zyklen:* ehem. Sevilla/B.-Kirche, Gem. v. F. Zurbarán 1629; ehem. Schloß Vilandry, Gem. v. B. Herrera d. Ä. 1627.

51 Bonifatius

(Winfrid), Benediktiner, Bischof, Martyrer, Apostel der Deutschen, hl.
Fest: 5. 6. (Fest der Bischofsweihe am 1. 12.).
Leben: * 672/75 in Wessex als Sproß einer angelsächsischen Adelsfamilie. Als Junge in den Benediktinerklöstern Exeter und Nursling erzogen; Eintritt in den Orden und Vorsteher der Klosterschule in Nursling, Verfasser einer Grammatik und einer Metrik. 716 Mission bei den Friesen scheiterte wegen B.'s unrealistischer Vorstellungen. Trotz seiner Wahl zum Abt bemühte sich B. um Sendung durch Papst Gregor II., der den Namen »Bonifatius« am 15. 5. 719 dem englischen Mönch Winfrid zulegte. Mission in Thüringen, und zusammen mit Willibrord in Friesland, seit 721 in Hessen; gründete Amoeneburg; Bischofsweihe während der 2. Romreise 722. Fällung der Donareiche bei Geismar, Konflikt mit fränkischem Klerus, bei der 3. Romreise. 732 Ernennung zum Erzbischof und päpstlichen Vikar des Missionsgebietes durch Gregor III. B. organisierte die Kirche in Bayern, Alemannien, Hessen, Thüringen, 744 Gründung von Kloster Fulda, Legat der westfränkischen Kirche. B. errichtete in Deutschland Bistümer innerhalb festgelegter Grenzen und schuf so eine feste Kirchenorganisation mit den Zentren Passau, Salzburg, Freising und Regensburg, zu denen später Würzburg, Buraburg, Erfurt (741) und Eichstätt hinzukamen. 748 Bistum Mainz als persönliches Missionsbistum. 747 verlor B. nach der Abdankung des Hausmaiers Karlmann seine führende Stellung. 753/54 erneute Mission in Friesland. B. fand am 5. 6. 754 mit 52 Gefährten am Fluß Borne bei Dokkum den Martertod. In feierlichem Translationszug wurde die Leiche B.'s über Mainz nach Fulda gebracht.
Legende: B.'s Vater will den Knaben nicht für Gott freigeben und wird deswegen mit Krankheit geschlagen. – B. absolviert den Hausmaier Karlmann von der Sünde des Raubes am Kirchengut. – B. baut aus dem Holz der gefällten Donareiche eine Kapelle. – B. salbt Pippin zum König. – B. übergibt Gregor als seinem Nachfolger die Schlüssel der Domkirche von Utrecht. – B. zerstört ein Götzenbild. – B. erhält von einer Taube einen Fisch als Speise für sich und seine Gefährten Adalar und Eoban. – B. verwünscht das Gold der Thüringer in Stein, worauf sich jeder Pfennig in eine steinerne Linse verwandelt. – An der Stelle des Martyriums von B. entspringt eine Quelle.
Patronat: Apostel der Deutschen, Bonifatiuswerk für die Christen in der Diaspora, Diözese Fulda, Bierbrauer, Schneider.
Verehrung und Kultorte: Grabmal in Fulda, Blutreliquie in Utrecht, Reliquien in Mainz/Dom, Freckenhorst/Stift (seit 851), Brügge/Notre-Dame (seit 1124). Verehrung in

S. BONIFACIVS ARCHIEP. MOGVNTINVS. M.

Bruno

den Diözesen Mainz, Fulda, Berlin, Eichstätt, Görlitz, Mainz, Dresden-Meißen, München-Freising, Osnabrück, Wallfahrten in Dokkum und Hülfensberg/Eichsfeld. Ehem. wallfahrtsähnliches Brauchtum in Stift Freckenhorst, Hameln, Langensalza, Utrecht/St. Salvator.

Aberglauben: B. reitet als guter Geist dem wilden Jäger zur Seite und mahnt ihn zur Umkehr. – Am B.-Tag muß man Bohnen stecken, wenn sie gedeihen sollen.

Darstellungen in der Kunst: *Gewandung:* als Bischof in der Meßkasel mit Pallium, Mitra, Stab (Fulda, Petersberg, Relief 12. Jh.); als Bischof im Pluviale (Mainz, Dom, Gemmingengrab, Fig. v. H. Backoffen nach 1514); als Mönch (Perugia, S. Severino, Gem. v. Perugino Ende 15. Jh.); als Mönch mit Flocke und Pallium (Isny, Abteikirche, Fresko 18. Jh.); als Benediktiner im Habit (Ottobeuren, Abteikirche, Fresko 18. Jh.); als Benediktinerabt mit Flocke, Inful, Stab (ehem. Egmond, Abtei St. Adalbert, Gem. v. J. van Scorel 1525). *Attribute:* Dolch mit durchbohrtem Buch (Schlitz, Taufstein, Relief 1467); Dolch mit von unten aufgespießtem Buch (Fulda, Dom, Dreikönigsaltar, Fig. um 1700); Buch mit von oben eingestoßenem Dolch (Mainz, Marktbrunnen, Relief 1526); am Schnitt angeschlagenes Buch (Eisenach, Museum, Fig. um 1500); Dolch ohne Buch (Eichenzell, Pfarrhaus, Relief um 1500); Kreuzstab mit zwei Querbalken als Kennzeichen des päpstlichen Legaten (Geisa, Relief um 1500); Handkreuz mit zwei Querbalken (Dietges, Holzfig. um 1780); erzbischöflicher Kreuzstab mit einem Querbalken (Mainz, Bibliothek des Priesterseminars, Kupferstich bei Serarius, Mainzer Geschichte 1604); Bußgeißel (Amersfoort, Kasel, Stickerei um 1520); Quelle (Kupferstich von C. Bloemaert nach einem Gem. v. A. Bloemaert um 1630); Brunnen (Antwerpen, Holzschnitt aus Ribadeneira-Rosweyde, Heiligenlegende 1629); Flaschenkrug (Ut-

recht, S. Maria Minor, Fig. 18. Jh.). *Besondere Szenen:* B. predigt den Heiden (Amsterdam, S. Franz Xaver, Gem. v. J. Collaert 1620); B. segnet Sturmius vor der Aussendung nach Fulda (Fulda, Priesterseminar, Gem. v. A. Herrlein um 1792); B. erhält von Karlmann die Schenkungsurkunde (Fulda, Priesterseminar, Gem. v. A. Herrlein um 1792); B. läßt einen Brunnen entspringen (Sannerz, Propsteischloß, Gem. nach 1778); Fällung der Donareiche (ehem. München, St. B., Wandmalerei v. J. Schraudolph 19. Jh.); B. und Willibrord im Gebet vor der Not Gottes (Huissen, Mariä Himmelfahrt, Gem. v. J. Bijlert um 1650) *Martyrium:* Mainz/Dom, Liebensteinepitaph, Relief um 1508; Muri/Abteikirche, Wandmalerei v. F. A. Giorgioli 1696/97. *Zyklen:* Erfurt/Dom, Glasmalerei um 1410; Fulda/Dom, Sturmiusaltar, Reliefs 18. Jh.; Brügge/Notre-Dame, sog. B.-Sarg, Reliefs v. M. Blootacker 1624; München/St. Bonifaz, Wandmalerei v. M. Hess und J. Schraudolph 19. Jh.; Berlin/Gemäldegalerie, Gem. v. A. Rethel 19. Jh.

Bruno der Kartäuser
Bekenner, Ordensgründer, hl.

Fest: 6. 10.

Leben: * um 1030/35 in Köln als Angehöriger der Familie Hartefaust. Nach dem Studium in Reims in Köln zum Priester geweiht, Kanoniker an St. Kunibert/Köln, 1057 Leiter der Domschule Reims; zu B.'s Schülern zählte u. a. Odo von Châtillon, der spätere Papst Urban II., 1075 erzbischöflicher Kanzler in Reims. Nach Auseinandersetzungen mit Erzbischof Manasse, der sich mit Papst Gregor VII. überworfen hatte, mußte B. aus Reims fliehen, kehrte 1080 nach Absetzung Manasses zurück, wurde 1081 zum Erzbischof gewählt, mußte aber vor dem Kandidaten des Königs Herlinand von Laon zurücktreten. 1083 von Robert von Molesme als Benediktinermönch aufge-

nommen, erhielt B. die Erlaubnis zur Errichtung einer Eremitensiedlung in Sèche-Fontaine in der Diözese Langres. 1084 mit sechs Gefährten zu Bischof Hugo von Grenoble, der ihnen das Felsengebiet Cartusia überließ. Dort entstand ein von Einzelzellen umgebenes Oratorium. Von Urban II. 1090 nach Rom berufen, gründete er 1091 die Kartause La Torre in Kalabrien. † dort am 6. 10. 1101. Keine offizielle Kanonisierung, 1514 und 1623 Bestätigung des Kultus.

Legende: B. empfängt von der Gottesmutter und dem Kind die Ordensregel. – B. wird von seinem verstorbenen Lehrer Raymond Diocrès bekehrt, der an der Bahre seine Verdammnis verkündet. – B. lehnt das Bistum Reggio di Calabria ab. – Ein Kranker wird durch Wasser von B.'s Grab geheilt.

Patronat: Kartäuser.

Verehrung und Kultorte: Leichnam in der Kirche S. Stefano di Bosco.

Darstellungen in der Kunst: *Gewandung:* in der Ordenstracht mit weißem Habit und Kapuze (Köln, Wallraf-Richartz-Museum, Gem. v. Meister der Heiligen Sippe um 1515). *Attribute:* Olivenzweig (Köln, Wallraf-Richartz-Museum, Gem. v. A Woensam 1535); an die Lippen gelegter Zeigefinger (Cádiz, Kathedrale, Fig. v. M. Montánez 17. Jh.); Stern auf der Brust, Erdkugel, Szepter (Valencia, Museo S. Carlos, Gem. v. F. Ribalta 17. Jh.); Kreuz. Weltkugel, Totenkopf (Hildesheim, ehem. Kartause, Fig. Ende 17. Jh.); Kreuz vor dem Gesicht, Mitra und Stab zu Füßen (Valladolid, Monasterio del Paular, Fig. v. G. Fernández 17. Jh.); Lilie (Kunsthandel, Kupferstich von G. Rousselet 17. Jh.). *Besondere Szenen:* Erscheinung Ma-

Burkhard

riens vor B. (Neapel, Palazzo Reale, Gem. v. J. Ribera 17. Jh.); B. empfängt von der Gottesmutter die Ordensregel (Paris, Louvre, Gem. v. E. Le Sueur 17. Jh.); B. und die redende Leiche seines Lehrers (Köln, Wallraf-Richartz-Museum, Gem. v. Meister der Bruno-Legende 1488/89). *Zyklen:* Basel/ Karthause Margaretental, Wandmalerei v. Lawelin um 1440; Neapel/Kartause S. Martino, Gem. v. M. Stanzione 1635; Paris/ Louvre, Gem. v. E. Le Sueur 17. Jh.; Lyon/ Kartause, Gem. v. F. Perrier 1630; München, Bayerisches Nationalmuseum, Glasmalerei v. H. Schaper 19. Jh.

Burkhard von Würzburg
Bischof, hl.

Fest: 2. 2. (in Würzburg und Bamberg 14. 10.).
Leben: Angelsächsischer Herkunft wurde B. Benediktinermönch; 735 mit dem hl. Bonifatius Überfahrt zum europäischen Festland, 741 von Bonifatius zum ersten Bischof von Würzburg geweiht. 743 Teilnahme am ersten Reformkonzil, das Bonifatius einberu-

fen hatte, 747 auf der gesamtfränkischen Synode; überbrachte deren Treueerklärung dem Papst nach Rom. 750/51 zusammen mit Fulrad von St-Denis in Rom, um die Zustimmung des Papstes zur Königserhebung Pippins zu erlangen. Gründung des St. Andreasklosters bei Würzburg. B. erhob am 8. 7. 752 die Gebeine des hl. Kilian. † 2. 2. 754 in der Zelle Hohenburg im Odenwald.
Verehrung und Kultorte: Reliquientranslation am 14. 10. 984/90 durch Bischof Hugo nach St. Andreas/Würzburg Gebeine verschollen, seit 1552 Kopfreliquiar ebendort vorhanden.
Darstellungen in der Kunst: *Gewandung:* als Bischof im Pontifikalornat mit Pluviale (Washington, National Gallery, Fig. v. T. Riemenschneider um 1500). *Attribute:* Stab, Buch (Würzburg, St. Burkhard, Fig. um 1770); Wappen (Heilbronn, Kilianskirche, Glasmalerei Ende 15. Jh.); Hirtenstab, Herzogshut (Würzburg, Neumünster, Fig. 18. Jh.). *Besondere Szene:* B. kniet vor den Schutzheiligen des Andreasklosters (Würzburg, Benediktinerkirche, Gem. v. O. Onghers 1676).

C

44 Caecilia

Jungfrau, Martyrerin, hl.

Fest: 22. 11. (in griechischen Riten 24. 11.).

Kirchenhistorischer Hintergrund: Eine im 5. Jh. gegründete Kirche in Rom steht angeblich über dem Wohnhaus des römischen Patriziers Valerianus. Möglicherweise ist der Heiligenfesttag der Weihetag der Kirche, deren ursprünglicher Titel nicht überliefert ist, aber wohl auf den altrömischen Geschlechternamen der Caecilier zurückgeht. Die Kirche wurde unter Papst Paschalis I. (817–824) erneuert.

Legende: nach der Passio des späten 5. Jh. und der Legenda aurea: C. stammt aus römischem Adelsgeschlecht und bittet Gott, ihre jungfräuliche Reinheit zu bewahren. – C. heiratet den Jüngling Valerian und trägt bei der Hochzeit unter goldenen Gewändern ein härenes Hemd. – C. erklärt ihrem Gatten in der Hochzeitsnacht, daß sie einen Engel vom Himmel zum Liebhaber habe, der ihren Leib bewache. – Valerian will den Engel sehen, wird von C. zu Papst Urban geschickt, der in der Verbannung lebt. – Bettler weisen Valerian den Weg zu Papst Urban. – Dort erscheint Valerian ein Greis in leuchtenden Gewändern mit dem Buch des Glaubens. – Papst Urban tauft Valerian. – Bei der Heimkehr sieht er C. mit dem Engel im Gespräch. – Der Engel gibt C. aus dem Paradies einen Kranz aus Rosen und Valerian einen von Lilien. – Valerians Bruder Tiburtius bemerkt den Duft der himmlischen Blumen und wird von C. zum Christentum bekehrt und getauft. – Tiburtius und Valerian bestatten heimlich Martyrer während der Christenverfolgung und geben Almosen. – Der heidnische Präfekt Alimachus läßt sie prügeln und übergibt sie mit C. der Bewachung des Maximus. – Maximus wird bekehrt und im Hause von C. getauft. – C. tröstet Valerian und Tiburtius im Kerker. – Als sie enthauptet werden, sieht Maximus ihre Seelen zum Himmel eingehen. – Maximus erleidet das Martyrium, indem er mit bleiernen Klötzen zu Tode geprügelt wird. – C. begräbt Maximus. – C. predigt auf einem Steinblock vor ihrem Haus, Urban tauft die Bekehrten. – C. verweigert vor dem Richter das Götzenopfer. – C. wird im Dampfbad ihres eigenen Hauses in siedendes Wasser gesetzt, bleibt aber unversehrt (Var.: C. wird bekleidet in einen Kessel mit siedendem Wasser gesetzt). – C. soll im Bad enthauptet werden, doch vermag der Henker dreimal nicht das Haupt vom Halse zu trennen. – Die halbtote C. übergibt ihr Vermögen der Kirche (Var.: den Armen)

Caecilia

und stiftet ihr Gebäude als Kirche. (Var.: C. wird im Bad daraufhin enthauptet. – C. empfängt im Freien kniend den Schwerthieb).
Patronat: Cäcilienvereine, Bruderschaft der hl. C., zur Pflege des Kirchenliedes von Palestrina im 16. Jh. gegründet, Kirchenmusik, Chorsänger, Dichter, Musiker, Sänger, Instrumentenmacher, Geigenbauer in Bayern; Orgelbauer auf Grund des im Laufe des 15./16. Jh. aufgekommenen Mißverständnisses, daß die Formulierung »cantantibus organis C. virgo in corde suo soli Domino decantabat« (= während die Instrumente erklangen, sang die Jungfrau C. in ihrem Herzen dem Herrn allein) bei der Schilderung der Hochzeit in der Legende im 8. Jh. in die Festantiphon eingegangen war.

Verehrung und Kultorte: Kanonheilige seit Mitte 5. Jh.; Translation der Gebeine (wahrscheinlich einer dort ruhenden Caecilia) aus der Callixtuskatakombe nach Trastevere durch Papst Paschalis I.; 1599 soll der Leichnam bei der Öffnung des Sarges unverwest aufgefunden worden sein. Reliquien in Albi, Hildesheim, Rom/S. C. in Trastevere.
Darstellungen in der Kunst: *Gewandung:* in byzantinischer Hoftracht (Venedig, S. Marco, Mosaik 11. Jh.); in langem, gegürteten Kleid (Köln, St. Kunibert, Glasmalerei Anfang 13. Jh.); in zeitgenössischer modischer Frauentracht (Köln, Wallraf-Richartz-Museum, Gem. Anfang 16. Jh.); mit Kronhaube (Köln, S. C., Portal, Relief um 1200); mit Schleier unter Kronreif (Siena, Pinacoteca, Gem. v. P. Lorenzetti 1332); als liegende Figur nach Auffindung der Leiche (Rom, S. C. in Trastevere, Fig. v. Maderna 1599/1600). *Attribute:* Krone in verhüllten Händen (Ravenna, S. Apollinare Nuovo, Mosaik 6. Jh.); Palmzweig (Florenz, Galleria degli Uffizi, Gem. v. C.-Meister Anfang 14. Jh.); Straußenfeder (Amsterdam, Sammlung Goudstikker, Gem. v. Meister v. Frankfurt um 1505); Schwert (Köln, St. Kunibert, Reliquienschrank, Gem. um 1400); Buch (Florenz, S. Salvatore al Monte, Gem. v. G. del Ponte Anfang 15. Jh.); Blumenkranz aus Rosen und Lilien (Albi, Kathedrale, Fig. 16. Jh.); Kranz aus weißen und roten Rosen (New York, Metropolitan Museum, Gem. v. Raffael 1505); zwei Kränze (Köln, Wallraf-Richartz-Museum, Gem. 1. Hälfte 15. Jh.); drei Kränze (Berlin, Schloßmuseum, Gem. um 1420); Engel (Neapel, Museo Capodimonte, Gem. v. B. Cavallino 1645); einzelne Rose (Köln, Wallraf-Richartz-Museum, Gem. v. Meister v. St. Severin um 1500); Putti mit Palmzweig, Krone, Kranz (Posen, Bischöfl. Kurie, Gem. v. D. Fiasella da Sarzana 17. Jh.); Musikinstrumente als Schmuck um den Hals (Amsterdam, Rijksmuseum, Gem. v. Meister der Virgo inter virgines um 1480); von

Engeln gespielte Orgel (Köln, St. Andreas, Gem. v. Meister von St. Severin um 1500); von Engeln gespielte Laute (Palermo, Dom, Gem. v. R. Quartararo um 1500); Orgel spielend (Brescia, S. Clemente, Gem. v. Moretto um 1530); Blasebalg tretender Engel (Köln, Wallraf-Richartz-Museum, Gem. v. Meister des Bartholomäusaltars 1500); Orgel in der Hand (Bologna, Pinacoteca, Gem. v. Raffael 1515); an der Standorgel sitzend (Dresden, Galerie Alter Meister, Gem. v. C. Dolci um 1671); Zither spielend (Frankfurt, Städel, Gem. v. Meister des Paradiesgärtleins um 1420); Violoncello spielend (Paris, Louvre, Gem. v. Domenichino 17. Jh.); Harfe (Paris, Louvre, Gem. v. P. Mignard 2. Hälfte 17. Jh.); drei Halswunden (Rom, Accademia di S. - Luca, Gem. v. A. Pozzi Ende 17. Jh.); Gürtel (Bologna, Pinacoteca Nazionale, Gem. v. Raffael 1515); Lilienszepter (Güstrow, Dom, Fig. um 1490); Lilie (Dresden, Galerie Alter Meister, Gem. v. C. Dolci um 1671); Kluge Jungfrau mit Lampe (Rom, S. Cecilia, Altarziborium, Fig. v. A. di Cambio 1293); Lampe in der Hand (Rom, Oratorium S. Silvestro, Fresko Anfang 13. Jh.); Hündchen (Köln, Wallraf-Richartz-Museum, Gem. v. A. Woensam Anfang 16. Jh.); Falke (Leiden, Museum, Gem. v. C. Engelbrechtsz Ende 15. Jh.). *Besondere Szenen:* C. erhält Kranz und Krone vom Jesusknaben (Prag, Sammlung Veidelek, Gem. v. C. Engelbrechtsz Ende 15. Jh.); C. bekränzt als Muse den Maler (Wien, Albertina, Zeichnung v. Scheffer v. Leonhardshoff 19. Jh.); Krönung von C. durch den Engel mit einem Kranz (Rom, S. Cecilia in Trastevere, Gem. v. G. Reni 17. Jh.); Krönung von C. und Tiburtius mit einem Kranz durch einen Engel (Mailand, Brera, Gem. v. O. Gentileschi 1620); Krönung von C. durch Christus (Rom, S. Cecilia in Trastevere, Fresko v. S. Conca 1725); Begräbnis C.'s (Paris, Musée du Luxembourg, Gem. v. A. W. Bouguerau 2. Hälfte 19. Jh.). *Martyrium:* C. kniend den Schwerthieb er-

wartend (Rom, S. Cecilia in Trastevere, Gem. v. G. Reni 17. Jh.); C. verwundet am Boden liegend (Montpellier, Museum, Gem. v. N. Poussin 1. Hälfte 17. Jh.). *Zyklen:* u. a. Rom, S. Urbano alla Caffarella, Mosaiken 11. Jh.; Rom/S. Cecilia in Trastevere, Fresken Ende 11. Jh.; Florenz/S. Maria in Carmine, Fresken Ende 14. Jh.; Bologna/S. Giacomo Maggiore, Fresken Mitte 15. Jh.

Christophorus

37

Martyrer, Nothelfer, hl.

Fest: 24. 7. (vor der Kalenderreform 25. 7.).

Legende: Seit dem 5. Jh. bildet sich in Chalzedon eine passio um die Gestalt des menschenfressenden Kynokephalen, der durch wunderbare Begnadung die Taufe, menschliches Antlitz, die Fähigkeit zu sprechen und den Namen C. erhält. In späteren Legendenfassungen ist C. Soldat eines kaiserlichen Heers und erhält die Fähigkeit zu sprechen durch den Genuß von Früchten des Paradieses. In der Verfolgung unter einem König Dagnus (Decius?) erleidet C. das Martyrium. In späteren Fassungen wird die Legende um Züge des ritterlichen Idealbildes erweitert, das nun untierhafte Aussehen der »C. canineus« beruht auf der Interpretation dieses Namens durch Walther von Speyer als »Mann aus Kanaan« u. ä. Einzelne Episoden nach der Legenda aurea: * als Menschenfresser Reprobus aus dem Volk der Kynokephalen will C., ein Riese von zwölf Ellen Länge, dem größten König dienen. – C. bemerkt, daß dieser König sich bei der Nennung des Teufels bekreuzigt und nimmt beim Teufel seinen Dienst auf, weil dieser mächtiger ist als der König. – Als der Teufel vor dem Kreuz an einem Wege flieht, erfährt C., daß Christus mächtiger ist als der Teufel und trennt sich von diesem. – C. sucht Christus und findet einen Einsiedler, der C. anweist, Pilger über den Fluß zu tragen. – Ein Kind begehrt, von C. über den Fluß getragen zu werden,

Christophorus

doch vermag C. kaum die Last des Knaben über den Fluß zu tragen. – Der Knabe gibt sich als Christus zu erkennen und kündet als Zeichen der Wahrheit an, daß der Stab des C. am nächsten Morgen grünen werde. – Christus tauft C. beim Übergang über den Fluß. – C. kommt nach Samos, wo sich angesichts des Zeichens des grünenden Stabes 8000 Menschen bekehren. – Der König läßt C. gefangennehmen, nachdem dieser etliche Kriegsknechte zum Glauben geführt hat. – Die Kriegsknechte werden enthauptet. – Der König sendet zwei Buhlerinnen, Nicaea und Aquilina, zu C. ins Gefängnis, die ihn umstimmen sollen, doch auch diese bekennen sich zum Christentum. – Die Dirnen reißen mit ihren Gürteln die Götzenbilder vom Sockel. – Nicaea wird aufgehängt und Aquilina auf dem Scheiterhaufen verbrannt und enthauptet. C. wird mit einem Eisenstab geprügelt. – Man setzt C. einen glühenden Helm auf und bindet ihn an einen eisernen Schemel, unter dem ein Feuer mit Pech entzündet wird, doch schmilzt der Schemel und läßt C. unversehrt. – C. wird an einen Pfahl gebunden und mit Pfeilen beschossen, doch bleiben die Pfeile in der Luft stehen. – Als der König angesichts des Wunders spottet, fährt einer der Pfeile aus der Luft herab und trifft den König ins Auge, so daß er erblindet. – C. heißt den König, nach seiner Enthauptung mit seinem Blut das erblindete Auge zu bestreichen. – C. wird enthauptet (Var.: in einem Brunnen ertränkt). – Das Auge des Königs wird geheilt, worauf der König gläubig wird.

Patronat: Patron von Amerika, des Autoverkehrs, der christlichen Jugend, der Festungen, Schiffer, Lastenträger, Fuhrleute, Athleten, Gärtner, Obsthändler, Bergleute, Schatzsucher, Zimmerleute, Hutmacher, Färber, Buchbinder, der Cruciferi und Cavalieri dell'Altopascio, Pilger, Reisenden, Ärzte, gegen Unfälle, Pest, Augenleiden, Dürre, Hagel, Unwetter, jegliche Gefahr, Todesge-

fahren (seit dem 14. Jh. C.-Bruderschaften gegen einen plötzlichen und unbußfertigen Tod).

Verehrung und Kultorte: Reliquien in Rom/ St. Peter, St. Denis bei Paris, ein Abdruck der Fußspur des C. in S. Trinità della Cava bei Sorrent. C.-Verehrung entlang der mittelalterlichen Pilgerstraßen und in Hospizen, z. B. in St. C. am Arlberg (seit 1386, 1957 abgebrannt). Wallfahrten in St-Christophe-le-Jajolet und St-Christophe de Rocquigny.

Aberglauben: Der Anblick eines C.-Bildes gibt Schutz vor plötzlichem Tod ohne Sterbesakramente an diesem Tag. (Diese Vorstellung heftig bekämpft von Erasmus von Rotterdam und anderen Humanisten). – C.-Gebete zur Erlangung von Wohlstand und bei der Schatzgräberei. – C.-Dukaten werden als Amulette getragen und am Armaturenbrett von Kraftwagen befestigt.

Darstellungen in der Kunst: *Gewandung:* als jugendlicher Martyrer (Rom, S. Maria Antiqua, Wandmalerei 10. Jh.); als frontal stehender Riese mit dem Jesusknaben auf dem Arm in feierlicher Prunkkleidung mit langem, reich gemustertem Rock, bandartig ornamentiertem Gürtel, langem, oft mit Hermelin gefüttertem Mantel (Niedermendig, Cyriakuskirche, Wandmalerei 13. Jh.); als löwenköpfiger Riese (Stuttgart, Landesbibliothek, Martyrologium Usuardi, Buchmalerei um 1140); als Riese von 12 Ellen (Como, S. Vincenzo di Galliano, Wandmalerei Anfang 11. Jh.); als Riese in bis zu den Knien reichendem oder geschürztem Rock und Manteltuch (Königsfelden, Glasmalerei um 1330); als ausschreitender Riese (München, Alte Pinakothek, Gem. des Meisters der Perle von Brabant um 1485); als Fährmann mit Stirnbinde (Köln, Dom, Fig. um 1470); in herzoglicher Tracht (Lilienfeld, HS 151, Federzeichnung Mitte 14. Jh.); im gegürteten Pilgermantel (Vierzehnheiligen, Gnadenaltar, Fig. v. J. M. Feichtmayr 1764); als bärtiger Greis (München, Frauenkirche, Fig. d. Ras-

Christophorus

so-Meisters um 1530); als jugendlicher Christusträger (Rom, S. Clemente, Fresko v. Massaccio 1427); als Kynokephale (nur Ostkirche); als Christus ähnliche Gestalt mit dem Jesusknaben (Marburg, Elisabethenkirche, Wandmalerei Ende 13. Jh.); als Atlas mit der Weltkugel (Nürnberg, Germanisches Nationalmuseum, Zeichnung v. F. A. Maulpertsch 1762); als Athlet (Madrid, Prado, Gem. v. J. Ribera 1637); C. zu Pferd (Holzschnitt des Meisters I. A. M. von Zwolle 16. Jh.); C. mit Brustpanzer (Linz, Museum, Gem. des Monogrammisten S. W. Anfang 16. Jh.); Ritter mit Christkind am Scheideweg (Amsterdam, Museum, Gem. v. J. de Cock 16. Jh.). *Attribute:* Buch (Rom, S. Maria Antiqua, Wandmalerei 10. Jh.); Stein, mit dem C. ertränkt worden sein soll (Soghale, St. Barbara, Wandmalerei 11. Jh.); Stab, Blätter treibend (St.Junien, Wandmalerei Ende 11./Anfang 12. Jh.); Palmbaum (Siena, S. Cristoforo, Gem. v. Sano di Pietro 1444); Martyrerpalme (Irschen, Wandmalerei Ende 12. Jh.); Pilgerstab mit Blättern (Köln, St. Andreas, Wandmalerei 13. Jh.); Stab in Fiale endend (Nürnberg, Germanisches Nationalmuseum, Gem. v. S. Lochner um 1445); dürrer Baumstamm (Köln, Dom, Fig. um 1470); Palmstamm (Madrid, Parque de Automovilismo de Ejécito, Fig. frühes 20. Jh.); Christuskind rittlings hinter dem Kopf tragend (Pernes, Tour Ferrande, Wandmalerei um 1275); bekleidetes Jesuskind mit Buch (Regensburg, Dom, Fig. um 1325); nacktes Jesuskind mit wehendem Mäntelchen (Augsburg, Dom, Wandmalerei 1491); nacktes Jesuskind (Vierzehnheiligen, Gnadenaltar, Fig. v. J. M. Feichtmayr 1764); Jesuskind segnend (Brügge, Museum, Gem. v. H. Memling 15. Jh.); Kind sich festklammernd (Nürnberg, St. Sebald, Fig. 15. Jh.); Kind mit Reichsapfel und Kreuz-Fähnchen (Chemillé, Schloßkapelle, Wandmalerei Anfang 16. Jh.); auf der Weltkugel thronendes Kind (München, Sammlung Bissing, Gem. v. J. de Cock um 1520); ruhiges Gewässer (Ba-

sel, Kunstmuseum, Gem. v. K. Witz um 1430); Ruder (London, British Museum, Cod. Lambeth MS. 209, Buchmalerei 2. Hälfte 13. Jh.); stürmische Wogen (Basel, Kunstmuseum, Gem. v. W. Huber 15. Jh.); Eremit mit Lampe (München, Alte Pinakothek, Gem. v. J. Mandyn 17. Jh.); Wasser gefüllt mit Untieren (Wienhausen, Wandmalerei 14. Jh.); Weltkugel (Offida, S. Maria delle Grazie, Wandmalerei v. A. Nuzi oder Nachfolge 14. Jh.); Glaskugel (Escorial, Gem. v. J. de Patinir um 1521); Rosenkranz (St.Jakob/Südtirol, Wandmalerei 15. Jh.); Globus (Basel, Kunstmuseum, Gem. v. Meister von Meßkirch Mitte 16. Jh.); Fisch (Rotterdam, Museum Boymans-van Beuningen, Gem. v. H. Bosch um 1500); Beutel mit Broten (Zagreb, Museum, Gem. um 1522); Pilgertasche am Gürtel (Sevilla, S. Julian, Wandmalerei v. J. Sánchez de Castro 1484). *Besondere Szenen:* C. als Allegorie der protestantischen Abendmahlslehre (München, Alte Pinakothek, Gem. v. J. Mandyn 17. Jh.). *Zyklen:* S. Vicenzo di Galliano/Wandmalerei 11. Jh.; München/Bayer. Staatsbibliothek, Illustrationen zur Vita C.'s von Walter von Speyer, Buchmalerei 1170/80; Bozen/ Dominikanerkirche, Wandmalerei um 1370; Padua/Eremitani-Kirche, Fresken v. Asuino da Forli, Bono da Ferrara und A. Mantegna um 1450; Paris/St. Christophe, Fresken v. J. Martin-Ferrière 1933.

Crispinus und Crispinianus

(Krispinus und Krispinianus), Martyrer, hl.
Fest: 25. 10., Translationsfest 20. 6.
Legende: CC. sind Brüder und stammen aus einer vornehmen römischen Familie. – CC. fliehen während der diokletianischen Verfolgung nach Soissons, erlernen dort das Schuhmacherhandwerk, fertigen den Armen unentgeltlich Schuhe und wirken so für die Ausbreitung des Christentums. – CC. werden von einem Teufel in Gestalt eines Krüp-

pels mit Holzbein versucht. – CC. verteilen ihr Gut an Arme. – CC. retten ein ertrunkenes Kind. – CC. werden in ihrer Werkstatt als Christen verhaftet. – CC. werden vor dem Richter Rictiovarus verhört, der sie verprügeln läßt. – Die Henkersknechte treiben CC. Ahle unter die Finger-und Zehennägel. – CC. werden Streifen aus der Haut geschnitten, die Ahle fliegen auf die Peiniger zurück. – CC. werden mit Mühlsteinen um den Hals in die zugefrorene Aisne gestürzt. – Das Wasser der Aisne erwärmt sich auf wundersame Weise und trägt CC. ans Land. – Der Richter läßt die Heiligen in einen Kessel mit flüssigem Blei setzen; ein Tropfen läßt den Richter erblinden. – CC. werden mit Blei übergossen und in Öl gesotten, doch von einem Engel getröstet. – CC. sollen auf dem Scheiterhaufen verbrannt werden, doch bleiben sie unversehrt. – Der Richter wird vom Wahnsinn gepackt und stürzt sich in die Flammen des Scheiterhaufens. – Kaiser Maximinian läßt CC. enthaupten. – Selbst wilde Tier lassen die Leichname CC.'s unberührt. – Christen bestatten CC. heimlich auf der anderen Seite des Flusses.

Patronat: Patrone des Bistums Osnabrück, Stadtpatrone von Soissons, Osnabrück; der Gerber, Sattler, Schneider, Schuhmacher, Handschuhmacher, Weber.

Verehrung und Kultorte: Reliquien in Soissons und Osnabrück, Verehrung in ganz Europa.

Aberglauben: In der CC.-Nacht rotten sich die Skalärageister zusammen und reiten auf feuerschnaubenden Rossen den Rhein hinunter.

Darstellungen in der Kunst: *Gewandung:* in langem bis zu den Füßen reichenden Rock, vorne offenen, an der Brust mit Spange verschlossenem Mantel (Osnabrück, Dom-schatz, CC. – Schrein, Relief 13. Jh.); bürger-liche Kleidung nach zeitgenössicher Mode (Eichstätt, Dom, Zunftstange der Schuster, Fig. um 1723); Handwerkertracht (Konstanz, Dreifaltigkeitskirche, Fig. um 1650); mit Schürze (Paris, Collection Homberg, Fig. En-de 15. Jh.); als Bischof mit Mitra und Stab (Münster, Landesmuseum, Relief 1663); nackt im Bleikessel und auf einem Scheiter-haufen (Beaujeu, Glasmalerei 15. Jh.). *Attri-bute:* Palme (Borga/Finnland, Kelch, Relief 13. Jh.); Buch (Salzburg, Nonnberg, Gem. En-de 15. Jh.); Kreuz (Palermo, Confrateria dei SS. Crispo e Crispiniano, Gem. v. P. Ruzzolo-ne Ende 15. Jh.); Mühlstein (Erkelenz, Fig. um 1500); Messer (Neapel, SS. Crispo e Cri-spiniano, Gem. 15./16. Jh.); Schwert (Kalkar, Fig. Anfang 16. Jh.); Ahle unter den Nägeln (Bourg, Notre Dame, Chorgestühl, Relief 16. Jh.); Bleikessel, Scheiterhaufen (Beaujeu, Glasmalerei 15. Jh.); Schuh (Schwabach, Jo-hanniskirche, Fig. 15. Jh.); Schustermesser (Turin, Dom, Gem. v. D. Ferrari 16. Jh.); Hammer, Zange, Ahle, Draht (Horst, Fig. 16. Jh.); Leder zuschneidend (Paris, Collec-tion Garnier, Fig. Mitte 15. Jh.); Häute mit Schereisen bearbeitend (Gouda, Museum, Gem. v. P. Pourbus Mitte 16. Jh.). *Besondere Szenen:* CC. in der Schusterwerkstatt mit Beschenkung der Armen (Wien, Österreichi-sche Galerie im Belvedere, Gem. um 1520); Dionysius von Paris begrüßt CC. (Gisors, St-Gervais, Glasmalerei 1531); CC. als Prediger (Brüssel, Palais Egmont, Zeichnung v. R. Strebelle 1935); CC. auf der Fahrt nach Sois-sons (Epinal, Museum, Holzschnitt um 1825); Rettung des ertrunkenen Kindes (Soissons-Washington, Glasmalerei 13. Jh.); Verhaftung CC.'s in der Werkstatt (Troyes, St. Pantaleon, Fig. 2. Hälfte 16. Jh.);. *Marty-rium:* Henkersknechte treiben CC. Ahle un-ter die Fingernägel (Zürich, Schweizerisches Landesmuseum, Gem. um 1500); sämtliche Marterszenen (Warschau, Museum, Altar-

gem. um 1500; Herenthals, Gem. v. P. Bor-mann Ende 15. Jh. *Zyklen:* Brienne-le-Châ-teau, Glasmalerei 16. Jh.; Turin/Dom, Gem. v. G. M. Spanzotti Anfang 16. Jh.; Bourg-en-Bresse, Glasmalerei 16. Jh.

Cyprian von Karthago

(Kyprianos, Thascius Caecilius Cyprianus), Bischof, Martyrer, Kirchenlehrer, hl.
Fest: 16. 9. (in russischen Riten 31. 8.).
Leben: zuverlässige Nachrichten aus der Schrift C.'s Ad Donatium und den Acta pro-consularia C.'s: * um 200/210 in Karthago als Sohn reicher, heidnischer Eltern, Ausbil-dung als Rhetor, um 246 von dem Priester Caecilianus für das Christentum gewonnen und getauft, 248/249 Bischof in Karthago. Während der Christenverfolgung unter Kai-ser Decius um 250 im Verborgenen. Nach Ende der Verfolgung Streit um die Wieder-aufnahme Abgefallener; eine rigoristische Haltung vertrat Diakon Felicissimus. C. schloß auf der Synode in Karthago 251 die Häupter der Gegenpartei aus der Kirche aus, bestimmte, daß die Amtsträger strenge Buße tun müßten, bei Ausbruch einer neuen Ver-folgung aber auch vor Ablauf der Bußzeit die Eucharistie wieder empfangen dürften. C. geriet mit Papst Stephan I. 255 in Sreit um die Frage der Gültigkeit der von Ketzern ge-spendeten Taufe, hielt sie zunächst wie die Bischöfe Kleinasiens für ungültig und unter-warf sich der Auffassung Roms nicht. In der Christenverfolgung unter Valerius am 14. 9. 254 bei Karthago enthauptet. – C. ist vor Au-gustinus der bedeutendste lateinische Theo-loge der Kirche; seine Schriften entstammen der seelsorglichen Praxis, sind leicht ver-ständlich und formvollendet geschrieben. In dem Werk »De ecclesia unitate« vertritt C. den Standpunkt, daß sich die Cathedra Petri nicht nur in Rom, sondern in jeder Kirche befindet, der ein rechtmäßiger, katholischer Bischof vorsteht. Die Einheit der Kirche

wird nach C. dadurch erreicht, daß jeder sich an seinen Bischof anschließt. Die Kirche vergleicht C. höchst originell mit dem einen und ungeteilten Gewand Christi. – Den Primat versteht C. so, daß zwar jeder Bischof in realem Zusammenhang der Nachfolge Petri steht, aber keine aktive Jurisdiktionsgewalt von Rom ausgeht, weil Petrus diese auch nicht über die anderen Apostel ausübte.

Legende: C. befiehlt Mitgliedern seiner Gemeinde, dem Henker 15 Goldstücke als Lohn auszuzahlen. Durch die Verwechslung mit dem Zauberer C. von Antiochien reiche weitere Legendentradition: C., noch Heide, versucht mit Hilfe von Dämonen, in der Christin Justina die Liebe zu einem heidnischen, vornehmen Jüngling zu erwecken, doch die Dämonen erklären, daß sie bei der Jungfrau Christi wegen nichts ausrichten können. – C. erkennt Christus als den Stärkeren und läßt sich taufen. – C. verbrennt seine Zauberbücher.

Patronat: gegen Pest.

Verehrung und Kultorte: Kanonheiliger, Reliquien in Compiègne, Kornelimünster (Haupt), Lyon (seit 860). Verehrung besonders in Afrika, Rom, Konstantinopel und Spanien.

Aberglauben: C.-Segen hilft behexten Menschen und Vieh. – C.'s Zauberbücher waren alle mit Blut geschrieben und besaßen deswegen so große Macht. – C.-Gebete, in Spanien verbreitet, schützen vor Nachstellungen des Teufels und vor Sünden.

Darstellungen in der Kunst: *Gewandung:* als Bischof im Ornat (Chartres, Südportal, Fig. um 1225). *Attribute:* Bischofsstab, Buch (Siena, Pinacoteca Nazionale, Gem. v. Sano di Pietro 1449); Panisellus (Codiponte bei Lucca, SS. Cipriano e Cornelio, Gem. des Ristonchimeisters 15. Jh.); Palme, Schwert (Vaduz, Sammlung Schloß Liechtenstein, Gem. 16. Jh.); astronomisches Gerät (Città del Vaticano, Bibliotheca Vaticana Urb. lat. 63, Buchmalerei 15. Jh.). *Besondere Szenen:*

C. in der Schreibstube (Città del Vaticano, Bibliotheca Vaticana Urb. lat. 63, Buchmalerei 15. Jh.); Gefangennahme C.'s (Ninove, Notre-Dame, Gem. J. B. Mille zugeschrieben 18. Jh.). Zyklen (nur in Verwechslung mit C. von Nikomedien): Sarnstein/Tirol, Fresken 15. Jh.

Cyriacus von Rom

(Kyriakus), Diakon, Martyrer, Nothelfer, hl.

Fest: 8. 8. (Translationsfest am 16. 3.).

Leben: erlitt das Martyrium wohl unter Diokletian 305.

Legende: C. wird von Papst Marcellus zum Diakon geweiht. – C. lebt eine kurze Zeit als Einsiedler in Lindenberg/Pfalz. – C. wird vom Kaiser zu Zwangsarbeit verurteilt, damit in Rom Thermen gebaut werden können. – Mit fünf Gefährten wird C. in den Kerker geworfen. – Durch eine Lichterscheinung und eine vom Himmel erschallende Stimme wird der Gefängniswärter Spronianus gläubig und wird vom Präfekten enthauptet. – Arthemia, die Tochter Kaiser Diokletians ist von einem bösen Geist besessen, der sich nur der Macht C.'s beugen will. – C. heilt Arthemia. – Der Perserkönig bittet Diokletian um Übersendung C.'s, damit er auch seine besessene Tochter heile. – C. fährt mit dem Schiff nach Babylon und heilt sie. – Nach dem Tod Diokletians läßt Kaiser Maximinian C., weil er das Götzenopfer verweigert, siedendes Pech über das Haupt gießen und ihn foltern. – C. wird enthauptet. – Als der Heide Carpasius das Haupt C.'s an sich nimmt und mit neunzehn Freunden ein Gelage veranstaltet und an der Taufstätte badet, sterben plötzlich alle.

Patronat: gegen Anfechtungen böser Geister, Besessenheit; Weinpatron der Pfalz, Beschützer der jungen Trauben.

Verehrung und Kultorte: Gebeine am 7. Meilenstein an der Via Ostiense beigesetzt, Reliquien in Altdorf/Elsaß, (13. Jh.), Neuhausen bei Worms (seit 874), Bamberg/Dom (Armreliquien von Kaiser Otto dem Großen 936–973 gebracht). Wallfahrt in Lindenberg/Pfalz mit Bekränzung der Statue durch Erstlingstrauben, Neuhausen bei Worms; C.-Verehrung im Speyerer Dom, Patrozinien in Bad Boll, Sulzfeld in Franken u. a.

Aberglauben: Kranke oder schwächliche Kinder erstarken, wenn sie auf der C.-Waage in Neuhausen gewogen werden, C.-Wasser trinken und die Eltern Korn im Gewicht des Kindes spenden.

Darstellungen in der Kunst: *Gewandung:* als Diakon in Dalmatik (Straßburg, Münster, Glasmalerei 2. Hälfte 13. Jh.). *Attribute:* Buch mit Exorzismen (Hannover, Landesmuseum, Fig. v. T. Riemenschneider um 1510); Palme (Quedlinburg, Schloßkirche, Reliquiar, Fig. um 1500); Schwert (Frankfurt, Städel, Gem. um 1530); Teufel zu Füßen (Köln, Wallraf-Richartz-Museum, Gem. v. Meister der hl. Sippe 1493/94); Drache (Frankfurt, Städel, Epitaph Karl v. Hympergs, Gem. um 1500); Arthemia zu Füßen (Stuttgart, Landesmusuem, Fig. v. Meister des Thalheimer Altars/D. Mauch (?) 1515); Arthemia mit um den Hals gelegter Stola (Frankfurt, Städel, Helleraltar v. Meister MGN 1509/11); Arthemia als Kind auf dem Arm (Böhlau/Thüringen, Gem. 16. Jh.); Beil (Lauterbach/Österreich, Kirche, Gem. 1739); zwei Frauen (Stuttgart, Landesbibliothek, Stuttgarter Passionale um 1130); Ketten, Kreuz, Trauben (Lindenberg/Pfalz, Fig. 15. Jh.). *Besondere Szene:* Heilung der besessenen Arthemia (Niederndorf/Bayern, Gem. v. J. G. Bergmüller um 1720). *Martyrium:* Venedig/S. Marco, Brevier Grimani um 1475.

Apostel

18   Schweißtuch der Veronika, Gem. v. Meister der Münchner Hl. Veronika, Alte Pinakothek/München

19   Kreuzigung Petri, Gem. v. Michelangelo Caravaggio, S. Maria del Popolo/Rom

20   Peterskirche in Rom, nach einem Gem. v. Giovanni Paolo Pannini

21   Apostel Andreas und Franz v. Assisi, Gem. v. El Greco, Prado/Madrid

22/23 Die »Vier Apostel«: links Johannes und Petrus, rechts Paulus und Markus, Gem. v. Albrecht Dürer, Alte Pinakothek/München

24   Hl. Jakobus d. Ä., Fig. des 18. Jh., St. Jakob/Unterpfaffenhofen

25   Wallfahrtskirche Santiago de Compostela/Spanien

26   Der ungläubige Thomas, Malerei in einem Perikopenbuch, Bayerische Staatsbibliothek/München

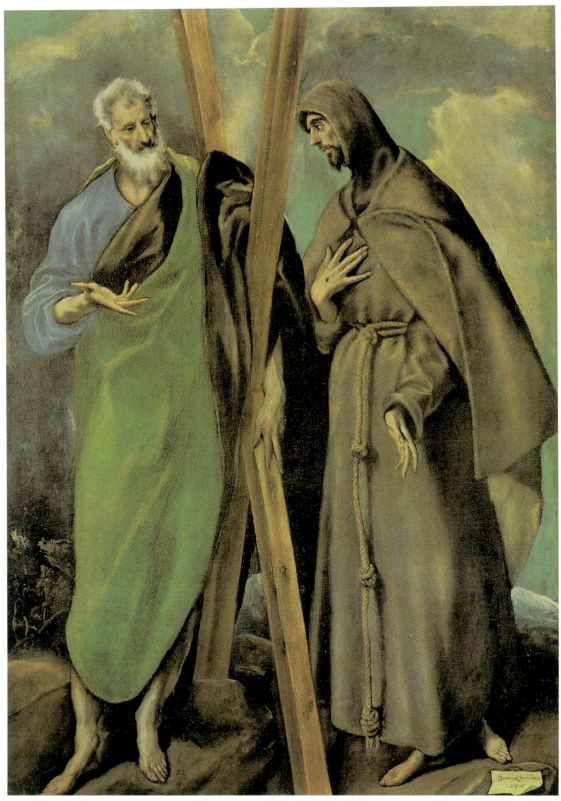

22

23

26

D

Damasus I.
Papst, hl.
Fest: 11. 12.
Leben: * um 305 in Rom, begleitete als Diakon Papst Liberius während der arianischen Streitigkeiten in die Verbannung. D. war zeitweise auf Seite des Gegenpapstes Felix II., versöhnte sich später wieder mit Liberius. Seine Regierung als Papst 366–384 war von schwierigen, innerkirchlichen Auseinandersetzungen geprägt durch jahrelanges Schisma mit dem Gegenpapst Ursinus. D. wurde fälschlich des Mordes angeklagt, aber 378 auf einer römischen Synode freigesprochen. D. erreichte eine durch Reichsrecht für den Westen anerkannte Erhöhung der rechtlichen Stellung des römischen Bischofs durch das Decretum Gratiani 378. D. bemühte sich um eine Aussöhnung der durch die arianischen Wirren gespaltenen Christenheit, gleichwohl stellte er gegen die Irrlehren der Donatisten, Arianer, Apollinaristen und Pneumatomachen 24 Anathematismen auf. D beauftragte Hieronymus mit der Revision der lateinischen Bibelübersetzung, der Itala, aus der dann die Vulgata entstand. D. edierte aus päpstlichen Archiven Martyrerakten und ließ zahlreiche Grabstätten der Martyrer restaurieren. Die Inschriften verfaßte D. selbst und ließ sie von dem Kalligraphen Furius Dionysius Philokalus auf Marmortafeln einmeißeln, 59 dieser Epigramme sind erhalten. Unter D.'s Regierung wurde die Titelkriche S. Lorenzo e Damaso verbunden mit einem Gebäude für ein kirchliches Archiv errichtet. † 11. 12. 384.
Patronat: gegen Fieber.
Verehrung und Kultorte: Leichnam in der von D. bei der Katakombe der hl. Marcus und Marcellinus erbauten Coemeterialkirche an der Via Adretina beigesetzt, Translation nach SS. Lorenzo e Damaso, 1645 Auffindung der Gebeine.
Darstellungen in der Kunst: *Gewandung:* im päpstlichen Ornat mit Tiara und Krummstab (Montecassino, Klosterbibliothek MS 90, Buchmalerei 1072); in Exedra thronend (Città del Vaticano, Fresko v. G. Romano 16. Jh.). *Attribut:* Diamanthandring als Namenszeichen für Adamas (Città del Vaticano, Sixtinische Kapelle, Fresko 15. Jh.); Diamant, Buch (Avila, Kathedrale, Gem. v. P. Berruguete Ende 15. Jh.). *Besondere Szenen:* Überreichung der Vulgata an Hieronymus (Dijon, Bibliothèque MS 15, Buchmalerei 15. Jh.).

Demetrius von Sirmium
Martyrer, hl.
Fest: 26. 10.
Leben: D. erlitt das Martyrium unter Maximian (286–305) in Sirmium, der Hauptstadt Illyriens, um 303/304.

Patronat: Soldaten.
Verehrung und Kultorte: Thessaloniki/D. – Basilika 5. Jh., durch Kreuzfahrer auch im Westen verbreitet. Gilt als Myrophore. Reliquien in Anagni/Dom seit 1199.
Darstellungen in der Kunst: *Gewandung:* als junger bartloser Soldat in Chiton und Chlamys (Siegburg, Annoschrein, Fig. Ende 12. Jh. überliefert auf Gemäldekopie 1764); als Soldat in Panzerhemd, Panzerhose und Mantel (Straßburg, Münster, Glasmalerei Ende 13. Jh.); in Rüstung mit Panzerhemd, Waffenrock, Stiefeln (Sassoferato, Museo Civico, Mosaikikone 1. Hälfte 14. Jh.); als Orant in Chiton, Chlamys mit Tablion (Halberstadt, Dom, Reliquiar 11. Jh.); als thronender Soldat (Venedig, S. Marco, Reliefikone um 1200); als Reiter (nur in ostkirchlichen Darstellungen). *Attribute:* Kreuz (Rom, S. Maria Antiqua, Wandmalerei um 649); Schild, Lanze (Sassoferato, Museo Civico, Mosaikikone 1. Hälfte 14. Jh.); Schwert aus der Scheide ziehend (Venedig, S. Marco, Reliefikone um 1200). *Besondere Szene:* D. tötet mit der Lanze den bulgarischen Zaren Kolojan, als er Saloniki angreift (S. Vito dei Normanni, S. Biagio, Fresko 14. Jh.). *Zyklen:* auf mehren byzantinischen Vitenikonen.

Dionysius von Paris 41
(Denis), Bischof, Martyrer, Nothelfer, hl.
Fest: 9. 10.
Legende: Nach Gregor von Tours erleidet D., Apostel Galliens und erster Bischof von Paris, im 3. Jh. das Martyrium durch Enthauptung. – Die Passio des 5. Jh. erwähnt neben D. als Gefährten den Priester Rusticus und den Diakon Eleutherius, deren Namen mythologische Beinamen des antiken Gottes Dionysos sind und hier als antiarianische Propaganda zu einem Bekenntnis der Trinität im Moment des Todes verwendet werden. Durch das von König Dagobert I. reich dotierte Kloster St-Denis gewinnt D. als Nationalheiliger politische Bedeutung und deswegen verfaßt Hilduin 835 eine für das Mittelalter verbindliche neue Passio, die die Legenda aurea übernommen hat, in der das Martyrium ins 1. Jh. zurückdatiert wird und eine Personalunion von D. Areopagita und D. von Paris vorgenommen wird. In Hinkmars »Gesta Dagoberti« wird von weiteren posthumen Wundern berichtet. – Ein gefälschtes Karlsprivileg weist aus, daß D. Karl d. Gr. im Traum erschienen sei und den Wohltätern von St-Denis Fürbitte versprochen habe. – Die Episoden im Einzelnen: D. wird vom Apostel Paulus zum Christentum bekehrt. – D. läßt sich zusammen mit seiner Frau Damaris taufen. – D. wird drei Jahre von Paulus in der Christenlehre unterwiesen. – D. wird zum Bischof von Athen geweiht. – D. wird, als er von den Hierarchien und Ordnungen der Engel und himmlischen Mächte spricht so verzückt, daß er in den dritten Himmel erhoben wird. – D. prophezeiht dem verbannten Johannes auf Patmos die baldige Rückkehr. – D. ist beim Tod Ma-

riens gegenwärtig. – D. verzichtet auf das Bischofsamt in Athen, als er vom Martyrertod Petri und Pauli erfährt und reist nach Rom. – D. wird von Papst Clemens I. mit Rusticus und Eleutherius nach Paris entsandt. – D. bekehrt in Paris viele zum Glauben, baut viele Kirchen und weiht Priester. – Bei einer Aufwiegelung des Volkes durch die Götzenpriester vermögen diese angesichts des Heiligen nicht ihre Wildheit zu behalten und fallen D. zu Füßen nieder. – Als der Teufel sieht, daß seine Wirksamkeit abnimmt, reizt er Kaiser Domitian zu einer Christenverfolgung. – Der römische Präfekt Frescennius läßt D. mit Fäusten schlagen, bespeien und verspotten. – D. wird in Ketten gelegt und von zwölf Kriegsknechten gegeißelt. – D. wird auf einen glühenden Rost gelegt. – Anschließend wird D. den wilden Tieren vorgeworfen, die unter dem Zeichen des Kreuzes zahm und still werden. – Zuletzt wird D. an ein Kreuz geschlagen, aber danach wieder abgenommen. – In der Nacht erscheint Christus D. im Gefängnis und stärkt ihn. – D. und seine Gefährten werden, während sie ein Bekenntnis zur heiligsten Dreifaltigkeit ablegen, enthauptet (Var.: der Henker verfehlt das Haupt). – D. nimmt sein abgeschlagenes Haupt und trägt es, von einem Engel geführt, zwei Meilen weit an den Montmartre (=Mons Martyrum) (ältere Var.: Catulla entwendet die Leichname und bestattet sie in St-Denis). – Larcia vernimmt Engelsgesang, bekehrt sich und wird sofort von den Heiden enthauptet und in ihrem Blut getauft. – Eine Frau lädt die Leichenträger mit den Leibern der Gefährten D.'s zum Mahl ein und entwendet während des Males die Leichname. – Bischof Regulus von Arles erwähnt D. und Gefährten, ohne von ihrem Martyrium zu wissen, während des Kanongebetes, als sich drei Tauben mit den Blut gezeichneten Namenszügen der Heiligen auf der Brust am Altarkreuz niederlassen.

Patronat: neustrisches und französisches Königshaus, Bogenschützen, Bewahrer der Kirchenfahne von St-Denis, die unter dem Namen »Oriflamme« Kriegsfahne der französischen Könige und kgl. Banner war (Kriegsruf der Truppen »Montjoie St-Denis«), gegen Kopfschmerzen, Hundebisse, Syphilis.

Verehrung und Kultorte: St-Denis, seit 475 nachweisbar, seit 639 Grabstätte der neustrischen und französischen Könige. Weitere Kirche mit D.-Verehrung in Rom, die eigentlich dem gleichnamigen Papst D. geweiht war. Reliquien in Regensburg/St. Emmeram.

Aberglauben: In Frankreich Lostag für das Winterwetter, im Kanton Waadt legen die auf ein Jahr berufenen geheimen Polizeiwächter am D.-Tag ihr Amt in neue Hände, an manchen Orten Flurschützenwechsel.

Darstellungen in der Kunst: *Gewandung:* als Bischof in Kasel (Enger, Tympanonrelief Ende 12. Jh.); als Bischof in Pluviale (Vierzehnheiligen, Gnadenaltar, Fig. v. J. M. Feichtmayr 1764); als Apostelschüler mit lang gegürteter Tunika und Mantelpallium (Florenz, Sammlung Acton, Gem. Cimabue-Schule um 1300); als kopfloser Bischof (St-Denis, mittleres Westportal, Fig. 12. Jh.); Bischof mit zweitem Kopf in der Hand (Paris, Notre Dame, Südrose, Glasmalerei um 1265); als betender Bischof (Amsterdam, Rijksmuseum, Gem. um 1505); als kniender Bischof (St-Jean-St-Francois, Fig. v. G. u. B. Marsy 1658); als auf seine Halswunde deutender Bischof (Lucéram, Chapelle St-Grat, Wandmalerei 15. Jh.). *Attribute:* kopfloser Bischof, einen mitrenbedeckten Kopf in der Hand (Bamberg, Dom, Fig. um 1235); zweiter Kopf in der Hand, beide mit einer Mitra bedeckt (Regensburg, St. Emmeram, Reliquienschrein, Fig. um 1440); mit Schädelkalotte in der Hand als Darstellung einer Reliquie, die das Domkapitel der Pariser Kathe-

drale zu besitzen vorgab (Paris, Notre Dame, Südportal, Fig. um 1260); Mitra mit Schädelkalotte auf dem Buch (Enger, Fig. um 1500); Schädelkalotte mit Mitra (Köln, St. Kunibert, Wandmalerei um 1250); D.-Haupt in der Art einer Johannesschüssel (Fig. v. A. Rodin Ende 19. Jh.). *Besondere Szenen:* D. als Zeuge der Marienkrönung (Westerland/Sylt, Fig. um 1460); D. predigt in Paris (Châteauroux, Bibliothèque Ms. 2, Buchmalerei um 1400); Taufe des Lisbius (Washington, National Gallery, Gem. v. Meister v. St-Gilles Ende 15. Jh.); D. empfängt die Eucharistie (Paris, Bibliothèque Nationale Par. lat. 9436, Buchmalerei 11. Jh.); D. mit Engelgeleit (Reims, Kathedrale, Westportal 1. Hälfte 13. Jh.); König Dagoberts Traum (St-Denis, Dagobertgrab, Fig. um 1260). *Martyrium:* Paris/Louvre, Gem. v. J. Malouel Anfang 15. Jh.; Paris/Pantheon, Fresko v. Bonnat Ende 19. Jh. *Zyklen:* zahlreich, u. a. St-Denis, Westportal, um 1135; Bourges/Kathedrale, Glasmalerei 1. Hälfte 13. Jh.; Köln/St. Gereon, Wandmalerei 13. Jh.

Dominikus von Caleruega

(Domingo de Guzmán), Ordensgründer, Dominikaner, hl.

Fest: 8. 8., bis 1558 5. 8., bis 1972 4. 8., (Translationsfest 24. 5. seit 1233, in Soriano 15. 9.).

Leben: * um 1172 in Caleruega/Kastilien als Sproß des Adelsgeschlechts der Guzmán; Studium an der Domschule in Palencia, seit 1199 Kanoniker am regulierten Domstift in Burgo de Osma, 1201 Subprior. Seit 1206 zusammen mit seinem Freund Bischof Didakus von Azevedo in Rom, lernte dort die mißlungene Häretikermission gegenüber Waldensern und Albigensern kennen. Didakus (Diego) führte das Wanderpredigertum von Priestern, die in Armut lebten, als neue Missionsmethode ein. Nach dem Tod von Bischof Didakus im Dezember 1207 ließ sich D. in der von Didakus gegründeten Missionsstation in Prouille mit seinen Gefährten nieder, 1215 Gründung einer Gemeinschaft von Predigern in Toulouse, die 1216 eine Regel nach dem hl. Augustinus erhielt, auf jedes feste Einkommen verzichtet und von Almosen lebt, dem jeweiligen Diözesanbischof unterstellt ist und sich der Unterrichtung und der Bekehrung der Häretiker widmet. 1217 wandelte D. die von Didakus zu gleichem Zweck gegründete Vereinigung frommer Frauen in ein reguliertes Augustinerinnenkloster um. D. schrieb auch zwingend das gründliche Studium der Theologie und die systematische Vorbereitung auf die Predigt vor. Seit 1218 Ausbreitung des Ordens in ganz Europa. Papst Honorius erteilte dem Orden 1217 unter der Bezeichnung »Predigtbrüder« Privilegien. † 6. 8. 1221. Heiligsprechung 3. 7. 1234.

Legende: D.'s Mutter hat vor der Geburt des Knaben den Traum, sie berge in ihrem Leib ein Hündchen, das eine brennende Fakkel im Mund trägt und nachdem es aus dem Leib gekommen ist, die ganze Welt in Brand setzt. – Die Patin, die D. zur Taufe gehoben hat, sieht das Kind mit einem glänzenden Stern auf der Stirn, der den Erdkreis erleuchtet. – D. meidet zehn Jahre lang jeden Weingenuß. – D. verkauft als Student seine Bücher, um Hungernden zu helfen. – D. bekehrt einen Gastwirt in Toulouse von der Ketzerei. – D. geißelt sich in der Grotte von Segovia. – Als D. eine Schrift gegen die Albigenser verfaßt hat, schlagen sie D. vor, die Bücher mit den beiden Lehrmeinungen ins Feuer zu werfen, die rechtgläubige müsse unversehrt bleiben, worauf D.'s Buch dreimal aus dem Feuer springt, während das albigensische Buch verbrennt. – Die Gottesmutter übergibt D. den Rosenkranz als Gebetsschnur. – Als D. Papst Innozenz III. um Bestätigung seines Ordens bittet, erscheint diesem im Traum, wie D. die einzustürzen drohende Lateransbasilika mit seinen Schultern stützt. – Bei einem Ge-

bet im Petersdom erscheinen Petrus und Paulus vor D. und senden ihn durch Überreichung von Buch und Wanderstab zum Predigen in die Welt. – Maria wendet auf Bitten von Franziskus und D. Christi Zorn über die Menschen ab. – D. sieht Christus im Traum mit drei Lanzen gegen Eitelkeit, Unkeuschheit und Habgier auf der Welt kämpfen. – D. rettet ertrinkende Jakobuspilger auf wunderbare Weise aus der Garonne. – D. erweckt den beim übermütigen Spiel in einen Graben zu Tode gestürzten Neffen des Papstes Nikolaus Orsini. – D. schützt durch das Kreuzzeichen sich und seine Brüder vor dem Regen. – D.'s Bücher fallen versehentlich in den Fluß; als sie ein Fischer drei Tage später herausfischt, sind sie völlig trocken. – D. erhält von Engeln Brote zur Speisung seiner 40 Mitbrüder, als die Nahrung ausgegangen ist. – Der Prior der Dominikaner von Brescia Gwilis, sieht beim Tod D.'s den Himmel offen und erkennt, wie Engel auf zwei von Jesus und Maria gehaltenen Leitern den auf einem Stuhl sitzenden D. zum Himmel bringen. – In Ungarn besucht ein Edelmann die in Similou aufbewahrte Reliquie D.'s dabei stirbt sein Sohn auf der Reise, wird aber am Altar der Kirche wieder erweckt.

Patronat: Stadtpatron v. Bologna seit 1306, Cordoba, Palermo, sämtliche Zweige des Dominikanerordens, Rosenkranzbruderschaften, Näherinnen, Schneider, gegen Fieber, in Bolsena gegen Hagel.

Verehrung und Kultorte: Begraben in Bologna/S. Niccolò, das nach der Heiligsprechung D.'s in S. Domenico umbenannt wurde. Toulouse, Bologna, sonst nur innerhalb der OP-Orden und seiner Zweige.

Darstellungen in der Kunst: *Gewandung:* in Ordenstracht mit langem, weißen Kleid, dunklem Ledergürtel, weißem Skapulier, schwarzem offenen Mantel mit Kapuze, manchmal Birett (Kopenhagen, Nationalmuseum, Gem. v. 1517); als bärtiger Asket in Ordenstracht (Krems, Dominikanerkirche, Wandmalerei um 1300); als jungendlicher Mönch in Ordenstracht (Pisa, Museo Civico, Gem. v. F. Traini 1345); als Prediger in Pose (Budapest, Nationalmuseum, Gem. v. J. Carreno de Miranda 1661); als Bischof in Pontifikalien (Madrid, Prado, Gem. v. B. Bermejo 1474/77). *Attribute:* Lilie (Basel, Historisches Museum, Wandteppich 15. Jh.); Kreuz (Stuttgart, Landesmuseum, Fig. Ende 15. Jh.); Buch. Lilie, Stern (Venedig, I Gesuati, Gem. v. G. B. Piazzetta 17. Jh.); goldener Stern, goldene Lilie (Soriano, Gem. v. M. Calorese 16. Jh.); Hund (Wimpfen am Berg, Dominikanerkloster, Fig. um 1480); Hund mit Fackel im Maul (Dresden, Kupferstichkabinett, Holzschnitt Ende 15. Jh.); Hund auf dem Buch (Schloß Landsberg bei Meiningen, Glasmalerei 1653). *Besondere Szenen:* Dominikus verkauft seine Bücher (Bologna, S. Domenico, Relief v. A. Lombardi 14. Jh.); D. verbrennt häretische Schriften (Madrid, Prado, Gem. v. P. Berruguete 15. Jh.); D. predigt vor den Albigensern (Florenz, S. Maria Novella, Fresko v. S. Martini 1355); D. sitzt einem Autodafé vor (Madrid, Prado, Gem. v. P. Berruguete um 1500); Maria nimmt D. und seinen Orden als Patronin unter ihren Schutzmantel (Köln, St. Andreas, Gem. v. 1474); Maria übergibt D. den Rosenkranz (Bologna, Pinacoteca Nazionale, Gem. v. L. Carracci um 1600); Maria übergibt D. und Katharina v. Siena den Rosenkranz (Rom, S. Sabina, Gem. v. Sassoferrato 1685); D. und Petrus Martyr erhalten von Maria den Rosenkranz (Köln, St. Andreas, Gem. v. 1474); Traum des Papstes Innozenz vom die Kirche stützenden D. (Rimini, Pinacoteca Comunale, Gem. v. J. Tintoretto 16. Jh.); Petrus und Paulus senden D. zur Wanderpredigt aus (Pisa, Museo Civico, Gem. v. F. Traini 14. Jh.); Maria wendet Christi Zorn auf Fürbitte D.'s ab (Mailand, Brera, Gem. v. P. Bordone 1558); Maria wendet Christi Zorn auf Fürbitte D.'s und des hl. Franziskus ab (Welden/Schwaben, Fresko v. M. Günther 1732); Begegnung D.'s mit dem hl. Franziskus (Montefalco, Franziskanerkirche, Fresko v. B. Gozzoli 1452); D. sieht Christus mit den drei Lanzen (Lyon, Museum, Gem. v. P. P. Rubens um 1600); Die Errettung Ertrinkender aus der Garonne (Vich, Bischöfliches Museum, Gem. v. L. Borassa 1415); Erweckung des Papstneffen (Rom, S. Clemente, Gem. v. S. Conca 18. Jh.); Maria heilt auf Fürbitte D.'s Reginald von Orléans und übergibt ihm das Ordensgewand (Brügge, Goßes Seminar Cod. 55/171, Buchmalerei 14. Jh.); Engel bedienen D. mit Speisen (Venedig, Museo Correr, Gem. v. L. Bassano nach 1600); Tod D.'s (Graz, Johanneum, Gem. v. G. Pietro de Pomis 17. Jh.); Vison von der Himmelsleiter (Darmstadt, Landesmuseum, Gem. v. Meister der Dominikuslegende 1493/94); D. beschützt Seefahrer (Posen, Muzeum Wielkopolskie, Gem. v. B. Daddi 1338); Erscheinung von Soriano (Speyer, St. Maria Magdalena, Gem. Anfang 18. Jh.); D. erscheint der hl. Katharina (Perugia, S. Domenico, Gem. v. Giannicola di Paolo 1494). *Zyklen:* u. a. Florenz/S. Marco, Fresken v. Fra Angelico 15. Jh.; Pisa/Museo Civico, Gem. v. F. Traini 14. Jh.; Bologna/S. Domenico, Grabmal, Reliefs v. Fra Guglielmo da Pisa 13. Jh.

Dorothea von Cäsarea

Jungfrau, Martyrerin, hl.

Fest: 6. 2.

Legende: zahlreiche, romanhafte Legendenfassungen. Wichtigste Episoden: Die Eltern
D.'s Theodorus und Theodora und ihre
Schwestern Crysta und Callista fliehen vor
den Christenverfolgungen aus Rom nach
Caesarea, wo D. geboren wird. – In Caesarea
wird D. während der Verfolgungen unter
Kaiser Diokletian ins Gefängnis geworfen
als sie den Heiratsantrag des Präfekten Fabri-
cius ablehnt, weil sie nur Chritus angehören
wolle. – D. wird in einen Kessel mit siedendem Öl gesetzt, was ihr nichts anhaben
kann; ihr kommt es vor, als werde sie mit
Balsam gesalbt. – D. wird neun Tage ohne
Nahrung in eine Dunkelzelle gesperrt, doch
tritt sie in himmlischer Schönheit aus dem
finsteren Kerker heraus. – D. bittet Gott um
ein Zeichen, und ein Engel stürzt ein Götzenbild vom Sockel, wobei die Menschen
Teufel in den Lüften schreien hören. – D.
wird an den Füßen aufgehängt und gegeißelt,
was sie als Streicheln mit Pfauenfedern empfindet. – Die Brüste D.'s werden anschließend mit Fackeln versengt. – Über Nacht
heilen ihre Wunden und D.'s Leib ist unversehrt. – Die abtrünnigen Schwestern D.'s bekehren sich und werden verbrannt. – D. erklärt dem Richter, daß sie alles Leiden auf
sich nehme für ihren Herrn, in dessen Garten sie ewig Rosen und Äpfel brechen werde.
– Daraufhin verspottet sie der Gerichts-
schreiber Theophilus und bittet D., ihm
doch ein Körbchen Rosen und Äpfel nach ihrem Tod zu schicken. – Nach der Hinrichtung D.'s erscheint zur Winterszeit ein Knabe mit dem Körbchen bei Theophilus und
wird vor seinen Augen entrückt. – Theophilus bekehrt sich und wird nach der Taufe
enthauptet; sein Leichnam wird den Tieren
vorgeworfen.

Patronat: Blumengärtner, Bräute, Wöchnerinnen, Jungvermählte, Bierbrauer, Bergleute.

Verehrung und Kultorte: Reliquien in Rom
und Bologna, als Nothelferin in vielen Anliegen besonders in Deutschland angerufen, vor
allem zwischen dem 14. und 16. Jh., Diözese
Görlitz.

Darstellungen in der Kunst: *Gewandung:*
als Jungfrau in langem, gegürteten, von der
jeweiligen Zeitmode beeinflußten Gewand
(Köln, Wallraf-Richartz-Museum, Gem. v.
Meister der hl. Sippe 1493/94); mit aufge-
stecktem Haar (Graz, Museum, Rottaler Epitaph, Gem. v. 1505); mit Schleier (Split, Museum, Gem. aus dem Umkreis G. Bellini's
um 1500 [?]). *Attribute:* Krone (Oberwesel,
Liebfrauenkirche, Hochaltar-Fig. um 1331);
Palmzweig (Wismar, St. Jürgen, Wandmalerei 2. Hälfte 15. Jh.); Pfauenfeder (Köln,
St. Andreas, Gem. v. Meister v. St. Severin
um 1510); Schwert (Schlanitzen/Österreich,
Gem. um 1500); Buch (Rethwisch, Fig.
15. Jh.); Kreuz (Malchin, Gem. um 1400); Lilie (Klosterneuburg, Albrechtsaltar, Gem.
um 1440); Korb mit Rosen (Köln, Wallraf-
Richartz-Museum, Gem. v. Meister v. St. Se-
verin 1505/10); Korb mit Rosen und Äpfeln
(Eton College, Wandmalerei um 1480); Korb
mit Rosen, den D. dem Christkind zeigt
(Köln, Wallraf-Richartz-Museum, Gem. v.
Meister der hl. Sippe 1493/94); Botenknabe
mit Äpfeln im Gewandschurz, Rosen im
Körbchen (Köln, Wallraf-Richartz-Museum,
Gem. v. Meister der hl. Sippe 1414/15); Botenknabe übergibt Korb (Altena, Sammlung
Thomée, Fig. v. J. Beldensnyder Anfang
16. Jh.); Botenknabe als Christkind mit
Kreuznimbus (Malta/Kärnten, Pfarrkirche,
Wandmalerei 13. Jh.); nackter Botenknabe
(Basel, Museum, D.-Monstranz 15. Jh.); Bo-
tenknabe mit Spielzeug (Washington, Natio-
nal Gallery, Holzschnitt um 1450); geflügel-
ter Botenknabe als Putto (Darmstadt, Hessisches Landesmuseum, Gem. v. C. Dolci
17. Jh.); Rosenblüten (Graz, Lechkirche,
Glasmalerei um 1330); Rosenzweig in der
Hand (Danzig, S. Katharina, Gem. um 1525);

Dorothea

Rosenbäumchen (München, Staatliche Graphische Sammlung, Holzschnitt um 1410); Bäumchen, auf dem der Botenknabe sitzt (Darmstadt, Hessisches Landesmuseum, sog. Friedberger Altar, Gem. um 1400); Rosenkranz (Darmstadt, Hessisches Landesmuseum, Ortenberger Altar, Gem. um 1400); Rosenkranz am Kopf des Kindes (Dresden, Galerie Alter Meister, Gem. v. L. Cranach d. Ä. 1506); Rosen in D.'s geschürztem Gewand (Modena, Biblioteca Estense, Horae BMV, Buchmalerei um 1387); drei Blüten (Berlin, ehem. Deutsches Museum, Gem. um 1350); drei Äpfel (Palermo, Museo Nazionale, Gem. v. A. v. Dyck 1624); Teller mit Rosen und Früchten (Sevilla, Museum, Gem. v. F. Zurbarán um 1640); Erdbeerstaude (Münster, Landesmuseum, Gem. v. Conrad von Soest um 1400); Kirschen (Frankfurt Städel, Gem. v. Meister des Paradiesgärtleins um 1410). *Besondere Szenen:* D. führt den Botenknaben an der Hand (London, National Gallery, Gem. v. Francesco di Giorgio Martini 15. Jh.); Bekehrung des Theophilus (Wien, Kunsthistorisches Museum, Zeichnung v. T. Pock 1657). *Martyrium:* Enthauptung D.'s in winterlicher Landschaft (Prag, Narodni Museum, Gem. v. H. Baldung Grien 1516); Martyrium und Botensendung (Augsburg, Staatliche Kunstsammlungen, Gem. v. H. Holbein d. Ä, 1499). *Zyklus:* Levoca/St. Jakob, Wandmalerei 1400/1420.

6 Drei Könige

Weise aus dem Morgenland, hl.

Fest: 6. 1.

Biblische Bezeugung: Nach Mt 2, 1–12 erkennen Magier aus dem Morgenland durch einen Stern eine Königsgeburt im Judenland und werden durch Herodes auf Bethlehem verwiesen. Dort finden sie mit Hilfe des Sternes das Kind und bringen ihm Gaben. In einem Traum vor Herodes gewarnt, kehren sie auf einem anderen Weg in ihre Heimat zurück.

Legende: Die Zahl der Magier wird seit Origines mit 3 angegeben entsprechend der Zahl der Gaben. Ihre Gaben werden sinnbildlich auf Christus bezogen, Gold = König, Weihrauch = Gott, Myrrhe = Arzt (Seelenarzt, Auferstehung); ihre Namen mit Caspar, Melchior und Balthasar angegeben. – Die Magier werden vom Apostel Thomas auf seiner Missionsreise getauft. – Die Magier werden zu Bischöfen geweiht. – Unmittelbar nach einem gemeinsam gefeierten Weihnachtsfest sterben sie im Jahr 54.

Patronat: Königreich und später Freistaat Sachsen, Stadt Köln, Reisende, Pilger, Gasthäuser, Spielkartenfabrikanten, Kürschner, Reiter, gegen Zauberei, um einen guten Tod.

Verehrung und Kultorte: Die Gebeine wurden von der Kaiserin Helena gefunden, nach Konstantinopel gebracht und Bischof Eustorgius von Mailand (343–355) geschenkt. – Sein Nachfolger Protasius brachte die Leichname nach Mailand und setzte sie in einem Sarkophag in S. Eustorgio bei. – 1158 nach der Einnahme Mailands durch Friedrich Barbarossa wurden die Gebeine durch Reinald von Dassel, Reichskanzler und Erzbischof von Köln, auf dem Weg über Chur und Speyer am 23. 7. 1164 nach Köln gebracht. wo sie heute im DK.'s-Schrein aufbewahrt werden. Ein Teil der Reliquien wurde 1904 durch Anton Kardinal Fischer von Köln nach Mailand zurückübertragen.

Aberglauben: zahlreiches Brauchtum um das Überschreiten des Wintertiefpunktes. – Am DK.'s-Tag wird eine Hausweihe durch Inschrift der Jahreszahl und der Buchstaben CMB, verbunden mit drei Kreuzen, am oberen Türpfosten vorgenommen, wohl aus den Rauhnächten hervorgegangenes Bannbrauchtum. – Sternsingen, seit 1950 mit neuer Zielsetzung, dem Sammeln für caritative Werke in den Missions-und Entwick-

Drei Könige

lungsländern wiederbelebt. – Wer am DK.'s-Tag stiehlt und nicht ertappt wird, kann das ganze folgende Jahr weiterstehlen. – Bis DK. müssen die Weihnachtskuchen aufgegessen sein, sonst bringen sie Unglück. – Am DK.'s-Tag ist ein Liebesorakel durch Schuhwerfen beliebt. – Am DK.'s-Tag geweihte Kreide zum Anschreiben der hl. Namen wird auch als Heilmittel für das Vieh verwendet. – Geweihtes DK.'s-Salz, ursprünglich bei der Weihe des Taufwassers gebraucht, gibt die Bäuerin zum Rührfaß in die Milch. – DK.'s-Salz verhütet Kindbettfieber.

Darstellungen in der Kunst: *Gewandung:* als Orientalen in persischem Kostüm, meist Hosen mit gegürtetem Chiton, Chlamys mit phrygischen Mützen (Ravenna, S. Apollinare Nuovo, Mosaik 6. Jh.); als Orientalen mit Tiara (Rom, S. Maria Maggiore, Mosaik vor 550); als Könige in Königsgewändern mit Königskronen (Amiens, Marienportal, Fig. 1225/36); als Burgundische Könige in drei Stufen des Lebensalters (Genf, Museum, Gem. v. K. Witz 1444); zwei Könige in weißer, einer in schwarzer Hautfarbe (Köln, Wallraf-Richartz-Museum, Gem. v. Meister v. St. Severin um 1512/15); als Vertreter dreier Erdteile Asien, Europa, Afrika (Siena, Dom, Kanzel, Fig. v. N. Pisano 1266); DK. als Bischöfe mit Bischofsmitren (Köln, Klarenaltar, Gem. Ende 15. Jh.); zwei Könige als Bischöfe mit Mitren, einer als Kardinal (Wien, Kunsthistorisches Museum, Gem. v. R. Frueauf d. Ä. Ende 15. Jh.). *Attribute:* Wanderstäbe (Ancona, frühchristlicher Sarkophag, Relief 4. Jh.); Palmzweige (Münster, Dom, Türsturz, Relief 13. Jh.); drei gleiche Gaben (Freiberg, Dom, Goldene Pforte, Relief um 1230); Gaben in kostbaren Reliquiengefäßen (Köln, Wallraf-Richartz-Museum, Gem. 2. Viertel 15. Jh.); Gaben in Goldschmiedepokalen (Köln, Wallraf-Richartz-Museum, Gem. eines kölnischen Meisters um 1460). *Besondere Szenen:* Anbetung des Kindes (Köln, St. Maria im Kapitol, Türrelief 11. Jh.); Erscheinung des Sternes (Rom, S. Maria Antiqua, Wandmalerei 8. Jh.); Erscheinung des Kindes im Stern (Ulm, Münster, Südwestportal, Relief um 1380); Weissagung des Wundervogels (Bern, Münster, Glasmalerei 13. Jh.); Reiterzug der DK. (Mailand, S. Eustorgio, Gem. v. Balduccio da Pisa 1346); Ankunft in Bethlehem (Florenz, Annunziata, Kreuzgang, Wandmalerei v. A. del Sarto um 1500); DK. vor Herodes (Paris, Louvre, Elfenbeinkästchen 10. Jh.); Traum der DK. (Autun, Kathedrale, Kapitellrelief 1120/1130); Begegnung mit dem Apostel Thomas in Indien und Taufe (Genua, Oratorio di S. Antonio Abbate e delle Cinque Piaghe, Gem. v. A. Ansaldo 17. Jh.); Die hl. DK. als Stadtpatrone von Köln (Köln, Dom, Gem. v. S. Lochner um 1440). *Zyklen:* Amiens/Kathedrale, Medaillons, Relief 13. Jh.; Ulm/ Münster, Südwestportal, Reliefs um 1380; Florenz/Galleria degli Uffizi, Gem. v. G. da Fabriano 1423.

Eduard der Bekenner
König, hl.
Fest: 5. 1. (vor der Kalenderreform 13. 10. als Fest der Translation).
Leben: * um 1003 als Sohn König Ethelreds II. und seiner Gemahlin Emma von der Normandie, wurde in der Heimat seiner Mutter erzogen, 1042 zum König ausgerufen, heiratete 1045 die Tochter des einflußreichen Earl Godwin Edith. Förderer des monastischen Lebens, errichtete die Abtei St. Peter, jetzt Westminster Abbey. In seiner Milde war E. den Parteienkämpfen zwischen Angelsachsen und Normannen nicht gewachsen. † 5. 1. 1066. Heiligsprechung 1161.
Legende: E. gibt einem Bettler seinen goldenen Ring. – E. sieht das Christkind in der erhobenen Hostie.
Patronat: England, englische Könige, gegen Skrofeln.
Verehrung und Kultorte: Translation der Gebeine 1163 durch Thomas Becket nach Westminster Abbey.
Darstellungen in der Kunst: *Gewandung:* als König in gegürtetem langen Untergewand, Mantel mit Hermelin besetztem Kragen, Krone (London, National Gallery, Gem. um 1380/1400). *Attribute:* Ring (Amiens, Kathedrale, Glasmalerei 13. Jh.); Zepter (London, Westminster Palace, Wandmalerei 13. Jh.); Leprakranker (Holzschnitt als Illustration in der Sipp-, Mag- und Schwägerschaft Kaiser Maximilians I. 16. Jh.); Schwert (Wells, Kathedrale, Glasmalerei 1325/33). *Besondere Szene:* Krönung E.'s (Westminster Palace, Wandmalerei 13. Jh.). *Zyklus:* Cambridge/Library of the University Ee 3. 59, Buchmalerei 13. Jh.

Eligius von Noyon
(Eloi), Bischof, hl.
Fest: 1. 12. (25. 6. Translationsfest).
Leben: * um 588 in Chaptelat bei Limoges. E. war Goldschmied und Münzmeister unter den fränkischen Königen Chlothar II. und Dagobert I. und deren Ratgeber. E. gründete zahlreiche Kirchen und Klöster, u. a. Solignac 632. E. verließ zusammen mit seinem Freund Audoin 639 den Königshof, wurde Priester und 641 Bischof von Noyon. Betrieb die Missionierung Flanderns. † 1. 12. 660 in Noyon.
Legende: Ein Adler zeigt seiner Mutter im Traum die Heiligkeit des Kindes an. – E. hat das Handwerk des Hufschmiedes erlernt; E. nimmt einem ungebärdigen Pferd zum Beschlagen den Fuß ab und fügt ihn danach wieder an (Var.: Christus oder Petrus arbeiten als Gesellen unerkannt bei E. und voll-

bringen das Wunder mit dem Pferdefuß, um E. vom Hochmut zu heilen). – E. hält einen Teufel in seiner Schmiedewerkstatt mit einer Zange an der Nase fest (Var.: E. wird vom Teufel in Frauengestalt zu verführen versucht. – E. fährt dem Teufel mit einer glühenden Kohle ins Gesicht.). – E. erwirbt das Vertrauen des Königs, indem er aus einer ihm anvertrauten Goldmenge statt einem zwei Thronsessel fertigt und mit der Waage deren Goldgehalt nachweist. – E. kauft Sklaven frei. – E. entschuldigt sich beim König, weil er bei der Landzuteilung zum Kloster irrtümlich einen Fuß zuviel vermessen hat. – Bei der Translation der Gebeine des hl. Martialis öffnen sich von selbst die Kerkertore für eine Gefangenenamnestie. – Bei einem Stadtbrand bewahrt E. die Kirche des hl. Martialis vor dem Feuer. – E. heilt Lahme. – E. gibt Armen zu trinken, sorgt für Gefangene und begräbt Hingerichtete. – E. erweckt einen zu Unrecht Gehenkten zum Leben. – Während der Predigt treibt E. einen Dämonen aus. – E. wird im Gewand der Königin Chlothilde beigesetzt. – Nach dem Tod können mehrere Männer E.'s Leichnam nicht nach Chelles schaffen, doch läßt er sich ganz leicht nach Noyon in die Kirche St-Loup tragen.

Patronat: Bauern, Bergleute, Büchsenmacher, Goldschmiede, Schmiede, Messerschmiede, Schlosser, Metallarbeiter, Uhrmacher, Graveure, Wagner, Kutscher, Kutschenmacher, Lampenmacher, Sattler, Tierärzte, Pferde, Pferdehändler, Knechte, Korbmacher, Pächter.

Verehrung und Kultorte: Leichnam beigesetzt in der Kathedrale von Noyon, Haupt in Chelles/St-Andre; Kult in ganz Europa verbreitet.

Aberglauben: Frauen opfern E.-Kreuzer, um zu Kindersegen zu gelangen. – In einem schwäbischen Pferdesegen wird E. erwähnt, zu sprechen »wann sich ein Roß nit beschlagen lassen will«.

Darstellung in der Kunst: *Gewandung:* als Bischof in Pluviale mit Mitra und Stab (Köln, Wallraf-Richartz-Museum, Gem. v. einem süddeutschen Meister 2. Hälfte 15. Jh.); als

Bischof in Meßkasel in der Goldschmiedewerkstatt (Amsterdam, Rijksprentenkabi-
nett, Kupferstich v. Meister Bileam um
1450); als Edelmann in vornehmer Tracht
mit pelzgefüttertem Rock, Mantel und Barett (Erfurt, Barfüßerkirche, Gem. Ende
14. Jh.); als Schmied in Arbeitskleidung im
Hemd mit aufgerollten Ärmeln, enganliegenden Beinkleidern und Lederschurz (Kreß-
bronn, E.-Kapelle, Fig. um 1750). *Attribute:*
Bekennerkreuz (Palermo, Capella Palatina,
Mosaik 12. Jh.); Buch (Kröwerich, Fig. v.
J. Manternach 1624); Nagel und Hammer
(New York, Kress Foundation, Gem. v. Meister della culla 15. Jh.); Hammer mit Krone
(Brügge, St-Saveur, Gem. J. van Oost zugeschrieben 17. Jh.); Zange (Florenz, Oratorio
S. Michele, Fig. v. N. di Banco 1410); Pokal
(Salzburg, St. Peter, Gem. um 1490); Kelch
(Augsburg, Staatliche Gemäldegalerie, Gem.
15. Jh.); Hufeisen (Tarragona, Diözesanmuseum, Gem. 15. Jh.); Amboß (Schuld, Pfarrkirche, Gewölbeschlußstein, Relief um
1500); Wirkeisen (Borgo S. Sepolcro, Pinacoteca, Banner aus der Signorelli-Werkstatt um
1505); Pferdefuß (Erfurt, Barfüßerkloster,
Gem. um 1410); Pferd (Lodi Vecchio, S. Bas-
siano, Wandmalerei 14. Jh.); Pferd mit abge-
schnittenem Bein (Beaune, Hôtel-Dieu, Teppich um 1500). *Besondere Szenen:* E. arbeitet
in der Werkstatt (Bern, Museum, Gem. v.
N. M. Deutsch 1515); der Verführungsver-
such durch den Teufel in Gestalt der Frau
(Paris, Bibliothèque Nationale Ms. franc.
183, Buchmalerei 14. Jh.); Verführungsver-
such durch den Teufel (Le Mans, Kathedrale,
Glasmalerei 13. Jh.); Beschlagwunder in der
Schmiede (Passau, Diözesanmuseum, Gem.
1490); E. in der Goldschmiedewerkstatt, einen Kelch treibend (New York, Sammlung
Oppenheim, Gem. v. P. Christus 1449). *Zyklen:* Cagliari/Museum, Gem. Ende 15. Jh.;
Antwerpen/Kathedrale, Gem. v. H. Francken
1588; Bologna/S. Maria della Pietà, Gem. v.
G. Cavedoni und A. Tiarini 17. Jh.

Elisabeth von Portugal

(Isabella), Königin, Terziarin des 3. Ordens
des hl. Franziskus, hl.

Fest: 4. 7. (vor der Kalenderreform 8. 7.).

Leben: * 1270 als Tochter des Königs Pedro
III. von Aragòn, wurde nach ihrer Großtante
E. von Thüringen genannt, 1282 mit König
Dionysius von Portugal vermählt, war Vorbild einer christlichen Gattin und Königin
und wirkte als Vermittlerin zwischen ihrem
Mann und ihrem Sohn, unterstützte Kirchen
und Klöster und Kirchen in Lissabon, Almo-
ster, Alenquer, Coimbra, Hospitäler in San-
tarém und Leira; nach dem Tod des Gatten
seit 1325 im Klarissenkloster Coimbra. † 4.
7. 1336 in Estremoz bei einem Vermittlungs-
versuch zwischen ihrem Sohn Alfons und
dem König von Kastilien. Seligsprechung
1516, Heiligsprechung 1625.

Legende: E. verwandelt durch ihr Gebet
Wasser in Wein.

Patronat: Portugal, Coimbra, Estremoz, Saragossa; Frauenvereinigungen, Helferin in
Kriegsnöten.

Verehrung und Kultorte: Leichnam in Co-
imbra/S. Clara, dort Wallfahrts-und Pilgerzentrum.

Darstellungen in der Kunst: *Gewandung:*
in fürstlichem Gewand mit Kopftuch und
Krone (Hoogstraten, St. Katharina, Glasmalerei 1531/33); als Klarissin in Ordenstracht
(Coimbra, Grabmal, Fig. um 1330); als Franziskanerterziarin in Ordenstracht (Coimbra,
Museu Machado de Castro, Fig. Mitte
16. Jh.). *Attribute:* zweite Krone in der Hand
(Hoogstraten, St. Katharina, Glasmalerei
1531/33); Weingefäß, Rosen (St. Nicolas
Waes, Antoniuskirche, Fig. 18. Jh.); Buch,
Pilgertasche (Coimbra, Grabmal, Fig. um
1330). *Besondere Szenen:* E. verteilt Almosen (Bologna, S. Elisabetta, Gem. 17. Jh.); E.
tröstet Kranke (Madrid, Palazzo Real, Zeichnung v. F. Goya um 1800); Translation der
Gebeine (Coimbra, Novo de S. Clara, Gem.
18. Jh.).

62 Elisabeth von Thüringen

Landgräfin, hl.

Fest: 19. 11. (Begräbnistag).

Leben: * 1207 auf Burg Sáros-Patak bei Kaschau oder in Preßburg als Tochter von König Andreas II. von Ungarn und seiner Gemahlin Gertrud von Andechs. Seit 1211 auf der Wartburg, 1221 Heirat mit Ludwig, Sohn des Landgrafen von Thüringen. Starken Einfluß auf E. hatten ihre Beichtväter Rüdiger OFM und der zum Fanatismus neigende überstrenge Konrad von Marburg. E. übte seit 1226 eine heroische Liebestätigkeit von der Wartburg aus, beispielsweise duldete sie für sich keine zu Unrecht von den Bauern erpreßten Speisen auf ihrem Tisch. Nach dem Tod ihres Mannes auf dem Kreuzzug 1127 ging E. freiwillig nach Marburg als Terziarin des Dritten Ordens, gründete 1128/29 dort ein Hospital und tat selbst Dienst an Armen, Kranken und Aussätzigen. † 17. 11. 1231 in Marburg. Begraben in Marburg, 1235 Heiligsprechung durch Papst Gregor IX.

Legende: Kindheitslegenden: Klingsor prophezeiht beim Sängerkrieg auf der Wartburg 1207 E.'s Geburt. – E. liest als Kind im Meßbuch (Lesen als Zeichen der Klugheit und Bildung vgl. Maria). – E. verschenkt die Äpfel, die sie beim Spielen gewonnen hat, an ihre Gefährtinnen. – E. eilt vom Spielen zum Beten in die Kirche. – E. befreit durch ihr Gebet ihre ermordete Mutter aus dem Fegefeuer. – Zahlreiche Legenden bildeten sich um die von E. ausgeübten Werke der Barmherzigkeit, wie: Bei der Hungersnot 1226 in Eisenach tränkt E. die Dürstenden, wobei das Bier im Krug nicht abnimmt. – E. empfängt vom hl. Franziskus persönlich die Terziarenregel. – E. verschenkt selbstgefertigte Kleider. – E. deckt ihren fein gewebten Spitzenschleier über einen Toten. – E. wäscht Armen, die sie aufgenommen hat, wie Christus die Füße, wobei im Armen ihr Christus erscheint. – Ihr Gemahl Ludwig erblickt statt eines Aussätzigen, den E. im Ehebett pflegt, den Gekreuzigten. – Ein Engel bringt E. einen Mantel, weil sie den ihren verschenkt hat. – E. fängt einem Kranken einen Fisch aus einem Brunnen. – Das Brot in E.'s Schürze verwandelt sich bei der Rüge des Schwiegervaters in Rosen; in späteren Fassungen geschieht dies vor ihrem Gemahl Ludwig. – E. erhält eine Heiratsofferte von Kaiser Friedrich II., die sie um Christi willen ablehnt. – Legenden nach dem Tod: E. erweckt ein ertrunkenes Mädchen. – E. heilt einen OFM-Bruder in Reinhardsbrunn. – Ein Bäumchen auf dem Lahnberg, das E. beschnitt, behält die Kugelform der Krone auch nach dem Tod der Heiligen bei. – E. weist 1389 durch drei große Feuer auf dem Hörselberg bei Eisenach auf das große Morden von Würzburg 1390 hin.

Patronat: Dritter Orden OFM, Deutschorden, Zisterzienser (1236) und Dominikaner (1244), Caritas, Elisabethenvereine, Bäcker, Bettler, Witwen, Waisen, unschuldig Verfolgte, Spitzenklöpplerinnen und Schleierweberinnen.

Verehrung und Kultorte: Reliquienschrein in Marburg um 1235. Dort vorreformatorische Wallfahrt aus Bremen, Magdeburg und Ungarn im Zyklus der Heiltumsfahrt nach Aachen. 1236 Erhebung der Gebeine und Krönung des Hauptes der Verstorbenen durch Kaiser Friedrich II. Von Friedrich II. gestiftetes Schädelreliquiar von E. wohl bereits seit dem 13. Jh. in Mainz, taucht 1631 in Würzburg auf, heute im Hist. Museum Stockholm Inv. Nr. 1. Nach Einführung der Reformation in Marburg 1539 Translation des Hauptes nach Besançon und des Leibes in das Kloster der Elisabethinnen Wien III. Landstraße. Hauptverehrungsstätten: Marburg, Kaschau (Ungarn), Thüringen, Schlesien, Spanien, Mexiko, Winchester.

Aberglauben: Ein Brunnen bei Schröck (Amöneburger Land), in dem E. ihr Weißzeug gewaschen hat, erhält zu Pfingsten besondere Reinigungskraft.

Elisabeth von Thüringen

Darstellungen in der Kunst: *Gewandung:* als jugendliche Fürstin (Assisi, S. Francesco, Gem. von S. Martini um 1325); als Witwe in schlichter Gewandung (Marburg, Elisabethenkirche, E.-Schrein, Relief um 1235); als Herzogin mit Herzogshut (Klosterlechfeld, Gem. 18. Jh.); mit Krone (Prag, Karlsbrücke, Fig. v. F. M. Brokoff 1707); mit Haube und bürgerlicher Kleidung (Münnerstadt, Magdalenakirche, Fig. v. T. Riemenschneider 1492); als Franziskanerterziarin mit grauem Kleid und Zingulum (Köln, Dom, Glasmalerei um 1500). *Attribute:* Buch (Naumburg, Dom, Fig. um 1240), Kirchenmodell (Magdeburg, Dom, Relief um 1340); Szepter (Ludlow, Kirche, Glasmalerei 15. Jh.); Engel mit Krone (Marburg, Elisabethenkirche, Glasmalerei 13. Jh.); kindhaft dargestellte, gekrönte Seele [Animula] (Marburg, St. Elisabeth, Relief um 1300); mit zwei Kronen (Köln, Wallraf-Richartz-Museum, Gem. v. Meister der hl. Sippe 1500/1504); mit drei Kronen, eine auf dem Haupt, zwei ineinander gestapelt in der Hand (Berlin, Kaiser-Friedrich-Museum, Gem. vom Meister der hl. Sippe um 1500); eine Krone auf dem Haupt, zwei ineinandergestapelte Kronen auf dem Buch (Eisenach, Wartburg, Gem. v. B. Bruyn um 1540); drei wie eine Tiara übereinandergetürmte Kronen in der Hand (Kalkar, Gem. 2. Hälfte 15. Jh.); drei wie eine Tiara übereinandergetürmte Kronen auf dem Buch als Symbol weltlicher Kronen, auf die E. verzichtet hat, nämlich der Landgräfin, der Landesherrin und Reichsfürstin (New York, Frick Collection, Gem. v. J. van Eyck um 1435); abgelegte Krone zu Füßen (Schloß Liechtenstein, Galerie, Gem. 15. Jh.); Brote (Straßburg, Münster, Fig. um 1350); Brotkorb (Privatbesitz, bayerische Fig. um 1490); Brot und Fisch (Rottweil, St. Lorenz, Fig. 15. Jh.); Teller mit zwei Fischen (Hamburg, Museum, Fig. um 1430); Brot und Trauben als sakramentale Hinweise (Nürnberg, Germanisches Nationalmuseum, Fig. v. T. Rie-

menschneider 1510); andere Speisen (Haina, Spitalkirche, Relief v. 1524); Schüssel und Löffel, mit dem E. Kranke fütterte (Ismeretlen kelyröl, Gem. um 1430), Krug, mit dem E. Kranke tränkte (Frötuna Kyrka/Schweden, Fig. 15. Jh.); mit goldenem Kelch (Barnham Broom/Norfolk, Gem. 15. Jh.); mit Kleid, das sie Armen schenkt (Frankfurt, Städel, Gem. Anfang 14. Jh.); mit Brot und Kleid (Oberwesel, Glasmalerei um 1420/30; mit Münzen (Rott am Inn, Statue von I. Günther um 1760), Kamm, mit dem sie Aussätzigen die Haare pflegte (Privatbesitz, schwäbisches Gem. um 1430); Bettler (Klagenfurt, Museum, Fig. 1510); Krüppel (Ulm, Museum, Gem. v. M. Schaffner 1525); Aussätziger (München, Alte Pinakothek, Gem. v. H. Holbein d. Ä. 1516); mit Rosen (Perugia, Galleria Nazionale, Gem. v. B. di Lorenzo um 1450); Rosen und Lilien im Gewandbausch (Arezzo, S. Francesco, Fresko 14. Jh.). *Besondere Szenen:* Das Brot in der Schürze von E. verwandelt sich bei der Rüge des Schwiegervaters in Rosen (Frankfurt, Städel, Gem. Anfang 14. Jh.); E. verteilt bei einer Hungersnot im Spital Brot (Bad Mergentheim, Schloßkirche, Gem. v. G. Pittoni 1734); E. bewirtet Arme (Löcse, Gem. v. 1493); E. speist Kranke (Karlstein, Gem. v. Meister Theoderich 14. Jh.); E. tränkt Arme, wobei das Bier im Krug nicht abnimmt (Rottweil, St. Lorenz, Fig. 15. Jh.); E. verschenkt selbstgefertigte Kleider (Mainz, Dom Memorienpforte, Fig. v. M. Gerthener um 1410); E. pflegt Kranke im Spital (Perugia, Galleria Nazionale, Gem. v. B. di Lorenzo 15. Jh.); E. wäscht und kämmt einen Aussätzigen (Kaschau, Fig. 14. Jh.); E. wäscht Armen die Füße (Reval, Hl.-Geist-Spital, Gem. B. Notke zugeschrieben 1483); Ludwig erblickt statt des Aussätzigen im Ehebett den Gekreuzigten (Marburg, Elisabethenkirche, Wandmalerei um 1300); Ludwig erblickt statt des Aussätzigen drei Rosen (Laufen, Dechantshof, Gem. um 1490); ungarische Gesandte erzwingen von

E., die am Spinnrad sitzt, die Auszahlung des Witwengutes (Eisenach, Wartburg, Teppich v. 1475); Christus erscheint E. (Eggenburg, Pfarrkirche, Gem. v. 1521); E. enthält sich bei Tisch der ungerecht erworbenen Speisen (Paris, Bibliothèque Ste-Geneviève, Buchmalerei um 1250); E. legt Krone vor dem Kruzifix ab (Überlingen, Münster, Wandmalerei um 1490); Erweckung eines ertrunkenen Mädchens (Perugia, Galleria Nazionale, Gem. v. P. della Francesca Mitte 15. Jh.); Heilung eines Bruders in Reinhardsbrunn (Bonn, St. Elisabeth, Glasmalerei Anfang 20. Jh.); E. erhält von Franziskus die Terziarenregel (Kassel, Museum Wilhelmshöhe, Gem. v. F. Lippi 15. Jh.); *Zyklen:* zahlreich, u. a. Marburg/Elisabethenkirche, E.-Schrein, Reliefs um 1235; Lübeck/Hl.Geist-Spital, Wandmalerei um 1420; Kaschau, E.-Altar um 1475; Bártfa, E.-Altar um 1486; Frankfurt/Deutschordenskirche, Gem. Anfang 16. Jh.; Marburg/Elisabethenkirche, Gem. v. L. Juppe und J. v. Leyten 1513; Eisenach/Wartburg, Fresken v. M. v. Schwind 1855.

Emmeram von Regensburg

Bischof, Martyrer, hl.
Fest: 22. 9.
Leben: Regensburger Missionsbischof, vermutlich von einem Agilulfinger-Herzog nach Regensburg berufen und wirkte in Bayern. Laut seinem Biographen Arbeo von Freising wurde E. vom Sohn Herzog Theodors fälschlich verklagt, dessen Schwester Uta verführt zu haben; auf einer Romreise in Kleinhelfendorf bei Aibling überfallen und durch Verstümmelung der Glieder grausam zu Tode gemartert. † 652.
Patronat: Regensburg als 2. Bistumspatron.
Verehrung und Kultorte: Leichnam in der Peterskirche von Aschheim beigesetzt, dann in die Georgskirche, die später nach E. benannte Benediktinerabteikirche, nach Regensburg überführt. Unter Bischof Gaubald

(739–760) feierliche Translation in die Ostkrypta.
Darstellungen in der Kunst: *Gewandung:* als Bischof in pontifikaler Meßkleidung mit Kasel (Regensburg, St.Emmeram, Fig. um 1050); als Bischof in Pluviale, Mitra, Stab (Mühlberg/Oberpfalz, Wallfahrtskirche St. Anna, Fig. um 1500). *Attribute:* Leiter (Spalt, Pfarrkirche, Fig. 18. Jh.). *Martyrium:* Zwei Folterknechte schlagen dem an eine Leiter gefesselten E. die Arme und Beine ab (Stuttgart, Landesbibliothek, Stuttgarter Passionale, Buchmalerei 12. Jh.); E. wird enthauptet, während Gott Vater E. eine Leiter vom Himmel herabreicht (Regensburg, St. Emmeram, Fresko v. C. D. Asam 17. Jh.).

Emmerich von Ungarn

(Imre), Königssohn, hl.
Fest: 5. 11.
Leben: * um 1000/1007 als einziger Sohn König Stephans von Ungarn und der seligen

Gisela, erzogen von Bischof Gerhard von Csánad. E. lebte mit seiner Frau, einer griechischen Prinzessin in enthaltsamer Ehe. † kurz vor seiner Krönung an einem Jagdunfall am 2. 9. 1031. Heiligsprechung am 5. 11. 1083.
Verehrung und Kultorte: Beigesetzt in Stuhlweißenburg, am 5. 11. 1083 feierliche Erhebung der Gebeine. Reliquien in Melk, Passau, Gran, Wien, Geistliche Schatzkammer.
Darstellungen in der Kunst: *Gewandung:* als junger, bartloser Ritter mit Krone (Csiksomlyó, Gem. 15. Jh.); als alter, bärtiger Ritter (Bern, Museum, Gem. 13. Jh.). *Attribut:* Lilie (Bologna, Collegium Illiricum, Wandmalerei v. G. Pizzoli um 1700). *Zyklen:* Città del Vaticano/Bibliotheca Vaticana, Cod. Vat. lat. 8541, Buchmalerei um 1330; Florenz/S. Miniato a Mensola, Gem. v. 1391.

Ephräm der Syrer
(Ephraim), Eremit, Kirchenlehrer, hl.
Fest: 9. 6. (bis 1920 1. 2., bis 1969 18. 6, in griechischen Riten 28. 1., in syrischen Riten erster Samstag nach den großen Fasten, im paulinischen Kalender 9. 7.).
Leben: * im 4. Jh. in Nisibis, von Bischof Jakob von Nisibis unterrichtet, großer Einfluß von Bischof Vologeses mit der charakteristischen Verbindung von Askese und Bildung. E. wurde Diakon in seiner Heimatstadt, die er nach der persischen Eroberung 363 verließ, um nach Edessa auszuwandern. Dort Lehrtätigkeit. † 373. – E. gilt als Klassiker der syrischen Kirche. Seine Schriften sind zum Teil in dichterischer Form metrischer Reden abgefaßt, die aus beliebig langen Reihen von Versen mit gleicher Silbenzahl, meist sieben, bestehen. Außerdem schuf E. Madrasche, singbare Hymnen, deren Verse zu Strophen zusammengefaßt sind und jeweils mit Refrains enden. In seinen exegetischen Schriften erklärt E. die Texte im wörtlichen Sinn nach der Antiochenischen Schule und blieb hier nüchtern-wissenschaftlich, wie der Kommentar zu Genesis und Exodus beweist. E. bekämpfte Häretiker, wie Bardesanes, Marcion und Mani; bedeutend sind seine Hymnen zu liturgischen Festen und als asketische Ermahnungen. In 87 Hymnen beklagt E. die Streitigkeiten um die Trinität. E. war in seiner Christologie von jüdisch-rabbinischen Denkweisen abhängig und verwendete deswegen im griechischen Verständnis eine unausgereifte Terminologie. Merkwürdig mutet die Charakteristik des Hl. Geistes als Ignis et Spiritus an. E. erhielt wegen seiner Dichtkunst den Beinamen »Harfe Gottes«. 1920 zum Kirchenlehrer ernannt.
Legende: E. begleitet seinen Bischof zum Konzil von Nikaia besucht Mönche in Ägypten. – E. trifft mit Basilius d. Gr. zusammen.
Darstellungen in der Kunst: im Westen selten, z. B. als Mönch (Siena, Pinacoteca Nazionale, Gem. v. Sano di Pietro 1444).

46 Erasmus von Formio
Bischof, Martyrer, hl.
Fest: 2. 6.
Leben: unsichere Nachrichten, wohl Bischof in Antiochien/Syrien.
Legende: E. wird vor Gericht gestellt und eingekerkert. E. wird von einem Engel befreit und nach Illyrien gebracht. – In Sirmium wird er um seines Glaubens willen gemartert, doch vom Erzengel Michael erneut aus dem Kerker befreit und nach Formio in Campanien geführt, wo er sieben Jahre eifrig wirkt. – E. stirbt 303 in Formio. – Zusätze des 15. Jh.: E. wird in einem Kessel mit Pech gesotten. – E. werden Pfriemen unter die Fingernägel getrieben. – E. werden mit einer Winde die Gedärme aus dem Leib gezogen.
Patronat: Gaeta, Nothelfer, Seefahrer in Frankreich, Portugal und Spanien, seit dem 15. Jh. Ostseefahrer, Garnwinder, Seiler, Drechsler, gegen Magenkrankheiten, Viehseuchen, bei der Niederkunft.
Verehrung und Kultorte: Beigesetzt angeblich in Formia, im 9. Jh. Translation nach Gaeta, Reliquien in Rom, Gubbio und Neapel.

Aberglauben: Gegen Darmgicht der Kinder muß man dem hl. E. eine Stange Reistengarn opfern. – E. wird unter dem Namen Elmo in Italien, Spanien und Portugal verehrt und gab dem sog. Elmsfeuer den Namen, einer Lichterscheinung, die an erhabenen Gegenständen hervorgerufen wird, wenn die Luft bei trübem Himmel stark elektrisch geladen ist; im Aberglauben gilt E.-Feuer an den Mastenspitzen der Schiffe als schlechtes Vorzeichen. – Ebenso wird das Wetter daraus vorhergesagt. – Bretonische Seeleute halten das E.-Feuer für die Seelen Ertrunkener. – Deutsche Seeleute glauben, daß sich E.-Feuer nur dort zeigt, wo auf einem Schiff ein Mann über Bord gegangen ist.
Darstellungen in der Kunst: *Gewandung:* als Bischof in pontifikalem Meßornat mit Kasel (Kaufbeuren, Blasiuskapelle, Fig. Anfang 16. Jh.); als Bischof in Pontifikalien mit Pluviale (Aschaffenburg, Staatsgalerie, Gem. v. L. Cranach d. Ä.-Schule 16. Jh.); im Bischofsornat der orthodoxen Kirche (Palermo, Capella Palatina, Mosaik 12. Jh.). *Attribute:* Gedärmewinde mit aufgerollten Därmen in der Hand (München, Alte Pinakothek, Gem. v. Meister Mathis [MGN] um 1518); Kessel in der Hand (Neustadt/Mecklenburg, Fig. 15. Jh.); im Kessel stehend (Gaeta, Osterleuchter, Relief Ende 13. Jh.); mit unter die Fingernägel getriebenen Pfriemen (Wien, Kunsthistorisches Museum, Gem. v. Meister der Heiligenmartyrien um 1490); Kerze (Messina, Museum, Gem. Anfang 16. Jh.); die in der Literatur erwähnten Attribute Schiffswinde, Ankertaue und Weberschiffchen sind fiktiv und lassen sich nicht nachweisen. *Martyrium:* E. im Kessel stehend, während Gedärme aufgewunden werden (Taivassalo/Finnland, Wandmalerei 15. Jh.); E. liegt nackt auf einem Brett, während Henker die Gedärme herauswinden (Löwen, St. Peter, Gem. v. D. Bouts 1458). *Zyklen:* u. a. Gaeta, Osterleuchter, Reliefs 13. Jh.

Erhard von Regensburg

Bischof. hl.

Fest: 8. 1.

Leben: E. stammte vermutlich aus Narbonne; war als fränkischer Missionsbischof in der 2. Hälfte des 7. Jh. am Hof der Agilolfinger.

Legende: E. missioniert in den Vogesen. – E. tauft die hl. Odilia und heilt sie dadurch von ihrer angeborenen Blindheit.

Patronat: Nebenpatron der Diözese Regensburg; Spitalpatronate während des Mittelalters im Elsaß, Viehpatron in der Steiermark; Schuster, Schmiede, Bäcker, in Regensburg gegen Pest.

Verehrung und Kultorte: Grabstätte in Regensburg/Niedermünster, feierliche Translation durch Papst Leo IX. am 8. 10. 1052. Wallfahrt in St. Erhard/Steiermark.

Darstellungen in der Kunst: *Gewandung:* als Bischof in pontifikalem Meßornat mit Kasel und Mitra (Regensburg, St. Emmeram, Dionysiusschrein, Relief um 1440); als Bischof im Pontifikalornat mit Almucia (München, Bayerische Staatsbibliothek, Evangeliar der Äbtissin Uta, Buchmalerei um 1020). *Attribute:* Buch (Regensburg, Niedermünster, Fig. um 1350); Buch mit zwei Augen (Gosselding/Niederbayern, Fig. um 1370); Stab (St. Erhard/Steiermark, Fig. um 1390); Beil, Hacke (volkstümliche Andachtsbildchen 17./18. Jh.). *Besondere Szene:* Taufe der hl. Odilia (Ulm, Münster, Gem. v. M. Schaffner 1521).

Erich IX. Jedvardsson von Schweden

König, Martyrer, hl.

Fest: 10. 7. (in sämtlichen deutschen Diözesen, Skandinavien).

Leben: * 1120 als Sohn des Jedvard; regierte ca 1150–1160. Am 18. 5. 1160 während des Gottesdienstes in Gamla Uppsala während einer von dem dänischen Königsohn Magnus angezettelten Verschwörung überfallen und ermordet. E. galt als Förderer der Christianisierung seines Landes. Seit 1198 als Heiliger verehrt.

Legende: E. unternimmt zusammen mit Bischof Heinrich von Uppsala einen Kreuzzug.

Patronat: Schweden.

Verehrung und Kultorte: Gebeine Ende des 13. Jh. aus Gamla Uppsala in die neue Bischofskathedrale von Uppsala überführt, heute in einer Kapelle hinter dem Hochaltar in gotischem Schrein.

Darstellungen in der Kunst: *Gewandung:* als König in kurzem, faltenreichen Gewand mit Krone (Hjälmseryd/Småland, Wandmalerei 13. Jh.); als König in langem Gewand mit Krone (Stockholm, Nationalmuseum, Retabelfig. Anfang 15. Jh.); als Ritter in Rüstung mit Krone (Knifsta/Upland, Fig. Ende 15. Jh.). *Attribute:* Szepter, Reichsapfel (Helsingfors, Nationalmuseet, Glasmalerei 15. Jh.); Banner (Haga/Schweden, Fig. Ende 15. Jh.). *Martyrium:* Åbo/Dom, Stickerei 15. Jh. *Zyklus:* Uppsala/Dom, Wandmalerei 15. Jh.

Eusebius von Vercelli

Bischof, Martyrer, hl.

Fest: 2. 8. (vor der Kalenderreform 16. 12., Eigenfest in Vercelli am 1. 8.).

Leben: * um 283 in Sardinien, Lektor in Rom und erster Bischof von Vercelli. E. führte als erster Bischof für seinen Klerus eine Vita communis ein. Als Gesandter des Papstes Liberius erwirkte E. 355 die Einberufung der Synode von Mailand, auf der Athanasius verurteilt wurde; deswegen wurde E. nach Skythopolis/Palästina und nach Kappadozien und zuletzt in die Thebais verbannt. Julian Apostata ließ 362 alle verbannten Bischöfe zurückkehren. E. war Teilnehmer an der Synode von Alexandria, um dort für das nicaenische Glaubensbekenntnis einzutreten, konnte aber eine Spaltung nicht verhindern. Seit 363 in seiner Diözese wirkt E. zusammen mit Hilarius von Poitiers gegen den Arianismus. † 1. 8. 371.

Legende: Bei der Taufe wird E. von Engeln aus dem Becken gehoben. – E. ist so schön, daß eine Frau zu ihm in die Schlafkammer eindringen will, doch hüten Engel die Türe. – E. dienen bei der Messe Engel. – Als ein Arianer beim Einzug E.'s in Vercelli die Kirchentüren verrammelt, springen diese beim Nahen des Bischofs von selbst auf. – Auf dem Weg zur Synode von Mailand setzt E. ein Boot ohne Steuermann über den Fluß. – Das Blatt mit den Bannunterschriften der arianischen Bischöfe verbrennt von selbst, als es E. vorgelegt wird. – E. wird deswegen von den Arianern gegeißelt, über die Straße geschleift und mißhandelt. – E. wird bei der Verbannung in einen Kerker gesetzt, der so eng ist, daß er gekrümmt sitzen muß und die Beine nicht ausstrecken kann. – Nach Vercelli heimgekehrt wird E. von den Arianern gesteinigt.

Verehrung und Kultorte: Vercelli, Kathedrale.

Darstellungen in der Kunst: *Gewandung:* als Bischof im Meßornat (Vercelli, Kathedrale, Schatzkammer, Buchdeckel, 9. Jh.). *Attribute:* Buch (Vercelli, Kathedrale, Schatzkammer, Buchdeckel, 9. Jh.). *Besondere Szene:* E. wird als Gefangener in die Verbannung geführt (Vercelli, Kathedrale, Gem. v. G. B. Bernero 18. Jh.).

42 Eustachius

(Eustathius), Theopista, Agapitus und Theopistus, Martyrer, hl.

Fest: 20. 9.

Legende: romanhaft, aus verschiedensten Quellen kompiliert: Placidus, Feldherr unter Kaiser Trajan, wird durch die Erscheinung eines Hirsches mit dem Bild des Gekreuzigten im Geweih bekehrt, zumal aus des Hirsches Mund Placidus erfährt, daß er unwissend in den Werken der Barmherzig-

keit, die er vollbracht hat, Christus verehrt. – Auch die Frau des Placidus hat eine Christuserscheinung, die die Familie zum Empfang der Taufe auffordert. – Placidus erhält vom Bischof von Rom den Taufnamen Eustathius und wird mit seiner Frau Theopista und den Söhnen Theopistus und Agapitus getauft. – E. sieht zum zweiten Mal den Hirsch, der ihm künftige Leiden gleich denen des Hiob ankündigt. – Die Knechte und Mägde E.'s sterben, die Pferde fallen tot um, und Diebe bestehlen E. – E. flieht in der Nacht mit der Familie nach Ägypten, wo all sein Gut zunichte gemacht wird. – E. reist mit dem Schiff, als der Fährmann Theopista begehrt und sie als Fährlohn für sich in Anspruch nimmt. – E. muß sein Weib verlassen und will seine Kinder einzeln durch einen reißenden Fluß tragen, doch wird eines der Kinder von einem Wolf, ein zweites von einem Löwen geraubt. – Bauern jagen den Wolf und Hirten den Löwen mit dem lebenden Kind und retten sie, ohne daß E. davon etwas erfährt. – E. verdingt sich als Knecht. – Bei einer Soldatenwerbung kommen Kriegsknechte zu E., den sie als ihren einstigen Feldherrn wiedererkennen. – E. wird vom Kaiser in sein Amt eingesetzt und besiegt mit einem Heer die Feinde. – E.'s Söhne dienen ebenfalls in dem Heer; E. findet sie ebenso wieder wie seine Frau, bei der die Söhne und E. unerkannt Quartier nehmen. – Nach dem Tod Kaiser Trajans soll E. ein Dankopfer für den Sieg darbringen. – E. weigert sich, wird in der Arena einem wilden Löwen vorgeworfen, der jedoch zahm und demütig wird. – E. und seine Familie werden in einen ehernen Stier, in dem ein Feuer angezündet wird, gestoßen, dort sterben sie, aber ihre Leiber verbrennen nicht.

Patronat: Nothelfer, Jäger von Paris und Madrid, Klempner, Förster, Krämer, Strumpfwirker, Tuchhändler.

Verehrung und Kultorte: Die unversehrten Leiber in Rom/S. Eustachio beigesetzt; Re-

liquien in Rom, Paris/St-Eustache (seit 12. Jh.), Verehrung im 15. Jh. verbreitet, später durch Hubert von Lüttich abgelöst.

Darstellungen in der Kunst: *Gewandung:* als gerüsteter Krieger in römischem Soldatengewand mit Chlamys, Beinschienen (Rom, Palazzo Venezia, Elfenbeinrelief 10. Jh.); als gerüsteter Krieger im Panzer (Città del Vaticano, Vatikanische Museen, Elfenbeinrelief 11./12. Jh.); als Krieger in Rüstung (München, Alte Pinakothek, Gem. v. A. Dürer 1502); als Krieger zu Pferd (Belforte dul Chienti, Gem. v. G. Boccati 1468); als Edelmann in vornehmer, bürgerlicher Kleidung (Wenigumstadt/Unterfranken, Gem. um 1520); als Edelmann mit Diadem (London, Victoria and Albert Museum, Reliquiar, Relief 13. Jh.); als Jäger (Ambierle, Abteikirche, Glasmalerei um 1470/85); in antikisierendem Phantasiekleid mit Puffärmeln (Vierzehnheiligen, Fig. v. J. M. Feichtmayr 1764). *Attribute:* Kreuz, Schwert (Rom, Palazzo Venezia, Elfenbein 10. Jh.); Lanze (Paris, Louvre, Harbavilletriptychon, Elfenbeinrelief Ende 10. Jh.); Schwert (Rom, S. Lorenzo fuori le Mura, Wandmalerei 13. Jh.); Banner (München, Alte Pinakothek, Gem. v. A. Dürer 1502); Jagdhorn (Ambierle, Abteikirche, Glasmalerei um 1470/85); Palmzweig (Sanseverino, S. Lorenzo in Dolio, Fresko v. L. Salimbeni 1407); Hirsch mit Kruzifix im Geweih (Florenz, Accademia, Gem. v. B. di Lorenzo 15. Jh.); Hirschkopf mit Kruzifix im Geweih (München, Alte Pinakothek, Gem. v. H. Burgkmair d. Ä. 1528); Hirschgeweih mit Kruzifixus (Wien, St. Stephan, Chorgestühl, Fig. 1484). *Besondere Szenen:* E. auf der Hirschjagd (London, National Gallery, Gem. v. Pisanello 15. Jh.); E. kniet vor dem Hirsch (Berlin, Kupferstichkabinett, Kupferstich v. A. Dürer 1505); E. und seine Söhne (Brozzi, S. Andrea, Gem. v. P. di Stefano 15. Jh.); E. und seine Familie (Florenz, Galleria degli Uffizi, Gem. v. F. Lippi 1491); der Raub der Söhne durch wilde Tiere (Rouen, Kathedrale, Relief 14. Jh.); Löwe in der Arena leckt E. die Füße (Venedig, S. Staè, Relief 18. Jh.); E. und seine Familie im glühenden Stier (Chartres, Kathedrale, Südportal, Relief 13. Jh.); E. auf dem Weg zum Richtplatz (Paris, St-Eustache, Gem. v. S. Vouet um 1635). *Zyklen:* u. a. Wien/Österreichische Nationalbibliothek Cod. 370, Buchmalerei 14. Jh.; Sens/Kathedrale, Glasmalerei 12. Jh.; Pomposa/Abteikirche, Wandmalerei 1351; Salzburg/Nonnberg, Faldisterium, Elfenbeinreliefs 1. Hälfte 13. Jh.

F

Fabian
Papst, Martyrer, hl.
Fest: 20. 1. (in griechischen Riten 5. 8.).
Leben: regierte von 236–250. In der Friedenszeit bis zu den Verfolgungen unter Kaiser Decius festigte F. die Kirche organisatorisch, indem er Rom in sieben Seelsorgbezirke mit sieben Diakonen einteilte. † am 20. 1. 250 als einer der ersten Opfer der neuerlichen Christenverfolgung.
Legende: F. ist zufällig auf der Versammlung der Christen in Rom anwesend, die einen neuen Papst wählen soll, als sich eine weiße Taube auf seinem Haupt niederläßt; daraufhin wird F. zum neuen Papst gewählt. – Der römische Kaiser Philippus Arabs wird von F. von den Osterfeiern ausgeschlossen, bis er seine Sünden gebeichtet hat.
Patronat: Töpfer, Zinngießer.
Verehrung und Kultorte: Leichnam in der Callixtuskatakombe, Reliquien in Rom/S. Sebastiano fuori le mura und S. Andrea della Valle, ehemals in Hornbach/Fabianstift (bis zur Reformation).
Darstellungen in der Kunst: *Gewandung:* als Papst in außerliturgischer Amtstracht mit Talar, Rochett, Kappa mit Kapuze und Tiara (Hoyer/Dänemark, Gem. 15. Jh.); in liturgischer Pontifikalkleidung mit Amikt, Albe, Dalmatik und Pluviale, Tiara (Landstuhl/Pfalz, Waisenhaus, Gem. Anfang 16. Jh.); als Bischof in Pontifikalkleidung mit Mitra (Sinalunga, Gem. v. B. di Giovanni 1509). *Attribute:* Kreuzstab (Sigmaringen, Hohenzollernsche Sammlung, Gem. v. H. Strüb Anfang 16. Jh.); Buch (Boritz/Sachsen, Gem. Anfang 16. Jh.); Schwert (Leipzig, Grassi-Museum, Fig. v. P. Breuer um 1500); Palme (Tassulo, Vigiliuskirche, Wandmalerei. Ende 15.[?] Jh.); Engel mit Marterwerkzeugen (Rom, S. Sebastiano, Fig. v. F. Papaleo 18. Jh.). *Martyrium:* Sinalunga, Predella, Gem. v. B. di Giovanni 1509.

Felicitas und ihre sieben Söhne
Martyrerin, hl.
Fest: 23. 11. (mit den Söhnen 10. 7.).
Leben: F. und die sieben Marytrer Januarius, Felix, Philipp, Silvanus, Alexander, Vitalis und Martialis, wohl nicht leibliche Söhne, erlitten gemeinsam das Martyrium unter Kaiser Marc Aurel 162.
Legende: Die erhaltene Passio trägt keine authentischen Züge, ist vielmehr eine Legende in Anlehnung an die der sieben makkabäischen Brüder (2 Makk 7): Der römische Präfekt Publius läßt die im Glauben standhaften Söhne vor den Augen der Mutter töten.
Patronat: Frauen, Mütter.

Verehrung und Kultorte: ursprünglich Kanonheilige, ihr Name wurde unter Papst Gelasius I. (492–496) durch Perpetua und Felicitas ersetzt (siehe dort).

Darstellungen in der Kunst: *Gewandung:* als Matrone im Mantel und mit Kopftuch (Vreden, Stiftskirche, Relief 16. Jh.); als Orantin in antiker Frauenkleidung mit ihren Söhnen (Rom, Katakombe des Maximus, Wandmal. 6. Jh.); als thronende Mutter (Florenz, S. Felicità, Gem. v. N. di Bicci 1476). *Attribute:* Palme, Schwert (Lüdinghausen, Fig. 15. Jh.); Buch, Palme (Vreden, Stiftskirche, Relief 16. Jh.); Schüssel mit Köpfen ihrer Söhne (Admont, Stift, Tutonis opusculum, Buchmalerei Mitte 12. Jh.); Köpfe der Söhne auf einem viereckigen Tablett (Berlin-Dahlem, Relief um 1510/20); Köpfe der Söhne auf der Schwertklinge aufgespießt (Nürnberg, Germanisches Nationalmuseum, Glasmalerei Ende 15. Jh.); Söhne attributiv zu Füßen (Köln, Wallraf-Richartz-Museum, Gem. v. Meister des Bartholomäusretabels um 1500). Besondere Szene: Verurteilung von Mutter und Söhnen (Ottobeuren, Fresko v. J. Zeiller 1763). *Martyrium:* Florenz/S. Felicità, Gem. v. N. di Bicci 1476. *Zyklus:* Rom/Oratorium bei den Thermen des Titus, Fresken 5. Jh.

Fiacrius von Meaux
Eremit, hl.
Fest: 30. 8.
Leben: * um 610 in Irland. Bischof Faro von Meaux holte irische Mönche in seine Diözese, darunter F., der in Breuil als Einsiedler lebte. † 670.

Legende: Als F. von Bischof Faro ein Grundstück erhält und es mit seinem Stab berührt, blühen Blumen.

Patronat: Blumenhändler, Gärtner, Gitterschmiede, Kistenmacher, Kupferschmiede, Messingschläger, Nadler, Packer, Strumpfwirker, Töpfer, Ziegelbrenner, Zinngießer, Lohnkutscher (Fiaker), deren Mietwagen ihren Standplatz bei der F.-Kirche in Paris hatten und deswegen nach F. benannt worden sind, Notare, gegen Hautkrankheiten.

Verehrung und Kultorte: Leichnam in der Kathedrale von Meaux, Kirchenpatrozinium in Paris.

Darstellungen in der Kunst: *Gewandung:* als Eremit in bäuerlichem Gewand mit langem, vorn offenen Rock und Mantel (Karlsruhe, Kunsthalle, Gem. des Monogrammisten JS 16 [?]. Jh.); mit entblößtem Bein voller Geschwüre (Stuttgart, Landesmuseum, Fig. 1470); als Notar (Brügge, Groeningenmuseum, Gem. v. Q. Massys 15. Jh.). *Attribute:* Kirchenmodell (Lens, St-Remi, Fig. 17. Jh.); Spaten (Wellin, St-Remacle, Fig. 17. Jh.); Rosenkranz, Schaufel (Karlsruhe, Kunsthalle, Gem. d. Monogrammisten JS 16[?]. Jh.); Kreuz, Blume (Brügge, Groeningenmuseum, Gem. v. Q. Massys 15. Jh.). *Zyklus:* Notre-Dame-du-Terte de Châtelaudren/Kapelle, Gem. 16[?]. Jh.

Fidelis von Sigmaringen

(Markus Roy), Kapuziner, Martyrer, hl.
Fest: 24. 4.
Leben: * 1578 als Sohn des Bürgermeisters Roy von Sigmaringen. Studium in Freiburg an der Universität, 1603 Erwerb des Doktorgrades der Philosophie, 1611 des beider Rechte. 1604–1610 als Hofmeister und Begleiter junger Adeliger Reisen nach Frankreich, Spanien, Italien, 1611–1612 Gerichtsrat der vorderösterreichischen Regierung in Ensisheim, wo F. als Advokat der Armen bezeichnet wurde. 1612 Priesterweihe, Eintritt in den Kapuzinerkonvent Freiburg im Breisgau, 1617 Prediger in Altdorf am Vierwaldstätter See, 1618–1619 Guardian in Rheinfelden bei Basel, 1619–1620 Guardian in Feldkirch/Vorarlberg, 1621–1622 in Altdorf und Freiburg in der Schweiz. Bei Rekatholisierungsversuchen in Graubünden am 24. 4. 1622 in Seewies im Prättigau von kalvinistischen Bauern, die F. zu einer Predigt eingeladen hatten, hinterlistig mit einem Schwert niedergehauen und mit einem Streitkolben erschlagen. Seligsprechung 1729, Heiligsprechung 1746.

Patronat: Hohenzollern, 2. Diözesanpatron von Feldkirch, der Juristen.

Verehrung und Kultorte: Leichnam in Chur/Krypta des Domes; Reliquien in Feldkirch/Kapuzinerkirche (Haupt), und Stuttgart/Fideliskirche.

Darstellungen in der Kunst: *Gewandung:* im Kapuzinerhabit (Burg Steißlingen, Gem. 17. Jh.). *Attribute:* Palme, Schwert, Streitkolben (auf Andachtsbildern des 17. Jh.). *Besondere Szene:* F. zertritt mit Josef von Leonessa die Häresie (Parma, Galleria Nazionale, Gem. G. B. Tiepolo 18. Jh.). *Martyrium:* Engen/Rathaus, Gem. v. J. I. Wegscheider 1729.

Firmin von Amiens
Bischof, Martyrer, hl.
Fest: 25. 9.
Legende: * in Pamplona und Schüler des hl. Honestus. – F. wird von Honoratus zum Bischof von Amiens geweiht. – F. missioniert in Angers und Beauvais, wo der Stadthalter Valerius F. geißeln und ins Gefängnis werfen läßt. – Nach seiner Befreiung kommt F. nach Amiens, wo zwei Blinde und zwei Leprakranke geheilt werden. – F. wird erster Bischof von Amiens. – Erneut im Gefängnis erleidet F. das Martyrium durch Enthauptung. – Der Leichnam F.'s wird durch Bischof Salvius aufgefunden.
Patronat: Stadtpatron von Amiens, Pamplona, Bader, Böttcher, Weinhändler, Bäcker, Kinder, gegen Skorbut und Gürtelrose.
Verehrung und Kultorte: Leichnam in der Kathedrale von Amiens, Reliquien seit 1186 in Pamplona.
Darstellungen in der Kunst: *Gewandung:* als Bischof in Kasel und Mitra (Amiens, Kathedrale, Westportal, Fig. 1225/30); als Bischof im Pluviale (Wien, Österreichische Nationalbibliothek Cod 2857, Zeichnung v. J. Kölderer 16. Jh.); als Kephalophore (Amiens, Kathedrale, Westportal, Fig. um 1375). *Attribute:* Buch (Innsbruck, Hofkirche, Maximiliansgrab, Fig. 16. Jh.); Mann zu Füßen (Amiens, Kathedrale, Westportal, Fig. 1225/30); Krone, Schwert, Haupt, Geißeln (Wien, Albertina, Heilige der Sipp-, Mag- und Schwägerschaft Kaiser Maximilians,

Holzschnitt 1516/17). *Besondere Szenen:* Auffindung der Reliquien (Amiens, Westportal, Relief um 1230). *Zyklen:* Amiens/Kathedrale, Chorschranken, Relief 14. Jh.; Amiens/Kathedrale, Glasmalerei v. Steinheil u. Coffetier 1854.

Florian und Gefährten
Martyrer in Lorch, hl.
Fest: 4. 5.
Leben: F. war römischer Verwaltungsbeamter, erlitt 304 das Martyrium mit ca. 40 weiteren Christen.
Legende: F., keltischer Abstammung wird in Zeiselmauer bei Wien geboren. F. ist Offizier im römischen Heer und Vorstand der Kanzlei des Statthalters Aquilinus. – Als bei Ausbruch der diokletianischen Christenverfolgung 303/04 40 Christen in Lauriacum (Lorch) aufgespürt und gefangengenommen werden, will F. den Christen beistehen (Var.: sie befreien) und wurde selbst ergriffen. – Nach Ablehnung des Götzenopfers soll F. in die Enns geworfen werden. – Niemand will sich jedoch an dem Offizier vergreifen, als F. doch von einem Soldaten in den Fluß gestürzt wird. – Der Soldat verliert daraufhin das Augenlicht. – Der mit einem Stein beschwerte Leichnam taucht aus den Fluten auf und wird von einem Adler bewacht. – Einer Matrone namens Valeria erscheint F. in der Nacht und bittet sie, seinen Leichnam zu bestatten. – Als die den Leichnam auf dem Karren ziehenden Ochsen vor Durst ermatten, entspringt vor ihnen eine Quelle. – (spätere Ergänzungen: F. hat als Kind ein brennendes Haus mit einem Schaff Wasser gelöscht. – Ein Bösewicht versucht einmal vergebens, die Kapelle über seinem Grab anzuzünden.).
Patronat: Oberösterreich, Stift und Markt St. Florian, Krakau, Bologna; gegen Feuer und Wassergefahr, Sturm, bei Dürre und Unfruchtbarkeit der Felder; Bierbrauer, Bött-

cher, Hafner, Kaminkehrer, Schmiede, Seifensieder, Feuerwehr.

Verehrung und Kultorte: Grab im Stift St. Florian, im 11. Jh. Translation nach Rom, von dort durch den hl. Kasimir nach Krakau.

Aberglauben: Am F.-Tag darf man kein Feuer anzünden und keinen Tabak rauchen. – Ist der F.-Tag heiter, gibt es viele Brände im Jahr. – Der Spruch: »Hl. St. Florian, schütz unser Haus, zünd andre an«, ist lediglich Produkt eines Scherzes.

Darstellungen in der Kunst: *Gewandung:* als langbärtiger Greis in Chlamys (Salzburg, Stift Nonnberg, Wandmalerei Mitte 12. Jh.); als jugendlicher Ritter in Kettenhemd und Mantel (St. Florian, Museum, Fig. um 1300); in Plattenharnisch (Breslau, Corpus Christi Kirche, Gem. v. 1497); als gewappneter Herzog mit Herzogshut (Leutschau, St. Jakob, Gem. 2. Hälfte 15. Jh.); als römischer Soldat mit Brustpanzer und Federhelm (Niederaschau, Fig. v. I. Günther 1766). *Attribute:* Banner (Salzburg, Stift Nonnberg, Wandmalerei Mitte 12. Jh.); Schwert, Schild mit Kreuz (St. Florian, Museum, Fig. Ende 13. Jh.); Lanze mit Banner geschmückt (Stuttgart, Landesmuseum, Gem. v. B. Zeitblom um 1500); rot-weißes Kreuz (St. Florian, Stiftsbibliothek Cod. III 205 A, Buchmalerei um 1310); Palmzweig (Neukirchen bei Lambach, Fig. um 1700); Mühlstein (Seifriedswörth, Gem. um 1700); Wasserbottich (Ljubljana, Museum, Gem. v. A. Cebej Mitte 18. Jh.); Wasser aus einem Bottich auf brennendes Haus gießend (Kefermarkt, Fig. v. Meister von Kefermarkt um 1490); brennendes Haus in der Hand (Sterzing, Museum, Fig. v. H. Multscher 15. Jh.). *Martyrium:* München, Bayerische Staatsgemäldesammlungen, Gem. Anfang 16. Jh. *Zyklen:* einst St. Florian bei Prien, heute in Florenz, Uffizien/Nürnberg, Germanisches Nationalmuseum/Prag, Narodni Galeri/Berlin, Privatbesitz, Gem. v. A. Altdorfer um 1520/25; St. Florian/Stiftskirche, Fresken v. A. Gumpp und M. Steidl um 1690.

Franz von Assisi

(Giovanni Bernardone), Franziskaner, Ordensgründer, hl.

Fest: 4. 10. (innerhalb des Franziskanerordens weitere Feste: Gedächtnis der Stigmatisierung 17. 9., Bestätigung der Ordensregel 16. 4., Kirchweihe von S. Francesco in Assisi 25. 5.; Kanonisation 16. 7., Portiunculaablaß 2. 8., Wiederauffindung des Leibes 12. 12.).

Leben: * 1181/82 in Assisi als Sohn des Tuchhändlers Pietro Bernardone und der Johanna (?) Pica, wohl aus der Gegend von Marseille; der Taufname »Giovanni« wird nach Rückkehr des Vaters aus Frankreich um »Francesco« ergänzt. In der Pfarrschule von S. Giorgio lernte F. lesen und schreiben. F.'s Jugend ist gekennzeichnet von dichterischer Empfindsamkeit, verschwenderischer Freigebigkeit und Extravaganz in der Kleidung. F. gerät in einer Auseinandersetzung zwischen den Städten Assisi und Perugia 1202 in Gefangenschaft, in der er schwer erkrankt. Nach Wiedererlangung von Freiheit und Gesundheit 1204/05 Pilgerreise nach Rom, wohin er als Poverello zog, um die Bettelarmut zu erproben. F. wollte im päpstlichen Heer Graf Walters von Brienne die Ritterwürde erlangen, doch angeblich verursachten beängstigende Träume seine Rückkehr. F. löste sich stufenweise von seinen Jugendfreuden. F. zog sich in eine abgeschiedene Grotte Assisis zum Gebet zurück. In S. Damiano hörte F. die Aufforderung, das verfallene Kirchlein zu restaurieren, wofür er Gewandstoffe aus dem Lager seines Vaters verkaufte. 1206/07 enterbt ihn der erzürnte Vater, worauf F. in der Öffentlichkeit seine vornehme Kleidung auszog und dem Vater vor die Füße warf. Der Bischof Guido überreichte ihm daraufhin das Eremitengewand. F. lebte unter Armen und Aussätzigen im Gedanken an die Erniedrigung Gottes in der Menschwerdung. In Eremitentracht erneuerte F. 1206–1208 die Kapellen von S. Damiano und S. Pietro della Spina. Am 24. 2. 1208 hörte F. das Evangelium von der Aussendung der Jünger »nehmt weder Beutel, noch Tasche mit und keine Schuhe« und erkannte darin seine künftige Lebensform. Um F. scharten sich zwölf Gefährten, für die F. eine erste Ordensregel verfaßte, die Papst Innozenz III. auf Verwendung von Kardinal Johannes von St. Paul mündlich bestätigte. Auf Anordnung Papst Innozenz III. mußte F. 1209 die Tonsur und das Diakonat empfangen. Der erste Konvent entstand in Portiuncula, der einstigen dem Benediktinerkloster auf dem Monte Subiaso gehörenden Kapelle S. Maria degli Angeli, die dann »Portiuncula« (= Erbteilchen) genannt wurde. 1212 Begegnung mit Klara von Assisi, mit deren Hilfe F. den weiblichen Zweig des Ordens gründet (Einkleidung von Klara am 18./19. 3. 1212). F. sandte seine Brüder zur Mission aus, er selbst ging nach Dalmatien (1212) und Spanien (1213–1215). Eine Krankheit hinderte F. an Missionstätigkeit bei den Mohammedanern in Nordafrika. Dem IV. Laterankonzil wohnte F. wahrscheinlich als privater Beobachter bei. 1216 erbat F. von Papst Honorius III. einen besonderen Kirchweihablaß für Portiuncula. Während des 5. Kreuzzuges begab sich F. 1219 nach dem Generalkapitel seines Ordens zu den Kreuzfahrerheeren nach Ägypten und versuchte, Sultan Al-Malik al Kâmil zusammen mit dem Ordensbruder Illuminatus zu bekehren. Schwierigkeiten in der Ordensorganisation veranlaßten F., von Papst Honorius III. Kardinal Ugolino als Protektor zu erbitten. Die Gründe der Krise lagen in der charismatisch betonten Persönlichkeit des Ordensgründers, die sich monastischen Strukturen widersetzte. Trotzdem mußten monastische Formen, wie das Noviziat, eingeführt werden. 1219 entstand in dem berühmten sogenannten »Mattenkapitel« eine redaktionelle Überarbeitung der Regel, deren Unausgeglichenheit 1223 eine Neufassung in Fontecolombo durch F., sowie die Ordens-

brüder Leo v. Assisi und Bonitus v. Bologna zeitigte, die Papst Honorius III. nach schwierigen Verhandlungen am 29. 11. 1223 feierlich bestätigte. F. war inzwischen erkrankt; Malaria, ägyptische Augenkrankheit, Milz- und Leberdegeneration zwangen F., auf die Ordensleitung zu verzichten. Deswegen setzte F. 1220 Petrus Cattani, 1221 Elias v. Cortona als Generalvikar ein. 1221 Stiftung des Dritten Ordens für Laien, die inmitten der Welt leben. 1223 erneuerte F. in einer mystischen Schau vor einer improvisierten Krippe in Greccio das Geschehen von Bethlehem. Im Sommer 1224 zog sich F. auf den Monte Alverna zu vierzigtägigem Fasten zu Ehren der Jungfrau Maria zurück. Um den 14. 9. 1224 erhielt F. in einer ekstatischen Schau eines gekreuzigten Seraphs auf dem Monte Alverna die Wundmale des Herrn. 1225 Trachomanfall in S. Damiano bei seiner Schwester Klara. – F. wurde von Kardinal Ugolino verpflichtet, sich am päpstlichen Hof in Rieti von einem Augenarzt behandeln zu lassen, was erfolglos blieb. – In Assisi † 3. 10. 1226. Heiligsprechung am 16. 7. 1228.

Die Brüdergemeinschaft um Franziskus bezog ihre spirituelle Kraft aus der Unmittelbarkeit zu dem göttlichen Wort in den Evangelien; dabei fällt eine problemlose Einfalt, gepaart mit einem rigoristisch anmutenden Radikalismus auf, was sich besonders in der Verweisung auf die göttliche Vorsehung, in der irdischen Heimatlosigkeit, in Buße, im Zeugnis des eigenen Geringseins und in der universal verstandenen Brüderlichkeit zeigt. Das franziskanische Apostolat lebt vom eigenen Vorbild, nicht vom Druck auf andere. Die historische Bedeutung F.'s in seiner Zeit lag in der Botschaft von der Armut des Herzens inmitten von Auseinandersetzungen zwischen Kaiser und Papst, Bürgern und Adeligen, Ghibellinen und Guelfen im aufkommenden Frühkapitalismus; die heutige Bedeutung liegt in der radikalen Nachfolge Christi, der optimistischen Weltbetrachtung und der Einbeziehung der gesamten Schöpfung und Geschöpflichkeit in das Werk christlicher Liebe (z. B. im Sonnengesang).

Legende (Auswahl): F. wird in einem Stall geboren. – Ein geheimnisvoller Pilger sagt seine moralische Größe vorher. – Im Winter wird Franziskus von zwei Räubern bedroht, die ihn in den Schnee werfen. – F. schenkt seinen Mantel einem armen Ritter. – Christus zeigt Franz im Traum einen großen, mit Flaggen gezierten himmlischen Palast, anhand dessen ihm seine geistliche, nicht seine weltliche Bestimmung gedeutet wird. – Eine geheimnisvoll fragende Stimme in Spoleto bewirkt die Aufgabe, in ritterlichen Dienst zu treten, und die Rückkehr F.'s aus Rom. – Im Kuß eines Aussätzigen sieht F. eine mystische Begegnung mit Christus. – Die Bestätigung des Ordens durch Papst Innozenz III. erfolgt nach einem Traum des Papstes, indem er sieht, wie die im Einstürzen begriffene Lateransbasilika von F. auf seinen Schultern gestützt wird. – F. sieht drei Frauen auf der Straße ihm entgegenkommen, die Ordenstugenden Armut, Keuschheit und

Gehorsam, die ihn mit den Worten »Willkommen sei die Herrin Armut« grüßen und verschwinden. – F. erscheint ein Engel mit einer Wasserampulle; aus der Erscheinung schließt F., daß die Seele eines Priesters klarer als Wasser sein müsse und weist deswegen die Priesterweihe zurück. – Den Brüdern in Rivotorto erscheint in einer Vision ein feuriger Wagen, in dem sich der Ball der Sonne befindet und sie erkennen in diesem Zeichen die Seele F.'s. – F. auf der Sehnsucht nach Erlangung des Martyriums will sich nach Syrien einschiffen, doch ein Sturm verschlägt F. nach Dalmatien. – Um 1214 widersteht F. nächtlichen Anfechtungen des Satans in S. Pedro di Bovara, indem er sich nackt im Schnee wälzt, sieben Schneebälle formt und sie dem Teufel als seine Familie anempfiehlt. – F. wirft sich in teuflischen Anfechtungen in Dornen, aus denen Rosen werden. – F. leistet öffentliche Buße für ein während der Krankheit gebrochenes Fasten. – Um sich für seinen Dünkel zu bestrafen, bittet F. Ordensbruder Bernhard, ihn dreimal zu treten. – F. predigt um 1215 in der Nähe von Pian d'Arca den Vögeln, die ihm schweigend zuhören und sich streicheln lassen. – F. und Dominikus lehnen Bischofsämter auf Anfrage des späteren Papstes Honorius für ihre Ordensbrüder ab. – F. gebietet in Gubbio einem Wolf, sich nicht mehr in der Stadt blicken zu lassen und die Bewohner nicht mehr in Angst und Schrecken zu versetzen. – F. heißt seinen Ordensbruder Silvester, die Teufel aus der im Bruderzwist liegenden Stadt Arezzo zu vertreiben, damit die Bewohner wieder in Frieden leben können. – F. wagt vor dem Sultan in Ägypten die Feuerprobe und geht unversehrt durch die Flammen, während sich die Immams weigern, es F. nachzutun. – F. erscheint in einer Schau des Ordensbruders Pacificus während der Predigt mit zwei gekreuzten Schwertern über dem Haupt und Tau auf der Stirn (der Tau ist ein wappenähnliches Symbol minoritischen Lebens und deutet auf Beziehungen zum Aaronsegen hin). – F. schreibt seine Ordensregel nach dem Diktat Christi nieder. – F. erscheint seinen Brüdern 1224 in Arles während der Predigt des hl. Antonius v. Padua. – Nach dem Tod F.'s singen die Lerchen mitten in der Nacht. – 1449 entdeckt Papst Nikolaus die Begräbnisstätte und findet nachts F. aufrecht stehend mit den Wundmalen im Grab.

Patronat: Franziskaner und Franziskanerinnen mit allen Zweigen; Italien (seit 1939), Bistum Basel, Assisi, Arme, Blinde, Gefangene, Lahme, Schiffbrüchige, Flachshändler, Tuchhändler, Kaufleute, Schneider, Weber, Sozialarbeiter, Umweltschützer.

Verehrung und Kultorte: Leichnam am 4. 10. 1226 in einem Holzsarg mit bemaltem Deckel nach S. Damiano zu den Klarissen überführt; danach in der Krypta von S. Giorgio, der Heimatpfarrkirche F.'s, beigesetzt; Translation am 25. 5. 1230 in die neu erbaute Unterkirche v. Assisi, die Grabzelle bis 1442 (1476?) für außerordentliche Besucher zugänglich, 1476 auf Befehl Papst Sixtus IV. Zugang vermauert; der genaue Beisetzungsort geriet in Vergessenheit, am 12. 12. 1818 Wiederauffindung, bei Luftkontakt Auflösung des Leichnams in Staub bis auf den Schädel und einiger Rippen- und Beckenknochen, Reliquien davon in Rom/SS. Apostolorum, Assisi, Kriens/St. Gallus, Kleiderreliquien in Assisi/S. Francesco und S. Chiara, Cortona, Arezzo, Florenz/S. Croce. Zur Doppelkirche in Assisi Grundsteinlegung durch Papst Gregor IX. am 14. 7. 1228, 1832 bei einem Erdbeben teilweiser Einsturz der Gewölbe, 1836–1840 Wiederherstellung.

Darstellungen in der Kunst: *Gewandung:* unbeschuht in langer, mit Strick gegürteter blauer Kutte mit mittelweiten Ärmeln und Kapuze (Marburg, St. Elisabeth, Glasmalerei um 1250); in dunkler Ordenstracht ohne Stigmata (Subiaco, Sacro Speco, Kapelle Gregors IX., Fresko vor 1228); in dunkler Ordenstracht, Habit mit Kapuze und Stigmata (Assisi, Museo di S. Francesco, Gem. um 1270); in dunkler Ordenstracht, Habit mit (wie eine Mozetta) in Falten gelegter Kapuze, Stigmata (Assisi, S. Francesco/Unterkirche, Gem. v. S. Martini um 1326); als vera effigies nach der Beschreibung des Thomas von Celano (Assisi, S. Francesco/Unterkirche, Gem. v. G. Cimabue 13. Jh.); als Eremit in der Landschaft (Rom, S. Cecilia, Fresko v. P. Bril 1599); als Prediger vor einer Vogeltränke (Maxdorf, Friedhof, Fig. v. Th. Hauck 2. Hälfte 20. Jh.). *Attribute:* Kruzifix (Florenz, Uffizien, Gem. v. A. del Sarto 1517); Buch (Assisi, S. Maria degli Angeli, Gem. um 1230/40); Totenkopf (Madrid, Prado, Gem. v. El Greco 1577/80); Lamm (Dublin, National Gallery, Gem. v. P. P. Rubens 17. Jh.); Erdkugel (Lyon, Museum, Gem. v. P. P. Rubens 17. Jh.); Kelch (Mailand, Museo Poldi Pezzoli, Gem. v. C. Crivelli 15. Jh.); *Besondere Szenen:* F. gibt seinen Mantel einem armen Mann (London, National Gallery, Gem. v. Sassetta 15. Jh.); F. sagt sich von seinem Vater los (Montefalco, S. Francesco, Fresko v. B. Gozzoli 1452); der Traum des Papstes Innozenz (Berlin, Staatliche Museen Preußischer Kulturbesitz, Reliefs v. B. da Majano 15. Jh.); Vermählung F.'s mit Frau Armut (Chantilly, Musée Condé, Gem. v. Sassetta 15. Jh.); die Feuerprobe vor dem Sultan (München, Alte Pinakothek, Gem. v. T. Gaddi 14. Jh.); die Vogelpredigt F.'s (Königsfelden, Glasmalerei um 1325/30); die Predigt F.'s vor Papst Honorius in Rom (Assisi, S. Francesco/Oberkirche, Fresko v. Giotto 1296/99); Predigt F.'s vor den Fischen (Nantes, Museum, Gem. v. L. O. Merson 19. Jh.); F. bittet um den Portiuncula-Ablaß (Portiuncula-Kapelle, Fresko v. N. Alluno 15. Jh., übermalt v. F. Overbeck 19. Jh.); F. wälzt sich in Dornen, die zu Rosen werden (Rom, S. Lorenzo in Lucina, Gem. v. S. Vouet 17. Jh.); F.'s Vision vom Jesuskind, das ihm die Gottesmutter in die Arme legt (St. Petersburg, Eremitage, Gem. v.

P. da Cortona 17. Jh.); Vision F.'s vom Engel mit dem Fläschchen (Madrid, Prado, Gem. v. J. Ribera 17. Jh.); F. küßt Jesu Füße am Kreuz (Perugia, Galleria Nazionale, bemaltes Tafelkreuz 1272); F. schützt die Welt (Brüssel, Musées Royaux des Beaux-Arts, Gem. v. P. P. Rubens 1633); F. unter dem Kreuz (Bologna, S. Maria della Carità, Gem. v. A. Carracci 16. Jh.); Verehrung des Kreuzes durch F. (London, British Museum, Radierung v. Rembrandt 1657); F. fängt Blut aus der Seitenwunde Christi auf (Mailand, Museo Poldi Pezzoli, Gem. v. C. Crivelli 15. Jh.); F. küßt die Fußwunde Christi (Bologna, Pinacoteca Nazionale, Gem. v. A. Carracci 16. Jh.); F. beweint den toten vom Kreuz abgenommenen Christus (Parma, Galleria Nazionale, Gem. v. A. Carracci 16. Jh.); F. umarmt den Gekreuzigten. sog. Amplexus (Sevilla, Museum, Gem. v. B. E. Murillo 1674/76); F. erscheint der gekreuzigte Seraph in felsiger Landschaft (Assisi, S. Francesco/Unterkirche, Fresko v. P. Lorenzetti 14. Jh.); von den Wunden des Gekreuzigten gehen Strahlen auf F. nieder (Washington, National Gallery, Gem. v. F. Pesellino 15. Jh.); der stigmatisierte F. in Ekstase (Vicenza, Museo Civico, Gem. v. G. B. Piazzetta um 1732); der stigmatisierte F. hört die Melodie eines Geige spielenden Engels (Madrid, Prado, Gem. v. F. Ribalta, frühes 17. Jh.); F. erhält eine Vision über den ewigen Bestand des Ordens (Genua, Palazzo Bianco, Gem. v. B. E. Murillo 1645); die Segnung Assisis durch F. (Paris, Louvre, Gem. v. L. Benouville 19. Jh.). *Zyklen*: zahlreich, u. a. Pescia/S. Fracesco, Gem. v. B. di Berlinghiero 1235; Assisi/S. Francesco, Oberkirche, Fresken v. Giotto 1296–1299; Florenz/S. Croce, Bardikapelle, Fresken v. Giotto 1317–1320; Florenz/Accademia, Gem. v. T. Gaddi 14. Jh.; München/Bayerisches Nationalmuseum, Glasmalerei aus Regensburg/Minoritenkirche spätes 14. Jh; Florenz/Ognisanti, Fresken v. J. Ligozzi um 1600.

Franz von Paula

(Francesco de Paola), Ordensgründer, hl.
Fest: 2. 4.
Leben: * 1436 in Paola/Kalabrien, mit 13 Jahren in der Erziehung der Franziskaner in S. Marco/Kalabrien, mit 15 Jahren Eremitendasein; später stießen Gleichgesinnte zu F. 1454 in Cosenza Bau eines Klosters mit Kirche unter dem Namen »Eremiten des hl. Franz von Assisi«, heute bekannt als »Minderste Brüder« oder Minimiten. Regel 1474 von Papst Sixtus approbiert. F. bereitete 1482 auf Bitten des Papstes den schwerkranken König Ludwig XI. auf dessen Tod vor. Lebte dann in Frankreich. † 2. 4. 1507 in Plessis-lès-Tours. Der Orden breitete sich in Italien, Frankreich, Spanien und Deutschland rasch aus. Heiligsprechung 1519.
Legende: F. gilt als großer Wundertäter mit zahlreichen Heilungen und Totenerweckungen: F. erweckt den Sohn seiner Schwester von den Toten. – F. heilt Pestkranke. – F. hält glühende Kohlen ohne Schaden in der Hand. – F. durchfährt auf seinem Mantel stehend die Meerenge von Messina, nachdem ihn der Kapitän eines Schiffes abgewiesen hat. – Als der französische König F. Geld für den Bau eines Klosters geben will, lehnt dies F. ab, weil Blut des Volkes daran klebe und es vom König erpreßt worden sei; zum Beweis springt ein Goldstück auf und Blutstropfen fließen heraus.
Patronat: Einsiedler, italienische Seeleute, gegen Pest und eheliche Unfruchtbarkeit.
Darstellungen in der Kunst: *Gewandung*: in schwarzem Kapuzinerhabit mit langem, weitärmeligen Kleid, kurzem Skapulier mit Kapuze und Strickgürtel (Altbunzlau, Martinitzkapelle, Fig. v. 1662). *Attribute*: Stab, mit Aufschrift Caritas versehene, von Strahlen umgebene Scheibe (Meschitz, Schloßkapelle, Fig. v. 1770). *Besondere Szenen*: F. heilt Pestkranke (München, Alte Pinakothek, Gem. v. P. P. Rubens um 1600); Christus erscheint F. (Venedig, S. Maria del Gi-

glio, Gem. v. J. Tintoretto 16. Jh.); Vision F.'s mit Scheibe tragendem Engel (Bologna, Pinacoteca Nazionale, Gem. v. U. Gandolfini 18. Jh.); F. fährt auf seinem Mantel über das Meer (Paris, Église des Minimes, Gem. v. N. Coypel um 1700); F. bei König Ludwig (Château de Plessis-les-Tours, Gem. v. J. de le Romain 1730); F. bei König Karl VIII. in Amboise (St-Denis-Hors-Amboise, Gem. v. C. Vignon 17. Jh.); F. weissagt Louise von Savoyen ein Kind (Paris, Louvre, Gem. v. Th. v. Thulden 17. Jh.); F. in Ekstase (Venedig, S. Benedetto, Gem. v. G. B. Tiepolo 18. Jh.); Erweckung eines Kindes (volkstümliche Andachtsbilder des 17. Jh.); Tod F.'s (Toulon, Musée d'Art et d'Archéologie, Gem. v. Th. v. Loo 17. Jh.). *Zyklus:* Paris/Église des Minimes, Gem. v. S. Vouet 17. Jh.; Kloster Neudeck, 76 Kupferstiche.

Franz von Sales
Bischof, Kirchenlehrer, hl.
Fest: 24. 1. (vor der Kalenderreform 29. 1.).
Leben: * 21. 8. 1567 in Schloß Sales bei Thorens, 1582–1588 Studium in Paris Jura und Theologie. In einer Krise unter kalvinistischem Einfluß fühlte sich F. zur ewigen Verdammnis vorherbestimmt, gewann jedoch Vertrauen auf die Liebe Gottes im Gebet vor einer Muttergottesstatue. 1589–1591 Fortsetzung des Studiums, Doktorgrad beider Rechte, 1594 Priesterweihe. Als Missionar im vom Calvinismus beherrschten, für Priester gefährlichen Chablis, gelang F. die Rekatholisierung der Gegend. 1599 Koadjutor des Bischofs von Genf, der in Annecy residierte. 1602 Bischof von Genf, führte konsequent die Richtlinien und Beschlüsse des Tridentinischen Konzils durch. F. wurde 1604 Seelenführer der hl. Johanna Franziska von Chantal. 1610 Gründung des Ordens von der Heimsuchung Mariens. F. hielt in Chambéry, Dijon, Grenoble und Paris 1618 Fastenpredigten; 1622 am Hof in Avignon und Lyon. Gründete in seiner Diözese die Academia Florimontane zu Annecy. Bei einer Predigt in Lyon am 24. 12. 1622 erlitt F. einen Schlaganfall, † 28. 12. 1622. Seligsprechung 1661, Heiligsprechung 1665, Kirchenlehrer seit 1877. – Seine Schriften Theotimus/Über die Liebe Gottes und Philotea/ Anleitung zum geistlichen Leben erfuhren weltweite Verbreitung und nahmen einen ähnlichen Rang wie die »Nachfolge Christi« des Thomas von Kempen ein. F. setzte sich mit dem Calvinismus auseinander und widerlegte dessen Auffassung von der Vorbestimmtheit des Menschen zum Heil oder Unheil im Sinne des Jesuiten Luis de Molina, der die Freiheit des Christenmenschen, das Gute zu tun

oder zu unterlassen, herausstellte. F. setzte diese Gedanken erfolgreich als geistige Waffe gegen den Kalvinismus ein.
Patronat: Stadtpatron von Annecy, Chambéry, Genf, der nach ihm benannten Ordensgemeinschaften und Vereine, Schriftsteller, katholische Presse.
Verehrung und Kultorte: Leichnam in Annecy/Mariä Heimsuchung seit 1623.
Darstellungen in der Kunst: *Gewandung:* als Bischof in Soutane, Rochett und Mozetta (Paris, St-Louis-en-l'Ile, Gem. v. N. Halle 18. Jh.); als Bischof in Pontifikalgewandung mit Mitra (Berendrecht, Kastell v. Delft, Fig. 18. Jh.). *Attribute:* von Dornen umwundenes Herz (St-Léomer, Fig. 17. Jh.). *Besondere Szenen:* Übergabe der Ordensregeln an die Visitantinnen (Paris, Saint-Louis-en-l'Ile, Gem. v. N. Halle 18. Jh.); F. empfängt die Krankensalbung (Paris, St-Nicolas-du-Chardinnet, Gem. v. L. Durameau 1767).

Franz Xaver

(Francisco de Jassu y Javier), Jesuit, hl.
Fest: 3. 12.
Leben: * 7. 4. 1506 auf Schloß Javier bei Sangüesa als Sohn des Vorsitzenden des königlichen Rates von Navarra, wuchs dennoch in verarmter Familie auf. 1525 in Paris Studium der Theologie, 1533 schloß sich F. Ignatius von Loyola an, 1537 Priesterweihe, 1539 Mithilfe bei der Abfassung der neuen Ordenssatzungen. Am 7. 4. 1541 im Auftrag des Königs als Legat von Lissabon nach Indien, Landung am 6. 5. 1542 in Goa, wirkte zwei Jahre unter den Portugiesen und bekehrte ca. 30 000 Heiden; dann bei den Parava-Perlfischern in Travancore; 1545 Reise von Mailapur bei Madras nach Malakka;

1546 auf die Molukken, als Seelsorger auf den Inseln Amboina, Halmahera, Morotai und Rau. Von der Insel Ternate aus rege Missionstätigkeit. 1547 Rückkehr nach Malakka. F. erhielt Nachricht von der neuentdeckten Insel Japan, fuhr 1548 nach Kotschin/Vietnam; 1549 Weiterrreise nach Kagoshima/Japan, lernte japanisch und bildete eine Gemeinde von 100 Christen. F. wollte den japanischen Kaiser kennenlernen, wurde aber in Miako nicht vorgelassen. In Yamaguchi bei Hondo blühte nach Diskussionen mit Bonzen und Gelehrten eine Christengemeinde auf. Schließlich erreichte ihn ein Ernennungsschreiben zum 1. Provinzial der indischen Ordensprovinz, Rückkehr nach Indien. F. betrieb 1552 Chinamission, reiste nach Sancian, einer Insel vor Kanton, wo zwar Portugiesen in einem Freihafen lebten, aber Ausländern der Zutritt nach China verboten war, so daß niemand wagte, F. überzusetzen. Vor Kummer und Enttäuschung darüber verzehrt. † 3. 12. 1552. Seligsprechung 1619, Heiligsprechung 1622.

Legende: F. erweckt einen Toten zum Leben und wird daraufhin von den Eingeborenen ehrfürchtig angestarrt. – F. erfährt in einer Vision, daß Christus ihm seine Wunden zeige. – Bei der Abfahrt von der Molukkeninsel Amboina, fällt F. das kleine Kruzifix ins Meer, am nächsten Tag kommt auf der Insel Boranura ein Krebs mit dem Kreuz im Maul auf F. zu.

Patronat: Indien (1748 von Papst Benedikt XIV. ernannt), Verein zur Verbreitung des Glaubens (1904 von Pius X. ernannt), Mission (1927 von Pius XI. ernannt).

Verehrung und Kultorte: Leichnam 1553 nach Goa überführt, Reliquien in Rom/Il Gesù (rechter Arm durch Ordensgeneral Claudio Acquaviva überbracht), Bayern, Diözese Eichstätt, Österreich, Jesuitenorden.

Darstellungen in der Kunst: *Gewandung:* in gegürtetem Talar, Superpelliceum, Stola (Traunstein, Aukirche, Gem. v. J. A. Schöpf

1736); in gegürtetem Talar und Schutzmäntelchen (Groß-Pöchlarn, Fig. v. 1773). *Attribute:* Kreuz, Herz, aus dem Flammen schlagen (Starnberg, Pfarrkirche, Fig. v. I. Günther um 1766); Pilgerstab (im Kunsthandel, Gem. v. G. Salvi gen. Sassoferrato 17. Jh.); kniender Inder (Poritsch, Galluskirche, Fig. 18. Jh.); indischer Fürst (Prag, Karlsbrücke, Fig. v. F. M. Brokoff 1711); Eingeborener (Hamburg, Museum für Kunst und Gewerbe, Fig. v. I. Günther 1766/70). *Besondere Szenen:* Predigt F.'s (Wien, Kunsthistorisches Museum, Gem. v. P. P. Rubens um 1617); Taufe des Königs Neachile (Düsseldorf, Kunstmuseum, Fig.-Gruppe v. A. Pozzo 17. Jh.); Auferweckung der Frau v. Langerima (Paris, Louvre, Gem. v. N. Poussin 17. Jh.); Taufe der Inder (Neapel, Jesuitenkirche, Gem. v. L. Giordano 17. Jh.); Heilung der Pestkranken durch F. (Privatbesitz, Gem. v. P. Troger 17. Jh.); Tod F.'s (Prag, Kleinseite, St. Nikolaus, Gem. v. F. X. Palko 18. Jh.); Tod F.s und Apotheose (Rom, Il Gesù, Gem. v. C. Maratti 17. Jh.). *Zyklen:* Goa/Jesuitenkirche, Reliefs v. G. B. Foggini 1691–1697; Wien/Kunsthistorisches Museum, Wunder F.'s, Gem. v. P. P. Rubens um 1617.

Franzisca Romana

Witwe, Ordensgründerin, hl.

Fest: 9. 3.

Leben: * 1384 in Rom, 1396 Heirat mit Lorenzo de Ponziani, dem sie während 40 Ehejahren vier Kinder schenkte. Wohltäterin, in Spitälern und für Hilfesuchende. 1425 gründete F. den weiblichen Zweig des Olivetanerordens an der Kirche S. Maria Nuova, deren Mitglieder sich in der Torre de'Specchi zum gemeinsamen Leben zusammenschlossen und sich seitdem »Nobili Oblati di Tor de'Specchi« nannten. 1437 Eintritt in den Orden und Oberin. † 9. 3. 1440. Heiligsprechung 1608.

Legende: F. wird vom Teufel versucht, der in der Gestalt des hl. Onuphrius auftritt. – F. erscheint ihr verstorbener Sohn Raphael und zeigt ihr die Armen Seelen. – Die Madonna läßt F. das Christkind tragen. – Die Oblatinnen werden unter den Schutzmantel Mariens genommen, den Benedikt und Maria Magdalena weiten. – F. steht in vertrautem Verkehr mit ihrem Schutzengel. – F. fühlt bei der Betrachtung die fünf Wunden Christi. – Der Apostel Petrus spendet F. die Eucharistie im Beisein des Apostels Paulus. – Bei der Kommunion von F. strahlt der Name Jesu auf.
Patronat: Stadtpatronin von Rom, Frauen, Autofahrerinnen (seit 1925); gegen die Qualen des Fegefeuers, Pest.
Verehrung und Kultorte: Leichnam in Rom/S. Maria Nuova.
Darstellungen in der Kunst: *Gewandung:* als Nonne im Benediktinerinnenhabit mit Gürtel und weißem Schleier (Paris, Louvre, Gem. v. P. Mignard 17. Jh.; als Modell für F. diente die Marquise de Maintenon). *Attribute:* Buch, Schutzengel (Kloster Tor de'Specchi, Fresko 15. Jh.); Schutzengel als Diakon (Rom, S. Francesca Romana, Marmorrelief v. E. Ferrata Mitte 17. Jh.); die in der Literatur genannten Attribute Brotkorb und Holzbündel durch Darstellungen nicht belegt. *Besondere Szenen:* Schutzengel hilft F. (Rom, Privatbesitz, Gem. v. G. Galli gen. La Spadarino 17. Jh.). *Zyklen:* New York, Sammlung Lehmen/Baltimore, Walters Art Gallery, Paneelzyklus, Gem. Mitte 15. Jh.; Rom/Kloster Tor de'Specchi, Fresken v. Antoniazzo Romano-Umkreis um 1469; Rom/Kloster Tor de'Specchi, monochrome Malerei 1485.

Fridolin von Säckingen
Abt, hl.
Fest: 6. 3.
Leben: F. gilt als erster Missionar Alemanniens, wahrscheinlich fränkischer Herkunft, Abt im Hilariuskloster in Poitiers, stand in Verbindung mit König Chlodwig. F. war als Wandermönch und Klostergründer an der Mosel, im Elsaß, in Chur und zuletzt auf der ihm vom König geschenkten Rheininsel Säckingen tätig. † in Säckingen.
Legende: F. ist in Irland geboren. – F. erscheint mit dem toten Urso als Zeugen vor Gericht, nachdem eine große Landschenkung durch Urso von dessen Bruder Landolf juristisch angefochten. wurde.
Patronat: Kanton Glarus, Säckingen, Schneider, Vieh, für fruchtbare Witterung, Beschützer vor Wasserschaden und Feuers-

not, gegen Viehseuchen und Kinderkrankheiten.

Darstellungen in der Kunst: *Gewandung:* als Abt in weitärmeliger Flocke (Kaysersberg, St. Michael, Fig. um 1520); als Wandermönch (Zürich, Schweizer Landesmuseum, Wandmalerei Anfang 15. Jh.). *Attribute:* der kindhaft kleine Urso (Dijon, Museum, Gem. d. Nelkenmeisters um 1500); toter Urso mit Schriftstück (Galganen, Jodokuskapelle, Gem. v. 1550); toter Urso als Skelett (Stuttgart, Landesmuseum, Fig. Mitte 18. Jh.); Pilgerstab, Umhängetasche (Glarn, Landesbanner, Stickerei 1388). *Besondere Szenen:* die Zeugenschaft des Urso (Unterlunkofen/Aargau, Wandmalerei Anfang 14. Jh.); F. schleppt das Skelett des Urso zur Zeugenschaft vor Gericht (Zürich, Privatbesitz, Gem. v. einem Baseler Meister um 1500). *Zyklen:* Säckingen/Münster, Reliefs v. Hochaltar um 1500; Säckingen/Münster, Fresko v. F. J. Spiegler 1752/53.

G

3 Gabriel

4 Erzengel. hl.

Fest: 29. 9. (von 1921 bis 1969 am 24. 3.).

Biblische Bezeugung: G. erscheint als Verkünder der Ratschlüsse Gottes. G. deutet Daniel das Gesicht vom Widder und dem Ziegenbock (Dan. 8, 16–26), der sieben Jahreswochen (Dan. 9, 21–27). G. verkündet Zacharias die Geburt des Johannes (Lk 1, 11–20), verheißt Maria die Geburt Jesu als kommenden Messias (Lk 1, 26–38).

Legende: G. verhindert die Zertrümmerung einer Kapelle bei Meisenbühl durch den Teufel.

Patronat: Fernmeldewesen, Nachrichtendienst (seit 1951), Boten. Postbeamte, Briefmarkensammler.

Verehrung und Kultorte: seltenes Kirchenpatrozinium u. a. in Rom/S. Gabriele Arcangelo, St-Gabriel in der Provence (seit 858).

Darstellungen in der Kunst: *Gewandung:* als Thronassistent in Tunika und Pallium (Berlin, Frühchristlich-byzantinische Sammlung, Mosaik aus Ravenna/S. Michele in Africisco 6. Jh.); als Wächter in Tunika und Chlamys (Ravenna, S. Apollinare in Classe, Mosaik 6. Jh.); als Jüngling ohne Flügel und Nimbus (Rom, Katakombe S. Pietro e Marcellino, Wandmalerei 1.Hälfte 4. Jh.); als geflügelter und nimbierter Jüngling (Rom, S. Maria Maggiore, Mosaik um 432/40); als geflügelter Herrscher in Tunika und Loros (Cefalù, Kathedrale, Mosaik 12. Jh.); in Tunika, Divitision, Chlamys und Loros (Monreale, Kathedrale, Mosaik 12. Jh.); in antikisierender Tracht, dem Peplos verwandt (Rom, S. Maria degli Angeli, Gem. 1534); im Pluviale (Speyer, St. Ludwig, Gem. v. Meister des Boßweilerer Altars um 1480/90); im Pluviale mit Stola (Florenz, Uffizien, Portinari-Triptychon v. H. van der Goes 1475); in Dalmatik als Diakon (Stuttgart, Gemäldegalerie, Ehinger Altar, Gem. v. A. Bouts 1476/85); in Dalmatik mit über der Schulter gekreuzter Diakonsstola (Dijon, Musée des Beaux Arts, Gem. v. Vrancke van der Stockt 1470/80); in mit Zingulum gegürteter Albe (Krakau, Nationalmuseum, Gem. v. Meister der Marienverkündigung Gulbenkian um 1480); als Jüngling mit mädchenhaften Zügen (Köln, Wallraf-Richartz-Museum, Gem. v. Meister der Verherrlichung Mariens um 1470); mit Diadem (Florenz, Uffizien, Gem. v. H. van der Goes 1475); mit Band und Juwel (Cefalù, Kathedrale, Mosaik 12. Jh.); als mädchenhafter Jüngling mit Blütenkranz als Diadem (Florenz, Uffizien, Gem. v. S. Martini 1333); als mädchenhafter Jüngling mit Flügeln aus Pfauenfedern (Dresden, Galerie Alter Meister, Gem. v. F. Cossa 15. Jh.); als

Orant (Rom, S. Arcangelo, Wandmalerei 12. Jh.); als Einhornjäger (Weimar, Schloßmuseum, Gem. 1. Drittel 15. Jh.). *Attribute:* Botenstab (Parenzo, Basilika, Mosaik um 540); Labarum mit dreifachem Hagios (Ravenna, S. Apollinare in Classe, Mosaik 6. Jh.); Kreuzstab (Berlin, Museum für Spätantike und frühchristliche Kunst, Bronzebeschlag 6. Jh.); Szepter (Köln, Wallraf-Richartz-Museum, Gem. v. Meister der Georgslegende um 1485); um Szepter geschwungenes Schriftband (Köln, Wallraf-Richartz-Museum, Gem. v. B. Bruyn d. Ä. Nachfolge um 1555); Schriftband und Szepter in getrennten Händen (ehem. Berlin, Gem. des Meisters v. Schöppingen vor 1457); Szepter und schwebendes Schriftband (Iserlohn, ev. Stadtkirche, Gem. v. Meister des Iserlohner Marienlebens um 1455); Globus (Aachen, Dom, Karlsschrein, Fig. 1200/1215); Lilie (Gent, St. Bavo, Genter Altar v. Jan v. Eyck 1432); Rauchfaß (Padua, Domschatz, Relief 1228); Schwert (Pyrgi, Fresko um 1310); Geisttaube (Berlin, Kupferstichkabinett, Kupferstich v. G. de Jode 16. Jh.); über einem Drachen stehend (Torcello, Mosaik um 1200); Jagdhorn blasend (Weimar, Schloßmuseum, Gem. 1. Drittel 15. Jh.); Marienputto (München, Berg am Laim, Fig. v. J. B. Straub 1767). *Besondere Szenen:* Vertreibung aus dem Paradies (Cleveland/Ohio, Museum, Elfenbeinkasten, Relief 13. Jh.); Deutung der Daniel-Vision (Dijon, Bibliothèque, Bibel, Buchmalerei 12. Jh.); Verkündigung an Zacharias (London, British Museum MS Harley 2788, Buchmalerei um 800); Verkündigung an Maria (Reims, Kathedrale, Westportal, Fig. um 1245/55).

Gallus
Mönch, Glaubensbote, hl.
Fest: 16. 10.
Leben: * um 550 in Irland, Mönch im Kloster Bangor/Ulster. 590 Missionsreise zusammen mit Kolumban ins Frankenreich, wo Kolumban das Kloster Luxeuil gründete. G. und Kolumban zogen weiter nach Metz und Zürich. 612 blieb G. an Fieber erkrankt am Bodensee zurück, während Kolumban nach Italien weiterzog. G. blieb im alemannischen Gebiet und gründete eine Einsiedelei am Mühletobel. 614/15 trug man G. die Bischofswürde von Konstanz an, die G. ablehnte. G. scharte eine große Zahl von Schülern um sich, die nach der Regel des hl. Kolumban lebten. † 16. 10. 645 im Alter von 95 Jahren. Aus der Mönchszelle entwickelte sich die Abtei St. Gallen, in der 720 durch Abt Otmar die Benediktinerregel eingeführt wurde.
Legende: G. und Kolumban treffen am Fluß Lindimacus und am See Turicinum Menschen, die einen grausamen, abergläubischen Kult ausüben, zerstören ihre Kultstätte und werfen Götzenbilder in den See. – Die erbitterten Heiden greifen G. und K. an, aber ihre Unerschrockenheit bekehrt die verblüffte Menge. – G. und Kolumban rudern

über den Bodensee. – G. findet nach seiner Erkrankung den Weg zum Priester Willmarus, dessen Diakon Hiltibald alle für eine Einsiedelei geeigneten Orte kennt. – G. wird von Hiltibald mit Magnaldus zu einem Berg mit klarem Wasser geschickt. -Auf dem Weg versucht der Teufel, mit Feuer die Wanderung zu verhindern und die Wanderer durch die vorgespiegelte Endlosigkeit des Weges zu verblenden. – Auf dem Weg bittet Magnaldus um eine Rast; G. will zunächst weiterziehen, stürzt aber und nimmt dies als Zeichen, hier zu verweilen. – In der Steinach essen sie gebratene Fische und übernachten im Freien. – Ein Bär will sich die Reste des Mahles holen, als G. dem Raubtier befiehlt, Holz für den Bau einer Kapelle herbeizuschaffen (Var.: G. macht sich den Bären gefügig, weil er ihm einen Dorn aus der Pfote gezogen hat). – Beim Bau erweist sich ein Balken als zu kurz, doch verlängert er sich auf wundersame Weise während der Mittagspause. – G. schaut in einer Vision den Tod Kolumbans und hält für ihn ein Requiem.

Patronate: Diözese und Kanton St. Gallen, Fieberkranke, Hähne, Hühner, Gänse.

Verehrung und Kultorte: Leichnam in St. Gallen, dort Wallfahrt bis zur Reformation, Weinsegnung bis ins 19. Jh. üblich, Patrozinien an zahlreichen Kirchen in Deutschland und in der Schweiz.

Aberglauben: Beginn des Altweibersommers, rigoroser Verbotstag, wohl begründet durch die Sinnverknüpfung »Gallus« = »gallig«, »gallenbitter«: u. a. darf man an diesem Tag kein Fleisch transportieren, sonst verdirbt es. – Man darf kein Schwein schlachten. – Am G.-Tag geborene Knaben werden Nachtwandler, an manchen Orten Werwölfe.

Darstellungen in der Kunst: *Gewandung:* als Benediktiner in weitärmliger, geschlossener Flocke mit Kapuze (Stuttgart, Landesbibliothek, Zwiefaltener Passionale, Buchmalerei um 1147); als Abt mit Stab in pontifikaler Meßkleidung (Vinnenberg, Relief frühes 16. Jh.). *Attribute:* Mitra (Dresden, Kupferstichkabinett, Zeichnung v. H. v. Kulmbach 16. Jh.); Bär mit Holzbalken auf der Schulter (Augsburg, St. Stephan, Fig. Ende 15. Jh.); Bär, dem G. Brot reicht (St. Gallen, Stiftsbibliothek, Elfenbein um 900). *Zyklen:* St. Gallen/Stiftsbibliothek, Cod. 602, Buchmalerei 1452; Adelwil/Kapelle, Gem. v. K. Meglinger 1634; St. Gallen/Galluskapelle, Gem. v. J. Hersche (?) um 1666; St.Gallen/Kathedrale, Reliefs v. J. Ch. Wenzinger 1757/59.

Gangolf

(Galgolf, Gandoul, Gangloff, Gangwulfis, Gignoux u. a.), Edelmann, Martyrer, hl.
Fest: 11. 5.
Leben: vielleicht identisch mit Gangvulfus, der 716/731 als Besitzer eines Eigenklosters in Varennes-sur-Ammance bei Langres bezeugt ist.
Legende: nach der Vita des 9./10. Jh.: G. ist Edelmann (comes) am merowingischen Königshof. – G. transloziert eine in der Champagne gekaufte Quelle durch ein Wunder in seine Heimat nach Varennes, indem der Brunnen durch die Luft seinem Wanderstab folgt. – Als G. von einer Heerfahrt unter König Pippin heimkehrt, überführt er seine Frau durch ein Gottesurteil (Brunnenordal), Ehebruch mit einem Priester begangen zu haben. – G. wird aus Rache von dem Priester ermordet.
Patronat: Gerber, Schuhmacher.
Verehrung und Kultorte: Ostfrankreich, Lothringen, Elsaß, Franken, Bamberg, Burg (Diözese Langres), Toul. Wallfahrt in Neudenau (Baden) mit Quellheiligtum, ebenso in Lautenbach (Elsaß).

Aberglauben: G.-Brunnen haben heilkräftige Wirkung, u. a. der zu Cruchten in der Eifel hilft gegen Geschwüre, der in Merl gegen Hysterie, der in Bastendorf gegen Beinwunden, der auf der Milseburg für die Augen.
Darstellungen in der Kunst: *Gewandung:* als Edelmann in engen Beinkleidern, kurzem, faltigen Rock, engem Wams und vor der Brust geschlossenem, kurzen Mantel (Stuttgart, Landesbibliothek, Zwiefaltener Passionale, Buchmalerei um 1147); als Ritter mit Barett, Panzer und Schild (Landberg/Thüringen, Fig. 15. Jh.); als Ritter mit Helm (Wolpertswende, Reliquienbüste 18. Jh.); als Reiter zu Pferd (Nancy, Musée Historique Lorrain, Fig. 15. Jh.). *Attribute:* Lanze (Lautenbach/Elsaß, Brunnenschutzfigur 17. Jh.); Lanze, Schwert (Hiedinghausen, Gem. um 1500); Schild (Pailhe, St-Fontaine, Fig. 16. Jh.). Stab (Neudenau, G.-Kirche, Gem. 15. Jh.). *Zyklen:* Neudenau/G.-Kirche, Gem. 15. Jh.; Schweighouse/Elsaß, Gem. 15 (?). Jh.); Amorbach, Fresken v. J. Zick 18. Jh.

Genovefa von Paris

(Geneviève), Jungfrau, hl.
Fest: 3. 1.
Leben: * 422 in Nanterre, mit 6 Jahren von German von Auxerre Gott geweiht. Helferin der Bevölkerung beim Hunneneinfall 451. G. gilt als Stifterin der Kirche St-Denis † 3. 1. 502.
Legende: G. hütet als Kind armer Bauern von Nanterre Schafe. – Als Bischof German von Auxerre Kinder segnet, schenkt er der kleinen G. in Vorausschau der künftigen Heiligkeit ein Kupfermedaillon mit dem Kreuz Christi und mahnt sie, nur noch des Kreuzes zu gedenken. – G. besucht häufig die Kirche. Als dies die Mutter wehren will und sie dem Kind auf die Wange schlägt, erblindet sie, worauf G. dreimal Quellwasser aus dem Brunnen holt, das Wasser mit dem

Kreuzzeichen segnet und die Blindheit damit heilt. – Auf dem Weg zur nächtlichen Andacht löscht der Teufel die Kerze in G.'s Hand, die daraufhin ein Engel sofort wieder entzündet. – G. lebt in Fürsorge für die Armen und Kranken von Paris. – Als Franken die Stadt belagern und eine Hungersnot ausbricht, holt G. mit Schiffen Lebensmittel herbei. – G. rettet einen vierjährigen Knaben aus einem tiefen Brunnen. – G. läßt durch ihr Gebet während einer Dürre Regen über das Land kommen. – Als den Bauarbeitern an der Kirche von St-Denis der Wein ausgeht, betet G. über das leere Gefäß, das sich sofort wieder füllt. – G. bewahrt die Stadt Paris im Jahr 451 vor der Zerstörung durch die Hunnen.

Patronat: Stadt Paris; nach ihr benannter Orden und Frauenvereinigungen, Hirten, Hutmacher, Tapetenhersteller, Wachszieher, Winzer, gegen Feuersnot, Pest, Fieber, Unglück, Augenleiden, Belagerungen, um gutes Wetter, um Regen.

Verehrung und Kultorte: Über ihrem Grab erbaut König Chlodwig I. eine Kirche, die im 12. Jh. durch Stephan von Tournai erneuert wird, 1759 Neubau der Genovefaner (Zweig der Augustinerchorherren) neben der alten Kirche, die 1791 in ein Pantheon umgewidmet wurde. Reliquiar während der französischen Revolution am 21. 11. 1793 öffentlich eingeschmolzen, 1803 Abriß der alten Genovefakirche; heute Hauptverehrung in Paris/St-Etienne-du-mont.

Darstellungen in der Kunst: *Gewandung:* als Jungfrau weltlichen Standes in einer der Mode unterworfenen Zeittracht ohne Haube (Köln, Wallraf-Richartz-Museum, Gem. v. Meister der hl. Sippe um 1500/1504); mit Kopftuch (Bankau/Schlesien, Gem. Mitte 15. Jh.); mit Krone (Augsburg, Städtische Kunstsammlungen, Gem. 15. Jh.); mit Schapel (Vilnöß, St. Jakob, Gem. Anfang 16. Jh.); in langem, faltigen Mantel (Paris, Bibliothèque Nationale Ms lat. 1171, Buchmalerei Anfang 16. Jh.); als Einsiedlerin im Eremitengewand (Ronda/Málaga, Pfarrkirche, Gem. 17. Jh.). *Attribute:* Blasebalg bedienender Teufel und Kerze anzündender Engel (Paris, Bibliothèque Nationale, Stundenbuch des Duc du Berry, Buchmalerei 14. Jh.); mit Blasebalg Kerze auslöschender Teufel (Wien, Sammlung Wolfram, Gem. v. H. van der Goes 15. Jh.); mit Engel und Buch (Paris, Louvre, Fig. um 1220/30); Tortsche (Altsimonswald, Fig. v. S. Lainberger 15. Jh.); Gefäß (Darmstadt, Hessisches Landesmuseum, Wandteppich 15. Jh.); Totenschädel (Ronda/Málaga, Pfarrkirche, Gem. 17. Jh.). *Besondere Szenen:* G. schützt als Patronin die Stadt und die Bevölkerung von Paris (Paris, Bibliothèque Nationale lat. 1023, Buchmalerei 13. Jh.); G. hütet Schafe (Paris, St-Merri, Gem. der Schule v. Fontainebleau 16. Jh.); German von Auxerre übergibt G. ein Medaillon (Paris, St-Thomas-d'Aquin, Gem. v. L. Lagrenée 18. Jh.); St. Medard gibt G. am Palmsonntag einen Palmzweig (Nantes, Museum, Gem. v. C. le Père 17. Jh.); G. bittet während des Schafehütens um Regen (Paris,

Louvre, Gem. v. Ph. de Champaigne 17. Jh.);
Umzug mit dem Reliquienschrein mit Bitte
um Beendigung des Regens (Paris, St-Etienne-
du-Mont, Gem. v. J. F. de Troy 1725); Devo-
tionsbild G.'s gegen Feuersbrunst (Nîmes,
Musée des Beaux-Arts, Gem. v. J. B. Corneille
17. Jh.); G. erscheint Seuchenkranken in Paris (Paris, St-Roch, Gem. v. G. F. Doyen
1767). *Zyklen:* Paris/Pantheon, Gem. v. P.
de Chavannes 19. Jh.

38 **Georg** von Kappadozien
Martyrer, Nothelfer, hl.
Fest: 23. 4.
Leben: Martyrium wohl unter Diokletian
um 305 durch Enthauptung.
Legende: nach der Passio des 5. Jh.: G.
stammt aus Kappadozien. – G. diente als Ho-
her Offizier im römischen Heer. – G. be-
schwört den Höllenhund Apollyon. – G. besiegt im Kampf einen Drachen, der vor der
Stadt Dilena in Libya haust und täglich eine
Jungfrau verspeist und befreit die durch das
Los als Opfer auserwählte Königstochter. –
Der durch den Lanzenstich halbtote Drachen wird von der Königstochter mit ihrem
Gürtel in die Stadt geschleift, worauf sich
die Bewohner taufen lassen. – G. tötet den
Drachen endgültig und läßt ihn mit Hilfe
von fünf Ochsen im See versenken. – G. wird
als Christ ins Gefängnis geworfen, ihm erscheint Christus und sagt G. ein siebenjähri-
ges Leiden voraus. – G. wird von Kaiser Diokletian verhört. – G. läßt den Götzentempel
einstürzen, wo er opfern soll (Var.: Feuer
fällt vom Himmel und zerstört den Tempel).
– G. wird ein Giftbecher gereicht, doch der
Trunk schadet ihm nicht. – G. wird die Haut
abgezogen. – G. wird auf das Rad geflochten,
doch zerbrechen Engel das Rad. – G. werden
60 Nägel in den Kopf getrieben. – G. wird
mit Pferden gevierteilt. – G. werden Hände
und Füße abgehackt, doch heilt ihn Christus
(Var.: Engel) wieder. – G. heilt im Gefängnis

vom Teufel Besessene. – G. erhält Waffen als
Geschenk des Himmels. – Der Leib G.'s wird
zersägt. – G .wird mit glühenden Eisenkral-
len gequält. – G. wird in einen Kessel mit
flüssigem Blei gesteckt. – G. wird enthauptet.
Patronat: Deutscher Orden, Schwanenorden
Friedrichs II. von Brandenburg, Schwertadel,
Kreuzfahrer, Ordensritter, Schwertmission
im Norden Rußlands, zahlreiche G. – Bruderschaften, Schützenbruderschaften, katholische Pfadfinder, Stadtpatron von Ferrara, Genua, Nowgorod, Georgien, Banken von
Genua, Spitäler, englisches Königshaus,
Landleute, Pferde, Nutzvieh, gegen Pest, Le-
pra, Syphilis, Schlangenbiß, Hexen.
Verehrung und Kultorte: Beginn der Verehrung G.'s in Lydda/Diospolis, heute Lod/ Is-
rael. Kirche 1010 zerstört, von Kreuzfahrern
wiederaufgebaut, 1191 von Sultan Aladin
eingeäschert, seit 1873 an der Stelle grie-
chisch-orthodoxe Kirche. Reliquien in Gallien im 6. Jh. verehrt, u. a. in Limoges, Le
Mans, Rom/S. Giorgio in Velabro (Schädel seit 8. Jh.), Reichenau (seit 896 von
Rom transferiert), Siegburg (Kopfreliquiar
seit 1750), Chieri/S. Giorgio (Kopfreliquiar
um 1300), Prag/St. Veit, Venedig/S. Giorgio
Maggiore, Rougemont (1390 aus dem Orient
gebracht). Seit dem 12. Jh. zahlreiche Patrozinien, u. a. Limburg, Prag, Bamberg/Ost-
chor des Doms.
Aberglauben: G.-Tag ist Frühlingsanfang,
Beginn der Weidezeit, Voraussagetag für die
Ernte (z. B. wenn der Wald vor G. grün ist,
setzt die Ernte früh ein u. ä.). G.'s-Tag ist für
Liebeszauber, Schatzgräberei u. ä. günstig.
Darstellungen in der Kunst: *Gewandung:* in
Tunika (Windisch-Matrei/Tirol, Wandmale-
rei 13. Jh.); in Tunika und Chlamys (Bamberg, Staatsbibliothek, Vita Henrici, Buch-
malerei 12. Jh.); in Hermelin gefüttertem
Mantel (Serfaus, St. Georg, Reliquienschrein,
Fig. 13. Jh.) als Ritter in einfachem, höfi-
schen Rock und engen Beinkleidern, sowie

Georg

mit Kapuze versehenem Mantel (Siegburg, Tragaltar, Fig. 12. Jh.); als Ritter in Kettenhemd und Waffenrock (Limburg/Lahn, Dom, Wandmalerei um 1250); als Ritter im Plattenpanzer und Mantel (Bamberg, Dom, Marienpforte 2. Hälfte 13. Jh.); in antikisierender Tracht (Vierzehnheiligen, Gnadenaltar, Fig. v. J. M. Feichtmayr 1764); im Helm (Wismar, St. Jürgen, Chorgestühl, Fig. Mitte 15. Jh.); als Drachenkämpfer zu Pferd (Stockholm, Storkyrka, Fig. v. B. Notke 1483/97). *Attribute:* Martyrerpalme (Siegburg, Tragaltar, Fig. 12. Jh.); Lanze, Schwert (Freiburg, Münsterturm, Fig. Ende 13. Jh.); Lanze mit Fahne (München, Alte Pinakothek, Gem. v. A. Dürer 1498); abgebrochene Lanze (Paris, Louvre, Gem. v. A. Mantegna 1495/96); Drachen zu Füßen mit durch den Kopf gespießter Lanze (München, Bayerisches Nationalmuseum, Fig. um 1400); Fuß auf dem Drachen (Oberstadion/Württemberg, Gem. v. 1458); toter Drachen (München, Alte Pinakothek, Gem. v. A. Dürer 1498); Fahne (Karlsruhe, Kunsthalle, Gem. v. H. Holbein d. J. 16. Jh.); Prinzessin (London, Victoria and Albert Museum, Gem. v. Marzal de Sax 1420); Lamm (Sudoměř, Epitaph v. J. Řepicky, Relief 15. Jh.); Engel mit Siegeskranz und Krone (Avignon, Dom, Gem. v. S. Martini Anfang 14. Jh.); *Besondere Szenen:* der Drachenkampf des hl. Georg (Paris, Louvre, Gem. v. Raffael um 1502); Engel hilft Georg im Drachenkampf (London, Buckingham Palace, Gem. v. P. P. Rubens 1629/30); Engel verstärkt den Lanzenstoß (Washington, National Gallery, Gem. v. P. Uccello 15. Jh.); G. als Defensor Mariae (Weltenburg, Klosterkirche, Fresko v. C. D. Asam 1721); G. als Patron der Jorisschützen beim Auszug (Antwerpen, Museum, Gem. um 1500); G. hilft dem christlichen Heer unter Jakob I. zum Sieg über die Mohammedaner 1237 bei Puig (London, Victoria and Albert Museum, Gem. v. M. de Sax 1420). *Martyrium:* Martyrienzyklus (Amay/Belgien, G.-Schrein, Reliefs um

1230/40); Einzelmartern: G. wird gerädert (Chartres, Kathedrale, Glasmalerei 13. Jh.); G.'s Haut wird mit eisernen Kämmen aufgeharkt (Stuttgart, Landesbibliothek, Zwiefaltener Passionale, Buchmalerei um 1147); G. wird enthauptet (Bayonne, Musée Bonnat, Gem. v. A. van Dyck 17. Jh.). *Zyklen:* zahlreich, u. a. Verona/S. Anastasia, Gem. v. Pisanello 15. Jh.; Venedig/S. Giorgio degli Schiavoni, Gem. v. V. Carpaccio 1507.

Gerhard von Csanád

(Gherardo, Gellert), Benediktiner, Bischof, hl.

Fest: 24. 9.

Leben: * um 980 als Sproß der venezianischen Familie der Sagaredo, trat in das Benediktinerkloster S. Giorgio in Venedig ein, wo er später Abt wurde. Um 1015 auf einer Pilgerfahrt ins Heilige Land nach Ungarn gekommen, wo G. von König Stephan I. zum Erzieher seines Sohnes Emmerich bestellt wurde. 1023 zog sich G. in das Benediktinerstift Bakony-Beel zurück. G. wurde schließlich von König Stephan zum ersten Bischof der neu errichteten Diözese Csanád ernannt. G. wurde im Heidenaufstand am 24. 9. 1046 durch Steinwürfe und Lanzenstiche in Ofen ermordet. Heiligsprechung 1083.

Legende: G. wird von Heiden in ein Faß gesteckt und in den Fluß gerollt.

Patronat: Erzieher.

Verehrung und Kultorte: Ungarn, Translation der Gebeine 1083. Der Ort des Martyriums heißt heute G.-Berg.

Darstellungen in der Kunst: *Gewandung:* als Bischof im Ornat mit Mitra und Stab (Paris, St-Etienne-du-Mont, Gem. v. Girolamo di S. Croce 16. Jh.); als Benediktiner im Ordensgewand (Haren, St. Elisabeth, Wandmalerei 15. Jh.). *Attribute:* von Pfeil durchbohrtes Herz in der Hand (Andachtsbild, Kupferstich Hollstein X 141 v. L. van Leyden 1517);

Spieß (Haren, St. Elisabeth, Wandmalerei 15. Jh.); Kreuz (Budapest, G.-Denkmal über der Donau, Fig. v. F. Zanelli 20. Jh.). *Martyrium:* Padua/S. Giustina, Gem. v. J. C. Loth 1677/78. *Zyklus:* Città del Vaticano/Bibliotheca Vaticana Cod. Vat. 8541, Buchmalerei um 1330.

Gertrud die Große von Helfta
Äbtissin, Mystikerin, hl.
Fest: 17. 11.
Leben: * 6. 1. 1256 in Thüringen; kam als Kind von fünf Jahren zur Erziehung ins Kloster Helfta bei Eisleben und erhielt unter der Äbtissin Gertrud von Hackeborn eine humanistische und theologische Ausbildung. G. führte seit dem 26. Lebensjahr trotz vieler Krankheiten in engem Anschluß an die Liturgie des Kirchenjahres ein Leben aus der Mystik, ihre seit 1289 von ihr niedergelegten Schriften zählen zu den besten Zeugnissen dieses literarischen Genres. In der Herz-Jesu-Litanei sind die meisten Anrufungen aus ihren Schriften entnommen.
Patronat: Peru, Tarragona.
Verehrung und Kultorte: 1678 Aufnahme ins Martyrologium Romanum.
Darstellungen in der Kunst: *Gewandung:* als Äbtissin mit Stab (Verwechslung mit G. von Hackeborn!) in Ordenstracht der Benediktinerinnen (Zwiefalten, Fig. v. J. J. Christian 1750); als Benediktinerin (Barnard Castle, Bowes Museum, Gem. v. C. Coello 2. Hälfte 17. Jh.). *Attribute:* Buch (Camba/Coruna, Fig. 17. Jh.); Spruchband (Zwiefalten, Fig. v. J. J. Christian 1750); Kruzifix (Engelhardszell, Fig. 1759); Kruzifix über flammendem Herzen (Torres Vedras/Portugal, Fig. 17. Jh.); brennendes Herz (Tepotzotlán/Mexiko, Klosterkapelle, Fig. 18. Jh.); Jesuskind im Herz (Brüssel, Abtei S. Godeliva, Gem. 19. Jh.). *Besondere Szene:* Ein Engel weist G. auf Augustinus und die Trinität (Barnard Castle, Bowes Museum, Gem. v. C. Coello 2. Hälfte 17. Jh.).

Gertrud von Nivelles
Äbtissin, hl.
Fest: 17. 3.
Leben: * 626 als Tochter König Pippins des Älteren, des Stammvaters der Karolinger, trat in das Kloster Nivelles ein, das von ihrer Mutter Itta gegründet worden war; G. berief irische Wandermönche und gründete für die »peregrini monachi« ein Spital. G. ließ aus Rom liturgische Bücher kommen. † 659.
Legende: Die Mutter Itta schneidet G. die Haare ab. – G. findet die Leiche des 655 von Räubern ermordeten hl. Foillian. – G. rettet einen Ritter, der seine Seele dem Teufel ver-

schrieben hat und hängt den Teufel an den Galgen. – G. löscht das brennende Kloster Nivelles. – G. erweckt ein ertrunkenes Kind. – G. hilft Kranken und Bettlern. – G. hilft ihren Untergebenen auf wunderbare Weise bei einer stürmischen Seefahrt und bewirtet sie in ihrer Herberge. – Der Teufel versucht G. in Gestalt einer Maus vergebens zu Ungeduld oder Zorn zu verführen. – Die Maus muß G. auf Geheiß beim Spinnen den Faden abbeißen. – G. beherbergt die verstorbenen Seelen im Paradies in der ersten Nacht nach dem Tod.

Patronat: Spitäler, Reisende, Pilger, Helferin bei Mäuse- und Rattenplage.

Verehrung und Kultorte: Leichnam in Nivelles, seit 1272 in kostbarem Reliquienschrein, 1940 vernichtet. In der Benediktinerabtei Neustadt am Main entwickelt sich auf Grund eines legendären Aufenthalts der hl. G. die Vorstellung, die hl. G. sei eine Schwester Karls des Großen gewesen und überträgt sich die G.-Verehrung auf eine legendäre G. von Karlburg.

Aberglauben: G.-Tag ist wichtiger Lostag für das Wetter, G. als Sommerbraut und Bestellerin des Hausgartens. – G. vertreibt Mäuse. – Bei Mäuseplagen werden Mausprozessionen in Köln von St. Kunibert nach St. G. abgehalten, bezeugt 1759 und 1822 mit Votivgabe einer silbernen bzw. goldenen Maus. – Wasser vom Brunnen in Nivelles vertreibt Mäuse. – Beim Abschied und der Ausfahrt zur See weiht man einen Trunk der hl. G. auf gute Herberge und Frieden (seit dem 11. Jh. bei Ruodlieb im Kloster Tegernsee bezeugt).

Darstellungen in der Kunst: *Gewandung:* in vornehmer weltlicher Kleidung mit Krone (Lübeck, Marienkirche, Fig. 1499); mit Fürstenhut (Hamburg, Museum für Kunst und Gewerbe, Glasmalerei um 1300); als Äbtissin in schlichtem, gegürteten Kleid, offenem Mantel, Wimpel, Weihel, Schleier mit Stab (Köln, Wallraf-Richartz-Museum, Gem. v. Meister von St. Severin um 1505/10); *Attri-*

bute: Buch (New York, Pierpont Morgan Library, Stundenbuch der Katharina von Cleve, Buchmalerei 1. Hälfte 15. Jh.); Krone (Nivelles, Gertrudisschrein, Fig. 1298); von Engel getragene Krone (Heilige der Sipp-, Mag- und Schwägerschaft Kaiser Maximilians, Holzschnitt 1516/17); Kirchenmodell (Magdeburg, Dom, Relief um 1350); Maus auf Buch (Wien, St. Stephan, Chorgestühl. Fig. 15. Jh.); eine Maus zu Füßen der Heiligen, eine Maus klettert am Stab empor (Kuringen, Register der G.-Bruderschaft, Buchmalerei Anfang 16. Jh.); Mäuse am Mantel (St. Goar, ev. Kirche, Wandmalerei Ende 15. Jh.); Mäuse zu Füßen (Trondheim/Norwegen, Museum, Gem. um 1500); Mäuse beißen Spinnfaden ab (Privatbesitz, Einblattholzschnitt 1470); Modell eines Spitals (Wismar, Marienkirche, Deckenmalerei 14. Jh.); Kirchenmodell (Elmenhorst, Fig. Mitte 15. Jh.); Palme (Klosterneuburg, Glasmalerei Anfang 14. Jh.); Becher (Vorst/Antwerpen, Wallfahrtsfahne 17. Jh.); Heilbrunnen, Teufel (Brüssel, Historia S. Gertrudis, Kupferstich 1637); Lilie, Schiff, Seeungeheuer (Paris, Bibliothèque Naionale, Kupferstich v. J. Callot 1636). *Zyklus:* Nivelles, Gertrudenschrein, Reliefs 1298; Stade/St. Kosmas, Gem. um 1500.

Gervasius und Protasius von Mailand

Martyrer, hl.

Fest: 19. 6.

Legende: GP. sind Zwillinge, Söhne des hl. Vitalis und der sel. Valeria. – GP. teilen ihr Gut unter den Armen aus, nachdem ihre Eltern das Martyrium erlitten haben. – GP. wohnen bei dem hl. Nazarius, der den Knaben Celsus zum Gehilfen hat. – GP. werden als Christen gefangen nach Mailand gebracht. – Als Graf Astasius nach Mailand kommt und gegen die Markomannen zu Felde ziehen will, erklären die Götzenpriester,

Gervasius und Protasius

daß ihre Statuen keine Antwort gäben, es sei denn GP. brächten ihre Opfer dar. – GP. weigern sich, zu opfern. – G. wird mit an Ruten gebundenen Bleiklötzen zu Tod gegeißelt, P. enthauptet. – Die Leichname von GP. werden heimlich bestattet.

Patronat: Mailand, bei Blut- und Harnfluß, gegen Diebstahl.

Verehrung und Kultorte: Bischof Ambrosius von Mailand fand am 17. 6. 386 in der Basilika St. Nabor und Felix die Gebeine. Als Erweis der Echtheit galt die dunkle Erinnerung zweier alter Männer sowie eine Ampulle (mit Blut?) und eine während der Überprüfung erfolgte Blindenheilung. Darin ist das erste Beispiel einer »inventio« von Martyrerleibern überliefert. Ambrosius wurde 397 neben dem GP.-Grab beigesetzt. Durch Martin von Tours, Augustinus von Hippo u. a. Verbreitung des Kultes. Reliquien in Breisach zweifelhaft, wohl in staufischer Zeit angeschafft, die Überlassung durch Reinald von Dassel legendär.

Darstellungen in der Kunst: *Gewandung:* als jugendliche und greise Martyrer (Mailand, S. Ambrogio, Mosaik 4. Jh.); als Jünglinge (Ravenna, S. Apollinare Nuovo, Mosaik 6. Jh.); als Edelleute (Mailand, S. Ambrogio, Mosaik 2. Hälfte 12. Jh.); als Diakone (Le Mans, Kathedrale, Glasmalerei Mitte 13. Jh.); als jugendliche Weltleute (Palermo, Capella Palatina Mosaik 12. Jh.); als Krieger (Ravenna, S. Vitale, Mosaik 6. Jh.). *Attribute:* Siegeskranz (Ravenna, S. Apollinare Nuovo, Mosaik 6. Jh.); Kreuz (Neapel, Coemeterium S. Severo, Wandmalerei 4./5. Jh.); Schwert und Palmzweig (Lucca, Pinacoteca Nazionale, Gem. v. A. Pucinelli 1350); Geißel und Schwert (Breisach, Münster, Fig. v. Meister HL 1526). *Zyklen:* Le Mans, Einfügungen in die Nazariuslegende, Glasmalerei 1160/1260; Breisach, Silberschrein, Reliefs 1496; Paris/Hôtel de Ville, Teppichwebereien v. Le Sueur, Bourdon und P. de Champaigne 1625.

Evangelisten, Kirchenväter und Erzmartyrer

27 *Johannes auf Patmos, Gem. v. Hans Burgkmair d. Ä., Alte Pinakothek/ München*

28 *Überführung der Gebeine des hl. Markus nach Venedig, Gem. v. Paolo Veneziano, Museo di S. Marco/Venedig*

29 *Johannes Chrysostomos, Mosaik, Hagia Sophia/Istanbul*

30 *Die vier abendländischen Kirchenväter: Hieronymus, Augustinus, Gregor d. G. und Ambrosius (von links nach rechts), Gem. v. Michael Pacher, Alte Pinakothek/München*

31 *St. Laurentius verteilt Almosen, Fresko v. Fra Angelico, Cappella Niccolina/Vatikan*

32 *St. Stephanus, Relief, Kreuzgang von St-Trophime/Arles*

33 *Versuchung des hl. Antonius, Gem. v. Joachim Patinir, Prado/Madrid*

28

Gisela von Ungarn
Königin, Benediktinerin, sel.
Fest: 7. 5.
Leben: * um 985 Schloß Abbach als Tochter Herzog Heinrichs II. und Giselas von Burgund, Schwester Kaiser Heinrich II. Mit 10 Jahren mit König Stephan von Ungarn vermählt, Mutter von Emmerich. Entscheidender Einfluß auf die Christianisierung Ungarns, angeblich Stifterin des Domes in Veszprém. 1038 nach dem Tod des Gatten schwere Anfeindungen und Verfolgungen seitens der heidnischen Reaktion, 1045 durch König Heinrich III. befreit und nach Passau gebracht, G. wurde Nonne im Benediktinerinnenstift Niedernburg, später dort Äbtissin. † 7. 5. 1060.
Verehrung und Kultorte: bestattet in Niedernburg, Originalgrabstein des 11. Jh. erhalten, darüber Hochgrab des 15. Jh. Das Giselakreuz heute in München, aus der Prunkkasel von Stuhlweißenburg wurde der ungarische Krönungsmantel.

Darstellungen in der Kunst: *Gewandung:* als Königin mit Krone (Budapest, ungarischer Krönungsmantel, Stickerei 11. Jh.); *Attribute:* Kirchenmodell (Budapest, ungarischer Krönungsmantel, Stickerei 11. Jh.); Kirchenmodell, Rosenkranz (Bern, Historisches Museum, Hausaltar Ende 13. Jh.).

Godehard von Hildesheim
Bischof, Benediktiner, hl.
Fest: 5. 5.
Leben: * 960 in Reichersdorf/Niederbayern, besuchte die Klosterschule von Niederaltaich, 990 Eintritt in den Benediktinerorden, 993 Priesterweihe, 996 Wahl zum Abt von Niederaltaich, 995 Abt der Klöster Hersfeld und Tegernsee. G. galt als energischer Verfechter der cluniazensischen Klosterreform. 1013 Rückkehr nach Niederaltaich. Am 30. 11. 1022 auf Bitten Kaiser Heinrichs II. zum 14. Bischof von Hildesheim gewählt, Bischofsweihe am 2. 12. 1022. G. errichtete ca. 30 neue Kirchen, förderte wie sein Vorgänger Bernward die bildenden Künste und reformierte das Schulwesen. G. beendete 1028 auch den Besitzstreit zwischen dem Ottonischen Kaiserhaus und seinem Bistum wegen des Zehntgutes des Kanonissenstiftes Gandersheim zugunsten Hildesheims. † 5. 5. 1038 im Moritzstift bei Hildesheim. Kanonisiert 1131.
Patronat: Hildesheim, Maurer.
Verehrung und Kultorte: Beigesetzt im Dom zu Hildesheim; rasche Ausbreitung der Verehrung in ganz Europa, besonders in Skandinavien.
Darstellungen in der Kunst: *Gewandung:* als Bischof im pontifikalen Meßornat mit Kasel (Trier, Domschatz, Godehard-Evangeliar, Buchmalerei um 1150); als Bischof im Pontifikalornat mit Pluviale (Hildesheim, Dom, Fig. 1667). *Attribute:* Buch (Hildesheim, Dom, Reliquienschrein, Fig. Ende 12. Jh.); Kirchenmodell (Hildesheim, St. Go-

Gregor VII.

dehard, Tympanonrelief 13. Jh.); kniender Maurer mit Winkel, Senkel und Hammer zu Füßen (Rasiglia, Santuario della Madonna, Fresko Anfang 15. Jh.). *Zyklus:* Niederaltaich/G.-Kapelle, Fresken v. W. A. Haindl 1726, 1815 zerstört, Entwürfe erhalten.

Gregor VII.
Papst, Benediktiner, hl.
Fest: 25. 5.
Leben: * als Hildebrand 1020/25 wahrscheinlich in der Toscana; kam früh an den Lateran; ob ins Marienkloster auf dem Aventin als Benediktiner eingetreten, ist unsicher, wahrscheinlich erst 1048 in Cluny, zumal G. 1047 Papst Gregor VI. in die Verbannung nach Köln, wohin ihn Kaiser Heinrich III. verwiesen hatte, begleitete. Nach dessen Tod 1047 in Cluny. Leo IX. – Ende 1048 durch Kaiser Heinrich III. in Worms auf den Stuhl Petri berufen – holte G. 1049 nach Rom. G. bemühte sich, im Sinne Papst Leos IX. die Kirche von der Simonie, dem Konkubinatsunwesen unter den Priestern und der Abhängigkeit von weltlicher Macht zu befreien. G. war an der Abfassung des Papstwahldekretes, das die Wahl des Papstes ausschließlich durch Kardinäle festlegte, entscheidend beteiligt. Am 22. 4. 1073 zum Papst trotz persönlichen Widerstrebens gewählt. G. stellte sich hinter die Reformpläne Clunys und übertrug das Modell der klösterlichen Freiheit auf die Freiheit der Kirche, die in der Formulierung der 27 Leitsätze im Dictatus Papae gipfelten und damit ein Jahrhunderte altes Gewohnheitsrecht des deutschen Königtums, Bischöfe zu ernennen, außer Kraft setzte. G. verbot die Laieninvestitur. König Heinrich IV. reagierte 1076 mit einem scharfen Antwortschreiben und erklärte den Papst für abgesetzt, worauf Gregor VII. über Heinrich IV. den Kirchenbann verhängte und die Untertanen von ihrer Ge-

horsamspflicht gegenüber dem König löste. In Tribur traten 1076 die deutschen Fürsten zusammen und sagten sich vom König für den Fall los, daß er bis zum 2. 2. 1077 nicht die Lossprechung vom Bann erhalten habe. Heinrich IV. zog im Winter über die Alpen nach Canossa, wo G. sich auf der Reise nach Augsburg aufhielt. Heinrich unterwarf sich der kirchlichen Bußübung, an drei Tagen im Büßergewand vor der Pforte zu stehen und wurde schließlich vom Bann gelöst. 1077 Wahl von Rudolf von Schwaben durch die deutschen Fürsten zum Gegenkönig, den G. 1080 in Roi bestätigte, wobei er gleichzeitig den Bann über Heinrich IV. erneuerte. Heinrich IV. ernannte Wilhelm von Ravenna zum Gegenpapst Clemens III., der 1083/84 Rom eroberte. Heinrich ließ sich von ihm zum Kaiser krönen. G. floh in die Engelsburg und wurde von Herzog Guiscard und den Normannen befreit. Bei der anschließenden Plünderung der Stadt mußte G. nach Salerno fliehen. † 25. 5. 1085. Der Investiturstreit erst unter Callixtus II. im Wormser Konkordat von 1122 beendet. Heiligsprechung 1606.
Verehrung und Kultorte: Grab in der Kathedrale von Salerno; Verehrung besonders in der Zeit des absolutistischen Königtums, der französischen Revolution und der Ära Napoleons heftig umstritten.
Darstellungen in der Kunst: *Gewandung:* als Papst mit einfacher Tiara (London, Victoria and Albert Museum, Gem. um 1400). *Attribute:* Figur der Tugend (Città del Vaticano, Stanzen, Fresko v. Raffaelino del Colle 16. Jh.). *Besondere Szenen:* G. löst Heinrich IV. von seinem Bann (Città del Vaticano, Sala regia, Gem. v. F. Zuccari 17. Jh.); G.'s Vertreibung, Verbannung und Tod (Jena, Universitätsbibliothek, Chronik Ottos v. Freising, Buchmalerei 1143/46).

30 Gregor der Große

Papst, Kirchenlehrer, hl.

Fest: 3. 9. (bis zur Kalenderreform 1969: 12. 3.).

Leben: * um 540 in Rom aus senatorischem Adel, wandelte nach dem Tod seines Vaters das Haus am Clivus Scauri in ein Benediktinerkloster um, das dem hl. Andreas geweiht war und in das G. sich mit 12 Gefährten 575 zurückzog. Stiftete aus seinem Erbbesitz in Sizilien weitere sechs Klöster. Von Papst Benedikt I. oder Pelagius II. zum Vorsteher der sieben Seelsorgsbezirke Roms ernannt, 579 Apokrisiar am Kaiserhof in Konstantinopel, 585/86 Rückkehr nach Rom, Ratgeber des Papstes. 590 Papst. Während seiner Regierung mühte sich G., den Verfall, den die Kriege und Invasionen des 5. und 6. Jh. über Rom gebracht hatten, zu mindern und die wirtschaftlichen Verhältnisse in der Stadt zu verbessern, indem er den Besitz der Kirche reorganisierte. G. erreichte mit diplomatischem Geschick ein friedliches Einvernehmen mit den Langobarden, als sie 592/93 Rom bedrohten; er hatte freundschaftliche Beziehungen zum Frankenreich und zu den Westgoten in Spanien, die sich seit 586 vom Arianismus abgewandt hatten. Außerdem gelang G. mit 40 Gefährten die Christianisierung der Angelsachsen. G. erreichte im sogenannten Dreikapitelstreit um die Anerkennung der Beschlüsse des Konzils von Chalzedon von 451 eine Beendigung des in Mailand herrschenden Schismas. G. suchte die unbedingte Unterwerfung aller Bischöfe und Patriarchen unter den Primat des Papstes, führte den päpstlichen Titel »servus servorum dei« ein und lehnte persönlich die Bezeichnung »universalis papa« ab. – In seinen Schriften zeigte sich G. als Seelsorger. Im »Liber regulae pastoralis« zeichnete G. das Idealbild eines Seelenhirten, in den »Moralia in Job« legte er den biblischen Text sowohl historisch als auch allegorisch und moralisch aus; für G. ist in Job der Typus des Erlösers verkörpert, in seinem Weib das fleischliche Leben, und in den sieben Söhnen zeigen sich die sieben Haupttugenden gelebt. G. beeinflußte die Theologie von Beda Venerabilis und Alcuins bis hin zu Albertus Magnus und Thomas von Aquin. Außerdem schilderte er in der antiken Kunstform des Dialoges Wundertaten, Prophezeihungen und Visionen, um darzustellen, daß nicht nur der Orient, sondern auch Italien Asketen hervorgebracht hat. Diese Sammlung hat im Mittelalter starke Beachtung erfahren. Außerdem erneuerte G. Liturgie und Kirchenmusik. † 12. 4. 604.

Legende: G. verschenkt zweimal an einen armen Schiffbrüchigen sechs Silberlinge, als nichts mehr im Haus ist, gibt er ihm eine silberne Schüssel aus dem Erbe seiner Mutter. – G. läßt sich nach der Papstwahl, die er nicht annehmen will, in einem Faß aus Rom bringen, doch eine Lichtsäule, auf der die Engel auf-und niederstiegen verrät ihn. – Bei einer Bittprozession während der Beulenpest sieht G. über dem Grabmal Hadrians einen Engel sein blutiges Schwert in die Scheide stecken und deutet dies als Zeichen des Endes der Seuche. – G. weint in der Peterskirche über Kaiser Trajan, der trotz seiner Milde im Fegefeuer schmachten muß, als ihm eine Stimme von der Erlösung des Kaisers kündet. – G. läßt für den verstorbenen Mönch Justus, der wegen Verstoßes gegen das Gelübde der Armut im Fegefeuer schmachtet, 30 Messen an 30 Tagen hintereinander lesen. – G. läßt zwölf arme Pilger am Tisch essen und bemerkt, als plötzlich 13 beisammen sind, daß Christus (Var.: der Engel des Herrn) mitten unter ihnen weilt. – Als die Kaiserin Constantia Reliquien von G. erbittet, erhält ihre Gesandtschaft nur als Kontaktreliquie eine Dalmatik des Evangelisten Johannes, die sie als wirkungslos ablehnt; G. schneidet daraufhin mit dem Messer in die Dalmatik, worauf sofort Blut herausfließt. – G. verscheucht die Zweifel einer

Bäckerin an der Realpräsenz Christi während der Messe, indem sich vor ihren Augen Brot in Fleisch verwandelt. – Während der Zelebration der Liturgie durch G. erscheint Christus, steigt vom Kreuz und gießt sein Blut in den Kelch. – Ein Schreiber sieht durch ein Loch im Vorhang, wie der Hl. Geist in Gestalt einer Taube auf der Schulter G.'s sitzt und ihn inspiriert. – G. erscheint der sterbenskranken kleinen Fina, die ihr Leiden mit großer Geduld erträgt, und sagt ihr voraus, daß sie an seinem Festtag sterben werde.

Patronat: Gelehrte, Lehrer, Schüler, Studenten, Schulen, Chorsänger, Choralscholen, Sänger, Musiker, Maurer, Knopfmacher, Posamentierer.

Verehrung und Kultorte: Rom/St. Peter, verehrt in Rom/S. Gregorio. Die Gregorianischen Messen (30 Messen an 30 aufeinanderfolgenden Tagen für einen Verstorbenen) sind als Brauch 1884 von der Kirche gutgeheißen, der Ablaß ist auf jenen Altar beschränkt worden, an dem der Legende nach G. die 30 Messen für den Mönch Justus gelesen hat.

Aberglauben: Im Mittelalter G.'s-Tag als Schulfest, oft mit Wahl eines Kinderbischofs.

Darstellungen in der Kunst: *Gewandung:* in liturgischem Meßornat mit Pallium (Rom, S. Maria Antiqua, Wandmalerei 705/07); als Papst in liturgischer Meßkleidung mit einfacher Tiara (Karlsruhe, Landesmuseum, Fig. aus Kloster Petershausen 1175); im Pluviale (Subiaco, Sacro Speco, Wandmalerei v. Meister der Gregoriuskapelle 1228); in dreifacher Tiara (Carpi, Wandmalerei A. Alberti da Ferrara zugeschrieben 15. Jh.); im Pileolus (Bologna, S. Paolo Maggiore, Gem. v. Il Guercino 1647); in nichtpontifikaler Kleidung (Vicenza, Alter Speisesaal im Santuario di Monte Berico, Gem. v. P. Veronese 1572); als Kirchenlehrer im päpstlichen Ornat (Chartres, Kathedrale, Bekennerportal, Fig.

1215/20); als Kirchenschriftsteller am Pult (Rom, Galleria Nazionale, Gem. v. C. Saraceni Anfang 17. Jh.). *Attribute:* geöffnetes Buch (Sevilla, Provinzmuseum, Gem. v. F. Zurbarán 17. Jh.); Kreuzstab (Wells, Kathedrale, Glasmalerei 1325/33); geöffnete Schriftrolle (Subiaco, Sacro Speco, Wandmalerei v. Meister der Gregoriuskapelle 1228); Geisttaube (Prag, Nationalgalerie, Gem. v. Wittingauer Meister um 1380); Engel (Venedig, S. Marco, Baptisterium, Mosaik 14. Jh.); Kirchenmodell (Onate, Gem. um 1530); der erlöste römische Kaiser Trajan, von G. mit der Hand emporgezogen (München, Alte Pinakothek, Gem. v. M. Pacher 1482/83); eine Bluthostie als Hinweis auf die lokale Legende, daß G. eine von drei Bluthostien geschenkt hat (Andechs, Benediktinerkloster, Gem. 15. Jh.). *Besondere Szenen:* G. weist die Papstwürde zurück (Philadelphia, J.-G. – Johnson-Gallery, Gem. eines Fra Angelico Nachfolgers 15. Jh.); ein Schreiber beobachtet durch ein gebohrtes Loch die Inspiration G.'s durch den Hl. Geist (Trier, Stadtbibliothek, Einzelblatt v. Meister des Registrum Gregorii Ende 10. Jh.); das Mahl G.'s mit den Bettlern (Vicenza, Refektorium des Klosters Monte Berico, Gem. v. P. Veronese 1572); Erscheinung des Erzengels Michael auf der Engelsburg (Città del Vaticano, Pinacoteca Vaticana, Gem. v. T. Gaddi-Umkreis 14. Jh.); Das Blut aus der Tunika Johannes des Evangelisten (Città del Vaticano, Pinacoteca Vaticana, Gem. v. A. Sacchi 1625); G.'s Interzession für die Armen Seelen im Fegefeuer (Bologna, S. Paolo, Gem. v. Il Guercino 1647); die Erlösung Kaiser Trajans aus dem Fegefeuer durch G. (Bologna, Pinacoteca Nazionale, Gem. v. J. Avanzo 1365); die Einführung der Kirchenmusik durch G. (Berlin, ehemals Kaiser-Friedrich-Museum, Elfenbeinrelief letztes Viertel 10. Jh.); die Gregoriusmesse: der Schmerzensmann erscheint auf dem Altar während der Messe G.'s (Cleveland/Ohio, Cleveland Museum of Art,

Gem. v. H. Baldung Grien um 1511). *Zyklen:* Florenz/S. Maria Novella, Fresken v. Meister der Gondi-Kapelle; Rom/S. Gregorio Magno, Reliefs v. L. Capponi Ende 15. Jh.; Rom/S. Gregorio, Barbarakapelle, Fresken v. A. Viviani 1602.

Gregor von Nazianz
Bischof, Kirchenlehrer, hl.
Fest: 2. 1.
Leben: * um 329/30 auf dem Landgut Arianz bei Nazianz als Sohn des Bischofs Gregor d. Ä. und seiner Mutter Nonna, unter deren Einfluß der Vater Christ geworden war. Studium an der Rhetorenschule in Cäsarea/Kappadozien, der heidnischen Hochschule von Athen 356/57, Freundschaft mit Basilius. 361/62 zum Priester auf Drängen der Gemeinde gegen seinen Willen geweiht, floh vor den Aufgaben in die Einsamkeit, kehrte bald zurück, von Basilius im Rahmen einer neuen Seelsorgseinteilung 372 zum Bischof von Sasima geweiht, trat aber dieses Amt nie an, 374 kurze Zeit Verwaltung der Diözese Nazianz nach dem Tod des Vaters, 375 in der Einsamkeit bei Seleukeia, 379 Leitung der nizänischen Gemeinde in Konstantinopel, 381 auf dem 2. allgemeinen Konzil als Bischof bestätigt, doch Wirren und Intrigen, die in der Anfechtung der Bischofswahl gipfelten, verleideten ihm das Amt, so daß G. krank geworden, nach Nazianz zurückkehrte. G. verbrachte nach kurzer Amtsverwaltung in Nazianz die letzten Lebensjahre auf seinem Landgut. † 390. – Menschlich war G. begeisterungsfähig und konnte andere mitreißen, war aber auch, wie sein Leben zeigt, schnell entmutigt und unbeständig. G.'s theologisches Verdienst liegt in der Herausarbeitung der Unterschiede der drei göttlichen Personen. G. definierte im Gegensatz zu Basilius klar die Gottheit des Hl. Geistes. In der Christologie bezeugte G. die Einheit der Person in Christus mit der Formel »eins

aus zwei«, d.h. zwei Naturen vereinigen sich in seiner Person zu Einem, die Naturen selbst sind vollständig vorhanden, auch die menschliche Natur Christi. G. sprach klar von den schlimmen Folgen der Adamssünde und betonte die Realpräsenz bei der Eucharistie. Die Lehre ist in den fünf theologischen Reden (von 45) niedergelegt, die G. 380 in Konstantinopel hielt. Außerdem existieren von G. 245 sehr persönliche Briefe und Gedichte, die vom Suchen, Irren, Lieben und Hoffen seiner Seele erzählen.

Patronat: Dichter, Fruchtbarkeit.
Verehrung und Kultorte: Reliquien in Konstantinopel, seit dem 8. Jh. in Rom/S. Maria in Campo Marzio und im Oratorio S. Gregorio. 1580 Aufschwung der Verehrung durch Papst Gregor XIII., Translation der Reliquien nach St. Peter.
Darstellungen in der Kunst: *Gewandung:* als Bischof des griechisch-byzantinischen Ritus mit Sticharion, Epitrachelion, Phelonon, Omophorion (Palermo, Capella Palatina, Mosaik 12. Jh.); als Bischof der lateini-

schen Kirche in Pontifikalien (Gotha, Museum, Zeichnung v. P. P. Rubens um 1600).
Attribute: Evangelienbuch (Cefalù, Kathedrale, Mosaik 12. Jh.); Engel, der auf Gott Vater verweist (Rom, S. Maria in Campo Marzio, Fresko 1638/1721); Luzifer als Vorbild der Häresie zu Füßen (Gotha, Museum, Zeichnung v. P. P. Rubens um 1600).

Gregor von Nyssa
Bischof, Kirchenlehrer, hl.
Fest: 9. 3.
Leben: * als Bruder des Basilius um 335, Rhetorenausbildung, trat in das von Basilius gegründete Kloster in Pontus am Schwarzen Meer ein, wurde gegen seinen Willen von Basilius zum Bischof des unbedeutenden Nyssa bestellt; 376 unter Erhebung des verleumderischen Vorwurfs der Verschleuderung von Kirchengut abgesetzt, 378 Rückkehr als Bischof, 379 Visitator der Diözese Pontus und Metropolit von Sebaste, 381 auf dem Konzil in Konstantinopel einer der herausragenden Verteidiger der Orthodoxie. † kurz nach 394. – G. betonte in seiner theologischen Lehre, niedergelegt u. a. in der kleinen Abhandlung »An Eustathius über die Trinität« und in der »Oratio catechetica«, die Möglichkeit, daß der menschliche Geist sich zu einem unmittelbaren Schauen Gottes, einer Vorwegnahme der Seeligkeit des Himmels erheben könne, ganz im Sinne von Plotin, der nicht nur eine vom Sinnlichen zum Übersinnlichen aufsteigende Gotteserkenntnis propagiert hatte. Wie Gregor von Nazianz betonte G. den wechselseitigen Austausch der Naturen in Christus, die in sich unversehrt bestehen blieben. G. vertrat bezüglich des Endes der Zeiten die Anschauung von der Wiederherstellung aller Dinge im Sinne des Origines und die Wandlung des Brotes in den Leib des göttlichen Logos. Von den weiteren Werken sind seine gegen bestimmte Häretiker gerichteten Abhandlun-

gen, seine exegetischen Werke über Bücher des Alten Testamentes und kleinere aszetische Traktate erhalten geblieben.
Verehrung und Kultorte: Reliquie (Haupt) im Kloster Iwrion/Athos.
Darstellungen in der Kunst: als Bischof des griechischen Ritus wie Gregor von Nazianz mit Buch (Palermo, Capella Palatina, Mosaik 12. Jh.).

Günther von Niederaltaich
Einsiedler, Benediktiner, hl.

Fest: 9. 10.

Leben: * um 955 aus der Familie der Grafen von Schwarz, G. war Vetter Kaiser Heinrichs II., unter Einfluß des Abtes Godehard von Niederaltaich Aufgabe des weltlich ausgerichteten Lebenswandels; G. bat um Aufnahme unter die Konversen des Benediktinerordens, 1005 Übergabe des persönlichen Eigentums an das Kloster Hersfeld; Erfüllung einer Bußwallfahrt nach Rom 1006; 1007 Noviziat in Niederaltaich. G. sollte Kloster Göllingen, ein Zweigkloster von Hersfeld verwalten, scheiterte aber. 1008 Bau einer Klause auf dem Ranzingerberg bei Lalling, später im Rinchnachtal. Aus der Klause entwickelte sich allmählich ein Kloster, dessen Kirche 1019 von Bischof Benno von Passau geweiht wurde. Vermutlich Missionstätigkeit bei westslawischen Stämmen sowie Klostergründungen in Ungarn (Zalavár und Bakonybél). 1029 urkundliche Erwähnung der Einrichtung einer Straße durch G. von Niederaltaich über Gutwasser nach Schüttenhofen und Prag. Politische Vermittlungstätigkeiten, u. a. während des Burgunder Krieges 1032/34 und im Streit des böhmischen Fürsten Oldrich mit Jaromir. 1040 erneuter Rückzug in die Einsamkeit, vermutlich bei Gutwasser im mittleren Böhmerwald oder Annín. †1045.

Legende: Am Hof seines Schwagers König Stephan von Ungarn wird G. und seinen Mitbrüdern ein Pfau vorgesetzt, jedoch sind den Mönchen üppige Gerichte untersagt; auf das Gebet G.'s erhebt sich der gebratene Pfau und fliegt davon.

Patronat: Böhmerwald.

Verehrung und Kultorte: Leichnam von Herzog Bretislav nach Břevnov überführt. Verehrung längs des sog. Güntherssteigs zwischen Zwiesel und Prag. Wallfahrtskirche in Gutwasser.

Darstellungen in der Kunst: *Gewandung:* als Benediktinermöch (Břevnov, St. Margaretha, Fig. 13. Jh.); als Mönch mit über den Kopf gestülpter Kapuze (Niederaltaich, Klosterkirche, Monstranz, Silberfig. 18. Jh.). *Attribute:* Stab mit Knauf (Gutwasser, Wallfahrtskirche, Messingkelch, Relief 18. Jh.); T-Stab (Břevnov, St. Margaretha, Fig. 13. Jh.); Sense (Rinchnach, St. Johannes, Fresko v. W. A. Heindl 1727); Ziegelsteine (auf Plakaten und sozialistischen Propaganda-Darstellungen der ČSSR nach 1945). *Besondere Szenen:* G. als Patron des Böhmerwaldes (Rinchnach, St. Johannes, Fresko v. W. A. Heindl 1727); das Wunder mit dem Pfau (Břevnov, Festsaal, Fresko v. C. D. Asam 1727/28); der Tod G.'s (Břevnov, St. Margaretha, Gem. v. P. Brandl 1718).

H

63 Hedwig von Andechs [Schlesien] (Avoice, Jadwiga), Herzogin, hl.

Fest: 16. 10.

Leben: * 1174 auf Schloß Andechs als Tochter des Grafen Berthold IV. von Andechs-Meranien, Tante der hl. Elisabeth v. Thüringen. Nach Erziehung im Benediktinerinnenkloster Kitzingen mit 13 Jahren mit Piastenherzog Heinrich I. von Schlesien vermählt, dem sie 7 Kinder gebar; seit 1238 Witwe. 1241 fiel der älteste Sohn Heinrich im Kampf gegen die Mongolen. H. berief mehrere Orden nach Schlesien und gründete das Zisterzienserinnenkloster Trebnitz. Gerühmt wegen ihrer Frömmigkeit, Nächstenliebe, ihres sozialen Engagements und der Kreuzesnachfolge. Lebte bis zu ihrem Tod in Kloster Trebnitz. † 1243. Heiligsprechung 26. 3. 1267.

Legende: Auswahl aus der Legenda major: Der Kruzifix in Trebnitz segnet die hl. H. – H. geht auch im Winter barfuß, trägt nur auf Geheiß des Beichtvaters Schuhe, um Anstoß bei Hof zu vermeiden. – H. erwirkt den Erlaß von Abgaben zugunsten der Bevölkerung. – H. leistet Armen Fürsprache bei Gericht. – H. schenkt armen Mädchen bei der Hochzeit die Aussteuer. – Als ihr Gemahl Heinrich auf einem Kriegszug ein Dorf niederbrennen läßt, bittet H. den Gemahl, Schadensersatz zu leisten. – H. bringt Gefangenen Kerzen (Licht) in die Gefängniszellen. – H. verehrt die Nonnen von Trebnitz, küßt deren Betstühle und Handtücher. – H. badet ihre Kinder im Fußwaschwasser der Nonnen. – H. gelobt ihrem Gatten Enthaltsamkeit.

Patronat: Berlin, Schlesien, Polen, Breslau, Krakau, Trebnitz, Andechs, Diözese Görlitz, Brautleute, Heimatvertriebene, Europa.

Verehrung und Kultorte: Leichnam in Trebnitz, Reliquien in Kloster Andechs, Wallfahrt nach Andechs verstärkt seit 1945. Die Verehrung H.'s breitete sich, von den Piasten gefördert, in Polen, Ungarn, Böhmen, Österreich, aber auch in Berlin und Frankreich aus.

Aberglauben: H.'s-Brote, am H.'s-Tag gebakken, auch H.'s-Sohlen genannt, sind ein Gebildbrot in Schuhform, weil H. oft aus Demut barfuß unterwegs war, und werden verstorbenen Wöchnerinnen mit ins Grab gegeben.

Darstellungen in der Kunst: *Gewandung:* als verheiratete, jugendliche Matrone mit langem, gegürteten Kleid, vor der Brust geschlossenem Mantel, Wimpel, Weihel, Kopftuch (Prag, St. Thomas, Sakristei, Fresko Mitte 14. Jh.); als Herzogin mit Herzogshut (Breslau, Ursulinenkloster, Fig. um 1440); als Herzogin mit Krone (Passau, Kloster der englischen Fräulein, Fig. um 1420); als Zi-

sterzienserin in Schwesterntracht (Trebnitz, H.'s-Kapelle, Gem. v. Th. Hamacher 19. Jh.); als barfüßige Matrone (Liegnitz, Stadtarchiv Codex A 353, Buchmalerei Mitte 15. Jh.). *Attribute*: Kruzifix (Kloster Arouca, Fig. v. J. Viera 1720/30); Marienfigur (Rauden, Abteikirche, Fig. v. J. M. Österreich Mitte 18. Jh.); Buch (Zielenzig, St. Nikolai, Fig. um 1520); Rosenkranz (Breslau, Dom, Westvorhalle, Fig. Mitte 15. Jh.); Schuhe (Muszyna, Pfarrkirche, Fig. um 1470); Modell der Kirche von Trebnitz (Breslau, Dom, Unterkirche, Schlußstein, Relief 2. Hälfte 14. Jh.); Modell der kreuzförmigen Klosterkirche mit Dachreiter (Trebnitz, Klosterkirche, Fig. 2. Hälfte 15. Jh.); Kirchenmodell der barocken Klosterkirche (Trebnitz, Klosterkirche, Fig. 2. Hälfte 18. Jh.); Hedwigsbrote (Breckerfeld, ev. Pfarrkirche, Fig. 16. Jh.); Bettler Speise gebend (Trebnitz, Fig. 2. Hälfte 18. Jh.); Gefangener, Rollstuhlfahrer (Ludwigshafen, St. H., Relief v. F. W. Müller-Steinfurth 1993). *Besondere Szenen*: Mongolenschlacht an der Wahlstatt mit der enthaupteten Leiche Heinrichs (Liegnitz, Piastenmausoleum Fresko 1677/79). *Zyklen*: Malibu/Kalifornien, Collection of the J. Paul Getty Museum, ehemals Aachen/Sammlung Ludwig, Schlackenwerther Codex, Buchmalerei 1353; Breslau/Museum der bildenden Künste, Gem. um 1430; Breslau/St. Matthias, Fresken v. J. M. Rottmayr 1704/06; Wahlstatt, Fresken v. C. D. Asam 1733.

Heinrich II. und Kunigunde

Kaiserpaar, hl.

Fest: 13. 7.

Leben: H. * 6. 5. 973 als Sohn Heinrichs des Zänkers von Bayern, erzogen von Bischof Wolfgang und Abt Ramwold von Regensburg. 995 Herzog von Bayern, 1002 zum deutschen König gewählt. 1004 italienische Krone, 1014 von Papst Benedikt VIII. zum Kaiser gekrönt. Eifriger Förderer der Kirchenreform, Ausbau des Systems der Reichskirche, der von Gorze und Trier/St. Maximin betriebenen Klosterreform gegenüber aufgeschlossen. 1004 Erneuerung des Bistums Merseburg, 1007 Gründung des Bistums Bamberg; ausgezeichnet durch Unternehmungslust und diplomatische Gewandtheit, die sich u. a. in den Bündnissen mit den heidnischen Liutizen in Mecklenburg und Pommern zeigte. † 13. 7. 1024 in Grona bei Göttingen. – Seine Gemahlin K., Tochter Graf Siegfrieds von Lützelburg, heiratete H., doch blieb die Ehe kinderlos; nach dem Tod H.'s zog sich K. in die von ihr gestiftete Abtei Kaufungen zurück, dort † 1033. Heiligsprechung v. H. 1146, v. K. 1200.

Legende: Bischof Wolfgang erscheint H. und prophezeiht ihm »post sex«, was sich nach sechs Jahren in der Kaiserkrönung erfüllt. – H. und K. werden von Christus selbst die Kronen aufgesetzt. – H. gewinnt die Schlacht gegen den Polenkönig Boleslaw mit Hilfe des hl. Laurentius. – Der Teufel versucht in Gestalt eines jungen Mannes K. auf ihrem Nachtlager. – K. wird von ihrem Mann H. zur Rede gestellt. – H. läßt K. vor ein Gericht stellen, das über K. die Feuerprobe verhängt. – K. geht unversehrt über die glühenden Pflugscharen. – H. leistet gegenüber K. Abbitte. – K. wohnt einer Messe bei und hängt ihren Handschuh an einem Sonnenstrahl auf. – K. entlohnt Bauarbeiter aus ihrer wunderbaren Schüssel. – Benedikt nimmt Kaiser Heinrich die Nierensteine aus dem Körper. – H. und K. danken Christus und St. Benedikt für seine Hilfe bei der Gesundung H.'s. – Ein zerbrochener Kristallbecher wird auf H.'s Gebet wieder heil. – Nach dem Tod H.'s rettet St. Laurentius während der Seelenwägung H.'s durch den Erzengel Michael H.'s Seele, indem er auf die Schale der guten Werke einen Meßkelch legt, den H. auf dem Totenbett St. Lorenz in Merseburg gestiftet hat.

Patronat: Bistum Bamberg, Stadt Bamberg, Basel.
Verehrung und Kultorte: H. beigesetzt in Bamberg, K. in Kaufungen, Gebeine 1201 nach Bamberg transferiert. K. – Reliquien in Eichstätt (seit 1501), Wien/Stephansdom, Kloster Andechs, Luxemburg (um 1600), Lissabon/Jesuitenkirche (seit 1587).
Darstellung in der Bildenden Kunst: *Gewandung:* H. als Kaiser mit Krone (München, Bayerische Staatsbibliothek clm 4456, Buchmalerei um 1002/14); H. als Stifter (Paris, Musée Cluny, sog. Baseler Antependium, Relief um 1018); als bärtiger Kaiser mittleren Alters in Rock und Mantel (Bamberg, Dom, Adamspforte, Fig. um 1237); als jugendlicher Kaiser (Basel, Münster, Fig. 1. Hälfte 13. Jh.); in Harnisch (München, Alte Pinakothek, Gem. .v. B. Bruyn Anfang 16. Jh.); im Ornat des Ordens vom Goldenen Vlies (Privatsammlung Spetz, Fig. v. H. Hagenower 16. Jh.); in Rüstung und Mantel (Rott am Inn, Fig. v. I. Günther 1759); K. als Kaiserin im langen Unterkleid, gegürtetem Oberkleid und Mantelumwurf (Bamberg, Dom, Adamspforte, Fig. um 1237); K. im kaiserlichen Ornat mit Krone, Kopftuch zusammen mit H. (Nürnberg, St. Lorenz, Wandteppich spätes 15. Jh.); K. mit Kopfschleier (Bamberg, Dom, Chorgestühlwange im Westchor 14. Jh.); K. als Benediktinerin in Ordenstracht (St. Lambrecht Fig. 15 [?]. Jh.); K. als Witwe in schlichtem Kleid, Wimpel, Weihel, Kopftuch (Oberstadion/Württemberg, Gem. v. 1458). *Attribute:* H. mit Szepter und Reichsapfel (München, Bayerische Staatsbibliothek clm 4452, Buchmalerei 11. Jh); K. mit Krone und Szepter (Bamberg, Dom, Kaisergrab v. T. Riemenschneider 1499); K. mit Reichsapfel (St. Leonhard im Lavanttal, Glasmalerei 14. Jh.); H. mit Schwert und hl. Lanze (München, Bayerische Staatsbibliothek clm 4456, Buchmalerei um 1002/14); Lorbeerkranz bei H. (Dieppe, St-Jaques, Gem. v. C. Vignon II um 1650);

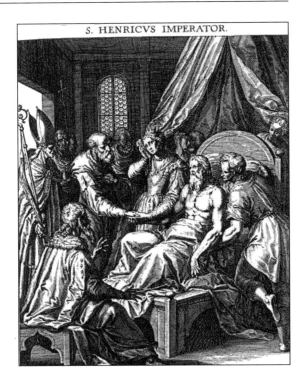

Kirchenmodell bei H. (Moosburg, Fig. v. H. Leinberger um 1511); Modell des Bamberger Doms bei H. (Rott am Inn, Fig. v. I. Günther 1759); Kirchenmodell bei K. (St. Lambrecht, Fig. v. 1638); Modell des Bamberger Doms bei K. (Bamberg, Dom, Adamspforte, Fig. um 1237); Modell des Bamberger Doms, von H. und K. in Händen (Dresden, Kupferstichkabinett, Zeichnung v. Hans v. Kulmbach Ende 15. Jh.); Kirchenmodell in Händen von H. und K. gehalten (Nürnberg, St. Lorenz, Wandteppich, spätes 15. Jh.); Urkunde bei H. (Passau, Dom, Fig. um 1500); Lilie bei H. (Florenz, Palazzo Pitti, Gem. v. F. Mancini 17. Jh.); griechisches Kreuz bei K. (Basel, Münster, Relief 13. Jh.); Pflugschar in der Hand von K. (Forchheim, Spitalkapelle, Gem. um 1480); Pflugschar zu Füßen von K. (Mallersdorf, Fig. v. I. Günther 1768/70); Schüssel und Münzen bei K. (Klosterneuburg, Albrechtsaltar, Gem. um 1440). *Besondere Szenen:* Post-sex Vision H.'s durch den hl. Wolfgang (Angoulême, St-Andre, Gem. v. C. Vignon 1627); Benedikt übergibt H. u. K. das Gnadenbild der Alten Kapelle/Regensburg (Regensburg, Alte Kapelle, Fresko v. G. B. Götz 1762); Neugründung von Polling durch H. (Polling, Relief v. F. X. Schmädl 1765); Seelenwägung H.'s und Hilfe durch St. Laurentius (Vamlingbo/Gotland, Wandmalerei um 1240); K. geht über die glühenden Pflugscharen (München, Bayerisches Nationalmuseum, Gem. v. W. Katzheimer um 1495); K. hängt ihren Handschuh an einem Sonnenstrahl auf (Basel, Kunstmuseum, Email 14. Jh.); Steinheilung H.'s durch St. Benedikt (Bamberg, Dom, Kaisergrab, Relief v. T. Riemenschneider 1501/13). *Zyklen*: Regensburg/Alte Kapelle, Fresken v. C. T. Scheffler 1752; München/Bayerisches Nationalmuseum, Kundigundenaltar, Gem. 16. Jh.; Bamberg/Dom, Kaisergrab, Reliefs v. T. Riemenschneider 1501/13.

Helena

Kaiserin, hl.
Fest: 18. 8.
Leben: * um 255 in Drepanon in Bithynien als Tochter aus niederem Stand, wurde Konkubine von Konstantius Chlorus († 306). Um 285 wurde ihr Sohn Konstantin geboren, nach der Ausrufung Konstantins zum Kaiser durch das Heer, nahm er seine Mutter zu sich. Nach dem Sieg an der Milvischen Brücke seit 312 entschiedene Förderin der Christen. H. veranlaßte den Bau zahlreicher Kirchen, wie der Geburtskirche in Bethlehem. † 330 in Nikomedien.
Legende: Seit dem 4. Jh. wird H. die Auffindung des Kreuzes Christi zugeschrieben: H. reist nach Jerusalem und forscht nach dem Kreuz Christi. – H. berät sich mit weisen Juden, die jede Auskunft verweigern. – H. befiehlt, die Juden durch Feuer zu verbrennen, als diese ihr Judas überantworten, der sich auf seinen Vater berufen und im Geheimen

den anderen Juden gesagt habe, daß niemand erfahren dürfe, wo das Kreuz liege, da sonst der Glaube der Väter zunichte werde. – H. hält Judas zurück und droht ihm, ihn auszuhungern und läßt ihn in einen Brunnen werfen. Am 7. Tag erbietet er sich, H. zu helfen. – Als Judas an der betreffenden Stelle, an der ein Venustempel von Kaiser Hadrian errichtet ist, betet, bewegt sich die Erde und süß schmeckender Rauch steigt auf. – H. läßt den Tempel zerstören und heißt Judas graben, der daraufhin 20 Schritt unter der Erde (Var.: in einer Zisterne) drei Kreuze findet. – Um das wahre Kreuz bestimmen zu können, legen sie alle drei Kreuze mitten in die Stadt und warten auf ein Zeichen. – Um die neunte Stunde wird ein verstorbener Jüngling, als man ihm das dritte Kreuz auf die Schulter legt, lebendig. (Var.: Macarius der Bischof von Jerusalem, läßt einer todkranken Frau die Kreuze nacheinander auf die Schulter legen, beim dritten Kreuz wird sie geheilt). – H. sucht die Nägel vom Kreuz Christi und der inzwischen getaufte und sich Quiriacus nennende Judas, inzwischen Bischof von Jerusalem geworden, findet sie, als während seines Gebetes plötzlich die Nägel wie Gold in der Erde zu leuchten beginnen.
Patronat: Bistum Trier, Bamberg und Basel, Erzherzogtum Österreich, Frankfurt, Ascoli, Pesaro, Colchester; Nagler, Nagelschmiede, Färber, Bergleute, Schatzgräber, Entdeckung von Diebstählen, Auffindung verlorener Gegenstände, gegen Blitz, Feuer.
Verehrung und Kultorte: Grab in Rom, später in Konstantinopel, Reliquien in Hautvillers, Paris/St-Leu (seit Ende des 18. Jh.), Trier (Haupt). Weitere Verehrung in Zusammenhang mit der Thebäischen Legion und der Hl.-Rock Wallfahrt in Trier.
Darstellungen in der Kunst: *Gewandung*: als Augusta in antiker Frauenkleidung (Rom, S. Croce in Gerusalemme, Fig. 4. Jh.); als Kaiserin in einer dem jeweiligen Zeitstil entsprechenden Herrschaftstracht (Breslau, Di-

özesanmuseum, Gem. Ende 15. Jh.); im Hermelinmantel (Freising, Neustift, Fig. v. I. Günther 1764); in orientalischer Phantasietracht (Augsburg, Staatsgalerie, Gem. v. Th. Burgkmair Anfang 16. Jh.); als Witwe ohne Krone (Mailand, Dom, Fig. Ende 14. Jh.); als Witwe mit Haube (München, Alte Pinakothek, Gem. v. C. Engelbrechtsen 16. Jh.); als Fürstin mit Fürstenhut (Brandenburg, Dom, Gem. 1502); als Portrait der Markgräfin Sibylla Augusta von Baden (Rastatt, Schloßkirche, Fig. v. 1723); als Portrait der Königin Marie-Thérèse (Créteil, Gem. 18. Jh.). *Attribute:* Szepter (Donaueschingen, Fürstlich Fürstenbergische Sammlungen, Gem. um 1500); kleines Handkreuz (Valcabrère, St-Just, Fig. 12. Jh.); neben ihr stehendes großes Kreuz (Rimini, Palazzo dell'Arrengo, Wandmalerei 14. Jh.); Kreuz mit Titulus (Nürnberg, Germanisches Nationalmuseum, Gem. 2. Hälfte 15. Jh.); geschultertes Kreuz (Hampton Court, Gem. v. Chiadorolo 16. Jh.); drei Kreuze (Paris, Bibliothèque Nationale MS lat. 9474, Buchmalerei v. J. Bourdichon 15. Jh.); drei Kreuznägel (Mailand, Dom, Fig. Ende 14. Jh.); Dornenkrone (Barcelona, Kathedrale, Gem. 14. Jh.); Christusmedaillon (Neuilly-sur-Seine, Glasmalerei von D. Ingres 19. Jh.); Heiliggrabkapelle als Modell (Xanten, Dom, Fig. um 1350); Kirchenmodell von Köln, St. Gereon (Köln, St. Gereon, Glasmalerei 14. Jh.); Buch (Stuttgart, Landesmuseum, Fig. aus Ottenbach um 1510). *Besondere Szenen:* Konstantin und H. flankieren das Kreuz (Venedig, S. Giovanni in Bragora, Gem. v. C. da Cornegliano 1502); H. kniet vor dem Kreuz (Bonn, Münster, Fig. um 1660/70); Kreuzauffindung mit H. (Albi, Kathedrale, Fresken 15. Jh.); H. und Konstantin bei Papst Silvester (Brüssel, Musées Royaux des Beaux-Arts, Gem. v. B. van Orley 1515/20); Erprobung des Kreuzes (Arezzo, S. Francesco, Fresko v. P. della Francesca 1452/66); H. und Konstantin bei der Erprobung des Kreuzes (Graz, Landesmuseum Johanneum, Gem. des Meisters von Laufen 1440); H. nimmt eigenhändig die Kreuzprobe vor (Stratford-on-Avon, Trinity Chapel, Wandmalerei 15. Jh.); H. sieht das Kreuz Christi im Traum (Washington, National Gallery, Gem. v. P. Veronese um 1570); H. zeigt Konstantin das Kreuz (Cuenca, Kathedrale, Relief 16. Jh.). *Zyklus:* nach der Legenda aurea: Bártfa (Ungarn), Kreuzaltar, Gem. 1480/90.

Hemma von Gurk
Witwe, hl.
Fest: 27. 6. (vor der Kalenderreform außer Bistum Gurk 29. 6.).
Leben: * um 980 als Gräfin von Friesach-Zeltschach; verheiratet mit Graf Wilhelm von der Sann, der 1016 auf einer Pilgerfahrt starb. 1036 Ermordung ihrer beiden Söhne durch aufständische Bergknappen, danach

verwandte H. alle Besitzungen für geistliche Stiftungen; besonders das Benediktinerstift Admont, das Benediktinerinnenstift Gurk. † 29. 6. 1045. Seligsprechung 1287, Kult 1938 kirchlich bestätigt.

Legende: Der Stein, auf dem H. während der Bauarbeiten am Dom von Gurk sitzt, nimmt plötzlich Sesselform an. – H. zahlt den Bauarbeitern ihren Lohn aus einem Geldbeutel, aus dem sie wunderbarerweise nicht mehr herausholen können, als sie verdient haben.

Patronat: Landespatronin von Kärnten; gegen Augenleiden, allgemeine Krankheiten.

Verehrung und Kultorte: Leichnam seit 1174 in der Krypta des Domes von Gurk, Reliquien (Ring, Anhänger) ebenfalls in Gurk. Wallfahrt der Slowenen nach Gurk.

Darstellungen in der Kunst: *Gewandung:* als Stifterin in Witwentracht und Witwenschleier (Gurk, Dom, Wandmalerei 1220); in ungarisch-kroatischer Tracht mit gebauschter Haube und Kette des Schwanenordens (Gurk, Domkapitel, Gem. Anfang 16. Jh.); in Hoftracht mit offenem Haar (Edelschrott, St. Hemma, Gem. 17. Jh.); als Nonne (Gurk, Dom, Gem. v. H. G. Pfisterer 1745). *Attribute:* Kirchenmodell (Zweinitz, Wandmalerei 15. Jh.); Krone (Hirschegg, Fig. 1643); Geldbeutel (Friesach, Deutschordenskirche, Fig. 16. Jh.); Anhänger, Ring (Wien, Mariahilfer Kirche, Gem. v. W. Posch 1937); Rosen (Edelschrott, Gem. 17. Jh.). *Zyklen:* Gurk/Dom, Reliefs v. L. Pampstl 1515; Edelschrott/H.-Kirche, Gem. 17. Jh. und Fresken 1731.

Heribert von Köln

(Ariberto, Eriberto), Erzbischof, hl.
Fest: 16. 3 (in Köln 30. 8.).
Leben: * um 970 als Sohn des Grafen Hugo von Worms und der Tietwidis aus dem Haus der Grafen von Alemannien; erzogen in der Domschule von Worms und im Kloster Gorze. 995 Priesterweihe. Als Vertrauter Kaiser Ottos III. bereits 994 Ernennung zum Kanzler für Italien, seit 998 auch für Deutschland, 999 Wahl zum Erzbischof von Köln. Im Jahr 1000 Teilnahme an der feierlichen Öffnung des Grabes Karls d. Gr. in Aachen durch Kaiser Otto. Nach dem Tod Ottos 1002 leitete H. die Überführung des Leichnams aus Paterno nach Deutschland, wurde dabei von Herzog Heinrich von Bayern gefangen gesetzt, bis sich H. bereit erklärt hatte, die zu den Reichsinsignien zählende Hl. Lanze, die H. an Pfalzgraf Ezzo gesandt hatte, auszuliefern. Nach der Beisetzung legte H. das Kanzleramt nieder. 1002 Gründung des Benediktinerklosters Deutz, 1020 Weihe der Kirche. Sein Verhältnis zu Kaiser Heinrich II. war kühl; H. begleitete ihn 1004 nach Rom und förderte 1007 die Gründung des Bistums Bamberg. † 16. 3. 1021. Heiligsprechung angeblich 1046/48.

Legende: nach der H.-Vita des Lantbertus und Rupert von Deutz: Graf Hugo und der weise Jude Aaron schauen im Traum die Geburt H.'s voraus. – Kaiser Otto III., überreicht H. den Stab des hl. Petrus. – In seiner Bescheidenheit betritt H. die Stadt Köln als neuer Bischof barfuß. – Bei dem Informativprozeß öffnet sich vor der Bischofsweihe das Evangelienbuch vor H. von selbst. – Vor H. öffnet sich bei der Bischofsweihe der Altar und Maria erscheint mit H.'s Freund Pilgrim, die beide H. anweisen, das Kloster Deutz zu gründen. – Als die Bauleute kein geeignetes Bauholz beibringen können, schaut H. in seinem Obstgarten um die Mittagszeit in einem Birnbaum ein Kreuz und läßt den Baum für den Klosterbau fällen. – Bei einer Bittprozession um Regen, die in Köln von St. Severin nach St. Panthaleon führt, kreist über H.'s Haupt allen sichtbar eine Taube, anschließend regnet es. – H. heilt während der Palmsonntagspredigt einen Besessenen. – Kaiser Heinrich II. erscheint zornig in Köln, ihm wird aber durch einen Traum gezeigt, daß H. und er sich zum letzten Mal sähen, nach der Mitternachtsmesse bittet Heinrich H. um Verzeihung.

Patronat: Deutz; um Regen.

Verehrung und Kultorte: Leichnam beigesetzt in Deutz. 1147 Hebung der Gebeine durch Erzbischof Arnold I., um 1170 Übertragung in den Heribertschrein; lokale Verehrung in Köln.

Darstellungen in der Kunst: *Gewandung:* als historischer Bischof in Pontifikalgewandung mit Mitra (Köln, St. Gereon, Wandmalerei 13. Jh.); als historischer Bischof in Pontifikalgewandung ohne Mitra (Düsseldorf, Stadtarchiv, Siegel, Relief v. 1003); als Bischof mit Nimbus in Pontifikalmeßgewandung mit Pallium (Köln-Deutz, St. Heribert, Heribertschrein, Relief um 1170); als Bischof im Pluviale (Köln, St. Apostel, Gem. [zerstört] Mitte 15. Jh.); als Kölner Kurfürst (Köln, Domschatz, Engelbertschrein, Fig. v. 1633). *Attribute:* zwei Mönche mit Spruchband (Köln, Stadtarchiv, Theoderich-Codex, Buchmalerei um 1150); Personifikation der Tugenden Humilitas und Caritas (Köln-Deutz, St. Heribert, Heribertschrein, Relief um 1170); Kirchenmodell (Köln, Wallraf-Richartz-Museum, Gem. v. Älteren Meister der hl. Sippe um 1420); Modell von Köln-St. Apostel (Köln, St. Apostel, Gem. [zerstört] Mitte 15. Jh.); Schwert, Mitra zu Füßen, Rolle (Köln, Domschatz, Engelbertschrein, Fig. v. 1633). *Zyklus:* Köln/St. Heribert, Heribertschrein, Emailmedaillons um 1170.

Hermann Josef von Steinfeld

(Menzel), Prämonstratenser, hl.

Fest: 21. 5 (vor der Kalenderreform 7. 4.).

Leben: * nach 1150 in Köln, mit zwölf Jahren Eintritt in das Prämonstratenserkloster

Steinfeld in der Eifel, Studium in Mariengarten (Friesland). Bedeutender Prediger, Seelenführer in Nonnenklöstern, † 7. 4. 1241 (oder 1252) in Hoven/Eifel. – Kultbestätigung am 11. 8. 1958, Verehrung als Hl. nach dem 15. 1. 1960 erlaubt. – HJ. zählt zu den bedeutenden Mystikern. Schriften u. a. Hymnen an Maria zu Ehren ihrer fünf Freuden, der bekannte Herz-Jesu Hymnus »Summi regis Cor« (des höchsten Königs Herz).

Legende: HJ. reicht als Kind einer Marienfigur in St. Maria im Kapitol zu Köln einen Apfel als Geschenk für den Jesusknaben. – Maria hilft dem kleinen Knaben über das abgeschlossene Chorgitter zu klettern und reicht ihm im Beisein von Josef und Johannes Evangelista das Christkind zum Spielen. – HJ. lernt das Uhrmacherhandwerk. – Christus erscheint HJ. mit einer Axt, um ein verkommenes Kloster zu zerstören, während HJ. um dessen Schonung und Strafvollzugsaussetzung bittet. – HJ. vermählt sich in einer mystischen Schau mit der Gottesmutter unter Assistenz von Engeln.

Patronat: Mütter, Kinder, Uhrmacher.

Verehrung und Kultorte: Leichnam beigesetzt im Kloster Steinfeld/Eifel; Verehrung durch Papst Benedikt XIII. seit 1728 gefördert. Patrozinien in Floßdorf und Ripsdorf.

Darstellungen in der Kunst: *Gewandung:* als Schulkind (Privatbesitz, Hausaltärchen, Gem. v. E. v. Steinle 1860); als Prämonstratenser in weißer Tunika, weißem Skapulier mit weißer Kappa und Kapuze (Kloster Steinfeld, Fig. 16. Jh.); in Chorkleidung mit Rochett, Almutia, Birett (Wilten, Pfarrkirche, Fig. v. F. X. Nißl 1776). *Attribute:* Schlüssel am Gürtel (Münster, Landesmuseum, Gem. 15. Jh.); Kelch, aus dem drei Rosen wachsen (Berlin, Kaiser-Friedrich Museum, Gem. v. Meister des Marienlebens 15. Jh.); Kelch ohne Rosen (Köln, Dom, Portal-Relief v. E. Mataré 1948); Buch (Kloster Steinfeld, Kreuzgang, Glasmalerei 16. Jh.); Messer (Kloster Steinfeld, Fig. v. Meister Til-

man 15. Jh.); Jesuskind auf dem Arm (Kloster Steinfeld, Fig. 1683); Lilie (Niederehe bei Gerolstein, Fig. 18. Jh.). *Besondere Szenen:* HJ. reicht dem Jesuskind einen Apfel (Wahlen, Kapelle, Gem. v. 1689); die mystische Vermählung HJ.'s. mit der Gottesmutter (Wien, Kunsthistorisches Museum, Gem. v. A. van Dyck 1630).

Hieronymus

30

Kirchenlehrer, hl.

Fest: 30. 9. (Bamberg 3. 10.; Basel 1. 10.).

Leben: * 340/50 in Stridon in Dalmatien als Sohn einer wohlhabenden Familie. Um 354 Studium der Grammatik, Rhetorik, Philosophie in Rom, Donatus Grammaticus wurde H.'s. Lehrer, Rufin aus Aquileia war sein Mitschüler. Gegen Ende der römischen Studienzeit Taufe; wahrscheinlich unter Einfluß Trierer Asketen Entschluß zu einem asketischen Leben in Aquileia. 373/74 Pilgerreise nach Jerusalem; eine Erkrankung hielt ihn jedoch in Antiochien fest. H. hörte exegetische Vorträge des B. Apollinaris von Laodicäa und lernte gründlich Griechisch. 375–378 Eremit in der Chalkis, lernte Hebräisch von einem Mönch jüdischer Abstammung. Paulin von Antiochien ordinierte H. zum Presbyter. Aufenthalt in Konstantinopel, H. hörte Gregor von Nazianz, dessen Schriften H. ins Lateinische übertrug. 381 Freundschaft mit Gregor von Nyssa. 382 Teilnahme an der römischen Synode auf Einladung von Papst Damasus, um das melitanische Schisma zu beenden. 382–385 Aufenthalt in Rom als Sekretär des Papstes; Beginn der Revision der lateinischen Bibeltexte; Mittelpunkt eines römischen Asketenkreises von Damen des römischen Adels, wie Marcella, Paula und Eustochium. H. wurde nach dem Tod seines Gönners Papst Damasus 384 offen angefeindet und seiner aszetischen Freundinnen verdächtigt. H. verließ nach Unruhen, die wegen des frühen

Todes der Tochter der Paula namens Blesilla wegen zu hartem Fasten ausbrachen und woran H. die Schuld gegeben wurde, Rom und ging nach Alexandrien. Nach einem Besuch der Mönche in der nitrischen Wüste 386 ständiger Aufenthalt in Bethlehem, geprägt von polemisch gefärbten Auseinandersetzungen um den Pelagianismus. Geistesfrisch und kampfeslustig in zahllosen Streitschriften bis an sein Ende. † 30. 9. 419/20. – H. war kein spekulativer Theologe, seine Begründungen beruhten auf der Schrift, Tradition, Liturgie, Leben und Praxis. Zur Inspirationslehre vertrat H. einen historisch-grammatischen Sinn der Schriftworte, ohne sich ganz von der alexandrinischen allegorischen Schriftauslegung loszusagen. Deswegen blieben Widersprüche bestehen, etwa wenn H. die absolute Irrtumslosigkeit der Hl. Schrift vertrat, aber trotzdem nur die Realinspiration des Urtextes lehrte. Bezüglich Freiheit und Gnade suchte er gegenüber der Heräsie des Pelagius zu beweisen, daß nur Gott sündelos sein könne, ein Mensch aber diesen Zustand nur mit Hilfe der Gnade Gottes auf eine bestimmte Zeit ereichen könne. H. betonte ganz energisch seine Liebe zur Kirche, deren Lehrverkündigung allein dem römischen Stuhl zusteht. Unter seinen Werken stehen neben der herausragenden Leistung der Vulgata-Übersetzung Kommentare zu biblischen Büchern und scharf formulierte, angriffslustige, bis zum Verletzen polemische Kampfschriften gegen Johannes, seinen Jugendfreund Rufin und gegen den Pelagianismus.

Legende: H. überfällt mitten in der Studienzeit ein heftiges Fieber und sieht sich bereits vor Gottes Thron stehen, wo er nach dem Glauben gefragt wird. Als H. behauptete, er sei Christ, wird ihm vorgehalten, in Wahrheit Anhänger Ciceros zu sein und deswegen von einem Engel mit Ruten geschlagen. – H. wird von seinen Gegnern in der Nacht ein Frauenkleid neben sein Bett gelegt, das er in der Dunkelheit versehentlich anzieht und so unter dem Gespött der Menschen zur Kirche geht. – H. erträgt das Eremitendasein nur schwer, zumal ihn sexuelle Begierden quälen und er sich von einem Reigen schöner Mädchen umgeben glaubt. – H. schlägt sich mit einem Stein deswegen auf seine sündige Brust. – H. findet einen hinkenden Löwen in der Nähe des Klosters in Bethlehem, den er von einem Dorn befreit. Der nun zahm gewordene Löwe soll einen Esel beschützen, doch als der Löwe ohne Esel zurückkommt, glaubt man, der Löwe habe ihn gefressen und setzt ihn als Lasttier ein. – Der zahme Löwe überfällt plötzlich eine Karawane, vertreibt Kaufleute und treibt Kamele und Esel zum Kloster. – Später gestehen die Kaufleute vor H., den Esel damals dem schlafenden Löwen gestohlen zu haben. – Der Löwe leckt dem sterbenden Hieronymus die Füße. – Sulpicius Severus, der Verfasser der Vita Martini schaut in einer Vision, wie Christus die Seele von H. im Geleit der Engel gen Himmel führt. Zur gleichen Stunde erscheint H. dem hl. Augustinus, als dieser gerade eine Lobrede auf ihn verfassen will. – H. erscheint nach dem Tod seinem Schüler Eusebius im Traum, als Sektierer von der Lehre der Kirche abweichende Ansichten über den Tod verbreiten. H. läßt Eusebius dem Bischof Kyrill von Jerusalem ausrichten, er solle drei in der Nacht verstorbene Männer mit dem Mantel bedecken, den H. zuletzt getragen habe. Dadurch werden die Toten lebendig und können über Hölle, Fegefeuer und Paradies die Wahrheit berichten. – H. ruft den Kardinal Andrea zum Leben zurück, der vor Gottes Gericht wegen seines verweichlichten Lebenswandels bestraft werden sollte, damit er die Mitbrüder warnen könne. Danach sinkt der Kardinal tot in sich zusammen. – Sabianus gibt seine eigene Schrift als die des Hieronymus aus und wird von Bischof Sylvanus dafür mit den Worten zurechtgewiesen, daß er sich zu streben bereit

erkläre, wenn der tote H. sich nicht innerhalb eines Tages dazu äußere; als nichts geschieht, will man Sylvanus mit dem Schwert hinrichten, doch schwebt H. herbei, hält das Schwert mit der Hand fest, während das Haupt des Sabianus ohne menschliches Zutun vom Kopf getrennt wird. – Zwei römische Pilger, die in Konstantinopel zum Tode verurteilt worden sind, rettet H., indem ihnen das Beil nichts antun kann und indem er sie, als man sie aufgehängt hat, solange stützt, bis man sie freiläßt.

Patronat: Dalmatien, Lyon, Ordengenossenschaften vom hl. Hieronymus, Asketen, Lehrer, Schüler, Übersetzer, Korrektoren, Theologen, Universitäten, wissenschaftliche Vereinigungen, Bibelgesellschaften.

Verehrung und Kultorte: Leichnam Ende 13. Jh. nach Rom/Santa Maria Maggiore verbracht; seit 1343 Kirchenlehrer.

Darstellungen in der Kunst: *Gewandung:* im Priesterornat mit Kasel (Chartres, Kathedrale, Bekennerportal, Fig. 1215/20); im bischöflichen Ornat (Bilbao, Sacrestia di Santiago, Fig. v. G. de Beaugrant 1545); als Kardinal in roter Cappa mit Kardinalshut (Köln, Wallraf-Richartz-Museum, Gem. v. Meister des Bartholomäus-Altars 1500/1501); als Kardinal in Rochett, mit Hut (Münster, Landesmuseum, Fig. 18. Jh.); als Kardinal nach dem Bildnis Albrechts von Brandenburg (Darmstadt, Hessisches Landesmuseum, Gem. v. L. Cranach 1525); als Gelehrter in der Schreibstube (Köln, Bibliothek des Erzbischöflichen Priesterseminars Hs 1a, Buchmalerei 10. Jh.); als Sekretär des Papstes Gregor (!) d. Gr., dessen Tiara während der Messe haltend (Köln, Wallraf-Richartz-Museum, Gem. v. Meister v. St. Severin 1500–1505); als Büßer in zerschlissenen Gewändern (Köln, Wallraf-Richartz-Museum, Gem. v. Meister von St. Severin um 1488); als Büßer im Büßerhemd (Florenz, Sammlung des Conte Contini Bonacossi, Gem. v. G. Bellini um 1477/78); als nackter Büßer im Lendenschurz (Murcia, Kloster S. Jeronimiano de la Nova, Fig. 18. Jh.). *Attribute:* Kreuzstab mit doppeltem Querbalken (Köln, Wallraf-Richartz-Museum, Gem. v. Meister der hl. Sippe nach 1484); Kreuzstab mit einfachem Querbalken (Köln, Wallraf-Richartz-Museum, Gem. v. Meister des Bartholomäusaltars 1498/99); Kruzifix (Dießen, Fig. v. J. Dietrich 1738); Buch (Köln, Wallraf-Richartz-Museum, Gem. um 1440/50); Bücher (Köln, Wallraf-Richartz-Museum, Gem. v. Meister des Bartholomäusaltares 1500/1501); Tiara haltend (Köln, Wallraf-Richartz-Museum, Gem. v. Meister v. St. Severin 1500–1505); Putto, Kardinalshut tragend (Dießen, Fig. v. J. Dietrich 1738); Stein (Köln, Wallraf-Richartz-Museum, Gem. v. Meister von St. Severin um 1488); Totenkopf (Salzburg, Stift Nonnberg, Fig. 18. Jh.); Löwe (München, Alte Pinakothek, Gem. v. M. Pacher 1483); Skorpion (Florenz, S. Annunziata, Fresko v. A. del Castagno 15. Jh.); Taube (München, Alte Pinakothek, Gem. v. M. Pacher 1483).

Besondere Szenen: H. im Gehäus (Detroit, Institute of Arts, Gem. v. J. van Eyck um 1442); Löwenheilung (Bologna, S. Maria dei Servi, Fresko v. V. da Bologna um 1350); H. in der trockenen Steinwüste (Siena, Pinacoteca Nazionale, Gem. v. Maestro dell'Osservanza 1436); H. in der Felswüste (Florenz, Sammlung des Conte Contini Bonacossi, Gem. v. G. Bellini um 1477/78); H. in der Waldwüste (Wien, Kunsthistorisches Museum, Gem. v. L. Cranach d. Ä. 1502); H. in der überblickshaft gesehenen Panoramalandschaft (Madrid, Prado, Gem. v. J. Patinir 16. Jh.); H. wird von der Unkeuschheit versucht (Reggio di Emilia, Museum, Gem. v. Il Guercino um 1620); H. hört in der Wüste die Posaunen des Jüngsten Gerichts (S. Diego/Kalifornien, Gallery of Arts, Gem. v. F. de Zurbarán 17. Jh.); H. mit den asketisch lebenden Frauen von Rom (München, Alte Pinakothek, Gem. v. 1440/50); H. und der Löwe (Birmingham, Barber Insitute, Gem. v.

Giambellino um 1500 [?]); H.'s letzte Kommunion und Tod (New York, Metropolitan Museum, Gem. v. S. Botticelli um 1500); H. hilft den Gehenkten am Galgen (Paris, Louvre, Gem. v. P. Perugino um 1500); H. erscheint Kardinal Andrea (Paris, Louvre, Gem. v. P. Perugino um 1500); H. erscheint ein Engel (London, National Gallery, Gem. v. Domenichino 17. Jh.); Johannes der Täufer zeigt dem schlafenden H. die Muttergottes mit Kind (London, National Gallery, Gem. v. Parmigianino um 1527); H. erhält die Vision von der Hl. Dreifaltigkeit (Venedig, S. Nicolo da Tolentino, Gem. v. J. Liss frühes 17. Jh.); H. erscheint dem hl. Augustinus (Paris, Louvre, Gem. v. Sano di Pietro 15. Jh.). *Zyklen:* u. a. Paris/Bibliothèque Nationale, Viviansbibel Cod. lat. 1, Buchmalerei um 846; Assisi/S. Francesco, Oberkirche, Fresken um 1280; Paris/Louvre, Gem. v. S. di Pietro um 1440; Montefalco, Fresken v. B. Gozzoli um 1450; Venedig/S. Giorgio degli Schiavoni, Fresken v. V. Carpaccio 1502; Rom/S. Maria del Popolo, Fresken v. Pinturicchio (?) 16. Jh.

Hieronymus Aemiliani

(Girolamo Miani), Laie, Ordensgründer, hl.
Fest: 8. 2. (vor der Kalenderreform 20. 7.).
Leben: * 1486 in Venedig, venezianischer Nobile, geriet 1508 in Gefangenschaft, wurde 1508 im Kerker bekehrt und auf wunderbare Weise befreit. Seit 1528 Leben in heroischer Buße unter der geistlichen Leitung v. Giampietro Caraffa, dem späteren Papst Paul IV.; pflegte Kranke und Verwahrloste, errichtete Waisenhäuser in Venedig, Brescia, Bergamo, Verona, Como und Mailand. Gründete in Somasca den Somasker-Orden für Waisenpflege, eine Anstalt für Regularkleriker. † 1537 an der Pest in Somasca. Seligsprechung 1747, Heiligsprechung 1767.
Legende: H. schlägt für seine Schützlinge Wasser aus dem Felsen.

Patronat: Treviso, Venedig, verlassene und verwaiste Jugend (seit 1928), Schulgründer, Waisenhäuser, Besserungsanstalten für gefallene Mädchen.
Darstellung in der Kunst: *Gewandung:* vornehme, venezianische Tracht (Venedig, Museo Correr, Gem. v. L. Bassano Ende 16. Jh.). *Attribute:* Kruzifix, Buch, Ketten, Kugel (Pavia, S. Felice, Gem. v. P. A. Magatti um 1743); Waisenkinder (Venedig, Medaille des Dogen Alvise Mocenigo IV., Relief 1768). *Besondere Szenen:* Maria befreit H. aus der Haft (Rom, SS. Alessio e Bonifacio, Gem. v. J. F. de Troy 1749); H. schlägt Wasser aus dem Felsen (Villa di Zanigo, Wandmalerei v. G. D. Tiepolo 16. Jh.).

Hilarius von Poitiers

Kirchenlehrer, hl.
Fest: 13. 1. (vor der Kalenderreform 14. 1., Translationsfest 29. 6.).
Leben: * um 315 als Sohn einer vornehmen heidnischen Familie mit gediegener rhetorischer und philosophischer Bildung. H. kam durch die Frage nach dem Sinn des Lebens zum Christentum und erhielt die Taufe um 345. 350 vom Klerus seiner Vaterstadt zum Bischof gewählt. Den Synoden von Arles 353 und Mailand 355, die über Athanasius erneut die Absetzung ausgesprochen hatten, blieb H. fern, organisierte dafür den Widerstand der gallischen Bischöfe gegen den Arianismus und den arianisch gesinnten Metropoliten von Gallien Saturnius von Arles. H. wurde deswegen von Kaiser Konstantius nach Kleinasien verbannt, wo H. 356–359 blieb. Hier entstand das theologische Hauptwerk »De Trinitate«. Nach der Synode von Seleukeia 359 ging H. nach Konstantinopel zum Kaiser, um eine öffentliche Disputation mit Saturnius zu erreichen, was jedoch nicht gelang. Auch in Kleinasien von Arianern als Störer unbequem, wurde H. nach Gallien zurückgeschickt. H. setzte 361 die Exkom-

munikation von Saturnius auf der Synode von Paris durch. Nach dem Regierungsantritt von Kaiser Valentinian 364 Versuch, den ebenfalls arianischen Bischof Auxentius von Mailand abzusetzen, was mißlang. † um 367. – H. gilt als einer der profiliertesten Kämpfer gegen den Arianismus, machte in Denkschriften die Argumentationen der Ostkirche im lateinischen Westen bekannt, wie er sie während seiner Verbannung kennengelernt hatte. In seinen Schriften bedeutender Exeget, wie der Kommentar zum Matthäusevangelium und sein Traktat über die Psalmen zeigt. In den dogmatischen Büchern »De Trinitate« verteidigt H. die Konsubstantialität des Sohnes Gottes. Der Glaube an die Gottheit Christi galt H. als kirchliches Fundament; er begründete ihn spekulativ aus der ewigen Zeugung; dennoch war für H. der Leib Jesu kein irdischer Leib, sondern ein himmlischer, weil der Herr ohne menschliches Zutun in der Jungfrau seinen Leib gebildet hat. In der Verklärung und dem Wandeln auf dem Meer zeigte sich für H. der natürliche Zustand des Leibes Christi. Außerdem verfaßte H. Hymnen.

Legende: Auf seiner Verbannung kommt H. nach Galinaria, einer Insel voller Schlangen, die vor ihm fliehen; H. setzt einen Grenzpfahl zwischen sie und den übrigen Teil der Insel, den die Schlangen nicht überschreiten können. – In Poitiers ist ein Kind ohne Taufe gestorben, das H. erweckt. – H. weckt in seiner Tochter die Liebe zur Keuschheit, fürchtet aber, sie könne diesen Vorsatz nicht halten und bittet deswegen Gott, er möge sie als Jungfrau zu sich nehmen. – H. erwirbt auch seiner Frau durch Gebet einen seligen Tod. – H. besucht ungeladen das Konzil von Seleukeia, wobei sich die Erde, auf der er sich niedergelassen hat, zu einem Sitz erhebt. – H. disputiert mit dem ketzerischen Papst Leo, der daraufhin an der Ruhr erkrankt und jämmerlich während der Synode stirbt.

Patronat: La Rochelle, Lucon, Poitiers.

Verehrung und Kultorte: Reliquien in Poitiers (seit 409 verschollen, aufgefunden durch Fridolin von Säckingen), Le Puy, Paris, St-Denis, Parma. Kirchenlehrer seit 1851.
Aberglauben: In Alemannien backt man am H.-Tag H.-Brot.
Darstellungen in der Kunst: *Gewandung:* als Bischof (Parma, Museum, Gem. v. C. Caselli 1499). *Attribute:* Buch (Parma, Museum, Gem. v. C. Caselli 1499); Stab (Poitiers, Notre-Dame-la Grande, Fig. 12 [?] Jh.); Drache, Schlange (Karlstein, Kreuzkapelle, Gem. v. Meister Theoderich 1367); Feder, Donnerkeil (Niederaltaich, Freskenentwurf v. W. A. Heindl 18. Jh.). *Besondere Szenen:* H. besucht ungeladen die Synode von Seleukeia (Chantilly, Bibliothèque, Stundenbuch, Buchmalerei v. J. Fouquet um 1450); Tod des häretischen Papstes Leo (Semur-en-Brionnais, Relief 12. Jh.); H. erweckt ein Kind, um es taufen zu können (Stuttgart, Landesbibliothek, fol. 57, Buchmalerei 12. Jh.); H. weiht die hl. Troecia dem Dienst Gottes (Poitiers, Museum, Relief 12. Jh.); Tod H.'s (Poitiers, St-Hilaire, Kapitellrelief 12 [?]. Jh.); Die Bestattung H.'s durch seine Schüler Leonnius und Justus v. Limoges (Melle, St-Pierre, Kapitellrelief 12. Jh.). *Zyklen:* Poitiers/St. Hilaire-de-la-Celle, Reliefs 12. Jh.; Città del Vaticana/Biblioteca Vaticana Ms. 8541, Buchmalerei Ende 14. Jh.

Hildegard von Bingen

Benediktinerin, Äbtissin, hl.
Fest: 17. 9.
Leben: * 1098 in Bermersheim bei Alzey als Tochter des Edlen Hildebert von Bermersheim, erzogen im Kloster Disibodenberg als Schülerin der seligen Jutta. Nach deren Tod 1136 leitete H. die Frauengemeinschaft, 1147/50 Gründung eines Klosters auf dem Rupertsberg bei Bingen und 1165 eines Tochterklosters in Eibingen bei Rüdesheim. Ausgedehnte Korrespondenz machte H. zur

Beraterin von Königen, Fürsten, Bischöfen, Ordensleuten; viele Reisen nach Köln, Trier und Süddeutschland. In ihren spekulativen Schriften zeigt sich ungewöhnliche dichterische Begabung. H. gilt als Begründerin einer wissenschaftlichen Naturgeschichte in Deutschland. † 17. 9. 1179 auf dem Rupertsberg.

Patronate: Sprachforscher, Esperantisten (wegen ihrer ignota lingua!).

Verehrung und Kultorte: Leichnam auf dem Rupertsberg, Reliquien in der Klosterkirche Eibingen.

Darstellungen in der Kunst: *Gewandung:* als Benediktinerin in Ordenstracht mit langem Kleid, Skapulier, offenem Mantel, Wimpel, Weihel, Schleier (Oberwesel, Liebfrauenkirche, Wandmalerei 15. Jh.); als Seherin schreibend (ehemals Wiesbaden [zerstört], Sci-vias Codex, Buchmalerei 13. Jh.). *Attribute:* Äbtissinnenstab, Buch (Bonn, St. Elisabeth, Fresko v. M. Schiestl Anfang 20. Jh.); Flammen über ihrem Haupt (Lucca, Biblioteca Statale Cod. 1942, Buchmalerei um 1230); Kirchenmodell (Brüssel, Musée Cinquentenaire, Antependium um 1230); Licht, Tiara, Kaiser-und Königskrone (Metten, Fresko v. W. A. Heindl 18. Jh. *Besondere Szenen:* Visionen H.'s (Lucca, Biblioteca Statale, Cod. 1942, Buchmalerei um 1230); H. diktiert Volmar v. Disibodenberg (Heidelberg, Universitätsbibliothek, Sci-Vias-Codex, Buchmalerei 2. Hälfte 12. Jh.); H. spricht in Ingelheim mit Kaiser Friedrich Barbarossa (Bingen, Rochuskapelle, Relief um 1900);. *Zyklus:* Bingen/Rochuskirche, Gem. 18. Jh.

Hippolyt von Rom
Bischof, Martyrer, hl.

Fest: 13. 8.

Leben: * vor 170 im griechischen Osten; möglicherweise Schüler des Irenäus und unter Papst Victor römischer Presbyter. Spannungen um die Logostheorie führten zum offenen Konflikt, als er Papst Kallistus der zu großen Milde gegenüber den Sündern beschuldigte. H. wurde Presbyter einer kleinen schismatischen Gemeinde, ehe einer der Nachfolger des Kallistus, Papst Pontian, und H. in die Verbannung geschickt wurden. Dort versöhnten sie sich. † in der Verbannung in Sardinien 235. – H. schrieb eine umfangreiche Abhandlung zur Widerlegung aller Häresien, führte 33 gnostische Systeme auf. Seine Chronik beginnt mit der Erschaffung der Welt und endet mit dem Jahr 234. Unter den exegetischen Schriften ist der Danielkommentar unter den Erfahrungen der Christenverfolgung unter Septimius Severus abgefaßt.

Legende: Die Motive stammen von mehreren Heiligen gleichen Namens und vermengen sich zu einer Person, die nichts mehr mit dem historischen H. gemein hat: H. war Soldat und Offizier und fungierte als Kerkermeister des hl. Laurentius. – H. wird von Laurentius bekehrt und getauft. – Nach dessen Begräbnis erleidet H. mit seiner Amme Concordia und seinem ganzen Haus das Martyrium, indem er geprügelt, mit Hecheln zerfleischt, an vier Pferde gebunden und geviertelt, anschließend enthauptet wird.

Patronat: Diözese und Stadt St. Pölten, St-Pilt/Elsaß, Gefängniswärter, Pferde.

Verehrung und Kultorte: H. am 13. 8. 235/36 im Coemeterium an der Via Tiburtina begraben, seit dem 4. Jh. als Martyrer verehrt. Reliquien durch Fulrad von St-Denis nach St-Denis, St-Pilt im Elsaß, Paris/St-Hippolyte, außerdem nach Tegernsee und Salzburg. In St. Pölten Gründung eines Monasteriums St. Hippolyti.

Darstellungen in der Kunst: *Gewandung:* als Philosoph (Apt, Kathedrale, Sarkophag, Relief 4. Jh.); als Martyrer (Ravenna, S. Apollinare Nuovo, Mosaik 6. Jh.); als Bischof in Pontifikalkleidung mit Pluviale (Ulm, Münster, Gem. v. M. Schaffner 1521); als Jugendlicher in byzantinischer Hoftracht (Venedig,

S. Marco, Mosaik 13. Jh.); als Soldat in Rüstung (Rom, S. Lorenzo al Verano, Wandmalerei 13. Jh.); als Ritter in Harnisch mit Barett (Köln, Wallraf-Richartz-Museum, Gem. v. Meister des Bartholomäus-Altars 1498/99); als Reiter (Friedersbach, Glasmalerei 15. Jh.). *Attribute:* Krone (Ravenna, S. Apollinare Nuovo, Mosaik 6. Jh.); Schriftrolle (Città del Vaticano, Vatikanische Museen, Relief 3. Jh.); Buch, Bischofsstab (Ulm, Münster, Gem. v. M. Schaffner 1521); Lanze (Rom, S. Lorenzo al Verano, Wandmalerei 13. Jh.); Schwert (Vich, Kathedrale, Fig. 15. Jh.); Schild (Monreale, S. Castrense, Fig. 17. Jh.); Palmzweig (Morlach, St. H., Fig. 15. Jh.); Knüttel, Hechel, Gurt, Strick (Köln, Wallraf-Richartz-Museum, Gem. v. Meister des Bartholomäus-Altars 1498/99); Stricke an den Händen, kleine Pferde zu Füßen (Ambierle/Loire, Glasmalerei 1470/75). *Besondere Szenen:* H. bewacht Laurentius, begräbt ihn und empfängt von Justinus die Kommunion (Rom, S. Lorenzo al Verano, Fresko 12. Jh.); Laurentius tauft H. (Kunsthandel, Gem. 15. Jh.). *Martyrium:* H. nackt an wilde Pferde gebunden (Brauweiler, Kapitelsaal, Wandmalerei um 1200); H. bekleidet von wilden Pferden zerrissen (Over Dråby/Dänemark, Wandmalerei um 1450); H. von vier Pferden geviertteilt (Brügge, St-Sauveur, Gem. v. D. Bouts 1450); H. wird enthauptet (Mantua, Gem. v. L. Gambara 16. Jh.). *Zyklus:* Tamara, Reliefs Anfang 16. Jh.

Hrabanus Maurus

Erzbischof, Benediktiner, hl.

Fest: 4. 2.

Leben: * 780 in Mainz, 790 Beginn der Ausbildung an der Klosterschule Fulda, Schüler Alkuins in Tours. Nach der Rückkehr wurde H. Leiter der Fuldaer Klosterschule, die er zur führenden Institution in Deutschland machte. 814 Priesterweihe, 822 Wahl zum Abt in Fulda. H. ergriff in den Aufständen

Ludwigs des Deutschen gegen seinen Vater Ludwig den Frommen 830 und 833 und in dem dann ausbrechenden Erbfolgestreit zwischen Ludwig und Lothar Partei für Lothar. H. resignierte 842 unter politischem Druck von der Abtswürde. 847 nach der Aussöhnung mit Ludwig dem Deutschen Erzbischof von Mainz. † 4. 2. 856. – H. zeigt sich in seinen Schriften als Kompilator des aus der Antike überlieferten Wissenstoffs; er schuf so eine Grundlage für den Unterricht der Klosterschulen. Neben Lehr- und Schulbüchern sind seine umfangreichen Bibelkommentare und eine theologische Realenzyklopädie in 22 Bänden über das gesamte Wissen seiner Zeit bedeutungsvoll. Als Hymnendichter machte ihn der Pfingsthymnus »veni creator Spiritus« bekannt.

Patronat: Akademie der Diözese Mainz.

Verehrung und Kultorte: Leichnam 1515 aus Mainz nach Halle überführt.

Darstellungen in der Kunst: *Gewandung:* als Bischof im Pontifikalornat mit Pluviale (Seligenstadt, Abteikirche, Fig. v. B. Zamels Ende 17. Jh.); als Erzbischof im pontifikalen Meßornat (Douai, Stadtbibliothek Cod. 340, Buchmalerei 12. Jh.); als Erzbischof im pontifikalen Meßornat mit Pallium (Rasdorf, Fig. um 1730); als Mönch im Ordenshabit der Benediktiner (Città del Vaticano, Bibliotheca Vaticana Cod. reg. lat. 124, Buchmalerei 9. Jh.). *Attribute:* Kreuz (Fulda, Dom, Bonifatiusgruft, Fig. v. A. B. Weber Anfang 18. Jh.); Kirchenmodell (Rasdorf, Fig. um 1730); Buch (Seligenstadt, Abteikirche, Fig. v. B. Zamels Ende 17. Jh.); mehrere Bücher (Fulda, Priesterseminar, Gem. Ende 17. Jh.).

Hubert von Lüttich

Bischof, hl.

Fest: 3. 11.

Leben: *vermutlich um 655, Bischof von Maastricht-Tongern, H. übertrug die Reliquien des ermordeten Vorgängers Lambert

und den Bischofssitz nach Lüttich. H. entfaltete Missionstätigkeit im Ardennengebiet. † 727.
Legende: nach einer Vita des 12. Jh.: H. ist Neffe der hl. Oda und bekleidet eine hohe Stellung am Hof Pippins von Herstal. – H. kommt in seiner Jugend an den Hof Theoderichs in Paris, wo er zum Pfalzgrafen ernannt wird. – H. muß vor dem Hausmeier Ebroin von Neustrien nach Metz fliehen, wo ihm Pippin das Amt des Oberhofmeisters anvertraut. – H. ist mit Floribana, einer Tochter des Grafen von Löwen verheiratet, sein Sohn Floribert wird ebenfalls später Bischof von Lüttich. – H. jagt am Karfreitag einen Hirsch. der zwischen den Enden seines Geweihs ein Kreuz trägt, was ihn zur Umkehr seines Lebens bewegt hat. – 695 nach dem Tod seiner Frau zieht sich H. auf sieben Jahre in die Waldeinsamkeit der Ardennen zurück. – Auf Gebot eines Engels weiht ihn bei einer Romfahrt 702/03 Papst Sergius zum Nachfolger des ermordeten Lambert. – Engel bringen Stab und Mitra bei der Bischofsweihe vom Himmel. – H. erhält vom hl. Petrus einen Schlüssel zur Heilung der Tollwut. – H. bezwingt mit dem Kreuzzeichen den auch ihm auflauernden Mörder des hl. Lambert. – H. heilt als Bischof viele Besessene und Kranke. – H. wird bei einem Schiffbruch gerettet. – Ein Engel kündigt H. den bevorstehenden Tod an. – H. stirbt an einer ihm beim Fischfang versehentlich zugefügten Verletzung. – Auch nach seinem Tod behält H.'s Schlüssel bei den Mönchen von St-Hubert-en-Ardennes die heilkräftige Wirkung bei Tollwutkranken.
Patronat: Ardennen, Bistum Lüttich, Augsburg, Herzogtum Jülich; H.-Ritterorden und H.-Bruderschaften, Jäger (seit 10./11. Jh.),

Drechsler, Fabrikanten, Gießer, Hersteller mathematischer Geräte, Kürschner, Mathematiker, Metzger, Metallarbeiter, Optiker, Schellenmacher, Jagdhunde, gegen Tollwut, Hundebiß, Besessenheit.

Verehrung und Kultorte: Leichnam in Lüttich/St. Peter, am 3. 11. 743 Erhebung des unverwesten Leichnams, 825 Translation nach St-Hubert-en-Ardennes, dort Wallfahrt.

Aberglauben: Mit dem glühend gemachten H.-Schlüssel wurde den von tollwütigen Tieren gebissenen Menschen ein Mal auf die Stirne gebrannt; in die Wunde wurde auch ein Fädchen der Stola des hl. H. gelegt, neun Tage blieb die Wunde verbunden, an den neun aufeinanderfolgenden Tagen war Empfang der Sakramente gefordert; am 10. Tag wurde der Verbandsstoff abgenommen und verbrannt. – Verpflichtend war nach der Heilungsprozedur Aufnahme in die H.-Bruderschaft. Das weitverbreitete Brauchtum führte im 19. Jh. zu zahlreichen aktenmäßig belegten Konflikten zwischen staatlichen Gesundheitsbehörden und Pfarrern, so im Bistum Speyer.

Darstellungen in der Kunst: *Gewandung:* als Bischof in Pontifikalkleidung (Antwerpen, Musée Royal des Beaux-Arts, Gem. v. D. Bouts-Nachfolge 15. Jh.); als Jäger in enganliegenden Beinkleidern, halblangem Rock, Mantel, Barett (Münster, Landesmuseum, Fig. um 1500); als Adeliger im Lilienmantel (Brüssel, Musées Royaux des Beaux-Arts, Gem. nach J. Brueghel d. Ä. um 1600); als Reiter (Bascy-Thy, Pfarrkriche, Fig. 18. Jh.). *Attribute:* Buch (Köln, Wallraf-Richartz-Museum, Gem. 1512/15 oder 1580 [?]); Hirsch auf einem Buch (München, Alte Pinakothek, Gem. v. S. Lochner Mitte 15. Jh.); Hirsch zu Füßen (Köln, St. Maria im Kapitol, Glasmalerei 15. Jh.); Hirschkopf (Staffel, Pfarrkirche, Fig. Mitte 17. Jh.); Jagdhorn (Hannover, Landesmuseum, Gem. v. H. Raphon 16. Jh.); Schlüssel (Lendersdorf bei Düren, Relief 16. Jh.); Jäger und Hunde (Löwen, St-Jaques, Fig. 16. Jh.); Jagdgewehr (Veltrum, Pfarrkirche, Gem. 17. Jh.). *Besondere Szenen:* Vision H.'s von der Jagd (Wien, Kupferstichsammlung, Schrotblatt um 1460/70); Kreuzvision H.'s (Breda, Kreuzaltar, Gem. 17. Jh.); Erscheinung des Hirschs im Wald (Berlin, Staatliche Museen, Gem. v. J. Brueghel d. Ä. um 1600); Erscheinung des Engels mit der himmlischen Stola (London, National Gallery, Gem. v. Meister des Marienlebens um 1470/80); Petrus überbringt den H.-Schlüssel (Andachtsbild, Stich v. A. Opdebeek 18. Jh.); H. heilt einen Tollwütigen, H. verteilt Brot und Wein als Vorbeugung gegen Tollwut (Donaueschingen, Fürstlich Fürstenbergische Sammlung, Gem. v. einem Schweizer Meister 15. Jh.). *Zyklen:* u. a. Sint-Huibrechts-Hern/Pfarrkirche, Wandmalerei 13. Jh.; Paris/Bibliothèque Nationale MS fr. 424, Buchmalerei 15. Jh.; Elewijt/Pfarrkirche, Gem. um 1620.

Hyazinth

(Jacek Odrowąż), Dominikaner, hl.

Fest: 15. 8. (in Görlitz, Berlin, Gurk, Klagenfurt 17. 8.).

Leben: * vor 1200 als Sproß der adeligen Familie Odrowąż auf Schloß Groß-Stein, Studium in Krakau, Prag, Bologna mit theologischem Doktorgrad. 1218 nach Bekanntschaft mit Dominikus Eintritt in den Dominikanerorden, ab 1219 in Polen Gründung einer Reihe von Niederlassungen, wie Krakau 1222, aber auch Friesach 1221, Kiew 1223, Danzig 1227. Predigttätigkeit in Südrußland und Preußen. † 15. 8. 1257 in Krakau. Heiligsprechung 1594.

Legende: H. erweckt ertrunkenen Knaben. – H. drängt mit der Monstranz in der Hand Tartaren zurück. – H. flieht aus Kiew vor den Tartaren, indem er vor der brennenden Stadt trockenen Fußes den Fluß durchschreitet. – H. erscheint die Gottesmutter in einer Vision und sagt, daß alle Gebete H.'s erhört

würden. – H. erlebt eine Totenerweckung des hl. Dominikus und wird ihm vorgestellt. – H. führt auf seiner ausgebreiteten Cappa Mitbrüder über einen Fluß bei Visograd. – H. heilt blinde Zwillinge. – H. rettet viele Menschen bei einem Brückeneinsturz. – H. vertreibt einen Dämon aus einem Baum.

Patronat: Polen, Litauen, Pommern, Preußen, Rußland, Breslau, Krakau, Kiew; für leichte Entbindung, bei Ertrinkungsgefahr.

Verehrung und Kultorte: Grab in der Dominikanerkirche Krakau, Verehrung durch den Dominikanerorden verbreitet.

Darstellungen in der Kunst: *Gewandung:* als Dominikaner in langem, gegürteten Kleid, Skapulier, Cappa mit Kapuze (Tepozotlán/Mexiko, Museum für religiöse Kunst, Fig. 18. Jh.). *Attribute:* Buch (London, National Gallery, Gem. v. F. Cossa 16. Jh.); Monstranz (Stein, Pfarrkirche, Gem. 18. Jh.); Ziborium, Muttergottesstatue (Friesach, Dominikanerkirche, Fig. 18. Jh.); Muttergottesbild (Hattstadt/Elsaß, Fig. 17. Jh.); Lilie (Krakau, Grabmal, Fig. 18. Jh.); Engel mit Lilie (Breslau, Adalbertkirche, Fig. 1725); Inschrift der Marienverheißung (Ferrara, S. Antonio in Polesine, Relief. v. C. Bonone 17. Jh.). *Besondere Szenen:* Marienerscheinung vor H. (Paris, Louvre, Gem. v. L. Carracci 1594); Rettung bei Brückeneinsturz (Wien, Kunsthistorisches Museum, Gem. v. F. Guardi 18. Jh.); H. vertreibt Dämon aus einem Baum (Krakau, Dominikanerkirche, Gem. v. Dolabelli 17. Jh.). *Zyklen:* Rom/S. Sabina, Fresken v. F. Zuccari um 1600; Siena/S. Spirito, Fresken v. V. Salimbena um 1600.

I

78 Ignatius von Loyola
Jesuit, Ordensgründer, hl.
Fest: 31. 7.
Leben: * 1491 auf Schloß Loyola bei Az-
péitia/Nordspanien aus dem Stamm der bas-
kischen Oñaz y Loyola als jüngstes von 13
Kindern. Taufnahme Iñigo, später nannte er
sich I. 1506–1517 höfische Erziehung im
Haus des Großschatzmeisters der Königin
Isabella von Kastilien, Don Juan Velasques
de Cuellar, in Arevalo und Valladolid,
1518–21 Offizier des spanischen Vizekönigs
von Navarra, führte ein flottes weltliches
Leben, mußte sich 1515 mit seinem Bruder
Don Pedro vor der Polizei in Guipzucoa wegen nächtlichem Unfug verantworten. Le-
benswende bei der Verteidigung der Festung
Pamplona gegen die anstürmenden Franzo-
sen, als I. durch eine Kanonenkugel am 20. 5.
1521 schwer verwundet wurde und auf dem
Krankenlager die Vita Christi von Ludolf
von Sachsen zunächst mehr aus Langeweile
las. Nach der Genesung Pilgerreise nach
Aránzazu und Montserrat, ließ sich in der
Einsamkeit von Manrese fast ein Jahr nieder,
dort entstand aus seelischen Erfahrungen
das Exerzitienbuch, die »Geistlichen Übungen«, 1523/24 als Bettler über Rom und Venedig ins Heilige Land; begann als Erwachse-

ner danach die Schullaufbahn auf der Lateinschule in Barcelona 1524/26, besuchte die
Universität von Alcal und Salamanca 1526/
27, wo I. als Alumbrado (= häresieverdächti-
ger Schwärmer) vor die Inquisition zitiert
und zweimal inhaftiert wurde, sowie von
1528–1535 in Paris. In Paris führte I. die ersten sechs Gefährten zu einer dauernden Gemeinschaft zusammen, darunter Franz Xaver und Petrus Faber. Am 15. 8. 1534 in der
Marienkapelle auf dem Montmatre Ablegung der Gelübde, darunter jenes neuartige
und charakteristische vierte, sich dem Papst
zu jeder beliebigen Verwendung zur Verfü-
gung zu stellen. 1535 Vollendung der theologischen Studien, 1537 Priesterweihe, in Rom
Niederlassung der Gemeinschaft bei der
halbverfallenen Kirche La Storta, durch
Papst Paul III. wohlwollende Aufnahme und
Umgestaltung der Gemeinschaft zu einem
Orden, der die päpstliche Bestätigung am 27.
9. 1540 erhielt. Am. 8. 4. 1541 Wahl von I.
zum ersten Gerneraloberen. Grundstatut des
Ordens 1539 abgefaßt, Konstitutionen
1544/48. † 31. 7. 1556 in Rom. Seligspre-
chung 1609, Heiligsprechung 1622. – Der
Jesuitenorden breitete sich schnell über
Europa aus, Gründung von Kollegien und
Schulen zur Erziehung der vernachlässigten

Ignatius von Loyola

Jugend. – Das Neuartige war die grundlegende spirituelle Formung nach den Geistlichen Übungen mit 30tägigen Exerzitien in möglichster Zurückgezogenheit und unter Sammlung aller Kräfte. Selbstheiligung und Apostolat bilden eine Einheit, wichtig, daß jedes Mitglied sein Leben als »contemplativus in actione«, d. h. dauernd in das Heilswerk Christi versenkt, versteht. Dabei verzichtete I. auf ordenstypische Einrichtungen wie gemeinsames Chorgebet, Ordenstracht und die Beschränkung auf bestimmte Tätigkeiten. Jesuiten sind überall dort, wo es für das Reich Gottes vordringlich erscheint, im Einsatz.

Legende: Dem verwundet bei Pamplona auf dem Krankenlager befindlichen I. erscheint der Apostel Petrus. – I. erlebt als Genesender eine Marienvision. – I. begegnet auf dem Weg zum Montserrat einem Mauren, mit dem er ein Streitgespräch führt. – I. gibt seine kostbaren Kleider einem Bettler. – I. legt sein Schwert vor der Gottesmutter in Montserrat nieder. – I. wird in der Einöde von Manresa durch Teufelserscheinungen beim Gebet gequält. – I. sieht in Manresa die Gestalt Christi während der Messe in der Hostie. – I. wird im Glauben in der Höhle am Cardoner erleuchtet. – I. betet am Ölberg vor den Fußspuren Christi. – I. wird von einem Wächter ins Kloster zurückgebracht, da er zulange auf dem Ölberg geblieben ist. – I. verschenkt sein Reisegeld an einen Bettler. – I. entgeht in Paris einem Mordanschlag, weil ein Engel eingreift. – I. erlebt in Rom eine Vision Gott Vaters und Christi. – I. verteidigt Unschuldige vor Gericht. – I. wird von seinem Sekretär beim Gebet gestört. – Philipp Neri sieht bei einer Begegnung um I.'s Gesicht einen Heiligenschein. – I. löscht einen Brand. – I.'s Hemd heilt den lahmen Arm der Wäscherin, als sie es bügeln will.

Patronat: Jesuiten, Exerzitien, Soldaten, schwangere Frauen, Kinder, gegen Dämonen, Zauberei, Fieber, Skrupel.

Verehrung und Kultorte: Grab seit 1587 in Rom/Il Gesù, Verehrung im Jesuitenorden stark verbreitet.

Darstellungen in der Kunst: *Gewandung:* als Student (Madrid, Sammlung Weisberger, Gem. 16. Jh.); als Regularkleriker im schwarzen Talar und Mantel mit römischem Birett (Chateau de St-Landry, Gem. v. F. Zurbarán 17. Jh.); in liturgischer Meßkleidung mit Kasel (Straubing, Ursulinenkirche, Fig. v. E. Q. Asam 1738); als Ritter (Rom, Il Gesù, Gem. 17. Jh.); als Pilger mit Stab (Paris, Bibliothèque Nationale Cod. Par. lat. 9477, Buchmalerei 1693); als Ordensgeneral (Puerto de St. Maria, Fig. v. J. de Mesa 17. Jh.); in Ekstase (Rom, Il Gesù, Fresko v. Il Baciccia 17. Jh.). *Attribute:* Rüstung zu Füßen (Città del Vaticano, Vatikanische Museen, Gem. Rubens zugeschrieben Anfang 17. Jh.); Standarte (Puerto de S. Maria, Fig. v. J. de Mesa 17. Jh.); IHS-Symbol (Sevilla, Universität, Gem. 17. Jh.); flammendes IHS-Zeichen (Harlingen, St. Michael, Silberschale um 1679); flammendes Herz (Santiago de Compostela, Fig. v. G. Fernández 17. Jh.); Weltkugel, Personifikationen der Erdteile (München, Staatliche Graphische Sammlung, Stich v. C. Blomaert Mitte 17. Jh.); Drache (Città del Vaticano, Vatikanische Museen, Gem. Ende 16. Jh.); Buch der Konstitutionen (Loyola, Basilika, Fig. v. F. de Vergara d. J. 1741); Dämon (Haastrecht, St. Barnabas, Missaledeckel Relief 17. Jh.); Kruzifix (Madrid, Prado, Gem. v. B. Pérez 17. Jh.); gekrönter Totenkopf (Alcomán, Kirche, Gem. 17. Jh.); Tränen (Sevilla, Universitätskapelle, Fig. 17. Jh.). *Besondere Szenen:* Marienvision von La Storta (Luzern, Kunstmuseum, Gem. v. J. Ch. Storer um 1657); I. als Wundertäter (Wien, Kunsthistorisches Museum, Gem. v. P. P. Rubens um 1617/18); Christus reicht I. sein Banner (Rom, Il Gesù, Gem. am Grabaltar v. A. Pozzo 1699); I. nimmt Franz von Borgia in den Jesuitenorden auf (Frascati, Il Gesù, Gem. v. A. Pozzo 1681/84); Papst Paul

III. bestätigt die Ordensregel (Rom, Il Gesù, Gem. 17. Jh.); Heiligsprechung von I. (Rom, S. Ignazio, Relief v. B. Cametti Ende 17. Jh.); I. schreibt unter der Inspiration Mariens das Exerzitienbuch (Gent, Jesuitenkirche, Gem. v. G. Seghers 17. Jh.). *Zyklen:* u. a. Rom/Casa Professa, Fresken v. A. Pozzo 17. Jh.; Rom/S. Ignazio, Fresken v. P. de Lattre 17. Jh.; Rom/Il Gesù, Teppiche 1744; Rom/Il Gesù, Grabaltar, Reliefs v. A. Pozzo um 1695; Rom/S. Ignazio, Fresken v. A. Pozzo um 1680.

Ignatius Theophorus von Antiochien
Bischof, Martyrer, hl.
Fest: 17. 10. (vor der Kalenderreform 1. 2., in griechischen Riten 20. 12., Translationsfeste am 22., 28., 29. 1.).

Leben: nach Eusebius von Cäsarea wurde I. um 110/117 während der Christenverfolgung unter Kaiser Trajan von Syrien nach Rom verschleppt und dort in der Arena von wilden Tieren zerrissen. – Auf der Reise nach Rom schrieb I. sieben Briefe, vier in Smyrna an die Gemeinden von Ephesus, Magnesia und Tralles, in denen er ihnen dankte, daß sie ihn durch Abgesandte auf seinem Leidensweg hatten begrüßen lassen, sowie einen an die Römer, damit sie nicht für seine Befreiung beim Kaiser irgendwelche Schritte unternähmen. In Troas erfuhr I., daß die Verfolgung in Antiochien aufgehört hatte, schrieb an Polykarp von Smyrna, die Gemeinden von Philadelphia und Smyrna, in denen er darum bat, den Brüdern in Antiochien zu dem erlangten Frieden seine Glückwünsche zu überbringen. – Die Briefe sind wichtige Zeugnisse für das Glaubensverständnis der frühen Kirche. I. vertrat die von Christus gestiftete, monarchische Verfassung der Kirche mit einem von Gott über Christus mit Vollmachten ausgestatteten Bischof als authentischem Verkünder der Lehre, dem untergeordnet das Presbyterium zur Seite steht. Der Christengemeinde in Rom gestand er einen Vorrang im Glauben und in der Liebe, jedoch ausdrücklich keinen Primat zu. Bei I. taucht zum ersten Mal das Wort »Katholische Kirche« als Gesamtheit der Gläubigen auf. In der Christologie vertrat I. u. a. die Menschwerdung des Göttlichen Logos, seine jungfräuliche Geburt aus Maria, die Erlösung durch seinen Kreuzestod. Die reale Gegenwart Jesu und seines Kreuzesopfers in der Eucharistie begründete I. dadurch, daß in Jesus Christus göttliche und menschliche Natur in der einen Person unterschieden und unvermischt, aber vereint seien, so daß der ewige Logos menschliche und der Mensch Jesus göttliche Eigentümlichkeiten besitze.

Verehrung und Kultorte: Gebeine angeblich von Rom nach Antiochien überführt, wo sie nach Hieronymus im Coemeterium an der Porta Daphnitika beigesetzt waren. Unter Kaiser Theodosius II. (408–450) Translation in einen zur Kirche umgewandelten Fortunatempel. Nach lateinischer Tradition sind die Gebeine bei einem Sarazeneneinfall im

6./7. Jh. nach Rom zurückgebracht worden und ruhen in Rom/S. Clemente, Reliquien in Neapel, das nach Paris überführte Haupt kam 1559 nach Rom/Il Gesù zurück. Kanonheiliger.

Darstellungen in der Kunst: *Gewandung:* als Bischof des orthodoxen Ritus mit Sticharion, Phelonion, Omophorion (Palermo, Capella Palatina, Mosaik 12. Jh.); als jugendlicher Bischof mit Wunde auf der Brust (Montefalco, S. Francesco, Gem. um 1400). *Attribute:* Löwe zu Füßen (Mainz, St. Ignaz, Fig. v. J. J. Juncker 1772); IHS-Zeichen auf der Brust (Sevilla, Universitätskriche, Gem. 17. Jh.). *Besondere Szenen:* Christen bergen das Herz des toten I. (Florenz, Galleria degli Uffizi, Gem. v. S. Botticelli um 1500); Verurteilung I.'s vor Trajan (Rom, S. Clemente, Gem. v. G. D. Piastrini 18. Jh.). *Martyrium:* Wien/Kunsthistorisches Museum, Gem. v. J. Kreuzfelder 17. Jh.

Ildefons von Toledo

(Alfonso), Erzbischof, Benediktiner, hl.
Fest: 23. 1.
Leben: * um 606, Mönch, später Abt des Klosters S. Cosma y Damiàn in Agli bei Toledo, wahrscheinlich Schüler von Isidor von Sevilla, 657 Erzbischof von Toledo. † 667. – I. zählt zu den bedeutendsten Schriftstellern spätrömischer Literatur im westgotischen Spanien, u. a. schuf I. eine Art altchristlicher Literaturgeschichte, die über acht Schriftsteller berichtet. I. war ein für seine Zeit außergewöhnlicher Marienverehrer und verteidigte die Jungfräulichkeit Mariens gegen drei Häretiker in der Schrift »Libellus de virginitate Sanctae Mariae«.
Legende: I. führt ein Streitgespräch mit Jovian. – I. disputiert mit Juden. – I. diskutiert mit einem Engel. – Die Gottesmutter erscheint I. und überreicht ihm eine himmlische Meßkasel. – Auf Gebet des Bischofs I.

erhebt sich der an unbekanntem Ort bestattete Leichnam der Stadtpatronin Leokadia aus der Tiefe, der Sargdeckel springt auf und Leokadia erscheint. – Auf Verlangen des Volkes schneidet I. mit dem Schwert der Westgotenkönigin Reccesvinth (649–672) ein Stück des grünen Mantels von Leokadia ab.
Patronat: Toledo, Zamora.
Verehrung und Kultorte: Reliquien im 8. Jh. nach Zamora; in Spanien und den Niederlanden hoch verehrt.
Darstellungen in der Kunst: *Gewandung:* als Mönch in Bendiktinergewand mit langer, faltenreicher, weitärmeliger Flocke und Kapuze (Salzburg, St. Peter, Fig. 1782); als Bischof in pontifikalen Meßornat mit Kasel und Mitra (Paris, Bibliothèque Nationale Ms. lat. 2833, Buchmalerei Anfang 12. Jh.); als Bischof in Pluviale mit Mitra und Stab (Saragossa, S. Catarina, Gem. der Schule von Aragón 1554); in Rochett und Mozetta (Ilescas, Hospitalkirche, Gem. v. El Greco 1603/05). *Attribute:* Tafel mit Bild der Immaculata conceptio (Salzburg, St. Peter, Fig. 1782); schwebender Engel mit Buch in Händen (St. Trudpert, Abteikirche, Fig. 18. Jh.). *Besondere Szenen:* I. am Schreibtisch mit seitlich aufgestelltem Marienbild (Ilescas, Hospitalkirche, Gem. v. El Greco 1603/05); die Gottesmutter verleiht dem bereits mit einer Kasel bekleideten I. eine himmlische Kasel (Zamora, Kathedrale, Gem. v. F. Gallego um 1467); die Gottesmutter verleiht dem vor ihr in Rochett und Mozetta knienden I. eine himmlische Kasel (Wien, Kunsthistorisches Museum, Gem. v. P. P. Rubens 1631/32); die Gottesmutter verleiht I. im Freien die himmlische Kasel (Paris, Louvre, Gem. v. Meister v. S. Ildefons um 1490); das Schleierwunder am Sarg der hl. Leokadia (Zamora, Kathedrale, Gem. v. F. Gallego vor 1468). *Zyklen:* Madrid/Biblioteca Nacional Ms. 10087, Buchmalerei um 1200; Parma/Biblioteca Palatina Ms. lat. 1650, Buchmalerei um 1100.

Irenäus von Lyon

Bischof, Martyrer, Kirchenlehrer, hl.

Fest: 28. 6. (bis 1960 28. 6., dann bis zu der Kalenderreform 3. 7., in griechischen Riten 23. 8.).

Leben: * um 130 in Kleinasien, Schüler von Polykarp von Smyrna, um 170 Priester in Lyon. Wegen des Montanismus, einer Bewegung, die das nahe bevorstehende Weltenende predigte und in ethischen Fragen einen schroffen Rigorismus vertrat, wurde I. mit einem Brief an Papst Eleutherus nach Rom gesandt; 177/78 Bischof in Lyon, wahrscheinlich ging auf I. die Missionierung Ostgalliens zurück. Um 190 bewog I. den Papst Viktor I. zum Nachgeben gegenüber kleinasiatischen Bischöfen, die wegen der Nichtannahme des westlichen Ostertermins exkommuniziert bleiben sollten. Todestag nicht bekannt, Martyrium fraglich. – I. gilt als der bedeutendste Theologe des 2. Jh. Sein in der griechischen Muttersprache abgefaßtes Hauptwerk ist die Schrift »Entlarvung und Widerlegung der falschen Gnosis« um 180/85, in dem I. eine Darstellung der gnostischen Denkweise gibt und einen Überblick, der mit Simon Magus beginnt, worauf dann die Widerlegung einsetzt, die mit Argumenten der Vernunft, der Tradition und Lehre der Apostel und biblischen Zitaten, vor allem Herrenworten, bestritten wird. I. bietet in dieser Schrift ein Traditionsprinzip, das von der ununterbrochenen Nachfolge der Apostel ausgeht und dann den allen einzelnen Kirchen gemeinsamen Glauben, der der Gnosis völlig entgegengesetzt ist, herausstellt und am Beispiel der römischen Kirche darlegt. Zwar hatte I. damit keinen Primat für Rom konzediert, wohl aber eine erste, theologisch unvollkommene Begründung für eine Vorrangstellung Roms unter den christlichen Gemeinden geliefert, wenn er von Rom als einer von den Aposteln begründeten Gemeinde und einer aus der doppelten Apostolizität von Petrus und Paulus hervorgehenden wirksamen Führerschaft sprach.

Legende: I. wird, weil er den Götzen nicht opfern will, 202 ins Gefängnis geworfen und erleidet den Martyrertod.

Patronat: Diözese Lyon.

Verehrung und Kultorte: Leichnam in einer Kirche von Lyon, die über dem Versammlungsort der ersten Christen in der Stadt errichtet worden war; 1562 von den Hugenotten zerstört.

Darstellungen in der Kunst: *Gewandung:* als Bischof des lateinischen Ritus mit Mitra und Stab (Ambierle, Glasmalerei 15. Jh.); als Bischof in pseudo-griechischem Ornat (Rom, S. Maria Maggiore, Fresko v. G. Reni 1611/12). *Zyklus:* Lyon/Kathedrale, Glasmalerei 15.(?) Jh.

Isidor von Madrid

Bauer, hl.

Fest: 15. 5. (vor der Kalenderreform 10. 5.).

Leben: * um 1070, führte ein arbeitsreiches Leben, † 15. 5. 1130. Seligsprechung 1618, Heiligsprechung 1622.

Legende: I. führt mit seiner Frau, der seligen Maria Toribia genannt de le Cabeza, ein Leben als Knecht eines reichen Herrn in Madrid. – I. betet während der Arbeit: Als sein Herr wütend dazukommt, bemerkt er, daß ein Engel währenddessen den Pflug führt. – I. schlägt aus dem trockenen Boden eine Quelle.

Patronat: Stadtpatron von Madrid; Bauern, Geometer, für gute Ernte, gegen Dürre.

Verehrung und Kultorte: Leichnam in Madrid/S. Andreas, volkstümlicher Bauernheiliger in Niederbayern.

Darstellungen in der Kunst: *Gewandung:* in sonntäglicher, landesüblicher Bauerntracht in Schuhen, Kniehose, Hemd, offener Jacke (Rott am Inn, Fig. v. I. Günther um 1770); in werktäglicher Arbeitskleidung barfuß (Rettenbach, Fig. Ende 18. Jh.). *Attribute:* Kruzifix (Bischofsstetten, Fig. um 1750); Rosenkranz, Hacke (Villanueva y Geltrú, Fig. v. A. Pujol 18. Jh.); Garben, (Rott am Inn, Fig. v. I. Günther um 1770); Gabel, Pflug (Robertville/Belgien, Fig. 18. Jh.); Dreschflegel (München, Kreuzkirche, Fig. 18. Jh.); Sense (Obereching, Fig. 1683); Spaten (Rauris, Michaelskapelle, Fig. 18. Jh.). *Besondere Szenen:* I. betet vor einem Bildstock, während ein Engel pflügt (Elsendorf/Niederbayern, Gem. v. J. E. Hölzl 1754); I. schlägt eine Quelle aus dem Boden (Madrid, Prado, Gem. v. A. Cano 17. Jh.); I. in der Landschaft (Valencia, Provinzialmuseum, Gem. v. F. Ribalta um 1610/15).

Isidor von Sevilla
Erzbischof, Kirchenlehrer, hl.
Fest: 4. 4.
Leben: * um 560 in Cartagena aus vornehmer Familie, die von byzantinischen Behörden aus der Stadt ausgewiesen wurde und sich in Sevilla ansiedelte, Erziehung I.'s durch seinen Bruder Leander, dem er als Bischof um 600 nachfolgte. I. präsidierte 619 dem Konzil von Sevilla, 633 dem von Toledo. I. förderte als Bischof die Wissenschaften und gründete Schulen und Klöster mit reichen Bibliotheken, förderte die wissenschaftliche und asketische Bildung des Klerus. † 4. 4. 636 in Sevilla. Heiligsprechung 1598, zum Kirchenlehrer ernannt 1722. – In seinen Werken zeigt sich I. neben Boethius und Cassiodor als Lehrmeister des Mittelalters, doch bestehen sie hauptsächlich aus mosaikartig zusammengefügten Kompilationen aus anderen Werken. Infolge ihres klaren, leicht faßlichen Ausdrucks und der Breite der Themen beliebt, wie die »Etymologiae« in 20 Bänden, eine Realenzyklopädie des weltlichen und geistlichen Wissens seiner Zeit, belegt.
Patronat: Nationalheiliger von Spanien, Schlachtenpatron der spanischen Heere.

Verehrung und Kultorte: Beigesetzt in Sevilla, kurz vor 1063 Leichnam von König Ferdinand nach León überführt, I.-Kirche 1063 geweiht.
Darstellungen in der Kunst: *Gewandung:* als Bischof im Ornat (León, S. Isidoro, Fig. 13. Jh.); als Erzbischof mit Pallium (Burgos, S. Lesmes, Gem. v. P. Ricci 17. Jh.); als Reiter (León, Museum, Standarte 12./13. Jh.). *Attribute:* Kreuz, Schwert (León, Museum, Standarte 12./13. Jh.). *Besondere Szenen:* I. betet Christus an (Chartres, Bibliothèque Ms 69, Buchmalerei 11. Jh.); I. übergibt einem Boten einen Brief (Santiponce, S. Isidoro, Fresko D. López zugeschrieben 15. Jh.); Tod des hl. Isidor (Sevilla, S. Isidoro, Gem. v. J. de las Ruelas um 1613/16).

Ivo

(Yves Helory), Rechtsgelehrter, hl.

Fest: 19. 5. (vor der Kalenderreform 17. 10. bzw. 19. 3.).

Leben: * 17. 10. 1253 in Minihy-Tréguier/Bretagne, Studium der Theologie in Paris, des kanonischen Rechts in Orléans; wirkte als Advokat in Rennes und Tréguier sowie als kirchlicher Offizial. 1284 Priesterweihe und Pfarrer von Trédrez, 1292 von Louannec. Resignation 1297/98 und Rückzug auf den väterlichen Landsitz Kermartin. I. trat als Advokat der Hilflosen und Unterdrückten vor Gericht auf, war mildtätig gegen die Armen. † 19. 5. 1303. Heiligsprechung 1347.

Patronat: 2. Landespatron der Bretagne, Universität Nantes, juristische Fakultäten des ausgehenden Mittelalters; Arme, Drechsler, Gerichtsdiener, Juristen, Ministerialbeamte, Notare, Pfarrer, Priester, Rechtsanwälte, Richter, Waise bei Prozessen, der Gleichheit aller Menschen vor dem Gesetz.

Verehrung und Kultorte: Leichnam auf dem Friedhof in Tréguier begraben; vor allem in Frankreich verehrt.

Darstellungen in der Kunst: *Gewandung:* als Richter in jeweils zeitgenössischem Gewand, in Talar und Barett (Paris, St-Yves, Fig. 14. Jh. [zerstört]); im Gelehrtentalar und Barett (Freiburg, Münster, Glasmalerei 1524); als Kleriker in Soutane, Zingulum, Mantel (Maria Bühel, Wallfahrtskirche, Fig. 1764); als Diakon in Dalmatik (Florenz, Accademia, Gem. v. G. di Marco gen. da Ponte 15. Jh.). *Attribute:* Buch (Empoli, Museo, Gem. v. Maestro del Bambino Vispo Anfang 15. Jh.); Spruchband (Salamanca, Katharinenkapelle, Gem. Anfang 15. Jh.); Feder, Schriftrolle (Barcelona, Kathedrale, Gem. 15. Jh.); Schriftrolle und Buch (Quimper, Musée bréton, Fig. 16. Jh.); Allegorie der Justitia zu Füßen (Prag, Karlsbrücke, Fig. v. M. B. Braun 1714); Palme (Villy-le-Maréchal, Fig. 16. Jh.); Kelch (Lübeck, Katharinenkirche, Oberchorgestühl 2.Hälfte 15. Jh.). *Besondere Szenen:* I. hilft Armen (Löwen, Museum, Gem. v. P. P. Rubens 1633); zu I. als Diakon drängen Arme (Rom, S. Ivo alla Sapienza, Gem. 1685); I. wird vom göttlichen Licht bei der Messe überstrahlt (Castelnovo/Carellón, Pfarrkirche, Gem. Ende 15. Jh.); Vor I. im Richterstuhl stehen Arme mit Bittschrift und Reiche mit Geldsack (Brüssel, Musées Royaux des Beaux-Arts, Gem. v. H. de Clerck um 1600). *Zyklus:* Moncontour-de-Bretagne, Glasmalerei 1537.

J

24 **Jakobus der Ältere**
25 (major, Zebedäus, Bruder des Johannes),
42 Apostel, Martyrer, hl.

Fest: 25. 7. (urspr. 27. 12.).

Leben: Im Neuen Testament erscheint Jakobus als Sohn des Zebedäus und der Maria Salome (Mt 27,56), wurde gemeinsam mit seinem Bruder Johannes Evangelist von Christus zum Jünger berufen (Mt 4, 21), seine Anwesenheit erwähnt bei der Auferweckung der Tochter des Jairus durch Jesus Christus (Mk 5, 37), bei der Verklärung Christi auf dem Berg Tabor (Mt 17,1 ff) und im Garten Gethsemane bei der Gefangennahme Jesu (Mt 26,36). Enthauptet unter Herodes Agrippa um 44 n. C. (Apg 12,2).

Legende: erste Aufzeichnungen der Apostelreisen im 5. Jh, von Julius Africanus ins Lateinische übersetzt, ausführlichere Version von Honorius v. Autun: J. predigt in Judäa, dann erfolglos in Spanien. – Der Hohepriester Abiathar wendet sich an den Magier Hermogenes, der seinen Schüler Philetus sendet, um J. vom Glauben abzubringen. – Als Hermogenes den durch die gewirkten Wunder bekehrten Philetus durch seine Magie unbeweglich macht, sendet ihm Jakobus sein Schweißtuch, das ihn von dem zauberischen Bann löst. – Hermogenes schickt Dämonen aus, um J. zu fangen, sie aber gehorchen dem Befehl J.'s und bringen Hermogenes gefesselt zu J. – Philetus befreit auf Geheiß J.'s den Gefesselten. – Hermogenes bekehrt sich und erhält von J. dessen Pilgerstab zum Schutz gegen Dämonen. – Die Zauberbücher des Hermogenes werden ins Wasser geworfen. – Abiathar liefert J. dem Herodes Agrippa aus. – J. heilt auf dem Weg zu seiner Hinrichtung einen Gelähmten, daraufhin bekehrt sich der Häscher Josias und wird von Abiathar mit Fäusten geschlagen. – J. tauft vor seinem Tod Josias, der gemeinsam mit J. das Martyrium durch Enthauptung erleidet. – Zwei Schüler entwenden den Leichnam, legen ihn in ein ruderloses Boot, das Engel an die Nordküste Spaniens bringen. – Ein Stein höhlt sich selbst zum Grab für J. aus. – Wilde Stiere fahren den Leichnam in das Schloß der heidnischen Königin Lupa, die sich bekehrte. – Das Grab des J. wird 825 wiederentdeckt. – Nach einer Version von 1165, fälschlich Erzbischof Turpin von Reims zugeschrieben, erscheint J. Karl dem Großen im Traum und zeigt ihm das verborgene Grab, wobei er dem Sternenweg folgen soll. – Posthume Wallfahrtslegenden nach dem Pilgerbuch des 12. Jh.: Ein Wirt versteckt um 1090 in Kleidern von Pilgern nach Compostela einen Silberbecher, nach ihrer Abreise zeigt er den Raub an, der jüngste Sohn wird aufgehängt. – Als 36 Tage später die Pilger zurückkehren, finden sie den Jungen lebend, weil J. ihn an den Füßen stützt. (1.Var.: Die Wirtstochter verliebt sich in den Sohn der Pilgersleute und rächt sich mit dem Verstecken des Silberbechers, weil ihre Zuneigung nicht erwiedert wird. – 2. Var.: Als dem Richter die Kunde überbracht wird, daß der aufgehängte Jüngling noch lebe, sagt dieser: Er lebt so wenig wie die gebratenen Hühner auf meinem Tisch, woraufhin diese entfliegen. – J. erscheint in der Schlacht v. Clavijo um 844 auf einem weißen Roß und schlägt das maurische Heer in die Flucht. – J. erscheint Maria auf einer Säule in Saragossa, um zur Missionierung aufzurufen.

Patronat: Spanien, Ritterorden S. J. vom Schwerte in Léon zum Kampf gegen die Mauren, Hospize, Spitäler, J.-Bruderschaft, Waisenkinder, Pilger, Wallfahrer, Apotheker, Drogisten, Hutmacher, Kettenschmiede, Krieger, Lastträger, Ritter, Strumpfwirker, Wachszieher, Getreidewachstum.

Verehrung und Kultorte: Santiago de Compostela, nach Jerusalem und Rom das bedeutendste Pilgerzentrum des Abendlandes, Wallfahrtswege mit Hospizen und Spitälern in Deutschland, Frankreich und Nordspanien; zahlreiche Kirchenpatronate in ganz Europa, bes. in Galizien, Südamerika.

Aberglauben: bedeutender Lostag, an dem man auf das Gedeihen der Früchte rückschließt, wenn an diesem Tag die Sonne scheint. – In Schlesien und Böhmen wird am J.-Tag ein Bock vom Kirchturm herabgeworfen, dessen Blut dann als Heilmittel gegen Krankheiten ausgegeben wird. – Schmiede in den Alpentälern Tirols schlagen nach Feierabend am J.-Tag auf den kalten Amboß, um die an diesem Tag dünn gewordene Teufelskette zu stärken, damit sich Luzifer nicht befreien kann. – J.-Kerzen unterstützen das Schatzgraben und halten böse Geister dabei fern.

Darstellungen in der Kunst: *Gewandung:* als Apostel in gegürteter langer Tunika und Mantel (Moissac/Dep. Tarn-et-Garonne, Kreuzgang, Relief um 1100); als Apostel mit Pilgerhut (München, Bayerisches Nationalmuseum, Fig. v. H. Leinberger 1525); als Pilger in gegürtetem Rock und festem Mantel (Erfurt, Dom, Fig. um 1350); als Ritter in Rüstung (Toledo, Kathedrale, Fig. v. D. Gutiérrez de Cárdena 16. Jh.); als Reiterfigur, Maurentöter = Matamoros (Santiago de Compostela, Kreuzgangtympanon, Relief 11/12. Jh., Tepotzotlán/Mexiko, Museum f. christl. Kunst, Fig. 17. Jh.); als Edelmann (Marchena, Johanneskirche, Gem. v. F. Zurbarán Anfang 17. Jh.). *Attribute:* Buch bzw. Schriftrolle, (Bourg-Argental/Dep. Loire, Portalfig. 12. Jh.); zwei Baumstrünke (Toulouse, St. Sernin, Südportal, Fig. 12. Jh.); Pilgerstab, (Santiago de Compostela, Kathedrale, Fig. wohl 1188); Muschel an einer Tasche, Stab, Buch (Mimizan, Fig. 12. Jh.); Stab,

an den Muschel gebunden ist (Aschaffenburg, Schloßbibliothek, Buchmalerei um 1400); Muschel am Mantel (Paderborn, Domvorhalle, Fig. um 1250); Kalebasse auf dem Rücken (Dijon, Musée des Beaux-Arts, Standarte Karls des Kühnen 15. Jh.); Kalebasse am Stab (Schifferstadt, St. Jakobus, Fig. um 1450); Rosenkranz (Straubing, St. Jakob, Fig. v. Hochaltar spätes 15. Jh.); Pilger (Pamplona, S. Cernin, Fig. 13. Jh.); Schwert (Köln, Dom, Relief v. Dreikönigsschrein v. N. v. Verdun frühes 13. Jh.); Kronen, die Pilgern v. J. aufgesetzt werden (Speyer, Historisches Museum der Pfalz, Fig. 14. Jh.). *Personifikationen mit J.*: Kaiser Karl V. als Matamoros (Worcester/Mass., Museum, Gem. v. Cornelius Cornelisz um 1530); Stanislaus Leczynski als pilgernder J. (Warschau, Nationalmuseum, Gem. v. J. B. Oudri 1. Hälfte 18. Jh.); Compostelapilger als J. (Speyer, Maximilianstraße, Fig. v. M. Mayer 1990). *Besondere Szenen*: Hühnerwunder (Winnenden, Schloßkirche, Relief Riemenschneider-Schule um 1520); Maria auf der Säule (Benediktbeuern, Kloster, Jakobuskapelle Gem. Anfang 18. Jh.); J. weist Karl d. Gr. den Weg (Aachen, Domschatz, Karlsschrein spätes 12. Jh.); J. als Helfer der leidenden Menschheit (München, Staatl. Graphische Sammlung, Freskoentwurf v. C. D. Asam Anfang 18. Jh.). *Zyklen*: zahlreich, u. a.: Chartres/Kathedrale, Chorfenster, Glasmalerei Anfang 13. Jh.; Padua/Antoniuskirche, Fresko v. Altichiero da Zevio und Jacopo d'Avanzo 1376–1379; Paris/Louvre, Gem. v. Lorenzo Monaco 1387/1388; Pistoia/Kathedrale, Reliefs v. G. da Pisa Mitte 14. Jh.; Rothenburg o.T./Jakobskirche, Hochaltar v. F. Herlin 1443; Esztergom/Museum, Gem. 15. Jh.

Jakobus der Jüngere

(minor, Alphäus), Apostel, Martyrer, hl.
Fest: 11. 5. (ursprünglich 1. 5., nach Einführung des Festes Josef der Arbeiter unter Pius XII. bis zur Kalenderreform verlegt auf 3. 5.).
Leben: Im Neuen Testament als Sohn des Alphäus (Mt 10,3) oder als J. der Jüngere (Mk 15,40), als Bruder des Herrn von Paulus im Galaterbrief 1,19 bezeichnet. Die Ostkirche trennt zwischen dem in den Evangelien erwähnten Jünger und dem Herrenbruder J. Nach der Flucht Petri aus Jerusalem wurde J. Oberhaupt der Kirche von Jerusalem, Gastgeber des Apostelkonzils zu Jerusalem um die Frage der Eingliederung von Heidenchristen in die junge Kirche; J. setzte die nach ihm benannten Klauseln durch, daß ein Christ kein Götzenopferfleisch essen soll, um nicht Ärgernis zu erregen. Verfasser des Jakobusbriefes. Im Jahre 62 im Auftrag des Hohenpriesters Annas wegen der sehr erfolgreichen Judenmission getötet.
Legende: J. legt das Gelübde am Rüsttag ab, keine Speise mehr zu sich zunehmen, bis Christus von den Toten auferstanden ist. – J. empfängt vom auferstandenen Herrn zuerst die Kommunion. – J. predigt sieben Tage vor dem Hohenpriester Kaiphas, als ein Mann die Zuhörer aufhetzt, J. zu steinigen. Man wirft ihn daraufhin von der Kanzel herab. Seit dieser Zeit hinkt J. – J. befreit einen unschuldigen Kaufmann aus dem Gefängnis. – J. hilft einem in Not geratenen Pilger. – J. wird auf die Zinnen des Tempels zu Jerusalem gestellt, herabgeworfen und gesteinigt. – Da er noch nicht tot ist, wird J. mit einer Walkerstange erschlagen.
Patronat: Patron v. Friesland und Ortspatron v. Dieppe; der Hutmacher, Krämer, Pastetenbäcker, Walker.
Verehrung und Kultorte: An der Stelle des Martyriums wird eine J.-Kirche in Jerusalem erbaut; Reliquien unter Justinian (?) nach Konstantinopel in eine dortige J.-Kirche transferiert; Gebeine im 6. Jh. in Rom in der

Kirche SS. Apostoli zusammen mit denen des hl. Philippus nachweisbar. Reliquien angeblich in Santiago de Compostela, Insel Camargue/Bretagne, Forlì, Ancona, Gemblour bei Namur/Belgien, Langres, Antwerpen/Jesuitenkirche.
Aberglauben: Am J.-Fest (1. Mai) Fruchtbarkeitszauber durch an die Häuser heiratsfähiger Mädchen gesteckte Majen. – Am J.-Tag (1. Mai) soll man in Bayern nicht flicken, weil man sonst den »Wurm-Beißad in die Finger kriegt«.
Darstellungen in der Kunst: *Gewandung:* als Apostel in Tunika, Mantelpallium (Arles, St-Trophime, Westportal, Fig. Ende 12. Jh.); als Bischof des ostkirchlichen Ritus (Venedig, Museum v. S. Giorgio di Greci, Ikone v. E. Tzanes 1683). *Attribute:* Krone in der Hand (Ravenna, S. Giovanni in Fonte, Mosaik Mitte 5. Jh.); Buch (Ravello, Dom, Bronzetür 1179); Schriftrolle (Rom, Vatikanische Museen, Predella v. N. da Foligno 1466); Walkerstange (Aachen, Münster, Marienschrein, Fig. 1237); Wollbogen = durchlochte Platte an langem Stab (München-Blutenburg, Schloßkapelle, Fig. Ende 15. Jh.); Keule (Köln, St. Ursula, Schiefertafel um 1275); mit einem Schlüssel eine Kirche öffnend (Södra Råda/ Dänemark, Gamla Kyrka, Wandmalerei 15. Jh.). *Martyrium:* Sedlez bei Kuttenberg/Tschechien, Gem. v. L. Willmann 1701; Venedig, S. Marco, Mosaik Anfang 13. Jh. *Zyklen:* Padua/S. Antonio, Capella del beato Luca, Fresken v. G. di Menabuoi Ende 14. Jh.

Januarius von Benevent
(Janiver, Genaro, Jenaro), Bischof, Martyrer, hl.
Fest: 23. 11. (vor der Kalenderreform zusätzlich 19. 9.[Tag des Martyriums], 1. 5., 2. 5., 19. 10., 16. 12. [Translationsfeste]).
Leben: als Bischof v. Benevent am 19. 9. 305 während der diokletianischen Verfolgung mit seinen Begleitern Acutius, Desiderius, Eutyches, Proculus und den beiden Diakonen Festus und Sosius nach Verweigerung des Götzenopfers in Nola gefangengenommen und in der Nähe von Pozzuoli geköpft.
Legende: J. wird in einen glühenden Ofen geworfen, aus dem er unversehrt entsteigt. – Wilde Tiere, die auf J. gehetzt werden, legen sich ihm zahm zu Füßen.
Patronat: Stadtpatron von Neapel; gegen Vulkanausbrüche und Erdbeben.
Verehrung und Kultorte: Gebeine 413 oder 431 von Pozzuoli in die Katakomben von Neapel transferiert. – 831 Gebeine in Benevent, S. Maria in Gerusalemme, 1154 in der Abtei Monte Vergine, 1497 in der Kathedrale von Neapel, 25. 2. 1964 feierliche Rekog-

nostizierung durch Erzbischof Alfonso Cataldo, in einer Bronzeurne v. 1511 am Hauptaltar der Kathedrale. 871 Reliquien auf der Reichenau, seit 985 J.-Kapelle. – Blutwunder seit 1389 urkundlich bezeugt, naturwissenschaftlich noch nicht erklärt. Das in zwei Ampullen aufbewahrte Blut J.'s verflüssigt sich zu bestimmten Zeiten, wenn es in die Nähe des Hauptes gebracht wird, am Samstag vor dem 1. Sonntag im Mai und am 19. 9.).

Darstellungen in der Kunst: *Gewandung:* in Tunika mit Umhang (Neapel, obere Katakombe, Fresko 5. Jh.); als Bischof mit Pallium (Neapel, untere Katakombe, Fresko 10/11. Jh.). *Attribute:* Krone, Palme, Schwert, Bischofsstab, von Engeln gereicht, Löwen zu Füßen (Wien, St. Stephan, J.-Altar v. M. Altomonte 1715); Blutampullen in den Händen von Engeln (Madrid, Prado, Gem. v. A. Vaccaro um 1650); Vesuv (Neapel, S. Gennaro, Fresko v. Domenichino 1632). *Martyrium:* Wien/Kunsthistorisches Museum. Gem. v. S. Compagno 17. Jh.; Pozzuoli/ Kathedrale, Gem. v. A. Gentileschi 17. Jh.; Neapel/Kathedrale, Gem. J. Ribera. *Besondere Darstellungen:* Apotheose des J. (Neapel, Certosa di S. Martino, Gem. v. Battistello Caracciolo).

Joachim 5
Vater der Gottesmutter Maria, hl.
Fest: seit 1622 zusammen mit Anna 26. 7. Einzelfest seit dem 15./16. Jh.: 16. 9., 9. 12. oder 20. 3., Festtag 1572 gestrichen, 1622 wieder eingeführt und auf dem Sonntag nach dem 15. 8. verlegt, 1913–1969 am 16. 8. begangen.
Legende: keine hist. Gestalt, erwähnt im Protoevangelium des Jakobus im 2. Jh., seine Legende durch das Speculum humanae salvationis und Legenda aurea des Jacobus de Voragine im Zusammenhang mit Marienlegenden verbreitet: J. wird wegen seiner Kinderlosigkeit durch die Priester am Opferaltar zurückgewiesen. – J. geht in die Einsamkeit zu den Hirten. – J. wird von einem Engel geheißen, an die Goldene Pforte zu gehen. – J. trifft Anna an der Goldenen Pforte. – J. bringt aus Dankbarkeit drei Monate nach der Geburt Mariens ein Lamm als Opfer dar. Weiteres siehe unter Anna und Maria.
Patronat: Eheleute, Schreiner, Leinenhändler.
Verehrung und Kultorte: Choziba, Kloster im 4. Jh.; volkstümliche Andachten in Süddeutschland seit dem 18. Jh. im Zusammenhang mit der Josephsverehrung.
Darstellungen in der Kunst: *Gewandung:* langer Rock, Mantel oder Überwurf (Tösens, St. Georg, Fig. frühes 16. Jh.); als Hirte in engen Beinkleidern, kurzer Rock, Überwurf, turbanartige Kopfbedeckung (Amorbach, ehem. Abteikirche, Fig. um 1750). *Attribute:* Buch (München-Thalkirchen, Fig. v. I. Günther 1748/49); in Buch lesend (Wien, Kunsthistorisches Museum, Gem. v. M. Woutiers 1646); Schriftrolle (Schwyz, Frauen-

kloster St. Peter, Fig. 1774); Krückstock (Gelnhausen, Marienkirche, Annenretabel 1500); Taustab (Prag, Kreuzherrenkirche, Fig. v. J. Süssner 1690); Schäferstab (Birnau, Wallfahrtskirche Fig. v. J. A. Feuchtmayer 1749); zwei Tauben in der Hand (Tiefenbronn, Stiftskirche, Sippenretabel Anfang 16. Jh.); zwei Tauben auf geschlossenem Buch (Miltenberg, Laurentiuskapelle, Fig. um 1500); zwei Tauben im Körbchen (Engelszell, Stiftskirche, Fig. 1760); Lamm auf dem Arm (Schwerin, Museum, Gem. Ende 15. Jh.); hochspringendes Lamm (Arnsdorf/Österreich, Pfarrkirche, Fig. 1755); Lamm zu Füßen (Pelplin, Dom, Fig. frühes 17. Jh.); Marienkind auf dem Arm (Gräfrath, Pfarrkirche, Fig. 1690); Gebetsschnur (Stuttgart, Staatsgalerie, Gem. v. 1516). *Besondere Szenen:* Anbetung der Immaculata durch J. (Hildesheim, Dom, Fig. vom Immaculataaltar v. P. Egell 1731); in der Art der Wurzel-Jesse-Darstellungen wächst aus der Brust des J. ein Ast mit Marienbild (Brüssel, Musées Royaux des Beaux-Arts, Gem. v. C. van Coninxloo 17. Jh.). *Zyklen:* siehe Anna und Maria.

Jodokus
(Iudocus, Josse, Just, Joos, Jost, Jobst, Jox), Pilger, hl.
Fest: 13. 12. (11. 6., 25. 7. Translationsfeste).
Leben: aus einem bretonischen Adelsgeschlecht (wohl Fürsten) stammend, Gründer der Einsiedelei Runiac, Romwallfahrer, † um 669. In der Nähe der Klause entsteht das Benediktinerkloster St-Josse-sur-Mer.
Legende: J., ein bretonischer Königssohn verzichtet wie sein älterer, in ein Kloster eintretender Bruder auf die Herrschaft. – J. entflieht und schließt sich Pilgern an. – J. läßt sich als Einsiedler in Runiac nieder, wo die Fische und Vögel, die er füttert, zahm werden. – Als J. dreimal Christus in der Gestalt eines Bettlers erscheint, teilt er sein Brot, bis nichts mehr übrig ist. – J. erkennt Jesus und sieht durch das Fenster Schiffe mit Nahrungsmitteln landen. – J. trifft auf der Wallfahrt nach Rom den hl. Martin. – J. wird häufig vom Teufel versucht. – Ein Schlangenbiß vertreibt J. aus seiner Klause. – J. wird in einer Vision während der Messe die Himmelskrone gezeigt, die er erringen wird.
Patronat: Pilger, Schiffer, Siechenhäuser, Blinde, Bäcker, der ehelichen Pflichten und des Kindersegens, Haustiere, Ernte; gegen Kornmilben, Getreideschädlinge, Feuer, Pest, Fieber.
Verehrung und Kultorte: St-Josse-sur-Mer, Benediktinerabtei, St-Josse-sur-Bois, Prämonstratenserkloster, Prüm/Eifel (9. Jh.), Walberberg (11. Jh.); durch angelsächsische Missionare v. der Bretagne in ganz Europa

verbreitete Verehrung, bes. Moselgebiet, Krain, Skandinavien, Schweiz.

Aberglauben: Lostag, am J.-Fest muß die Obsternte gegen Erntebrand, Gewitter und Hagelschlag gesegnet werden. – J. vermittelt Mädchen in der Schweiz den Ehegatten.

Darstellungen in der Kunst: *Gewandung:* als jugendlicher Pilger mit Hut (Innsbruck, Hofkirche, Maximiliansgrab, Fig. v. P. Godl Anfang 16. Jh.); in Anlehnung an Jakobus d. Ä. (Speyer, Historisches Museum der Pfalz, Fig. 1462); als Kleriker mit Birett und Abtsstab (Stockholm, Historisches Museum, Triptychon 15. Jh.); mit gekreuzter Priesterstola unter dem Pilgermantel (Salzburg, Museum, Fig. Ende 15. Jh.). *Attribute:* Pilgertasche, Pilgerstab, Jakobsmuschel, Rosenkranz (St. Goar, ev. Kirche, Wandmalerei zwischen 1469 und 1479); abgelegte Krone in der Hand (Stich v. Israhel van Meckenem d. J. Ende 15. Jh.); abgelegte Krone und Szepter zu Füßen (Schweidnitz, Retabel v. 1492); Krone auf dem Buch (New York, Sammlung French, Wandteppich 16. Jh.); Krone am Arm (Brügge, Unsere Liebe Frau, Gem. v. Meister der Godelieve-Legende Ende 15. Jh.); eine Krone zu Füßen und eine Krone in der Hand als Hinweis auf die Himmelskrone (Bern, Privatbesitz, Gem. frühes 16. Jh.); Öchslein, Schwein und Schaf (Biever bei Trier, Fig. 1750). *Zyklen:* Obergaß/Kapelle St. Jost, Wandmalerei 15. Jh.; Stockholm/Historisches Museum, Triptychon, Predellenreliefs 15. Jh.

Johanna Franziska Frémyot von Chantal
Salesianerin, hl.

Fest: 12. 12. (vor der Kalenderreform 21. 8.).

Leben: * 1572 in Dijon als Tochter des Präsidenten des burgundischen Parlamentes Baron von Frémyot, bei der Firmung kam als zweiter Vorname Franziska hinzu; 1592

Heirat mit Baron Christophe de Rabutin von Chantal, mit dem sie acht Jahre eine glückliche Ehe führte. 1600 nach dem Tod des Ehemannes mit vier Kindern und einem problematischen Schwiegervater in schwieriger Situation; 1604 Begegnung mit Franz von Sales bei dessen Fastenpredigten in Dijon, der J. anhielt, die Heiligkeit nicht in asketischen Übungen, sondern in der Erfüllung täglicher Pflichten zu suchen. 1610 Gründung des Ordens von der Heimsuchung Mariens – Salesianerinnen in Annecy/ Dep. Savoie. Die Ordensfrauen sollten nach dem ursprünglichen Plan nicht in Klausur leben und sich besonders der Mädchenerziehung widmen. † 13. 12. 1641 in Moulins. Seligsprechung 1751, Kanonisierung 1767.

Patronat: Salesianerinnen, Erzieherinnen, Mädchen

Verehrung und Kultorte: Gebeine in Annecy, Salesianerinnen.

Darstellungen in der Kunst: *Gewandung:* in Ordenstracht (Turin, Kloster der Heimsuchung, Gem. 1636). *Besondere Szenen:* Einkleidung der J. durch Franz v. Sales (Bergamo, Accademia Carrara, Gem. v. Boverini 18. Jh.); Regelübergabe durch Franz v. Sales an J. (Paris, Saint-Louis-en Île, Gem. v. N. Halle Anfang 18. Jh.); Anbetung des Herzens Jesu durch J. (Kunsthandel, Gem. v. C. Giaquinto 18. Jh.).

Johanna von Orléans
(Jeanne d'Arc), Jungfrau, hl.

Fest: 30. 5. (Frankreich: 1. Sonntag nach Christi Himmelfahrt).

Leben: * 6. 1. 1412 in Domrémy als Tochter einfacher Landleute, erhielt fromme Erziehung, aber keine Schulbildung, mit 13 Jahren erste Visionen durch Stimmen, seit 1428 hörte J. Stimmen, die sie als Befreierin Frankreichs, besonders von Orléans erwählten. J. sollte die Krönung Karls VII. ermöglichen. Am 23. 2. 1429 legte J. Männerkleidung an, und traf den Dauphin, den sie von der Echtheit ihrer Sendung überzeugen konnte. Im Mai 1429 entsetzte J. mit einem kleinen Heer Orléans und befreite das Gebiet der Loire, Troyes sowie Châlon und führte Karl VII. zur Krönung als König v. Frankreich nach Reims. Karl wollte den Krieg nicht weiterführen. J. vermochte nicht, Paris zu besetzen und wurde dabei verletzt. Am 28. 3. 1430 verließ J. den Hof und wurde nach einer Ankündigung ihrer Stimmen bei einem Ausfall aus Compiègne von Burgundern gefangen und gegen hohes Lösegeld an die Engländer verkauft. In Rouen Hexenprozeß, um die Krönung Karls als Werk der Hexerei auf Befehl der Engländer darstellen zu können. Am 25. 5. 1431 zum Tod auf dem Scheiterhaufen verurteilt, widerrief sie, nahm diesen Widerruf jedoch zurück und wurde als rückfällige Hexe am 30. 5. 1431 verbrannt. Am 7. 7. 1456 wurde das Urteil nach einer Überprüfung von Papst Calixtus II. aufgehoben. 1909 Seligsprechung, 1920 Kanonisation.

Patronat: Frankreich, Orléans, Rouen; Patronin der Telegraphie und des Rundfunks (wegen der Stimmen, die unsichtbar zu ihr drangen!).

Verehrung und Kultorte: Nach dem Sieg Deutschlands über Frankreich 1870 erinnerte man sich ihrer Rolle als Befreierin Frankreichs.

Darstellungen in der Kunst: *Gewandung:* in Frauenkleidung (Paris, Musée de l'Histoire de France, Zeichnung 1429); in Frauenkleidung zu Pferd (Grenoble, Musée, Buchmalerei 15. Jh.); in Ritterrüstung (Paris, Musée de l'Histoire de France, Buchmalerei 15. Jh.); in vergoldeter Ritterrüstung zu Pferd (Nantes, Musée Dobrée, Buchmalerei v. A. du Four 15. Jh.); in antikisierender Rüstung (ehem. Votivstandbild Karls VII. für J. 15. Jh.); in zeitgenössischer Frauentracht (Orléans,

Musée Jeanne d'Arc, Gem. 1581); Mischformen mit ritterlichen und modischen Kleidungsstücken in unterschiedlichen Kombinationen auf zahlreichen Stichen. *Attribute:* gezogenes Schwert (Orléans, Musée Jeanne d'Arc, Gem. 1581) Banner und Schwert (Paris, Musée de l'Histoire de France, Zeichnung v. C. de Fauquembergue 1429); Lanze (Stich in der Cosmographie d A. Thevet 1575); französisches Wappenschild (Stich v. L. Gaultier 1606); Lorbeerkranz (Paris, Reiterstandbild v. A. Mercié 1885). *Besondere Szenen:* J. als Hirtenmädchen hört Stimmen (Paris, Louvre, Fig. v. F. Rude 19. Jh.); Gebet der J. (Raleigh, North Carolina Museum, Gem. v. P. P. Rubens); Schlachtschilderungen (Orléans, Musée Jeanne d'Arc, Gem. v. B. de Monvel 19. Jh.; Versailles, Galerie des Batailles, Gem. v. H. Scheffer 19. Jh.); Krönungsdarstellungen Karls VII. (Paris, Louvre, Gem. v. J. A. D. Ingres 19. Jh.). *Martyrium:* Wadsworth Museum, Zeichnung v. J. Ensor; Orléans, Sockel des Reiterstandbildes am Place du Martroy, Relief v. V. Dubray 19. Jh.). *Zyklen:* Château d'Espinal, Wandteppich 17. Jh.; Commercy/Museum, Elfenbeinreliefs 19. Jh.

Johannes I.

Papst, Bekenner, hl.

Fest: 18. 5. (vor der Kalenderreform 27. 5.).

Leben: 523–526 Bischof von Rom während der Herrschaft des Ostgotenkönigs Theoderich; in den Auseinandersetzungen mit den Arianern versuchte Theoderich, diese gegen die Unterdrückungen des oströmischen Kaisers Justin I. in Schutz zu nehmen. In der von Theoderich zu Justin gesandten Abordnung war gegen seinen Willen auch Papst J., der nach der erfolglosen Mission von dem mißtrauischen Theoderich in Ravenna festgehalten wurde und dort nach wenigen Tagen starb. 530 Leichnam nach Rom überführt.

Johannes der Almosengeber

Darstellungen in der Kunst: *Gewandung:* als Papst (Rom, S. Paolo fuori le mura, Fresko 19. Jh.); *Besondere Szenen:* J. im Gefängnis (S. Maria in Porto Fuori, Fresko 15. Jh.).

Johannes der Almosengeber
von Alexandrien

Bischof, hl.

Fest: 23. 1. (byzantinische Riten 12. 11.).

Leben: * 2. Hälfte 6. Jh. in Amanthus auf Zypern, nach dem Tod von Frau und Kindern Asket; 610/11 zum Patriarchen von Alexandrien gewählt, eifriger Kämpfer gegen die Irrlehre des Monophysitismus, hochverehrt wegen seiner Mildtätigkeit, † auf der Flucht vor persischen Truppen 619/20. Begraben auf Zypern neben Bischof Tikon.

Legende: J. sieht die Barmherzigkeit in Gestalt einer Jungfrau mit grünem Kranz aus Ölbaumblättern und erwählt sie als von Christus gesandte Braut. – J. läßt die Armen von seinen Dienern in einem Buch verzeichnen. – Der Patrizier Nicetas erschleicht Kirchengelder, doch J. erkennt beim Meßopfer den Betrug. – J. erläßt einem Krämer, obwohl er J.'s Neffen beleidigt hat, Zins und Steuern. – J. verkauft seine Bettlaken für die Armen. – J. empfängt Liebesgaben aus Afrika. – J. adoptiert einen Knaben, dessen Vater durch Almosengeben verarmt war. – J. unterstützt einen verarmten Kaufmann und beschützt sein Schiff. – J. läßt sein Grab nicht vollenden, um immer daran erinnert zu werden, daß er weder Tag noch Stunde des Todes wisse. – Eine Kurtisane, die ihre Sünden vor Scham nicht aussprechen konnte und auf einen Zettel nur wenige Tage vor J.'s Tod niedergeschrieben hatte, erhält am Grab ihr Sündenregister getilgt zurück.

Patronat: Caritas, Kaufleute, Schiffer, Bettler.

Verehrung und Kultorte: hauptsächlich in der Ostkirche, im Westen Reliquien in Venedig, S. Giovanni in Bragora (seit 1247); in Buda (durch Matthias Corvinus 1489); in Preßburg, Kathedrale (seit 1632); Polen, Ungarn.

Darstellungen in der Kunst: *Gewandung:* als Patriarch (Venedig, S. Giovanni in Bragora, Fig. v. G. Marchiori 18. Jh.); als Kardinal (Levoca, Jakobskirche, Relief um 1520); als Einsiedler (Kupferstich in Villeforte, Patri, Amsterdam 1714). *Attribute:* Kreuzstab, Bettler Almosen gebend (Venedig, S. Giovanni Elemosinaria, Gem. v. Tizian); Taustab, Geldbörse (Krakau, Museum, Gem. um 1504). *Zyklen:* Krakau/Museum, Polyptychon der Krakauer Schule um 1504.

Johannes Baptista 15

(Johannes der Täufer), Vorläufer Jesu, hl.

Fest: 24. 6. (Geburt), 29. 8. (Enthauptung), 23. 9. (Verkündigung an Zacharias), 24. 2. und 25. 5. (Auffindung des Hauptes).

Leben: Nach den Schilderungen in den vier Evangelien wurde den betagten Eltern Elisabeth und Zacharias die Geburt des zukünftigen Propheten J. durch den Erzengel Gabriel verkündet; sechs Monate vor der Geburt Jesu in einer Gebirgsstadt in Juda, zog sich J. als Asket in die Wüste zurück, im Alter von ca. 30 Jahren eschatologische Predigttätigkeit im Jordantal und Spender einer Bußtaufe, Hinweise auf die Wegbereitung des kommenden Messias. J. verkündete Jesus als Messias bei dessen Taufe. Gefangennahme und Enthauptung aus politischen Gründen durch Herodes, vielleicht auf Betreiben der Herodias, deren Tochter Salome angeblich das Haupt des J. forderte.

Legenden: Elisabeth besucht mit dem kleinen J. das Jesuskind und Maria in Bethlehem. – Elisabeth flieht mit dem kleinen J. vor dem Kindermord ins Gebirge, wo sich eine Felsenhöhle von selbst hinter ihnen verschließt und sie vor den Häschern verbirgt. – Zacharias wird ermordet, weil er den Häschern seinen Sohn J. nicht übergibt. – Der

| Johannes Baptista | Johannes Ev. | Sebastian | Antonius Abbas |

Engel Uriel trägt das J.-Kind in die Wüste. – J. erhält vom Engel ein Gewand, das mit ihm wächst. – J. begegnet in der Wüste dem mit seinen Eltern aus Ägypten zurückkehrenden Jesus. – Ein Engel ruft J. aus der Wüste an den Jordan. – J. verkündet im Limbus den Vätern nach seiner Hinrichtung den Erlöser. – J. erscheint den hl. Augustinus und Hieronymus. – J. erscheint der hl. Franziska Romana auf dem Totenbett. – Julian der Apostat läßt die Gebeine des J. verbrennen.

Patronat: Burgund, Malta, Provence, Stadtpatron von Florenz, Amiens, Kirchenpatrozinien u. a. Rom, S. Giovanni in Laterano, Basilica major 4. Jh., der Baptisterien; als Vorbild des asketischen Lebens bei Karmeliten und Maltesern; Bruderschaften zum Beistand der zum Tode Verurteilten, Abstinenzler, Trinkerfürsorge, Architekten, Bauern, Böttcher, Färber, Gastwirte, Gerber, Hirten, Kaminfeger, Kürschner (Fellgewand!), Maurer, Musiker, Restaurateure, Sänger, Sattler, Schmiede, Schneider, Steinmetze, Weber, Winzer, Zimmerleute; gegen Kopfweh, Epilepsie.

Verehrung und Kultorte: Kopfreliquien in Rom/S. Silvestro (um 1400); Maastricht, Quarante, Montpellier (um 1440), Brüssel (Reliquiar 1624/25), Gent/S. Bavo, Aachen-Burtscheid/St. Johann; Gewand und Becher in Rom/S. Giovanni in Laterano. Reichsreliquien in Konstantinopel/Kaiserpalast (der Finger seiner rechten Hand bei der Krönung der byzantinischen Kaiser verwandt), Wien/Schatzkammer (zu den Reichskleinodien gehörende Zahnreliquie).

Johannes Baptista 206

Aberglauben: Segens- und Glückstag, Mitt-
sommernacht, die Person spielt bei dem
Brauchtum dieses Tages wie J.-Feuer u. ä.
kaum eine Rolle ebensowenig bei den zahlreichen bekannten Reinigungs- und Frucht-
barkeitsritualen, dem Wälzen von Paaren
auf dem Ackerboden, Nacktheitszauber
u.s.w. Ausnahmen: In Leobschütz segnet J.
selbst die Blumen in der J.-Nacht, die ihm zu
Ehren gepflückt wurden. – J.-Blumen werden
in Böhmen, nachdem man beim Pflücken
zu. J. gebetet hat, dem Viehfutter beige-
mischt. – Ein am J.-Tag getauftes Kind erfährt mehr Segen, als wenn es 1000 Taler bekommen hätte. – Kinder, die am J.-Tag ent-
wöhnt werden, haben Glück und wandeln
im Sonnenschein des Lebens. Am J.-Tag ist
die Gelegenheit günstig, daß sich Entzweite
versöhnen.

Darstellungen in der Kunst: _Gewandung:_
im Mantel als kynischer Philosoph (Rom,
Lucinagruft in der Callixtuskatakombe,
Wandmalerei Ende 2./Anfang 3. Jh.); in Tunika exomis (Ravenna, Baptisterium der Arianer, Mosaik um 500); im Lendenschurz (Venedig, S. Silvestro, Gem. v. J. Tintoretto um
1580/84); als Prophet und Bußprediger im
Fellgewand aus Kamelhaaren mit Ledergürtel (Siena, Fig. v. Donatello 1. Hälfte. 15. Jh.);
im Leopardenfell (Parenzo, Euphrasiusbasili-
ka, Mosaik 6. Jh.); im Hammelfell, zum Teil
mit Kopf und Klauen (Schalding/Nieder-
bayern, Fig. um 1520); im Leibrock aus Ka-
melhaar, darüber Mantel aus Stoff (Florenz,
Domopera, Fig. v. Michelozzo 15. Jh.); im
Stoffgewand (Florenz, Baptisterium, Mosaik
um 1235/40); als Asket (Karlsruhe, Landesmuseum, Fig. um 1300); als Asket mit Johannes Evangelist in der Landschaft (Regensburg, Städtisches Museum, Gem. v. A.
Altdorfer 1510); als Asket mit Engelsflügeln
(Parma, Domkrypta Gem. 15. Jh.); als
jugendlicher Asket (London, National Gallery, Manchester-Madonna v. Michelangelo
16. Jh.); als Einsiedler (Berlin, Gemäldegale-

rie, Gem. v. Geertgen tot Sint Jans, spätes
15. Jh.); als Kind im Fellgewand (Florenz,
Bargello, Fig. v. A. Rosselino 15. Jh.); als Jugendlicher aus einer Quelle trinkend (Lyon,
Musée, Gem. Anfang 17. Jh.). _Attribute:_
Lamm Gottes in Rundscheibe (Magdeburg,
Dom, Fig. um 1230); Lamm Gottes in Recht-
eckrahmen (Rouvres-en-Planche, Fig. 13. Jh.);
Lamm auf Buch (Kaufbeuren, Fig. v. J. Lederer 1518); Lamm auf dem Arm (Albi, Kathedrale, Fig. 13. Jh.); Lamm zu Füßen (Venedig,
Accademia, Gem. v. Tizian 16. Jh.); Lamm
mit Blutkelch zu Füßen (Colmar, Unterlindenmuseum, Isenheimer Altar des Monogrammisten MGN 1513/15); Lamm mit
Brustwunde und Blutkelch (Nürnberg, Germanisches Museum, Fig. Anfang 14. Jh.); J.-
Knabe spielt mit dem Lamm (Basel, Öffentliche Kunstsammlungen, Gem. v. M. Caravaggio um 1600); Hirtenstab (Ravenna,
Baptisterium der Arianer, Mosaik um 500);
Kreuzstab mit Crux gemmata (Ravenna,
Baptisterium der Orthodoxen, Mosaik 430/
458); Kreuzstab mit Banderole (Paris, Louvre, Gem. der Botticelli-Werkstatt); Stab mit
Agnus-Dei-Scheibe (Mailand, Brera, Gem. v.
F. del Cossa 1472/73); Handkreuz (Rom, La-
teranbaptisterium, Mosaik 640–642); Huf
auf einem Buch (Kunsthandel, burgundische
Fig. 2. Hälfte 14. Jh.); Buch (Boston, Museum
of Fine Arts, Fig. frühes 16. Jh.); Schale, Krug,
Muschel, Salbfläschchen (Atri, Kathedrale,
Fresko 15. Jh. und Siena, Pinacoteca Nazionale, Gem. v. Pinturicchio 2. Hälfte 15. Jh.);
Axt am Baum (Palermo, Capella Palatina,
Mosaik 13. Jh.); Täufling (Senlis, Kathedrale,
Westportal, Fig. 12. Jh.); Schüssel mit dem
abgeschlagenen Haupt (Mantlach/Mittel-
franken, Fig. 1485); Christkind auf der Patene (nur in der byzantinsichen Kunst); Honig-
wabe (Berlin, Fig. der Michelangelo-Werk-
statt); auf Herodes sich erhebend (Florenz,
Sammlung Contini, Gem.v. G. del Biondo
14. Jh.); Laterne (Enschede, Kirche. Gem. v.
J. Prevost 16. Jh.); Kerze (Kampen, Kirche,

Gem. v. E. Maeler 16. Jh.); Lilie (München, Alte Pinakothek, Gem. v. D. Bouts 15. Jh.); Apfel, aus dem ein Palmzweig wächst (Siena, Dorsale v. G. da Siena um 1270). *Besondere Szenen:* Verkündigung des J. an Zacharias (London, British Museum, Evangeliar aus der Hofschule Karls des Großen, Buchmalerei um 800); Geburt des J. (München, Bayerische Staatsbibliothek, Perikopenbuch v. St. Erentrud, Buchmalerei 11. Jh.); Namengebung des J. (Bern, Kunstmuseum, Gem. v. Nelkenmeister um 1495); Maria verläßt das Haus des Zacharias (Urbino, Fresko v. Salimbena 1415); Beschneidung J.'s (Auxerre, Kathedrale, südliches Westportal 13. Jh); Elisabeth mit J. besucht Maria in Bethlehem (Nürnberg, Germanisches Nationalmuseum, Altargem. um 1400); Versteck von Elisabeth mit J. im Felsen auf der Flucht (Rotterdam, Museum Boymans-van Beuningen, Gem. v. Meister des Johannesaltars 1480/90); J. in der Wüste (Chicago, National Gallery, Gem. G. di Paolo zugeschr. 15. Jh.); Engel bringen J. ein Fellgewand (Bern, Kunstmuseum, Gem. 14. Jh.); Johannes entkleidet sich, um das Asketengewand anzulegen (Washington, Kress Collection, Gem. v. D. Veneziano 1438); J. nimmt Abschied von seinen Eltern (Chicago, National Gallery, Gem. G. di Paolo zugeschr. 15 Jh.); das Wort Gottes kommt über J. (Mailand, Duomo, Predella, Gem. v. G. da Fabriano); Begegnung von J. und Jesus mit seinen Eltern in der Wüste (Berlin, Gemäldesammlung der Staatlichen Museen, Gem. der Lippi-Schule 15 Jh.); J. in Nazareth mit der Hl. Familie (Siena, Pinacoteca Nazionale, Gem. v. Pinturicchio frühes 16. Jh.); Bußpredigt des J. vor dem Volk (München, Alte Pinakothek, Gem. v. J. Breughel d. Ä. 1603); Taufe des Volkes im Jordan (Lüttich, S. Barthélemy, Taufbecken v. R. v. Huy 1107–1118); J. am Jordan auf Jesus weisend (Bern, Kunstmuseum, Predella v. Meister der Louvre-Geburt 2. Hälfte 14. Jh.); Taufe Jesu (Pisa, Baptisterium, Tür-

sturzrelief um 1200); Gastmahl des Herodes, Tanz der Salome, (Verona, St. Zeno, Portalrelief 12. Jh.); Gefangennahme des J. (Pisa, Baptisterium, Türsturzrelief um 1200). Gastmahl des Herodes, Enthauptung des J. und Überreichung des J.-Hauptes an Salome in einer Szene (Aachen, Dom, Liuthar-Evangeliar, Buchmalerei der Reichenau um 990); Julian der Apostat läßt die Gebeine des J. verbrennen (Wien, Kunsthistorisches Museum, Gem. v. Geertgen tot Sint Jans 1484); Ankunft der Reliquie des J.-Hauptes in Amiens (Amiens, Kathedrale, Chorschrankenrelief 12. Jh.); Johannesschüssel (Naumburg, Dom, Fig. frühes 13. Jh.). *Martyrium:* Speyer/Domschatzkammer im Historischen Museum der Pfalz, Gem. v. Kölner Meister der Marienlegende 15. Jh.; Frankfurt/Städel, Gem. v. Rogier van der Weyden; Brügge/Johanneshospital, Gem. v. H. Memling. *Zyklen:* sehr zahlreich, u. a. Fossacesia in den Abruzzen, Portalreliefs 13. Jh.; Florenz/Peruzzikapelle, Fresken v. Giotto; Urbino, Fresken v. L. und J. Salimbena 1415; Stams in Tirol, Deckengem. v. J. J. Zeiller 1757; Blaubeuren, Altar 1493.

Johannes Baptist de La Salle

Priester, Ordensgründer, hl.

Fest: 7. 4, ursprünglich 15. 5., in der Kongregation 26. 1.

Leben: * 30. 4. 1651, Tonsur mit elf Jahren, 1678 Priesterweihe und Kanoniker in Reims, 1679 Einrichtung einer Freischule für Knaben in Reims. J. verzichtete 1683 auf sein Kanonikat und gründete mit einigen Freunden die Kongregation der christlichen Schulbrüder, richtete erfolgreich Schulen für die Armen ein, in denen u. a. die Prügelstrafe verboten war, Unterricht in der Muttersprache und nicht in Latein erteilt wurde, ferner eine Art Vorläufer der beruflichen Arbeiterfortbildung betrieben wurde, außerdem Einrichtung von Lehrerseminaren. Verspürte wegen der Reformen vor allem Widerstand aus kirchlichen Kreisen. † 7. 4. 1719 in Rouen. Seligsprechung 1888, Kanonisierung 1900.

Patronat: Schulbrüder, Lehrer und Erzieher (seit 1950), christlicher Unterricht, Armenschulen.

Verehrung und Kultorte: Gebeine nach Rouen, Krypta der Kapelle St. Yon 1734; 1937 in einer Urne nach Rom in das Gebäude der Kongregation übertragen. Reliquien im Mailänder Dom, Frankreich, Kongregation der Schulbrüder.

Darstellungen in der Kunst: Portraits in mittlerem Alter (Rom, Haus der Kongregation, Gem. v. P. Léger 1733). *Besondere Szenen:* Translation der Gebeine nach Rom (Rom, Collegio S. Giuseppe, Apsisbild in der Kapelle); Translation von Reliquien in den Mailänder Dom (Mailand, Istituto Gonzaga, Kapelle, Glasmalerei 19. Jh.) *Zyklus:* Rom/Vatikan, Gem. v. C. Mariani und G. Gagliardi.

Johannes Bosco

Priester, Ordensgründer, hl.

Fest: 31. 1.

Leben: * 16. 8. 1815 in Becchi bei Turin als Sohn armer Bauersleute, nach der Priesterweihe 1846 in Turin-Valdocco Errichtung einer Siedlung für 700 verwahrloste Kinder und Jugendliche, die Modellcharakter annahm, 1857 Gründung der nach dem hl. Franz von Sales benannten Priester und Laienkongregation der Salesianer zur Erziehung und Ausbildung Jugendlicher, zusammen mit Maria Domenica Mazzarello Gründung der Kongregation der Mariahilfschwestern, Reformer des Erziehungs-und Bildungswesens in Italien und seit 1875 in Südamerika. † 31. 1. 1888 in Turin. Seligsprechung 1929, Kanonisierung 1934.

Patronat: Schüler, Jugend, Verlage.

Verehrung und Kultorte: Wallfahrt an seinem Geburtsort Becchi, zahlreiche Kirchen-

Vierzehn Nothelfer

34 *Wallfahrtskirche Vierzehnheiligen/ Deutschland*

35 *Martyrium des hl. Florian, Gem. v. Albrecht Altdorfer, Uffizien/Florenz*

36 *Martyrium des hl. Sebastian, Gem. v. Andrea Mantegna, Kunsthistorisches Museum/Wien*

37 *St. Christophorus, Fresko, Dom/Augsburg*

38 *St. Georg zwischen St. Martin (links) und St. Maurus, Fig. v. Egid Quirin Asam, Weltenburg*

39 *Hl. Katharina v. Alexandrien, Glasgem. v. Peter Hemmel, Hessisches Landesmuseum/Darmstadt*

40 *Hl. Margareta v. Antiochien, Gem. v. Tizian, Prado/Madrid*

41 *Predigt des hl. Dionysius, Miniatur, Bibliothèque Nationale/Paris*

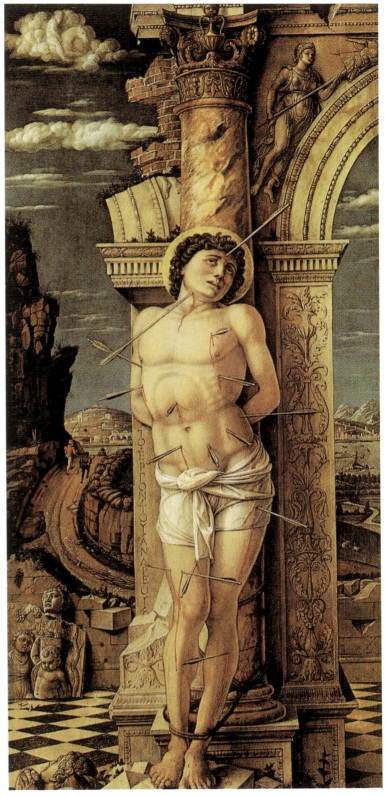

37

38

41

patrozinien von Pfarreien nach 1945 in Deutschland.

Darstellung in der Kunst: *Gewandung:* in Priestersoutane (Unterpfaffenhofen, St. Johannes Bosco, Fig. v. M. Moroder 1981); als Priester (Mailand, Dom, Gem. 20. Jh.). *Attribut:* Kinder (Unterpfaffenhofen, St. Johannes Bosco, Farblithogr. v. W. Persy 1956). *Zyklus:* Turin/S. M. Ausiliatrice, Altargem. 20. Jh.).

Johannes Brébeuf

Jesuit, Martyrer, hl.

Fest: 16. 3., im röm. Festkalender gemeinsam mit Isaak Jogues und Gefährten 19. 10., ursprünglich 18. 10.

Leben: als Missionar mit Gefährten v. seinem Orden 1625 zu den Indianerstämmen der Irokesen und Huronen im Grenzgebiet zwischen Kanada und USA entsandt. In den Jahren zwischen 1642 und 1649 erlitten sieben Missionare den Martyrertod, J. bei einem Aufstand der Huronen 1649. 1925 Seligsprechung, 1931 Kanonisierung.

Darstellungen in der Kunst: *Martyrium:* J. am Marterpfahl (Stich in Tanner, Societas Jesu, Prag 1675).

Johannes von Capestrano

Apostel Europas, Franziskanerobservant, hl.

Fest: 23. 10.

Leben: *24. 6. 1386 Capestrano in den Abruzzen, 1405/06 Beginn des juristischen Studiums in Perugia, anschließend als Richter tätig, 1413 Ratgeber des Podestá von Perugia, 1415 eingekerkert und nach einem gescheiterten Ausbruchsversuch 1416 Eintritt in den Orden der Franziskanerobservanten, ab 1417 rastlose Tätigkeit als Inquisitor im Kampf gegen die Fratizellen (eine schwärmerisch-sektiererische Bewegung), Ausbrei-

ter der Observanz, Wanderprediger in Italien, Frankreich, Niederlanden, Österreich, Deutschland, Böhmen, Polen und Ungarn, wo er neben theologischen auch sozialethische Themen ansprach und den in seiner Zeit grassierenden Zinswucher geißelte. In Krumau, Eger und Brüx literarische Kontroversen mit den Calixtinern, die als gemäßigte Hussiten den Laienkelch forderten mit dem Ergebnis mehrerer tausend Konversionen. J. vermittelte als Vertrauter der Päpste mehrmals den Frieden, so im Thronstreit in Neapel, oder in der Fehde zwischen Mailand und Basel. Neben Bernhardin von Siena Verbreiter der Namen-Jesu-Verehrung. Seit 1454 als Kreuzzugsprediger tätig. J. hatte entscheidenden Anteil am Sieg des christlichen Heeres über die Türken bei Belgrad 1456. † 23. 10. 1456 in Ilok an der Donau. Zunächst auf dem Friedhof bestattet, nach acht Tagen in eine Seitenkapelle der Franziskanerkirche übertragen; bei der Türkenbesetzung 1526 ging der Leichnam verloren. 1622 selig und 1690 Heiligsprechung.

Legende: J. erscheint der hl. Franz v. Assisi und bewegt ihn zum Eintritt in den Orden. – Während einer Meßfeier in Ungarn fällt ein Pfeil mit der Banderole »Giovanni noli timere« auf den Altar. – Bei der Predigt in Aquila exorziert J. einen Besessenen mit dem Monogramm des Namens Jesu. – J. schreitet über Wasser. – Der hl. Leonard als Patron des auf Betreiben J.'s gegründeten Klosters Granz überreicht J. die Kreuzzugsfahne.

Verehrung und Kultorte: München, 1960 Kirche St. Johannes v. Capistran als steingewordene Statio orbis beim Eucharistischen Weltkongreß errichtet.

Darstellungen in der Kunst: *Gewandung:* im Franziskanerhabit (Wartenberg/Ostpreußen, Franziskanerkirche, frühes 18. Jh.). *Attribute:* Buch, Kreuzfahne (Paris, Louvre, Gem. v. B. Vivarini 1459); Monstranz mit Christusmonogramm in der Hand (Bamberg, Museum, Gem. v. S. Bopp 18. (?) Jh.); Kreuz-

Johannes Chrysostomos
von Konstantinopel
Kirchenlehrer, Patriarch, hl.

Fest: 13. 9. im röm. Festkalender, 27. 1. (Rückführung der Gebeine nach Konstantinopel), 30. 1. (Drei Hierarchen), 15. 12. (Bischofsweihe), 14. 9. (Geburtstag).

Leben: * zwischen 344 und 354 in Antiochien als Sohn einer vornehmen Familie, nach dem Tod des Vaters von seiner frommen Mutter Anthusa erzogen. Seine Lehrer waren der Philosoph Andragathius und der Rhetor Libanius. Getauft als Erwachsener, sechs Jahre als Asket in den Bergen bei Antiochien. Theologischer Unterricht bei Diodor gemeinsam mit Theodor von Mopsuestia, aus gesundheitlichen Gründen Rückkehr nach Antiochien, wo er 381 Diakon, 386 Presbyter wurde und als Prediger an der Hauptkirche tätig war. Hier hielt er seine besten exegetischen Homilien, bekannt durch seine 387 anläßlich eines wegen Steuererhöhung ausgebrochenen Aufruhrs gehaltenen Reden, wonach die Zuhörer die kaiserlichen Statuen umstürzten; schließlich bewirkte sein und des Bischofs Flavianus Einsatz eine Amnestie der Bevölkerung. 397 durch eine List des Kaisers Arkadius nach Konstantinopel entführt und trotz seines Sträubens zum Patriarch erhoben, dort Absetzung simonistischer Bischöfe. Nach den Wirren um den Sturz des Ministers Eutropius 399 von Kaiserin Eudoxia und auf Betreiben gegnerischer Bischöfe, vor allem des Theophilos v. Alexandrien, der um seine Vorrangstellung fürchtete, 403 abgesetzt und verbannt. Durch einen Unfall im Palast in Schrecken versetzt, wurde J. einen Tag später zurückgerufen. Die Kaiserin verhinderte in der Osternacht unter Einsatz von Waffengewalt die nächtliche Taufliturgie, ein Mordanschlag wurde jedoch vereitelt. Erneute Verbannung durch kaiserliches Dekret am 9. 6. 404, J. ging nach Kukusus in Armenien; als er später nach Pityus ans Schwarze Meer gebracht werden

fahne, Kruzifix, Stern über dem Haupt, von Engel getragene Monstranz (Straubing, Schutzengelkirche, Gem. v. J. K. Sing Anfang 18. Jh.); Kriegstrophäen und auf einem besiegten Türken stehend (Wien, St. Stephan, Fig. 1737). *Besondere Szenen:* J. schreitet über das Wasser (Antwerpen, Museum der Schönen Künste, Gem. v. P. van Lint 17. Jh.); die Übergabe der Kreuzfahne durch den hl. Leonhard an J. (Wien, St. Stephan, Friedrichsgrab, Relief 1478–1485); Verbrennung häretischer Schriften durch J. (Kupferstich v. H. Schäuffelin 16. Jh.); Verbrennung der Eitelkeiten bei der Predigt v. J. (Bamberg, Museum, Gem. v. S. Bopp); J. als Patron Europas und Triumph des hl. J. (München, St. Johannes v. Capistran, J.-Denkmal v. J. Henselmann 1960) *Zyklus:* Aquila/Museo Civico, Polyptychon v. S. di Cola da Casentio 16. Jh.).

sollte, starb J. auf dem Weg in Komana in Pontus am 14. 9. 407. Kaiser Theodosius II. ließ die Gebeine des J. am 27. 1. 438 in der Apostelkirche zu Konstantinopel feierlich beisetzen. – In seinen Schriften gibt sich J. als Verfechter des Glaubens an zwei unvermischte Naturen, (menschliche und göttliche), in Christus zu erkennen. Bedeutungsvoll auch seine Abendmahlslehre wegen Aussagen zur Realpräsenz. Er sieht die Eucharistie als Opfer identisch mit dem Kreuzesopfer. J. bezieht den päpstlichen Primat nur auf die Stellung des Petrus. In der J. seit dem 8. Jahrhundert zugeschriebenen orthodoxen »Göttlichen Liturgie« stammt nur die Anaphora von ihm. Kirchenlehrer (seit 1568).

Patronat: Prediger (seit 1908).

Verehrung und Kultorte: in der orthodoxen Welt Fest seit 428 anläßlich der Überführung der Gebeine nach Konstantinopel; Reliquien auf dem Athos, in Moskau, Kiew, Messina, Venedig, Dubrovnik, Clairvaux, Paris, Brügge, Mainz.

Darstellungen in der Kunst: als Patriarch des ostkirchlichen Ritus (Rom, Vatikan, Kapelle Nikolaus II, Fresko v. B. Gozzoli 15. Jh.); im Polystaurion (Stilo Cattolica, Fresko 11. Jh.); als Bischof der lateinischen Kirche (Kues, Hospital-Bibliothek, Fresko um 1500); als Autor schreibend (Venedig, S. Giovanni Crisostomo, Gem. v. S. da Piombo 16. Jh.). *Besondere Szenen:* Buße des J. (= Stoff eines florentinischen Gedichtes des 14. Jh., in dem ein Räuber Schirano, der eine Frau vergewaltigt und in einen Brunnen gestürzt hatte, als Nacktasket Buße tat; der später überlieferte Name des Räubers als Giovanni Boccadoro führte zur Verwechslung mit J.) (Wien, Albertina, Stich v. H. S. Beham; Kukus, Bethlehemwald, Fig. v. M. Braun 1726).

Johannes von Damaskus
Kirchenlehrer, Mönch, hl.

Fest: 4. 12. (früher 29. 11, 6. 5., seit 1890 27. 3., mit der jüngsten Kalenderreform aufgehoben), im byzantinischen Ritus 29. 11.

Leben: * um 675 in Damaskus aus vornehmer Familie stammend (Vater war Finanzminister beim Kalifen), 690 nach sorgfältiger Ausbildung Generallogothet beim Kalifen, entweder vor 700, spätestens aber 715 Eintritt in das Sabbaskloster in Jerusalem. Schrieb die entscheidende Verteidigungsschrift kurz nach Beginn des byzantinischen Bilderstreites zur Theologie des christlichen Bildes, indem er das alttestamentliche Bilderverbot auf die Darstellung des unsichtbaren Gottes beschränkte, die Anbetung der Bilder aber verwarf. J. dichtete zahlreiche Marienhymnen, Teilnehmer am 7. Konzil von Nikaia 787. A. 9. Jh. als Heiliger verehrt, 1890 zum Kirchenlehrer erhoben.

Legenden: J. wird von dem Mönch Kosmas erzogen. – J. wird gewaltsam der Arm auf Grund einer Denunziation beim ikonklastischen byzantinischen Kaiser Leon gebrochen, den Maria heilt (Entstehungslegende des Typus der Maria-Tricheirousa-Ikone). – J. verkauft Körbe in Jerusalem im Auftrag des in Armut geratenen Klosters.

Patronat: der Apotheker in Mailand, Ikonen- und Heiligenbildmaler, Herrgottsschnitzer.

Darstellungen in der Kunst: *Besondere Szenen:* Heilung des gebrochenen Arms des J. durch einen Engel (Rom, S. Maria Maggiore, Capella Paolina, Fresko v. G. Reni 17. Jh.). *Zyklen:* Mailand/Dom, Glasmalerei 16. Jh., gestiftet vom Vorsteher der Apotheker, N. de Varella.

Johannes Eudes
Ordensgründer, hl.

Fest: 19. 8.

Leben: * 14. 11. 1601 in Ri (Normandie), 1623 Eintritt in das Oratorium von Caen,

1625 Priesterweihe, seit 1632 Volksmissionar (er soll 110 Volksmissionen gehalten haben); 1643 Gründung der »Religieuses de Notre Dame de Charté du Refuge«, einer Weltpriesterkongregation, die sich der Priesterausbildung widmete; Gründung der Schwestern von der christlichen Liebe, heute bekannt als »Schwestern vom Guten Hirten«. Förderer der Herz-Jesu und Herz-Marien-Verehrung. † 19. 8. 1680. Seligsprechung 1909, Kanonisierung 31. 5. 1925.

Darstellungen in der Kunst: *Gewandung:* als Priester in Soutane (Kupferstich v. P. Drevet 17. Jh.); *Attribute:* Herz Jesu (Kupferstich v. P. Drevet 17. Jh.); Putto mit aufgeschlagenem Buch (Rom, St. Peter, Fig. v. S. Silva 20. Jh.).

22
27 **Johannes Evangelista**

Apostel, Evangelist, Lieblingsjünger Jesu, Bekenner, hl.

Fest: 27. 12., 6. 5. (Martyrium vor der Porta Latina).

Leben: Im Neuen Testament als Sohn des Zebedäus und der Maria Salome jüngerer Bruder v. Jakobus d. Ä. (Mt 4, 21). Von Beruf Fischer bei seinem Vater gehörte er zur Jüngerschaft Johannes des Täufers und folgte zusammen mit Andreas Jesus (Jo 1, 38–40), zählte zum engeren Jüngerkreis; anwesend bei Jesu Verklärung auf dem Berg Tabor (Mk 9, 2), bei der Erweckung der Tochter des Jairus (Mk 5, 37), am Ölberg bei der Gefangennahme Jesu (Mk 14, 33). Jesus empfahl am Kreuz seine Mutter der Obhut J.'s. Nach der Auferstehung ging J. mit Petrus zum Grab. Mit Petrus Heilung eines Lahmgeborenen an der Goldenen Pforte des Tempels zu Jerusalem (Apg 4, 13), war in Samaria und in seinen letzten Lebensjahren in Ephesus, unter Domitian (81–96) auf die Insel Patmos verbannt, dort Abfassung der Apokalypse (Apk. 1, 9), Rückkehr unter Nerva nach Ephesus, † während der Regierungszeit Trajans.

Legenden: Quellen sind die apokryphen Johannesakten aus dem 3. Jh. und die Legenda Aurea: J. wird in Rom an der Porta Latina vor Domitian geführt, der ihn geißeln und in eine Bütte mit siedendem Öl setzen läßt, doch bleibt J. unversehrt. – J. wird auf Patmos seine verstorbene Freundin Drusiana entgegengebracht, die er erweckt. – J. belehrt den Philosophen Craton, der zum Zeichen seiner Weltverachtung zwei seiner Anhänger Edelsteine zerbrechen läßt, die sich auf das Gebet des J. wieder zusammenfügen. – J. zerstört den Artemistempel in Ephesus durch sein Gebet. – J. trinkt einen Giftbecher, den ihm der Götzenpriester Aristodemos reichen läßt, ohne selbst Schaden zu nehmen, nachdem er das Kreuz darüber geschlagen hat. – J. erweckt einen Artemispriester, der sich daraufhin zu Christus bekennt. – J. begegnet einem Jüngling, der seinen Vater wegen seiner Mahnung, er solle ein keusches und ehrbares Leben führen, ermordet hat, erweckt den Vater, worauf sich der Jüngling entmannt, um das Glied aus seinem Körper zu entfernen, das ihn zum Mörder werden ließ, und wird sein Jünger. – J. erweckt das Ehepaar Kleopatra und Lykomedes vom Tod. – J. zerstört ein Bildnis, das ein Anhänger von ihm anfertigen ließ. – J. wird nach Smyrna gerufen. – J. belehrt einen Jüngling, der ihn verlachte, weil er J. mit einem zahmen Rebhuhn spielen sah, daß man einen Bogen ebensowenig wie die menschliche Seele auf Dauer angespannt lassen dürfe. – J. schickt Wanzen, die ihn in einer Herberge auf der Reise von Laodizäa nach Ephesus im Bett belästigen, vor die Türe, wo sie bis zum Morgen warten. – Der Teufel stiehlt J. auf Patmos das Tintenfaß. – Posthume Legenden: J. schenkt Kaiserin Galla Placidia für ihre J.-Kirche in Ravenna seinen Pantoffel als Reliquie. – J. bringt Eduard dem Bekenner dessen Ring, den er einem armen Pilger geschenkt hat, zurück.

Patronat: Bergleute (lokal in Kärnten), Bildhauer, Buchbinder, Buchdrucker, Buchhändler, Glaser, Graveure, Kerzenzieher, Portraitmaler, Korbmacher, Notare, Papierfabrikanten, Sattler, Schriftsteller, Schreiber, Spiegelmacher, spekulative Theologen, Weingärtner, für die Erhaltung von Freundschaften, Erntesegen, gegen Epilepsie, Fußleiden, Vergiftungen, Brandwunden, Hagelschlag.

Verehrung und Kultorte: Reliquien in Konstantinopel, Saint-Jean-d'Angély (Haupt); Magdeburg (Gewandstück), Prämonstratenser, Johanniter, Malteser, Ephesus, Patmos, Johanneskloster, Bologna/S. Giovanni in Monte, Parma, Pesaro, Pistoia, Ravenna/S. Giovanni Evangelista, Rom/S. Giovanni in Oleo und S. Giovanni a porta latina, Toledo/S. Juan de los Reyes, Besancon, Bar-le Régulier, Bois-le-Duc, s'Hertogenbosch, Johannesberg bei Hersfeld, Meißen/Dom, Trier/St. Matthias, Cappenberg, Kleve, Prümmern.

Aberglauben: J.-Wein oder J.-Minne dient als Heilstrunk und wehrt Dämonen ab, schützt gegen Blitz, Zauberei, Vergiftung, Ertrinken, stärkt Schönheit, Gesundheit und eine glückliche Ehe. – Der Beginn des J.-Evangeliums ist ein Wettersegen. – Die Anfangsworte des J.-Evangeliums werden als Inschrift auf der Wetterglocke angebracht. – J. führt am Jüngsten Tage die ohne Taufe gestorbenen Kinder in den Himmel. – In Jugenheim an der Bergstraße sitzt J. im Brunnen und geigt den unschuldigen Kindern ein Lied vor.

Darstellungen in der Kunst: *Gewandung:* als bärtiger alter Apostel (Wien, Wiener Krönungs-Evangeliar, Buchmalerei 9. Jh.); als jugendlicher Apostel in Tunika und Mantel (Rom, S. Prassede, Zenokapelle, Mosaik 822); in Priesterkleidung (Enger, Engerer Antependium, Weberei Anfang 14. Jh); als Diakon in Dalmatik (Hannover, Landesmuseum, Fig. v. T. Riemenschneider 16. Jh.); als Fischer (Karthago, Goldglasboden, frühchristlich). *Attribute:* Schriftrolle (Freiberg,

Goldene Pforte Fig. 1225/30); Palme (Insbruck, Museum Ferdinandeum, Fresko aus Wilten Mitte 15. Jh.); Aristodemos mit Giftbecher (Chartres, mittleres Südportal, Fig. 1210–1215); Ölfaß (Marburg, Elisabethenschrein, Fig. um 1240/50); Giftkelch mit Drachen (Toledo, Kathedrale, Gem. v. El Greco 1594/1604); Giftbecher mit Schlange (Kalkar, Pfarrkirche, Johannesschrein, Fig. 1543); Kelch mit Hostie (Termini, Collegio Casa Gallegro, Polyptychon v. G. da Pesaro 15. Jh.); Prunkpokal mit heidnischer Gottheit (Steinfeld im Drautal, Gem. v. P. Troger 18. Jh.); Schreibfeder (Omisali, Pfarrkirche, Gem. v. J. del Fiore 1. Hälfte 15. Jh.); mit dem Schreiber Prochoros (ausschließlich in der byzantinischen Kunst, z. B. Rom, Bibliotheca Vaticana Cod. vat. gr. 1156 fol. 1); Golddiadem als Hinweis auf Polykarp (Avesnes, Musée de la Société archéologique, Buchmalerei 2. Viertel 12. Jh.); Geisttaube (Lübeck,

Marienkirche, Fig. frühes 16. Jh.); Stadtarchitektur als Erdteildarstellung von Asia (Assisi, S. Francesco/Oberkirche, Fresko im Gewölbe Ende 13. Jh.); sieben Personifikationen der apokalyptischen Gemeinden (Dresden, Landesbibliothek MS A 94 fol. 122v, Buchmalerei letztes Viertel 12. Jh.); Engel der Gemeinden (Paris, Bibliothèque Nationale, Bibel v. S. Pedro de Roda, Buchmalerei 11. Jh.); schwebender Adler (Köln, St. Ursula, Gem. v. 1275); Adler in Rundscheibe (Straßburg, Münster, Katharinenkapelle, Glasmalerei Ende 14. Jh.); Adler auf dem Buch in linker Hand (Wurzen, Dom, Fig. v. 1513); Adler zu Füßen (Orsoy, Pfarrkirche, Retabelgem. 15. Jh.); Adler als Atzmann (Köln, Dom, Petersportal Ende 14. Jh.); Adler mit Tintenfaß im Schnabel (Schweisweiler am Donnersberg, Deckengem. Mitte 18. Jh.); Adler mit Buch in den Fängen (Gernsdorf b. Siegen, Fig. 18. Jh.); Kessel (Augsburg, Städtische Graphische Sammlung, Thesenblatt v. J. Klauber, Kupferstich um 1760); Löwenthron (Erla, spanisches Gem. 15. Jh.); Scheibe mit Jesuskind (Limburg/Lahn, Dommuseum, Glasmalerei spätes 13. Jh.). *Besondere Szenen:* J. als Evangelist im Ruderboot (Rom, Museo Profano e Cristiano Lateranense, Sarkophagfragment, Relief 4. Jh). Johannes-Minne: J. an Christi Brust (Berlin-Dahlem, Skulpturensammlung, Fig. um 1320); J. allein unter dem Kreuz (Frankfurt, Städel, Altar aus Rimini um 1400); J. wird als erster Apostel von Engeln zur sterbenden Maria gebracht und begrüßt sie unter der Türe (Siena, Museo de l'Opera del Duomo, Gem. v. Duccio 2. Hälfte 13. Jh.); J. spendet der sterbenden Maria die Wegzehrung (München, Georgianum, Gem. v. 1481); J. überreicht Maria einen Palmschößling aus dem Paradies (Dädesjö/Schweden, Fresko um 1260); J. auf Patmos (Augsburg, Schätzlerpalais, Gem. v. H. Burgkmair 1502); Visionen der Apokalypse (Brügge, J. – Hospiz, Gem. v. H. Memling 1479); J. schreitet nach der Meßliturgie selbst in sein Grab (Tivoli, Dom, Fresko 12. Jh.); J. überläßt Galla Placidia seinen Pantoffel als Reliquie (Mailand, Brera, Gem. v. N. Rondinello um 1500). *Zyklen:* sehr zahlreich, u. a. Paris/Ste-Chapelle, Glasmalerei 13. Jh.; Neapel/S. M. Donnaregina, Fresken Mitte 14. Jh.; Friesach/Dominikanerklosterkirche, J.-Altar um 1500.

John (Johannes) Fisher

Bischof, Martyrer, hl.

Fest: 22. 6.

Leben: * 1469 in Beverly (Yorkshire) als Sohn eines Kaufmanns, 1482 in Michaelhouse, dem späteren Trinity-College in Cambridge, 1491 Priesterweihe, 1494 Master of the Michaelhouse, theologischer Doktor, Vizekanzler, 1501 Kanzler der Universität Cambridge, 1504 Bischof v. Rochester, Beichtvater und Erzieher der Margaret Beaufort, Gemahlin Heinrichs VII., mit deren Hilfe J. das Christ's College und das St.John's College gründete. In seinen Schriften verteidigte J. den Primat des Papstes und die Theologie der Tradition gegen Luther. 1527 bestätigt J. die Gültigkeit der Ehe Katharina v. Aragons mit Heinrich VIII., im Oberhaus trat J. der antikirchlichen Gesetzgebung v. 1530 und den Anspruch des Königs auf die Oberhoheit der englischen Kirche entgegen. 1534 Verweigerung des Suprematseides, Gefangennahme im Tower, im Gefängnis von Papst Paul III. zum Kardinal ernannt, enthauptet am 22. 6. 1535. Seligsprechung 1886, Heiligsprechung 1935.

Verehrung und Kultorte: Leichnam in All Hallows im Coemeterium beigesetzt, schließlich Translation wegen der großen Verehrung in die Kirche des Towers St. Petrus in Vincula. Zahlreiche Kirchenpatronate in England.

Darstellungen in der Kunst: Windsor Castle, Portrait v. H. Holbein d. J. zwischen 1528 und 1532.

Johannes von Gott von Granada

Gründer eines Krankenhauses, hl.

Fest: 8. 3.

Leben: * 8. 3. 1495 in Montmemór o Novo in Portugal, entlief in der Jugend dem Elternhaus und führte ein Abenteurerleben als Hirte und Söldner im Krieg Karls V. gegen Frankreich und die Türken, trat in den Dienst eines verbannten spanischen Adeligen in Afrika, 1538 in Granada, dort gründete J. nach einer Predigt des Johannes von Ávila um 1540 in Granada ein Krankenhaus, führte ein Leben in strenger Askese, † 8. 3. 1550. 1584 wurde von seinen Brüdern am Krankenhaus eine Lebensregel aufgezeichnet, die 1585 veröffentlicht und 1586 als Regel des Ordens der Barmherzigen Brüder (Fatebenefratelli) approbiert wurde. 1630 Seligsprechung, 1691 Heiligsprechung.

Legenden: (Auswahl nach Franciscus de Castro): J. verkauft Gebetbücher und Katechismen an den Straßen und Kirchentüren. – J. bettelt für das Hospital, indem er zwei Tragekörbe an ein Joch hängt und um Gaben bittet. – Der Bischof von Tuy und Kanzler von Granada Don Sebastian Ramirez verleiht J. den Beinamen von Gott. – J. wäscht einem Kranken die Füße und erkennt im Kranken Jesus. – J. trägt in stürmischer Nacht mit Hilfe des Erzengels Raphael einen kranken Bettler in sein Hospiz. – Maria erscheint J. in Guadelupe und zeigt ihm das Jesuskind. – Bei einem Brand seines Hospizes trägt J. Kranke eigenhändig aus den Flammen. – J. wird mit einer Dornenkrone durch Christus bekrönt. – J. erscheint einer kranken Frau und heilt sie.

Patronat: Stadtpatron v. Granada, Hospitäler, Kranken, Krankenpfleger, Buchdrucker, Buchhändler, Papiermüller.

Verehrung und Kultorte: Gebeine in Granada, Basilika S. Juan de Dios, Urne v. Miguel de Guzmán 18. Jh.; Wallfahrt in Montmemór o Novo/Portugal, Kirche über seinem Geburtshaus errichtet, Orden der Barmherzigen Brüder vom hl. J. v. Gott.

Darstellungen in der Kunst: *Gewandung:* in einfacher Kutte (Granada, Holzschnitt zur Vita 1585); Ordenstracht der Barmherzigen Brüder mit langem Rock, ledernem Gürtel, skapulierartigem Obergewand (Granada, Hospital, Fig. v. 1609). *Attribute:* Dornenkrone (Imbach, Pfarrkirche Fig. 1700); Kruzifix (Madrid, Museo de Arte Moderno, Fig. v. J. Higueras 20. Jh.); Granatapfel (Granada, Kathedrale, Fig. v. Agustín Ruiz 18. Jh.); Jesuskind, zu Füßen ein Teufel (Cádiz, Hospital Fig. 17. Jh.); Bettler auf dem Rücken (Malaga, Kathedrale, Stalle des Chorgestühls, Relief v. P. de Mena 17. Jh.); Bettler zu Füßen (Sevilla, Kathedrale, Gem. v. C. Giaquinto 17. Jh.); Sammelbüchse (Kupferstich in Weigel, Columnae, Nürnberg 1725); Kranke zu Füßen (Oberberg-Eisenstadt, Fig. 1762). *Besondere Darstellungen:* sämtliche Legendenmotive finden sich einzeln (nicht als Zyklus) auf zahlreichen Kupferstichen und Gem. in der italienischen und spanischen Kunst.

Johannes Gualbertus

Benediktiner, Vallombrosaner, Ordensgründer, hl.

Fest: 12. 7.

Leben: * um 995/1000 in Florenz als Sproß einer adeligen Familie. 1013 Eintritt in den Benediktinerorden nach Verzicht auf die Blutrache am Mörder seines Bruders. J. verließ das Kloster wegen der dort üblichen Simonie kurze Zeit später, ging in das Kamaldulenserkloster Camaldoli bei Arezzo und erbaute um 1030 am Prato Magno bei Acquabella in Vallombrosa östlich von Florenz eine Einsiedelei, aus der 1039 ein Kloster wurde, dem J. als Abt vorstand. Der Konvent lebte nach der um eigene Statuten ergänzten Benediktusregel, u. a. wurde streng zwischen Chormönchen, denen Gebet und geistige Arbeit auferlegt war, und Laienbrüdern für körperliche Arbeit und sonstige Besorgungen geschieden. J. führte einen scharfen

Kampf gegen die Simonie und das Konkubinat der Geistlichkeit. † auf einer Visitationsreise am 12. 7. 1073 im Kloster S. Michele Arcangelo zu Passignano. Heiligsprechung 1193.

Legenden: Christus spricht mit J. vor einem Kruzifix in der Kirche S. Miniato in Florenz. – Die Gottesmutter erscheint J. und bekehrt ihn. – Trotz des Zornes seines Vaters wegen der unterlassenen Blutrache am Mörder seines Bruders nimmt J. das Ordensgewand. – Ein Engel bringt den Mönchen, die am Freitag Fleisch zurückgewiesen haben, Brot. – J. prophezeiht den baldigen Untergang des Klosters Morcheto, weil dort die Mönche im Luxus leben; kurz darauf wird das Kloster von einer Flut zerstört. – J. vertreibt den Teufel vom Sterbebett des Florentius. – J. errettet einen Juden vor dem Ertrinken, der sich daraufhin bekehrt. – Soldaten des Bischofs von Florenz überfallen die Mönche von Vallombrosa. – J. besteht die Feuerprobe, die ihm Petrus Igneus auferlegt hat, um die Beschuldigungen gegen den simonistischen Bischof Petrus von Florenz zu erweisen. – Während der Heiligsprechung und der Erhebung der Gebeine J.'s werden Kranke und Besessene geheilt.

Verehrung und Kultorte: Leichnam in Passignano, S. Michele Arcangelo.

Darstellungen in der Kunst: *Gewandung:* als Mönch im gräulich/bräunlichen Ordensgewand mit langer, ungegürteter weitärmeliger Flocke und Kapuze (St. Trudpert, Fig. 18. Jh.); in weißem Ordensgewand (Kunsthandel, Gem. v. P. Lorenzetti-Umkreis 14. Jh.); in schwarzem Benediktinerhabit (Urbino, Gem. v. N. d'Antonio da Ancona 15. Jh.). *Attribute:* Tau-Stab (Florenz, S. Croce, Bardikapelle, Gem. v. N. di Cione 14. Jh.); Kreuz von S. Minitato (London, National Gallery, Gem. v. B. di Lorenzo 15. Jh.); aufgeschlagenes Buch mit Text aus der Ordensregel auf den Knien vorweisend (Forenz, S. Pancrazio, Fresko v. N. di Bicci 15. Jh.); Teufel zertretend (Florenz, S. Salvi, Fresko v. A. del Sarto 16. Jh.). *Besondere Szenen:* J. vergibt dem Mörder seines Bruders (Città del Vaticano, Vatikanische Museen, florentinisches Gem. 15. Jh.); Errettung eines Juden vor dem Ertrinken (Florenz, S. Maria Maggiore, Gem. v. L. Cigoli um 1610); Die Feuerprobe des J. (Florenz, Uffizien, Gem. v. C. Roselli 15. Jh.). *Zyklen:* u. a. Florenz/S. Croce, Bardikapelle, Gem. v. N. di Cione 14. Jh.; Passignano/Abteikirche, bemalter Reliquienschrank in der C. Roselli-Nachfolge 15. Jh; Vallombrosa/Abteikirche, Armreliquiar, Emails v. A. Solani um 1500; Florenz/S. Trinità, Florenz/S. Salvi u. a., Reliefs des für die Translation der Gebeine geschaffenen Grabmonumentes v. B. da Rovezzano 1505.

Johannes vom Kreuz

Karmelit, Kirchenlehrer, hl.

Fest: 14. 12. (bis 1732 24. 12., bis zur Kalenderreform 1969 24. 11.).

Leben: *1542 in Ávila, nach armer Jugendzeit 1563 Eintritt in den Karmelorden, reformierte nach Studium in Salamanca zusammen mit Theresa v. Ávila den Orden, 1572–1577 Spiritual im Kloster der Menschwerdung in Ávila, mystische Studien, 1578 von Gegnern der theresianischen Reform verhaftet, 1588 Prior in Segovia, nach Meinungsverschiedenheiten über die Klosterreform in Ubeda, wo er nach unwürdiger Behandlung 1591 starb. – J. erweist sich in seinen Schriften als theologischer Systematiker der Mystik, zumal J.'s Hauptwerke nach einem die Einzelwerke übergreifenden Konzept aufgebaut sind. So behandelt die Schrift »der Aufstieg zum Berge Karmel« die aktive Läuterung der Seele, während »Die dunkle Nacht der Seele« die passive Läuterung schildert. Für J. ist es Aufgabe des Christen, die Seele aus der erbsündlichen Verhaftung und der Ich-Bezogenheit zu lösen, um zu einer geistigen Vereinigung mit Gott zu

gelangen, was er unter den Begriffen Reinigung, Erleuchtung und geistliche Vermählung zusammenfaßte. Seligsprechung 1675, 1726 Heiligsprechung, 1926 zum Kirchenlehrer erhoben.
Verehrung und Kultorte: Gebeine seit 1593 in Segovia, Reliquien in verschiedenen Karmelklöstern.
Darstellungen in der Kunst: *Gewandung:* als Karmelit im gegürteten Rock, Skapulier und Mantel mit Kapuze (Schärding, Abtsmühle, Fig. v. J. P. Spaz 1677). *Attribute:* aufgeschlagenes Buch (Ávila, Fig. v. G. Hernández 17. Jh.); Kruzifix, Taube auf der Schulter (Kunsthandel, span. Fig. 17. Jh.); Kreuz, Adler zu Füßen, Engel mit Spruchband (Gent, Karmeliterkirche, Fig. 17. Jh.); Lilie, Bücher (Paris, Cabinet des estampes, Stich v. A. Wierix 18. Jh.). *Besondere Szenen:* Erscheinung des kreuztragenden Christus (Paris, Karmeliterklosterkirche, Fresko v. W. Damery um 1640); Erscheinung der Gottesmutter bei J. im Gefängnis (Mecheln, Provinzmuseum, Gem. v. V. H. Janssens 19. Jh.). *Zyklen:* Brüssel, 60 Kupferstiche zu Jerôme de St-Joseph, Tableau racourcy de la vie de Jean, 1678.

Johannes von Krakau
(Johannes Cantius), Priester, hl.
Fest: 23. 12.
Leben: * 23. 6. 1390 in Kety bei Krakau, Theologieprofessor und Prälat am Kollegiatsstift St. Florian in Krakau, † 24. 12. 1473. Seligsprechung 1690, Heiligsprechung 1767.
Legende: J. pilgert viermal in seinem Leben nach Rom und einmal ins Heilige Land.
Patronat: Seminaristen, studierender Klerus.
Verehrung und Kultorte: Leichnam in der Krypta der Universitätskirche St. Anna in Krakau, lokale Wallfahrt in der J.-Kapelle in Kety.
Darstellungen in der Kunst: *Gewandung:* als Priester im Meßornat mit Kasel (Krakau, Universitätskirche St. Anna, Kopfreliquiar v. J. Ceipler 1695). *Attribute:* Kreuz, Monstranz (Krakau, Universitätskirche St. Anna, Kopfreliquiar v. J. Ceipler 1695). *Besondere Szene:* Die Gottesmutter erscheint J. (polnisches Andachtsbildchen 19. Jh. [Soares Nr. 01117]). *Zyklus:* Krakau/Universitätskirche St. Anna, Reliefs v. J. Ceipler 1695.

Johannes Leonardi
Ordensgründer, hl.
Fest: 9. 10. (ursprünglich 6. 10.).
Leben: * 1543 bei Lucca, Apothekergehilfe, Studium der Theologie, 1571 Priesterweihe. Tätig in Spitälern und Gefängnissen in Lucca, bemüht um die religiöse Unterweisung der Jugend im Auftrag des Konzils von Trient, gab 1574 ein Handbuch für den Religionsunterricht heraus. Gründete eine Laiengenossenschaft zur Unterstützung seiner Arbeit, 1574 Gründung der Regularkleriker

von der Mutter Gottes, später mit den Piaristen des Josef von Calasanza vereinigt. Die Reformen trugen ihm Feindschaften ein, so daß er Lucca verlassen mußte. In Rom Förderung des Spital-und Schulwesens. Ordensreformer und Visitator im Auftrag von Papst Klemens VIII., 1603 in Rom Gründung eines Studienkollegs zur Heranbildung von Missionaren, aus dem die Propaganda Fide-Kongregation hervorgegangen ist. † 9. 10. 1609 in Rom. Seligsprechung 1861, Heiligsprechung 1938.

Verehrung und Kultorte: Begraben in Rom/ Santa Maria in Portico, 1662; Leichnam nach Campielli in die Kirche seiner Kongregation transferiert.

Keine verbindliche Ikonographie.

Johannes Maria Vianney

Pfarrer von Ars, hl.

Fest: 4. 8. (vor der Kalenderreform 9. 8., am 4. 8. bis 1969 Eigenfest Diözese Bellay).

Leben: * 8. 5. 1786 als Bauernsohn in Dardilly bei Lyon, Erstkommunion während der französischen Revolution im Geheimen, versagt im theologischen Studium, wurde aber wegen seiner großen Frömmigkeit zu den Weihen zugelassen, 1815 Priesterweihe, Priester in Ecully, seit 1818 Pfarrer in Ars, lebte in großer Armut, weithin berühmter Beichtvater, 1855 Ritter der Ehrenlegion, † 4. 8. 1856. 1904 Seligsprechung, 1925 Heiligsprechung.

Legenden: J. betet im elterlichen Stall. – J. predigt als Hirte auf dem Feld im Tal von Chante-Merle. – J. wird von Teufeln heimgesucht.

Patronat: französischer Seelsorgeklerus, Pfarrer (seit 1929), Anrufung in der Allerheiligenlitanei vor Priesterweihen.

Verehrung und Kultorte: der unverweste Leichnam in Ars in einem Reliquienschrein, Patrozinien bei französischen Kirchenbau-

ten nach 1945, wie Rueil/Dep. Naterre, Lille, Arras, Ville-franche-sur Saône.

Darstellungen in der Kunst: *Gewandung:* als Beichtvater mit Rochett, violetter Stola um den Hals, Beffchen (Ars, Fig. v. E. Cabuchet 20. Jh.). *Zyklus:* Ars, Gem. v. P. Borel 20. Jh.

Johannes von Matha

Ordensgründer, hl.

Fest: 17. 12. (vor der Kalenderreform 8. 2.).

Leben: * um 1160 in Faucon/Provence, Studium in Paris, wo er den theologischen Doktorgrad erwarb. J. gründete 1194 zusammen mit Felix v. Valois den Orden der heiligsten Dreifaltigkeit zum Loskauf von Christensklaven (OST) in Cerfroid/Aisne. 1198 Bestätigung der Regel durch Papst Innozenz III. Große Erfolge in Marokko 1199, danach einsetzender Aufschwung mit 30 Konventen in Spanien, Frankreich und Rom. † 17. 12. 1213 in Rom. Sein Kult 1694 als unbedenklich approbiert.

Legenden: Die Geburt des J. wird den Eltern durch Maria verkündigt. – J. erscheint bei der Feier seiner Primiz der Erzengel Michael mit zwei Gefangenen; diese Vision führt zur Gründung des Ordens. – Papst Innozenz III. wird die gleiche Vision wie J. zuteil, indem bei der Erhebung der Hostie sich ein Engel in weißem Gewand mit einem roten und blauen Kreuz, dem späteren Ordenssignet, auf der Brust zeigt. – J. geht in die Einsamkeit von Gandelu bei Meaux, wo er Felix v. Valois trifft, wobei ihnen nach dreijährigem Fasten und Beten ein Hirsch an einem Waldbrunnen mit einem blauen und roten Kreuz im Geweih erscheint. – J. erduldet in Tunesien Schmach und wird gequält. – J. entflieht von Tunesien in den Hafen von Ostia mit einem Schiff, dessen Mast und Steuerruder von den Barbaren zerbrochen worden waren, indem J. seinen und der Gefährten Mäntel als Segel aufziehen läßt.

Patronat: Orden der heiligsten Dreifaltigkeit zum Loskauf der Gefangenen, Gefangene um ihres Glaubens willen, Galeerensträflinge.

Verehrung und Kultorte: Gebeine in Formis/S. Tommaso beigesetzt, 1665 von spanischen Ordensbrüdern heimlich nach Madrid ins dortige OST-Kloster gebracht.

Darstellungen in der Kunst: *Gewandung:* im Ordensgewand mit langem, gegürteten Rock, Skapulier mit blau-rotem Kreuz auf Brust und Mantel (Binabiburg, Salvatorkirche, Fresko um 1750). *Attribute:* Kette in den Händen (St. Salvator/Kreis Griesbach, Fig. 1782); Hirsch mit Kruzifix im Geweih (Binabiburg, Salvatorkirche, Fresko um 1750); Gefangene (Prag, Karlsbrücke, Fig. v. F. M. Brokhoff 1714). *Zyklen:* in verschiedenen Museen verstreut, einst aus der OST-Kirche Madrid, Gem. v. V. Carducho 1632; Brügge/St-Gilles, Gem. v. J. Garemijn 18. Jh.

Johannes von Nepomuk
Landespatron Böhmens, Martyrer, hl.

Fest: 26. 5. (vor der Kalenderreform 16. 5.).

Leben: * um 1350 in Nepomuk (Südböhmen), Studium der Rechte in Prag und Padua, 1370 Kleriker und Notar der Gerichtskanzlei zu Prag, 1377 Kanzleivorsteher, 1380 Priesterweihe, 1389 Generalvikar der Erzdiözese Prag unter Erzbischof Johann v. Jenzenstein, Kanoniker bei St. Veit; aus unbekannten Gründen in der Nacht vom 20./21. März 1393 auf Befehl König Wenzels gefoltert und in der Moldau ertränkt. 1721 Seligsprechung, 1729 Heiligsprechung.

Legende: Ein Lichtzeichen kündet die Geburt des J. an. – Der kranke J. wird von der Gottesmutter geheilt. – J. wallfahrtet nach Altenbunzlau und betet vor dem dortigen Gnadenbild. – J. tadelt die Grausamkeit König Wenzels in einer Predigt. – J. hört die Beichte der Königin. – König Wenzel läßt J.

zwischen bischöflichen Insignien und der Folter wählen. – J. wahrt dem König gegenüber das Beichtgeheimnis. – J. wird mit Fakkeln gefoltert. – Von der Moldaubrücke herabgestürzt treibt die Leiche J.'s in einem hellen Lichtschein auf dem Wasser. – Die Gottesmutter wirft J. Sterne ihres Kranzes zu.

Patronat: Landespatron Böhmens, 2. Patron der Jesuiten, bischöfliche Eigenkapellen in Brühl und Mirabell bei Salzburg; Schutzpatron der Brücken, des Beichtgeheimnisses, Sterbender, Schiffer, Flößer, gegen Wassergefahren, üble Nachrede.

Verehrung und Kultorte: Grab in Prag/Veitsdom; 1719 Auffindung der unverwesten Zunge, Reliquien an zahlreichen Orten. Kult durch den böhmischen Adel in ganz Europa verbreitet. Prozessionen und Lichterschwimmen in Bamberg, Passau, Heidelberg und Walten/Südtirol überliefert.

Aberglauben: Nepomukszungen aus Stein helfen gegen Zungenleiden und schützen vor übler Nachrede. – Vielfach Spuksagen, die sich in der Nähe von Brückenfiguren des hl. J. abspielen.

Darstellungen in der Kunst: *Gewandung:* als Kanoniker in Rochett, Soutane, Almutia oder Mozetta, Birett (Alzenau, Pfarrkirche, Altarfig. v. J. P. Wagner 1769). *Attribute:* Buch (Prag, Domtür Relief v. G. Bendl 1620/30); Kruzifix, Palmzweig, Kranz v. fünf Sternen (Prag, Steinerne Brücke, Fig.-Modell v. M. Rauchmiller 1683); Wolken (Mautern, Fig. v. J. Th. Stammel 1740); Betrachtung des Kruzifixus (Andechs, Fig. v. F. X. Schmädl 1755); Sternenkranz mit »TACUI« (ich habe geschwiegen) in der Mitte (München, Bayerisches Nationalmuseum, Bozzetto v. F. A. Zeiler um 1750); Zunge (Prag, Narodni Galeri, Gem. v. A. Kern 1735/37); Engel mit Schweigegestus und Fisch (Rotthalmünster, Fig. v. W. Jorhan 1730/40); Siegel, Schloß, Schlüssel (Augsburg, Staatliche Graphische Sammlung, Kupferstich v. Klauber um

Johannes und Paulus von Rom

1755); Wasser (Vilshofen, Fig. v. E. Q. Asam
um 1746); Personifikation der Moldau (Freising, Diözesanmuseum, Brunnenfig. v. J. R.
Straub 1751); Brücke (Erding, Heimatmuseum, Brückenfigur v. Ch. Jorhan d. Ä.
1765); Personifikation als Allegorie der Verleumdung (München, Staatliche Graphische
Sammlung, Zeichnung v. G. B. Götz um
1750); im Schiff (Neubeuern, Prozessions-
stange der Schifferzunft 18. Jh.). *Besondere
Szenen:* J. vor der Madonna von Altenbunzlau (Wien, St. Stephan, Gem. v. M.
J. Schmidt 1772); J. hört die Beichte der
Königin (Turin, Pinakothek, Gem. v. G. M.
Crespi 18. Jh.); Brückensturz des J. (Wien,
St. Peter, Plastikgruppe v. L. Matelli 1729);
Madonna wirft J. Sterne aus ihrem Kranz
zu (Meßkirch/Baden, Gem. v. C. D. Asam
1738); Leiche J.'s im Lichtglanz (Prag,
Narodni Galeri, Gem. von F. X. K. Palko
18. Jh.); Bergung der Leiche (Welden b. Augsburg, St. Thekla, Gem. v. F. Sigrist 1758/
59); J. als Fürbitter und Helfer (Wiener Neustadt, Neuklosterkirche, Gem. v. P. Troger
18. Jh.). *Zyklen:* u. a. Rom/Lateran, Gem.
v. A. Massucci 1729; Prag/Veitsdom, Reliefs
am Grabmal 1736,; München/St. Johannes Nepomuk, Fresken v. C. D. Asam um
1740.

Johannes und Paulus von Rom
Martyrer, hl.
Fest: 26. 6.
Legende: Kompilation aus den Legenden des
hl. Gallikanus v. Ostia und des Martyriums
der Offiziere Juventinus und Maximin v.
363: Die Brüder J. und P. aus vornehmem
Geschlecht dienen als Palastbeamte der
Tochter Konstantin des Großen Konstantia.
– J. und P. verweigern Julian Apostata ihren
Dienst. – J. und P. werden 362 in ihrem Haus
am Coelius auf Befehl Kaiser Julians heim-
lich enthauptet und ihre Leichname ver-

scharrt. – Die Auffindung der Leichen erfolgt
anläßlich des Martyriums der hl. Crispin
und Cripinian.
Patronat: Wetterheilige, dafür ausschlagge-
bend war das am Freitag nach Aschermittwoch in ihrer Kirche in Rom beim Stations-
gottesdienst verlesene Evangelium (Mt 5,
43–48): »der Herr läßt seine Sonne aufgehen
über Bösen und Guten und läßt regnen über
Gerechte und Ungerechte«, außerdem fällt
der Festtag mit der Sommersonnenwende
zusammen. Anrufungen gegen Blitz, Gewitter, Hagelschlag, Pest, für und gegen Regen
und Sonnenschein.

Verehrung und Kultorte: Über J. und P.'s
Haus in Rom im 4. Jh. Basilika errichtet; un-
echte Reliquien in Rom, Venedig, Veroli,
Avignon, Tours, Wien, Mittelzell auf der
Reichenau, Fulda; aufgenommen in den rö-
mischen Canon Missae unter die Communi-
cantes-Heiligen, in Allerheiligenlitanei und
Wettersegen; Stationskirche in Rom am
Freitag nach Aschermittwoch, am J. und P.-
Tag Weihe schwarzer Wetterkerzen, Bittpro-
zessionen seit dem 16. Jh. unter Mitführung
von Wetterstangen mit Bildnissen J. und
P.'s.
Aberglauben: Das an J. und P. erinnernde
Doppelkreuz auf Kirchengiebeln verhindert
den Einschlag von Blitzen. – Wetterglocken
mit Bildern von J. und P. vertreiben Gewitter. – Sonstiges Brauchtum hat mehr mit der
Sommersonnenwende und weniger mit der
Person der Heiligen zu tun.
Darstellungen in der Kunst: *Gewandung:*
als Martyrer in langer Tunika, Mantelpallium (Ravenna, S. Apollinare Nuovo, Mosaik 6. Jh.); als Ostiarier in Hofkleidung
(Rom, S. Maria in Via Lata, Fresko Ende
9. Jh.); als oströmische Soldatenheilige
(Monreale, Mosaik 12. Jh.); in fürstlicher
Zeittracht (Walchstadt, Fig. 15. Jh.); als Ritter (Kirchdorf bei Bad Aibling, Fig. 1619); als
römische Soldaten (Lienz, St. Peter und Paul,
Fig. um 1510). *Attribute:* Handkreuz (Paler-

mo, Capella Palatina, Mosaik 12. Jh.); Speer, Schild, Schwert (Monreale, Mosaik 12. Jh.); Knüttel, Spieß (Reichenau-Mittelzell, Reliquienschrein, Relief Anfang 14. Jh.); Palmzweig (Florenz, S. Croce, Bardikapelle, Gem. v. Giovanni del Biondo 16. Jh.); Hellebarde (Kirchdorf, Fig. v. 1619); Schwert, Wolke mit Blitzen und Regenwolke mit Hagelkörnern (Margarethenberg an der Alz, Altarfig. um 1750); Sonnenscheibe und dunkle Regenwolke (Eugendorf bei Salzburg, St. Martin, Fig. im Hochaltar 1683); Schlüssel, Lorbeerkranz, Schwert, Palme, (St. Johann bei Kitzbühel, Antoniuskapelle, Fig. v. B. Faistenberger 1674); Schilde [vermutlich mißverstandene Wolken] (Höslwang, Pfarrkirche, Fig. v. J. G. Lindt 1764); Getreidegarbe (Kunsthandel, Fig. 18. Jh.). *Martyrium:* Toulouse/ Musée des Augustins, Gem. v. Guercino 1632. *Zyklus:* Rom/S. Giovanni e Paolo, Fresken um 390.

Josaphat Kuncewycz von Polozk
Erzbischof, Martyrer, hl.

Fest: 12. 11.

Leben: * 1580 als Sohn eines Stadtrates in Włodzimierz (Wolhynien), Kaufmannsgehilfe in Wilna; 1604 Eintritt in den Basilianer-Orden, Übertritt in die mit Rom unierte ruthenische Kirche, 1614 Klostervorsteher in Wilna, 1617 Koadjutor des Erzbischofs von Polozk mit dem Recht der Nachfolge, die J. ein Jahr später antrat. Warb für eine Union mit der römischen Kirche, dadurch bei polnischen Orthodoxen verhaßt und mit dem Spottnamen »Seelenräuber« tituliert, 1623 von fanatisiertem Pöbel grausam umgebracht. Seligsprechung 1643, Heiligsprechung 1867.

Verehrung und Kultorte: Ruthenen, Wilna, Litauen.

Darstellungen in der Kunst: Wilna/Jesuitenkolleg, Portrait 17. Jh.

Josef von Calasanza
Ordensgründer, hl.

Fest: 25. 8. (früher 2 7. 8.).

Leben: * 11. 3. 1556 in Peralta de la Sal (Aragon), theologische Studien und Promotion, 1583 Priesterweihe, Generalvikar des Bistums Urgel, 1592 in Rom bei Kardinal Marcantonio Colonna; kümmerte sich um die Armen der Stadt, vor allem um deren Unterricht, 1597 Eröffnung einer unentgeldlichen Volksschule im Pfarrhaus von S. Dorothea in Trastevere; Gründung der Kongregation der Piaristen, 1617 päpstlich anerkannt, 1621 Ordensgeneral nach der Erhebung zum Orden. † 25. 8. 1648. Seligsprechung 1748, Heiligsprechung 1767.

Verehrung und Kultorte: Gebeine in Rom/S. Pantaleone; im Piaristenorden hoch verehrt.

Darstellungen in der Kunst: *Gewandung:* im Ordenshabit mit schwarzem Talar (Rom, S. Pantaleone, Gem. v. G. M. Morandi 16. Jh.). *Attribute:* Lilie, Mitra und Kardinalshut als Zeichen abgelehnter Würden (Barcelona, Archivio Historico de la Ciudad, Kupferstich 19. Jh.). *Besondere Szenen:* Die letzte Kommunion des hl. J. (Madrid, Piaristenkirche, Gem. v. F. Goya 1819); Erscheinung der Muttergottes (Rom, Collegio Nazareno, Gem. v. P. Gagliardi 19. Jh.).

Josef von Nazareth
Nährvater Jesu, hl.

Fest: 19. 3. (seit 1621), 1. 5. Josef der Arbeiter (seit 1955).

Biblische Bezeugung: nach dem Neuen Testament aus dem Geschlecht Davids stammend, lebte in Nazareth als Zimmermann, verlobte sich mit Maria. Als J. Maria den Scheidebrief geben wollte, klärte ihn ein Engel im Traum auf. J. begab sich zur Volkszählung nach Bethlehem, wo Christus geboren wurde. J. floh vor dem Kindermord des Herodes nach Ägypten, lebte nach der Rückkehr in Nazareth, Tempelgang mit dem 12jähri-

Josef von Nazareth

gen Jesus nach Jerusalem und Rückkehr nach Nazareth, wo Jesus seinen Eltern untertan war. In der Zeit des öffentlichen Wirkens Jesu nicht mehr erwähnt.

Legenden: Als Maria zwölf Jahre alt ist, sollen die Witwer der Stadt einen Stab auf den Altar im Tempel legen, und dem, dessen Stab blüht, soll Maria zur Braut gegeben werden. (Var.: im Protoevangelium des Jakobus: Aus dem Stab von J. entfliegt eine Taube). – J. wird mit Maria verlobt (Sposalitio). – Der Schriftgelehrte Annas entdeckt Mariens Schwangerschaft, gibt J. und Maria das Prüfungswasser und schickt sie in die Wüste, von wo sie unversehrt zurückkehren. – J. sucht eine Hebamme bei der bevorstehenden Geburt. – Als das Kind geboren wird, muß Maria aus einer Hose des J. eine Windel fertigen. – Jesus hilft J. in dessen Werkstatt. – Weitere Legenden siehe unter Maria, Gottesmutter.

Patronat: Schutzpatron der Kirche (1870 erhoben durch Papst Pius IX.), und der Arbeiter (seit 1955 durch Papst Pius XII.), Mexiko, (1555), Philippinen (1565), Kanada (1624), Böhmen (1654), Bayern (1663), Österreich (1675), Tirol, Steiermark, Kärnten, Kurpfalz, Peru (1828), Bistum Osnabrück, Zweiter Bistumspatron von Köln; Keuschheit, Ordensleute, Ehe und Familie, Waisen, Herbergen, Herbergsuchende, Asylanten, Zimmerleute, Holzhauer, Schutzpatron zahlreicher Bruderschaften und Kongregationen, angerufen in Wohnungsnöten, Versuchungen, verzweifelten Situationen, für einen guten Tod.

Verehrung und Kultorte: Verehrung vor allem durch den Jesuitenorden als Ehemann Mariens und Nährvater Christi gefördert, sogenannte jesuitische Anrufung: Jesus-Maria-Josef. Durch Johannes XXIII. in den römischen Canon Missae aufgenommen. Unechte Reliquien (Kleider Josefs) 1254 durch Kreuzfahrer nach Joinville gebracht, seit 1649 Teile in Paris, Feuillantenkirche und in der Kathedrale von Chalons, ein Ring Josephs in Perugia (im 11. Jh. aus Jerusalem mitgebracht), Semur-en-Auxois, Anchin, Abtei St-Salvator und Notre-Dame in Paris, Stab in Florenz/S. Maria degli angeli, weitere Reliquien in Rom/S. Alessio, Orvieto, Frascati. Frühestes Patrozinium 1074 Oratorium an der Kathedrale von Parma. Ausbreitung der J.-Verehrung im 18. und 19. Jh.

Aberglauben: Am J.-Tag wird der Frühling spürbar. Deswegen spielen in Böhmen die Kinder hier erstmals im Jahr Ball. Geflochtene Teigkränze als J.'s-Kränze in Oberbayern dienen Mädchen zum Schutz der Jungfräulichkeit. – J.'s-Ringe werden gegen unkeusche Anfechtungen von jungen Eheleuten getragen. – J's.-Lilien und J.'s-Öl werden gegen Rotlauf und Hautverbrennungen angewandt.

Darstellungen in der Kunst: *Gewandung:* als Jugendlicher ohne Bart (Dottighofen, Fig. Ende 15. Jh.); in langem oder halblangem Rock, Mantel und Hut (Köln, Dom, Hochaltarmensa Mitte 14. Jh.); in antikischer Tracht mit oftmals gegürteter Tunika, Mantelpallium (Freiburg, Münster, Annenaltar, Fig. um 1520); als Handwerker mit engen Beinkleidern, Stiefeln, kurzem Rock und Mantel (Freudenberg, Laurentiuskapelle, Epitaph 1650); als Jude mit Judenhut (in Wurzel Jesse-Darstellungen und Darstellungen als Patriarch); mit turbanartiger, orientalischer Kopfbedeckung (Berlin-Dahlem, Gemäldegalerie, Gem. eines flämischen Meisters 1410/15); als Weingärtner (Limburg, Dom, Fresko 13. Jh.). *Attribute:* Stab (München, Alte Pinakothek, Gem. v. H. von Kulmbach 16. Jh.); Bohrer (Paris, Louvre, Gem. v. G. de La Tour); Bohrer und Beil (Dottighofen, Fig. Ende 15. Jh.); Säge (Köln, Dom, Marienkapelle Fig. um 1500); Winkelmaß (Ferschnitz, Fig. v. 1770); Werkbank (Berlin-Dahlem, Gemäldegalerie, Gem. 1410/15); Rebstock (Limburg/Lahn, Dom, Fresko 13. Jh.); Lilie (Köln, Diözesanmuseum, Borte mit Stickerei spätes 15. Jh.);

blühender Stab (Florenz, S. Croce, Fresko v. T. Gaddi 14. Jh.); Jesuskind auf dem Arm (Mainz, Landesmuseum, Fig. v. S. Pfaff 2. Hälfte 18. Jh.); Pilgerflasche am Gürtel (Hamburg, Kunsthalle, Hochaltar von St. Petri, Szene der Geburt Jesu v. Meister Bertram 1383); Pilgerflasche in der Hand, in einen Wecken beißend (ebenda in Szene der Flucht nach Ägypten); Badekanne (Udine, Dom, Fresko v. Vitale da Bologna 14. Jh.); Körbchen mit zwei Tauben (bei der Darstellung Jesu im Tempel, Auslösungsgeld zählend) (Darmstadt, Hessisches Landesmuseum, Altargem. v. S. Lochner 1447); in Breischüssel rührend (Netze, Pfarrkirche, Triptychon v. 1370/80); in Glut blasend (Hannover, Landesmuseum, Goldene Tafel 1410/18); mit Lampe (Speyer, St. Ludwig, Boßweilerer Altar, Gem. spätes 15. Jh.); mit Kerze (Rom, Santa Maria Maggiore, Relief v. M. da Fiesole 2. Hälfte 15. Jh.). *Besondere Szenen:* Werkstatt des J. (London, Tate-Gallery, Gem. v. J. Millet 19. Jh.); Jesus leuchtet mit einer Kerze seinem Vater J. bei der Arbeit (Besançon, Museum, Gem. v. Georges de La Tour); J. wäscht und hängt Wäsche auf die Leine (Dresden, Gemäldegalerie alter Meister, Gem. v. F. Albani 17. Jh.); J. zieht seine Hosen aus, damit das Jesuskind damit bedeckt werden kann (Innsbruck, Ferdinandeum, Gem. um 1370/72); Jesus auf dem Schoß J.'s spielt mit Maria (Granada, Convento del Angel Custodio, Gem. v. A. Cano 18. Jh.); Tod J.'s (Graz, Steierisches Landesmuseum, Gem. v. P. Troger 1740); Krönung J.'s durch Christus als von Jesuiten propagierte Analogie zur Marienkrönung (Neapel, S. Domenico Maggiore, Gem. v. L. Giordano 17 Jh.); Pius IX. überreicht dem hl. Joseph ein Modell der Peterskirche als Schutzpatron der Kirche (Speyer, St. Joseph, Glasmalerei 1914). *Zyklen:* Grüssau/St.Joseph, Fresken v. M. Willmann spätes 17. Jh.; Waldniel/Kirche, Glasmalerei v. W. Brenner Anfang 20. Jh.

Judas Thaddäus
Apostel, hl.
Fest: 28. 10. (zusammen mit Simon), 19. 6. (ostkirchliche Riten).
Leben: im Neuen Testament nebenbei erwähnt bei Mk 3,18, Mt 10,3, Jo 14,22 und Apostelgeschichte 1,13. Die Vorstellung des Apostels als Polemiker und machtvolle Gestalt leitet sich von dem letzten der neutestamentlichen Briefe, dem Judasbrief, her, den J. verfaßt hat.
Legende: J. wird von Thomas zu König Abgar v. Edessa gesandt. Das Gesicht des J. erstrahlt im himmlischen Licht vor Abgar. – J. heilt Abgar vom Aussatz, indem er den an Abgar gesandten Brief Jesu Abgar vor das Gesicht drückt. – J. predigt in Mesopotamien, Pontus, Persien. – J. bewirkt gegen die Weissagungen zweier Magier, daß sich das feindliche Heer der Inder den Persern ohne Krieg unterwirft. – Magier lassen durch ihre Künste etliche Fürsprecher in der Stadt stumm

werden, nach der Bezeichnung mit einem Kreuz durch J. können sie wieder reden. – J. sendet Schlangen, die die Zauberer beißen, auf J.'s Befehl ihr Gift aber wieder aus den Körpern saugen, so daß jene nach drei Tagen gesunden. – J. zähmt zwei ausgebrochene wilde Tiger. – J. bringt die Unschuld eines Diakons, der der Vaterschaft eines Kindes von einer Magd bezichtigt wird, zutage, indem der Säugling auf Geheiß J.'s dessen Unschuld bezeugt, die Schuld der Magd aber nicht offenbart. – J. erleidet das Martyrium durch Steinigung und wird mit einer Keule erschlagen.

Patronat: für ausweglose und schwierige Anliegen.

Verehrung und Kultorte: Unechte Reliquien in Rom/St. Peter; Verehrung in Wien/Kirche am Hof zu den Neun Chören der Engel, Döbling i. d.Krim/St. Joseph in der Leimgrube im 18. Jh. Seit dem 19. Jh. weite Verbreitung in Pfarr- und Klosterkirchen.

Darstellungen in der Kunst: *Gewandung:* barfuß in langer, gegürteter Tunika mit Pallium oder vor der Brust geschlossenem Mantel (Ravenna, Baptisterium der Orthodoxen, Mosaik Mitte 5. Jh.). *Attribute:* Lanze (Aachen, Domschatz, Apostelantependium um 1481); Keule (Paderborn, Dom, Westfalenkapelle, Fig. 1517); Hellebarde (Straubing, St. Jakob, Glasmalerei Ende 15. Jh.); Christusmedaillon (St. Veit am Vogau/Steiermark, Fig. um 1750); Steine (Köln, St. Ursula, Gem. Ende 13. Jh.); Schwert (Rab/Dalmatien, Emailrelief 1170); Beil (Amiens, Westportal der Kathedrale, Fig. 1220/35); Winkelmaß (Wien, Kunsthistorisches Museum, Gem. v. A. van Dyck 1. Hälfte 17. Jh.); Stadtmodell v. Edessa (Rab/Dalmatien, Emailrelief 1170); drei Stäbe (Bamberg, Museum, Tragaltar um 1170). *Besondere Szenen:* Sturz von Götzenbildern (Venedig, S. Marco, Mosaiken 13/14. Jh.); Schlangenuntier beißt die Zauberer (Venedig, S. Staè, Gem. v. G. B. Mariotti 18. Jh.); Abgarlegende (Vich, Museum,

Gem. v. L. Borrassas 15. Jh.). *Martyrium:* Wien/Österreichische Galerie im Belvedere, Gem. v. F. A. Maulpertsch um 1760.

Juliana von Nikomedien
Jungfrau, Martyrerin, hl.

Fest: 16. 2. (ostkirchliche Riten 21. 12.).

Leben: erlitt 305 unter Diokletian in Nikomedien das Martyrium.

Legende: J. verschmäht den heidnischen Richter Eulogius als Ehemann. – J. erleidet das Martyrium, indem sie entkleidet und mit Ruten geschlagen wird. – J. wird flüssiges Blei auf das Haupt gegossen und anschließend in den Kerker geworfen. – Der Teufel versucht in Gestalt eines Engels J. zum heidnischen Opfer zu bewegen. – J. wirft den Teufel zu Boden und verprügelt ihn mit der Kette, an der J. gefesselt ist. – J. schleppt den Teufel mit zur Hinrichtung und wirft ihn auf dem Weg in eine Latrine. – J. wird auf das Rad gespannt, das jedoch ein Engel zerstört. – J. wird in einen Kessel mit siedendem Blei gesetzt und bleibt unversehrt. – J. wird zuletzt enthauptet. – Der Richter, der J. verurteilt, geht auf einem Schiff mit 30 Mann unter.

Patronat: Beschützerin der Zisterzienserinnen in Italien; gegen Versuchungen und Nachstellungen des Teufels.

Verehrung und Kultorte: Reliquien in Puzzuoli, 568 nach Cumae vor den Langobarden in Sicherheit gebracht, am 25. 2. 1207 nach Neapel transferiert. Weitere Reliquien u. a. in Santillana del Mar, ein Kopfreliquiar von 1376 heute in New York/Metropolitan Museum.

Darstellungen in der Kunst: *Gewandung:* als Martyrerin in faltenreichem, oben eng geschlossenem Gewand (Bankau, Ev. Kirche, Retabelgem. 2. Hälfte 14. Jh.); als Schutzmantelheilige, Zisterzienserinnen beschützend (Perugia, Galleria Nazionale, Fresko 1376). *Attribute:* Martyrerkrone auf Tuch

(Neapel, Januariuskatakombe Fresko 9./10. Jh.); Handkreuz (Perugia, S. Giuliana, Fresko 13. Jh.); Teufel, von Engel an der Kette gehalten (Worms, Dom, Relief am Chorwandpfeiler Ende 12. Jh.); Teufel an der Kette (Wien, Kunsthistorisches Museum, Gem. v. D. Fetti frühes 17. Jh.); Geißel, um Teufel zu verprügeln (Havelberg, Dom, Lettnerrelief 2. Hälfte 14. Jh.); aufgeschlagenes Buch (Vigo im Fassatal, St. Juliana, Fig. Anfang 16. Jh.); Palme und Buch (Santillana del Mar, Fig. 18. Jh.); Taube (Siones bei Burgos, Relief 12. Jh.); Schwert, Geißel, Palme (München, Graphische Sammlung, Kupferstich v. J. Sadeler nach M. de Vos 16. Jh.); Lilie (Siena, Pinakothek, Gem. in der Lorenzetti-Nachfolge). *Martyrium:* Stuttgart/Landesbibliothek, Stuttgarter Passionale, Buchmalerei 1130; Heiligenkreuz/Stiftsbibliothek Cod. 11, Buchmalerei um 1190; Perugia/Galleria Nazionale, Fresko 14. Jh.; Sceaux/Musée du Château, Fig. 16. Jh. *Zyklen:* Leghorn/S. Giuliana, Gem. unter Cimabue-Einfluß 1295/1305; Santillana del Mar/Collegium, Gem. 15. Jh.

Julianus Hospitator
Büßer, hl.

Fest: 29. 1.

Legende: in Anlehnung an die antike Ödipussage, verknüpft mit Motiven aus der Christophorus-und der Eustachius Legende: * 7.Jh. in Ath /Belgien (Var.: spanischer Herkunft). – J. erhält durch einen Hirsch die Weissagung, daß er seine Eltern töten würde. – J. flieht sein Haus, um diese Tat unmöglich zu machen und heiratet ein Burgfräulein in der Fremde. – Als J. auf der Jagd war, kamen seine Eltern in sein Haus und erhalten von J.'s Gemahlin das Ehebett als Nachtlager. – J. glaubt einen Ehebruch seiner Frau entdeckt zu haben und tötet die Gäste. – Als J. das Unrecht erkennt, tut er Buße, baut ein Hospiz

an der Gard in der Provence. – J. trägt in der Nacht bei Sturm einen Leprakranken über den Fluß, der sich als Christus zu erkennen gibt.

Patronat: Fährleute, Schiffer, Fischhändler, Zimmerleute, Dachdecker, Herbergen, Reisende, Pilger.

Verehrung und Kultorte: Rom, belgisch-flämische Nationalkirche St. Julianus; unechte Reliquien in Florenz, S. Giuliano, Armreliquiar in Macerata.

Darstellungen in der Kunst: *Gewandung:* jugendlicher Adeliger mit Birett und Hermelin (Florenz, S. Spirito, Gem. v. M. di Banco 1. Hälfte 14. Jh.); mit Umhang (Barga, S. Elisabetta, Gem. Ende 14. Jh.); als Edelmann (Englischer Kunsthandel, Gem. v. Perugino um 1500); als Soldat (New Haven, Jarves College, Gem. v. A. Gaddi 15. Jh.); als Pilger (Rom, flämisches Hospiz des Julianus, Fig. v. C. F. van Poucke 18. Jh.); als Büßer (Florenz, SS. Annunziata, Fresko v. A. del Castagno um 1555); als Falkner zu Pferd (Lérida, Museo del Seminario, Gem. v. J. Ferrer II 2. Hälfte 15. Jh.). *Attribute:* Schwert (Empoli, Museo, Terracotta v. Werkstatt della Robbia 15. Jh.); Falken (Salemi/Sizilien, Fig. v. Francesco Laurana um 1470); Engel (S. Gimignano, Museo Civico, Gem. v. Meister des hl. Julian 15. Jh.); Segelboot und Ruder (Lüttich, St. Remacleau-Pont, Fig. 16. Jh.). *Besondere Szenen:* J.'s Elternmord (München, Alte Pinakothek, Gem. der Schule v. A. Gaddi 1. Hälfte 15. Jh.). *Zyklen:* hauptsächlich Glasmalerei in französischen Kathedralen, u. a. Chartres, Glasmalerei um 1220; Rouen, Glasmalerei Ende 13. Jh. (dieses Fenster hat Flaubert zu seinem Roman über Julianus inspiriert!); Trient/Kathedrale, Fresken 14. Jh.; Florenz/ Collegium Castiglione, Predella v. B. della Gatta 1486 und Darstellung des Christus schulternden J.; Rom/S. Maria Maggiore, Florenz/Uffizien und Montauban, Musée Ingres: Altargem. und Predella v. Masolino da Panicale 15. Jh.

Julitta und Quiricus

(Cyrikus, Cyr, Cerdre, Cergue, Querido von Tarsus oder Antiochien), Martyrer, hl.

Fest: 16. 6., 30. 6. (in ostkirchlichen Riten 13. oder 15. 7.).

Legende: J. und Qu. stammen aus Ikonium, wo die Mutter mit ihrem dreijährigen Sohn vor den Christenverfolgungen flieht. – J. und Qu. werden in Tarsus aufgegriffen. – J. und Qu. weigern sich, dem Christenglauben abzuschwören. – J. und Qu. werden über Feuer geröstet, aber das Feuer erlischt. – J. und Qu. werden von Christus im Gefängnis besucht und getröstet. – J. wird ein Nagel in den Kopf getrieben, doch ein Engel steht J. bei. – J. wird im Angesicht von Qu. mit Riemen geschlagen, worauf Qu. mit seinen Fingernägeln dem Richter das Gesicht zerkratzt und ihm in die Schulter beißt. – Der Richter schmettert Qu. von seinem Thron zu Boden, der daraufhin tot liegen bleibt. – J. wird die Haut abgezogen und mit siedendem Pech übergossen. – J. wird das Haupt abgeschlagen. (Var.: Qu. ruft, auch er sei Christ und wird durch Zerstückeln der Glieder wie J. gefoltert und getötet.)

Patronat: Ärzte nur in ostkirchlichen Riten, bes. Epirus, Kastoria.

Verehrung und Kultorte: Unechte Reliquien im Dom von Nevers, und Burgos, lokale Verehrung in Florenz, Toulouse.

Darstellungen in der Kunst: *Gewandung:* J. und Qu. als Oranten (Rom, Santa Maria Antiqua, Fresko 1. Hälfte 8. Jh.); J. mit Qu. im Arm (Barcelona, Antependium 12. Jh.). *Attribute:* Handkreuz, Krone (Monreale, Dom, Mosaik 12. Jh.); Dolch, Nägel, Säge (Barcelona, Gem. v. P. Garcia 15. Jh.). *Zyklen:* Barcelona/Museu d'Art de Cataluna, Antependium 12. Jh.; Issoudun/Stiftskirche, Glasmalerei 15. Jh., zur Einzeldarstellung von Qu. siehe »Quiricus«.

Justinus der Philosoph

Martyrer, hl.

Fest: 1. 6. (vor der Kalenderreform 14. 4.).

Leben: entstammt einer griechischen Familie in Flavia Neapolis (Nablus) in Palästina, † um 165, gilt als bedeutendster Apologet des 2. Jh. Abgestoßen von der stoischen Philosophie, wandte er sich der Gedankenwelt Platons zu, war schließlich von der Unzulänglichkeit aller Lehrgebäude überzeugt und wurde Christ, deren Glauben er machtvoll verteidigte. In den Apologien widerlegte er gegen das Christentum erhobene Beschuldigungen und rechtfertigte den Inhalt der christlichen Lehre. Im Dialog mit Tryphon, einem gelehrten Juden, wahrscheinlich Rabbi Tarphon, zeigte J. daß das jüdische Zeremonialgesetz nur vorübergehende Geltung hat, daß die Anbetung Jesu dem Monotheismus nicht widerspricht und daß auch die Heiden zu Christus berufen sind. Die Disputation, die der Schrift zugrunde liegt, muß während des Bar-Kochba-Aufstandes (132–135) geführt worden sein.

Patronat: Philosophen.

Verehrung und Kultorte: Rom/S. Pudenziana (dort wurde sein Grab vermutet).

Darstellung in der Kunst: J. übergibt Kaiser Hadrian seine Apologie (Kupferstich v. J. Callot 1636).

K

Kajetan von Thiene
(Gaetano), Theatiner, hl.
Fest: 7. 8.
Leben: * im Oktober 1480 in Vicenza als Sohn von Gasparo von Tiene; juristische Studien in Padua 1505 mit dem Doktorgrad abgeschlossen, Geheimsekretär Papst Julius II. und Päpstlicher Protonotar; 1516 Priesterweihe; dann Mitglied der Bruderschaft (Oratorium) der göttlichen Liebe; K. galt neben Ignatius von Loyola und Karl Borromäus als Vertreter der Kirchenreform des 16. Jh. 1519 Eintritt in die von Bernhardin von Feltre gegründete Bruderschaft des hl. Hieronymus in Vicenza, die sich um Arme und Kranke bemühte. 1524 zusammen mit Giovanni Pietro Caraffa, dem Erzbischof von Theate (dem späteren Papst Paul IV.), Paolo Consigliari und Bonifacio de' Colli Gründung der Kongregation der regulierten Kleriker zur Reform des Klerus (Theatiner); 1527 aus Rom vertrieben und wechselweise in Venedig und Neapel tätig. Charakteristisch war für ihn die freiwillige Besitzlosigkeit im Vertrauen auf die göttliche Vorsehung. † 7. 8. 1547 in Neapel. Seligsprechung 1629, Heiligsprechung 1671.
Legende: Die Mutter K.'s opfert ihr Kind der Gottesmutter. – Maria reicht am Weihnachtsfest 1517 in S. Maria Maggiore in Rom in einer Vision K. ihr Kind. – Die Gottesmutter netzt die Wange K.'s mit Milch aus ihrer Brust. – K. heilt N. Caffarelli. – K. erweist sich unbestechlich. – K. hilft den Pestkranken in Neapel. – K. leistet Fürbitte vor dem Blitze schleudernden Christus, indem er sich zwischen die Blitze und Christus wirft und ihn bittet, an ihm seinen Zorn auszulassen. – K. betet um einen Thronfolger für Adelheid von Savoyen.
Patronat: Kurbaiern seit 1672, des Theatiner-Ordens; Haustiere in Bayern, gegen Pest.
Verehrung und Kultorte: Leichnam in Neapel/S. Paolo Maggiore; München/Theatinerkirche.
Darstellungen in der Kunst: *Gewandung:* In Ordenshabit mit Soutane, weißen Strümpfen, Gürtel, Birett und Rosenkranz (München, St. Kajetan, Fig. v. R. Boos 2. Hälfte 18. Jh.); in Chorrock und Stola (Barcelona, Kathedrale, Fig. 18. Jh.). *Attribute:* Ordenskreuz (Neapel, S. Paolo Maggiore, Gem. 16. Jh.); geflügeltes, brennendes Herz (Prag, Karlsbrücke, Fig. v. F. M. Brokoff 1709); Regelbuch (Vicenza, S. Giuliano, Fig. v. Marinali 17. Jh.); aufgeschlagenes Evangelium mit Inschrift Mt. 6, 25–33 (Mailand, S. Antonio Abbas, Gem. v. G. B. Crespi um 1700); Lilie, Vögel (Neapel, Monastero de la Sapienza, Gem. aus der Vaccaro-Schule 17. Jh.); Kornähren und Füllhorn mit Blumen und Früchten (Attribute der Providentia Dei)

(Modena, S. Vicente, Gem. v. Fra F. Caselli 17. Jh.); Christkind auf dem Arm (Reisach am Inn, Klosterkirche, Fig. 1751); Totenkopf (Venedig, S. Nicola da Tolentino, Gem. v. Palma il Giovanne um 1600); Herätiker unter seinen Füßen (Barcelona, Museum, Fig. M. Sala zugeschrieben 2. Hälfte 17. Jh.); Kirchenmodell (Rampazzo, Pfarrkirche, Gem. v. G. D. Tiepolo 1757); Vieh beschützend (München, Bayerische Staatsbibliothek, Kupferstich v. J. A. Lidl 18. Jh.). *Besondere Szenen*: Überreichung des Kindes durch Maria an K. (Ferrara, Sakristei der Theatinerkirche, Gem. v. F. Galetti 17. Jh.); Lactatio K.'s (Überlingen, Münster, Relief am K.-Altar 17. Jh.); die Bestätigung der Ordensgründung K.'s durch Papst Clemens VII. (Vicenza, S. Stefano, Gem. v. Maganza 17. Jh.); K. pflegt Kranke (Mailand, Brera, Gem. v. S. Ricci Ende 17./Anfang 18. Jh.); Pest in Neapel (München, S. Kajetan, Gem. v .J. Sandrat 1672); K. wirft sich zwischen Christus und die Blitze (Vicenza, S. Stefano, Gem. v. F. Maffei 17. Jh.); K. betet vor dem Gekreuzigten (Ferrara, S. Maria dei Teatini, Gem. v. A. Rivarolo 17. Jh.). *Zyklen*: Neapel/S. Paolo Maggiore, Reliefs v. D. A. Vaccaro 17. Jh.; Ferrara/S. Maria della Pieta, Fresken v. C. Maiola 17. Jh.; Salzburg/St. Kajetan, Reliefs 18. Jh.

Kallistus I.

(Kalixtus, Calixtus), Papst, Martyrer, hl.
Fest: 14. 10. (Tag der Beisetzung).
Leben: einst Sklave des Christen Carpophorus, dann Freigelassener; als erster Diakon des Papstes Zephyrinus unterstand ihm die Verwaltung des Gemeindefriedhofs, die heutige Kalixtus-Katakombe an der Via Appia; in seinem Pontifikat 217–222 Kampf gegen Häretiker, besonders gegen die Monarchianer des Sabelius, die die Dreifaltigkeit leugneten. In diesen Auseinandersetzungen von dem Gegenpapst Hippolytus eines unlauteren Vorlebens und des Laxismus bezichtigt,

weil K. Unzuchtsünder wieder in die Gemeinschaft der Kirche aufnahm und Ehen von Frauen der vornehmen Gesellschaft mit Sklaven akzeptierte (Näheres siehe unter Stichwort Hippolyt). K. führte den Brauch der Wandmalerei in den Kirchen ein. Begraben im Coemeterium des Calepodius in Rom.

Legende: Nach der im 7. Jh. verfaßten Legende wird K. aus dem Fenster geworfen und mit einem Stein um den Hals in einem Brunnen ertränkt.

Verehrung und Kultorte: Leichnam durch Papst Gregor III. nach S. Maria in Trastevere/Rom transferiert. Reliquien in der Abtei Cysoing bei Tournai (seit 854), Fulda, Reims, Neapel/S. Maria Maggiore. Patrozinien u. a. in Mailing.

Darstellungen in der Kunst: *Gewandung*: als Priester in Meßkleidung (Rom, S. Maria in Trastevere, Mosaik 12. Jh.); als Papst mit kegelförmiger Tiara und Rationale (Reims, Nordquerhaus, Fig. 1225/30); als Papst in Pluviale mit Tiara (Pienza, Dom, Gem. v. L. Vecchietta 1461/62). *Attribute*: Kreuzstab, Buch (Mailing, K.-Kapelle, Fig. um 1480); Stein auf dem Buch (Wien, St. Stephan, Chorgestühl, Fig. um 1487); Brunneneinfassung zu Füßen (Nürnberg, Germanisches Nationalmuseum, Gem. um 1500). *Martyrium*: Stuttgart/Landesbibliothek, Stuttgarter Passionale, Buchmalerei um 1130.

Kamillus von Lellis

(Camillus, Camillo), Kamillianer, Ordensgründer, hl.
Fest: 14. 7. (vor der Kalenderreform 18. 7.).
Leben: * 25. 5. 1550 in Bucchianico bei Chieti in den Abruzzen als Sohn eines Offiziers im Dienst Kaiser Karls V., früh verwaist, 1659–1574 Teilnahme an den Türkenkriegen Venedigs, verspielte in der Heimat Hab und Gut; 1575 Handlanger beim Bau des Kapuzinerklosters Manfredonia, dort Be-

kehrung und Eintritt in den Kapuzinerorden; entlassen wegen eines bösartigen Fußleidens. Geheilt im Jakobusspital in Rom, dort als Krankenwärter und Hospitalmeister angestellt; durch Philipp Neri Reife; 1582 Gründung einer religiösen Gemeinschaft für Krankenpfleger (Compagnieri dei Ministri degli Infermi), 1584 Priesterweihe, 1591 Überführung der Gemeinschaft in einen Orden der Regularkleriker vom Krankendienst, auch Väter vom guten Tod genannt, unter K.'s Leitung; 1607 Niederlegung der Ordensleitung. In der Krankenpflege Beginn eines Reformwerks innerhalb des Krankenhausbetriebes. † 14. 7. 1614 Rom. Heiligsprechung 1746.

Patronat: Kamillianer, Spitäler, Krankenpfleger, Kranke, Sterbende.

Verehrung und Kultorte: Leichnam beigesetzt in Rom/S. Maddalena.

Darstellungen in der Kunst: *Gewandung:* als Ordensmann mit rotem Kreuz auf schwarzer Soutane bzw. Mantel (Rom, S. Maddalena, Fig. v. P. Campana 1735). *Attribute:* Kruzifix, Buch, Engel, Totenschädel (Rom, S. Camilli, Relief Anfang 19. Jh.); Rosenkranz (Rom, St. Peter, Fig. v. P. Pacelli 1753). *Besondere Szenen:* K. diskutiert mit einem Edelmann (Rom, S. Maddalena, Gem. v. G. Panozza 18. Jh.); K. als Krankenpfleger (Rom, S. Maria in Trivio, Gem. v. A. Gherardi 17. Jh.); K. rettet Kranke des Spitals vor dem Hochwasser des Tiber 1598 (Rom, Museo di Roma, Gem. v. P. Subleyras 1746); Ampexus K.'s durch Christus (Bologna, S. Gregorio, Gem. v. F. Torelli 1743).

Karl Borromäus

Kardinal, Erzbischof, hl.

Fest: 4. 11.

Leben: * 2. 10. 1538 auf der Burg Arona am Lago Maggiore, aus adeliger Familie; 12-jährig empfing er die Tonsur und den Talar. Erhielt als Kommendatarabt des Benediktiner-

ordens in Arona die entsprechenden Pfründeneinkommen, ohne selbst das Kirchenamt zu verwalten – einen aus der Karolingerzeit überkommenen Mißbrauch, den K. später heftig bekämpft hat. Studium der Rechte an der Universität Pavia, 1559 zum Doktor beider Rechte promoviert, Verwalter der ausgedehnten Familiengüter. Durch seinen Onkel Kardinal Gian Angelo Medici, als Pius IV. Papst geworden, zum Geheimsekretär ernannt, 1560 Kardinaldiakon und Administrator von Mailand. Nach dem Tod seines Bruders Federigo 1562 Hinwendung zu asketischer Lebensweise; 1563 zum Priester und wenig später zum Bischof geweiht. K. setzte sich vehement und eifrig für die kirchliche Reform und die Durchsetzung der tridentinischen Konzilsbeschlüsse ein, Gründer zweier Priesterseminarien und eines für Missionare, die in die protestantisch gewordene Schweiz gesandt werden sollten, da zu Mailand drei Talschaften in Graubünden gehörten. Förderte die 1535 gegründeten Bruderschaften zum hl. Altarsakrament, stiftete das Borromäum für mittellose Studenten. Durch persönlichen Kontakt bekämpfte K. Konkubinat der Geistlichen, Aberglauben, Mißbräuche und Unwissenheit im Volk, hob die allgemeine Moral und die kirchliche Disziplin bei den Geistlichen trotz großer Widerstände. 1576 nach Ausbruch der Pest in Mailand organisierte K. Hilfsmaßnahmen; am Passionssonntag 1584 auf dem Monte di Varallo bei Novara letzter Einkehrtag. † 3. 11. 1584 in Mailand. K. verkörperte das Bischofsideal der tridentinischen Reform. 1602 Seligsprechung, 1610 Heiligsprechung.

Legende: K. sieht das Ende der Pest, weil auf sein Gebet hin als Zeichen ein Engel sein Schwert in die Scheide steckt.

Patronate: Borromäerinnen (Kongregation für Krankenpflege), der Diözese Lugano, Basel, Borromäusvereine, Volksbüchereien, Seelsorger, Priesterseminare und Konvikte, Universität Salzburg, gegen die Pest.

die Eucharistie (Gent, Museum, Gem. v. T. Boyermans 17. Jh.); K. besucht Kranke (Rom, S. Adriano, Gem. v. O. Borgianini 17. Jh.); Bußprozession in Mailand (Rom, S. Carlo ai Catinari, Gem. v. P. da Cortona 1667); das Mahl bei K. (Mailand, S. Maria della Passione, Gem. v. Crespi frühes 17. Jh.); K. sieht das Ende der Pest (Antwerpen, St. Jakob, Gem. v. J. Jordaens 17. Jh.). *Zyklen:* Mailand/Dom, Gem. v. 1602/10; Mailand/Domkrypta, Reliefs 17. Jh.; Wien/Karlskirche, Reliefs v. Ch. Mader 1730; Volders, Fresken v. M. Knoller 1776.

Verehrung und Kultorte: Kult in ganz Europa rasch verbreitet, zahlreiche Kirchenpatrozinien, z. B. Karlskirche in Wien.
Darstellungen in der Kunst: *Gewandung:* als Kardinal in Chortracht (Rom, S. Carlo ai Catinari, Gem. v. G. Reni 17. Jh.); in Meßgewand oder Pluviale (Mailand, Brera, Anonyme Zeichnungen 17. Jh.); in Rochett, Mozetta und Birett (Waidhofen an der Thaya, Fig. 1721). *Attribute:* Kardinalshut (Sevilla, Museum, Fig. 18. Jh.); Kruzifix (Münster, Dom, Fig. 1737); Nagelreliquiar (Bilbao, Collection Valdés, Gem. v. F. Zurbarán 17. Jh.); Totenkopf, Geißel (Unlingen, Fig. v. J. Christian d. Ä. 1772); Pestpfeile, Strick um den Hals (Straubing, Ursulinenkirche, Fig. v. E. Q. Asam 1738); Reliquiar des S. Chiodo in der Hand (Cellio, Pfarrkirche, Gem. v. T. da Varallo 1. Viertel 17. Jh.); Taube (Mailand, S. Gottardo i Corte, Gem. v. D. Crespi um 1610). *Besondere Szenen:* K. reicht Kranken

Karl der Große
Kaiser, selig
Fest: 28. 1. (Translationsfeste am 27. 7. in Aachen und 30. 7. in Paris).
Leben: * wohl um 742 als Sohn Pippins d. J., 768 zusammen mit seinem Bruder Karlmann König der Franken, 769 Eroberung Aquitaniens, 771 Alleinherrscher, 771 zog K. auf Hilferuf des Papstes Hadrian I. nach Italien, setzte den Langobardenkönig Desiderius ab und machte sich selbst zum König der Langobarden, erneuerte das Bündnis, das sein Vater mit der Kirche geschlossen hatte, Übernahme der Schutzherrschaft über den Kirchenstaat, 788 Absetzung von Herzog Thassilo von Bayern, 800 in Rom durch Papst Leo III. zum Kaiser gekrönt. 804 Ende des Krieges gegen die Sachsen mit deren endgültiger Unterwerfung. K. gründete an seinem Hof eine Schule mit den angesehensten Gelehrten der abendländischen Welt, auch Gründung neuer Diözesen und Einmischung in innerkirchliche Angelegenheiten. K. ließ wegen der mißverstandenen Beschlüsse des Konzils von Nikaia zur Bilderverehrung fränkische Theologen den Papst Hadrian I. kritisieren. K. vertrat auf der Synode von Frankfurt 794 den Adoptianismus, eine Spielart des Arianismus, indem er Christus

als einen von Gott begnadeten Menschen erklären ließ. In seiner Herrschaft schwebte K. das Idealbild eines Gottesstaates vor. K. galt im Mittelalter als Vorbild eines weisen, gerechten und hochgesinnten Herrschers. Getrübt ist das Bild durch einige charakterliche Schwächen. † 28. 1. 814.

Legenden: Umkreis der Bischof Turpin von Reims zugeschriebenen Compostela-Legende des 11. Jh.: Jakobus erscheint K., um ihm seine Grabesstätte zu offenbaren. – K. erhält die Lossprechung seiner Sünden durch ein von einem Engel überbrachtes Spruchband. – Die Sünden K.'s werden durch den Eremiten Ägidius nachgelassen. – K. betet vor Pamplona. – K. zerstört die Idole Mohammeds. – Auswahl von Einzellegenden aus der Legenda aurea: Ein Engel übergibt K. Reliquien Jesu, nämlich die Vorhaut von der Beschneidung, die Nabelschnur und Kindersandalen. – K. läßt seinem Sohn Pippin nach der Kaiserkrönung in Rom wegen einer Verschwörung gegen seinen Vater die Tonsur scheren und in ein Kloster einweisen. – K. kann vier Hufeisen auf einmal geradebiegen und einen Ritter zu Roß mit einem Schwerthieb spalten. – Weitere wichtige Elemente der K.'s-Legende werden im Rolandlied des 12. Jh., in der Kaiserchronik (nach 1147), in »Karl« von Stricker (um 1230/50), dem Karlmeinet (14. Jh.) und auch von Einhard überliefert; manchmal liegen die Motive im Grenzbereich zwischen Heldensage und christlicher Legende, meist nur im Bereich der Heldensage.

Patronat: Bruderschaft an der Artistenfakultät der französischen und deutschen Nation an der Sorbonne/Paris.

Verehrung und Kultorte: Leichnam in Aachen/Pfalzkapelle beigesetzt. Reliquien u. a. in Aachen/Karlsschrein; auf Veranlassung Kaiser Friedrich Barbarossas durch Erzbischof Rainald von Dassel von Köln 1165 heiliggesprochen, anerkannt von Gegenpapst Paschalis III., nicht jedoch von Papst Alexander III. Später wird die Verehrung v. K. als Seliger für Aachen und Osnabrück zugestanden. Kult im Zusammenhang mit der Wallfahrt nach Compostela im 11. Jh. aufgelebt. Orte, an denen K. Bistümer bzw. Klöster installiert haben soll, griffen im 13. und 14. Jh. die K.-Verehrung auf; z. B. Bremen, Brixen, Feuchtwangen, Frankfurt, Fulda, Halberstadt, Hersfeld, Münster, Seligenstadt, Sitten, Zürich, Verden. Durch Kaiser Karl IV. K.-Verehrung in Prag und Nürnberg begründet, durch den französischen König Karl V. in Paris, in den Diözesen Reims, Rouen, St-Quentin.

Darstellungen in der Kunst: *Gewandung:* als fränkischer Feldherr (Rom, S. Susanna um 800); als stehender Herrscher im Krönungsornat (Nürnberg, Germanisches Nationalmuseum, Gem. v. A. Dürer 1512); als stehender Herrscher in Rüstung mit Krone, Reichsapfel, Szepter (Alzenau, St. Justinus, Fig. um 1758); im mit dem französischen Königswappen gemusterten Gewand (Aachen, Domschatzkammer, Reliquienbüste um 1350); als kniender Kirchenstifter (Aachen, Karlssiegel, Relief um 1328); im Schutzmantel (Wien, Österreichische Nationalbibliothek, Hagiologium Brabantinum, Buchmalerei 1476/84); als Verkünder des Evangeliums – diakonale Funktion des deutschen Königs (Aachen, Krönungsevangeliar, Buchdeckel v. H. v. Reutlingen). *Attribute:* Kirchenmodell (Aachen, Dom, Fig. um 1430); Schwert (Wien, Österreichische Nationalbibliothek Cod. 1859, Gebetbuch Karls V., Buchmalerei 1516–1519). *Zyklen:* Rom/S. Maria in Cosmedin, Wandmalerei vor 1124; Aachen/Karlsschrein, Relief 1215; Chartres/K.- und Rolandfenster 13. Jh.; St. Gallen/Stiftsbibliothek, Karl des Stricker, Buchmalerei um 1300; Aachen/Rathaus, Wandmalerei v. A. Rethel 19. Jh.

Karl Lwanga und Gefährten

Martyrer von Uganda, hl.

Fest: 3. 6.

Leben: * 1865 in Bulimu/Uganda, 1885 getauft, während der Christenverfolgung des Königs Mwanga wurde K. mit zwölf seiner Freunde, Pagen am Königshof, am 3. 6. 1886 lebendig verbrannt. Seligsprechung 1920, Heiligsprechung 1964 während der 3. Sitzungsperiode des 2. Vatikanischen Konzils.

Patronat: Jugend Afrikas (seit 1934).

Keine Darstellungen in der bildenden Kunst.

Kasimir von Polen

Königssohn, hl.

Fest: 4. 3.

Leben: * 5. 10. 1458 als drittes Kind des Jagellonen Kasimir IV. und Elisabeth von Habsburg, Tochter Kaiser Albrechts, 1471 zum König von Ungarn gewählt, verzichtete aber zugunsten von Matthias Corvinus. Kurze Zeit Regent in Polen, während sein Vater in Litauen weilte. K. zeichnete sich durch Frömmigkeit und Marienverehrung aus. † 4. 3. 1484 in Grodno an Schwindsucht. Heiligsprechung 1521 oder 1602 (?).

Legende: K. dichtet den Hymnus »Omne die dic Maria«. – K. wird von der Muttergottes mit ihrem Kind bekrönt. – K. erweckt einen Knaben zum Leben. – K. greift auf wunderbare Weise in die Schlacht bei Polock gegen die Russen 1518 und 1654 ein.

Patronat: Malteserritterorden, Jugend, Polen und Litauen, Literarischer Nationalheld, gegen Religions-und Vaterlandsfeinde.

Verehrung und Kultorte: Leichnam in Wilna/Dom.

Darstellungen in der Kunst: *Gewandung:* als König im Mantel mit Wappen Polens und Litauens (Wilna, Dom, Gem. v. 1594); als Marienritter (Florenz, Palazzo Pitti, Gem. v. C. Dolci 17. Jh.). *Attribute:* Palme (Krosno/Polen, Pfarrkirche, Gem. 16. Jh.); Lilie,

Kreuz (München, Bayerisches Nationalmuseum, Elfenbeinrelief um 1700). *Besondere Szenen:* Krönung K.'s durch die Gottesmutter (Palermo, Museo Nazionale, Gem. v. P. Novelli gen. Monrealese um 1629); Auferweckung des Knaben (Wilna, Dom, K.-Kapelle, Fresken v. G. Campana 1636); K. hilft den Litauern gegen die Russen (Wilna, St. Peter und Paul, Relief Ende 17. Jh.). *Zyklen:* Kupferstiche zu Ilarione de S. Antonio, Il breve compendio della vita, morte e miracoli del principe Casimiro, v. N. Perrey 1629, derzeit starker Aufschwung der K.-Darstellungen in Litauen.

Katharina von Alexandrien

(Aikatherinê), Jungfrau, Martyrerin, Nothelferin, hl.

Fest: 25. 11.

Legende: Legendenmotive aus der Kindheit K.'s: Die kinderlosen Eltern beraten sich mit einem Astrologen. – Ein Künstler hat als Gott der Götter ein Kruzifix geschaffen, angesichts dessen alle anderen Götzenbilder im Tempel zu Boden fallen. – Die Eltern beten im Tempel zu diesem Gott um ein Kind. – K. wird geboren. – Legenden nach der im 6./7. Jh. entstandenen und im 8. Jh. ins Lateinische übertragenen Passio: * als Tochter des Königs Costus wird K. in den freien Künsten erzogen und ist hochgebildet. – K. lebte nach dem Tod ihrer Eltern in Reichtum und Überfluß mit zahlreicher Dienerschaft. – K. weist voller Stolz alle Freier ab, weil ihr keiner gut genug erscheint. – K. wird von einem Einsiedler auf Christus als den wahren Bräutigam hingewiesen. – K. besiegt im Alter von 18 Jahren angeblich im Jahr 307 50 von Kaiser Maximinus berufene heidnische Philosophen in einer Disputation über die Wahrheit des Christentums und bekehrt sie. – Die 50 Philosophen läßt der Kaiser daraufhin verbrennen. – K. weigert sich standhaft, den

Götzen zu opfern. – K. wird mit Ruten geschlagen und in einen Kerker geworfen, wo sie von Engeln ernährt und gepflegt wird. (Var.: K. wird von Christus eine weiße Taube mit himmlischer Speise gesandt). – Von der Kaiserin befreit, wird K. vom Kaiser zum Tod durch Rädern verurteilt. – Ein Engel zerschlägt das Marterrad. – Daraufhin bekehren sich die Kaiserin und der Gefängniswärter. – Alle werden gemartert und enthauptet. – Aus K.'s Leib fließt Milch und Blut. – Engel tragen den Leichnam auf den Berg Sinai, wo man K. bestattet.
Patronat: 2. Patronin des Wallis und der Diözese Sitten, Universität Paris, Bibliotheken, Spitäler, Mädchen, Jungfrauen, Ehefrauen, Schüler, Lehrer, Theologen, Philosophen, Rhetoren, Anwälte, Notare, Universiäten, Buchdrucker, Wagner, Töpfer, Müller, Bäker, Spinnerinnen, Modistinnen der Pariser Haute Couture (sog. Catherinettes), Seiler, Schiffer, Gerber, Schuster, Barbiere, gegen Kopf-und Zungenleiden, an Milchlosigkeit leidende Mütter, Helferin bei der Suche nach Ertrunkenen, Feldfrüchte.
Verehrung und Kultorte: Tumuluskult am Sinai/Katharinenkloster, Reliquien in Rouen, Köln, Grevenrode, Nürnberg. In Frankreich seit dem 11. Jh., in Deutschland seit dem 12. Jh. verehrt. Frühe Patrozinien u. a. in Werden 1059, Zwickau 1125, Xanten 1128.
Aberglauben: Lostag für das Wetter im kommenden Winter. – K.-Tag war wegen der Nähe zu Advent der letzte Tag, an dem Lustbarkeiten erlaubt waren, deswegen Brauch des K.-Tanzes. – Stundenpatronin zwischen 4 Uhr und 5 Uhr am Morgen, K.-Öl galt in Tirol als Heilmittel gegen Pest, Gicht, Zitrachen, Gründelschnupfen, Atemnot, Einge-

weidewürmer, Grimmen der Gebärmutter u. ä. – Kindern in der Steiermark muß gegen Würmer der Bauchnabel mit K.-Öl eingerieben werden. – Eine in K.-Öl gekochte Feige hilft gegen Angina. – Wer in Ungarn am K.-Tag sein Gesicht mit einem Frauenhemd wäscht, sieht im Traum seine künftige Ehegattin.

Darstellungen in der Kunst: *Gewandung:* als jungfräuliche Königstochter mit Krone (Aschaffenburg, Muttergottespfarrkirche, Fig. Ende 12. Jh.); als Jungfrau mit Haube (Landershofen, Fig. um 1500); als Jungfrau mit Schleier (München, Bayerisches Nationalmuseum, Fig. um 1420); als Kephalophore (Siena, S. Agostino, Gem. v. A. Lorenzetti 1. Hälfte 14. Jh.). *Attribute:* Kreuz (Monreale, Kathedrale, Mosaik 12. Jh.); Krone in der Hand (Neapel, Katakombe v. S. Gennaro, Wandmalerei nach 763); Palme (Siena, Pinacoteca Nazionale, Gem. v. P. Lorenzetti um 1330); Buch (Gelnhausen, Marienkirche, Relief um 1225); kleines Rad (Straßburg, Münster, Katharinenkapelle, Fig. um 1330); zerbrochenes Rad (Perugia, Galleria Nazionale, Gem. v. Fra Angelico 1. Hälfte 15. Jh.); Schwert (Freiburg, Münster, Glasmalerei 1524); Schwert und Rad (Reutlingen, Marienkirche, Wandmalerei um 1330); Degen (Lugano, Sammlung Thyssen, Gem. v. Caravaggio frühes 17. Jh.); drei Räder (Atri, Kathedrale, Wandmalerei 15. Jh.); Lilie und Scheibe mit den Wissenschaftsnamen (Palermo, Gem. 14. Jh.); Kaiser zu Füßen (Paderborn, Domportikus, Fig. Mitte 13. Jh.). *Besondere Szenen:* Mystische Vermählung der hl. K. mit dem Jesuskind (Brüssel, Musées Royaux des Beaux-Arts, Gem. v. M. Coffermans 2. Hälfte 16. Jh.); Vermählung K.'s mit dem Bräutigam Christus (Allentown/USA, Museum, Gem. v. G. del Biondo 17. Jh.); Vermählung K.'s mit dem Jesuskind ohne anwesende Maria (San Severino, Pinacoteca Comunale, Gem. v. L. Salimbeni um 1400); ein Eremit zeigt K. ein Marienbildnis (Eszter-gom, Christliches Museum, Gem. 15. Jh.); K. diskutiert mit heidnischen Philosophen (Rotterdam, Boymans-van-Boyningen-Museum, Gem. v. J. Provost 1515/25); Kaiserin Faustina besucht K. im Gefängnis (Nürnberg, Germanisches Nationalmuseum, Gem. v. Meister HG 1. Hälfte 16. Jh.); K. im Paradiesgarten (Verona, Museum, Gem. v. S. da Zevio 15. Jh.). *Martyrium:* Das Martyrium der K. (Dresden, Gemäldegalerie Alter Meister, Gem. v. L. Cranach d. Ä. 1506); Engel zerstören durch Blitze das Rad der K. (Madrid, Prado, Gem. v. Meister v. Sigüenza 15. Jh.); Engel bestatten den Leichnam K.'s auf dem Berg Sinai (Mailand, Brera, Wandmalerei v. B. Luini 16. Jh.); Engel tragen die Seele K.'s in den Himmel (Brüssel, Musées Royaux des Beaux-Arts, Gem. v. G. de Crayer 17. Jh.). *Zyklen:* incl. Kindheits-Legende: Nürnberg, St. Sebald, Dorsale, Stickerei um 1440/50; nach dem Passionale sehr zahlreich u. a. Köln/St. Maria Lyskirchen, Wandmalerei Ende 13. Jh.; Angers/Kathedrale, Glasmalerei um 1160/77; Soest/St. Maria zur Höhe, Wandmalerei um 1250/60; Alsenborn/Pfalz, Wandmalerei 13. Jh.; Freiburg/Münster, Glasmalerei um 1320; Rom/S. Clemente, Wandmalerei um 1425; Immenhausen bei Hofgeismar, Wandmalerei 1483.

Katharina von Siena

(Caterina Benincasa), Dominikaner-Terziarin, Kirchenlehrerin (seit 1970), hl.

Fest: 29. 4. (vor der Kalenderreform 30. 4.).

Leben: * um 1347 in Siena als 25. Kind eines Wollfärbers, sollte mit 12 Jahren eine Ehe eingehen, der sich K. widersetzte. 1365 dem 3. Orden des hl. Dominikus, den Bußschwestern beigetreten, 1374 Pflege von Pestkranken. K. wurde als Ratgeberin zahlreicher Fürsten geschätzt. Wegen ihrer mystischen Neigungen mußte sich K. 1374 vor dem Generalkapitel der Dominikaner in Florenz verantworten. K. bewog 1376 Papst Gregor

Katharina von Siena

XI. zur Rückkehr von Avignon nach Rom; 1377 Gründung des Klosters Belcaro. Bei dem abendländischen Schisma 1378, als französische Kardinäle Papst Urban VI. ablehnten und Clemens VII. zum Gegenpapst wählten, suchte K. in zahlreichen brieflichen Kontakten geistliche Würdenträger auf die Seite Urbans VI. zu bringen. Auf Wunsch Papst Urbans 1378 Übersiedlung nach Rom, am 1. 4. 1375 Stigmatisierung. K.'s Buch »Libro della divina providenza« behandelt die Frage der Erkenntnis Gottes und der Vorsehung und steht in hohem literarischen Rang durchaus neben Petrarca und Dante. † 29. 4. 1380 in Rom. Heiligsprechung 1461.
Legende: K. erhält von Dominikus das Ordenskleid. – K. gibt ihr Ordenskleid einem Bettler und erhält von Christus ein himmlisches Gewand. – K. vermählt sich in einer mystischen Vision mit Christus. – K. tauscht ihr Herz mit dem Herzen Jesu. – Christus gibt K. Weisheit und Sprachgewalt, damit sie seine Botschaft den Führern der Kirche verkünden kann. – K. wählt statt eines goldenen Verlobungsrings für sich von Christus die Dornenkrone. – K. empfängt von Christus die hl. Kommunion. – K. erfleht für ihre Eltern die Erlösung aus dem Fegefeuer, indem sie deren Schuldpein übernimmt. – K.'s Gebet bekehrt Wegelagerer. – Die tote Agnes von Montepulciano hebt K. den Fuß zum Kuß entgegen. – K. backt aus verdorbenem Mehl bei einer Teuerung gutes Brot. – K. kämpft um die Seele Palmerinas. – K. begleitet den jungen von der Kirche abgefallenen Adeligen Andrea dei Tuldo und vermittelt ihm einen erneuten Zugang zum Glauben im Angesicht des Todes. – K. treibt mehrere Teufel aus. – K. heilt den Rektor des Spitals in Siena von der Pest. – An der Leiche K.'s werden mehrere Krüppel geheilt.
Patronat: Dominikanerterziarinnen, 2. Stadtpatronin von Rom (seit 1866), Hauptpatronin Italiens seit 18. 6. 1939, Sterbende, für die Erlangung der Sterbesakramente in der Todesstunde, Wäscherinnen, gegen Kopfweh, Pest.
Verehrung und Kultorte: Leichnam in Rom/S. Maria sopra Minerva, Reliquien in Siena/S. Domenico (Haupt), Venedig/S. Giovanni e Paolo (Fuß), Wallfahrt in Siena zum Geburtshaus.
Aberglauben: In der K.-Nacht erblüht das Kathreinblümerl. – Hexenzüge in der K.-Nacht hängen allgemein mit dem alten Festtag 30. 4., weniger mit dem Festinhalt zusammen.
Darstellungen in der Kunst: *Gewandung:* in Ordenstracht mit gegürtetem Kleid, halbweiten Ärmeln, Skapulier, Mantel, Wimpel, Weihel und weißem Kopfschleier (Rom, S. Maria sopra Minerva, Fig. v. Isaia da Pisa 1450); mit dunklem Schleier (Dießen/Ammersee, Dominikanerinnenkloster Gem. 18. Jh.); als Krankenpflegerin (Antwerpen, Musée des Beaux-Arts, Gem. um 1470/80); im Schutzmantel (Siena, Oratorio S. Caterina della Notte, Gem. v. M. Balducci 16. Jh.). *Attribute:* Stigmata, Attribut 1475 von Papst Sixtus IV. verboten, von Papst Urban VIII. wieder zugelassen (Cambridge/Mass., Fogg Art Museum Harvard University, Gem. v. G. di Paolo 15. Jh.); Lilien in den Stigmata (Barcelona, Museum, Gem. 15. Jh.); Dornenkrone (Perugia, Galleria Nazionale, Gem. v. Fra Angelico um 1437); Herz (Florenz, S. Marco, Gem. v. Fra Angelico 1425/35); Kruzifix (München, Alte Pinakothek, Gem. v. D. Ghirlandajo 1490); Totenkopf (Siena, Accademia delle Belle Arti, Gem. v. Sodoma Anfang 16. Jh.); Rosenkranz (Valencia, Colegio del Patriarcaa, Gem. Anfang 16. Jh.); Teufel zu Füßen (Rieti, Museo Civico; Fresko v. A. Romano Ende 15. Jh.); Papstkrone in der Hand (Rom, S. Lorenzo , Grab Pius IX., Mosaik v. L. Seitz spätes 19. Jh.); Pestkranke (Dießen/Ammersee, Dominikanerinnenkloster, Gem. Anfang 18. Jh.). *Besondere Szenen:* K. erhält vom hl. Dominikus das Ordenskleid (Settignano, Sammlung Berend-

son, Gem. v. Neroccio 2. Hälfte 15. Jh.); K.'s Vermählung mit Christus (Pisa, Museo Civico, Gem. um 1385); K.'s Vermählung mit dem Jesusknaben (London, National Gallery, Gem. v. L da Sanseverino Ende 15. Jh.); Stigmatisation (Siena, Accademia, Gem. v. D. Beccafumi Anfang 16. Jh.); Bestätigung der Stigmatisation K.'s durch Papst Pius II. (Siena, Biccherna, Gem. 1499); Übergabe der Dornenkrone (Venedig, Accademia, Gem. v. F. Bissolo 16. Jh.); Herzenstausch (Mailand, Museo Poldi Pezzoli, Gem. v. G. Ferrari 1. Hälfte 16. Jh.); K. trinkt an Christi Seitenwunde (Rom, Monumento commemorativo an der Via del Papa, Relief v. F. Messina 1962); Überreichung der Ordensregel für den Zweiten und Dritten Orden der Dominikanerinnen (Edinburgh, National Gallery of Scotland, Gem. v. C. Rosselli um 1480); Heiligsprechung durch Papst Pius II. (Siena, Libreria Piccolomini, Fresko v. Pinturicchio um 1506). *Zyklen:* uneinheitlich, meist nur wenige Szenen: u. a. Siena/Casa S. Caterina, Fresken v. G. del Pacchia nach 1418; Cleveland/Museum of Art, New York/Collection Heinemann, Lugano/Sammlung Thyssen, New York/Metropolitan Museum, Minneapolis/Institute of Arts, Gem. v. Giovanni di Paolo 1. Hälfte 15. Jh.

Kilian mit Kolonat und Totnan
von Würzburg

(Killena, Kyllena), Wanderbischof, Priester und Diakon, Martyrer, hl.

Fest: 8. 7.

Leben: K. stammt aus Irland und kam als Wanderbischof nach Würzburg, wo er mit seinen Gefährten einige Jahre wirkte. – K. geriet mit der thüringischen Herzogsfamilie in Streit, weil er Herzog Gozbert die Ehe mit seiner Schwägerin Gailana verbot. Auf Geheiß von Gailana wurden K. und seine Gefährten um 689 ermordet.

Legende: nach der Passio um 840: K. erhält vom Papst den Missionsauftrag für die Franken und wird zum Bischof geweiht. – K. bekehrt Herzog Gozbert und sein Volk zum Christentum. – Die Leichname werden in einem Pferdestall verscharrt. – Die Mörder und Gailana verfallen nach der Mordtat dem Wahnsinn und töten sich selbst. – Der Teufel entführt Gailana. – Die Gebeine der Martyrer werden von Atalongus gefunden.

Patronat: Franken, Bistum Würzburg, Tüncher, Weißbinder, Schutz vor Augenleiden, gegen Gicht, Rheuma. Fälschlich auf Grund des Liedes von Viktor v. Scheffel als »Winzer Schutzherr« bezeichnet.

Verehrung und Kultorte: Gebeine am 8. 7. 752 von Bischof Burchard in die Kirche auf dem Marienberg gebracht, 788 von Bischof Berowelf in Anwesenheit Karls d. Gr. in den Salvatordom überführt (heute Neumünster). Wallfahrt in Würzburg, Unterfranken, Bistum Paderborn, Bamberg, Lambach/Oberösterreich.

Aberglauben: Mit Wasser aus der K.-Gruft in Würzburg/Neumünster benetzte Augen sind vor Krankheit geschützt. – Rüben, die am K.-Tag gesteckt werden, geraten besonders dick. – Sieht man in der K.-Nacht glühendes Farnkraut und nimmt es an sich, kann man sich unsichtbar machen.

Darstellungen in der Kunst: *Gewandung:* K. als Bischof in Meßkasel mit Stab und Buch (Paderborn, Dom, Fig. 14. Jh.); in Pluviale (Langenleiten, Pfarrkirche, Fig. 16. Jh.); Kolonat als Priester in Meßkasel, Totnan in Dalmatik (Haßfurt, Pfarrkirche, Fig. um 1500); Kolonat und Totnan in Dalmatik (Würzburg, Neumünster, Fig. als Kopien nach T. Riemenschneider 1510). *Attribute:* Schwert (Würzburg, Mainfränkisches Museum, Fahnenstickerei 1266). *Martyrium:* Enthauptung K.'s mit dem Schwert (Unteraufseß, Burgkapelle, Wandmalerei 1515); Erschlagen mit Keulen (Heidelberg, Universitätsbibliothek, Leganda Aurea Pal. germ.

Klara   250

144, Buchmalerei 1419); Durchbohren mit
Schwert und Lanze (Oberwang, Pfarrkirche,
Fig. v. M. Guggenbichler 1708). *Zyklen:*
Münnerstadt, K.-Fenster, Glasmalerei um
1430; Würzburg/Mainfränkisches Museum
(ehem, Lorenzkirche/Nürnberg), Gem. um
1475; Münnerstadt, Reliefs v. Veit Stoß
1503; Würzburg/Dom, sog. K.-Teppich, Weberei um 1688.

73 Klara von Assisi

Gründerin der Armen Schwestern (2. Orden)
des hl. Franziskus, auch Klarissen genannt,
hl.
Fest: 11. 8 (vor der Kalenderreform 12. 8.).
Leben: * 1194 in Assisi aus dem einflußreichen Geschlecht der Offreducci Favarone, K.
war die erste Jüngerin des hl. Franziskus von
Assisi, erhielt 1212 den Habit von Franziskus in Portiuncula. Zusammen mit ihrer
Mutter Ortolana, ihren Schwestern Agnes
und Beatrix Niederlassung in S. Damiano bei
Assisi. K. erhielt von Papst Innozenz III. das
Armutsprivileg; seit dem 30. Lebensjahr
kränklich und bettlägerig. 1253 wurde der
Orden von Papst Innozenz IV. bestätigt.
† 11. 8. 1253. Ihr Leib ist bis heute unverwest. Heiligsprechung am 15. 8. 1255.
Legende: Thomas von Celano zugeschrieben
und 1255/56 verfaßt, eine weitere mit 26 Legenden von Magdalena Staimerin vor 1492:
K. verläßt nach einer Predigt des hl. Franziskus am Palmsonntag 1212 heimlich das Elternhaus mit Einverständnis des Bischofs
Guido von Assisi, der K. zum Zeichen einen
Palmzweig übergeben hat. – Verwandte versuchen K. aus dem Kloster zu entführen. – K.
vermehrt für ihre aus 50 Schwestern beste-
hende Gemeinschaft einen Laib Brot, so daß
er für alle reicht. – Beim Besuch des Papstes
segnet K. das Brot, das sich daraufhin von
selbst in vier Teile zerlegt. – Bei einem Angriff der Sarazenen 1240 wird das Kloster bedroht, doch K. schlägt mit dem Ziborium in

der Hand die Feinde in die Flucht. – Sarazenen, die die Klostermauer erklettern wollen,
stürzen blind geworden in die Tiefe. – Beim
Beten in der Kirche erscheint K. das Jesuskind über dem Ziborium. – Schwester Agnes
sieht am Sterbelager K.'s weißgekleidete
Jungfrauen mit goldenen Kronen, von denen
die Schönste K. küßt. – Am Sterbebett hat K.
eine Vision von der Weihnachtsmesse in S.
Francesco (Ursache für das Fernsehpatro-
nat!).
Patronat: Klarissen, Stadtpatronin v. Assisi;
Blinde, Wäscherinnen, Stickerinnen, Vergolder, Glaser, Glasmaler, Fernsehen.
Verehrung und Kultorte: Leichnam beige-
setzt in S. Giorgio, 1260 in die neuerbaute
Kirche S. Chiara in Assisi übertragen, Leichnam im Glasschrein sichtbar.
Aberglauben: K.-Quellen in Frankreich sind
gut für die Augen. – In Katalanien verscheucht K. die Wolken. – In der Bretagne
nennt man das St-Elmsfeuer »Feu Ste-
Claire«, wobei man ihren Namen beim
Erscheinen anzurufen pflegt.
Darstellungen in der Kunst: *Gewandung:* in
Ordenstracht mit dunklem Habit und
Schleier, weißer Stirnbinde und Kragen und
mit einem Strick umgürtet (Assisi, S. Fran-
cesco/Unterkirche, Fresko v. A. Lorenzetti
14. Jh.); mit weißem Schleier (Assisi, S. Francesco, Fresko v. S. Martini 14. Jh.); *Attribute:* Monstranz (Köln, Wallraf-Richartz-Museum, Gem. Anfang 15. Jh.); Handkreuz (Florenz, Accademia, Gem. um 1260); Kruzifix
(Erfurt, Barfüßerkirche,Gem. 15. Jh.); Buch
(Freiburg/Schweiz, Franziskanerkirche, Gem.
1480); Palmzweig (Messina, Museum, Gem.
15. Jh.); Lilie (Florenz, S. Croce, Bardi-Kapelle, Fresko v. Giotto 1325/29); Äbtissinenstab
(Moosbach, Wieskirche, Fig. 1757); Gebetsschnur (Dresden, Gemäldegalerie Alter
Meister, Gem. sienesische Schule Anfang
15. Jh.); brennende Lampe (Regensburg,
Domschatz, Seidenstickerei um 1300); brennendes Horn (Washington, Kress Founda-

Klemens Maria Hofbauer

tion, Gem. v. U. Lorenzetti 14. Jh.); Flammenvase (Siena, Pinacoteca Nazionale, Gem. v. G. di Paolo 15. Jh.). *Besondere Szenen*: K. läßt sich durch Franziskus die Haare schneiden (Königsfelden/Aarau, Glasmalerei 14.Jh); K. vertreibt durch Gebet die Sarazenen (Neapel, S. Chiara, Gem. v. F. de Mura 18. Jh., zerstört); K.-Vision vom Jesukind (St. Petersburg, Eremitage, Gem. v. Guercino 17. Jh.); Tod der hl. K. (Dresden, Gemäldegalerie Alter Meister, Gem. v. B. E. Murillo 17. Jh.); Bestätigung der Ordensregel (Lissabon, Madre de Reus, Gem. C. Lopes zugeschrieben 1530/40). *Zyklen*: zahlreich u. a. Karlsruhe/Landesbibliothek HS. Thennenbach 4, Buchmalerei 15. Jh.; Assisi/S. Chiara, Fresken der Giotto-Schule 14. Jh.; Königsfelden/Aarau, Glasmalerei 14. Jh.; Nürnberg/St. Jakob, Altargem. 14. Jh.; Trescorre/Oratorio Suardi, Wandmalerei v. L. Lotto 1524.

Klemens Maria Hofbauer

Redemptorist, hl.

Fest: 15. 3.

Leben: * 26. 12. 1751 in Taßwitz bei Znaim als Sohn eines Tschechen, der seinen Familiennamen Dvořak eingedeutscht hatte, und einer deutschen Mutter. 1767–1769 Bäckerlehrling und Geselle in Znaim und im Prämonstratenserstift Klosterbruck. Nach dem Siebenjährigen Krieg aus einer Notlage heraus Einsiedler in Tivoli östlich von Rom, anschließend Arbeit als Bäcker in Wien. Mit Unterstützung dreier adeliger Damen Besuch der Lateinschule Klosterbruck 1772–1777, anschließend aus Geldmangel wieder Einsiedler in Tivoli. Durch einen Wohltäter bei einem Besuch in Wien Studium der Theologie 1780–1784, das K., da er unter dem Geist des Josephinismus litt, in Rom vollendete. Mit seinen Freunden Eintritt in den Redemptoristenorden, Priesterweihe 1785. 1787–1808 Tätigkeit an der Kirche St. Benno in Warschau; gründete dort eine Armenschule, ein Waisenhaus und eine Lateinschule. K. leitete die Ausbildung der Ordenstheologen. 1808 nach der Aufhebung des Konventes durch Napoleon des Landes verwiesen, in Wien Tätigkeit an der Minoritenkirche. Betrieb seit 1813 als Kirchenrektor von St. Ursula intensive Missionstätigkeit u. a. durch Einführung der Hausbesuche. K. trug entscheidend zur Überwindung des Josephinismus und Jansenismus in Österreich mit dem Rückhalt des Wiener Erzbischofs Sigmund Anton Graf von Hohenwart bei. Auch auf den Kreis Wiener Romantiker um Friedrich Schlegel und Clemens Brentano wirkte K. ein und regte die Zeitschrift »Ölzweig« an. K. setzte seinen ganzen Einfluß als Berater der Nuntien beim Wiener Kongreß ein, um eine deutsche Nationalkirche zu verhindern. † 15. 3. 1820 in Wien. Heiligsprechung 1909.

Patronat: Stadt Wien, 2. Patron der Gesellenvereine (seit 1913).

Verehrung und Kultorte: Begraben in Maria Enzersdorf bei Wien, 1862 Überführung der Gebeine in die Kirche Maria am Gestade in Wien.

Darstellungen in der Kunst: zeitgenössische Portraitzeichnung des Vikars Rinn SJ 1815.

Klemens Romanus

(Clemens), Papst, Martyrer, hl.

Fest: 23. 11.

Leben: von Origines und Eusebius mit dem in Phil 4, 3 genannten Mitarbeiter des Apostels Paulus gleichgesetzt, nach Irenäus der dritte Nachfolger Petri in Rom, nach Tertullian noch von Petrus ordiniert. Berühmt sein Brief an die Korinther um 96 nach Wirren in der dortigen Christengemeinde, weil sich jüngere Mitglieder gegen die Presbyter erhoben und sie aus ihrer Stellung verdrängt hatten. Schreiben hat Charakter einer Nouthesie (Mahnrede), fordert unter Hinweis auf die Gliederung eines Heeres und des menschlichen Leibes Unterordnung unter die von den Aposteln oder deren Nachfolgern eingesetzten kirchlichen Vorsteher. Sie dürfen nicht abgesetzt werden, weil sie ihre Vollmacht nicht von der Gemeinde haben, sondern unmittelbar von den Aposteln als Gesandten Christi.

Legende: K. wird als Sohn des Faustinianus und der Macidania geboren. – Petrus weiht im Beisein von Linus und Kletus K. zu seinem Nachfolger. – K. läßt der Wahl des Papstes trotz seiner Ernennung durch Petrus den Vorrang, damit nicht eine Gewohnheit entstünde, daß Vorgänger den Nachfolger ernennen können. – So wird K. erst nach Kletus selbst gewählt. – K. bekehrt Flavia Domitilla, die Nichte des Kaisers Domitian zum Christentum. – K. bekehrt Theodora, die Gattin des Sisinnius, der seiner Frau nachspioniert und in der Kirche plötzlich erblindet und taub wird. – K. erlöst Sisinnius von seinen Gebrechen, doch glaubt Sisinnius der Zauberei erlegen zu sein und läßt K. gefangen nehmen; doch seine Schergen binden die Fesseln verblendet um Säulen. – Petrus erscheint dem Sisinnius, worauf sich dieser von K. taufen läßt. – K. wird von Präfekt Mamertinus, weil er nicht den Götzen opfern will, auf die Halbinsel Chersones verbannt. – K. arbeitet im Marmorsteinbruch und betet um Wasser aus einer Quelle, weil das Wasser von weit her getragen werden muß. – K. sieht, wie ein Lamm seinen rechten Fuß hebt und dem Bischof so eine Quelle weist. – K. bekehrt zahlreiche Menschen auf der Halbinsel. – K. wird in der Christenverfolgung des Kaisers Trajanus mit einem Anker am Hals ins Meer gestoßen. – Der Leichnam K.'s wird in einer von Engeln gebauten Kapelle auf dem Meeresgrund gefunden. – Jeweils am Jahrestag des Martyriums weicht das Meer zurück und gibt den Gläubigen den Weg zur Kapelle frei. – Kyrillus und Methodius bringen den Leichnam im 9. Jh. nach Rom.

Patronat: Patron der Halbinsel Krim, Stadtpatron von Aarhus, Compiègne, Velletri, Sevilla; der Kinder, Steinmetzen, Marmorarbeiter, Seeleute, Hutmacher; gegen Schiffbruch, Sturm, Gewitter.

Verehrung und Kultorte: Kanonheiliger, Grab auf der Halbinsel Krim am Chersones, Leichnam angeblich 868 nach Rom gebracht und in S. Clemente beigesetzt; am alten Titulus Clementis in Rom Errichtung einer dreischiffigen Basilika bereits im 4. Jh., 1084 bei den Normanneneinfällen zerstört, heute Unterkirche von S. Clemente. Reliquien in Pescara. Besondere Verehrung im Bistum Köln (7. Jh.), Westfalen.

Aberglauben: K.-Tag galt als Winteranfang. – Am K.-Tag müssen die Schiffe den Hafen aufsuchen. – K.-Tag am Ende des Kirchenjahres letzte Lustbarkeiten von Kindern und Jugendlichen vor der Adventszeit.

Darstellungen in der Kunst: *Gewandung:* in Tunika (Rom, S. Maria Antiqua, Wandmalerei 705/706); als Orant mit Pallium (Venedig, S. Marco, Südkuppel, Mosaik nach 1200); als Papst mit Pallium, einkroniger Tiara und Meßkasel (Straßburg, Münster, Glasmalerei 13. Jh.); als Papst mit Pluviale, dreikroniger Tiara (Köln, St. Kunibert, Reliquienschrein, Gem. um 1400); als Bischof mit Mitra [möglicherweise Verwechslung mit Willibrord, der den Bischofsnamen Clemens erhalten hat] (Lügum, Pfarrkirche, Gem. 14. Jh.). *Attribute:* Krone (Ravenna, S. Apollinare Nuovo, Mosaik 6. Jh.); Buch (Rom, S. Clemente, Fresko 9. Jh.); Handkreuz (Poggibonsi, S. Michele in Padule, Gem. Mitte 15. Jh.); Kreuzstab (Breslau, Corpus-Christi-Kirche, Gem. 1497; Anker (Linz, Pfarrkirche, Gem. v. Meister der Lysberger Passion 1460/70); Tiere zu Füßen (Rom, S. Clemente, Triumphbogen, Mosaik 13. Jh.); von Meereswellen umflutete Kapelle (Chartres, Kathedrale, Südportal 1215); Lamm,

Brunnen (Aschaffenburg, Schloßbibliothek, Hallesches Heiltum, Buchmalerei 16. Jh.); Tiara (Florenz, Uffizien, Gem. v. Ghirlandaio 15. Jh.). *Besondere Szenen*: K. empfängt von Petrus die Schlüssel (Münster, Landesmuseum, Gem. 15. Jh.); Aussendung zur Mission (Borgo Velino, S. Dionisio, Rustico e Eleuterio, Fresko 15. Jh.); K. betet die Dreifaltigkeit an (München, Alte Pinakothek, Gem. v. G. B. Tiepolo 18. Jh.). *Martyrium*: Versenkung im Meer mit einem Mühlstein um den Hals (Stuttgart, Landesbibliothek, Zwiefaltener Martyrologium, Buchmalerei 1. Drittel 12. Jh.); Versenkung im Meer mit Anker am Hals (Città del Vaticano, Sala Clementina, Gem. v. P. Brill 1602). *Zyklen*: Rom/S. Clemente, Unterkirche, Wandmalerei Ende 11. Jh.; Rom/S. Clemente, Oberkirche, Fresken v. P. Pietri, Conca und Odazzi 18. Jh.; Köln/St. Kunibert, Glasmalerei Anfang 13. Jh.; Liebenburg bei Hannover/ Schloßkapelle, Fresken v. J. G. Wink 18. Jh.

Knut der Heilige
König, Martyrer, hl.
Fest: 10. 7.
Leben: * um 1040. K. betrieb als König von Dänemark entschieden kirchliche Reformpolitik, hob Ansehen und Einfluß der Geistlichkeit und setzte die Entrichtung des Kirchenzehnten durch. In einem Aufstand von Gegnern seiner Reformpolitik am 10. 7. 1086 in der St. Albanskirche in Odense/Fünen ermordet. Heiligsprechung 1107.
Patronat: Dänemark.
Verehrung und Kultorte: Gebeine 1095 in der Kathedrale von Odense erhoben.
Darstellungen in der Kunst: *Gewandung*: als König in langem Gewand mit Krone (Dädesjö/Småland, Wandmalerei um 1260); als Ritter in Rüstung (Edinburgh, National Gallery, Gem. v. H. van der Goes um 1478). *Attribute*: Szepter, Reichsapfel (Landskrona/Schonen, Siegelrelief Anfang 15. Jh.);

Schwert, Banner (Skive, Wandmalerei um 1400); Lanze (Södermanland, Pfarrkirche, Gem. 15. Jh.); Blumenkranz (Vigersted Sorö, Wandmalerei um 1450); Martyrerkranz zu Füßen (Rom, S. Maria in Traspontina, Gem. v. D. Seiter 1686). *Martyrium*: Kopenhagen/Nationalmuseum, Gem. aus Naestved 15. Jh.).

Koloman von Melk
Pilger, Martyrer, hl.
Fest: 13. 10.
Leben: Irischer Herkunft, auf der Pilgerfahrt ins Hl. Land. 1012 als angeblicher ungarischer Spion verhaftet und an einem Baum aufgehängt. Leichnam blieb zwei Jahre unverwest.
Patronat: Landespatron Österreichs, 1663 durch Leopold ersetzt; Vieh, zum Strang Verurteilte, gegen Kopfweh, Pest, um Regen, für eine gute Heirat.
Verehrung und Kultorte: Leichnam von Markgraf Heinrich II. nach Melk überführt, dort Grabmal. Besondere Verehrung als volkstümlicher Bauernheiliger in Österreich, Ungarn, Tirol und Bayern, Eigenfest in den Diözesen Wien, St. Pölten, Eisenstadt. Zahlreiche Kapellen und lokale Wallfahrten, wie Taugl bei Salzburg und Thalgau mit Colomani-Umritten.
Aberglauben: Wer in Thalgau am Glockenseil zieht, erregt die Aufmerksamkeit K.'s, so daß er sein Anliegen erhöht. – In Aigen hebt man als Volksbrauch eine mehrpfündige eiserne K.-Statue und stürzt sie kopfüber auf den Boden (sog. Kolmännl). – Verbreitet das Colmanni-Büchlein als Amulett gegen Schaden und Gefahr, gegen Diebe, Gewitter, Kugeln, Hexen, wildes Feuer, Epilepsie und der Colmanni-Segen, der das Vieh schützt.
Darstellungen in der Kunst: *Gewandung*: in Pilgertracht mit Beinkleidern, Schuhen, gegürtetem Rock, Mantel, und Pilgerhut (Pas-

sau, Dom, Trennbachkapelle, Fig. Anfang 16. Jh.). *Attribut:* Pilgerflasche, Stab (St. K. bei Tengling, Fig. 1515); Strick in der Hand (Wien, St. Stephan, Kaiser-Friedrich-Grabmal, Fig. Anfang 16. Jh.); Strick um den Hals (Wien, Stephansdom, Kanzel, Fig. Anfang 16. Jh.); Lanzenspitze (München-Perlach, Relief, Anfang 16. Jh.); Zange, Rutenbündel, Steine (Wien, Albertina, Holzschnitt um 1515). *Martyrium:* Am Galgen schneidet ein Scherge K. die Haut ab (Stift Heiligenkreuz, Gem. v. J. Preu d. Ä. um 1505). *Zyklus:* Haslach/Oberbayern Gem. 18. Jh.

Kolumban von Luxeuil
Abt, hl.

Fest: 23. 11., in Feldkirch, St. Gallen und Chur 27. 11.

Leben: * um 543 in der Provinz Leinster (Mittelirland). Um 560 Mönch in Kloster Bangor bei Belfast; 591 mit zwölf Gefährten, darunter der hl. Gallus, nach England und in das burgundische bzw. austrasische Reich. Zahlreiche Klostergründungen, darunter Luxeuil bei Belfort. K. verfaßte eine Regula coenobalis und zwei Bußbücher. K.'s Mönchsregel war sehr streng und vom Geist des irischen Mönchtums inspiriert, mußte später der maßvolleren Regula Bendicti weichen. Im Konflikt un den Ostertermin wollte er an gallischen Bräuchen festhalten und wandte sich in diesem Konfliktfall direkt an den Papst. K. stellte König Theuderich wegen Konkubinates zur Rede und wurde 610 aus Burgund verbannt, lebte zwei Jahre am Züricher See und in Bregenz, zog dann nach Oberitalien weiter, wo K. die Abtei Bobbio bei Piacenza gründete. † 23. 11. 615.

Legende: Bei der Geburt von K. träumt der Mutter, sie bringe eine Sonne zur Welt. – K. empfängt von einer Taube das Wort Gottes. – K. heilt eine Schar Besessener. – K. läßt in einer Bärenhöhle eine Quelle entspringen. –

K. erhält von Papst Gregor einen Alabasterkrug von der Hochzeit zu Kanaa.

Patronat: Irland, Bobbio; gegen Überschwemmung und Geisteskrankheit.

Verehrung und Kultorte: Leichnam in Bobbio; Italien, Frankreich, Schweiz.

Darstellungen in der Kunst: *Gewandung:* als Abt mit Krummstab (Stuttgart, Landesbibliothek, Zwiefaltener Martyrium, Buchmalerei 12. Jh.); als Mönch (Borgo, S. Colombano, Fresko v. B. Lanzani 15./16. Jh.). *Attribute:* Pilger zu Füßen (Città del Vaticano, Bibliotheca Vaticana, Fig. 20. Jh.); für die häufig in der Literatur genannten Attribute Bär (Verwechslung mit Kolumba oder Gallus?) und Sonne fehlt jeder Beleg. *Besondere Szenen:* K. und Gallus überqueren den Bodensee (St. Gallen, Stiftsbibliothek, Cod.

602, Buchmalerei 1452). *Zyklus:* Bobbio/Schatzkammer, Reliquienschrein, Relief v. G. de Patriarchi 1482.

Konrad von Konstanz
Bischof. hl.
Fest: 26. 11.
Leben: * um 900 als Sohn des Welfengrafen Heinrich von Altdorf, Ausbildung im Kloster St. Gallen und an der Domschule Konstanz, Dompropst. 934 Bischofsweihe. Aus seinem Vermögen machte K. reiche Schenkungen zur Ausstattung von Kirchen und Spitälern, unternahm drei Pilgerfahrten ins Hl. Land; 984 Konsekration der ersten Kirche von Einsiedeln. K. begleitete Kaiser Otto I. auf seiner Fahrt nach Rom. † 26. 11. 975. Heiligsprechung 1123 während des 1. Laterankonzils.
Legenden: K. trinkt aus Ehrfurcht vor dem Blut Christi eine in den Meßkelch gefallene giftige Spinne, ohne davon Schaden zu nehmen. – Die Kirche von Einsiedeln wird von Christus unter der Assistenz von Engeln geweiht (Var.: im Beisein K.'s). – Engel verwehren K. die nochmalige Vornahme der Kirchweihe. – K. wandert über das Wasser des Bodensees.
Patronat: Freiburg, Konstanz.
Verehrung und Kultorte: Gebeine in Konstanz/St. Mauritius beigesetzt, 1089 in das dortige Münster übertragen, feierliche Erhebung am 26. 11. 1123. In den Reformationsunruhen 1526 in den Bodensee geworfen; lediglich das Haupt wurde gerettet und befindet sich als Kopfreliquiar im Münsterschatz. Kult in den Diözesen Freiburg, Augsburg, Chur, Meißen und St. Gallen.
Darstellungen in der Kunst: *Gewandung:* als Bischof in pontifikalem Meßornat mit Kasel und Mitra (Stuttgart, Landesbibliothek Cod. hist. 2° 415, Buchmalerei 12. Jh.); als Bischof in pontifikalem Meßornat mit Kasel

und Rationale (Konstanz, Münster, Kupferscheibe 13. Jh.); als Bischof in pontifikalem Ornat mit Pluviale und Mitra (Blaubeuren, Hochaltarretabel, Gem. 1494). *Attribute:* Kelch auf Buch (Blaubeuren, Hochaltarretabel, Gem. 1494); Kelch mit Spinne am Rand der Cuppa (Holzschnitt v. H. Burgkmair d. Ä. 1499); Kelch mit Spinne auf der Patene (Konstanz, Münster, Silberfig. 1613). *Besondere Szenen:* das Spinnenwunder des hl. K. (Zürich, Zentralbibliothek Cod. Rh. 122, Buchmalerei 15. Jh.); ein Engel verwehrt K. die Weihe von Einsiedeln (Einsiedeln, Abteikirche, Fresko v. C. D. Asam 1725/26).

Konrad von Parzham
Laienbruder im Kapuzinerorden, hl.
Fest: 21. 4.
Leben: * 22. 12. 1818 als Johann Ev. Birndorfer in Parzham, lebte auf dem elterlichen Venushof. 1849 Eintritt in das Kapuzinerkloster Altötting als Laienbruder; Profeß 4. 10. 1852; übte 41 Jahre lang den Pförtnerdienst aus. † 21. 4. 1894. Seligsprechung 1930, Heiligsprechung 1934. Gerühmt wird seine Hilfsbereitschaft gegenüber den Armen, Pilgern und Kindern sowie durchreisender Wanderburschen.
Patronat: ungarische und bayerische Ordensprovinz der Kapuziner, kath. Burschenvereine, seraphisches Liebeswerk, katholische Landjugend in der Diözese Würzburg; Pförtner, Portiers, Helfer in jeder Not.
Verehrung und Kultorte: begraben in Altötting in der Kapuzinerkirche, partizipiert an der des Gnadenbildes v. Altötting.
Darstellungen in der Kunst: *Gewandung:* im braunen, Kapuzinerbruderhabit (Altötting, St. Anna, Sterbezelle, Gem. 20. Jh.). *Attribute:* Kreuz (Altötting, St. Anna, Schreinfig. 20. Jh.); Bettler und Brotkorb (Parzham, Venushof, Fig. 20. Jh.); Krug (Altötting, Brunnenfig. 20. Jh.). Sämtliche K.-Darstellungen künstlerisch geringwertig.

55 Korbinian von Freising
Bischof., hl.
Fest: 8. 9., Erzdiözese München-Freising 20. 11., Diözese Bozen-Brixen 9. 9.
Leben: * um 680, vermutlich in Castrus (Arpajon) bei Melun/Seine als Sohn des Franken Waltekis und der Keltin (Irin) Corbiniana. K. baute sich an einer in der Nähe seines Heimatortes gelegenen Germanskapelle eine Zelle, wo er 14 Jahre als Einsiedler lebte. 709/10 Wallfahrt nach Rom; gründete in Keins bei Meran ein kleines Kloster mit eigener Regel. Seit 714 in Rom zum Bischof geweiht und ins Frankenreich geschickt, auf Bitten Herzog Grimoalds erwählte er Freising zum Bischofssitz. – K. zog sich den Haß der Konkubine Grimoalds, Piltrud, zu, weil er deren unrechte Verbindung anprangerte. K. floh nach Kains, bis er von Grimoalds Nachfolger Herzog Hugibert zurückgerufen wurde. † 8. 9. 720/730.
Legende: K. bürdet einem Bären, der auf der Wallfahrt nach Rom am Brenner in der Nacht das Maultier des Heiligen gefressen hat, dessen Last auf. – Als K. das Ende nahen fühlt, bestellt er seine Brüder zu sich, feiert Eucharistie und stirbt in ihrem Kreis.
Patronat: Bistum Freising, heute Erzbistum München-Freising.
Verehrung und Kultorte: Leichnam in der Zenoburg bei Meran beigesetzt, 765/68 durch Bischof Arbeo nach Freising transferiert; zahlreiche Reliquien in bayerischen Kirchen.
Aberglauben: An der K.-Quelle in Weihenstephan wäscht man sich Augenkrankheiten aus.
Darstellungen in der Kunst: *Gewandung:* als Priester (Bamberg, Staatliche Bibliothek, Sacramentarium Gregorianum, Buchmalerei 1052/78); als Bischof in Pontifikalien (Augsburg, Dom, Chorgestühl, Relief v. U. Glurer 1486/88); als Bischof in Pluviale (Rott am Inn, ehem. Benediktinerkloster, Fig. v. I. Günther 1760/62). *Attribute:* Buch (Mün-

chen, Hauptstaatsarchiv, Siegel des Domkapitels Freising, 1267); mit Kirchenmodell (Freising, Bischofsgalerie im Fürstengang, Gem. v. J. Lederer um 1700); Bär (München-Thalkirchen, Fig. Ende 15. Jh.). *Besondere Szenen:* K. lädt dem Bär das Gepäck auf (München, Alte Pinakothek, Gem. v. J. Polack 1483); Tod des hl. K. (München, Alte Pinakothek, Gem. v. J. Polack 1483); Apotheose K.'s (Freising, Dom, Fresko v. C. D. Asam 1723/24). *Zyklen:* St. Korbinian im Pustertal, Gem. v. F. Pacher um 1470; Freising/Dom, Brüstung unter den Emporen, Fresken v. C. D. Asam 1723/24.

Kornelius
Papst, Martyrer, hl.
Fest: 16. 9.
Leben: K. wurde nach 15 Monaten Sedisvakanz im Juni 251 nach Ende der Verfolgung unter Kaiser Decius von der Mehrheit gewählt. In seinem bis 253 währenden Pontifi-

kat im Jahr 251 Auseinandersetzungen mit dem römischen Gegenbischof Novatian um die Frage der kirchlichen Bußpraxis, insbesondere der Wiederaufnahme von in der Verfolgung abtrünnig gewordener Christen. Während Novatian einen rigorosen Standpunkt einnahm, vertrat K. die mildere Praxis der Wiederaufnahme nach Buße und Lossprechung. K. wurde durch Bischof Cyprian von Karthago in seiner Haltung bestärkt, eine römische Synode schloß Novatian aus der Kirche aus. In einem Brief an Bischof Fabius von Antiochien gibt K. wichtige Informationen zur Organisation der römischen Gemeinde, u. a. sind die sieben Weihegrade des römischen Klerus erwähnt. K. wurde von Kaiser Gallus nach Centumdellae (heute Civitavecchia westlich von Rom) verbannt. Dort † am 14. 9. 253 (kein Martyrertod).

Legende: K. wird aus der Verbannung von Kaiser Decius gerufen, der ihn mit Bleiklötzen schlagen läßt. – K. soll im Tempel des Mars opfern und bleibt standhaft. – K. heilt auf dem Weg zum Tempel des Mars die gelähmte Salustia, Gattin eines römischen Offiziers, der sich daraufhin zusammen mit 20 Soldaten bekehrt. – K. wird zusammen mit den Neubekehrten gemartert.

Patronat: des Hornviehs, gegen Epilepsie (Kornelkrankheit genannt) und Nervenleiden.

Verehrung und Kultorte: Kanonheiliger, Leichnam in der Lucinagruft der Callixtus-Katakombe in Rom beigesetzt, Reliquien in Kornelimünster bei Aachen (Haupt, Arm, sog. sprechendes Reliquiar in Gestalt eines Horns als Namenszeichen Cornu-Cornelius), Köln/St. Severin, St-Corneille-de-Compiègne; Wallfahrt nach Kornelimünster, Verehrung in Deutschland, England, Niederlande. In Köln/St. Severin fand jeden Montag unter Aufstellung des Hornreliquiars die »Höönchesmesse« statt.

Aberglauben: K. wird in Wörresbach in einem Wurmsegen angerufen. – Epileptiker

trinken in Kornelimünster aus dem K.-Horn gesegnetes Wasser.

Darstellungen in der Kunst: *Gewandung:* in Phelonion und Tunika (Rom, S. Paolo fuori le Mura, Wandmalerei 6. Jh.); als Papst mit kegelförmiger Tiara und Cappa magna (München, Alte Pinakothek, Gem. v. S. Lochner um 1440); als Papst mit Pallium (Ahrweiler, Pfarrkirche, Wandmalerei um 1450). *Attribute:* Krone in der Hand (Ravenna, S. Apollinare Nuovo, Mosaik 6. Jh.); Schwert (Vaduz, Sammlung Schloß Liechtenstein, Gem. des Meisters v. Meßkirch 16. Jh.); Palme (Kornelimünster, Fig. um 1470); Tiara, Kreuzstab (Antwerpen, Kathedrale, Glasmalerei Anfang 16. Jh.); Horn (Köln, St. Severin, Gem. um 1520); Kühe (Carnac, St-Cornély, Fig. 1639). *Besondere Szene:* Aufnahme K.'s in den Himmel (Kornelimünster, Gem. 18. Jh.). *Martyrium:* Palencia/S. Cebrián, Gem. v. J. Valmareda um 1530.

Kosmas und Damian

Ärzte, Martyrer, hl.

Fest: 26. 9. in ostkirchlichen Riten am 17. 10., 1. 11. oder 1. 7.

Legende: KD. sind Zwillingsbrüder aus Aegna, lernen die Kunst der Ärzte und behandeln Menschen unentgeltlich. – KD. bekehren auf diese Weise viele zum Christentum. – KD. heilen wie Christus Lahme, Blinde, treiben Teufel aus und erwecken Tote. – KD. heilen Tiere, wie ein Kamel. – Palladia nötigt D. nach ihrer Heilung ein Ei als Entgelt auf, deswegen will K. nicht neben D. nach seinem Tode bestattet werden. – Christus erscheint K. und entschuldigt D. – KD. werden vor den Landpfleger Lysias gebracht und verhört. – Als KD. das Götzenopfer verweigern, werden sie, an einer Klette gefesselt, im Meer versenkt, doch von einem Engel errettet und erneut vor den Richter gebracht. – Zwei Teufel schlagen den Richter, als er die Rettung durch den Engel mit Zauberei in

Verbindung bringt. – Lysias läßt KD. in ein Feuer werfen, doch bleiben sie unversehrt, während die Flammen ausschlagen und viele Heiden versengen. – KD. werden auf die Folter gespannnt, aber ein Engel läßt die Knechte ermüden. – KD. werden gekreuzigt und vom Volk mit Steinen beworfen. – Die Steine prallen zurück und treffen die Werfer. – Pfeile, die gegen KD. abgeschossen werden, prallen ebenfalls ab. – KD. werden schließlich enthauptet. – Am Katafalk KD.'s posthume Heilungen. – Heilung eines Bauern, dem eine Schlange im Schlaf in den Bauch gekrochen ist. – Errettung der Frau des Malbo, die zwei Dämonen in den Abgrund drängen wollen. – KD. transplantieren das Bein eines verstorbenen Mohren an Stelle des grangiösen Beines des Kirchendieners von SS. Cosma e Damiano in Rom.

Patronat: Stadtpatrone v. Florenz, des Jesuitenordens, der Confrérie St-Côme des Chirurgiens de Paris, seit 1533 Collège de Chirurgie, Confrérie v. Luzarches; Ammen, Ärzte, Apotheker, Chirurgen, Kranke, medizinische Fakultäten der Universitäten, Drogisten, Friseure, Krämer, Physiker, Zahnärzte, Zuckerbäcker.

Verehrung und Kultorte: Grabstätten KD.'s in Kyrrhos/Syrien, Wallfahrtsstätte im 6. Jh. unter Justinian durch größere Kirche ersetzt; Reliquien in Tours (seit 6. Jh.), Centula (seit 9. Jh.), Prüm, Essen, Hildesheim, Bremen (seit 16. Jh. in München/St. Michael); seit dem 4. Jh. römische Kanonheilige als erste aus dem Orient stammende Heilige. Patrozinien in Aleppo, Edessa, Aegae, Jerusalem, Amida, Konstantinopel/Blachernenviertel mit Hospital und Apotheke, Rom/SS. Cosma e Damiano (von Papst Felix IV. 526–530 errichtet), Lüttich (seit 560), Vézelise/Lothringen, Brageac/Dep. Bas-Limousin, Florenz, Bad Cannstadt (seit 1170), Gutenzell, Kaufbeuren. Verehrung zwischen Weser und Elbe, Rheinland, Schwaben, Südtirol, Piemont, Sizilien, Spanien.

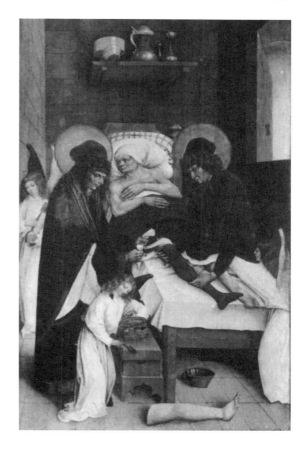

Aberglauben: KD.-Salbe nach dem Liber Ordinum von Silos gemixt, vertreibt Krankheit, Pest und jedes Übel. – KD.-Salbe hilft in Frankreich gegen Kopfgrind, in Italien gegen Gicht. In Oberbayern muß man, bevor man zu fasten beginnt, erst KD. anrufen, damit es auch der Gesundheit frommt.

Darstellungen in der Kunst: *Gewandung:* in Planeta (Parenzo, Basilika Euphrasiana, Mosaik 6. Jh.); in engangliegenden Beinkleidern, kurzem, gegürteten Rock, vorn offenem, auf der Schulter geschlossenem Mantel (Essen, Domschatz, Buchdeckel des Theophanu-Evangeliars, Relief 11. Jh.); mit schaubenartigem Gelehrtentalar mit weiten Ärmeln oder Schlitzen, darüber mit Schulterkragen versehenem Obergewand und Barett (Nürnberg, Germanisches Nationalmuseum, Gem. aus der Werkstatt v. M. Wohlgemut um

Kümmernis

1500); als Arzt und Wundarzt, vornehmlich nördl. der Alpen unterschieden (Maikammer, Alsterweilerer Kapelle, Gem. 1445); als Orientalen (Arget, St. Michael, Fig. v. I. Günther um 1770). *Attribute:* Kronen in der Hand, Arzttasche am Gürtel (Rom, SS. Cosma e Damiano, Mosaik 526/530); Schriftrollen (Berlin, Frühchristlich- byzantinische Sammlung, Mosaik aus Ravenna 6. Jh.); Palme (Hilperting/Oberbayern, Fig. um 1500); Schwert, sämtliche Martergeräte und ärztliche Instrumente, u. a. eine Schere (Gutenzell, Prozessionsfahne, Stickerei nach 1755); Beil (Wechterswinkel, Fig. 1680); Kreuz und Stein (León, Kathedrale, Gem. v. Meister v. Palanquinos 15. Jh.); Salbengefäße, Salbspatel (Hildesheim, Dom, Epiphaniusschrein, Relief 12. Jh.); Medikamentengefäß, chirurgisches Instrument – sog. Spatelpinzette, Bindtfutter [d.i. Instrumententasche des Wundarztes] (Berlin, Kaiser Friedrich Museum, Gem. v. D. Veneziano 15. Jh.); Spatelpinzette, Salbgefäß, Arzneischachtel mit unterteilten Fächern (Florenz, Uffizien, Gem. v. Bicci di Lorenzo 1429); K. als akademischer Arzt mit Harnglas, D. als Wundarzt mit Salbgefäß, Salbspatel (Frankfurt, Städel, Gem. v. R. van der Weyden vor 1450); Harnglas, Salbgefäß, Buch (München-Pipping, Glasmalerei 1479); Apothekengefäß, Löffel, Retorte (Zürich, Universität, Medizinhistorische Sammlung, Fig. 18. Jh.); mit Arzneibehälter mit Schubfächern als Hausapotheke (Kaufbeuren, Fig. 15. Jh.); mit Rezept und Schreibfeder (Passau, Hofapotheke, Gem. 17. Jh.); Buch und Feder (S. Miniato, S. Domenico, Gem. v. G. d'Andrea 15. Jh.); Lanze als Lonche [orthodoxes, liturgisches Gerät zum Brotteilen] (Venedig, Tessoro di S. Marco, Relief 12. Jh.). *Besondere Szenen:* Augenheilung in einer Apotheke (Kaufbeuren, S. Kosmas und Damian, Fresko 1743); Engel mixen KD. Salben und Pillen (Basel, Sammlung für Historisches Apothekenwesen, Gem. 18. Jh.); Heilung eines Kamels (Bre-

men, Dom, Relief 14. Jh.); Transplantation des Beines eines Mohren (Stuttgart, Württembergisches Landesmuseum, Gem. 2. Hälfte 15. Jh.); KD. heilen einen Bauern, dem eine Schlange in den Bauch gekrochen war (München, St. Michael, Reliquiar, Gem. um 1400); KD. retten die Frau des Malbo beim Reiten vor Dämonen (New Haven, Jarves Collection, Gem. v. M. di Nardo 17. Jh.); KD. assistieren einem Chirurgieprofessor bei der Vorlesung (unbekannter Ort, Gem. v. J. Anwander 18. Jh.). *Martyrium:* KD. werden ins Meer geworfen und gerettet; Lysias von Dämonen gepeinigt und befreit (München, Alte Pinakothek, Gem. von Fra Angelico 1440; KD. werden gekreuzigt (Venedig, S. Giorgio Maggiore, Gem. v. Tintoretto 16. Jh.); KD. werden enthauptet (Stuttgart, Landesbibliothek, Zwiefaltener Martyrium, Buchmalerei um 1130). *Zyklen:* Goslar/Marktkirche, Glasmalerei 13. Jh.; Washington, München, Dublin, Paris, Florenz/S. Marco, Gem. v. Fra Angelico 1440; Caluire bei Lyon/St-Côme-et-St-Damien, Glasmalerei v. Abbé Louis Ribes 1962; Florenz/Museo di S. Marco, Gem. aus dem Annalenkloster v. Fra Angelico 15. Jh.

Kümmernis

(Kummernus, Ontkommer, Wilgefortis, St. Gwer, Hülpe [Hilfe], Liberatrix, Eutropia, Caritas), als Heilige gestrichen.

Fest: ehemals 20. 7.

Kirchengeschichtlicher Hintergrund: Als man die Darstellung des gekreuzigten Christus im langen Gewand als kostbar bekleideter Himmelskönig im Typus des Volto Santo in Lucca nicht mehr verstand, entwickelte sich eine bizarre Legende mit regional unterschiedlichen Zügen. Im Martyrologium Romanum 1506 als Wilgefortis aufgeführt.

Legende: geht zurück auf Spielmannsepen um die Braut des Königs Oswald von North-

Fig. 15. Jh.); mit Dornenkrone (Horst, Fig. 1. Hälfte 16. Jh.); als Jungfrau ohne Bart (Wien, Kunsthistorisches Museum, Dalmatik des Ornats v. Goldenen Vlies, Weberei um 1440). *Attribute:* Kreuz im Arm (Brügge, Johannesspital, Gem. v. H. Memling 1480); Schuh (St. Florian, Stiftsgalerie, Gem. Ende 17. Jh.); Palmzweig (Au/Hallertau, Gem. v. G. B. Götz 18. Jh.). *Besondere Szenen:* K. mit Vater am Kreuz (Aschaffenburg, Schloßbibliothek Perg. Man. 3. 4°, Buchmalerei um 1400); K. mit dem Freier (Rostock, S. Nikolai, Wandmalerei 15. Jh.); K. und der Spielmann (Bad Tölz, Museum, Gem. 1690); Christus erscheint K. am Kreuz (Brünn, St. Thomas, Gem. v. J. G. Heinsch 1687). *Zyklen:* Eltersdorf/Kirche, Gem. 1513; Bavegen/Oostflaandern, Gem. 1912.

umbrien. K. weist als Tochter eines heidnischen, portugiesischen Königs sämtliche heidnischen Prinzen als Freier zurück, weil sie sich Christus verlobt hat. – Maria und hl. Jungfrauen erscheinen K. – Ihr Vater läßt K. in den Kerker werfen, wo ihr Christus auf ihre Bitte hin das Gesicht durch einen Bart entstellt. – K. wird mit einer Gabel und Fackeln gemartert. – Ihr Vater läßt K. daraufhin kreuzigen (Var.: K. wird in die Wildnis verstoßen). – Einem armen Spielmann wirft K. ihren goldenen Schuh vom Kreuz aus zu.
Verehrung und Kultorte: Niederlande, Nordfrankreich, Nord- und Ostseegebiet, Rheinland, Franken, Böhmen, Bayern, Tirol, Schweiz, südöstliches Spanien.
Darstellungen in der bildenden Kunst: *Gewandung:* als bärtige Jungfrau in langem Gewand am Kreuz (Gent, Universitätsbibliothek Ms. 2750, Buchmalerei Anfang 16. Jh.); in modischen, barocken Frauenkleidern (Axams, S. Liberata, Gem. 19. Jh.); mit Königskrone (Seligenstadt, Einhardsbasilika,

Kyrill von Alexandrien
Patriarch, Kirchenlehrer, hl.
Fest: 27. 6. (Erhebung zum Kirchenlehrer der röm. Kirche), zuvor bis 1892 28. 1, seit 1892 bis zur Kalenderreform 9. 2., in ostkirchlichen Riten 9. 6.
Leben: * wohl um 380 in Alexandria, durch seinen Onkel Theophilos, Patriarch von Alexandrien, in den Klerus aufgenommen, war C. in dessen Intrigen gegen Johannes Chrysostomos auf der sogenannten Eichensynode (im Kloster bei den Eichen in der Nähe von Chalzedon) involviert. 412 Nachfolger seines Onkels als Patriarch. Kennzeichnend für C. ist sein rücksichtsloses Vorgehen gegen Novatianer und die Juden in Alexandria. In der dann ruhigeren Periode seiner Amtszeit Bekämpfung der Lehren des Arius und Nestorius, der die wesenhafte Vereinigung der göttlichen und menschlichen Natur in Jesus Christus leugnete. C. hatte den Vorsitz auf dem 3. allgemeinen Konzil von Ephesus 431 inne, in der Nesto-

rius in der ersten Sitzung abgesetzt und exkommuniziert worden war. In seinen Schriften bezeichnet der spannungslos breit und wenig elegant formulierende C. die Verbindung der beiden Naturen Christi als ganz eng, wahrhaft und wirklich, doch war zu seiner Zeit begrifftechnisch noch nicht letzte Klarheit geschaffen, was zu Mißverständnissen führte. C. verfaßte Abhandlungen über das Alte Testament, die hl. Dreifaltigkeit, die Menschwerdung Gottes und die Gottesmutterschaft Mariens. † 27. 6. 444. Von Papst Leo XIII. 1882 zum Kirchenlehrer ernannt.

Verehrung und Kultorte: Reliquien in Rom/S. Maria in Campo Marzio.

Darstellung in der Kunst: *Gewandung:* als Bischof des orthodoxen Ritus im Polystaurion mit Omophorion und der für ihn typischen Kappe (Venedig, Tesoro di S. Marco, Pala d'Oro, Email um 1100); als Bischof in einem Phantasieornat in der Art des byzantinischen Ritus (Rom, S. Maria Maggiore, Capella Paolina, Gem. v. G. Reni um 1605/10). *Attribute:* Codex (Venedig, Tesoro di S. Marco, Pala d'Oro, Email um 1100); Taube auf der Schulter (Rom, S. Clemente, Gem. v. P. Rasina 18. Jh.). *Besondere Szene:* Die Gottesmutter erscheint C. (Paris, Bibliothèque Nationale, Illustration zu J. Callot, Les Images des Saintes, Kupferstich 17. Jh.).

Kyrill von Jerusalem
Erzbischof, Kirchenlehrer, hl.
Fest: 18. 3.
Leben: * um 313, 348 vom arianisch gesinnten Metropoliten Akakios von Caesarea zum Bischof von Jerusalem geweiht, bald jedoch als Anhänger der nizänischen Glaubensformel in Konflikt mit Akakios, zweimal durch Spruch der Synode 357, 360 verbannt, 367 durch Kaiser Valens abgesetzt und verbannt. 11 Jahre im Exil bis 378. Teilnahme am Konzil von Konstantinopel 381. † 386. In seiner Lehraussage vermied K. den Gebrauch des auf dem Konzil von Nikaia eingeführten Homoousios, mit dem das Konzil die Wesensgleichheit des Gottessohnes mit dem Vater umschrieben hatte, weil dieser Ausdruck nicht von der Bibel bezeugt ist, war aber doch streng rechtgläubig. Berühmt sind seine 24 Katechesen, die K. 348 (oder 350) in der Grabeskirche zu Jerusalem gehalten hat. Die Themen streifen die Bereiche Sünde, Buße und Glauben, weitere erläutern das Taufsymbol, anschließend behandelt K. die Sakramente der Taufe, Firmung, Eucharistie, worin zum ersten Mal im Zusammenhang des Opfer- und Mysteriencharakters der Eucharistie der Begriff »Wandlung« verwendet wird, und den Gottesdienst der Kirche. Liturgiegeschichtlich bedeutsam auch die Erwähnung der Epiklese und des Gedächtnisses der Verstorbenen. Von Leo XIII. 1882 zum Kirchenlehrer ernannt.
In der westlichen Kirche keine Darstellungen in der bildenden Kunst bekannt.

Kyrill (Konstantin) und Method
Apostel der Slawen, Bischöfe, hl.

Fest: 14. 2. (in ostkirchlichen Riten 11. 5., in slawischen Ländern 5. 7, in orthodox-russischen Riten K. 14. 2., M. 11. 5.).

Leben: K. * 826/27 in Thessalonike als Konstantinos, Bruder von M., Studium in Konstantinopel, nach der Priesterweihe Chartophylax und Lehrer der Philosophie. 860 Reise v. KM. im Auftrag des Kaisers als Missionare zu den Chasaren am Don und dem Unterlauf der Wolga. In Cherson Auffindung der Gebeine von Papst Klemens I. 863 nach Mähren, wo Fürst Rastislaw um slawisch sprechende Missionare bat, um sein Land vom Einfluß Salzburgs zu befreien. Einführung des Glagolitischen in die Liturgie. 866 Missionierung in Pannonien (Westungarn, Ostösterreich) unter Fürst Kozel. Differenzen mit den bayerischen Bischöfen wegen der slawischen Liturgiesprache. KM. erlangten 867 von Papst Hadrian die Billigung des Glagolitischen. 868 Überführung des Leichnams von Papst Klemens nach Rom, Eintritt von K. in ein Kloster griechischer Mönche, Mönchsname Kyrill. † 14. 2. 869.

Legenden: Auswahl nach den pannonischen Legenden, abgefaßt im Kreis der Schüler M.'s nach dem Tod K.'s 869 und vor 885: K. wählt als Siebenjähriger in einem Traum die Weisheit als seine Braut. – K. widerlegt die Lehre mohammedanischer gelehrter Sarazenen und wird vor einem Giftanschlag gerettet. – K. diskutiert bei den Chasaren mit jüdischen Gelehrten, darunter dem Juden Kagan, der sich nach langer Disputation bekehrt und taufen läßt. – KM. fällen einen Götzenbaum, eine mit einem Kirschbaum zusammengewachsene Eiche.

Patronat: Europa (seit 1980), aller slawischen Völker (seit 1863), Landespatrone von Böhmen, Mähren, Bulgarien, zahlreiche Diözesen auf dem Balkan, Emmauskloster in Prag.

Verehrung und Kultorte: Leichnam in Rom/S. Clemente. Kult von Rom aus nach Serbien, 1688 in den Unionskontakten von Peć wiederbelebt, in Bulgarien im Zusammenhang nationalen Erwachens seit dem 18. Jh., in Böhmen nach der Besiedlung des Emmausklosters in Prag mit kroatischen Benediktinern aus Dalmatien durch Kaiser Karl IV. und der Pflege glagolitischer Liturgie.

Darstellung in der bildenden Kunst: *Gewandung:* als lateinische Bischöfe in Meßkasel mit Mitra (Olmütz, Kapitelsbibliothek Cod. 45, Buchmalerei 1466); als Bischöfe des griechischen Ritus (Brünn, Kathedrale, Kanzel, Reliefs v. A. Schweigl 1755); als Mönch bzw. Erzbischof (Prag, Theinkirche, Fig. v. E. Max vor 1846); als Tscheche bzw. Slowake (Prag, Karlsbrücke, Fig. v. K. Dvořák 1928/38). *Attribute:* Buch, Stabkreuz (Prag, St. Veit, Triforium, Fig. v. Meister Hermann um 1375);

Kyrill und Method 264

Buch bzw. Kelch (Rom, S. Clemente, Unterkirche, Fresko nach 869); Gemälde mit dem jüngsten Gericht (Prag, Theinkirche, Fig. nach 1846). Für die in der Literatur häufig genannten *Attribute:* bekehrte Heiden zu Füßen und Engel mit zwei Tafeln aus Wolken kommend, fehlen die Belege. *Besondere Szenen:* Aussendung als Missionare durch Zar Michael III. (Rom, S. Clemente, Unterkirche, Fresko nach 869); KM. vor Papst Hadrian (Rom, KM.-Kapelle bei S. Clemente, Fresko v. F. Nobili Ende 19. Jh.). *Zyklus:* Wien/Edition Tusch, Farbholzschnitte v. M. Hiszpanska-Neumann 1973.

Frühchristliche Heilige und Päpste

42   *Die Heiligen Vinzenz v. Zaragoza, Jakobus d. Ä. und Eustachius, Gem. v. Antonio Pollaiolo, Uffizien/Florenz*

43/44 *Hl. Agnes und Hl. Caecilia, Ausschnitte aus dem Gem. des Meisters des Bartholomäus-Altares, Alte Pinakothek/ München*

45   *St. Martin, Initiale aus dem Ambrosianischen Missale, Bibliotheca Braidense/Mailand*

46   *Die Heiligen Erasmus und Mauritius, Gem. v. Matthias Grünewald, Alte Pinakothek/München*

47   *Anbetung der Dreifaltigkeit durch Papst Klemens I., Gem. v. Giambattista Tiepolo, Alte Pinakothek/München*

48   *Papst Leo I. wehrt die Hunnen ab, Relief v. Alessandro Algardi, St. Peter/Rom*

49   *Quirinusschrein, Münster/Neuß*

43

45

46

L

59 **Ladislaus** von Ungarn
(László), König, hl.
Fest: 29. 7 (vor der Kalenderreform 27. 6.).
Leben: * um 1040 als Sohn König Bélas I.
von Ungarn und der Herzogin Rikiza von Polen. 1077 nach dem Tod seines Bruders zum
König ausgerufen, ließ sich L. aber nicht krönen. L. mußte sich mit aufständischen Herzögen und Erhebungen auseinandersetzen,
so 1063 mit dem abgesetzten König Salomo,
mit dem sich L. kurzfristig aussöhnen konnte, der aber 1070 mit Hilfe Kaiser Heinrichs
IV. versuchte, erneut an die Macht zu gelangen. L. kämpfte gegen die heidnischen Kumanen, die 1071/72 das Land verwüsteten.
L. gelang schließlich die Wiederherstellung
der Staatsordnung durch strenge Gesetze,
außerdem unterstützte er gegen Heinrich IV.
im Investiturstreit den Papst. 1090 Gründung des Bistums Agram (Zagreb) in Kroatien, 1091 Sieg über die Petschenegen und
Verlegung des verwüsteten Bischofssitzes
Bihar, den Stephan I. gegründet hatte, nach
Großwardein. † 29. 7. 1095 bei Neutra. Heiligsprechung 1192.
Verehrung und Kultorte: Leichnam in
Nagyvárad in der von ihm gegründeten Kathedrale Szüs Mária, Reliquiar (Büstenreliquiar) in der Kathedrale von Györ 1192, Reliquien in Zagreb und Dubrovnik.

Darstellungen in der Kunst: *Gewandung:*
als Ritter im Königsmantel (Zdigra, Pfarrkirche, Wandmalerei um 1270/80); als Reiter
(Eger, Kathedrale, Gem. v. J. L. Kracker
1773). *Besondere Szenen:* L. empfiehlt seine
Gemahlin und die Kinder der Gottesmutter
(Budapest, Szépmüvészeti Múzeum, Gem. v.
B. Strigel um 1511/12). *Attribute:* Krone,
Szepter, Reichsapfel (Siegendorf, Pfarrkirche, Fig. 17. Jh.); Hellebarde (Budapest, Szépmüvészeti Múzeum, Gem. v. B. Strigel um
1511/12). *Zyklen:* u. a. Zigra/Pfarrkirche,
Wandmalerei 14. Jh.; Bögöz/Pfarrkirche,
Wandmalerei um 1300; Gelence, Wandmalerei um 1320/30; Bántorny, Fresken v. J.
von Aquila 1383; Pozsony/Kapelle des erzbischöflichen Palastes, Fresko v. F. A. Maulpertsch 1781.

Lambert von Maastricht
Bischof, Martyrer, hl.
Fest: 18. 9 (vor der Kalenderreform 17. 9.,
Translationsfest 31. 5.).
Leben: * 2. Viertel 7. Jh.; war als Bischof in
die parteipolitischen Auseinandersetzungen
seiner Zeit verwickelt. L. wurde nach dem
Tod König Childerichs II. von dem Hausmeier Ebroin vertrieben, brachte sieben Jahre im Kloster Stablo als Verbannter zu. Nach

der Rückberufung durch König Pippin II. töteten Anhänger L.'s zwei Männer, die sich am Kirchenbesitz vergriffen hatten, daraufhin nahm Dodo Blutrache und ließ L. 705/06 in Lüttich umbringen.
Legende: L. wird Landoald zur Erziehung übergeben. – Der junge L. bringt mit einer Gerte Wasser aus dem Boden hervor. – L. wird von seinen Ordensoberen geheißen, brennende Kohlen herbeizuschaffen. – Der junge L. trägt glühende Kohlen im Schoß seines Chorhemdes zum Altar. – Als L. im Kloster Stablo nachts versehentlich Lärm macht, wird der Verursacher vom Abt geheißen, zum Kreuz zu gehen, was L. im Gehorsam auch tut. – L. speist die Armen. – L. treibt einen Teufel aus. – L. erscheint die hl. Landrada und bezeichnet ihren Begräbnisplatz. – L. macht Pippin Vorhaltungen wegen ehebrecherischer Beziehungen zu Alpais. – L. weigert sich, über Pippins Wein den Segen zu sprechen. – L. wird von Baldevous beim Herannahmen seiner Häscher aus dem Schlaf geweckt und geht ihnen beschwörend entgegen. – Die Mörder L.'s werden von Dämonen befallen und bringen sich gegenseitig um.
Patronat: Haus der Karolinger, Salier; Stadtpatron von Arnoldstein, Seeburg/Mansfeld, Seeon, Lüttich, Freiburg, Lambrecht/Pfalz, Oldenburg; der Lahmen, Augenkranken, Bandagisten, Bauern, Chirurgen, Zahnärzte, Holzschnitzer von Antwerpen, Leineweber von Wachtendonk, Maurer von Maastricht; gegen Epilepsie, Krämpfe, bei Geburtsnöten, Viehseuchen.
Verehrung und Kultorte: In Lüttich am Ort des Martyriums Kirche erbaut, zunächst Leichnam nach Maastricht übertragen, von Bischof Hubert anläßlich der Verlegung seines Bischofssitzes nach Lüttich zurückgebracht, dort 1794 während der Französischen Revolution vernichtet. Kopfreliquie in Freiburg/Münster (seit Ende 12. Jh.).
Aberglauben: In Münster werden L. zugunsten der Hühner Eieropfer dargebracht. – Außerdem beliebter Spieltag mit L.-Spielen, L.-Tanz und L.-Nüssen als Festtagsgabe.
Darstellungen in der Kunst: *Gewandung:* als Bischof in Pontifikalgewandung mit Kasel (Stablo, Remaclusschrein, Fig. 1268); als Bischof in Kasel mit Rationale (Brüssel, Musée Royal d'Art et d'Histoire, Fig. Ende 15. Jh.); als Bischof im Pluviale (Waldfeucht, Pfarrkirche, Fig. Ende 15. Jh.); als Ritter in Harnisch und Stiefeln mit Pluviale darüber (Mecheln, St-Rombaut, Gem. v. J. B. Le Saive 1624); als Benediktiner in Pluviale (Lille, Musée des Beaux-Arts, Gem. v. B. Flémalle 17. Jh.); in Talar und Mönchsskapulier und Birett (Parike, St. Lambert, Kanzel, Fig. um 1700); in Phantasiegewandungen (Heist-op-den-Berg, Kanzel, Reliefs v. G. I. Kerricx 1737). *Attribute:* Mitra, Stab am Boden (Lille, Musée des Beaux-Arts, Gem. v. B. Flémalle 17. Jh.) Handkreuz (Stablo, Remaclusschrein, Fig. v. 1268); Schwert mit nach oben

gerichteter Klinge (Kassel, Staatliche Kunstsammlungen, Pilgerabzeichen, Relief 15. Jh.); Dolch mit auf der Hand stehender Spitze (Tondorf/Eifel, Fig. 18. Jh.); Pfeil (Ellingen/Luxemburg, St-Lambert, Relief 18. Jh.); Kirchenmodell (Coesfeld, St. Lambert, Fig. 15. Jh.); geknotetes Tuch, aus dem Flammen hervorkommen (Löwen, Bollandisten, Wiegendruck, Holzschnitt 1499); kauernder Mann, von der Spitze des Bischofsstabes niedergehalten (Affeln, Fig. 16. Jh.); zwei ausgestreckt liegende Männer mit Helm und Schwert (Bure, St. Lambert, Fig. 17. Jh.); ein Mann zu Füßen (Lüttich, Hôpital de Bavière, Gem. v. 1641); ein halb aufgerichteter Mann (Hasselt, Unsere Liebe Frau, Fig. 17. Jh.). *Besondere Szenen:* Meßfeier des hl. L. (Kempen, Stiftskirche, Antoniusaltar, Fig. um 1520); L. wird von Maria gekrönt (Ste-Foye, Pfarrkirche, Gem. 17. Jh.); L. schafft brennende Kohlen herbei (Ostercappeln, Taufstein, Relief 12. Jh.); L. trägt Kohlen im Gewandbausch (Gent, St. Bavo, Gem. v. P. van Huffel 1808); L. betet vor dem Kreuz nachts barfuß in Stablo (Parike, St. Lambert, Kanzel, Fig. um 1700). *Martyrium:* L. wird mit einem Pfeil von einem Mörder getötet (Stuttgart, Landesbibliothek, Passionale, Buchmalerei 12. Jh.); L. wird vor dem Altar getötet (Bockenheim/Pfalz, Astwerktaufstein, Relief um 1500); Engel bringen dem getöteten L. die Siegespalme (Woluwe-St-Lambert, Gem. v. Th. van Loon um 1616). *Zyklen:* Trier, Dom, Chorschranke, Wandmalerei 13. Jh.; Treuchtlingen/Pfarrkirche, Gem. v. Meister Hans Anfang 16. Jh.; Lüttich/St. Paul, Büstenreliquiar, Reliefs v. Hans von Reutlingen 1512; Lüttich/St. Martin, Glasmalerei 16. Jh.; Affeln/St. Lambert, Gem. 16. Jh.

Laurentius von Brindisi

(Giulio Cesare Russo), Kapuziner, Kirchenlehrer, hl.

Fest: 21. 7.

Leben: * 22. 7. 1559 Brindisi, Studien als Halbwaise und Oblate bei den Franziskaner-Konventualen, trat 1575 in den Kapuzinerkonvent in Venedig ein. Exegetische Studien mit Kenntnis des Hebräischen, 1582 Priesterweihe, begabter Prediger, 1590–1592 Provinzial in der Toscana, 1564–96 in Venedig, 1598 in der Schweiz, 1613–1616 in Genua, Generaldefinitor des Ordens 1596, 1599, 1613, 1618. L. führte in Deutschland und Österreich den Kapuzinerorden ein, Gründer des Kapuzinerklosters Wien 1600. L. hatte wesentlichen Anteil am Sieg von Stuhlweißenburg gegen die Türken am 11. 10. 1601, da L. den Auftrag hatte, ein Heer zusammenzurufen. L. nahm als Feldgeistlicher an der Heerfahrt teil. L. half Maximilian I. von Bayern zur Durchsetzung kirchlicher Rechte in Donauwörth 1607 und bei der Aufstellung der Liga der katholischen Fürsten Deutschlands zur Erhaltung des Reichslandfriedens und zum Schutz der katholischen Religion. † auf einer diplomatischen Mission in Lissabon 22. 7. 1619. Seligsprechung 1783, Heiligsprechung 1881, Kirchenlehrer seit 1959. – Seine Werlke bestehen hauptsächlich aus Predigten, in der Mariologie Aufbau vom Prinzip der Gottesmutterschaft konsequent durchgeführt.

Patron: des Kapuzinerordens.

Verehrung und Kultorte: Begraben in Villafranca de Bierzo/Nordwestspanien.

Darstellungen in der Kunst: *Gewandung:* als Kapuziner im typischen Ordenshabit (Koblenz-Ehrenbreitstein, Kapuzinerkirche, Gem. 18. Jh.); sich mit einem Taschentuch die Tränen trocknend (Antwerpen, Archiv der Kapuziner, Zeichnung v. M. Sneijders 17. Jh.). *Attribute:* Marienbild, Buch, Totenschädel (Antwerpen, Archiv der Kapuziner, Zeichnung v. M. Sneijders 17. Jh.); Schreibfeder, Buch, Totenschädel, Engelsköpfe (Rom, Museo Francescano OFM Cap., Kupferstich v. Garofalo 1783); Kruzifix, Lilie, Engel mit Krone (Koblenz-Ehrenbreitstein, Kapuzinerkirche, Gem. 18. Jh.). *Besondere Szenen*: L. in der Schlacht von Stuhlweißenburg (Città del Vaticano, Vatikanische Museen, Gem. v. F. Grandi 1882); L. wird von Papst Paul V. nach Deutschland gesandt (Forli, Kapuzinerkirche, Gem. v. P. Randi 19. Jh.); L. als Nuntius bei Maximilian I. (Rom, Museo Francescano OFM Cap, Stich v. A. Gregori 19. Jh.); L. heilt Kranke (Forli, S. Maria del Fiore, Gem. v. P. Randi 19. Jh.).

31 **Laurentius** von Rom
Diakon, Martyrer, hl.

Fest: 10. 8.

Kirchenhistorischer Hintergrund: Cyprian von Karthago erwähnt in seinem 80. Brief, daß am 6. 8. 258 Papst Sixtus II. zusammen mit vier Diakonen das Martyrium erlitten hat. Daraus entstand bereits Mitte des 4. Jh. eine Überlieferung, die einen L. als Archidiakon des Papstes Sixtus kennt, der wenige Tage nach dem Papst hingerichtet worden sei.

Legende: L. wird in Spanien geboren und wird von Papst Sixtus auf seiner Reise zum Konzil nach Toledo (das 589 stattgefunden hat!) entdeckt und nach Rom gebracht. – L. leistet als Archidiakon unzählige Wohltaten. – L. wäscht Armen die Füße. – L. heilt die Jungfrau Cyriaka von ihren Kopfschmerzen. – L. und Sixtus zerstören gemeinsam den Götzentempel des Gottes Mars. – Als Papst Sixtus wegen seines Glaubens hingerichtet werden sollte, überträgt er L. die Aufsicht über die kirchlichen Gelder und Wertsachen. – Der Kaiser läßt L. festnehmen und befiehlt ihm, die riesigen Kirchenschätze herauszugeben. – L. erbittet sich eine Frist von drei Tagen, in denen er das Vermögen der Kirche an die Bedürftigen Roms verschenkt. – Dann kommt L. mit einer großen Schar Armer, Blinder und Kranker vor den Kaiser und präsentiert diese als unvergänglichen Schatz der Kirche. – Der sich betrogen fühlende Kaiser läßt L. geißeln, mit Bleiklötzen und Knüppeln schlagen, schließlich auf einen Rost legen und mit eisernen Gabeln darauf festhalten. – L. erklärt dem Kaiser nach einiger Zeit, daß die eine Seite gebraten sei, jetzt müsse er gewendet werden. – Der erschrockene Kaiser wendet sich ab und L. stirbt. – Nach seiner Aufnahme in den Himmel steigt L. jeden Freitag in das Fegefeuer, um eine Seele zu befreien. – L. rettet bei der Seelenwägung durch Michael die Seele Kaiser Heinrich II., indem er der Schale der guten Werke einen Kelch hinzufügt, den der Kaiser auf dem Totenbett St. Laurentius gestiftet hat.

Patronat: Nationalheiliger von Spanien (seit Philipp II., der den Escorial in einem rostförmigen Grundriß L. zu Ehren anlegen ließ); der armen Seelen im Fegefeuer, Schüler, Studenten, Armen, Verwalter, Bibliothekare (als Verwalter der Kirchenbücher!), aller Berufe, die mit Feuer zu tun haben, wie Bierbrauer, Feuerwehrleute, Glaser, Köche, Kuchenbäker, Wäscherinnen, Wirte, Weinberge; gegen Verbrennungen, Hexenschuß, Fieber.

Verehrung und Kultorte: L.-Fest bereits vor 354 gefeiert, Grab in Rom im Coemeterium an der Via Tiburtina, darüber Basilika S. Lorenzo fuori le Mura errichtet; Erhebung der Gebeine 1447; in Rom weitere 5 Kirchen mit L.-Patrozinium. Reliquien in Florenz/S. Lorenzo (Haupt), Rom/S. Lorenzo in Luzina (Späne vom Rost). In Deutschland wird L. der Sieg auf dem Lechfeld über die Ungarn am 10. 8. 955 zugeschrieben. Zahlreiche Wallfahrten, u. a. auf den Laurenziberg bei Gau-Algesheim.

Aberglauben: Lostag für das Wetter im kommenden Herbst. Am L.-Tag starkes Bemühen, die Ernte und Pflanzungen vor dem Brand zu schützen. – Sternschnuppen im August heißen L.-Tränen, weil selbst der

Himmel über das Martyrium des L. weine. In der Volksmedizin existiert ein L.-Segen gegen den Brand und gegen Brandwunden.
Darstellungen in der Kunst: *Gewandung:* als den Apostel Gleicher im weißen Mantelpallium (Ravenna, Mausoleum der Galla Placidia, Mosaik 5. Jh.); als Diakon mit Dalmatik (Rom, S. Lorenzo fuori le Mura, Mosaik 6. Jh.); als Subdiakon mit Manipel (Fasano, S. Lorenzo, Krypta, Fresko 11. Jh.); als Diakon mit Stola (Cefalu, Kathedrale, Mosaik 12. Jh.); mit Sudarium (Atri, Kathedrale, Fresko v. A. Delitio II 15. Jh.). *Attribute:* Stabkreuz, Buch, geöffneter Schrank mit den Evangeliaren, Rost (Ravenna, Mausoleum der Galla Placidia, Mosaik 5. Jh.); Buch (Perugia, Fontana Maggiore, Fig. 13. Jh.); Rotulus (Città del Vaticano, Vatikanische Museen, Goldglas 5. Jh.); Weihrauchfaß (Castroreale, S. Marina, Gem. 15. Jh.); Kelch mit Goldstücken gefüllt (Paris, Louvre, Gem. der Lorenzo Monaco-Schule, 15. Jh.); Geldbörse (Schwimmbach/Franken, Gem. um 1510); Palme, Schriftrolle (Montecassino, Chiesa della Assunta, Gem. v. G. da Recanati 15. Jh.); Rost (St. Petersburg, Eremitage, Gem. v. F. Zurbarán 1636); Verfolger unter dem Rost (Syrakus, Museo Bellomo, Gem. des Meisters v. St. Martino, 14[?]. Jh.); ostkirchliche liturgische Geräte (Monreale, Kathedrale, Mosaik 12. Jh.). *Besondere Szenen:* L. verteilt den Kirchenschatz (Venedig, S. Nicolo da Tolentino, Gem. v. B. Strozzi 17. Jh.); L. im Fegefeuer, um Arme Seelen zu befreien (Porciano, S. Lorenzo, Gem. v. D. di Michelino 15. Jh.); die Seelenwägung Kaiser Heinrichs (Florenz, S. Maria Novella, Gem. v. A. di Orcagna 14. Jh.). *Martyrium:* L. wird an den Galgen gebunden und mit Fackeln gebrannt (Berching, Kirche, Gem. um 1515); L. wird mit Haken gegeißelt (Léau, St-Laurent, Gem. v. P. Aertsen 17. Jh.); L. wird auf dem Rost verbrannt (Venedig, Jesuitenkirche, Gem. v. Tizian 1548/57). *Zyklen:* zahlreich, u. a. Bourges/Kathedrale, Glasmalerei 13. Jh.; Fabriano/Kirche, Fresken v. A. Nuzi 14. Jh.; Castiglion d'Olona, Fresken v. M. da Panicale 15. Jh.; Città del Vaticano/Capella Nicco-

lina, Fresken v. Fra Angelico 15. Jh.; München/Alte Pinakothek, L.-Altar, Gem. v. M. Pacher 1462/63.

48 Leo der Große
Papst, Kirchenlehrer, hl.
Fest: 10. 11. (vor der Kalenderreform 11. 4., in griechischen Riten 17. bzw. 18. 2.).
Leben: L. stammte aus der Toskana und war unter Papst Coelestin Archidiakon, 440 Nachfolger von Sixtus III.; L. war nicht nur Hüter der Orthodoxie, sondern auch Wahrer abendländischer Kultur in der westlichen Reichshälfte. L. reiste dem Hunnenkönig Attila entgegen und konnte ihn 452 zur Umkehr bewegen. 455 erreichte L. von Geiserich eine Schonung der Stadt Rom vor Brandstiftung und Mord, konnte aber die Plünderung nicht verhindern. L. bekämpfte vornehmlich Pelagianer, Manichäer und Priszillianisten, deren Häresien er in einem Lehrschreiben widerlegte. 449 verwarf er monophysitische Lehren des Eutyches, sein Schreiben bildete die Grundlage der Zweinaturenlehre, wie sie auf dem Konzil von Chalzedon 451 festgeschrieben wurde. † 10. 11. 461. 1754 Ernennung zum Kirchenlehrer.
Legende: L. legt den Brief, den er gegen Flavian und andere Herätiker geschrieben hat, auf das Grab Petri mit der Bitte, entsprechende Korrketuren anzubringen. In einer Erscheinung teilt Petrus mit, was er geändert und verbessert hatte.
Patronat: Musiker, Sänger.
Darstellungen in der Kunst: *Gewandung:* in Tunika mit Pallium (Rom, S. Maria Antiqua, Wandmalerei 7./8. Jh.); als Bischof des orthodoxen Ritus mit Phelonion, Sticharion, Epitrachelion und Omophorion (Palermo, Capella Palatina, Mosaik 12. Jh.); als Papst im päpstlichen Ornat mit Tiara (Chartres, Kathedrale, Bekennerportal, Fig. 1215/20); als Papst im Pluviale mit dreifacher Tiara (Kloster Andechs, Heiltumsaltar, Gem. v. 1495);

als reitender Papst (Città del Vaticano, Stanza d'Eliodoro, Fresko v. Raffael 1512). *Attribute:* Buch (Stuttgart, Landesbibliothek Cod. hist. 2°415, Buchmalerei 12. Jh.); Lunula mit Hostie (Kloster Andechs, Heiltumsaltar, Gem. v. 1495). *Besondere Szenen:* L. tritt Attila entgegen und zeigt ihm die Rom beschützenden Apostelfürsten (Rom, St. Peter, Relief 1648); Eudoxia überbringt L. die Ketten Petri (Wien, Österreichische Nationalbibliothek Cod. 444, Buchmalerei 12. Jh.); Maria heilt die Hand L.'s, die er sich abgeschlagen hatte, um der Versuchung der Unkeuschheit zu widerstehen (Dublin, Museum, Gem. v. A. Romano [?] 15. Jh).

Leonhard von Noblac
Abt, Bekenner, hl.
Fest: 6. 11.
Leben: wahrscheinlich im 6. Jh.; L. soll in St-Léonard-de Noblac bei Limoges eine Zelle gegründet haben.

Legende: nach der Vita um 1030 Herkunft aus einem vornehmen, fränkischen Geschlecht unter dem Merowinger Chlodwig. L. erhält seine Erziehung und Taufe durch Bischof Remigius von Reims. – L. lehnt ein Hofamt ab und beginnt ein Leben als Einsiedler und Missionar. – L. leistet Geburtshilfe bei der Königin Chlotilde, über die während der Jagd des Gatten unversehens die Wehen gekommen sind. – Als Lohn erbittet sich L. kein Gold, sondern ein Waldgebiet, wo er fern von den Schätzen der Welt Gott dienen will. – L. läßt einen Brunnen graben, der sich unter seinem Gebet mit Wasser füllt. – Wer unter den Gefangenen L. anruft, wird der Fesseln ledig, viele bringen sie ihm als Votivgabe. – L. treibt einen Teufel aus. – L. befreit einen Gefangenen, der von einem Tyrannen, in einer Grube mit Fesseln beschwert, unter Bewachung bewaffneter Soldaten eingekerkert ist und stürzt das Haus um, das die Bewacher unter sich begräbt.

Patronat: Bauern, Bergleute, Böttcher, Butterhändler, Fuhrleute, Hammerschmiede, Kupferschmiede, Kohlenträger, Lastträger, Obsthändler, Schlosser, Schmiede, Stallknechte, Wöchnerinnen, Gefangene, Pferde, Vieh.

Verehrung und Kultorte: zahlreiche Wallfahrtsstätten wie Inchenhofen (14./15. Jh.), Aigen am Inn, Dietramszell, Ganacker, Tamsweg; Pferdeumritte und Viehsegnungen (Tölz, Siegertsbrunn, Fischhausen).

Aberglauben: reiches Brauchtum, u. a.: Als Votivgabe werden L. eiserne Viehvotive gespendet. In Ramsach/Zillertal netzen die Jungfrauen ihr aufgelöstes Haar mit Wasser aus dem Taufbecken der L.-Kirche, um so ihr Vieh vor Seuchen zu bewahren. – In Gaishof werden am L.-Tag die Pferde dreimal um die Kirche geführt und stecken den Pferdekopf durch ein Loch in der Kirchenmauer. – L.-Klötze dienen in Aigen als Kraft- und Gewissensprobe.

Darstellungen in der Kunst: *Gewandung:* als Abt in faltenreicher weitärmeliger Flokke, großer Kapuze und Birett (Möllbrücken, St. Leonhard, Gem. 16. Jh.); als Abt in pontifikaler Gewandung (Wismar, St. Jürgen, Gem. 15. Jh.); als Abt in pontifikaler Gewandung im Pluviale ohne Mitra (Würzburg, Dom, Fig. 14. Jh.); in pontifikaler Gewandung mit Mitra (Rothenburg, St. Jakob, Fig. v. F. Herlin 1466); als Diakon in Dalmatik (New Haven, Dorsale um 1265); als Ritter (Palermo, Capella Palatina, Mosaik 12. Jh.); Gewand zur Hälfte schwarz, zur Hälfte im Zackenmuster dekoriert (Loreto, S. Casa, Fresko spätes 15. Jh.); in profaner Kleidung (Forst, Fresko v. M. Günther 18. Jh.). *Attribute:* Buch (Paris, Louvre, Fig. Anfang 16. Jh.); Gefangenenfessel (Inchenhofen, Wallfahrtskirche, Fig. um 1755.); Kuh (Paitzkofen, Fig. 17. Jh.); Pferd (Untereching bei Salzburg, Fig. 17. Jh.); Gefangene im Stock (Junkersdorf, Fresko um 1450); Gefangene zu Füßen (Zug, Gem. v. P. Lorenzetti 14. Jh.); Hirtenstab (Obergrafendorf, Fig. Ende 15. Jh.). *Besondere Szenen:* Teufelsaustreibung durch L. (Bad Aussee, Leonhardskapelle, Gem. Mitte 15. Jh.). *Zyklen:* zahlreich, u. a. Amiens/Kathedrale, Glasmalerei 13. Jh.; Regensburg/Dom, Glasmalerei 1365; Zickenberg (Kärnten)/St. Leonhard, Wandmalerei um 1400; Esslingen/Stadtkirche, Wandmalerei um 1410/20; Linz/Museum, L.-Altar, Reliefs 16. Jh.; Inchenhofen/Wallfahrtskirche, Fresko v. I. Baldauf 18. Jh.

Leopold III. von Österreich
Markgraf, hl.

Fest: 15. 11.

Leben: * um 1075 in Gars am Kamp aus dem Stamm der Babenberger, Schüler Bischofs Altmanns von Passau. Als Markgraf von Altösterreich stand L. im Investiturstreit auf seiten des Papstes, hielt aber Beziehungen zu

Kaiser Heinrich V. aufrecht. Heirat mit der Tochter Heinrichs, Agnes. Aus der Ehe gingen 18 Kinder hervor, darunter Bischof Otto von Freising und Konrad II. von Salzburg. L. unterstellte 1110 das Stift Melk direkt dem Papst, erhielt 1113 den Besitz von Klosterneuburg, das er reich dotierte. 1114 Grundsteinlegung zur Stiftskirche. L. ersetzte 1133 die weltlichen Kanoniker durch Augustiner-Chorherren. L. gründete 1135 die Zisterzienserabtei Heiligenkreuz und 1136 die Benediktinerabtei Klein-Mariazell im Wienerwald. L. verzichtete 1125 auf die ihm angebotene deutsche Kaiserkrone. † 15. 11. 1136 auf der Jagd. Heiligsprechung 1485.

Legende: L. findet auf der Jagd den Hochzeitsschleier der Agnes in einem Holunderbusch, über dem die Gottesmutter erscheint.

Patronat: Landespatron Österreichs (von Kaiser Leopold I. 1683 dazu erklärt).

Verehrung und Kultorte: Leichnam beigesetzt in der Krypta der Stiftskirche von Klosterneuburg.

Darstellungen in der Kunst: *Gewandung:* als Graf in langem, gegürteten Rock, Mantel mit Hermelinverzierung und Markgrafenhut (Wien, St. Stephan, Fig. 1647); als Stifter ohne Nimbus (Klosterneuburg, Stiftskirche, Glasmalerei 13. Jh.). *Attribute:* zwei Kirchenmodelle (Klosterneuburg, Stiftskirche, Glasmalerei 13. Jh.); Schwert, Banner (Klosterneuburg, Polzmannepitaph, Fig. 1596); goldene Adler auf blauem Grund (Flauerling bei Innsbruck, Gem. 15. Jh.). *Besondere Szenen:* L. in der Glorie (Heiligenkreuz, Stiftskirche, Fresko v. M. Altomonte 1729); L. findet den Schleier der hl. Agnes auf einem Holunderbusch (Klosterneuburg, Kunstsammlung, Gem. v. R. Frueauf d. J. 1507); L. baut Klosterneuburg (Klosterneuburg, Kunstsammlung, Gem. v. R. Frueauf d. J. 1507).

Liborius von Le Mans
Bischof, hl.

Fest: 9. 6., im Bistum Paderborn 23. 7. und Translationsfest 25. 10., im Bistum Essen 23. 7.

Leben: Bischof von Le Mans, Freund des hl. Martin von Tours, der L. am Sterbebett besuchte und ihn bestattete. † um 397.

Legende: Ein Pfau geleitet die Überfahrt der Reliquien von Le Mans nach Paderborn (quellenmäßig nicht belegte Szene, wohl aus der Mißdeutung des dem Schrein bei Prozessionen vorangetragenen Flabellums).

Patronat: Erzbistum Paderborn; gegen Steinleiden.

Verehrung und Kultorte: Reliquientranslation 836 von Le Mans nach Paderborn, 1622 Raub der Reliquien durch Herzog Christian von Braunschweig, 1627 Rückführung nach Paderborn.

Darstellungen in der Kunst: *Gewandung:* als Bischof in pontifikalem Meßornat mit Kasel ohne Mitra (Paderborn, Dom, Tragaltar, Relief 1100); als Bischof in pontifikalem Meßornat mit Mitra (Paderborn, Domschatz, Silberfig. 14. Jh.); als Bischof im Pontifikalornat mit Pluviale (Schweidnitz, kath. Kirche, Gem. Ende 15. Jh.). *Attribute:* Buch mit daraufliegenden Steinen (Kloster Adelberg, Fig. v. J. Syrlin d. J. 1511); Kranke zu Füßen (Paderborn, Dom, Fig. 18. Jh.); kniender Büßer zu Füßen (Poříči/Böhmen, St. Gallus, Fig. v. L. Widmann um 1750). *Besondere Szenen:* Martin von Tour am Totenbett L.'s (Paderborn, Denkmal am Liboriberg, Relief um 1740). *Zyklus:* Kunsthandel, Wandbehang v. E. Ostendorf 20. Jh.; Kunsthandel, Wandbehang v. G. Spuida 20. Jh.

Lioba von Tauberbischofsheim
Äbtissin, hl.

Fest: 28. 9.

Leben: L. stammte aus einer vornehmen angelsächsischen Familie, wurde im Kloster

Thanet/Kent erzogen. L. trat in das Benediktinerinnenkloster Wimborne/Südengland ein. Von ihrem Verwandten Bonifatius als Mitarbeiterin bei der Missionierung Deutschlands berufen. 735 erste Äbtissin im Kloster Tauberbischofsheim. L. verkehrte am königlichen Hof bei Pippin, Karl d. Gr. und war mit dessen 2. Gemahlin Hildegard befreundet. † um 782 in Schornsheim bei Mainz.

Legende: Bei der Geburt von L. glaubt ihre Mutter, in ihrem Leib läute eine Glocke.

Verehrung und Kultorte: Leichnam nach Fulda übertragen und neben Bonifatius beigesetzt, 838 Translation auf den Petersberg bei Fulda. Reliquien u. a. im Mainzer Dom/Ostkrypta.

Darstellungen in der Kunst: *Gewandung:* als Ordensfrau mit Wimpel, Weihel und Schleier (Fulda, Benediktinerinnenkloster, Gem. 17. Jh.). *Attribute:* Glocke auf Buch (Fulda, Benediktinerinnenkloster, Kupferstich nach einem Gem. 17. Jh.). *Zyklus:* Kloster Wald über Meßkirch, Wandmalerei 20. Jh.

Liudger von Münster
Bischof, hl.

Fest: 26. 3.

Leben: * um 740/42 in Friesland, wahrscheinlich in Zuylen an der Vecht. L. war Schüler des hl. Gregor von Utrecht, dessen und Alkuins Vita L. verfaßte. 777 Priesterweihe, Prediger in Dokkum. Während eines Sachsenaufstandes 784 vertrieben, hielt sich L. in Rom und Montecassino auf, wurde 792 von Karl d. Gr. zum Leiter der Friesen- und Sachsenmission zurückgerufen, erhielt zum eigenen Unterhalt die Abtei Lotusa. L. gründete 794 in Mimigardeford ein Stift, wo er die Chrodegangregel einführte. Nach diesem Monasterium wurde die Siedlung seit dem 11. Jh. Münster genannt. 804/05 Bischofsweihe, wodurch sein Seelsorgegebiet Bistum wurde. L. gründete 40 Pfarreien, das Kloster Nottuln und die Benediktinerabteien Helmstedt und Werden. † 26. 3. 809 in Billerbeck.

Legende: L. erweckt den Roßknecht Buddo zum Leben. – L. lehnt den von Karl d. Gr. angebotenen Bischofsstuhl von Trier ab, weil ein alter Missionar kein Sitzfleisch habe. – L. befreit einen der Abtei Werden gehörenden Acker auf wunderbare Weise von schädlichen Wildgänsen.

Verehrung und Kultorte: Leichnam in der Abteikirche Essen-Werden beigesetzt. Große Volkstümlichkeit und Verehrung im Bistum Münster.

Darstellungen in der Kunst: *Gewandung:* als Priester im Meßornat mit Albe und Kasel (Berlin, Staatsbibliothek, Handschrift aus Werden, Buchmalerei 11. Jh); als Bischof im pontifikalen Meßornat mit Kasel und seitlich gehörnter Mitra (Münster, Staatsarchiv, Verbrüderungsbuch des Abtes Wibald von Stablo, Buchmalerei 12. Jh.). *Attribute:* Buch (London, National Gallery, Gem. des Meisters von Werden 2. Hälfte 15. Jh.); Kirchenmodell der Ludgerikirche zu Münster (Münster, Ludgerikirche, Fig. 17. Jh.); Kirchenmodell der Abteikirche Werden (Essen-Werden, Abteikirche, Prozessionskreuz, Fig. 15. Jh.); zwei Wildgänse zu Füßen (Münster, Dom, Fig. um 1600). *Zyklen:* Tübingen/Universitätsbibliothek, L. – Vita, Buchmalerei 11. Jh.; Köln/Dom, Gem. v. Meister von Schöppingen Mitte 15. Jh.; Essen/Krypta, Liudgerschrein, Bronzereliefs v. G. Rumpf um 1975.

Lucia von Syrakus
Jungfrau, Martyrer, hl.

Fest: 13. 12.

Leben: Martyrerin, sichere Zeugnisse fehlen.

Legende: nach der Passio des 5./6. Jh. lebt L. während der diokletianischen Verfolgungen in Syrakus. L. ist verlobt, als sie ihre kranke Mutter zum Grab der hl. Agathe begleitet

und Genesung der Kranken erfleht. – Agatha erscheint, heilt die Mutter und kündigt L. ihr Martyrium an. – L. verschenkt daraufhin ihren Besitz an die Armen, verzichtet auf die Ehe (Var.: L. reißt sich ihre schönen Augen aus, damit sie keinen Mann mehr betören könne und schickt sie ihrem Bräutigam). – Der enttäuschte Bräutigam zeigt L. als Christin an. – Vor Gericht bleibt L. standhaft im Glauben. – Man will L. in ein Bordell bringen, doch wird ihr Leib so schwer, daß sie auch durch die Kraft mehrerer Ochsen nicht von der Stelle bewegt werden kann. – Der Versuch, L. zu verbrennen, mißlingt. – L. sagt den bevorstehenden Tod des Imperators und der Kirche künftigen Frieden voraus. – Man durchbohrt schließlich ihren Hals mit einem Schwert.

Patronat: Bauern, Blinde, reuige Dirnen, Glaser, Kutscher, Messerschmiede, Näherinnen, Notare, Pedelle, Sattler, Schneider, Schreiber, Türhüter, Weber; gegen Augenleiden, Blindheit, Halsweh, Ansteckung.

Verehrung und Kultorte: Grabinschrift des 5. Jh. in Syrakus, Kanonheilige, in Rom, S. Lucia in Selce unter Papst Honorius (625–638) erbaut; in Deutschland beliebte Heilige.

Aberglauben: bis zur Gregorianischen Kalenderreform L.-Tag Mittwintertag, bedeutender Lostag, Quartalstermin für Verträge, Jahresabschlußtag im Schulwesen; nächtliche Umgänge (Lucibraut mit Kranz und Kerzen im Norden unter Anspielung auf den Namen 1780 erstmals belegt, im Zusammenhang mit der Jahrtagsfeier zum To-

Lucius 284

de Alfred Nobels in Schweden am 10. 12. 1896 neu belebt). L. weist in der Volksvorstellung teilweise hexenartige Züge auf; teilweise gilt sie als eine dem Christkind ähnliche, Gaben spendende Frau. In Ungarn backt man am L.-Tag für jedes Familienmitglied einen Kuchen und steckt eine Feder hinein, verbrennt sie, stirbt im kommenden Jahr das betreffende Familienmitglied. – In Ungarn darf am L.-Tag kein Fremder aufgenommen werden, sonst nimmt er das häusliche Glück mit sich.

Darstellungen in der Kunst: *Gewandung:* als Martyrerin (Ravenna, S. Apollinare Nuovo, Mosaik 6. Jh.); als Jungfrau in der Jungfrauengewandung des jeweiligen Zeitstils, meist mit langem, gegürteten Kleid, weitärmeligem Obergewand (München, Bayerisches Nationalmuseum, Wandteppich um 1500); Schapel (Prag, Rudolfinum, Gem. v. H. Holbein d. Ä. um 1500); modische Haube (Siersdorf, Fig. Anfang 16. Jh.); Krone (München, Georgianum, Gem. Ende 15. Jh.); Mantel (Mühlbeck/Sachsen, Gem. um 1500). *Attribute:* Doppelkreuz (Rom, S. Sebastiano al Palatino, Wandmalerei 8./11. Jh.); Palme (Gaeta, S. Lucia, Gem. v. G. Sagittano 1456); Krone in der Hand (Ravenna, S. Apollinare Nuovo, Mosaik 6. Jh.); Kelch mit Hostie (Perugia, Galleria Nazionale, Gem. v. Perugino 16. Jh.); Buch (Fossa, S. Maria ad Cryptas, Wandmalerei 15. Jh.); brennende Lampe (Apiro, Gem. v. A. Nuzi 1366); Kerze (Atri, Krypta, Wandmalerei 15. Jh.); Vase mit Blumen (Syrakus, Kathedrale, Fig. v. P. Rizzo 15. Jh.); Hand von Schwert durchstochen (Inzighofen, Klosterkirche, Gem. v. Meister von Sigmaringen 1505); Hals vom Schwert durchstochen (Köln, Wallraf-Richartz-Museum, Gem. v. B. de Bruyn d. Ä. 1530/35); Schwert in der Hand (Settignano, Sammlung Berendson, Gem. v. S. Martini 14. Jh.); Flammen zu Füßen (Köln, ehem. Sammlung Nelles, 2. Hälfte 15. Jh.); Augen in einem Kästchen (Kunsthandel, ehem. Amsterdam,

Gem. v. J. del Casentino 14. Jh.); Lampe mit den Augen (Florenz, S. Lucia dalle Rovinate, Gem. v. P. Lorenzetti 14. Jh.); Tablett mit Augen (Florenz, Accademia, Gem. v. G. del Biondo um 1378); Schale mit den Augen (Vich, Kathedrale, Fig. v. P. Iller 15. Jh.); durch einen Zweig verbundene Augen (Kunsthandel, Gem. v. F. Cossa 2. Hälfte 15. Jh.); auf der Dolchspitze aufgespießte Augen (Bergamo, Pinacoteca dell' Accademia Carrara, Gem. v. Bergognone um 1700); Maske mit zwei Augen (Fossa, S. Maria ad Cryptas, Wandmalerei 15. Jh.). *Besondere Szenen:* Ochsen versuchen vergeblich, L. ins Bordell zu ziehen (Venedig, Apostelkirche, Gem. v. G. B. Tiepolo 18. Jh.). *Martyrium:* Berlin/Staatliche Museen, Gemäldegalerie, Gem. v. P. Veneziano. *Zyklen:* u. a. Melfi/Grotte der hl. Lucia, Wandmalerei 12. Jh.; New York/Metropolitan Museum of Art, Gem. v. L. di Niccolo 15. Jh.; Amsterdam/Rijksmuseum, Gem. des Meisters der Lucia-Legende vor 1480.

Lucius von Chur

Martyrer, hl.

Fest: 2. 12 (vor der Kalenderreform 3. 12.).

Leben: L. missionierte im 5./6. Jh. in der noch halbheidnischen Region um Chur, wurde erster Bischof von Chur.

Legende: Die in karolingischer Zeit entstandene Vita verwechselte L. mit König Lucius Abgar IX. von Osroene am oberen Euphrat, dessen Residenz Britio Eddessenorum fälschlich mit Britannien gleichgesetzt wurde. So entstand eine krause Legende: L. ist gebürtiger Engländer und Bruder der hl. Emerita. – L. verläßt sein Königreich in England und missioniert in Rätien. – L. zwingt einen Bären, der ihm seinen Ochsen gerissen hat, selbst den Pflug zu ziehen. – L. stürzt Götzenbilder um. – L. wird ins Wasser geworfen und gesteinigt.

Patronat: Bistum Chur.

Verehrung und Kultorte: Gebeine in der in karolingischer Zeit errichteten Ringkrypta von St. Lucius in Chur beigesetzt, dort auch Wallfahrt.

Darstellungen in der Kunst: *Gewandung:* als König mit Untergewand, mit Schulterkragen versehenem, weitärmeligen Obergewand und Krone (Chur, Dom, Fig. 1492); als gekrönter Mönch mit Kutte (Zürich, St. Anton, Wandmalerei 20. Jh.). *Attribute:* Reichsapfel, Buch (Werden, Luciuskirche, Wandmalerei 12. Jh.); Szepter (Chur, Dom, Reliquienschrein, Relief 1252); Reisestab (Chur, Rätisches Museum, Glasmalerei 15. Jh.). *Besondere Szenen:* Predigt des hl. L. (München, Bayerische Staatsbibliothek cgm 213, Zeichnung 15. Jh.); L. zwingt einen Bären unter den Pflug (München, Bayerische Staatsbibliothek cgm 436, Zeichnung 15. Jh.). *Martyrium:* Chur/Dom, Katharinenaltar, Gem. 15. Jh.

60 Ludwig IX. der Heilige
König von Frankreich, hl.
Fest: 25. 8.
Leben: * 25. 4. 1214 in Poissy als Sohn König Ludwigs VIII. und Blankas von Kastilien, Krönung L.'s mit 11 Jahren 1226, die Mutter erzieht als langjährige Regentin ihren Sohn zu strengem Gebetsleben unter dem Einfluß spanisch-mystischer Askese. 1230 Heirat mit Marguerite de Provence. Die Dominanten seines Wesens, Friedensliebe, Nächstenliebe, Fleiß, Einfachheit und Kreuzzugsgeist führten zu einer Reorganisation der Verwaltung, die streng geprüft wurde. Durch die Neuordnung des Münzwesens und der Grundlagen des Gewerbes machte L. Frankreichs Königtum zum mächtigsten in Europa. Durch die Schenkung des Alumnates 1257 maßgeblich an der Gründung der Sorbonne beteiligt. L. förderte die Bettelorden, gründete Spitäler und suchte die königlichen Rechte gegenüber den Bischöfen zu wahren. 1243/48 Errichtung der Ste-Chapelle in Paris für aus Konstantinopel erworbene Reliquien. 1248–1254 7. Kreuzzug, auf dem L. gefangen wurde und sich gegen ein hohes Lösegeld freikaufen mußte. 1250–1254 in Palästina, 1267 erneuter Kreuzzug, auf dem er vor Tunis einer im Heer ausgebrochenen Seuche am 25. 8. 1270 erlag. Heiligsprechung 1297.

Patronat: Ordensgemeinschaften seines Namens, des 3. Ordens des hl. Franziskus, Wissenschaftler, Barbiere, Blinde, Bäcker, Bauarbeiter, Buchbinder, Buchdrucker, Bürstenbinder, Fischer, Friseure, Gipser, Hufschmiede, Kaufleute, Knopfmacher, Leinenverkäufer, Paramentenstickerinnen, Pilger, Schneider, Steinhauer, Tapezierer, Weber, Zimmerer; gegen Blindheit, Schwerhörigkeit.

Verehrung und Kultorte: Fleischteile in Monreale, im 19. Jh. in Tunis, Skelett in St-

Denis, 1308 zahlreiche Reliquien; erstes Kirchenpatrozinium 1298 in Garches; sämtliche französische Botschaftskapellen in aller Welt haben L. zum Titelheiligen; in Deutschland seit 17. Jh. verehrt, im 19. Jh. durch König Ludwig I. von Bayern Erbauung der Ludwigskirche in München.

Darstellungen in der Kunst: *Gewandung:* als König mit Krone und schaubenartigem, mit Kragen besetzten, weitärmligen Obergewand (Kamenz/Sachsen, ev. Klosterkirche, Fig. 1513); in glattfallendem Kapuzenmantel mit Schlitzen zum Durchlassen der Arme (Paris, Bibliothèque Nationale MS fr. 5716, Buchmalerei Anfang 14. Jh.); in mit Lilien gemustertem Krönungsmantel (Dijon, Stadtbibliothek MS. 568, Buchmalerei um 1260); in Königsmantel als kaselartigem Überwurf, an der Seite mit Fibel geschlossen (Paris, Provinzialarchiv der Kapuziner, Holzschnitt v. L. Gaultier 16. Jh.); über einer Tunika aufliegender, nach hinten fallender Parademantel (Beispiel im Katalog La France de Saint Louis, Paris 1970 Abb. 212); kurzer Mantel mit Pelzkragen und Schulterpelerine (Paris, Provinzialbibliothek der Kapuziner, Kupferstich v. J. C. Guttwein 18. Jh); in unter einem Prunkgewand verborgener Rüstung (Paris, Provinzialbibliothek der Kapuziner, Kupferstich v. J. C. Guttwein 18. Jh); im Franziskanerhabit mit darüber gelegtem Königsmantel (Paris, Bibliothèque Nationale, Wappenbuch des Guillaume d'Auvergne, Buchmalerei 15. Jh.); im Franziskanerhabit (Montefalco, Fresko v. B. Gozzoli 15. Jh.); im Ordensgewand der Dominikaner[!] (Poissy, Dominikanerinnenkonvent, Holzschnitt 1755). *Attribute:* Schwert, Lanze, Krone, Szepter von Engeln getragen (Paris, Provinzialbibliothek der Kapuziner, Kupferstich v. J. C. Guttwein 18. Jh); Jagdvogel (Elfenbeinfig. auf dem Rücken eines Spiegels 14. Jh., abgebildet bei Le Siècle de Saint-Louis, Paris 1970, Abb. 8); Reichsapfel (Assisi, S. Francesco, Martinskapelle, Fresko v. S. Martini vor

1344); Ring (Buchmalerei 2. Hälfte 13. Jh., Beispiel im Katalog La France de Saint Louis, Paris 1970, Abb.148); Lilie (königliches Siegel um 1330, abgebildet bei Le Siècle de Saint Louis, Paris 1970, Abb.1); drei Lilien im Schild (Paris, Sammlung Maurice de Rothschild, Stundenbuch der Jeanne d' Evreux, Buchmalerei v. J. Pucelle 1325/28); fünf Lilien (Wien, St. Stephan Chorgestühl, Fig. 15. Jh.); drei Nägel (Breisach, St. Stephan, Fig. 16. Jh.); ein Nagel (Würzburg, Dom, Fig. 1662); Kreuzreliquiar (Paris, Bibliothèque Nationale Ms. fr. 5716, Buchmalerei um 1330/40); Dornenkrone (Senlis, Kathedrale, Fig. 14. Jh.); Dornenkrone mit Nägeln im Kreisrund (München, Theatinerkirche, Fig. um 1680); Nägel im Geflecht der Dornenkrone mit umhüllendem Tuch (Plougastel-Daoulas, St. Guénolé, Fig. 17. Jh.); Handkreuz (Bergamo, Pinacoteca dell'Accademia Carrara, Gem. v. Borgognone 15. Jh.); Lorbeerkranz (Innsbruck, Lithographie v. J. Grader um 1820); Kirchenmodell der Ste-Chapelle (Paris, Louvre, Fig. um 1370); Gerichtshand (Lyon, Stadtbibliothek, Missale, Buchmalerei 1340/50); Gürtel des Dritten Ordens (Florenz, Bardikapelle, Fresko v. Giotto vor 1337); Buch (Paris, Musée de Cluny, Fig. Ende 13. Jh.); Bußgeißel (Kupferstich in: Sedulius, Imagines Sanctorum OSF, um 1600); Kette des Ehrenordens (La Feulille, Pfarrkirche, Fig. Anfang 18. Jh.). *Besondere Szenen:* (Auswahl, da zum großen Teil dem Bereich des Genre bzw. der Historienmalerei angehörend): L. wird von einem Mönch unterrichtet (New York, Pierpont Morgan Library, Buchmalerei 13. Jh.); L. wird gekrönt und gesalbt (Poissy, Dominikanerinnenkirche, Glasmalerei 14. Jh.); L. läßt Kerkertüren öffnen (Paris, Justizpalast, Gem. v. O. Merson 19. Jh.); L. gibt Almosen (Paris, Louvre, Gem. v. L. Tristan 17. Jh.); L. berührt Skrofulöse (Paris, Invalidendom, Relief v. Ph. Magnier 18. Jh.); L. in Prozession barfuß mit der Dornenkrone (Paris, Invaliden-

dom, Relief v. J. van Cleve 16. Jh.); Lilien-
wunder bei der Begrüßung L.'s und seiner
Frau durch den Zisterzienserabt von Les
Vaux-de-Cernay (Versailles, Kapelle des
Kleinen Trianon, Gem. 18. Jh.); Franziskus
überreicht L. und Elisabeth von Thüringen
die Satzungen des dritten Ordens (Volterra,
S. Girolamo, Relief v. A. della Robbia Ende
15. Jh.); Vision L.'s mit dem Jesuskind
(Madrid, Prado, Gem. v C. Coello 17. Jh.).
Zyklen: sehr zahlreich, u. a. Paris/Ste-Cha-
pelle, Unterkirche, Gem. 14. Jh.; Paris/Bib-
liothèque Nationale MS. fr. 5716, Buchmalerei mit 24 Szenen, um 1330/40; Paris/Pan-
theon, Wandmalerei v. Cabanel 19. Jh.

Lukas

Evangelist, hl.
Fest: 18. 10.
**Biblische Bezeugung und Kirchenväterüber-
lieferungen:** L. ist überliefert als Verfasser
des 3. Evangeliums und der Apostelgeschichte aus den sog. Wir- Berichten (Apg
16,10–17; 20,5–21,18; 27,1–28,16); daraus
kann seine Begleiterrolle auf der 2. Missionsreise des Apostels Paulus um 51 gefolgert
werden. L. bleibt in Philippi, um nach sechs
Jahren mit Paulus nach Rom zu gehen
(2 Tim 4,11), nach Clemens von Alexandrien
Sekretär des Paulus in Rom. Nach Kol. 4,14
war L. Arzt, als Herkunftsort bei Eusebius
und Tertullian Antiochien in Syrien. Nach
dem Tod des Paulus nach Gregor von Nazianz Tätigkeit in Achaia, Ägypten und der
Thebais, Patras, auch Theben. Als Todesjahr
wird 63 tradiert.
Legende: L. malt das Bild der Gottesmutter.
Patronat: Ärzte, Maler, Notare, Bildhauer,
Sticker, Bortenwirker, Buchbinder, Metzger,
Goldarbeiter, Stiere, Vieh.
Verehrung und Kultorte: Reliquien in Kon-
stantinopel/Apostelkirche (seit 357); Reli-
quienauffindung 552; Reliquien in Orthosi-
as bei Arca (seit 5. Jh.); Padua/S. Giustina

(seit 1177, ab Anfang 14. Jh. in Alabaster-
sarkophag); Rom/Vatikan (Kopfreliquiar);
Rom/SS. Pietro e Martino; Venedig/S. Giob-
be (seit 1464); Rom/S. Andrea; Ostia, Neapel, Fondi, Brescia; Nola, Barcelona, Valencia, Espina bei Valladolid, Sens (bis 1793),
Valence, Douai, Paris/St-Germain, Tournai,
Mecheln.
Aberglauben: Am L.-Tag beginnt die Rüben-
ernte. – L.-Zettel mit Besprechungsformeln
können Kranken aufgelegt werden; sie werden geheilt, selbst wenn sie von den Ärzten
aufgegeben sind.
Darstellungen in der Kunst: *Gewandung:*
als jugendlicher Evangelist in der Aposteltracht mit langer, gegürteter Tunika, Mantelpallium (Ravenna, Erzbischöfl. Museum,
Maximianskathedra, Elfenbeinrelief 6. Jh.);
als bärtiger Evangelist in der Aposteltracht
(Ravenna, S. Vitale, Mosaik 6. Jh.); als Gelehrter in Humanistentracht (Berlin-Dahlem, Staatliche Museen Preußischer Kulturbesitz, Gem. v. M. Schaffner 16. Jh.); als Gelehrter mit Doktorschärpe über der Schulter
(Köln, Wallraf-Richartz-Museum, Fig. Mitte
15. Jh.); als Gelehrter mit Barett (Köln, Wallraf-Richartz-Museum, Gem. v. S. Lochner
um 1445); L. halb Stier, halb Mensch (Lucca,
Biblioteca Capitolare Cod. 2, Buchmalerei
12. Jh.). *Attribut:* Buch (Florenz, Dom, Fig. v.
G. di Antonio di Banco um 1410); Weltkugel
(Venedig, S. Giorgio Maggiore, Fig. 1593);
ärztliche Instrumente (Rom, Comodillakatakombe, Wandmalerei 7. Jh.); Schneidmesser
(Brüssel, Bibliothèque Royale Ms. 1, Buchmalerei 11. Jh.); auf dem Stier stehend
(Straßburg, Münster, Fig. um 1230); auf dem
Stier sitzend (Paris, Louvre, Relief v. J. Gou-
jon 16. Jh.); Stier mit an den Hörnern herab-
hängendem Tintenfaß (Haarlem, Sammlung
von Pannwitz, Gem. v. L. von Leyden 16. Jh.);
Tintenhorn haltender Stier (Paris, Bibliothèque de l'Arsénal Cod. 591, Buchmalerei
12. Jh.); das Marienbild stützender Stier
(Rom, S. Maria del Popolo, Gem. v. Pinturic-

chio Anfang 16. Jh.); naturgetreuer Stier (Berlin-Dahlem, Fig. v. T. Riemenschneider 1492); Stier in der Hand (Lüttich, Diözesanmuseum, Fig. Ende 14. Jh.); geflügelter Stier (Florenz, S. Croce, Relief v. L. della Robbia um 1445); Staffelei, Mörser, Heilkräuter (Hofkirchen an der Tr., Pfarrkirche, Fresko v. W. A. Heindl 1754); Marientafel mit Jesusknaben (Köln, Wallraf-Richartz-Museum, Gem. v. S. Lochner um 1445); Marientafel ohne Jesusknaben (Paris, Bibliothèque Nationale Ms lat. 9474, Buchmalerei Ende 15. Jh.); Marienstatuette (Prag-Altstadt, St. Clemens, Fig. v. M. B. Braun um 1715); Pinsel tragender Engel (Appenweier, St. Michael, Fresko v. B. Gambs 18. Jh.); Malutensilien am Gürtel (Köln, Wallraf-Richartz-Museum, Gem. v. S. Lochner um 1445); *Besondere Szenen:* L. schneidet die Schreibfeder zurecht (New York, Pierpont Morgan Library MS 333, Buchmalerei 10. Jh.); L. prüft die Schreibfeder (Venedig, S. Zaccaria, Fresko v. A. del Castagno 1442); die Gottesmutter diktiert L. das Evangelium (Lübeck, St. Annen-Museum, Gem. v. H. Rode 1484); L. überreicht dem Jesusknaben auf dem Schoß der Gottesmutter das Kindheitsevangelium (Nördlingen, Städtisches Museum, Gem. v. F. Herlin 1488); L. malt die Gottesmutter im Eleousatypus (Nürnberg, Germanisches Nationalmuseum, Gem. v. Meister des Augustineraltares 1487); L. malt die Gottesmutter als lactans (Cambridge/Mass., Fogg Art Museum, Gem. v. Meister des hl. Bluts um 1515/20); L. malt die Gottesmutter bei der Lektüre (Valencia, Provinzmuseum, Gem. v. F. Ribalta um 1600); L. malt die Gottesmutter stehend (Bern, Kunstmuseum,

Gem. v. M. Deutsch 1515); ein Engel reibt L. die Farben (Münster, Landesmuseum, Gem. v. D. Baegert um 1490); L. behandelt Kranke (Madrid, Prado, Gem. v. J. de Levi 15. Jh.); L. heilt ein Kind (Segorbe, Diözesanmuseum, Gem. der Schule von Valencia 15. Jh.); L. in der Arztpraxis (Freiburg, Augustinermuseum, silberner Altar 1. Hälfte 18. Jh). *Zyklen:* Lübeck/St. Annen-Museum, Gem. v. H. Rode um 1485.

Marcellinus und Petrus

Martyrer, hl.
Fest: 2. 6.
Leben: M. und P. erlitten das Martyrium in Rom in der Diokletianischen Christenverfolgung. Die Jahresangaben schwanken zwischen 299, 303 und 305.
Legende: nach der Legenda aurea: P., nach römischer Tradition Exorzist, wird von den doppelten Ketten im Gefängnis gelöst, erscheint dem Gefängnisaufseher Anthemius und erlöst dessen Tochter von einem bösen Geist. – Anthemius läßt sich mit seiner Familie von dem Priester M. taufen. – Der Präfekt läßt M. im Gefängnis nackt auf Glasscherben legen, P. in einen Stock schließen. – In der Nacht werden M. und P. von einem Engel in das Haus des Anthemius geleitet. – M. zelebriert in den Katakomben; M., P. und Anthemius werden von Heiden aufgespürt. – Anthemius wird gesteinigt, M. und P. in einem dunklen Wald enthauptet. – Der Henker Dorotheus sieht, wie die Seelen der Heiligen von Engeln in den Himmel geführt werden. Weitere Wundertaten und Legenden in dem Bericht Einhards von der Reliquientranslation nach Seligenstadt.
Verehrung und Kultorte: Leichname zu Rom im »Coemeterium ad duas Lauros« an der Via Labicana beigesetzt. Von Konstantin d. Gr. an dieser Stelle Basilika mit dem Mausoleum der hl. Helena errichtet. Reliquien von Einhard, dem Leiter der Gelehrtenschule Karls d. Gr. 827 nach Seligenstadt überführt und in einer Gruft beigesetzt. M. und P. werden im römischen Meßkanon (Kanon I) unter den sieben männlichen und sieben weiblichen Martyrern im Gebet »Nobis quoque peccatoribus« (= auch uns deinen Sündern) nach der Wandlung bei der Bitte um Gemeinschaft mit den Heiligen genannt.
Darstellungen in der Kunst: *Gewandung:* als frühchristliche Martyrer (Rom, Katakombe SS. Pietro e Marcellino, Wandmalerei 4./5. Jh.); als Priester in Meßkasel bzw. Exorzist in Tunicella (Seligenstadt, Einhardsbasilika, Fig. v. B. Zamels um 1720). *Attribute:* Schriftrolle, Buch (Rom, Katakombe des Pontian, Wandmalerei 6. Jh.); Palme, Kreuz (Cremona, Dom, Fig. v. B. Briosco 16. Jh.); Schwert, Buch (Chokier, SS. Pietro e Marcellino, Fig. 15. Jh.); Meßkelch und Buch (Seligenstadt, Einhardsbasilika, Fig. v. B. Zamels um 1720). *Martyrium:* Brauweiler/Kapitelsaal, Wandmalerei 12. Jh.

Margareta von Antiochien

(Marina) Jungfrau, Martyrerin, hl.
Fest: 20. 7.
Legende: M., Tochter des heidnischen Priesters Theodosius, wird von einer Amme ge-

tauft. – M. wird deswegen von ihrem Vater verstoßen. – Stadtpräfekt Olibrius trifft M., als sie nach einem verlorenen Schaf Ausschau hält, und will sie wegen ihrer Schönheit heiraten, wenn sie zuvor von ihrem Glauben abfällt. – M. bleibt als Christin in zwei Verhören standhaft und wird während der Christenverfolgungen unter Diokletian um 305 auf Befehl von Olibrius in der Folter aufgehängt, mit eisernen Kämmen gerissen und mit Ruten geschlagen, zuletzt ins Gefängnis geworfen. – M. wird im Gefängnis von einer Taube getröstet. – M. erscheint der Versucher in Gestalt eines Drachens, umwindet sie und sucht sie zu verschlingen. – M. zeichnet über den Drachen das Kreuzzeichen, woraufhin er zerbirst (Var. in der Legenda aurea: Der Drache verschlingt M., doch zerbirst er, als M. in seinem Leib das Kreuzzeichen schlägt). – Der Teufel erscheint M. zum zweiten Mal in Menschengestalt, doch sie unterwirft ihn sich, indem sie ihren Fuß auf des Teufels Haupt setzt. – M. wird schließlich zur Richtstätte geführt. – Da sie nicht den heidnischen Göttern opfern wollte, wird sie mit Fackeln gebrannt und in siedendes Wasser getaucht. – M. entsteigt unter einem heftigen Erdbeben unversehrt dem Wasserbottich. – Durch das Wunder bekehren sich 5000 Menschen. – Der Richter läßt daraufhin M. enthaupten. – Anschließend fallen die Henker tot zu Boden. – Engel bringen M. die Siegespalme. – Am Grab von M. werden Krüppel auf wunderbare Weise geheilt.

Patronat: Ammen, Bauern (weil der Sachsenspiegel die Bestimmung enthält, daß dem die Ernte des Feldes gehöre, der bis zum Fest der hl. M. es bestellt hat), Jungfrauen, Ehefrauen, Gebärende; gegen Unfruchtbarkeit der Frauen.

Verehrung und Kultorte: M. zählt zu den 14 Nothelfern. Reliquien in Montefiascone bei Bolsena.

Aberglauben: Schwer gebärende Frauen ließen sich den Leibesumfang messen und danach eine Kerze zu Ehren der Heiligen ziehen. – Wöchnerinnen in Starzedel bei Guben opfern den abgetrockneten Nabel des sechs Wochen alten Kindes der hl. M. – Unehelich geborene Mädchen mußten den Namen M. zusätzlich als kennzeichnenden Vornamen in Salzburg führen, damit sie wohl gedeihen. – In Estland darf ein am M.-Tag geborenes Kind niemals Vieh hüten, weil sonst die Wölfe Schaden unter der Herde anrichten. – Während der M.-Woche darf man keine Schlangen töten, da sie von M. geweidet werden. – M. läßt an ihrem Festtag die Fliegen frei, deswegen muß man die Türen geschlossen halten. – Am M.-Tag soll man die Herbstrüben säen. – Regen am M.-Tag bringt schlechte Nußernte. – In Verbindung mit der

Margareta von Cortona

Margerite existieren zahlreiche M.-Orakel, etwa durch Abzupfen der Blätter den Beruf des künftigen Mannes zu erkennen oder die Zahl der künftigen Kinder zu erfahren.

Darstellungen in der Kunst: *Gewandung:* als jugendliche Martyrerin in vornehmer Kleidung: langes, gegürtetes Gewand, mit Mantel bzw. Überwurf (Regensburg, Dom, Glasmalerei spätes 14. Jh.); als Hofdame (Frauenberg, Schloß, Gem. um 1400); in zeitgenössischer bürgerlicher Tracht (London, National Gallery, Gem. v. F. Zurbarán 17. Jh.); mit Schapel (Mesum/Westfalen, Fig. um 1450); mit Turban (Themar, Stadtkirche, Gem. Ende 15. Jh.); perlenbestickte Haube (Nürnberg, Germanisches Nationalmuseum, Relief um 1520); als Hirtin (New York, Privatbesitz, fränkischer Wandteppich um 1560). *Attribute:* Palme (Paris, Bibliotheca Nationale Par. lat. 12055, Missale v. Köln, Buchmalerei 12. Jh.); Kreuz (Palermo, Capella Palatina, Mosaik 12. Jh.); Krone (Florenz, Accademia, Gem. v. Magdalenenmeister um 1260); Krone, Taube (Methler bei Hamm/Westfalen, Wandmalerei 2. Hälfte 13. Jh.); Buch, Kreuz (Vich, Bischöfl. Museum, Gem. 15. Jh.); Palme, Kamm (Heiligkreuztal, Glasmalerei um 1320); Fackel (Chomle/Böhmen, Fig. um 1500); Drache, Handkreuz, Krone, Palme (Straßburg, Münster, Fig. um 1250); Drache auf dem Buch (Lübeck, Petrikirche, Relief 1425); Drache zu Füßen (Metz, Kathedrale, Glasmalerei um 1525); Drache an der Leine (Krečov/Böhmen, Gem. um 1500); Drache mit Kreuzstab im Maul (Mainz, Dom, Fig. an der Memorienpforte um 1400); Drache mit Gewandzipfel im Maul (München, Alte Pinakothek, Gem. v. Meister des Bartholomäusaltars um 1500). *Martyrium:* M. wird mit brennenden Fakkeln gemartert (Osnabrück, Dom, Fig. um 1510); M. entsteigt geborstenem Drachen (Madrid, Prado, Gem. v. Tizian 1550–1552); M. ersticht den Drachen mit dem Stabkreuz (Berlin, Kupferstichkabinett, Zeichnung v. M. Schongauer

15. Jh.); M. zeigt auf den toten Drachen (Pisa, Dom, Gem. v. Andrea del Sarto nach 1500). *Besondere Szenen:* Johannes Ev. und M., weil bei schweren Geburten mit Lebensgefahr Johannesprolog und M.-Passion aus der Heiligenlegende den Frauen vorgelesen wurden (München, Alte Pinakothek, Gem. v. Meister des Bartholomäusaltars um 1500); Mystische Verlobung von M. mit dem Jesuskind (Lugano, Sammlung Thyssen, Gem. aus dem Pacher-Umkreis um 1490); Maria übergibt M. das Jesuskind (Bologna, Pinacoteca Nationale, Gem. v. Parmigianino 16. Jh.); M. mit Spindel, Schafe hütend (Paris, Louvre, Buchmalerei im Heures d'Etienne Chevalier v. Jean Fouquet 1452/60). *Zyklen:* zahlreich, u. a. Vich/Museum, Gem. 12. Jh.; Tournai/Kathedrale, Fresko um 1200; Fornovo bei Parma, Relief aus der Antelami-Werkstatt Anfang 13. Jh.; Chartres/Kathedrale, Glasmalerei 1220–27; Torpe/Norwegen, Malerei 14. Jh.; Montici bei Florenz/S. Margareta, Gem. v. Giotto-Umkreis 14. Jh.; St. Florian bei Linz, Gem. v. L. Beck 1510.

Margareta von Cortona

Franziskaner-Terziarin, hl.

Fest: 22. 2.

Leben: * 1247 in Laviano (Süditalien), lebte neun Jahre lang mit einem Edelmann im Konkubinat; Bekehrung beim Anblick der entstellten Leiche ihres Liebhabers; seit 1274 als Franziskaner-Terziarin in Cortona strenges, asketisches Büßerleben. M. hat zahlreiche mystische Visionen. Gründerin eines Spitals und einer Genossenschaft von Schwestern des Dritten Ordens. † 22. 2. 1297. Heiligsprechung 1728.

Legende: M. kasteit sich mit der Faust (Var.: mit einem Stein); Von ihrem Hund geführt findet M. den halbverwesten Leichnam ihres Liebhabers.

Patronat: Stadtpatronin von Cortona, der Büßer und Büßerinnen.

Verehrung und Kultorte: Beigesetzt in Cortona.

Darstellungen in der Kunst: *Gewandung:* als Terziarin mit dunklem, gegürteten Ordenskleid, hellem Schleier, Strickgürtel und Mantel (Cortona, Diözesanmuseum, sienesisches Gem. 2. Viertel 14. Jh.). *Attribute:* Rosenkranz (Cortona, Diözesanmuseum, sienesisches Gem. 2. Viertel 14. Jh.); Stein als Bußwerkzeug (Atri, Kathedrale, Fresko 15. Jh.); kleiner Hund (Mons, Museum, Gem. P. M. Ferrari zugeschrieben 18. Jh.); Geißel, Totenkopf, Bußgürtel (Bad Tölz, Franziskanerkirche, Relief v. J. A. Fröhlich 1740); Lilie (Madrid, Accademia de S. Fernando, Gem. v. P. da Cortona 17. Jh.). *Besondere Szenen:* M. schaut in der Verzückung den Auferstandenen (Florenz, Palazzo Pitti, Gem. v. G. Lanfranco 1618/20); Engel weisen M. auf eine himmlische Lichterscheinung hin (Città del Vaticano, Vatikanische Museen, Gem. v. Il Guercino 17. Jh.); M. vor dem Kruzifix mit Lichterscheinung (Venedig, S. Michele in Isola, Gem. v. G. B. Tiepolo 18. Jh.). *Zyklen:* u. a. Cortona/Diözesanmuseum, sienesisches Gem. 2. Viertel 14. Jh.); Rom/S. Maria in Aracoeli, Gem. v. M. Benefial und P. Barbieri 18. Jh.

Margareta Maria Alacoque
Salesianerin, hl.

Fest: 16. 10. (vor 1970 17. 10.).

Leben: * 22. 7. 1647 in Lauthecour bei Vérosvres/Burgund als Tochter eines Richters und Notars. Nach dem Tod des Vaters mit 8 Jahren zu den Klarissen nach Charolles geschickt, mit 10 Jahren Kinderlähmung, mit 14 Jahren geheilt. 1665 sind mystische Züge bei ihr feststellbar. 1667 im Anschluß an eine Privatoffenbarung zum Ordensleben gegen den Widerstand der Familie entschlossen. 1671 Eintritt in das von Franz von Sales und Johanna Franziska Frémyot de Chantal gegründete Kloster der Visitantinnen in Pa-

ris. Im Orden Fortsetzung der ekstatischen Zustände, große Herz-Jesu-Vision am 16. 6. 1675 mit Auftrag, für die Einführung eines Herz-Jesu-Festes zu wirken. Einfluß ihres geistlichen Führers, des Jesuiten Claudius de Colombière, der die Offenbarungen der M. in seinem Buch »Retraite spirituelle« schriftlich niederlegte, 1682, zwei Jahre nach seinem Tod, veröffentlicht. Im Kloster hatte M. viele Demütigungen von Mitschwestern und Oberinnen zu ertragen. 1684 machte die neue Oberin Mutter Melin M. zu ihrer Assistentin und Novizenmeisterin. 1689 greift der Jesuit P. Jean Croiset M.'s Anliegen auf und hilft, die neue Andacht zum hl. Herzen Jesu zu verbreiten. M. verfaßte 1685 eine Autobiographie. † 1690. Seligsprechung am 24. 4. 1864, Heiligsprechung am 13. 5. 1920.

Verehrung und Kultorte: Reliquien in Paray-le-Monial/Chapelle de la Visitation, ebendort wurden ihre Visionen erstmals als geistliche Tischlektüre 1684 vorgelesen.

Darstellungen in der Kunst: *Gewandung:* im schwarzen Gewand der Salesianerinnen mit vor der Brust gekreuzten Händen (Paris, Bibliothèque Nationale, Gem. v. G. Delangle 18. Jh.). *Besondere Szene:* Betrachtung des Herzens Jesu in Ekstase (München, ehem. Niederlassung der Niederbronner Schwestern, Gem. v. A. Hess Ende 19. Jh.).

Margareta von Schottland
Königin, hl.

Fest: 16. 11. (Todestag), früher 10. 6. bzw. Translationsfest 19. 6.).

Leben: * um 1046 in Reska bei Násasd (Ungarn) als Tochter des Königs Eduard Atheling von England und der Prinzessin Agathe von Ungarn während der Verbannung des Vaters aus England. Mit 11 Jahren am Hof ihres Großonkels König Eduard des Bekenners. 1066 nach der Schlacht von Hastings Flucht nach Schottland, dort um 1070 Heirat mit König Malcolm III. von Schottland. Zusammen mit dem König und dem Erzbischof Lanfranc von Canterbury Reform des kirchlichen Lebens, Beseitigung keltischer Bräuche, Gründung der Abtei Dumferline, große Wohltäterin der Armen. † 1063 in Edinburgh. 1249 Heiligsprechung.

Patronat: Patronin von Schottland.

Darstellungen in der Kunst: *Gewandung:* als Königin (Edinburgh, Schottische National-Galerie, Gem. 19. Jh.); als Nonne (London, Jesuitenkirche in der Farm Street, Fig. 20. Jh.). *Attribute:* Krone zu Füßen (Città di Castello, Pinacoteca Comunale, Gem. v. L. Signorelli spätes 15. Jh.); Kranke (Kupferstich v. Callot 1636).

77 Margareta von Ungarn

(Margit), Königin, hl.

Fest: 18. 1.

Leben: * 1242 (?) in Klissa als Tochter König Bélas IV. und der griechischen Herzogin Maria Laskaris, der Nichte der hl. Elisabeth von Thüringen. Seit 1246 im Dominikanerkloster von Veszprém erzogen, lebte seit 1252 in dem von ihrem Vater gegründeten Kloster auf der Margareteninsel (Haseninsel), 1254 Profeß, nachdem M. eine Heirat mit König Bolseslaw VI. Pobozny von Polen, Ottokar II. von Böhmen und Karl von Anjou abgelehnt hatte. M. nahm aus der Hand des Erzbischofs von Gran öffentlich den Schleier, führte ein Leben in strenger Askese und Armut in intensiver Verehrung des Leidens Christi, verbunden mit heroischer Selbsthingabe in der Krankenpflege. † 18. 1. 1270. Seligsprechung 1776, Heiligsprechung 1943.

Legende: Während der Mongoleneinfälle 1241 weihen die Eltern ihr noch ungeborenes Kind M. Gott. – Der Groß-Khan der Mongolen stirbt und Mongolenfüher Batu zieht mit seinen Reiterhorden nach Innerasien zur Erbteilung ab. – M. hält ihrem Vater wegen der versuchten Heiratsvermittlungen eine Strafpredigt.

Verehrung und Kultorte: seit 1789 in den ungarischen Diözesen, seit 1804 im Dominikanerorden.

Darstellungen in der Kunst: *Gewandung:* als Dominikanerin (Esztergom, Erzbischöfl. Museum, Holzschnitt um 1500); im von Sternen bedeckten Mantel (Szombathely, Dominikanerkloster, Gem. 18. Jh.). *Attribute:* Buch, Lilie (Basel, Historisches Museum, Wandteppich spätes 15. Jh.); Krone der zurückgewiesenen Könige (Szombathely, Dominikanerkloster, Gem. 18. Jh.); Stigmata (London, National Gallery, Predella aus dem Fra-Angelico-Umkreis 15. Jh.); stigmatisierter Christus-Seraph (Perugia, S. Domenico, Fresko v. 1368). *Besondere Szenen:* M. unter dem Kreuz (Pest, Universität, Relief v. Pándikiss 19. Jh.); Stigmatisierung der hl. M. (Città di Castello, S. Domenico, Fresko 15. Jh.). *Zyklen:* Piliscsaba/Pfarrkirche, Gem. v. A. E. Falkoner 1772.; Augsburg, Kupferstich v. Klauber 18. Jh.

Maria

Gottesmutter, hl.

4-14, 76

Fest: 8. 12. Hochfest der ohne Erbsünde empfangenen Jungfrau und Gottesmutter Maria (im 9. Jh. von Konstantinopel nach Süditalien als liturgische Feier, durchgesetzt von Anselm von Canterbury, der das Fest in seiner Diözese einführte, 1476 unter Papst Sixtus IV. von der römischen Kirche übernommen, als verbindlich definierte Glaubenslehre und Glaubenssatz am 8. 12. 1854 von Papst Pius IX. erklärt); 1. 1. Hochfest Maria, Gottesmutter (Mutter der Kirche, ältestes römisches Marienfest); 2. 2. Fest Darstellung des Herrn (am 40. Tag nach Weihnachten seit Beginn des 5. Jh. in Jerusalem, seit 650 in Rom, dort mehr als »Reinigung Mariä« nach dem jüdischen Gesetz begangen, seit 1960 Charakter des Herrenfestes betont); 11. 2. Gedenktag Unserer Lieben Frau in Lourdes (1891 von Papst Leo XIII. genehmigt und 1907 von Papst Pius X. auf die ganze Kirche ausgedehnt, erinnert an die Erscheinungen des vierzehnjährigen Hirtenmädchens Bernadette Soubirous in einer Felsgrotte bei Lourdes im Jahr 1858, in der Maria als Unbefleckt Empfangene die Menschen zur Wallfahrt, vor allem aber zu Gebet und Buße einlud); 25. 3. Hochfest der Verkündigung des Herrn (in der Ostkirche neun Monate vor Weihnachten um 550 gefeiert, in Rom im 7. Jh. eingeführt); am Samstag nach dem 2. Sonntag nach Pfingsten Fest des Unbefleckten Herzens Mariä (für die Kirche 1944 von Papst Pius XII. vorgeschrieben, nachdem er am 31. 10. 1942 die ganze Menschheit dem unbefleckten Herz Mariens aus Anlaß der Fatimafeierlichkeiten geweiht hatte, bis 1970 am 22. 8.); 31. 5. Fest Mariä Heimsuchung (1263 durch Bonaventura für den Franziskanerorden eingeführt und auf den Tag der Oktav des Festes Johannes des Täufers, 2. 7. festgesetzt, 1389 auf die abendländische Kirche ausgedehnt, seit 1970 nur noch in Deutschland am ursprünglichen Festtag begangen); 16. 7. Gedenktag Unsere Liebe Frau auf dem Berge Karmel (ursprünglich Eigenfest des Karmelitenordens, mit der legendären Übergabe des Skapuliers an den Ordensgeneral Simon Stock durch Maria als Skapulierfest verbunden, seit 1726 im römischen Festkalender); 5. 8. Gedenktag der Weihe der Basilika Santa Maria Maggiore in Rom (früher als Fest Maria Schnee in Erinnerung an die Legende vom wunderbaren Schneefall im August, durch den Maria die Stelle auf dem Esquilin bezeichnete, wo ihre Kirche entstehen soll; Kirche 435 in Erinnerung an das Konzil von Ephesus, auf dem der Titel Gottesmutter für Maria ausdrücklich bestätigt wurde, der Gottesmutter geweiht); 15. 8. Hochfest der Aufnahme Mariens in den Himmel (im Zuge des Konzils von Ephesus begangenes Fest der Entschlafung Mariens in der Ostkirche, Tag von Kaiser Mauritius (582–602) als Feiertag anerkannt, in

der römischen Kirche seit dem 7. Jh. begangen; am 1. 11. 1950 wurde die Lehre, daß Maria mit Leib und Seele in die himmlische Herrlichkeit aufgenommen worden ist, von Papst Pius XII. als verbindlicher Glaubenssatz definiert.); 22. 8. Gedenktag Maria Königin (von Papst Pius XII. zum Abschluß des Mariansichen Jahres 1954 eingführt und am 31. 5. begangen, seit 1970 auf den Oktavtag von Mariä Himmelfahrt verlegt); 8. 9. Fest Mariä Geburt (ursprünglich Kirchweihtag der Anna-Kirche in Jerusalem, unter Papst Sergius (687–701) als römisches Marienfest erstmals bezeugt); 12. 9. Gedenktag Mariä Namen (im 16. Jh. in Spanien eingeführt, von Papst Innozenz XI. 1683 als Dank für den Sieg über die Türken bei Wien in der abendländischen Kirche eingeführt, 1970 im römischen Festkalender gestrichen, in Deutschland wegen der an diesem Tag

üblichen Namenstagsfeiern beibehalten); 15. 9. Gedenktag des Gedächtnisses der sieben Schmerzen Mariens (im Mittelalter aufgekommene Verehrung, Fest in Erfurt und Köln im 15. Jh. bezeugt, 1667 Eigenfest im Servitenorden, 1814 von Papst Pius VII. allgemein eingeführt); 7. 10. Gedenktag Unsere Liebe Frau vom Rosenkranz (Rosenkranzgebet im 15. Jh. von den Dominikanern und später von den Jesuiten verbreitet, Fest von dem Dominikanerpapst Pius V. 1572 zur Erinnerung an den Sieg über die Türken in der Seeschlacht bei Lepanto (7. 10. 1571) eingeführt, nach dem Sieg bei Peterwardein in Ungarn am 5. 8. 1716 Fest auf Bitten Karls VI. auf die ganze Kirche ausgedehnt); 21. 11. Gedenktag Unsere Liebe Frau in Jerusalem (Kirchweihfest der Marienkirche in Jerusalem seit dem 6. Jh., erst seit dem 14. Jh. in der römischen Kirche verbreitet, verbunden mit dem legendären, auf das Protoevangelium des Jakobus zurückgehenden Festinhalt Mariä Opferung).

Biblische Bezeugung: Paulus nennt im Galaterbrief (Gal 4,4) die Mutter Jesu ohne Namen, betont aber die Bedeutung der Mutterschaft M.'s als den Ort, wo sich der Übergang des ewigen Sohnes Gottes in die menschliche Natur und in die Geschichte ereignete. Darin wird die besondere Rolle M.'s gesehen. Im Markusevangelium wird überliefert, daß die Familie Jesus nicht verstand und ihn aus der Öffentlichkeit zurückholen wollte (Mk 3, 20 ff). Spätere Evangelien schwächen Mk 3,31 ab, um die Würde M.'s zu erhöhen. Matthäus und Lukas widmen M. in der Kindheitsgeschichte breiten Raum. M. war mit dem Davididen Josef verlobt, M. hat Jesus vom Heiligen Geist empfangen, seine Geburt geschah von M. als Jungfrau. Die Heimat der Familie ist Nazareth. Im Johannesevangelium wird von M. bei der Hochzeit zu Kana berichtet. Unterm Kreuz nahm Johannes Maria zu sich (Jo 19, 25–27). Laut Apostelgeschichte weilte M. bei der Ausgießung des hl. Geistes unter den Jüngern. Das Glaubensgeheimnis der Gottesmutterschaft Mariens ist von Anfang an mit dem der Jungfräulichkeit verbunden, zu dem die Freiheit M.'s von persönlichen Sünden getreten ist. Die besondere Stellung M.'s im Leben der Kirche wird nach alter Tradition darin gesehen, daß die Kirche in M. sich selbst wiederfindet.

Legenden: Umkreis der Kindheit Jesu nach dem Prototoevangelium des Jakobus: Ein Engel verkündet Anna die Geburt M.'s. – M. macht mit sechs Monaten zweimal sieben Schritte. – Anna macht aus dem Kinderzimmer M.'s ein Heiligtum und läßt nicht zu, daß sie etwas Unreines oder Profanes zu sich nimmt. – M. hat unbefleckte Töchter der Hebräer als Spielgefährten. – M. wird im Alter von drei Jahren zum Tempel gebracht, wo der Hohepriester das Kind auf die dritte Stu-

fe des Altares setzt. M. erhält von Gott Anmut und tanzt vor dem Herrn. – M. weilt als Tempeljungfrau in Jerusalem und empfängt im Tempel Speise aus der Hand von Engeln. – M. wird mit Josef verlobt, nachdem sein unter den vom Hohenpriester auf den Altar gelegten Stäben der Witwer Israels grünt. – M. fertigt aus Purpur und Scharlach einen neuen Vorhang für den Tempel zu Jerusalem. – M. erscheint am Spinnrocken bei der Arbeit der Erzengel Gabriel und verkündet ihr die Empfängnis vom hl. Geist. – Josef wird die Schwangerschaft M.'s offenbar und erfährt das göttliche Geheimnis im Traum durch einen Engel. – Der Schriftgelehrte Annas gibt wegen der Befleckung M. und Josef das Fluchwasser zu trinken und schickt sie in die Wüste, doch kehren beide wohlbehalten zurück, so daß Annas sie nicht richten kann, da Gott keine Sünde offenbar gemacht hat. – Bei der Geburt Jesu hilft M. eine Hebamme, die der Magd Salome von dem Wunder der Jungfrauengeburt erzählt; Salome will erst glauben, wenn sie mit ihren Fingern den Zustand M.'s untersucht, dabei jedoch verbrennt ihre Hand wie von Feuer; ein Engel erscheint und heilt sie. – Umkreis der Legenden um Marientod und Himmelfahrt nach der Legenda aurea und dem Transitus Mariae: M. wird im 72. Lebensjahr von einem Engel der bevorstehende Tod angekündigt und ihr ein Palmzweig aus dem Paradies übergeben. – M. wünscht, daß die Apostel bei ihrem Tod anwesend sind, deswegen werden sie aus allen Gegenden von Wolken aufgehoben und vor der Tür Mariens in Ephesus abgesetzt. – Christus kommt mit dem Heer der Engel und den Patriarchen, um die Seele seiner Mutter abzuholen. – Die Apostel tragen in Christi Auftrag den Leichnams M.'s vom Berg Sion zum Tal Josaphat. – Als der jüdische Hohepriester die Beisetzung des Leichnams mit Waffengewalt verhindern will, bleiben seine Hände an der Bahre haften und werden erst durch Fürsprache des hl. Petrus gelöst (Var.: Ein Jude will den Leichnam auf der Bahre schänden, doch schlägt ihm ein Engel Gottes beide Hände ab). – Die den Hohenpriester begleitenden Scharen werden von Engeln aus dem Himmel mit Blindheit geschlagen, werden jedoch geheilt, indem Petrus den Hohenpriester die vom Engel an M. überbrachte Palme aus dem Paradies über das erblindete Volk zu halten gebietet. – Christus vereinigt die Seele M.'s wieder mit ihrem Leib, und Maria wird, von Engeln getragen, mit Leib und Seele in den Himmel aufgenommen. – Thomas war beim Tod Mariens nicht dabei und glaubt das Wunder nicht, als plötzlich der Gürtel M.'s vom Himmel als Zeichen herniederfällt. – M. sitzt zur Rechten ihres Sohnes als königliche Braut und wird von ihm gesegnet und gekrönt. – Bei Caesarius von Heisterbach weitere Legenden.

Patronat: Patronin v. Ungarn, Polen, Bayern (Fest der Patrona Bavariae am 14. 5.), Rheinland, Westfalen, Unteritalien, Sizilien, Spanien, Südfrankreich, Altötting, Einsiedeln u. v. a.; Deutscher Orden, Serviten, Marianische Kongregationen, zahlreiche marianische Bruderschaften in aller Welt; Fischer, Schiffer, Schröter in Hallgarten/Rheingau mit eigenem Berufsgenossenschaftsbild (schöne Hallgartnerin Ende 14. Jh.); der Jungfräulichkeit, Keuschheit, Ordensleute, Priester, der gebärenden Mütter, M. als Helferin in aller Not und Gefahr, M. als immerwährende Hilfe, als mächtige und gütige Schutzherrin, als Heil der Kranken, der Reisenden, in Kampf und Krieg, bei Geburtsnöten.

Verehrung und Kultorte: Reliquien u. a. in Aachen, Domschatz (Gewand, Windeln des Jesukindes); Samstag als Marientag; Rom, S.

Maria Maggiore; Patronin zahlreicher Bischofskirchen in der ganzen Welt. Zahllose Marienwallfahrten und Gnadenbilder. In Deutschland M.-Wallfahrtsstätten u. a. Aachen/Dom, Altötting, Andechs, Arenberg (schmerzhafte Mutter), Aufhofen (schmerzhafte Mutter), Maria Beinberg, Berching, Berchtesgaden, Beuron, Bidlesheim, Maria-Birnbaum, Birkenstein, Birnau, Blieskastel (Vesperbild), Bochum-Stiepel, Dettelbach, Dieburg (Vesperbild), Dorfen, Ettal, Fährbrück, Freystadt, Fulda, Gößweinstein, Gräfinthal, Maria Hilf ob Passau, Hohenpeißenberg, Kevelaer, Klosterlechfeld, Kolmerberg, Ramsau, Sammarei, St. Märgen, Sossau, Telgte, Tuntenhausen, Vilsbiburg, Waghäusel, Würzburg/Käppele. In Frankreich M.-Wallfahrtsstätten u. a. in Agen, Aigouillon, Aix (Dep. Haute-Vienne), Aix (Dep. Bouches-du-Rhône), Albi, Amiens, Angoulême, Antibes, Chartres, Clermond-Ferrand/Notre-Dame-du-Port, Notre-Dame-du-Folgoet, Honfleur, Notre-Dame-de-la-Delivrande bei Bayeux, Notre-Dame-de-Boulogne, Lourdes, Marseille/Notre-Dame-de-la-Garde, Paris/Notre-Dame-des-Victoires, Puy/Notre-Dame, Rocamadur, Saintes Maries de la Mer. In Ungarn M.-Wallfahrtsstätten u. a. in Abos (zur Rosenkranzkönigin), Maria-Pócs, Maria-Radna, Szepesváralja auf dem Leutschauerberg, Mariazell in der Steiermark (bevorzugter Wallfahrtsort der Ungarn), Gjyüd, Maria Kemend bei Fünfkirchen, Maria Könnye, Csiksomlyó, Sasvar, Maria Schloßberg, Turbek bei Szigetvár, Ohegy, Zolyom, Radvány, Königsberg, Neutra, Dubnicz, Visnyó, Rust, Kópháza, Téth-Szent-Kut, Radafalva, Vasvár, Röth, Kertes, Maria-Bodaik, Maria-Einsiedeln bei Ofen, Hétkápolna bei Waitzen, Maria Besnyö bei Gödöllö, Andocs, Remette, Hajos; In Großbritannien M.-Wallfahrtstätten u. a. in Walsingham.

Aberglauben: M.-Feste sind Lostage. Zahlreiche, kaum zu erfassende im Zusammenhang des Naturkreislaufs stehende Bräuche.

– Maria Läng, als Maß ausgedrückt, dient als Mittel gegen Übel und Gefahren (vgl. Maria Läng-Kapelle in Regensburg) und für eine gute Geburtsstunde. – Schluckbildchen aus Mariazell gegen mannigfache Krankheiten werden nach Bedarf abgeschnitten und einzeln verschluckt. – In Ungarn brennt in der Christnacht eine Lampe, damit M. kommt und Glück bringt. – Wer an M.-Geburt eine Schwalbe fängt, soll ein Steinchen ihrem Magen entnehmen und dies gegen Fallsucht einnehmen.

Darstellungen in der Kunst: *Gewandung:* als Kind (Frankfurt, Städel, Gem. v. J. de las Roclas 17. Jh.); als römische Matrone in Tunika und Palla (Rom, Santa Sabina, Türflügelrelief um 430); als Hodegitria oder Glykophilousa in Pänula (glockenförmiger Überwurf, an dessen Halsausschnitt sich eine Kapuze befindet) und hemdartigem Gewand (Köln, St. Maria im Kapitol, Fig. um 1180); in Chiton, darüber Maphorion (Schleier, der Brust und Schultern bedeckt), Haube mit Haupthaar (Hildesheim, Domschatz, Buchmalerei Bernward-Evangeliar 11. Jh.); als Königin in purpurnem Gewand (Rom, S. M. in Trastevere, Ikone Madonna della Clemenza 7. Jh.); als gekrönte Königin (Siena, S. Maria dei Servi, Gem. v. C. di Marcovaldo); als Kaiserin (Lüttich, St. Jean, Fig. um 1200); als Braut Christi ohne Kind (Köln, Domchor, Fig. 13. Jh.); als Braut des Hl. Geistes (Tegernbach, Fig. um 1750); als Schwangere mit Gürtel (Augsburg, Dom, Gem. um 1470); als Schwangere, mit dem Kind, das in einer Mandorla auf dem Leib sichtbar gemacht ist (Utrecht, Diözesanmuseum, Gem. v. Meister des Friedberger Altares um 1410); als Wöchnerin im Wochenbett (Georgsmarienhütte-Oesede, Fig. um 1440); als ihr Kind anbetende Mutter (Florenz, Uffizien, Gem. v. Correggio 1524/1526); als ihr Kind züchtigende Mutter (Köln, Museum Ludwig, Gem. v. Max Ernst 1926); als stillende Mutter (Siena, Pinacoteca Nazionale [Maria Lactans],

Gem. v. Ambrogio Lorenzetti um 1330); als Beterin [M. Orans] (Rom, Oratorium des hl. Venantius, Wandmalerei 642); als Priesterin mit Jesus als Ministrant (Paris, Louvre, Gem. aus Amiens 1437); in der Ohnmacht (Ebernburg, kath. Pfarrkirche, Fig. um 1400); als trauernde Witwe (Köln, Schnütgen-Museum, Fig. um 1420); als im Leid zusammenbrechende Mutter (Osnabrück, Diözesanmuseum, Fig. Anfang 16. Jh.); als Schmerzensmutter (Düsseldorf, St. Lambertus, Fig. um 1700); in der Marienklage als Vesperbild mit dem toten Sohn auf dem Schoß (Soest, Nikolaikapelle, Fig. um 1400); im Harnisch als Kriegerin (Klosterneuburg, Gem. um 1440); als Steuermann im Schiff (Neujahrsblatt, Holzschnitt v. 1450/60); im Ährenkleid (Soest, Maria zur Höhe, Gem. um 1470); als gute Hirtin (Thaining, St. Wolfgang, Gem. 18. Jh.); im Schutzmantel (Berlin, Staatliche Museen Preußischer Kulturbesitz, Fig. v. F. Schramm 1480); im Blütenkranz (München, Alte Pinakothek, Gem. v. J. Breughel d. Ä.); als Seelengeleiterin auf der Himmelsleiter (Siena, Hospital S. M. della Scala, Fresko 16. Jh.); als Annunziata (München, Alte Pinakothek, Gem. v. Antonello da Messina um 1470); als Assunta (München, Alte Pinakothek, Gem. v. L. Memmi 1310); als Mater Dolorosa (Madrid, Prado, Gem. v. Tizian); als Immaculata Conceptio (Madrid, Prado, Gem. v. G. B. Tiepolo Ende 18. Jh.); als apokalyptisches Weib (München, Alte Pinakothek, Gem. v. P. P. Rubens 1626); im Strahlenkranz (Kloster Oelinghausen, Fig. um 1500); als Maria vom Siege (Weyarn, Fig. v. I. Günther um 1764); als Mater et Magistra (München, Frauenkirche, Fig. v. E. Diez 1959); als Säulenheilige (München, Marienplatz, Fig. 1638); als Milchspenderin an Heilige (Großkarlbach, Kanzelrelief 16. Jh.); als schwarze Muttergottes (Tschenstochau, Wallfahrtsbild). *Attribute:* Szepter (Paris, Notre-Dame, Annenportal, Relief nach 1160); Rosenszepter (Osnabrück, Dom-

Maria

schat, Fig. um 1450); Krone (Aachen, Domschatz, Fig. um 1280); Eichenblattkrone (Privatbesitz, Gem. v. Meister der bemalten Nimben 15. Jh.); Stirnreif (Kalkar, St. Nikolai, Fig. 1475/80); Weltkugel (Köln, Dom, Buchmalerei aus dem Pontifikale v. St. Vaast in Arras um 1050); Halskette (Münster, Westfälischer Kunstverein, Fig. um 1520); Halskette mit Medaillon (Münster, St. Moritz, Fig. um 1400); Handkreuz (Lemberg, Dominikanerkirche, Fig. spätes 14. Jh.); Handkreuz und Leidenswerkzeuge in der Hand von Engeln (Venedig, S. Giorgio dei Greci, Ikone von E. Tzanfournaris Ende 16. Jh.); Kreuzstab, vom Johannesknaben M. und Jesusknaben gewiesen (Köln-Marienburg, Sammlung Cremer, Gem. um 1550); Kruzifix (New York, Metropolitan Museum, Schreinmadonna um 1300); Kruzifix von Engel getragen (Florenz, Uffizien, Gem. v. Andrea Rizzi 16. Jh.); aufgeschlagenes Buch (Nürnberg, Germanisches Nationalmuseum, Gem. v. H. Burgkmair, Madonna mit der Traube 1510); Adlerpult mit Buch (Köln, Dom, Fig. nach 1473); Taube als Symbol des Hl. Geistes (St. Florian, Stiftskirche, Gem. v. C. Dolci 17. Jh); sieben Tauben als Symbol der Gaben des Hl. Geistes, Löwen als Symbole der Apostel und der beiden Johannes (Gurk, Westempore, Wandmalerei 1260/70); Vogel, von Jesus seiner Mutter gereicht (Paris, Louvre, Fig. aus Coulombs Ende 13. Jh.); Distelfink als aus dem Italienischen kommendes Wortspiel Cartellino = Schriftrolle, Cardellino = Distelfink, (Böllenborn, Wallfahrtskirche, Fig. v. 1517); Eichelhäher als Kündervogel (Zürich, Schweizer Landesmuseum, Meister des Bremgartner Altares um 1510); Kohlmeise (Nürnberg, Germanisches Nationalmuseum, Gem. v. H. Burgkmair, 1509); Nachtigall (Nürnberg, Germanisches Nationalmuseum, sog. Gossenbrotmadonna 1499); Papagei, weil er Ave sagen kann (Nürnberg, Germanisches Nationalmuseum, Gem. v. H. Baldung-Grien 1527/28); Schwal-

be (Madrid, Prado, Verkündigungstafel v. Fra Angelico um 1430/50); Zeisig (Berlin, Staatliche Museen Preußischer Kulturbesitz, Gem. v. A. Dürer, Madonna mit dem Zeisig 1506); Einhorn (Weimar, Schloßmuseum, Gem. 1. Hälfte 15. Jh.); Lamm (Paris, Louvre, Gem. v. L. da Vinci 1501–1507); Ei (Mailand, Brera, Gem. v. P. della Francesca 15. Jh.); Blumen (Florenz, Museo Nationale di Bargello, Relief v. Lucca della Robbia, um 1440); Akelei (Erfurt, Dom, Gem. der mystischen Einhornjagd um 1420); Alant (Köln, Wallraf-Richartz-Museum, Gem. v. J. van Kleve 1515); Apfel als Zeichen der Erlösung (Köln, Wallraf-Richartz-Museum, Gem. v. S. Lochner um 1448); Anemone, Arnika, Aronstab, Maiglöckchen, Schwertlilie u. v. a. (Frankfurt, Städel, Gem. vom Meister des Paradiesgärtleins um 1410); Birne (Aachen, Suermondt-Museum, Fig. um 1500); Busch-oder Karthausernelke, deren Fruchtstände an Nägel und damit an die Passion erinnern (Privatbesitz, Oberrheinischer Meister, Verkündigung an Maria 15. Jh.); Dornen (Essen, Folkwang-Museum, Gem. v. P. Christus 1444); Gurkenkraut (Chantilly, Musée Condé, Ingeborgpsalter, Geburt-Jesu-Darstellung, Buchmalerei um 1200); Erdbeere (Solothurn, Städt. Museum, Gem. v. oberrheinischem Meister der Maria in den Erdbeeren um 1425); Feigenbaum, Frauenschuh, Nelke, Kamille (Stuppach, Gem. von MGN, genannt Grünewald 1517/19); Granat-oder Paradiesapfel (Düsseldorf, Kunstmuseum, Fig. um 1400); Kirsche als Symbol des Zunichtemachens der Sünde (Münster, Landesmuseum, Gem. v. Hermann tom Ring um 1550); Lilie in der Hand als Zeichen der Immaculata (Alzenau, Pfarrkirche, Fig. v. P. Wagner um 1760); Lilie in einer Vase bei Verkündigungsdarstellungen (Mainz, Landesmuseum, Gem. v. sog. Hausbuchmeister nach 1500); Nelke (München, Alte Pinakothek, Gem. v. L. da Vinci 15. Jh.); Nuß (Köln, Wallraf-Richartz-Museum, Gem. v. Meister

Maria

des Bartholomäus-Altars um 1500/1505); Pfingstrose (Colmar, Dominikanerkirche, Gem. v. M. Schongauer); Rittersporn (Gent, St. Bavo, Genter Altar v. H. und J. van Eyck 1432); Rose (Trier, Bischöfliches Museum, Fig. v. P. Wederath, nach 1500); Rosenhag (Colmar, Dominikanerkirche, Gem. v. M. Schongauer); Schöllkraut (München, Alte Pinakothek, Anbetung der Könige v. R. van der Weyden 15. Jh.); Veilchen (Köln, Erzbischöfliches Diözesanmuseum, Gem. v. S. Lochner um 1439); Vexiernelke (Nürnberg, Lorenzkirche, Altargem. 1310); Weinstrauch (Marburg, Elisabethkirche, Tympanonrelief 1283); Weintraube als Symbol der aus M.'s Schoß hervorgebrachten Edelfrucht Jesu (Kälberau, Wallfahrtskirche, Fig. um 1450); Wicke (Köln, Wallraf-Richartz-Museum, Gem. v. Meister der hl. Veronika um 1410/20, sog. Madonna mit der Wickenblüte); aufgeschnittene Zitrone als Zeichen der Passion (Essen, Sammlung Krupp, Gem. v. J. van Cleve, Anfang 16. Jh.); Breilöffel und Schale (Heemstede, Sammlung v. Pannwitz, Gem. v. G. David um 1500); flammender Gralskelch (S. Clemente de Tahull, Gem. um 1123); Schnuller oder Lutschbeutel (Nürnberg, Germanisches Nationalmuseum, Gem. v. H. Holbein d. Ä. um 1505); Perle, Glasgefäß, durch das Licht scheint, Kerzenleuchter. Wasserschale mit klarem Wasser als Symbole der Jungfräulichkeit); Früchte (Frankfurt, Städel, Gem. v. J. van Eyck 1. Hälfte 15. Jh.); Himmelsstadt (London, British Museum Codex Add. Ms. 28681, Buchmalerei Anfang 13. Jh.); Hohlspiegel (Speyer, St. Ludwig, Boßweilerer Altar um 1490); Kirchengebäude, Regenbogen, Bienenkörbe (Stuppach, Gem. v. Meister MGN, genannt Grünewald 1517–18); Kelch mit Hostie (Paris, Louvre, Gem. v. J. D. Ingres 1840); Korallenkette (Kunsthandel, Gem. v. Marinus van Reymerswaele um 1500); Gebetsschnur (Köln, Wallraf-Richartz-Museum, Gem. vom Meister der hl. Veronika

um 1410/20); Rosenkranz (Gem. von B. E. Murillo 17. Jh.); umgegürtetes Schwert (Niederstetten, Friedhofskapelle, Fig. 13. Jh.); Schwert an der Brust, Tränentuch (München, Herzogsspitalkirche, Fig. v. T. Pader 1651); sieben Schwerter (München, Bayerisches Nationalmuseum, Ex Votos aus der Sammlung Kriß 18. Jh.); Sonne (London, National Gallery, Gem. v. Pisanello 1440); Mondsichel (Lübeck, Marienkirche, Fig. v. Antwerpener Altar 1518); Weltkugel als Standfläche, Paradiesschlange (Brüssel, St. Gudula, Schalldeckel der Kanzel 1695/99); Drachen zu Füßen (Köln, Schnütgenmuseum, Fig. um 1240). *Besondere Szenen:* Maria mit den Symbolen der Lauretanischen Litanei (Bonn, Rheinisches Landesmuseum, Wasserfaß-Altar 1420; Mainz, Landesmuseum, Gem. v. C. Crayer 17. Jh.; München, Residenz, Hofkapelle, Stuck 1614/30; Altenburg, Wallfahrtskirche, Fresken 1711); mit einer Auswahl u. a. Sonne, Mond, Meerstern, fleckenloser Spiegel, das von Tau benetzte Fell Gideons, elfenbeinerner Turm, himmlisches Jerusalem, Himmelspforte, verschlossenes Tor, versiegelter Born, Quelle des Heils, Lebensbrunnen (Essen, Sammlung Krupp, Gem. v. S. Botticelli Ende 15. Jh.); Brunnen (Steinhausen, Wallfahrtskirche, Fresko v. J. B. Zimmermann 1731); Pforte des Himmels (Ingolstadt, Kongregationssaal, Fresken v. C. D. Asam 1734); u. a. verschlossener Garten, Rosenstrauch, Lilie unter Dornen, köstliche Olive, Reis Jesse, blühender Stab Aarons, Mandelzweig (Niederaschau, St. Maria, Fresken v. B. Mang 1754; Wilhering, Klosterkirche, Stuck v. B. Altomonte 1741); Einhornjagd (St.-Jean-Saverne, Wirkteppich 15. Jh.); Rosenkranzmadonna (Nürnberg, Lorenzkirche, Fig. v. V. Stoß); Lukas malt M. (München, Alte Pinakothek, Gem. v. R. van der Weyden 1435/40); Rosenkranzspende an den hl. Dominikus (Speyer, St. Magdalena, Gem. 17. Jh.); Marienerscheinungen siehe unter den betreffenden Heili-

gen, zahlreiche lokale Wunder und Wallfahrtsereignisse. *Zyklen:* zahlreich, u. a. Chartres/Kathedrale, Königsportal, Kapitellplastik 1150; Chartres/Kathedrale, Westportal, 1150; St-Gilles, linkes Tor, 2. Hälfte 12. Jh.; Paris/Notre-Dame, Annenportal 12. Jh.; Tournai, Marienschrein v. N. v. Verdun 1205; Pisa/Museo Nazionale S. Matteo, M.-Tafel Ende 13. Jh.; Padua/Arenakapelle, Fresken v. Giotto; Orvieto/Dom, Fresken v. Ugolino d'Ilario 1357–1364.

Maria Ägyptiaca

Anachoretin, hl.

Fest: 2. 4. (in griechisch-ostkirchlichen Riten 1. 4.).

Leben: lebte als Einsiedlerin im 4. Jh.

Legende: Schilderungen kopieren teilweise das Büßerleben der hl. Maria Magdalena: M. lebt 17 Jahre als Dirne in Alexandria. – Während einer Schiffsfahrt mit Wallfahrern zum hl. Kreuz in Jerusalem bietet M. den Seeleuten ihren Leib als Ersatz für Fährgeld an. – M. wird wegen ihrer Unreinheit am Betreten der Wallfahrtskirche von einer unsichtbaren Macht gehindert. – M. bekehrt sich vor einem Marienbild und kann ungehindert die Kirche betreten. – Ein Mann gibt M. drei Groschen, von denen sie sich drei Brote kauft. – Der Weisung einer Stimme, über den Jordan zu gehen, folgt M. – M. lebt 47 Jahre in der Wüste und nährt sich die ganze Zeit von den drei in Jerusalem gekauften Broten. – Abt Zosimas entdeckt auf der Suche nach einem hl. Altvater M., deren Kleider inzwischen zerfallen sind. – M. bittet Zosimas um seinen Mantel, damit sie ihre Blöße bedekken könne. – M. wird beim Gebet vor den Augen des Zosimas von der Erde emporgehoben. – M. bittet Zosimas, ihr einmal jährlich den Leib des Herrn in die Wüste zu bringen. – M. schreitet über das Wasser des Jordan Zosimas mit dem Leib des Herrn entgegen. – M. benötigt für die Wegstrecke von dreißig Tagen in die Wüste zurück lediglich eine Stunde. – M. wird ein Jahr später von Zosimas tot aufgefunden. – In einer Inschrift im Sand hat M. vermerkt, daß Zosimas sie begraben solle. – Ein Löwe gräbt für Zosimas, der kein Werkzeug bei sich hat, das Grab.

Patronat: Büßerinnen.

Verehrung und Kultorte: Reliquien in Rom, Neapel, Tournai, Antwerpen. Grab seit dem 6. Jh. Wallfahrtsstätte; Flüchtlinge aus Palästina verbreiteten seit 614 die Verehrung in Rom, Kalabrien und Süditalien.

Darstellungen in der Kunst: *Gewandung:* als nackte, jugendliche Frau mit den gesamten Körper bedeckenden Haaren (Aachen, St. Paul, Beichtstuhlfigur 1665); in langem Kleid, Mantel, mit Kopftuch, turbanartiger Haube (Wien, St. Stephan, Kanzelfuß, Fig. frühes 16. Jh.); nackt mit umgehängtem Mantel des Zosimas (Brügge, St. Jans-Hospital, Gem. v. H. Memling 1480); als alte, büßende Einsiedlerin (Montpellier, Musée Fabre, Gem. v. J. Ribera 17. Jh.). *Attribute:* drei Brote (Paris, St-Germain-l'Auxerrois, Fig. 15. Jh.); Buch (Venedig, Scuola di S. Rocco, Gem. v. J. Tintoretto spätes 16. Jh.); Totenschädel (Madrid, Prado, Gem. v. J. Ribera 17. Jh.). *Besondere Szenen:* M. unter dem Kreuz (Chinon, St-Maxime, Fresko 15. Jh.); M. bei der Anbetung des Lammes (Gent, St. Bavo, Genter Altar v. H. und J. van Eyck 1432); Kommunion M.'s (Colmar, Unterlinden-Museum, Kapitellrelief aus Alspach/Elsaß 1180); Elevatio M.'s durch Engel (Palermo, Nationalmuseum, Gem. v. P. Novelli 17. Jh.); M. von Engeln ernährt (Berlin, Staatliche Museen Preußischer Kulturbesitz, Gem. v. Lorenzo di Credi um 1500); Begräbnis von M. (Florenz, Palazzo Pitti, Gem. v. P. da Cortona 17. Jh.). *Zyklen:* Toulouse/Museum, Kapitellreliefs 12. Jh.; Bourges/Kathedrale, Glasmalerei Anfang 13. Jh.; Hamburg/Kunsthalle, Gem. v. E. Nolde 1912.

Maria Goretti

Martyrerin, hl.

Fest: 6. 7.

Leben: * 16. 10. 1890 in Corinaldo als ältestes von fünf Kindern armer Bauersleute. 1899 Umzug auf das Pachtgut des Witwers Serenelli. Der 16jährige Sohn des Pächters Alessandro stellte M. nach und versuchte, sie mit Gewalt gefügig zu machen. Am 5. 7. 1902 stach er mit einem Messer blindwütig auf M. ein, die an den Verletzungen starb. M. hat auf dem Krankenbett ihrem Mörder verziehen. – Seligsprechung am 27. 4. 1947, Heiligsprechung am 24. 6. 1950 in Anwesenheit ihrer alten Mutter.

Legende: M. erscheint dem im Gefängnis zu 30 Jahren Zwangsarbeit verurteilten Alessandro im Traum, wo sie Blumen pflückt und ihm anbietet.

Patronat: meist extrem konservativer kirchlicher Bünde, u. a. in Bayern.

Verehrung und Kultorte: Reliquien in Nettuno/S. Maria delle Grazie e S. Maria Goretti.

Keine Darstellungen in der bildenden Kunst.

Maria Magdalena

eine der Frauen aus dem Gefolge Jesu, hl.

Fest: 22. 7.

Biblische Bezeugung: Nach den biblischen Berichten (Mk 16,9 und Lk 8,2) trieb Jesus M. aus Magdala (heute el-Mejdel am See Genesareth bei Tiberias) sieben Dämonen aus; seitdem schloß MM. sich Jesus an, war bei der Kreuzigung und dem Tod Jesu (Mk 15, 40, Mt 27, 56 und Jo 19,25) anwesend, ebenso bei der Abnahme des Leichnams Jesu vom Kreuz und bei der Grablegung (Mk 15,47, Mt 27,61); MM. gehörte zu den drei Marien, die am Morgen des Ostertages nach dem Kauf von Salbe zum Grab gingen, um Christus zu salben (Mk 16,1) bzw. nach dem Grab zu sehen (Mt 28,1), das sie leer vorfanden (Jo 20,1); MM. erschien der Auferstandene, den sie für den Gärtner hielt (Jo 20,15); als MM. den Herrn erkannte, verkündete sie das Gesehene den Jüngern (Mk 16,10, Jo 20,18).

Legende: Im Abendland verschmolz wegen der exegetischen Interpretation der Kirchenväter Ambrosius von Mailand, Cassian und Papst Gregor I. die biblische MM. sowohl mit der M. von Bethanien im Hause des Lazarus als auch mit der namenlosen Sünderin (Lk 7, 37–50), die beim Mahl des Pharisäers Simon die Füße Jesu salbt und mit ihren Haaren trocknet. – Missionslegenden nach der Himmelfahrt Christi: MM. predigt das Christentum. – MM. wird zusammen mit Maximinus, ihrem Bruder Lazarus, ihrer Schwester Martha, ihrer Dienerin Martilla und dem blind geborenen, von Jesus geheilten Cedonius von Ungläubigen in ein Schiff ohne Steuer gesetzt und aufs Meer getrieben (ältere Var.: MM. entflieht mit Maximinus vor den Ungläubigen auf einem seetüchtigen Schiff). – Das Schiff landet in Marseille, wo MM. nicht in die Stadt eingelassen wird. – MM. bekehrt das heidnische Fürstenpaar, indem es ihnen dreimal nachts im Traum erscheint und göttliche Strafe androht, wenn ihnen nicht Herberge gewährt werde. – MM. predigt in Marseille gegen den Götzendienst. – MM. verhilft dem Fürsten durch ihr Gebet zu einem Erben. – Der Fürst bricht mit seiner schwangeren Frau zu einer Pilgerfahrt nach Rom auf. – Bei der Geburt des Kindes während eines Sturmes auf dem Schiff stirbt die Fürstin. – Der Leichnam und das lebende Kind werden auf einer Insel ausgesetzt. – MM. behütet den Knaben auf der Insel und unternimmt mit der erweckten Fürstin die gleiche Pilgerreise nach Jerusalem wie der Fürst mit Petrus. – Begegnung des Fürsten mit Petrus in Rom, der ihm versichert, daß seine Frau nur schlafe. – Weiterfahrt des Fürsten mit Petrus nach Jerusalem zu den Pilgerstätten des Herrn. – Nach der Rückkehr tauft Maximinus das Fürstenpaar. – Beide zerstören die Götzentempel in der Stadt. –

MM. setzt Lazarus als Bischof von Marseille ein. – MM. predigt anschließend in Aix (Provence), wo Maximinus Bischof wird. – Umkreis der Bußlegenden: MM. wohnt unerkannt 30 Jahre in der rauhesten Wildnis der Wüste. – MM. wird zu den sieben Gebetsstunden von Engeln in die Lüfte erhoben, um den Gesang der himmlischen Heerscharen hören zu können, so daß sie keiner irdischen Nahrung bedarf. – Ein in der Einöde wohnender, das Geheimnis um MM. ergründen wollender Priester wird durch plötzlich ihn überfallende Körperschwäche an der Teilnahme der Schau der Erhebung MM.'s gehindert. – MM. offenbart sich selbst dem Priester, wer sie sei, bittet ihn, da ihr Ende nahe, zu Maximinus zu gehen und ihm mitzuteilen, zur Zeit der Frühmesse allein in der Kirche zu sein, wohin sie von den Engeln gebracht würde. (Var.: der Priester überläßt der Büßerin MM. seinen Mantel, damit sie nicht entblößt vor ihm erscheinen müsse). – MM. empfängt Leib und Blut des Herrn von Maximinus in dessen Kirche. – Danach stirbt MM. mit ausgebreiteten Händen neben dem Altar. – Engel tragen die Seele zum Himmel empor. – Maximinus bestattet MM. unter Beistand der Engel. – Auswahl posthumer Legenden: Bei der Suche nach dem Leichnam von MM. entdeckt der Mönch Badilon den mit Darstellungen aus dem Leben der Heiligen geschmückten Sarkophag in der Nähe von Aix. – MM. erscheint Badilon im Traum und weist ihn an, ihre Gebeine nach Vézelay zu bringen. – Berichte von zahlreichen Wundern anläßlich der MM.-Wallfahrten nach Vézelay.

Patronat: Provence, seit 1266 durch Karl v. Anjou auch von Sizilien und Neapel; Reuerinnen, Weißfrauen, Dominikanerinnen, Franziskanerinnen, weiterer nach ihr benannter Ordensgemeinschaften, reuige Sünderinnen, Gefangene, Verführte, Frauen, Friseure, Kammacher, Gärtner, Kinder, die schwer laufen lernen, Parfum-und Puderhersteller, Salbenmischer, Bleigießer, Böttcher, Handschuhmacher, Schüler, Studenten, Wollweber, Weißgerber, Winzer, Weinhändler; Schutzpatronin der Bergstollen, der Bergleute von Mareit, der Wasserträger in Chartres, Lübecker Schneider, der Drapieri in Bologna, der Schuhmacher in Troyes; gegen Augenleiden, Pest, Ungeziefer, Gewitter.

Verehrung und Kultorte: Leichnam seit dem 6. Jh. in Ephesus verehrt, 899 Überführung nach Konstantinopel, wobei das Grab der Maria, Schwester von Lazarus in Bethanien gesondert verehrt wird, in Vézelay/Benediktinerkloster seit dem 9. Jh. durch Girard de Roussilon mit bedeutender Wallfahrt, Aix-en-Provence, St-Maximin bei Aix. Reliquien u. a. in Exeter bei Halberstadt (10. Jh.), Paris (1810). Verehrung in Burgund und der Provence. Patrozinien u. a. in Verdun (11. Jh.), Paris/St-Madelaine und von Hospitälern und Kirchen längs der Pilgerwege nach Compostela, Wallfahrten in Autun, Vézelay, St-Baume-en-Aix, Lübeck (nach Sieg über die Dänen in der Schlacht v. Bornhöved 1227).

Aberglauben: Wenn am MM.-Tag den Mädchen die Zöpfe gekürzt werden, bekommen sie schönes, langes Haar. – MM.-Tag gilt als großer Unglückstag, an dem man nicht heiraten, reisen, kein wichtiges Geschäft beginnen oder auf einem Schiff oder am Wasser sich aufhalten soll, weil »9 hängen, 9 erfallen und 9 sich ertränken«. Außerdem soll man nicht schwimmen oder in die Berge steigen, denn »MM. will einen Klimmer und einen Schwimmer«.

Darstellungen in der Kunst: *Gewandung:* in antikisierendem, langen gegürteten Kleid und Mantel und bedecktem Haupt (Autun, Lazarusgrab, Fig. um 1170); in bortenverziertem Kleid (Weitensfeld/Kärnten, Glasmalerei 1175); in byzantinisch reicher Gewandung (Cividale, S. Maria della Valle, Wandmalerei spätes 12. Jh.); mit unverhülltem Haar (Venedig, Accademia, Gem. v. Lorenzo

Veneziano 1337); in bürgerlicher, modischer Gewandung mit wulstiger Haube (Hamburg, Kunsthalle, Grabower Altar v. Meister Bertram 1379); als Prinzessin in höfischer Gewandung (Köln, Wallraf-Richartz-Museum, Gem. v. L. Cranach d. Ä. 16. Jh.); im Gewand mit Hermelinbesatz (Bamberg, Staatsbibliothek Hs. hist. 149, Buchmalerei um 1330); als Büßerin in härenem Gewand (Karlsruhe, Staatliche Kunsthalle, Gem. v. Meister der Koburger Rundblätter Ende 15. Jh.); als haarummantelte Büßerin (Florenz, Galleria dell' Accademia, Gem. v. MM.-Meister um 1280); als Büßerin mit den Körper außer Brüsten und Knien bedeckenden Haaren (München, Bayerisches Nationalmuseum, Fig. aus Münnerstadt v. T. Riemenschneider um 1490); als nackte, betörende Büßerin in der Landschaft (Parma, Nationalgalerie, Gem. v. Correggio vor 1517); als Ekstatikerin (Rom, Galleria Doria Pamphili, Gem. v. W. de Geest um 1620). *Attribute:* geschlossenes Salbgefäß (Komburg, Klosterkirche, Relieffig. von der Lichtkrone um 1130/40); geöffnetes Salbgefäß (Antwerpen, Koninklijk Museum voor Schone Kunsten, Gem. v. Q. Massys um 1500); Weihrauchfaß (Gernrode, Hl. Grab, Relief um 1100); Teufelsköpfe als Hinweis auf die Besessenheit (Freiburg, Münster, nördliches Querschiff, Glasmalerei Mitte 13. Jh.); Palmzweig als Hinweis auf die palästinensische Herkunft (Basel, Kupferstichkabinett, Federzeichnung von H. Holbein d. Ä. nach 1500); abgelegte Krone (Nürnberg, Germanisches Nationalmuseum, Altar der bethanischen Geschwister 2. Hälfte 14. Jh.); aufgesetzte himmlische Krone der MM. mit Salbgefäß (Vich, Museum, Gem. v. Fonollosa-Meister Ende 14. Jh.); aufgesetzte himmlische Krone der büßenden MM. (Oberwesel, Liebfrauenkirche, Wandmalerei um 1500); die gekrönte Seele der MM. (Chartres, Kathedrale, Glasmalerei um 1200); Gebetsschnur (Palma di Mallorca, Konvent Beata Catalina, Gem. um 1365); Schriftrolle als Hinweis auf Missionstätigkeit (Amst, Sammlung O. Lanz, Gem. florentinische Schule um 1350); Buch (London, National Gallery, Gem. v. R. van der Weyden um 1432/34); Dornenkrone (Játiva, S. Felix, Gem. J. Rexaxh zugeschrieben 2. Hälfte 15. Jh.); Geißel (Berlin, Staatliche Museen Preußischer Kulturbesitz, Gem. v. P. P. Rubens); Kruzifix (New York, Metropolitan Museum, Gem. v. Tizian 1530/35); Totenkopf (Pomssen/Sachsen, Gem. um 1510); Totenschädel, Kruzifix, Bücher, Schlange, Nachtlicht (Paris, Louvre, Gem. v. Georges de La Tour um 1640); Blütenzweig (Gubbio, Kathedrale, Gem. v. T. Viti 1521); Spiegel (Nürnberg, Germanisches Nationalmuseum, Chormantelstickerei aus Danzig um 1430); Musikinstrumente (Posen, Nationalmuseum, Gem. v. Meister der weiblichen Halbfiguren 1. Drittel 16. Jh.). *Besondere Szenen:* Hochzeit MM.'s mit Johannes in Kana, dabei dessen Berufung zum Jünger durch Jesus (Frankfurt, Museum für Kunsthandwerk, Grubenschmelzreliquiar 1. Hälfte 12. Jh.); Ausritt der MM. zur Jagd (Berlin, Staatliche Museen Preußischer Kulturbesitz, Gem. v. MM.-Legendenmeister 1510/20); MM. mit Liebhabern (Paris, Bibliothèque Nationale HS. Fr. 24955, Buchmalerei um 1520); MM. salbt die Füße Jesu (S. Angelo in Formis, Wandmalerei 11. Jh.); MM. trocknet die Füße Jesu mit ihren Haaren (Dresden, Galerie Alter Meister, Gem. v. D. Gabbiani 18. Jh.); MM. salbt und trocknet in einer Simultandarstellung die Füße Jesu (Bourges, Kathedrale, Glasmalerei 1. Viertel 13. Jh.); MM. trauert unter dem Kreuz (Padua, Arenakapelle, Fresko v. Giotto um 1305); MM. bestreicht die Wunden des Leichnams Jesu mit Balsam (Feldkircher Altar v. W. Huber 1521); MM. unter den Frauen bei der Grablegung Jesu (Köln, Wallraf-Richartz-Museum, Gem. Anfang 15. Jh.); MM. geht mit den Frauen zum Grab (Studernheim/Pfalz, Noli-me-tangere-Tafel, Nebenszene um 1480); MM. empfängt mit den Frauen am Grabe Christi die Botschaft des Engels (Esztergom, Keresztény Múzeum, Gem. des Augsburger Meisters v. 1477); MM. trifft den Auferstandenen im Garten – sog. Noli-me-tangere-Darstellung (Köln, Wallraf-Richartz-Museum, Gem. v. Meister der Goldenen Tafel 1. Drittel 15. Jh.); MM. bei der Himmelfahrt Jesu und der Aussendung des hl. Geistes (Neckartailfingen, St. Martin, Wandmalerei 1. Viertel 14. Jh.); Aufbruch MM.'s mit Maximinus, Lazarus u. a. zur Missionsfahrt zu Schiff (Troyes/Aube, Glasmalerei 1. Hälfte 16. Jh.); MM. auf hoher See (Karlsruhe, Landesbibliothek Cod. St. Georgen 66, Buchmalerei 15. Jh.); MM. und Gefährten mit seeuntüchtigem Boot auf dem Meer (Châlons-sur-Marne, St-Alpin, Glasmalerei 1. Hälfte 16. Jh.); MM. und Gefährten landen mit seeuntüchtigem Boot in Marseille (Tiefenbronn, MM.-Altar v. L. Moser 1430); Christus erscheint der büßenden MM. (Ferrara, S. Domenico, Gem. v. I. Scarsellino um 1595); Gottvater und Engel krönen die büßende MM. (Danzig, Marienkirche, Jakobskapelle, Gem. um 1425); MM. unter den reuigen Sündern vor Christus (München, Alte Pinakothek, Gem. v. P. P. Rubens 1615/18); MM. wird von Engeln vom Erdboden erhoben (Straßburg, Frauenhausmuseum, Fig. aus Niederehnheim um 1400); MM. als Christophore entsprechend der Maria Platytera, wohl als Hinweis auf ihre brennende Liebe zum Herrn (Worchester/Mass., Museum of Art, Gem. v. P. Veneziano Mitte 14. Jh.); MM. wird von Engeln gespeist (Berlin, ehem. Kaiser Friedrich-Museum, Gem. v. L. di Credi um 1500); MM. wird von Engeln während der Erhebung gespeist (Esztergom, Erzbischöfliche Galerie, Gem. v. L. di Credi um 1500); MM. wird von einem Bischof vor der Höhle die Kommunion gereicht (Münnerstadt, St. Magdalena, Relief v. T. Riemenschneider 1490/92); MM. wird von dem Priester (gelegentlich infuliert) in der Kirche die Kommunion ge-

reicht (Philadelphia, Museum of Art, Predellengemälde v. S. Botticelli um 1500); MM. erhält die Kommunion unter Engelsmusik (Valencia, Museum, Gem. v. J. J. Espinoza 17. Jh.); der Tod wartet auf MM. bei der Kommunion (Genua, S. Maria di Carignano, Gem. v. F. Vanni um 1600); MM. auf dem Sterbelager mit Seelenempfang durch Engel (Vich, Museum, Gem. des Meisters von St. Georg um 1450); MM. stirbt vor den Stufen des Altars (St. Korbinian/Tirol, Gem. 1498); MM. wird unter Beistand der Engel begraben (Münnerstadt, St. Magdalena, Relief v. T. Riemenschneider 1490/92); MM. wird in der Felsenwüste bestattet (Vercelli, Wandmalerei v. G. Ferrari 1532); Öffnung des Sarkophags der hl. MM. zur Prüfung der Reliquien auf ihre Echtheit (Semur-en-Auxois, Glasmalerei 1225/79). *Zyklen*: sehr zahlreich, u. a. Chartres/südl. Seitenschiff, Glasmalerei um 1200; Semur-en-Auxois, Glasmalerei 1225/79; Florenz/Galleria dell'Accademia, Gem. v. MM.-Meister um 1280; Assisi/Unterkirche, Wandmalerei der Giotto-Schule; Dusch/MM.-Kapelle, Wandmalerei des Waltensburger Meisters 2. Viertel 14. Jh.; Danzig/Marienkirche, Chormantelstickerei um 1430; Erfurt/Ursulinenkloster, Wandteppich Ende 15. Jh.; Tiefenbronn/MM.-Kirche, Altar v. L. Moser 1432; Mareit/Außerridnaun bei Sterzing, Altar v. M. Stöberl 1509; Lübeck/Annenmuseum, Altar um 1519.

Maria Magdalena dei Pazzi
Karmelitin, hl.

Fest: 25. 5 (im Karmelitenorden 29. 5.).
Leben: * 2. 4. 1566 als Caterina aus dem Adelsgeschlecht der Pazzi in Florenz; 1582 Eintritt in das Kloster der Karmelitinnen S. Maria degli Angeli in Florenz, legte auf dem Krankenbett ein Jahr später die Ordensgelübde ab. Litt unter schwersten Depressionen und inneren Versuchungen, fühlte sich

Markus

des inneren Beistandes Gottes während fünf Jahre beraubt. In besonderer Verehrung des Leidens Christi gelangte MM. zu einer mystischen Vereinigung ihrer Seele mit Gott. Ihre Visonen, von Mitschwestern notiert, beziehen sich auf weite Bereiche christlicher Spiritualität, kreisen um das Geheimnis der Hl. Dreifaltigkeit und der Menschwerdung Jesu. Zuletzt Novizenmeisterin und Subpriorin. † 25. 5. 1607. Seligsprechung 1626, Heiligsprechung 1669.

Patronat: Florenz, Neapel, Barfüßer.

Verehrung und Kultorte: Der unverweste Leichnam in Carecci in einem von G. B. Foggini gefertigten Prunksarkophag.

Darstellungen in der Kunst: *Gewandung:* als Edelfräulein (Florenz, Privatbesitz, Gem. v. Santi di Tito 16. Jh.); als Karmelitin (Lille, Karmelitinnenkirche, Gem. v. J. van Oost d. J. 17. Jh.). *Attribute:* Christkind (Toledo, Capuchinas, Gem. v. G. Brandi 17. Jh.); Leidenswerkzeuge (Neapel, S. Maria Maddalena, Gem. v. L. Giordano Ende 17. Jh.); Stigmata, Dornenkrone, Kreuz, Lilie (Rogny, Pfarrkirche, Reliefmedaillon 17. Jh.); brennendes Herz, Kette, Geisttaube (Paris, St. Joseph, Fresko v. G. Damery 17. Jh.); Herz in der Rechten (Köln, S. Maria in der Schnurgasse, Fig. 1683); Geißel (Maxglan, Fig. 1772). *Besondere Szenen:* MM. von Petrus und Maria Magdalena ins Paradies geleitet (Lille, Karmelitinnenkirche, Gem. v. J. van Oost d. J. 17. Jh.); Christus und Katharina setzen MM. die Dornenkrone aufs Haupt (Granada, Museum, Gem. v. P. de Moya 17. Jh.); Stigmatisiation der MM. (Coutrai, St-Martin, Gem. v. L. de Deyster 17. Jh.); Herzenstausch der MM. mit Christus (Gent, Museum, Gem. v. Th. Boeyermans 17. Jh.). *Zyklen:* u. a. Rom/S. Maria in Montesanto, Gem. v. L. Gemignani 17. Jh.; Florenz/S. Maria Maddalena, Gem. v. L. Giordano 1685.

Markus

Evangelist, Martyrer, hl.

23
28

Fest: 25. 4., Translationsfest am 31. 1., Erscheinung des M., in Venedig am 25. 6. Weitere Festtage am 9. 4., 23. 9., 3. 10., 8. 10., in den griechischen Kirchen am 11. 1.

Leben: M., eigentlich nach Apg 12,12 Johannes mit dem Beinamen Markus, verfaßte auf Bitten der Römer das älteste Evangelium. Papias nennt ihn zu Beginn des 2. Jh. den »Hermeneuten des Petrus«. Laut Apg 12,25 ist M. als Begleiter von Paulus, dessen Wertschätzung M. gegenüber in Kol 4,10, Phm 24,2 und Tim 4,11 überliefert ist, und seines Neffen Barnabas auf der 1. Missionsreise nach Antiochien. Paulus weigert sich, M. auf die 2. Missionsreise gegen den Wunsch des Barnabas mitzunehmen, so daß sich beide Gefährten von Paulus trennen (Apg 13,13). Danach ging M. mit Barnabas nach Zypern (Apg 15,37). Später kam es offensichtlich zu einer Aussöhnung mit Paulus, zumal der Philemonbrief einen Gruß des M. enthält. Vermutlich war M. der Überbringer des 2. Briefs an die Kolosser (Kol 4,10). Petrus bezeichnet M. in 1 Petr 5,3 in übertragenem Sinn als seinen Sohn. Mit Petrus weilte M. 63/64 in Rom. Misssionstätigkeit von M. im Orient bezeugt Paulus in 2 Tim 4,11.

Legende: Nach Dionysius bar Salibi sind M. und seine Schwester Rhode Kinder von Maria, der Frau des Petrus, in deren Haus der Apostel Zuflucht nach seiner wunderbaren Befreiung aus dem Kerker gefunden hat (Var.: M. ist Sohn jener Maria, in deren Haus sich die Jerusalemer Urgemeinde getroffen hat). – Nach arabischer Tradition hat die Gottesmutter selbst bei der Taufe M. die Hände aufgelegt. – M. gehört zu den 72 Jüngern Jesu. – M. ist der bei Mk 14, 13 erwähnte Wasserträger, der die Jünger in den Abendmahlsaal geleitet hat. – M. ist der Jüngling, der bei der Gefangennahme Jesu nackt geflohen ist (Mk 14,51). – M. ist Levit wie Barnabas und stammt darum aus priesterlichem

Geschlecht. – M. hat sich den Finger verstümmelt, um zum Levitendienst im Tempel untauglich zu sein. – M. ist Missionar in Lorch/Enns und in Aquileia. – M. ist Neffe des Erzmartyrers Stephanus und gelangt so nach Alexandria. – Als sich in Alexandria ein Riemen seines Schuhs löst, verletzte sich der Schuhmacher bei der Reparatur schwer, da er mit der Ahle in seine Hand sticht; er wird von M. geheilt und zum Glauben bekehrt. – M. erleidet als 1. Bischof nach Gründung des Patriarchats von Ägypten und Abessinien in Alexandria das Martyrium. – M. wird während des Ostergottesdienstes in Alexandria gefangen genommen und an einem Strick durch die Stadt geschleift und ins Gefängnis geworfen. – M. erscheint Christus im Kerker. – M. wird am nächsten Tage am Strick zu Tode geschleift (Var.: M. wird verbrannt). – Ein Unwetter hindert den Pöbel daran, den Leichnam des M. zu verbrennen, so daß er ehrenvoll in Bucoles bestattet werden konnte. – 829 bringen die Venezianer den Leichnam des M. durch eine List, indem sie ihn unter Schweinefleisch, das bei den Moslems als unrein gilt, verstecken mit dem Schiff nach Venedig.

Patronat: Schreiber, Notare, Glasmaler, Glaser, Korb- und Mattenflechter, Bauarbeiter, Maurer wegen eines Rettungswunders beim Bau von S. Marco in Venedig, Laternenmacher; gegen unbußfertigen Tod, gegen Krätze, um gutes Wetter und gute Ernte (Die Bittprozession am M.-Tag geht auf die ältere Tradition der römischen Robigalia, eines Flurumgangs zum Schutz vor dem Dämon Robigo, der den Getreiderost verursacht, zurück.).

Verehrung und Kultorte: Stadtpatron von Venedig (Segnung von M.-Brot = Marzipan); Patron von Albanien und Korfu. Reliquien in Venedig/S. Marco, Aquileia, Reichenau/Mittelzell (830 durch Bischof Ratold v. Verona an Abt Erlebald übergeben), Badajoz, Valencia, Zante, Lorch/Enns, Huy, Limours/Seine-et-Oise, Trèves, Prag, Florenz, Wittenberg (Kniescheibenteil). Frühe Kirchenpatronate u. a. in Bedburg bei Kleve, Beringhausen, Padberg bei Paderborn, Bredeney bei Essen, Godesberg bei Bonn.

Aberglauben: bedeutender Lostag, der für das Gedeihen der Früchte von besonderer Bedeutung ist. – Man weiht am M.-Tag Salz, das man dem Vieh vor dem ersten Weideaustrieb zum Futter gibt.

Darstellungen in der Kunst: *Gewandung:* in antikischer Tracht mit Chiton und Himation (Florenz, S. Lorenzo, Stucktondo v. Donatello 1434/37); in modischer Kleidung (Udine, Dom, Gem. v. G. Martini Anfang 16. Jh.); als Erzbischof mit Ornat und Pallium (Stuttgart, Staatsgalerie, Gem. v. Meister des Maulbronner Altars 15. Jh.); als Bischof des orthodoxen Ritus (Venedig, S. Marco, Mosaik im Narthex 13. Jh.); als Orientale mit Turban (Deventer, Rathaus, Gem. v. H. ter Brugghen 1621); mit Turban (Paris, Bibliothèque de l'Arsénal Codex 1188, Buchmalerei 15. Jh.); als Gelehrter (Paris, Bibliothèque Nationale, Stundenbuch der Anna von Bretagne 15. Jh.); als Gelehrter mit Brille (Antwerpen, Koninklijk Museum voor Schone Kunsten, Gem. v. L. van Leyden frühes 16. Jh.). *Attribute:* geschlossenes Buch (Nürnberg, Germanisches Nationalmuseum, Goldenes Evangelienbuch von Echternach, Buchmalerei 11. Jh.); offenes Buch, in das M. schreibt (Kopenhagen, Museum, Altarretabel aus Preez um 1450); Schriftrolle (München, Alte Pinakothek, Gem. v. A. Dürer 1526); Feder, Schreibutensilien (Berlin, Staatliche Museen Preußischer Kulturbesitz, Skulpturensammlung, Fig. v. Chr. Jorhan 1760); Löwe ohne Flügel (Ravenna, S. Vitale, Mosaik 6. Jh.); geflügelter Löwe zu Füßen (Köln, Wallraf-Richartz-Museum, Gem. v. S. Lochner 1445); anspringender Löwe (Unterrißdorf/Sachsen, Fig. 15. Jh.); auf dem Buch ruhender Löwe (Neusitz/Sachsen, Fig. 1515); in der Hand gehaltener Löwe (Lüttich, Diözesanmuseum, Fig. 15. Jh.); geflügelter Löwe in einer Rundscheibe in der Hand (Wismar, St. Jürgen, Fig. 15. Jh.); auf dem Löwen reitender M. (Admont, Stiftsbibliothek Cod. 115, Buchmalerei um 1457); Löwe mit Evangelienbuch (Venedig, Palazzo Ducale, Gem. v. V. Carpaccio 15. Jh.); Wagen ziehender Löwe mit Darstellung der Auferstehung (Rom, Biblioteca Casanatense MS 1404, Buchmalerei Anfang 15. Jh); inspirierender Löwe (Prato, S. M. delle Carceri, Tondo v. A. della Robbia um 1500); Hand Gottes als Quelle der Inspiration (New York, Minster Library, Evangeliar v. York, Buchmalerei Ende 10. Jh.); Feigenbaum ohne Füchte (Venedig, Accademia, Gem. v. M. Basaiti frühes 16. Jh.); Löwe mit offenem Buch neben dem aus dem Grab auferstehenden Christus (München, Staatsbibliothek, Clm 4454, Buchmalerei von der Reichenau Anfang 11. Jh.); Stadtarchitektur (London, Victoria and Albert Museum, Elfenbeinrelief 11. Jh.). *Besondere Szenen:* a) Autorenbild des Evangelisten M.: M. schreibend (St. Gallen, Stiftsbibliothek Cod 51, irische Buchmalerei

8. Jh.); Sophia diktiert M. das Evangelium (Rossano, Erzbischöfliches Museum, Buchmalerei Ende 6. Jh.); M. schreibt auf, was Petrus diktiert (Münster, Westfälisches Staatsarchiv MS VII, Buchmalerei Anfang 12. Jh.); Überreichung des Evangeliums durch Petrus an M. (Prag, Kapitelsbibliothek Cim. 2, Buchmalerei Ende 9. Jh.); Überreichung des Evangeliums durch M. an Christus (Perugia, Kapitelsbibliothek Ms. 2, Buchmalerei 8./9. Jh.); M. in einer Schreibpause über dem Text sinnend (Frankfurt, Städel, Gem. A. Mantegna zugeschrieben um 1449); M. in der Gelehrtenstube (Tegernsee, Evangelistenaltar v. G. Mäleskircher 1478). b) Szenen aus der Vita: M. predigt in Alexandria (Mailand, Brera, Gem. v. Gentile Bellini 1507); M. tauft den Schuhmacher Anianus (Venedig, Scuola di S. Marco, Relief v. Tullio Lombardo 16. Jh.); M. heilt die Hand des Schusters Anianus (Berlin, ehem. Kaiser Friedrich Museum, Gem. v. Cima da Cornegliano 15. Jh.); M. predigt vor dem Sultan (Venedig, Accademia, Gem. v. G. Mansueti um 1500); die Ankunft des Leichnams von M. in Venedig (Venedig, S. Zaccaria, Fresko v. A. Celesti 1684); die Wiederauffindung der Reliquien des hl. M. im Dom (Mailand, Brera, Gem. v. J. Tintoretto 1566); M. befreit einen Sklaven vor dem Martyrium, indem er vom Himmel stürmt und die Exekutionsgeräte unbrauchbar macht (Venedig, Accademia, Gem. v. J. Tintoretto 1548); Heilung eines Jünglings von einem Krebsgeschwür durch M. (Venedig, Accademia, Gem. v. J.Tintoretto 1566); M. errettet Venedig zusammen mit Georg und Nikolaus (Venedig, Accademia, Gem. v. Giorgione, vollendet von P. Bordone und Palma Vecchio 1510); Auffindung des M.-Rings durch einen Fischer und Übergabe an den Dogen Gradenigo (Venedig, Accademia, Gem. v. P. Bordone 1534); Glorie des hl. M. (Rom, S. Marco, Gem. v. G. F. Romanelli 17. Jh.). *Martyrium:* Florenz, S. Marco, Predella v. Fra Angelico 1. Hälfte 15. Jh.; Rom,

S. Marco, Gem. v. G. Courtois 17. Jh. *Zyklen:* meist in Venedig und Umgebung, Venedig/Tesoro di S. Marco, Pala d'Oro 1102/05; Venedig/S. Marco, Mosaiken 1260/70; Viterbo/S. Marco, Predella v. G. Francesco d'Avanzarano 1512; Venedig/Accademia, 11 Gem. v. J. Tintoretto.

Markus Carlo Domenico von Aviano

(Cristofori), Kapuzinerpater, Diener Gottes
Leben: * 17. 11. 1631 zu Aviano/Friaul, Studium am Jesuitenkolleg in Gorizia, 1648 Noviziat bei den Kapuzinern, 1655 Priesterweihe; berühmter Prediger, Förderer der ungarischen Maria-Pocs-Verehrung, ließ das Gnadenbild nach Wien/St. Stephan transferieren, Ruf als Wundertäter durch Spenden des Segens. Entscheidend sein Beitrag zur Entsetzung Wiens vom Türkenheer 1683. † in Wien am 13. 8. 1699.
Seligsprechungsprozeß 1912 eingeleitet.
Darstellungen in der Kunst: hauptsächlich auf Stichen und volkstümlichen Andachtsbildern mit Portrait (zahlreiche Exemplare in Rom, Museo Francescano OFM Cap.), ferner auf Darstellungen der Türkenbelagerung Wiens.

16 Martha von Bethanien

Schwester des Lazarus, hl.
Fest: 29. 7., auch 19. 1., 17. 10. und 17. 12. (in ostkirchlichen Riten am 4. 6. oder 6. 6.).
Biblische Bezeugung: Während Jesu Besuch bei den Schwestern Maria und M. in Bethanien hörte Maria Jesus zu, während Martha den Gästen diente (nach Lk 10, 38–42). Maria und Martha waren bei der Auferweckung des Lazarus durch Jesus anwesend. M. bekannte ihren Glauben an Jesus als Messias und Sohn Gottes (Jo 11, 1–45). Nach Jo 12, 1–11 besuchte Jesus sechs Tage vor dem Paschafest das Haus des Lazarus, wo Martha für den Tisch sorgte, Maria aber die Füße Jesu salbte.

Legende: M. ist die Schwester von Maria Magdalena. – M. bekehrt Maria Magdalena. – M. ist nach Ambrosius von Mailand das blutflüssige Weib, das das Gewand Jesu berührt hat. – M. ist eine der drei Frauen auf dem Gang zum Grab am Ostermorgen. – M. unternimmt mit ihren Geschwistern eine Meerfahrt nach Marseille (siehe dazu Näheres unter dem Stichwort »Maria Magdalena«). – M. besiegt im Rhônetal den menschenfressenden Drachen Tarascus mit Kreuz und Weihwasser. – M. erweckt einen in das Wasser der Rhône gefallenen Jüngling, der ihrer Predigt zuhören wollte. – M. treibt Dämonen aus. – Am Sterbelager M.'s entzündet die acht Tage zuvor verstorbene Maria Magdalena die von Dämonen ausgeblasenen Kerzen. – M. stirbt und wird von Bischof Fronto von Périgueux in Tarascon begraben. – Christus hält M. das Requiem. – Christus führt Bischof Fronto von Périgueux nach Tarascon zur Bestattung M.'s.
Patronat: Hausfrauen, Köchinnen, Dienstmägde, Pfarrhaushälterinnen, Senner und Sennerinnen, Wäscherinnen, Arbeiterinnen, Hospitalverwalter, Gastwirte, Maler, Bildhauer, an Blutfluß Sterbende.
Verehrung und Kultorte: Reliquien und Wallfahrt in Tarascon, Wittenberg. Kirchenpatronate in der Toscana verbreitet, in Nürnberg und Altenheim St. M. für Pfarrhaushälterinnen in Speyer.
Aberglauben: Wer in Tschechien am M.-Tag Butter stößt und einen Teil davon für die Kirchenlampen stiftet, dem geben die Kühe ein ganzes Jahr besonders viel Milch.
Darstellungen in der Kunst: *Gewandung:* in schlichtem, gegürteten Kleid, Mantel und Kopftuch (Gelnhausen, Tympanonrelief 1225/30); in modischer Tracht (Ath/Hennegau, Fig. 15. Jh.); als Hausfrau in Schürze (Léau, St-Léonard, Altargem. 15. Jh.) im Hermelin besetzten Kleid (Iravalls, S. Marta,

Gem. v. R. Destorrents); in vornehmer Gewandung mit Krone (Straßburg, Mün-
ster/Katharinenkapelle, Glasmalerei um
1350). *Attribute:* Kochlöffel (Mühlhau-
sen/Thüringen, Blasiuskirche, Gem. 15. Jh.);
Messerbesteck, Schlüssel am Gürtel (München, Alte Pinakothek, Gem. v. B. Zeitblom
um 1500); Schüssel mit gebratenem Huhn
und Kanne (Weimar, Bibliothek, Gem.
16. Jh); Salbgefäß (Autun, Lazarusgrab, Fig.
um 1170); mit Gürtel gefesselter Drachen
(Barga, Conservatorio di S. Elisabetta, Gem.
der Daddi-Werkstatt 1. Hälfte 14. Jh.); Weih-
wasserwedel und Kessel in der Hand (Berlin,
Kaiser-Friedrich-Museum, Gem. v. Meister
der hl. Sippe 2. Hälfte 15. Jh.); Buch, Rosenkranz (Iravalls, S. Marta, Gem. v. R. Destorrents). *Besondere Szenen:* M. empfängt mit
ihrer Schwester Maria Jesus (Brüssel, Bibliothèque Royale MS 466, Buchmalerei 1. Viertel 13. Jh.); M. beobachtet die Jesus die Füße
salbende Maria Magdalena (Padua, Museo
Civico, Gem. v. J. Tintoretto 1526); Jesus bei
Maria und M. (München, Alte Pinakothek,
Gem. v. Tintoretto 16. Jh.); Jesus bei Maria
und M. mit Küchenstilleben im Vordergrund
(Wien, Kunsthistorisches Museum, Gem. v.
P. Aertsen 1552); M. bekennt vor Christus
ihren Glauben (Florenz, Uffizien, Gem. v. N.
Fromment 1461); Auferweckung des Lazarus (Hildesheim, Bernward-Evangeliar, Buchmalerei Anfang 11. Jh.); M. berührt als blutflüssige Frau das Gewand Jesu (Paris, Bibliothèque Nationale Fr. 24955, Buchmalerei v.
Godfredus Batavus um 1520); Drachenkampf der M. (Arles, St. Trophime, Kapitellrelief 12. Jh.); Maria Magdalena entzündet
am Sterbelager der M. die ausgelöschten Kerzen (Nürnberg, Germanisches Nationalmuseum, Gem. 2. Hälfte 14. Jh.). *Zyklen:* u. a.
Nürnberg/St. M., Glasmalerei 1407; Bres-
lau/Diözesanmuseum, Altar aus Langendorf
um 1420; Nürnberg/St. Lorenz, Altar 1517;
Tarascon/Franziskanerkirche, Gem. v. J. M.
Vien 1750.

Martialis von Limoges
Bischof, hl.
Fest: 30. 6.
Leben: nach Gregor von Tours einer der sieben Bischöfe, die unter Kaiser Decius
(249–251) als Missionare nach Gallien gesandt wurden.
Legende: Nach der im 10./11. Jh. entstandenen Vita ist M. einer der 72 von Jesus ausge-
sandten Jünger (Var.: von Petrus persönlich
ausgesandter Missionar). – M. lauscht als
Kind der Predigt Jesu. – M. empfängt von Petrus die Taufe. – M. wird von Jesus gesegnet.
– Petrus sendet M. zusammen mit Austriclinianus und Alpinianus nach Gallien. – M. erhält von Petrus einen Stab, mit dem er Tote
erwecken kann und erweckt seinen verstorbenen Gefährten Austriclinianus. – M. wird
in einer Erscheinung von Jesus angewiesen,
nach Limoges zu gehen. – Die Jungfrau Valeria, wegen ihrer Weigerung, Herzog Stephan
zu heiraten, zum Tod verurteilt, prophezeiht
den Tod ihres Henkers am nächsten Tag und
trägt nach der Hinrichtung ihr Haupt zu M.
– Nach dem Tod des Henkers bittet Herzog
Stephan M., den Verstorbenen zu erwecken,
und läßt sich nach M.'s Wunder taufen. – M.
erweckt den vom Teufel erwürgten Sohn des
Grafen von Poitiers. – M. läßt heidnische
Götzenbilder und Tempel niederreißen und
erbaut Kirchen. – M. heilt Graf Siegbert von
Bordeaux durch Berühren mit seinem Stab. –
Christus verkündet M. den Tod der Apostel
Petrus und Paulus. – M. weiht Aurelianus zu
seinem Nachfolger als Bischof von Limoges.
– Die Seele M.'s wird im Himmel von Chri-
stus, Maria, Johannes dem Täufer, Petrus,
Paulus und Stephanus empfangen. – Engel
singen bei M.'s Beisetzung. – Am Sarg wer-
den Krüppel geheilt. – Die Frau des Siegbert
erstickt mit M.'s Stab eine Feuersbrunst in
Bordeaux. – Alpinianus bedeckt Kranke mit
M.'s Leichentuch und heilt sie.
Verehrung und Kultorte: Über M.'s Grab erhebt sich seit 848 die Benediktinerabtei St-

Martial. Besondere Verehrung in der Diözese Limoges.

Darstellungen in der Kunst: *Gewandung:* als Bischof in pontifikalem Meßornat mit Kasel, Stab und Mitra (Paris, Louvre, Reliquienschrein, Email Ende 12. Jh.); als Bischof in Pluviale, Stab und Mitra (Limoges, St-Joseph, Fig. 18. Jh.). *Attribute:* Buch (Limoges, Kathedrale, Fig. Ende 14. Jh.). *Besondere Szenen:* Erweckung des Austriclinianus (St-Junien/Dep. Haute-Vienne, Wandmalerei Ende 13. Jh.); M. reicht beim Abendmahl Jesus den Weinbecher (Léon, Real Colegiata de S. Isidoro, Wandmalerei 11. Jh.); M. schreibt mit beiden Händen gleichzeitig zwei Briefe (Paris, Bibliothèque Nationale Ms. lat. 5296 A, Buchmalerei um 1100); Valeria trägt ihr Haupt zu M. (Limoges, Kathedrale, Glasmalerei 15. Jh.); Valeria und ihre Mutter vor M. (Paris, Ste-Clothilde, Fresko v. J. E. Lenepveu 1868); Erhebung M.'s (Venedig, S. Marziale, Gem. v. J. Tintoretto 1548). *Zyklen:* Avignon/Papstpalast, Fresken v. M. Giovanni da Viterbo um 1345; Tours/Kathedrale, Glasmalerei um 1260; Bordeaux/St-Seurin, Reliefs 15. Jh.

Martin I.
Papst, Bekenner, hl.

Fest: 13. 4., zuvor 12. 11.

Leben: M. stammt aus Todi/Umbrien, war Apokrisiar (= Diplomat, Vertreter des Papstes) in Konstantinopel. 649 zum Papst gewählt und geweiht, Wahl von Kaiser Konstans II. nicht bestätigt. Auf der Lateransynode 649 verurteilte M. die monotheletische Irrlehre, wurde am 17. 6. 653 von Exarch Theodoros Kalliopas in der Lateranbasilika gefangengenommen und nach Konstantinopel verschleppt. M. wurde wegen seiner angeblichen Beteiligung am Aufstand des Exarchen Olympios, der sich in Rom vom byzantinischen Kaiser losgesagt hatte und drei Jahre halten konnte, zum Tode verurteilt, auf Bitten des Patriarchen Paulos II. von Konstantinopel zu Verbannung begnadigt und nach Cherson (= Sewastopol) auf die Insel Krim verbracht. Noch zu Lebzeiten des Verbannten wurde mit Eugen I. in Rom der Nachfolger M.'s eingesetzt. † an den Folgen von Haft und Verbannung am 26. 9. 655.

Patronat: in den unierten griechischen Riten Patron der Rechtgläubigkeit.

Darstellung in der Kunst: *Gewandung:* als Papst (Assisi, S. Francesco, Martinskapelle, Glasmalerei Anfang 14. Jh.).

Martin von Porres
Dominikanerlaienbruder, hl.

Fest: 3. 11. (vor der Kalenderreform 5. 11.).

Leben: * 9. 12. 1569 in Lima als unehelicher Sohn des spanischen Ritters Juan de Porres und der Mulattin Anna Velázquez. M. litt unter der sozialen Zurücksetzung wegen seiner dunklen Hautfarbe, lernte mit 12 Jahren das Baderhandwerk, war Wundarzt und Apotheker, trat 1603 als Krankenbruder in den Dominikanerorden ein, machte erstmals in Lateinamerika in seinem Krankenhaus keinen sozialen Unterschied bei der Aufnahme der Kranken, auch nicht bei der Hautfarbe, gründete zahlreiche caritative Werke in Lima. † 3. 11. 1639 an Typhus. 1837 Seligsprechung, 1962 Heiligsprechung.

Patronat: Patron erkrankter Haustiere, der sozialen Wochen von Peru, des Heil- und Pflegepersonals; gegen Ratten- und Mäuseplage.

Darstellungen in der Kunst: *Gewandung:* als dunkelhäutiger Dominikaner (Pavia, S. Rosa da Lima, Gem. 17. Jh.). *Attribute:* Kreuz, Rosenkranz, Brotkrob voller Mäuse, Engel mit Geißel und Kette (Pavia, S. Rosa da Lima, Gem. 17. Jh.). *Zyklus:* Kupferstich bei Goetz-Klauber, Annus Dierum um 1750.

Martin von Tours   316

38 **Martin** von Tours
45 Bischof, Bekenner, hl.

Fest: 11. 11., Weihe: 4. 7.; Reliquienrückkehr 12. 5., in byzantinisch-griechischen Riten 12. 10.

Leben: * 316/17 in Sabria/Pannonien (heute Szombathely) als Sohn eines römischen Tribunen. In Pavia erzogen, trat M. mit 15 Jahren in die römische Armee ein, diente in Gallien in der Garde unter dem Kaiser Constantius II. und Julian. In dieser Zeit ereignete sich die Mantelspende M.'s vor den Toren von Amiens. Nach Empfang der Taufe mit 18 Jahren verließ M. ein Jahr später die Armee, wurde Schüler von Hilarius von Poitiers, empfing die Akolythenweihe. Nach einer Missionstätigkeit in Illyrien zog sich M. wegen des Widerstandes der Arianer als Einsiedler auf die Insel Gallinaria bei Genua zurück. 360 bei der Rückkehr nach Poitiers traf M. erneut mit Hilarius zusammen. M. gründete 361 das erste Kloster auf gallischem Boden, zugleich das erste Coenobitenkloster des Abendlandes in Ligugé bei Poitiers; gleichzeitig dehnte M. die Missionstätigkeit bis zur Donau aus. Nachweisbar in Chartres, Amboise, Levrous, im Gebiet von Sens, Paris tätig. In Vienne traf er mit Victricius und Paulinus von Nola zusammen. 371 vom Volk zum Bischof von Tours erwählt. 375 Stiftung des Klosters Marmoutiers. Auf zwei Reisen nach Trier setzte M. sich für den aus Spanien stammenden Wortführer einer schwärmerisch-aszetischen Bewegung Priscillianus ein, konnte jedoch dessen Hinrichtung 385 nicht verhindern. † 8. 11. 397 auf einer Seelsorgreise in Candes bei Tours. M. ist der erste hl. Nicht-Martyrer.

Legende: M. spendet die Hälfte seines Offiziersmantels einem Bettler vor dem Stadttor von Amiens; in der Nacht erscheint ihm Christus mit jenem Mantelstück bekleidet. – M. erbietet sich Kaiser Julian gegenüber, ohne Waffen mit dem Kruzifix in der Hand den Feinden entgegenzutreten, die Feinde jedoch unterwerfen sich zuvor. – M. fällt in den Alpen auf der Reise zu seinen Eltern unter die Räuber, die ihn fesseln. – M. bekehrt die Räuber. – M. bezwingt einen Teufel in Mailand. – M. überwindet eine Nießwurz-Vergiftung mit der Kraft des Gebetes. – M. erweckt einen kurz vor der Taufe verstorbenen Katechumenen. – M. erweckt einen Selbstmörder. – M. heilt einen Besessenen. – M. entlarvt eine als Heiligengrab verehrte Stätte als Bestattungsort eines Räubers. – M. erweckt einen Jüngling vor den Augen der Heiden. – M. gelangt ungehindert als Bittsteller vor den Thron des Kaisers Valentinian und läßt ihn durch Feuer am Thron Gottes Macht spüren. – M. vertreibt von einem Hausdach die Flammen, die der Wind mit sich fortnimmt. – M. läßt einen Götzenbaum fällen. – M. bannt zwei einen Hasen verfolgende Hunde, so daß sie wie gefesselt stehenbleiben mußten. – M. heilt durch seine Umarmung und Kuß einen Aussätzigen. – Die Gottesmutter erscheint M. zusammen mit der hl. Thekla und Agnes M. in seiner Zelle. – M. erscheinen die Apostel Petrus und Paulus. – M. nippt am Tisch des Kaisers Maximus nur von dem Wein, der ihm gereicht wird. – M. liest eine Messe in einem alten, zerschlissenen und zu kleinen Gewand, das Engel mit Zierbändern verlängern. – M. fängt das Blut des hl. Mauritius in Agaunum auf. – Streit um M.'s Leichnam zwischen Poitiers und Tours. – Die Reliquien von M. werden zu Schiff nach Tours gebracht. – Ambrosius v. Mailand wird während einer Messe in Mailand entrückt, um beim Begräbnis M.'s anwesend zu sein.

Patronat: Patron des merowingischen Königshauses, des Fränkischen Reiches, der Diözesen Eisenstadt, Mainz, Rottenburg, Hildesheim, Patron des Eichsfeldes, des Kantons Schwyz, Stadtpatron u. a. von Aschaffenburg, Patron unzähliger Kirchen, Soldaten, Kavalleristen, Reiter, Hufschmiede, Waffenschmiede, Pferde, Weber, Schneider (wegen der Mantelteilung), Abstinenzler (wegen der Tischlegende bei Kaiser Maximus), Ausrufer, Bettler, Böttcher, Bürstenbinder, Gefangenen, Gerber, Gürtelmacher, Handschuhmacher, Hirten, Hoteliers, Hutmacher, Müller, Reisenden, Schaflederhändler, Tuchhändler, Winzer.

Verehrung und Kultorte: Reliquien und Wallfahrten in Tours, Mantelreliquie in Paris, Ste-Chapelle (von den dort tätigen Geistlichen kommt die Bezeichnung Kaplan), Limousin (Kopfreliquiar); Marcolés/Cantal, Reliquienstatue.

Aberglauben: Abschlußtag des Wirtschaftsjahres, Ende der Arbeitsverträge und Markttag. – Die Martinsgans war das letzte Festmahl vor Beginn des Weihnachtsquatembers und der Adventszeit. – Aus dem Brustbein der M.-Gans wird die Witterung des kommenden Winters herausgelesen. – Dazu gab es Martinsgebäck, meist Kipfen. – Erster Ausschank des neuen Weines. – Heischtag der Jugend bei Umzügen nach Eier, Speck und Kuchen. – Am M.-Tag gehen in den Ardennen die heiratsfähigen Mädchen mit ihren Burschen zu Quellen, um dort den künftigen Mann zu fischen, indem sie eine Stecknadel ins Wasser werfen. – Wer in Ungarn in der M.-Nacht träumt, wird glücklich. – Wer sich in Ungarn am M.-Tag mit Wein berauscht, bleibt das folgende Jahr von Magenschmerzen und Kopfweh verschont. – Wer am M.-Tag nur Rüben ist, wird Bettnässer. – Am M.-Tag darf man stehlen, was man erwischen kann.

Darstellungen in der Kunst: *Gewandung:* als Bischof (Weltenburg, Klosterkirche, Fig. um 1720); in Tunika (Ravenna, S. Apollinare Nuovo, Mosaik 6. Jh.); als Bischof in Rüstung (Rozebeke/Belgien, Fig. 15. Jh.); als Soldat in Beinkleidern, Waffenrock, Mantel und Barett (München, Bayerisches Nationalmuseum, Fig. aus Zeitlarn um 1480); als Soldat in Rüstung und Mantel (Wismar, St. Jürgen, Fig. frühes 15. Jh.); in Rüstung, Mantel

und mit Federn geschmücktem Helm (Aschaffenburg, Schloßkapelle, Fig. frühes 17. Jh.); als Reiter in magyarischer Nationaltracht (Preßburg, Dom, Fig. v. G. R. Donner 18. Jh.). *Attribute:* Buch, Kirchenmodell (Mainz, Dommemorie, Tympanonrelief Anfang 13. Jh.); Bettler zu Füßen (Mainz, Dom, Memorienportal, Fig. um 1410); Geldmünze als Almosenspende (Großengstingen, Fig. um 1500); zwei Hunde zu Füßen (Chartres, Bekennerportal, Fig. um 1220); Gans auf Buch (Schloß Tirol, Retabel um 1500); Gans zu Füßen (Weltenburg, Klosterkirche, Fig. um 1720); Pokal – sog. Doppelhumpen (Amberg, St. Martin, Fig. um 1500); Kanne (Purg bei Pöggstall, Fig. Anfang 16. Jh.). *Besondere Szenen:* Mantelspende M.'s als Bischof (Rißtissen/Württemberg, Friedhofskapelle, Fig. 1483); Mantelteilung als Soldat zu Fuß (Gotha, Schloß, Erfurter Brakteat um 1170); Mantelteilung mit dem Schwert als Soldat zu Pferd (Bassenheim, Pfarrkirche, Fig. v. Naumburger Meister um 1250); Spende des gesamten Mantels an den Bettler (Rostock, St. Nikolai, Fig. 2. Hälfte 15. Jh.); Almosenspende an den Bettler (Obernzell/Niederbayern, Fig. 18. Jh.); Erscheinung Jesu im Traum vor M. (Correggio, S. Quirino, Gem. v. D. Feti Anfang 17. Jh.); Erscheinung der Gottesmutter, Thekla, Agnes, Petrus und Paulus vor M. (Paris, Louvre, Gem. v. E. Le Sueur um 1655); Fällung des Götzenbaums durch M. (Vézelay, Kapitellrelief 12. Jh.); M. küßt den Leprakranken (Tours, Maladerie de St-Lazare, Kapitellrelief 12. Jh.); M. fängt das Blut des hl. Mauritius auf (Angers, Musée des Tapisseries, Wandteppich Anfang 16. Jh.); M. heilt einen Besessenen (Brüssel, Musée Royaux des Beaux-Arts, Gem. v. J. Jordaens 1630); Zelebration im zerschlissenen Gewand (Paris, Louvre, Gem. v. E. Le Sueur 17. Jh.); Erweckung eines toten Kindes durch M. (Wien, Kunsthistorisches Museum, Gem. v. C. Ferri 17. Jh.); Verehrung M.'s durch Gläubige (Szombathely, Bischöfl. Palais, Gem. v. F. A. Maulpertsch 18. Jh.); Tod des hl. M. (St-Benoît-sur-Loire, Kapitellrelief 12. Jh.). Begräbnis des hl. M. durch Ambrosius v. Mailand (Mailand, S. Ambrogio, Mosaik 12. Jh.). *Zyklen:* zahlreich, u. a. Chartres/Kathedrale, Glasmalerei um 1220; Paris/Musée Cluny, Stickerei aus Island 13. Jh.; Tours/ Kathedrale, Glasmalerei 2. Hälfte 13. Jh.; Assisi/S. Francesco, Unterkirche, Fresko v. S. Martini Anfang 14. Jh.; Lüttich/St. Martin, Antependium 15. Jh.

Martyrer von Kaschau

(Markus Stephan Körösy, Stephan Pongraz SJ, Melchior Grodziecki SJ), selig
Fest: 7. 9.
Leben: M. S. K. * 1580 in Krizêvci Körös in Kroatien, Studium der Theologie am Jesuitenkolleg Ferdinandeum in Graz, 1611–1615 am Germanikum in Rom, nach der Priesterweihe Seelsorger in Kroatien, 1616 von Kardinal Peter Pázmány SJ, Erzbischof von Gran, als Professor und Rektor des Seminars in Tyrnau berufen, seit 1619 Volksmissionar in dem ganz protestantischen Kaschau und

Administrator der Benediktinerabtei Széplak bei Kaschau. War mit den beiden anderen Jesuiten befreundet, nachdem sie gemeinsam Ignatianische Exerzitien gemacht hatten. – S. P. * 1582 auf Schloß Alvinc in Siebenbürgen, studierte in Prag und Graz und wirkte als Lehrer in Laibach und Klagenfurt. Seit 1615 Lehrer und Seelsorger am Kolleg in Homonna, 1618 Volksmissionar in Kaschau. – M. G. * 1584 in Teschen/Österreichisch Schlesien, aus polnischer Familie stammend; 1603 in Brünn Eintritt in die Gesellschaft Jesu und Mitnovice von S. P. Studierte in Neuhaus/Böhmen, Prag und Brünn, 1614 Direktor des Wenzelkollegs in Prag, 1619 Militärseelsorger und Volksmissionar in Kaschau. Das Martyrium erlitten sie, als sich 1619 Fürst Gabriel Bethlen nach dem Tod Kaiser Matthias zum ungarischen König machen wollte und den Kalvinisten Georg Rákóczi beauftragte, die nördlichen Gebiete zu unterwerfen. Rákóczi zwang durch einen Handstreich Kaschau am 5. 9. 1619 zur Übergabe, bezog seine Zusage, die Katholiken zu schonen, auf Drängen der kalvinistischen Ratsherren und eines kalvinistischen Predigers ausdrücklich nicht auf die drei Priester. Sie wurden gefangengenommen, und von Soldaten und Straßenpöbel am 7. 9. 1619 auf grausame Weise zu Tode gefoltert. S. P. starb an seinen Verletzungen erst am 8. 9. Die Leichname wurden in eine Kloake geworfen. Dort von Gräfin Katharina Pfaff, der Gemahlin des Paladin Sigmund Forgasch, geborgen und ehrenvoll bestattet. Seligsprechung durch Papst Pius X. 1905.
Verehrung und Kultorte: Leichname 1636 in die Jesuitenkirche von Tyrnau überführt.
Verehrung und Kultorte: Ungarn, Diözese Graz-Seckau.
Darstellungen in der Bildenden Kunst: *Martyrium:* Stich bei Matthias Tanner SJ, Societas Jesu usque ad sanguinis et vitae profusionem militans in Europa, Africa, Asia et America, Prag 1675.

Die ersten Martyrer von Rom
hl.

Fest: seit 1969 30. 6., römisches Lokalfest seit 1923

Kirchengeschichtlicher Hintergrund: Gedenktag an die Christen, die unter Kaiser Nero das Martyrium erlitten haben, als bei dem verheerenden Brand der Stadt Rom am 18/19. 7. 64 in der Bevölkerung sich das Gerücht verbreitete, der wahnsinnige Kaiser habe selbst den Brand gelegt, um die Stadt schöner wiederaufbauen zu können und deswegen die Schuld auf die Christen in der Stadt gelenkt wurde. Die Christen standen in der Bevölkerung in schlechtem Ruf, da sie einen namenlosen Gott anbeteten, deswegen als Atheisten galten und zudem ihren Gott nicht neben andere staatlich verordnete Gottheiten stellen und im Pantheon verehren ließen. Viele Christen wurden, wie Tacitus überliefert hat, unter ausgesuchten Martern zur Volksbelustigung hingerichtet.

Darstellungen in der Kunst: die lebenden Fackeln Neros (Krakau, Nationalmuseum, Gem. v. H. Siemiradzki 1876).

Mathilde von Quedlinburg
(Mechthild), Königin, hl.

Fest: 14. 3.

Leben: † um 895 in Engern/Sachsen als Tochter des Grafen Dietrich und der dänischen Adeligen Reinhild, erzogen im Damenstift Herford, wo ihre Großmutter Äbtissin war. 909 Heirat mit Herzog Heinrich, dem späteren König Heinrich I., dem sie fünf Kinder gebar. Nach dem Tod des Gatten begünstigte M. ihren Sohn Heinrich; 938 bevorzugte sie ihren Schwiegersohn Giselbert von Lothringen gegen ihren Sohn Otto, seit 947 stand sie auf seiten Ottos. M. stiftete die Klöster St. Servatius und St. Wicbert in Quedlinburg, sowie Klöster in Pöhlde, Enger und Nordhausen. † 14. 3. 968 in Quedlinburg.

Verehrung und Kultorte: Leichnam beigesetzt im Dom zu Quedlinburg.

Darstellungen in der Kunst: *Gewandung:* als Königin in langem, gegürteten Kleid, Mantelpallium und Krone (Nordhausen, Dom, Relief 14. Jh.); als Königin mit offenem Mantel und Krone (Wien, St. Stephan, Friedrichsgrab, Fig. Anfang 16. Jh.). *Attribute:* Buch (Sevilla, Provinzialmuseum, Gem. v. F. Zurbarán 17. Jh.); Kirchenmodell (Wien, St. Stephan, Friedrichsgrab, Fig. Anfang 16. Jh.); Geldbörse (Andachtsbildchen 19. Jh.).

Matthäus
Apostel und Evangelist, hl.

Fest: 21. 9. (Translationsfest in Salerno am 6. 5.), in griechischen Riten 16. 11., 16. 12.

Leben: M. ist in sämtlichen Apostellisten des Neuen Testamentes erwähnt, bei Mk

Matthäus

2,14 wird er Levi, Sohn des Alphäus aus Kapharnaum genannt. Jesus berief M. an seiner Zollstelle zum Jünger. Anschließend veranstaltete M. ein Gastmahl, zu dem viele Zöllner und Sünder gekommen waren. M. wird von Papias um 120 und von Origines als Verfasser eines Evangeliums für Judenchristen bezeugt. Das heute als erstes im Neuen Testament geführte Evangelium stammt in dieser Form nicht von M. Man kann annehmen, daß M. als Augen-und Ohrenzeuge Jesu eine hebräische oder aramäische Zitatensammlung angelegt hat, aus der ein späterer Redakteur unter Benutzung des Markusevangeliums und weiterer Überlieferungen das heutige Evangelium in griechischer Sprache verfaßt hat.

Legende: uneinheitliche, oft einander widersprechende Traditionen: M. hat nach Klemens v. Alexandria als Vegetarier gelebt. – M. verläßt um 42 Palästina, um in Athiopien und Parthien zu missionieren (alt überlieferte Var.: M. missioniert in Persien). – M. erleidet das Martyrium durch Verbrennen (Var.: durch Steinigung, Enthauptung, Niederdolchen am Altar mit Schwert oder Speer) in Edessa/Syrien, Beschbar/Arabien oder in Naddaber i Senaar.

Patronat: Stadt- und Bistumspatron von Salerno; Finanzbeamte, Zöllner, Buchhalter, Wechsler, Trinker, Geldwechsler; in unheilbaren Krankheiten, Spitäler, Patron der Bergenfahrer in Lübeck, Schiffspatron.

Verehrung und Kultorte: Leichnam in Paestum, seit 1084 in Salerno (dort M.-Wallfahrt), Reliquien in Benevent (Arm), Veroli (Hand), Rom/S. Maria Maggiore, S. Marcello, S. Cosma e Damiano (11. Jh.).

Aberglauben: bedeutender Lostag, da am M.-Tag die Herbststürme einsetzen und der Winter beginnt. – Wer am M.-Tag geboren wird, muß auf dem Kirchhof in bestimmten Nächten die Geister tragen. – In Hannover orakeln die Mädchen über ihre künftige Heirat, indem sie Papierschnitzel oder Weizen-

Frühe Bischöfe und Glaubensboten

50 *St. Zeno treibt einen Dämon aus, Portalrelief, St. Zeno/Verona*

51 *Der Dom von Fulda, Begräbnisstätte des hl. Bonifatius*

52 *Hl. Gerhard, Gem. v. Bertalan Székely, Kathedrale/Pécs*

53 *St. Willibrord, Gem., Echternach*

54 *St. Wolfgang betet um ein Wunder, Gem. v. Michael Pacher, Alte Pinakothek/München*

55 *Der hl. Korbinian macht den Bären zu seinem Lastenträger, Gem. v. Jan Pollack, Diözesanmuseum/Freising*

56 *St. Ulrich und Afra/Augsburg, Begräbnisstätte des hl. Ulrich*

57 *Vertreibung des hl. Adalbert aus Prag, Gem., Nationalgalerie/Budapest*

50

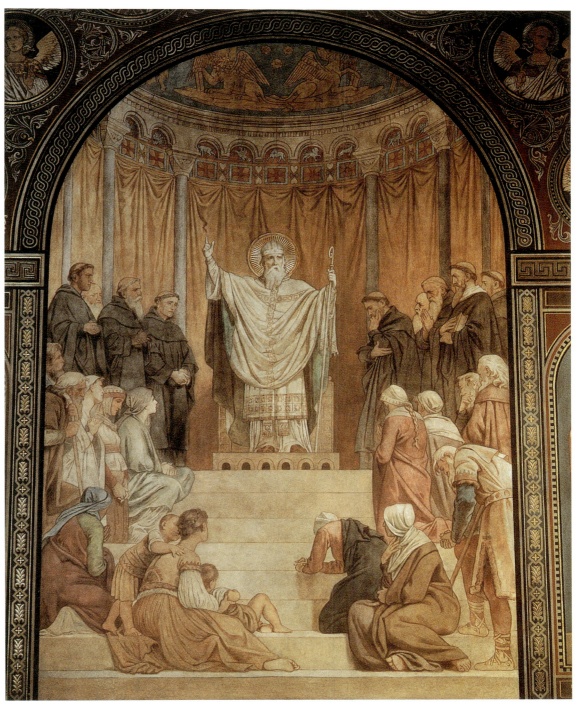

54

57

körner auf dem Wasser treiben lassen und die Strömungsbewegungen deuten.

Darstellungen in der Kunst: *Gewandung:* in antiker Aposteltracht mit langer, gegürteter Tunika und Mantel (Tübingen, Stiftskirche, Fig. um 1480); als Gelehrter mit Barett und Doktorenschärpe (München, Alte Pinakothek, Gem. v. 1500); in Mantel mit Kapuze und Barett (Witzin/Mecklenburg, Relief spätes 15. Jh.); im Meßgewand (Lübeck, Marienkirche, Gem. v. Bergenfahreraltar 1524); im hermelinbesetzten Umhang (Wien, Österreichische Galerie im Belvedere, Gem. v. Meister des Friedrichaltars 1435/40); als Evangelist (Wien, Kunsthistorisches Museum, Gem. v. C. Carlone 18. Jh.); als Evangelist mit Brille (La Seca, Gem. v. Portillo-Meister 1. Hälfte 16. Jh.). *Attribute:* Schwert im Rücken (Kloster Lüne, Prozessionsfahne Mitte 14. Jh.); Schwert in der Hand (Köln, Dreikönigsschrein, Goldschmiedearbeit v. N. v. Verdun, frühes 13. Jh.); Hellebarde (Wien, Kunsthistorisches Museum, Gem. v. Hans gen. Mair v. Landshut 15. Jh.); Geldbeutel (Ulm, Münster, Fig. 15. Jh.); Zählbrett (Lübeck, Marienkirche, Gem. v. Bergenfahreraltar 1524); Winkeleisen (Gärtingen/Schwaben, Fresko 1665); Beil (München, Bayerisches Nationalmuseum, Fig. v. T. Riemenschneider um 1500); überwundener König zu Füßen (Chartres, mittleres Südportal, Fig. 1210–1215); Engel in einer Scheibe (Oberwesel, Stiftskirche, Lettnerfig. 1331); Buch (Wien, Dom- und Diözesanmuseum, Gem. v. Andreasaltar um 1430). *Besondere Szenen:* Diktat des Evangeliums durch den Engel an M. (Rom, Museo Capitolino, Gem. v. Guercino 1. Hälfte 17. Jh.); Engelassistenz für M. bei der Abfassung des Evangeliums (Orvieto, Dom, Fig. v. P. Franqueville nach Entwurf v. G. da Bologna 1595); Licht und Tintenfaß haltender Engel (Brescia, S. Giovanni Evangelista, Gem. v. G. Romanino 16. Jh.); Berufung des Zöllners Levi an der Zollstätte (Reims, Kathedrale, Westinnen-wand, Relief 1250/60); Berufung des Zöllners Levi am Wechseltisch (München, Alte Pinakothek, Gem. v. G. Vischer 17. Jh.); Gastmahl des Zöllners Levi für Christus (Venedig, Accademia, einst Refektorium von SS. Giovanni e Paolo, Gem. v. P. Veronese 1572); M. bezwingt einen Drachen in Vadaber (Paris, Notre Dame, Südrose, Glasmalerei 12. Jh.); M. erweckt den Sohn des Königs Egippus (Prato, S. Franceso, Fresko v. N. di Pietro Gerini spätes 14. Jh.). *Martyrium:* durch Erdolchen vor dem Altar (Rom, S. Luigi dei Francesi, Gem. v. Caravaggio 1590/99). *Zyklen:* Assisi/S. Francesco, Glasmalerei 13. Jh.; Florenz/Uffizien, Gem. v. J. di Ciones 1367–1369; Prato/S. Francesco, Fresken v. Gerini 14. Jh.; Prato/Galleria Comunale, Predellengem. v. P. di Miniato 1413.

Matthias

Apostel, Martyrer, hl.

Fest: 14. 5. (seit 1969, zuvor 24. 2., im Schaltjahr 25. 2.), 7. 2. in Mailand, 12. 5. (Gedenktag der Apostelwahl), 18. 7. (Translationsfest in Trier), in griechischen Riten 9. 8.

Leben: M. wurde durch Los in der Apostelwahl für den Verräter Judas Ischariot aus dem Kreis der 70 Jünger Jesu gewählt, sein Gegenkandidat war Josef Barsabbas mit dem Beinamen Justus.

Legende: uneinheitliche Legendentradition, meist den Überlieferungen anderer Apostel nachgebildet: M. ist das ausgesetzte Kind der Eltern Ruben und Cyborea. – M. wird am Königshof aufgezogen. M. begeht Thronfolgermord im Dienst des Pilatus. – M. verheiratet sich nach Mord an seinem Vater mit seiner Mutter. – M. tritt als Buße in die Nachfolge Christi. – M. predigt in Jerusalem, Judäa, Ägypten und Antiochien. – M. erleidet das Martyrium, indem er gesteinigt und dann enthauptet wird (Var.: gekreuzigt wird). – M. wird durch Apostel Andreas aus der Hand von Menschenfressern befreit.

Patronat: Patron des Bistums Trier, der Städte Goslar, Hildesheim, Hannover; Patron der Bauhandwerker, Schmiede, Schneider, Metzger, Zuckerbäcker; gegen Keuchhusten, Blattern, eheliche Unfruchtbarkeit, der Knaben als Beistand zu Schulbeginn.

Verehrung und Kultorte: Grab und Wallfahrt in Trier/Euchariuskirche, seit 1127 in St. Matthias; Reliquien als Geschenk der Kaiserin Helena von Bischof Agricius nach Trier gebracht. Reliquien in Padua/S. Giustina, Rom/S. Maria Maggiore, Halle. Wallfahrten in Trier, Aachen; M.-Bruderschaften u. a. in Aachen. Förderung der M.-Verehrung durch Kaiser Karl V.

Aberglauben: der frühere Festtag im Februar bedeutender Lostag für die Frühjahrswitterung (M. bricht's Eis, hat er keins, macht er eins). – Am M.-Tag muß man in Tschechien die Bäume aus dem Winterschlaf schütteln, damit sie reiche Frucht bringen. – Die Hausfrau nimmt am M.-Tag einen Jungen auf den Rücken und trägt ihn, M. anrufend, durch den Garten. – In der M.-Nacht wird zwischen 11 und 12 Uhr geschöpftes Wasser zu Wein. – Wer in der M.-Nacht auf dem Friedhof einen kopflosen Geist sieht, muß im Lauf des Jahres sterben. – Zahlreiche Losorakel, beeinflußt durch die Berichte von der Apostelwahl, u. a. legte man in Köln 1580 Efeublätter in eine Wasserschüssel und bestreute sie mit Salz; wessen Blatt schwarz wurde, sollte bald sterben. – Liebesorakel der Mädchen ebenfalls überliefert.

Darstellungen in der Kunst: *Gewandung:* als Apostel in langer, gegürteter Tunika, Mantel (München, Alte Pinakothek, Gem. v. Heisterbacher Altar 2. Viertel 15. Jh). *Attribute:* Buch (München, Bayerische Staatsbibliothek clm 23094, Buchmalerei 13. Jh.); Schwert (Aachen, Marienschrein, Goldschmiedearbeit 1237); Steine (Ettal, Münster, Fig. v. J. B. Straub um 1760); Kreuz (Großenlupenitz/Thüringen, Gem. Anfang 16. Jh.); Lanze (Paris, Bibliothèque Nationa-

le fr. 13091, Buchmalerei im Psalter des Duc du Berry 14. Jh.); Hellebarde (Villach, St. Martin, Gem. v. Meister Friedrich v. Villach 1435); Beil (München, Blutenburgkapelle, Fig. Ende 15. Jh.). *Besondere Szenen:* Apostelwahl (Florenz, Rabbula Codex, Buchmalerei 6. Jh.); Predigt des M. (Rom, S. Maria Maggiore, Mosaik 1288–1296); Besuch Jesu bei M. im Kerker (Stein/Donau, Göttweigerhofkapelle, Wandmalerei 1. Viertel 14. Jh.); Reliquientranslation (Salerno, Sakramentar, Buchmalerei 14/15. Jh.). *Martyrium:* Kájov/ Böhmen, Gem. vor 1500; Wien/Kunsthistorisches Museum, Gem. v. Jan de Beer um 1500; Tour/Museum, Gem. v. F. Providoni um 1700. *Zyklus:* Brüssel/Musées Royaux des Beaux-Arts und Wien/Kunsthistorisches Museum, Gem. v. B. v. Orley 1515.

Mauritius von Agaunum

46

Primicerius der Thebäischen Legion, Martyrer, hl.

Fest: 22. 9.

Leben: Auf Grund des Berichtes von Bischof Eucherius von Lyon war M. Primicerius einer aus Christen bestehenden Legion, die während der Christenverfolgung unter Diokletian 302–305 von M. durch Italien über die Alpen nach Octodurum (heute Martigny) ins Tal der Rhône geführt wurde. In Acaunum (heute St-Maurice d'Agaune) wurde ihnen von dem Mitkaiser Maximian ein Götzenopfer abverlangt, doch weigerten sich die Soldaten, diesem Befehl zu gehorchen. Darum ließ Maximian jeden 10. niederhauen und nach einer Wiederholung der Dezimierung die ganze Legion töten. (Obwohl eigentlich der Christen gegenüber tolerante Constantius Chlorus für Acaunum zuständig war, hat Maximinian wohl in dessen Abwesenheit das Blutbad veranlaßt). Nicht historisch dagegen ist die Bezeichnung der Legion als thebäisch.

Patronat: Patron des hl. römischen Reiches

unter den Ottonen und Saliern, Schutzherr der Langobarden, Schirmherr der Ottonischen Ostkolonisation, Königreich Burgund, Wallis, Magdeburg, Einsiedeln, Sitten, Chur; Kreuzfahrer, Färber (wegen des roten Mantels), Tucher, Glasmaler, Hutmacher, Kaufleute, Messerschmiede, Waffenschmiede, Soldaten, Infanterie, Tuchweber, Wäscher, Weinstöcke, Pferde.

Verehrung und Kultorte: Reliquien in St-Maurice d'Agaune, Magdeburg (im Auftrag Kaiser Ottos d. Gr. 937 von Bischof Udalrich v. Augsburg transferiert), Vienne (Kopfreliquiar, zwischen 879 und 887 v König Boso gekrönt), Wien/Geistliche Schatzkammer, M.-Sporen und M.-Schwert als Reichsinsignien; weitere zahlreiche Reliquien in Schweiz, Deutschland, Italien, Frankreich, Spanien und Südamerika; Verehrung entlang der alten römischen Heerstraßen bis zum Niederrhein.

Darstellungen in der Kunst: *Gewandung:* als Soldat (Fröndenberg/Westfalen, Fig. um 1500); als Soldat im Waffenrock (Oberstadion/Württemberg, Altargem. 1458); als weißhäutiger Ritter (Metz, Bibliothèque Municipale Ms 1200, Buchmalerei 1276); als weißhäutiger reitender Herzog (St. Maurice, Sigismundschrein Relief 12. Jh.); als weißhäutiger Ritter zu Roß (Stuttgart, Landesbibliothek, Hirsauer Passionale, Buchmalerei 12. Jh.); als Mohr in Kettenrüstung (Magdeburg, Dom, Fig. um 1240); als dunkelhäutiger Herzog in Haube (Hollern bei Stade, Fig. 13. Jh.); als dunkelhäutiger Herzog mit Hut, Mantel und Rüstung (Wien, St. Stephan, Wiener Neustädter Altar Fig. v. 1447); als dunkelhäutiger Edelmann im pelzgefütterten Mantel (Schwerin, Staatliches Museum, Glasmalerei 1300/1310); als dunkelhäutiger Ritter in Rüstung und Mantel (Halle, Staatliche Galerie Moritzburg, Fig. vom Rathaus 1526); als dunkelhäutiger Ritter in Rüstung (Bräunsdorf, Altarrelief 1517); als dunkelhäutiger Ritter in Rüstung mit Turban (In-golstadt, Liebfrauenmünster, Gem. v. H. Mielich 1572); als Mohr auf dem Hippokampen (Lüneburg, Rathaus, Tafelaufsatz v. dem Augsburger Goldschmied HM um 1660). *Attribute:* Palme (London, British Museum, Harley 2889, Buchmalerei 12. Jh.); Schwert (München, Alte Pinakothek, Gem. v. Meister MGN 1521/22); Szepter (Lausanne, Chorgestühl der Kathedrale, Fig. 15. Jh.); Dolch (Quittelsdorf, Altargem. um 1420/30); Lanzenfahne (Limbach, Kirche, Gem. v. H. Süß von Kulmbach um 1510/20); Schild, Lanze (Halberstadt, Moritzkirche, Fig. um 1480/90); Adlerschild (Magdeburg, Dom, Alabasterfig. 1467); mit Mohrenköpfen besetzter Schild (Ebstorf/Lüneburger Heide, Klosterkirche spätes 13. Jh.); Drachen (Wiesentheid/Unterfranken, Fig. v. J. v. d. Auwera um 1760). *Martyrium:* Gerona/Museo Diocesano, Matyrologium, Buchmalerei um 1410; München/Alte Pinakothek, Gem. v. P. de Mares 1517; Karlsruhe/Badisches Landesmuseum, Gem. um 1515/25; Heilsbronn bei Ansbach/Abteikirche, Gem. v. Wolf Traut 1502. *Zyklen:* Essen-Werden/St. Peter, Wandmalerei 12. Jh.; Saanen/Mauritiuskirche, Fresken um 1480.

Maximilian Kolbe
Ordenspriester, Martyrer, hl.

Fest: 14. 8. (Tag des Martyriums).

Leben: * 8. 1. 1894 Zdunska Wola, 5. 9. 1911 Profeß OFM, 1912 Studium in Rom, Dr. phil 1915. M. K. gründete am 16. 10. 1917 die Miliz der Immaculata, deren weltweite Ausbreitung ein Lebensziel wird. Priesterweihe 1918, Dr. theol. 1919, anschließend kurzzeitig Professor für Kirchengeschichte in Krakau. Gründung der Pressestadt Niepokalanów mit einem Franziskanerkloster (über 700 Mitglieder); weilte 1930 in Asien und gründete in Japan als zweites Pressezentrum Mugenazai no Sono (Garten der Unbefleckten). 1939 erste Verhaftung durch die Gesta-

Mechthild

po, 1941 zweite Inhaftierung, trat im KZ Auschwitz an die Stelle eines zum Tode verurteilten Familienvaters, indem er als Grund angab, daß er katholischer Priester sei. Starb im Hungerbunker nach Verabreichung einer Phenolspritze am 14. 8. 1941. Seligsprechung 1971 durch Papst Paul VI. Heiligsprechung 1982 durch Papst Johannes Paul II.
Legende: Die Gottesmutter zeigt M. K. bereits in der Kindheit im Traum weiße und rote Blüten (Var.: Kronen) als Hinweis auf Unschuld und Martyrertum, die das Kind beide begehrt. – Über M. K. streut die Gottesmutter Blüten aus.
Patronat: Familie, Journalisten, Medien, politisch Verfolgte, Gefangene.
Verehrung: Franziskaner-Minoriten-Orden, Polen, Deutschland, Japan.
Darstellung in der Kunst: *Gewandung:* in franziskanischem Habit mit Nickelbrille und kurzem Bart, Physiognomie nach Vorbild photographischer Aufnahmen mit hoher, fliehender Stirn oder als KZ-Häftling in gestreifter Gefangenen-Kleidung. *Attribute:* Buch, Martyrerpalme (Rom, Gem. von A. Del Vecchie 1971); Erdkugel als Hinweis auf weltweite missionarische Tätigkeit (Fig. in Niepokalanów); rotes Dreieck und KZ-Nummer 16 670 (Krakau-Nova Huta, Fig. v. A. Rzasa 1974). *Zyklen:* Niepokalanów, Hochaltar, Predellenreliefs; Wien/Gedächtniskapelle im Minoritenkonvent in der Alservorstadt VIII. Bezirk v. E. Degasperi 1973.

Mechthild von Helfta

(von Hackelborn), Zisterzienserin, hl.
Fest: 19. 11
Leben: * 1241 aus dem Geschlecht der Edlen von Hackelborn. Mit 7 Jahren in der Klosterschule Rodersdorf bei Halberstadt, wo auch ihre Schwester Gertrud bereits Nonne war. 1258 Übersiedlung mit dem gesamten Konvent nach Helfta bei Eisleben. M. wurde Leiterin der Klosterschule, Ihre mystischen Schauungen schrieben ihre Schwester Gertrud und eine weitere Nonne auf Weisung der Äbtissin Sophie von Querfurt nieder. Das Werk fand als »Liber specialis de gratia« (= Buch der besonderen Gnade) weite Verbreitung und förderte durch die zahlreichen Herz-Jesu-Gebete diese Verehrung, † 19. 11. 1299.
Verehrung und Kultorte: Stift Engelszell.
Darstellungen in der Kunst: *Gewandung:* als Zisterzienserin (Engelszell, Fig. 1759). *Attribute:* Waage, Schwert (Venedig, Buchillustration zum Liber specialis gratiae, 1522); Buch (Mauterndorf, St. Gertrud, Gem. um 1750).

Meinrad von Einsiedeln

Eremit, Benediktiner, hl.
Fest: 21. 1.
Leben: * Ende des 8. Jh. im Sülichgau, im Kloster Reichenau erzogen, 822 Ablegung der Gelübde als Benediktinermönch, 828 Einsiedler am Etzelpaß, seit 835 im Finsterwald, heute Einsiedeln. Am 21. 1. 861 von zwei Raubmördern erschlagen, die M. zuvor mit Brot und Wein gespeist hatte.
Legende: Zwei zahme Raben, die M. aufgezogen hat, folgen den Mördern und verraten sie.
Patronat: Kloster Einsiedeln.
Verehrung und Kultorte: Leichnam auf der Reichenau beigesetzt, 1039 nach Einsiedeln transferiert, wo sich aus der Zelle des Heiligen ein Benediktinerkloster entwickelt hat.
Darstellungen in der Kunst: *Gewandung:* als Benediktiner in faltiger, weitärmeliger geschlossener Flocke und Kapuze (Einsiedeln, Gnadenkapelle, Gem. v. M. Zehender 1572). *Attribute:* Platzwunde an der Stirn, Palme (Einsiedeln, Klosterbibliothek, Kupferstich v. P. A. Beutler 1683); Kirchenmodell (Zürich, St. Anton, Gem. Anfang 20. Jh.); Weinkrug, Brot (Einsiedeln, M.-Brunnen, Fig. 20. Jh); zwei Raben (Einsie-

deln, Klausur, Gem. v. P. A. Zwyner um 1600); Keule (Maria Plain/Österreich, Fig. 1679); Kerze (München, Staatliche Graphische Sammlung, Kupferstich v. Meister ES 1466). *Besondere Szenen:* M. als Klostergründer von Einsiedeln (Einsiedeln, Klausurgang, Gem. v. P. A. Zwyner um 1600); Maria nimmt an der Messe von M. teil (Rio de Janeiro, Benediktinerkloster, Gem. v. F. R. do Pilar Ende 17. Jh.); M. sieht in einer Vison Maria mit dem Jesusknaben (Einsiedeln, Kloster, Gem. v. C. Carlone 18. Jh.); M. auf dem Weg in den finsteren Wald (Einsiedeln, Stiftsarchiv, Buch der Stifter und Gutthäter, Buchmalerei 1588); die Erhebung der Reliquien (Einsiedeln, Etzelkapelle, Fresken 18. Jh.). *Zyklen:* St. Gallen/Stiftsbibliothek Cod. B.B.L.Iv.18, Holzschnitte 1496; Einsiedeln/Stiftsarchiv, Blockbuch der Vita M.'s, Holzschnitte 1450/60.

2 **Michael**

Erzengel, hl.

Fest: Jahrestag der Kirchweihe von S. Michele an der Via Salaria in Rom unter Papst Leo d. Gr. 29. 9.; Erscheinung von M. am Monte Gargano: 8. 5.; Weihetag der M.-Kirche in Konstantinopel 8. 11.; Erscheinung M.'s auf dem Mont-Saint-Michel 16. 10. In den griechischen Riten Gedächtnis des Wunders bei Chonai 6. oder 29. 9.

Bezeugung: Den Namen des Erzengels Michael (= »wer ist wie Gott«) erwähnt das Buch Daniel im Alten Testament als einer der ersten Himmelsfürsten, als Schutzherr Israels. In der Apokalypse 12,7 wird der Kampf zwischen Michael und dem Satan geschildert. Im Judasbrief wird der Streit mit dem Teufel um den Leichnam des Moses erwähnt. Die Kirchenväter, wie Irenäus von Lyon sehen in M. den Führer der himmlischen Heerscharen. Origines stellt die Aufgabe M.'s heraus, Gebete der Menschen Gott darzubringen, Gregor d. Gr. betont die be-

sondere Aufgabenstellung für M. durch Gott. Nach Gregor von Tours ist er Seelengeleiter der Verstorbenen; auch beim Tod Mariens übergab Christus M. die Seele seiner Mutter. Beim Weltgericht ist nach Pseudo-Meliton M. Paradiesesfürst und Seelenwäger.

Legende: M. erscheint in Chronis in Phrygien. – M. lenkt einen auf einen entlaufenen Stier gerichteten Giftpfeil auf den Schützen zurück und erscheint auf dem Monte Gargano bei Manfredonia dem Bischof der Stadt. – M. heißt den Bischof von Tumba, eine Kirche zu bauen; dafür läßt er einen Mann zwei Felsen bewegen, um genügend Platz zu schaffen. – M. rettet eine auf Wallfahrt befindliche schwangere Frau vor den Fluten, so daß sie mitten auf dem Meer gebiert. – Gregor d. Gr. hält zur Abwehr der Pest im Jahr 590 eine große Prozession ab, als er über der Hadriansburg einen Engel sieht, der sein Schwert in die Scheide steckt. – Als im Kloster Mülberg bei Meißen die Zahl der Nonnen abgenommen hat und der Gesang zu schwach ist, hilft das hölzerne M.-Bild singen.

Patronat: Beschützer des hl. römischen Reiches (M.-Fahne in der Schlacht auf dem Lechfeld 955 gegen die heidnischen Ungarn dem Heer vorangetragen), Beschützer der Kirche, des deutschen Volkes, der Armen Seelen, der Sterbenden, für einen guten Tod; Patron der nach ihm benannten Orden, Apotheker, Eicher, Gewichtemacher, Kaufleute (wegen der Waage), Bäcker, Bankangestellten (seit 1958), Drechsler, Glaser, Maler, Radiofachleute (seit 1958), Ritter, Schneider, Soldaten, Vergolder, Blei-und Zinngießer; gegen Blitz, Ungewitter (wegen des flammenden Schwertes), Kirchhöfe.

Verehrung und Kultorte: hauptsächlich zahlreiche Wallfahrtskirchen auf Bergen seit dem Frühmittelalter, besonders wichtig Monte Gargano in Apulien (Kinderwallfahrt 1456 bis 1458) Ravenna, Rom/Engelsburg, Mont-

Saint-Michel in der Normandie (709 durch Bischof Autbert v. Avranches auf Grund einer Vision gegründet).

Aberglauben: Ende der Weideperiode für das Vieh, Zinstag, bedeutender Lostag für das Wetter. – Wenn das M.-Bild auf dem Dach von Kloster Michelstein herunterfällt, findet man Tiere erwürgt oder unruhige Ochsen im Stall. – Man soll am M.-Tag nicht dreschen, weil man durch die Luft fliegende Seelen verletzen könnte. – Eine verstorbene Seele bringt die erste Nacht bei St. Gertrud, die zweite bei St. M. zu. – In Ungarn heißt die Totenbahre Pferd des hl. M.

Darstellungen in der Kunst: *Gewandung:* als Himmelsfürst in Tunika und Pallium (Berlin, Frühchristlich-byzantinische Sammlung, Mosaik aus Ravenna, S. Michele in Affricisco 545); in Tunika und Chlamys (Ravenna, S. Apollinare in Classe, Mosaik 6. Jh.); als Herrscher in Tunika, Divitision (Prunkgewand mit Besatzstreifen am Hals und Saum), Loros (Monreale, Kathedrale, Mosaik 1180/94); in Tunika und Loros (Cefalù, Kathedrale, Mosaik 12. Jh.); als Feldherr in kurzer Tunika, Stiefel und Rüstung (Palermo, Capella Palatina, Mosaik 12. Jh.); als Krieger in Rüstung (Harnisch) und Barett (London, National Gallery, Gem. v. Perugino 1496); als Krieger in Rüstung und Helm (Kaiserslautern, Pfalzgalerie, Radierung v. L. Corinth 1923); in liturgischem Ornat mit Pluviale (Düsseldorf, Kunstmuseum, Kupferstich v. M. Schongauer um 1480); in Pluviale mit Ritterrüstung (Hamburg, Kunsthalle, Kupferstich v. I. v. Meckenem 15. Jh.); in Dalmatika und Pluviale (Hamburg, Sammlung Weber, Gem. v. Meister v. Liesborn 2. Hälfte 15. Jh.); als gefiedertes Wesen im goldenen Panzerhemd (Chantily, Musée Condé, Les Très riches Heures du Duc de Bery, Buchmalerei um 1415). *Attribute:* Stirnband mit Kreuz (Hamburg, Kunsthalle, Radierung v. Johann Weiner 16. Jh.); Globus mit Kreuzzeichen, Botenstab mit Kugel (London, British Museum, Elfenbeinrelief 6. Jh.); Labarum (Ravenna, S. Apollinare in Classe um 549); Speer (Paris, Louvre, Gem. v. Raffael 1518); Lanze (New York, Metropolitan Museum, Cloisters-Apokalypse, Buchmalerei frühes 14. Jh.); Schwert, Schild (Augsburg, Städtische Kunstsammlungen, Ölskizze um 1790); Flammenschwert (Neapel, Chiesa dell'Ascensione a Chiaia, Gem. v. L. Giordano 17. Jh.); Kreuzstab (München, St. Michael, Gem. v. Ch. Schwarz 1587/88); Fessel und Kette (Heidelberg, Universitätsbibliothek, Hortus Deliciarum, Faksimile des in Straßburg verbrannten Originals, letztes Viertel 12. Jh.); Waage (Avignon, Museum, Gem. v. N. Fromment Ende 15. Jh.); Diskus (Monreale, Kathedrale, Mosaik 12. Jh.); Drachen (ehem. Sammlung Baron Hüpsch, Gem. v. Meister des Kalkarer Marientodes 15. (?) Jh.). *Besondere Darstellungen:* M. als Thronassistent (Ravenna, S. Apollinare in Classe, Mosaik um 549); M. als Thronassistent der Gottesmutter (Berlin, Staatliche Museen, Steinrelief 12/13. Jh.); M. als Begleiter der hl. Drei Könige (Burg Hohenzollern, Relief 1920); M. als Himmelsrepräsentant (Mailand, S. Ambrogio, Mosaik 1. Hälfte 9. Jh.); M. als Drachentöter (Lucca, S. Michele, Tympanonrelief um 1143.); M. weiht der Gottesmutter seine Waffen (Nevers, St-Pierre, Gem. v. M. und L. Le Nain 1633/40); Sturz Luzifers und weiterer Engel durch M. (Breslau, Dom, Kurfürstenkapelle, Fresko v. C. Carlone nach 1726); M. als Seelenwäger (Autun, Portalrelief 1130/40); als Retter von Seelen aus dem Fegefeuer (Lübeck, Annenmuseum, Fronleichnamsaltar, Gem. 1496); Erscheinung M.'s und Ende der Pest in Rom (Rom, S. Pietro in Vincoli, Fresko 15. Jh.); M. befiehlt in einer Erscheinung Gottfried v. Bouillon die Befreiung Jerusalems (Rom, Casino Massimo, Tasso-Saal, Gem. v. F. Overbeck 19. Jh.). *Zyklen:* Zyklus mit biblischen Szenen (Monte S. Angelo, Bronzetürreliefs 1076); Zyklus mit den Wunderszenen v.

Monte Gargano (Florenz, S. Croce, Vellutri-kapelle); Wunder von Chonai (nur auf byzantinischen Ikonen).

Monika von Tagaste
Mutter des Augustinus, hl.
Fest: 27. 8. (vor 1976 4. 5., weil man das M.-Fest einen Tag vor dem Fest der Bekehrung des hl. Augustinus gefeiert hat).
Leben: * um 332 in Tagaste, von ihren christlichen Eltern fromm erzogen; vermählt in jungen Jahren mit dem heidnischen Beamten Patritius († 371 als Christ), mit dem sie drei Kinder hatte. War um ihren Sohn Augustinus besorgt, litt viel um seine Bekehrung und erlebte in Mailand 387 seine Taufe. † im Oktober 387 in Ostia.
Legende: M. erscheint bei ihrer letzten Kommunion vor ihrem Tod das Jesuskind. – Maria reicht M. ihren Gürtel.
Patronat: christliche Müttervereine, Frauen, Mütter, Titularin der sog. Gürtelbruderschaften.

Verehrung und Kultorte: Reliquien im Augustinerkloster Arrouaise bei Arras seit 1162 und in Rom/S. Agostino seit 1430.
Darstellungen in der Kunst: *Gewandung:* als Witwe in schwarzem, gegürteten Kleid mit Witwenschleier (Rom, S. Maria del Populo, Relief 14. Jh.); im von Engeln gehaltenen Schutzmantel (Bagnoreggio, SS. Annunziata, Fresko). *Attribute:* Buch (S. Gimignano, S. Agostino, Fresko v. B. Gozzoli 15. Jh.); Spruchband (München, Alte Pinakothek, Gem. v. M. Pacher 15. Jh.); Rosenkranz (Stuttgart, Museum, Fig. Anfang 16. Jh.); Kruzifix (Mailand, Gem. v. A. da Fabriano 15. Jh.). *Besondere Szenen:* M. in Ekstase in Ostia (Paris, Louvre, Gem. v. A. Scheffer 19. Jh.); Gürtelspende der Gottesmutter an M. [Bruderschaftsbild] (Neapel, S. Maria Egiziaca a Forcella, Gem. v. F. Solimena 18. Jh.). Weitere Szenen siehe unter Augustinus von Hippo. *Zyklen:* Rabastens/Kirche, Wandmalerei Mitte 14. Jh.; Padua/Chiesa dei Eremitani, Fresken 1338 und im Zusammenhang weiterer Augustinuszyklen.

N

Nereus und Achilleus von Rom
Martyrer, hl.
Fest: 12. 5.
Leben: NA. waren Prätorianer und Gerichtssoldaten, die das Martyrium während der Christenverfolgung unter Kaiser Diokletian erlitten haben.
Legende: NA. sind Eunuchen und Kämmerlinge der Nichte des Kaisers Domitian Domitilla. – NA. bekehren Domitilla, die sich von ihrem Bräutigam lossagt, um jungfräulich zu leben. – Der erboste Bräutigam läßt NA. als Verbannte auf die Insel Pontus verschleppen. – Dort sollen NA. den Götzen opfern und weigern sich, weil sie von Petrus und Paulus selbst getauft worden sind. NA. werden daraufhin enthauptet. – Der Bräutigam, der Domitilla zu vergewaltigen versucht, kann plötzlich nicht mehr aufhören zu tanzen und fällt tot um. – Domitilla und ihre Mägde werden daraufhin in ihrem Gemach verbrannt.
Verehrung und Kultorte: Begraben in der Domitillakatakombe/Rom, Translation in ihre Titelkirche Ende 16. Jh., Reliquien in S. Maria in Vallicella.
Darstellungen in der Kunst: *Gewandung:* als jugendliche Martyrer (Florenz, S. Salvatore al Monte, Gem. v. G. da Ponte 15. Jh.); als Martyrer in antiker Gewandung mit alter Physiognomie (Rom, S. Maria in Vallicella, Gem. v. P. P. Rubens um 1608); als Soldaten (Unterfischen/Oberbayern, Fig. 16. Jh.). *Attribute:* Palmen (Florenz, S. Salvatore al Monte, Gem. v. G. da Ponte 15. Jh.); Lanzen (Cleveland/Ohio, Cleveland Museum of Art, Buchmalerei 15. Jh.); Schwerter (Unterfischen/Oberbayern, Fig. 16. Jh.).

Nikolaus von der Flüe
Einsiedler, hl.
Fest: 25. 9.
Leben: * 1417 auf dem Flüeli bei Sachseln, zeigte als Kind Neigung zum Alleinsein. N. war Soldat in den Kriegen gegen Zürich (1140/1144) und dem Thurgauer Feldzug (1460); die Rettung des Klosters Diessenhofen vor der Zerstörung wird N. zugeschrieben. N. heiratete nach 1460 Dorothea Wyss aus Oberwilen, die 10 Kinder gebar. Tätigkeit als Bauer, Landrat und Richter. Am 16. 10. 1467 verließ er Frau und Kinder und zog sich, einem inneren Zwang folgend, als Einsiedler zurück, zunächst (nach Versuchen als Wanderpilger) ins Listal bei Basel, anschließend auf die Klisterli-Alp im Melchtal, wo ihn neugierige Nachbarn störten, dann im Ramft in der Nähe seines Anwesens. N. stand vermutlich unter dem Einfluß eines

Mystikerkreises im Kloster Engelberg, wohl auch unter Einfluß der Geistlichen Haimo am Grund in Kriens und Oswald Isner in Kerns. Für Ratsuchende hatte N. ein gutes Wort, konnte aber auch Besuchern gegenüber sehr abweisend sein. – N. nahm in seiner Einsiedelei großen Einfluß auf die Politik, z. B. kam die Tagsatzung zu Stans am Vierwaldstätter See auf seine Bemühungen zustande, auf der er die Schweiz vor Spaltung bewahrte. – † 21. 3. 1487. Seligsprechung äquipollenter 1669, Heiligsprechung 1947.

Legende: N. hat mit 16 Jahren die Vision von einem Turm, dessen Spitze sich in den Wolken verliert. – N. lebt im Ramft 19 Jahre ohne Speise und Trank. – N. hat Kämpfe mit dem Teufel zu bestehen, der ihn in den Dornbusch wirft. – N. erscheint die Gottesmutter.

Patronat: Schweiz (1. Landespatron).

Verehrung und Kultorte: Leichnam beigesetzt in der Pfarrkirche von Sachseln, als Wundertäter hochverehrt. Wallfahrt setzt unmittelbar nach N.'s Tod ein.

Darstellung in der Kunst: *Gewandung:* als bärtiger Eremit, barfuß in langem, ungegürteten Rock (Sachseln, Beinhaus, Fig. vom Grab 1518). *Attribute:* Stock, Rosenkranz (Untere Ramftkapelle, Fig. 1504); Kreuz (Herrenberg, Chorgestühl, Relief 1517). *Zyklus:* Untere Ramftkapelle, Wandmalerei um 1520.

Nikolaus von Myra
Bischof, hl.

Fest: 6. 12. (in byzantinischen Riten 9. 5.).

Leben: * in Patras/Lykien. N. war Bischof von Myra in Lykien. † vermutlich am 6. 12. 343/350 oder 345/352.

Legende: N. kann bereits drei Tage nach der Geburt aufrecht im Badezuber stehen. – N. verweigert die Annahme der Mutterbrust am Freitag. – N. verliert seinen Vater Euphemius und seine Mutter Anna in einer Pestepidemie und teilt sein ganzes Vermögen unter die Armen aus. – N. wirft drei goldene Kugeln in das Zimmer von drei Jungfrauen, die der verarmte Vater zur Prostitution zwingen will, aber mit dem Gold als Mitgift sie nun gut verheiraten kann. – Der Onkel Nikolaus der Ältere ist Bischof von Myra, erzieht N., errichtet ein Kloster und setzt N. zum Abt ein. – Nach dem Tod seines Onkels pilgert N. ins Heilige Land und wird nach seiner Rückkehr vom Volk in Myra als neuer Bischof ausgerufen, weil man ausgemacht hat, daß der, welcher am nächsten Morgen zuerst die Kriche betritt, Bischof von Myra werden soll. – N. wird zum Bischof geweiht. – N. muß in der Christenverfolgung unter Galerius um 310 viel leiden, weshalb er den Beinamen der Bekenner erhält. – N. nimmt am Konzil von Nizäa 325 teil, wo er mit anderen Bischöfen die Wesensgleichheit der drei göttlichen Personen verteidigt. – Christus und die Gottesmutter geben N. die bischöflichen Insignien zurück, die N. wegen Beleidigung des Arius vom Kaiser auf dem Konzil von Nizäa abgenommen worden waren. – Während der Konzilsteilnahme erscheint N. Seeleuten und errettet sie aus Seenot. – Die Seeleute erreichen Myra und erkennen N. dort wieder. – N. errettet ein Kleinkind aus kochendem Badewasser. – N. erweckt drei Scholaren, die vom Wirt umgebracht und in Fässern eingepökelt waren. – N. fällt einen Baum, der dem Kult der Göttin Diana geweiht ist, worauf sich Diana an N. dadurch rächt, daß sie als fromme Frau verkleidet Pilgern ein Ölfläschchen mitgibt, das sie in seiner Kirche als Weihegabe ausgießen sollten. N. erscheint, die List durchschauend und gießt das Fläschchen ins Meer, das sofort in Flammen steht. – N. verhindert die Hinrichtung der drei Offiziere Ursus, Nepotian und Apilion, die unschuldig bei Kaiser Konstantin des Hochverrates angeklagt waren, indem er Konstantin im Traum erscheint und ihm mit der Rache Gottes droht, sollte er die Unschuldigen hinrichten lassen.

– N. erscheint dem Eparchen Eulalius im Traum. – N. rettet den Knaben Dimitrij aus dem Dnjepr; am nächsten Tag finden ihn seine Eltern an der Treppe der Kathedrale. – N. errettet drei unschuldige Kinder, die der bestochene Landpfleger von Myra hinrichten lassen wollte, indem N. dem Henker das Schwert aus der Hand reißt und die Kinder von den Fesseln befreit. – Während einer Hungersnot in seiner Diözese schickt N. Kornschiffe in die Stadt und läßt das Korn verteilen. Als die Schiffe weiterfahren, fehlt nichts von der Ladung. – Ein Jude hat sein Geld dem Schutz des Heiligen anvertraut. Als es gestohlen wird, schlägt der Jude die Figur des Heiligen, worauf N. den Dieben erscheint und sie das Geld zurückgeben müssen. Daraufhin bekehrt sich der Jude. – N. erweckt einen betrügerischen, von einem Wagen überollten Christen auf Bitten des betrogenen Juden zum Leben, worauf sich der Jude taufen läßt. – Ein Mann, der sich einen Sohn wünscht, gelobt einen goldenen Becher; als er diesen nach Erfüllung des Wunsches nicht einlöst, sondern einen geringerwertigen spendet, ertrinkt das Kind auf der Fahrt nach Myra beim Wasserschöpfen; N. erweckt dem reumütigen Vater den Sohn wieder. – Der Jüngling Adeodatus wird von einem heidnischen Fürsten gefangen und zu seinem Mundschenk ernannt, doch der Knabe fleht in seinem Heimweh zu N., der ihn bei den Haaren ergreift und seinem Vater zurückbringt. – Ein Knabe wird vom Teufel in Gestalt eines Bettlers erwürgt, dem N. das Leben wieder schenkt. – Am Grab von N. werden Lahme geheilt.

Patronat: Rußland, Lothringen, Hanse, Bari, Myra, Nowgorod, Advokaten, Apotheker, Bandmacher, Bauern, Bierbrauer, Chorknaben, Ministranten, Fährleute, Faßbinder, Feuerwehrleute, Fischer, Fischhändler, Flößer, Gefangene, Jungfrauen, Kinder, Knopfmacher, Leineweber, Metzger, Notare, Parfümeriehändler, Pilger, Reisende, Richter, Schnapsbrenner, Schüler, Rechenlehrer, Schreiblehrer, Schiffer, Seeleute, Spezereikaufleute, Spitzenhändler, Tuchhändler, Tuchscherer, Weber, Wirte, Weinhändler, Kerzenzieher, Steinbrucharbeiter, Steinmetze; Nothelfer.

Verehrung und Kultorte: Beigesetzt in Myra, am 4. 9. 1087 durch Kaufleute von Myra nach Bari überführt, aus seinem Grab fließt bis heute Öl. Kult seit dem 6. Jh. in Myra und Konstantinopel bezeugt, im 9. Jh. Errichtung einer N.-Basilika in Rom; im 10. Jh. durch Theophanu in Deutschland gefördert, ausgehend vom Rheinland, im 11. Jh. In Frankreich und England N.-Verehrung belegt, rund 2000 Kirchenpatrozinien, Ortsnamen u. ä.

Aberglauben: N.-Brauchtum weitgehend von den Legenden bestimmt, Grundlage ist die Verbindung des mittelalterlichen Brauchs, am Fest der unschuldigen Kinder in Klosterschulen die Herrschaft zu übernehmen und einen Kinderbischof zu wählen; obwohl im 9. Jh. wirkungslos verboten, bis ins 16. Jh. geübter Brauch, im 13. Jh. verlegt auf den N.-Tag, der zugleich Beschertag war. Viele Dramatisierungen sind aus dem Schultheater entstanden. Hinzu treten jahreszeitliche Naturmythen, besonders in den Alpengebieten.

Darstellungen in der Kunst: *Gewandung:* als Bischof des lateinischen Ritus in pontifikaler Meßkleidung mit Kasel und Pallium (Limburg, Dom, Fresko 13. Jh.); als Bischof des lateinischen Ritus in Pluviale und Mitra (Lübeck, Jakobikirche, Gem. 1488); als Bischof des griechischen Ritus mit Sticharion, Epitrachelion, Enchirion, Phelonion und Omophorion (Karlsruhe, Landesbibliothek, Evangeliar des Speyerer Domes, Buchmalerei 12. Jh.): im Rochett (Venedig, S. Sebastia-

no, Gem. v. Tizian 16. Jh.). *Attribute:* Christus und Maria als kleine Seitenfiguren (Bisceglie/Apulien, Gem. 13. Jh.); Engel mit Mitra (Venedig, S. Sebastiano, Gem. v. Tizian 16. Jh.); drei goldene Kugeln auf Buch (Florenz, Galleria degli Uffizi, Gem. v. B. Daddi 14. Jh.); drei goldene Kugeln in der Hand (Lieberhausen, evang. Pfarrkirche, Wandmalerei Anfang 15. Jh.); drei Kugeln zu Füßen (Venedig, S. Sebastiano, Gem. v. Tizian 16. Jh.); drei Goldbarren (Schwerin, Museum, Fig. Ende 15. Jh.); drei Goldstangen (Rostock, Nikolaikirche, Predella um 1450); drei Äpfel (Kortrijk, O.-L.-Vrouwenkerk, Gem. v. J. van der Asselt 15. Jh.); mit Geldbeuteln (Brüssel, Fig. 17. Jh., abgebildet bei R. van Linden, Ikonogr. van Sint-Niklaas in Vlaanderen, Gent 1972 Abb. 347); drei Geldsäckchen (Putte, Nikolauskirche, Fig. 19. Jh.); drei Brote auf Buch (Straßburg, Kathedrale, Fig. v. 1522); drei Scholaren kniend (Antwerpen, St. Jakob, Gem. v. A. Francken I 1592); drei Scholaren im Bottich stehend (Lübeck, Jakobikirche, Gem. 1488); drei Scholaren aus dem Bottich steigend (London, National Gallery, Gem. v. G. David um 1500); gefesseltes Kind (Elzach/Baden, Glasmalerei v. H. Gitschmann von Ropstein 1524); Kind an den Haaren gehalten (Atri, Kathedrale, Wandmalerei 15. Jh.); drei Jungfrauen zu Füßen (Soest, Nikolaikirche, Gem. 14. Jh.); drei Jungfrauen in einem Bildstock (Lieberhausen, evang. Pfarrkirche, Wandmalerei 15. Jh.); drei Jungfrauen und drei Scholaren (Brüssel, Bibliothèque Royale Hs. 15.082–83, Buchmalerei 15. Jh.); Jungfrau und den vor der Exekution geretteten Knaben mit Strick um den Hals (Neapel, Museo Capodimonte, Gem. v. A. de Salerno 13. Jh.); Anker (Lübeck, Marienkirche, Gem. Ende 15. Jh.); Schiff (Westkapelle, St-Niklaas-Kirche, Fig. 19. Jh.). *Besondere Szenen:* N. in einer Sacra Conversatione, in der das Kind nach den Kugeln greift (Florenz, Galleria degli Uffizi, Gem. v. S. Botticelli 15. Jh.); der jugendliche

N. wirft drei goldene Kugeln durch das Fenster (Città del Vaticano, Vatikanische Museen, Gem. v. G. da Fabriano 14. Jh.); N. in bürgerlicher Kleidung wirft drei Kugeln durch das Fenster (Antwerpen, Musée Royale des Beaux-Arts, Gem. v. O. van Veen um 1600); Bischofsweihe von N. (Chantilly, Musée Condé, Studenbuch des Etienne Chevalier, Buchmalerei v. J. Fouquet 15. Jh.); die Errettung der Seeleute auf dem Meer (Löwen, St. Peter, Gem. v. J. B. van den Kerckhoven 18. Jh.); N. fällt einen der Diana geweihten Baum (St. Louis, Gem. v. P. di Cosimo um 1500); die Verhinderung der Hinrichtung dreier unschuldiger (Moskau, Tretjakow-Galerie, Gem. v. I. J. Repin 19. Jh.); die Geretteten bringen N. Geschenke (Geraardsbergen, St. Bartholomäus, Gem. v. G. de Crayer um 1640); die Rettung Myras in Hungersnot (Brügge, Museum Groeninge, Gem. v. J. Prevost um 1500); die Legende mit dem goldenen Becher (Frankfurt, Städel, Gem. um 1460); N. führt einen Edelknaben von der Tafel eines ungläubigen Königs durch die Lüfte zurück in die Heimat (Graz, Johanneum, Gem. v. D. Gran 18. Jh.); N. empfiehlt Kinder Mariens Schutz (Brescia, Galleria Martinengo, Gem. v. A. Moretto 1539); N. als Zuflucht der Hilfesuchenden (Poigern bei Dachau, N.-Kapelle, Fresko 18. Jh.). *Zyklen:* sehr zahlreich, u. a. Zedelgem/Laurentiuskirche, Reliefs um 1125; Chartres/Kathedrale, Südportal-Tympanon 13. Jh.; Tours/Kathedrale, Glasmalerei 13. Jh.; Assisi/S. Francesco, Unterkirche, Fresken der Giottonachfolge 1310; Danzig/ Marienkirche, Gem. 15. Jh.; Grimma (Sachsen)/Nikolaikirche, Gem. v. L. Cranach d. J. 16. Jh.

Nikolaus von Tolentino
Augustinereremit, hl.
Fest: 10. 9.
Leben: * 1245 in Sant'Angelo in Pontano; 1255/56 Eintritt in den Augustiner-Eremiten-Orden im Kloster der Geburtsstadt. N. wirkte erfolgreich als Prediger, Beichtvater und Krankenseelsorger in der Mark Ancona und als Novizenmeister in S. Elpidio. Danach 30 Jahre in Tolentino. † 10. 9. 1305. Heiligsprechung 1446.
Legende: N. gilt als großer Wundertäter. Die Eltern bitten am Grab des hl. N. in Bari um einen Sohn. – N. entschließt sich nach einer Predigt, dem Orden der Augustinereremiten beizutreten. – N. rettet einen zu Unrecht Gehenkten vom Galgen. – N. erweckt eine Frau. – N. rettet Schiffbrüchige. – N. heilt Besessene. – N. weist die ihm während einer Krankheit gereichten Vögel zurück, worauf die gebratenen Tiere vom Teller auffliegen. – N. wird durch Brot auf wunderbare Weise

vom Fieber geheilt. – N. erfährt eine Vision auf dem Krankenlager. – N. fängt mit der Hand die Pestpfeile auf, die Gott aus dem Himmel gegen die Stadt geschleudert hat. – Während der Messe von N. holen Engel Arme Seelen aus dem Fegefeuer. – Beim Tod von N. geht ihm eine Lichterscheinung auf dem Gang zum Oratorium voraus.

Patronat: Rom, Córdoba, Venedig, Genua, Antwerpen, Lima, Arme-Seelen-Bruderschaft, Schüler, Freiheit gegen Unwetter.

Verehrung und Kultorte: Leichnam beigesetzt in Tolentino, über dem Grab eine Basilika errichtet; am Grab ereigneten sich bis 1325 301 Wunder, die bei der Kanonisierung anerkannt wurden. Wahrscheinlich 1325 Armreliquien, an denen sich Blutwunder ereignen, die mit kirchengeschichtlichen Ereignissen in Zusammenhang gebracht wurden, zuletzt 1939. Die übrigen Gebeine lange verschollen und 1926 bei Grabungen wiederentdeckt. Vom 16. bis zum 18. Jh. einer der meist verehrten Heiligen Europas und Amerikas.

Aberglauben: Der »Panis S. Nicolai de Tolentino«, ein nach einem besonderen Ritus am N.-Tag im Augustinereremitenorden gesegnetes Brot, hilft bei allerlei Nöten des Leibes. N.-Brot in die Flammen geworfen, dämmt Feuersbrünste ein.

Darstellungen in der Kunst: *Gewandung:* als Augustinereremit in langem, mit einem Lederriemen gegürteten Kleid und Kapuze (Köln, Wallraf-Richartz-Museum, Gem. v. Meister der hl. Sippe 1493/94). *Attribute:* Lilienstengel, Buch, Sterne am Mantel und um den Nimbus (Tolentino, S. Nicola, Gem. v. Meister von Tolentino um 1340); Kruzifix (Genf, Palazzo Bianco, Gem. 15. Jh.); Flammenscheibe/Stern mit Engelskopf auf der Brust (S. Gimignano, S. Agostino, Fresko v. B. Gozzoli 15. Jh.); Flammenscheibe/Stern über dem Haupt schwebend (Montepulciano, S. Agostino, Gem. v. G. di Paolo 1456); Stern über dem Haupt (München, Staatliche

Graphische Sammlung, Holzschnitt Ende 15. Jh.); Stern in der Hand (Perugia, Galleria Nazionale, Fresko 14. Jh.); fliegender Vogel und gebratener Vogel auf einem Teller (München, Staatliche Graphische Sammlung, Holzschnitt Ende 15. Jh.); auffliegendes Rebhuhn auf einem Teller (Köln, Wallraf-Richartz-Museum, Gem. v. Meister der hl. Sippe 1493/94); Taube auf Teller (Salamanca, Gem. v. G. Lanfranco 17. Jh.); Fieberbrote (Rattersdorf, Gem. v. Frater Jonas Ende 18. Jh.); Teufel zu Füßen (Perugia, Galleria Nazionale, Gem. v. Raffael-Umkreis 1501); Stadtmodell (Montefalco, S. Agostino, Fresko O. Nelli zugeschrieben 15. Jh.). *Besondere Szenen:* N. fängt die von Christus geschleuderten Pestpfeile auf (Empoli, Museo della Collegiata, Gem. v. B. di Lorenzo 15. Jh.); N. hält die von einem Engel geschleuderten Pestpfeile auf (Pisa, S. Nicola, Gem. 14. Jh.); N. sieht das Fegefeuer mit den Armen Seelen, die von Engeln herausgezogen werden (Barcelona, Kathedrale, Gem. v. A. Llonye 15. Jh.); N. befreit Gehenkte vom Galgen (Amsterdam, Rijksmuseum, Gem. v. Z. Machiavelli 15. Jh.); N. rettet Schiffbrüchige im Boot (Philadelphia, Museum of Art, Gem. v. G. di Paolo 15. Jh.); die Marienvision auf dem Krankenlager (Cádiz, Museum, Gem. v. J. de Sevilla 17. Jh.); Verteilung der Fieberbrote (Gent, Augustinerkirche, Gem. v. C. de Crayer 17. Jh.). *Zyklen:* u. a. Tolentino/N.-Basilika, Wandmalerei um 1340; Neapel/S. Giovanni in Carbonara, Fresken 15. Jh.; Vicenza/Oratorio di S. Nicola, Gem. v. F. Maffei 1655/56.

Norbert von Magdeburg

Prämonstratenser, Bischof, hl.

Fest: 6. 6.

Leben: * um 1082 in Xanten aus der Familie der Edlen von Gennep. N. wurde Subdiakon und Stiftsherr in St. Viktor in Xanten, führte aber ein weltliches Leben am Hof des Kölner

Notburga

Erzbischofs Friedrich I. und Kaiser Heinrichs V. Ein Blitzschlag auf einem Ritt nach Verden 1115 führte zur Umkehr. N. ging als Büßer in das Benediktinerkloster Siegburg unter der geistlichen Leitung von Abt Kuno und dem Einsiedler Liutolf. N. erhielt die Priesterweihe und zog als Wanderprediger über Land. 1118 Eintritt in das Kloster St-Gilles; ließ sich von dem dort im Exil weilenden Papst Gelasius II. Predigtvollmacht geben. Auf Bitten des Bischofs Bartholomäus de Joux von Laon siedelte sich N. im Tal von Prémontré 1120 an, woraus sich der Orden der Prämonstratenser nach der Regel des hl. Augustinus entwickelte, der 1126 die päpstliche Bestätigung erhielt. 1121 zweite Gründung in Floreffe bei Namur, 1124 in Antwerpen Auftritt gegen den religiösen Schwärmer Tanchelm, der die kirchliche Hierarchie und die Sakramente leugnete. 1126 Erzbischof von Magdeburg, die Ordensleitung erhielt N.'s Schüler Hugo von Fosses 1128. † 6. 6. 1134. Heiligsprechung 1582.

Legende: Eine eigenständige Legende bildete sich nicht aus, weil man nicht mit einer Kanonisierung N.'s rechnete und deswegen keine Wunderberichte sammelte. Späte Motive: N. trinkt eine Giftspinne, die in den Kelch gefallen war, und gibt sie nach der Messe durch die Nase wieder von sich. – Die Muttergottes diktiert N. die Ordensregel. – N. erweckt ein totes Kind.

Patronat: Prag, Kloster Strahov, Böhmen; Prämonstratenser und der Schwestern vom 3. Orden des hl. Norbert, alle mit seinem Namen verbundene Gemeinschaften.

Verehrung und Kultorte: Begraben in der Liebfrauenkirche Magdeburg, Translation der Gebeine 1628 ins Kloster Strahov.

Darstellungen in der Kunst: *Gewandung:* als Prämonstratenser in der Ordenstracht mit langem Rock, Skapulier, Kappa und Kapuze (Orvieto, S. Severo, Fresko 14. Jh.); als Bischof in Pluviale mit Mitra und Stab (Berlin, Staatliche Museen, Gem. v. B. Striegel

Anfang 16. Jh.); als Bischof in Chorrock und Mozetta mit Pallium (Doksany, Gem. v. K. Liska 18. Jh.). *Attribute:* Engel mit Mitra (Duisburg-Hamborn, Abteikirche, Gem. um 1700); Kelch (Altengönna/Thüringen, Gem. um 1500); Monstranz (Rostock, S. Marien, Gem. Anfang 16. Jh.); Doppelkreuzstab (Münster, Domschatz, Missale, Kupferstich 1632); Ketzer Tanchelm zu Füßen (Antwerpen, Jakobskirche, Gem. v. C. de Crayer 17. Jh.); Teufel zu Füßen (Pouch, Gem. um 1500); Palmzweig (Duisburg-Hamborn, Abteikirche, Gem. um 1700); Kirchenmodell (St. Salvator/Niederbayern, Pfarrkirche, Fig. 1782): *Besondere Szenen:* Die Muttergottes diktiert N. die Regel (Parma, Galleria Nazionale, Gem. v. G. Mazzola 16. Jh.); Gereon weist N. im Traum an, seine Gebeine zu erheben (Witów, St. Marcina, Gem. 17. Jh.); N. predigt gegen Tanchelm (München, Alte Pinakothek, Gem. v. B. van Orley vor 1515); die Gottesmutter überreicht N. das Ordensgewand (Lüttich, Notre-Dame, Gem. v. W. Damery 17. Jh.); N. erhält die Monstranz und die kirchlichen Geräte zurück, die vor dem Ketzer Tanchelm verborgen worden waren (Antwerpen, Musée Royale des Beaux-Arts, Gem. v. C. de Vos 17. Jh.); Bekehrung N.'s durch einen Blitzschlag (Löwen, St. Peter, Gem. v. J. Bergè 1742). *Zyklen:* u. a. Milevsko/Südböhmen, Gem. v. J. J. Haering um 1628; Prag/Kloster Strahov, Fresken v. J. V. Neunherz 18. Jh.; Schussenried/Abteikirche, Fresken v. J. Zick 1745; Osterhofen/Klosterkirche, Fresko v. C. D. Asam 18. Jh.

Notburga von Rattenberg

Dienstmagd, Bekennerin, hl.

Fest: 13. 9. (vor der Kalenderreform 14. 9.).

Leben: * um 1265 in Rattenberg am Inn, Dienstmagd auf dem Schloß der Grafen von Rottenburg. Was sich N. vom Mund absparte, trug sie zu den Armen. Nach dem Tod ih-

rer Herrin Entlassung durch die Schwiegertochter wegen der Wohltaten N.'s, anschließend Magd bei einem Bauern in Eben, kehrte nach dem Tod der Gräfin auf Bitten des jungen Grafen Heinrich aufs Schloß zurück. † 14. 9. 1313. Approbation des Kultes 1862.

Legende: Ein führerloses Ochsenpaar bringt den Leichnam durch den zurückweichenden Inn nach Eben.

Patronat: Dienstmägde, Bauern, Arbeitsruhe, Feierabend; für eine glückliche Geburt, gegen Viehkrankheiten und alle Nöte der Landwirtschaft.

Verehrung und Kultorte: Grab auf dem Friedhof Eben, schon im Mittelalter Ziel von Hilfesuchenden und Wallfahrern; Verehrung in Süddeutschland, Tirol und Österreich.

Darstellungen in der Kunst: *Gewandung:* in der ländlichen Tracht ihres Standes mit Schuhen, Strümpfen, halblangem Rock, Schürze, Mieder, Kragen (Nürnberg, Germanisches Nationalmuseum, Fig. 18. Jh.). *Attribute:* Getreidegarbe, Heurechen, Zinngefäß (Horin/Böhmen, Friedhof, Fig. 18. Jh.); Sichel, Schlüsselbund am Gürtel (Birkenberg bei Telfs, Votivgem. 19. Jh.); Brote (Rott am Inn, Fig. v. I. Günther 1762); Arme zu Füßen (Sexten/Südtirol, Fig. 18. Jh.).

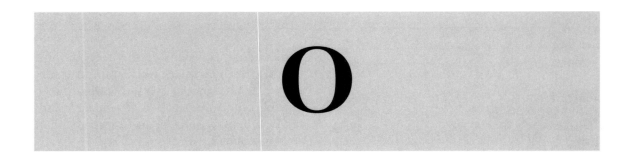

O

Odilia von Hohenburg
(Ottilia), Äbtissin, hl.
Fest: 13. 12.
Leben: * um 660 als Tochter des elsässischen Herzogs Attich. O. gründete zusammen mit ihrem Vater auf der Hohenburg das später nach ihr benannte Augustinerchorfrauenstift Odilienberg, dessen 1. Äbtissin O. war. Nach 700 Gründung der Frauenabtei Niedermünster. † um 720.
Legende: Die blind geborene O. will ihr Vater töten lassen, doch der Mutter Bethsvinda gelingt es, sie durch eine Amme in das Kloster Palma bringen zu lassen (Var: O. wird von ihrem Vater auf dem Wasser ausgesetzt, von einem Müller gerettet, dem sie später auf wunderbare Weise hilft, einen zu kurz geratenen Wellbaum auf die gewünschte Länge zu bringen). – O. erhält das Augenlicht, als Bischof Erhard von Regensburg von einem Engel zu ihr geschickt wird und sie tauft. – O.'s jüngerer Bruder läßt sie in die Familie holen, doch schlägt ihn Attich nieder. – Vor dem verfolgenden Vater verbirgt sich O. in Arlesheim, indem sie ein Felsblock umschließt und die herabstürzenden Steine Attich schwer verwunden. – O. flieht weiter, versöhnt sich aber mit ihrem wiedergenesenen Vater, der ihr den Bau eines Klosters auf der Hohenburg erlaubt. – Als Attich stirbt, muß er im Fegefeuer büßen, doch das inständige Gebet O.'s bewirkt die Erlösung. – Als O. stirbt, geschieht dies während des Chorgebetes der anderen Nonnen und ohne Sterbesakramente; auf das innige Gebet der Schwestern hin kehrt die Seele nochmals in den Leib zurück; O. ergreift selbst den Kelch und stirbt.
Patronat: Elsaß (seit 1632), Augenkrankheiten, Arme Seelen im Fegefeuer, Sterbende.
Verehrung und Kultorte: Grab in der Johanneskapelle auf dem Odilienberg mit Wallfahrt, Wallfahrtsbrauchtum (u. a. Trunk aus dem angeblichen Kelch der Odilia).
Aberglauben: Wenn Elsässerinnen siebenmal die Tränenkapelle auf dem Odilienberg umschreiten, werden sie noch im selben Jahr verheiratet. – Das übelriechende Hemd des Vaters der O. wurde in der Kirche aufbewahrt und jährlich von einem Priester zwei Tage vor dem O.-Fest getragen, wenn er durch das Volk schritt.
Darstellungen in der Kunst: *Gewandung:* in weltlicher Jungfrauentracht (Straßburg, Münster, Glasmalerei Ende 13. Jh.); in modischer Zeittracht (Rottalmünster, Friedhofskirche, Fig. 16. Jh.); als Herzogin mit Krone (Aigen am Inn, St. Leonhard, Fig. um 1520); als Nonne in Tracht der Augustinerinnen in langem, gegürteten Kleid, Skapulier, Mantel, Wimpel, Weihel, Schleier (Salzburg, Stift Nonnberg, Gem. um 1475); als Benedikti-

nerin (Miltenberg, Laurentiuskapelle, Fig. 16. Jh.). *Attribut:* Palme (Münster, Landesmuseum, Gem. v. Conrad von Soest um 1410); Augen auf Buch (Regensburg, St. Emmeram, Dionysiusschrein, Silbertreibarbeit um 1440); Augen über Kelch schwebend (Metz, Kathedrale, Glasmalerei 15. Jh.); Augen in der Hand (Stuttgart, Landesmuseum, Fig. aus Altshausen um 1390); Augen auf Patene (Attribut im Gegensatz zu den Angaben in der Literatur nicht belegt); Hahn (St. Wolfgang, Gem. v. M. Pacher 1481); Hahn in der Hand (Darmstadt, Hessisches Landesmuseum, Gem. 15. Jh.); Hahn auf dem Buch (München, Bayerisches Nationalmuseum, Gem. v. B. Zeitblom um 1500); Hahn auf dem Kelch (Zeilen bei Emmingen, Wandmalerei 15. Jh.); Kelch (Weilen unter den Rinnen, Pfarrkirche, Fig. um 1520); Attich zu Füßen (Oberwesel, Liebfrauenkirche, Wandmalerei 15. Jh.). *Besondere Szenen:* Taufe der O. durch Bischof Hildulf und Erhard (Kloster Moyenmoutier, Niello 12. Jh. [verloren], Nachzeichnung); Taufe der O. durch Erhard in Anwesenheit der herzoglichen Familie (Salzburg, Erhardskirche, Gem. v. J. M. Rottmayr 1692); das Wunder mit dem Wellbaum (Prag, Nationalgalerie, Gem. v. H. Holbein d. Ä. 1509); Erlösung des Attich aus dem Fegefeuer durch einen Engel (Ladenburg/Neckar, Galluskirche, Wandmalerei 12. Jh.). *Zyklen:* u. a. Straßburg, Wandteppich, Stickerei 15. Jh.; Plochingen/Pfarrkirche, Wandmalerei 1432 (1928 übertüncht); Möschenfeld bei München/Odiliakirche, Gem. Mitte 15. Jh.; Mörsach/Pfarrkirche, Reliefs um 1530; Prag/Nationalgalerie, Gem. v. H. Holbein d. Ä. 1509.

Olaf II. Haraldssón von Norwegen
König, Martyrer, hl.
Fest: 10. 7.
Leben: * um 990/95. Auf einer Wikingerfahrt Bekehrung in England, 1014 Taufe in

Rouen/Nordfrankreich, 1015 Rückkehr nach Norwegen, wo O. die Vormacht der Dänen brach. O. brachte mit Unterstützung der Bischöfe Grimkell, Rudulv und Berward das von Olaf I. gestartete Missionswerk zum Abschluß. 1028 wegen seiner rigoristischen Strenge gegenüber Taufverweigerern von den Stammesfürsten abgesetzt. O. ging zu seinem Schwager Großfürst Jaroslaw auf die Insel Gotland. O. fiel bei dem Versuch, sein Reich zurückzuerobern in der Schlacht bei Stiklestad am 29. 7. 1030.

Legende: nach der Legende von Ribe aus dem 15. Jh.: Beim Wettsegeln O's gegen seinen Halbbruder Harald um die Krone Norwegens wählt O. das langsamere Schiff, genannt der starke Ochse, während Harald ein schnelles mit einer Schlange geschmücktes Schiff besitzt, doch teilt sich auf O.'s Gebet hin das Land, damit O. hindurchfahren kann. – Nach einer niederdeutschen Legende von 1505: Bei einer Schifffahrt läßt O. den Steuermann direkt auf das Land zufahren, das sich plötzlich teilt. – Ein Engel greift ein und steuert das Schifflein bei der Wettfahrt um die Königskrone. – O. kämpft gegen die Trolle, die das Schiff am Fortkommen hindern wollen und läßt sie zu Stein erstarren. – Nach dem Lübischen Passionale: Christus gibt O. zu verstehen, daß er dieselben Leiden wie er durchmachen müsse. – O. wird von seinem bösen Halbbruder Harald gefangengenommen. – Da O. sich weigert, dem Christenglauben abzuschwören, wird er in Mantel und Dornenkrone gekleidet und ein Szepter tragend, verspottet. – O. wird ans Kreuz gehängt. – Legenden aus anderen Traditionen: O. spendet Geld für Seelenmessen für seine Feinde, die in der Schlacht starben. – O. sieht im Traum die Himmelsleiter. – Vor der Schlacht bei Stiklestad bittet O. um einen Trunk Wasser, der vom Bischof gesegnet sich in Bier verwandelt, das O. wegen des Fasttags jedoch nicht trinken wollte, ein zweiter Trunk verwandelt sich in Honigmet; als ein dritter Humpen sich in Wein verwandelt, trinkt O., nachdem der Bischof dies als göttliches Wunder deutet. – O. fällt auf dem Schlachtfeld.

Patronat: Norwegen.

Verehrung und Kultorte: Leichnam begraben in Drontheim, im Mittelalter vielbesuchter Wallfahrtsort.

Aberglauben: Am. O.-Tag wird in Erinnerung an die Legende der Verwandlung von Wasser in Wein St. O.-Minne getrunken.

Darstellungen in der Kunst: *Gewandung:* als König in langem, gegürteten Untergewand und Mantel mit Krone (Stockholm, Historiska Museet, Fig. aus Medelpad, Torp Kyrka um 1300); als König in kurzem faltenreichen, gegürteten Rock und Mantel mit Krone (Wismar, Nikolaikirche, Fig. 1435/40); als König in Brustharnisch, Rock und Mantel (Stralsund, Kulturhistorisches Museum, Relief 15. Jh.); in enganliegendem Beinkleid und kurzem, gegürteten, weitärmeligen Rock (Hörop Kyrka/Schonen, Wandmalerei 15. Jh.); in enganliegendem Beinkleid, kurzem, gegürteten Rock und kurzem Mantel (Gualöv Kyrka/Schonen, Wandmalerei 15. Jh.); als Ritter in Rüstung mit Mantel (Tromsö, Museum, Fig. aus der Andenes Kyrka um 1500); in langem, gegürteten, weitärmeligen Gewand ohne Krone (Stralsund, Kulturhistorisches Museum, Gem. um 1400). *Attribute:* Schwert und Schild (Bethlehem, Geburtskirche, Wandmalerei 12. Jh.); Reichsapfel (Linderöd Kyrka/Schonen, Wandmalerei 15. Jh.); Hellebarde (Säby/Seeland, Wandmalerei v. Morton dem Maler 1. Viertel 15. Jh.); Weltkugel (Kopenhagen, Nationalmuseum, Reisealtar König Christians I., Elfenbeinrelief Anfang 14. Jh.); Streitaxt (Basel, Historisches Museum, Pektoralkreuz, Relief Ende 14. Jh.); Humpen (Tromsö, Museum, Fig. aus der Andenes Kyrka um 1500); Doppelhumpen (Lye Kyrka, Glasmalerei Anfang 14. Jh.); besiegter Krieger zu Füßen (Väte Kyrka/Got-

land, Fig. 13. Jh.); geschwänzter Drache mit menschlichem Kopf (Lübeck, Annenmuseum, Fig. um 1470); hundsförmiger Drache mit menschlichem Kopf (Bad Wilsnack, Nikolauskirche, Fig. 15. Jh.). *Martyrium:* Bergen/Historik Museum, Botolphus-Antependium, Gem. um 1300). *Besondere Szenen:* Wettsegeln zwischen Harald und O. (Övergran/Upland, Wandmalerei 15. Jh.); Der Kampf gegen die Trolle (Dingtuna Kyrka/Västermanland, Wandmalerei 15. Jh.); die Schlacht von Stiklestad (Lid Kyrka/Södermanland, Wandmalerei 15. Jh.); der Axthieb an O.'s Knie (Roslagsbro Kyrka/Uppland, Wandmalerei 15. Jh.). *Zyklen:* in Skandinavien zahlreich, u. a. Kopenhagen/Nationalmuseum, Reisealtar König Christians I., Elfenbeinrelief Anfang 14. Jh.; Stockholm/Historiska Museet, Altar aus Länna, Gem. 15. Jh.; Köping Kyrka/Västermanland, Gem. um 1520; Stockholm/Historiska Museet, Altar aus Överenhörna, Gem. Ende 15. Jh.

Onuphrius der Große

Asket, hl.

Fest: 12. 6.

Leben: O. lebte im 4./Anfang 5. Jh.; nach seiner Erziehung im Kloster Hermopolis 60 Jahre in der Einsamkeit der Thebais. Bei O.'s Tod stand ihm Paphnutius bei.

Patronat: München, Weber, Vieh.

Verehrung und Kultorte: O. ist einer der wenigen Wüstenväter mit eigener Verehrung in der lateinischen Kirche. Schädelreliquie vom Papst an Heinrich den Löwen übersandt, in feierlicher Prozession am 14 6. 1158 in die Burgkapelle/München transferiert, seit 1180 in Braunschweig.

Darstellungen in der Kunst: *Gewandung:* nackt, Körper vom Bart verhüllt (Monreale, Mosaik 12. Jh.); als nackter, am ganzen Körper behaarter Greis mit Lendenschurz aus Blättern (Schweidnitz, kath. Kirche, Gem.

1521). *Besondere Szenen:* Begräbnis des in einen Sack gewickelten O. durch Paphnutius mit Hilfe zweier Löwen (Pisa, Camposanto, Fresko v. Maestro del Trionfo della Morte 14. Jh.); Paphnutius flieht, weil er O. für ein Tier hält (Florenz, Accademia, Gem. v. L. Monaco um 1400); Kindheit des O. (Nürnberg, Germanisches Nationalmuseum, Gem. v. H. Schäufelein um 1515/20). *Zyklen:* Rom/S. Onofrio al Gianicolo, Fresken 16./17. Jh.; Barcelona/Kathedrale, Predella, 15. Jh.).

1492); in Blätterkleid (Zürich, Landesmuseum, Gem. um 1514/15); in geflochtenem Hemd (Madrid, Universität, Gem. v. F. Collantes 17. Jh.); als kniender Büßer in der Einsamkeit (Escorial, Gem. v. J. Ribera 17. Jh.). *Attribute:* um den Leib gewickelte Kette (Schloß Unterelkofen, Gem. 1517); Handkreuz (Bominaco, S. Pellegrino, Wandmalerei 1263); Kreuz (Escorial, Gem. v. J. Ribera 17. Jh.); großes Standkreuz (München, Georgianum, Gem. Ende 15. Jh.); Totenkopf, Krone (St. Petersburg, Eremitage, Gem. v. J. Ribera 17. Jh.); Hostie in der Hand (Schweidnitz, kath. Kirche. Gem. 1492); Engel mit Hostie (Freiburg, Münster, Glasmalerei 14. Jh.); Stab, Gebetsschnur (Zürich, Landesmuseum, Gem. um 1514/15); Krone (Galatina, S. Catarina, Fresko 15. Jh.); Szepter (Schwäbisch Hall, Michaelskirche, Gem.

Oswald
König, hl.
Fest: 5. 8.
Leben: * um 604, König von Northumbrien, bei einem Aufstand der Briten fiel sein Vater im Kampf; O. mußte in das von Kolumban gegründete Kloster auf der Insel Hy fliehen und erhielt dort die Taufe. 634 Sieg über den König der Briten Caedwalla, Rückeroberung des Landes, 635 Gründung von Kloster Lindisfarne, das Mittelpunkt der Missionstätigkeit wurde. O. fiel in der Schlacht auf dem Maserfelth (dem heutigen Oswestry) gegen Penda, den König von Mercia.
Patronat: englisches Königshaus, Stadt und Kanton Zug; Kreuzfahrer, Schnitter, Vieh; Wetter, auch als Nothelfer aufgeführt.
Legende: Bei der Krönung O.'s zum König fehlt das Chrisamöl, das ein Rabe in kostbarem Gefäß mit versiegeltem Brief herbeibringt, danach wird es vom hl. Petrus selbst geweiht; ein anderer Rabe übermittelt Brief und Ring zur Verlobung mit der Königstochter, die O. erst nach schwerer Auseinandersetzung mit dem heidnischen Vater heiraten kann. – Bei einem Gastmahl wird dem König mitgeteilt, viele Arme erbäten eine Gabe, so daß O. nicht nur die Speisen der Tafel austeilen läßt, sondern auch das kostbare Geschirr in Stücke schlagen und verteilen läßt.

Verehrung und Kultorte: Kult durch die Schottenmönche verbreitet. Reliquien im Kloster Bardney, Abtei Weingarten (Kopfreliquiar seit 1098), Hildesheim/Domschatz (Oswaldreliquiar). Wallfahrtskapellen im Schwarzwald. Auch in der Dichtung, etwa durch das Spielmannsepos »Sant Oswalt uz Engellant« oder durch Schilderung seiner Helden- und Brautwerbungsfahrten volkstümlich geworden.

Darstellungen in der Kunst: *Gewandung:* als König in faltenreichem Untergewand und offenem Mantel (Hildesheim, Domschatz, O.-Reliquiar, Niello 12. Jh.); in fürstlichen Gewändern, glatt anliegenden Beinkleidern, Rock (Holzschnitt aus den Heiligen der Sipp-, Mag- und Schwägerschaft Kaiser Maximilians I. 16. Jh.); als Ritter in Rüstung (Graz, Galerie am Landesmuseum, Gem. um 1450); als Schnitter (Fertörákos/Ungarn, Bildstock, Relief 1643). *Attribute:* Palmzweig (Bergues, Stadtbibliothek Ms 19, Buchmalerei um 1100); Deckelgefäß (Freiburg, Münster, Fig. um 1300); Doppelhumpen (Hinterzarten, O.-Kapelle, Fig. um 1500); Rabe auf der Hand (Untermais, Pfarrkirche, Wandmalerei 1444); Rabe auf dem Reichsapfel (Stift Nonnberg bei Salzburg, Gem. 15. Jh.); Rabe auf dem Deckelgefäß (Zug, St. Michael, Fig. v. 1689); Rabe auf dem Buch (Seefeld/Tirol, Fig. um 1500); Rabe zu Füßen mit Ring und Brief im Schnabel (Hinterzarten, Oswaldkapelle, Fig. um 1500); Ring im Schnabel des Raben (Altendorf, Johanneskapelle Fig. um 1500); Ring in der Hand (Zug, Historisch-Antiquarische Sammlung, Gem. 16. Jh.); Ähren (Fertörákos/Ungarn, Bildstock, Relief 1643). *Besondere Szenen:* O. teilt Almosen aus (New York, Pierpont Morgan Library MS 710, Buchmalerei 13. Jh.); Szenen nach dem Epos: der Rabe bringt das Chrisamöl (München, Bayerisches Nationalmuseum, Gem. um 1470); O. übergibt seine Frau dem als Bettler verkleideten Christus (Bozen, St. Vigil, Wandmalerei um 1420);

Zyklen: Otterswang bei Schussenried, Wandmalerei v. A. M. von Ow (Au) 1778; Katal/St. Katharina, Gem. v. 1493.

Otto von Bamberg
Bischof, hl.

Fest: 30. 6., in Bamberg 30. 9.

Leben: * 1060/62 aus schwäbischem Adel, 1088 Hofkaplan bei Herzog Władislaw von Polen, anschließend im Dienst Kaiser Heinrichs IV.; 1090 mit der Aufsicht über den Bau des Speyerer Domes beauftragt, 1101 kaiserlicher Kaplan und Kanzler; am 25. 12. 1102 Bischof von Bamberg, von Heinrich investiert und am 2. 2. 1103 eingeführt. Im Streit Heinrichs IV. mit seinem Sohn Heinrich V. stellte sich O. auf die Seite des Sohnes. Bischofsweihe erst am 13. 5. 1106 in Anagni von Papst Paschalis II. O. suchte im Investiturstreit zwischen Kaiser und Papst zu vermitteln. 1110 begleitete O. Heinrich V. nach Rom. Nach der Bannung Heinrichs 1112 durch die Synode von Vierne harrte O. auf seiten des Kaisers aus, arbeitete seit 1121 für eine Einigung und sorgte für die letzten vorbereitenden Beschlüsse zum Wormser Konkordat 1122. Als Bischof streng apostolisch ausgerichtet, vollendete er den Bamberger Dom, brachte die Domschule zur Blüte, baute Kirchen und Burgen. O. setzte sich für die von Hirsau ausgehende Klosterreform ein. O. gründete mehr als 20 Stifte, darunter Banz, Windberg, Prüfening, und missionierte 1124/25 sowie 1128 in Pommern. † 30. 6. 1139 in Bamberg. Heiligsprechung 1189.

Legende: O. fällt in Stettin den heidnischen Göttern geweihten Nußbaum nicht, sondern bestimmt ihn zum Schattenspender der Einwohner. – O. läßt bei einem starken Schneefall im Mai, der die Ernte vernichtet, zur Jakobusmesse Brot aus seinen Vorräten backen und Saatgut, Sicheln und andere Werkzeuge verteilen, damit gearbeitet und nicht gebettelt werde.

Verehrung und Kultorte: beigesetzt im Kloster Michelsberg/Bamberg.

Darstellungen in der Kunst: *Gewandung:* als Bischof in pontifikalem Meßornat mit Kasel, Pallium und Mitra (Bamberg, Kloster Michelsberg, Fig. um 1330); als Bischof im Pontifikalornat mit Pluviale und Mitra (Banz, Klosterkirche, Fig. 18. Jh.). *Attribute:* Kirchenmodell (Prüfening, Fig. 1610).

P

Pankratius von Rom
Martyrer, hl.
Fest: 12. 5.
Leben: P. erlitt das Martyrium vermutlich während der diokletianischen Verfolgungen, sein Name ist bereits im Kalender von 354 erwähnt.
Legende: Nach der Passio des 6. Jh. ist P. als Sohn eines reichen Phrygiers geboren. – Nach dem frühen Tod seiner Eltern kommt P. mit seinem Onkel Dionysios nach Rom und erhält die Taufe. – Trotz des persönlichen Werbens um den 14jährigen Jüngling durch Diokletian bleibt P. standhaft im Glauben. – P. wird enthauptet. – Sein Leichnam wird von der Gattin eines Senatoren namens Octavilla begraben.
Patronat: Erstkommunionkinder, Ritter in Deutschland, Kinder in Frankreich, Beschützer der jungen Saat und der Blüten (Eisheiliger).
Verehrung und Kultorte: Erste Kirche in Rom über dem Grab P.'s an der Via Aurelia von Papst Symmachus (498–504) erbaut, ausgeschmückt unter Papst Honorius I. (625–638), seit 1517 S. Pancrazio fuori le mura. Verehrung in ganz Mitteleuropa, gelegentlich zu den vierzehn Nothelfern gezählt.
Aberglauben: Wer laut Legenda aurea bei P. einen Meineid schwört, dem fährt der Teufel ins Gebein und macht ihn rasend oder er erreicht lebend die Schwelle des Saales nicht mehr.
Darstellungen in der Kunst: *Gewandung:* als jugendlicher Ritter in Rüstung, Mantel, Barett (Schloß Rappoltstein, Altarfig. 2. Häl-

fte 15. Jh.); in antikischer Soldatentracht mit Helm (Paderborn, Marktkirche, Fig. 18. Jh.); in vornehmer Gewandung mit Tunika und Chlamys (Halberstadt, Gymnasialbibliothek, sog. Hamerslebener Bibel, Buchmalerei 12. Jh.). *Attribute:* Palme (Velbern bei Beckum/Westfalen, Taufsteinrelief 12. Jh.); Schwert (Nürnberg, Germanisches Nationalmuseum, Glasmalerei um 1320); Lanze und Wimpel (Paris, Privatbesitz, Wandteppich aus Nürnberg um 1450); Herzscheibe (Rom, Basilika S. Pancrazio, Fig. 20. Jh.). *Besondere Szenen:* Taufe von P. (Città del Vaticano, Vatikanische Museen, Gem. v. Mariotto di Nardo 15. Jh.); Unterweisung von P. durch Papst Cornelius (Ranst, Fig. 18. Jh.). *Martyrium:* Ebreuil/Allier, St-Léger, Wandmalerei 12. Jh.). *Zyklus:* Ranshofen, Fresken v. Ch. Lehrl um 1700.

Pantaleon von Nikomedien

(Panteleimon), Arzt, Martyrer, hl.
Fest: 27. 7.
Leben: P. erlitt das Martyrium in der diokletianischen Verfolgung um 305.
Legende: Nach der Passio des 5. Jh., die dem Typus des unbesiegbaren Heiligen folgt, als Sohn eines Heiden und einer Christin in Nikomedien (heute Izmid/Türkei) geboren. – P. ist Leibarzt des Kaisers Maximianus Herculeus. – P. wird von dem Priester Hermolaos getauft. – P. heilt ein von einer Schlange gebissenes Kind. – P. wird aus Neid von einem Kollegen angezeigt und gemartert. – P. wird an ein Rad gebunden, das zerspringt. – P. wird wilden Tieren vorgeworfen, wobei ihm Christus erscheint und Trost spendet. – P. wird mit einem Mühlstein um den Hals ins Wasser geworfen, dessen Wellen ihn ans Ufer zurücktragen. – P. wird an einen dürren Olivenbaum gebunden und mit Dornen blutig geschlagen. Wo das Blut P.'s auf den Baumstamm trifft, fängt der dürre Baum zu grünen und zu blühen an. – Auf der Erde um P. wachsen Lilien, Rosen und Veilchen. – Zuschauer bekehren sich angesichts der Wunder. – Der verärgerte Henker nagelt die Hände P.'s am Kopf fest. – P. bittet um Verzeihung für den Henker, worauf ihn eine Stimme aus dem Himmel mit »Panteleémon« (= Allerbarmer) bezeichnet. – Bei der Enthauptung P.'s fließt Milch statt Blut aus den Wunden.

Patronat: Ärzte, Hebammen; gegen Kopfweh und Auszehrung, Heuschrecken, Behexung, Verlassenheit, der wahren Buße; Schutzpatron des Viehs gegen Unfälle, der medizinischen Fakultät Dillingen, in Merscheid/Rheinland Helfer gegen weinerliche Kinder, in Hamburg Schutzpatron des Schulfestes lutherischer (!) Kinder.

Verehrung und Kultorte: Vercelli, Dom (Kopf), Venedig (Arm), Reliquien u. a. in Arles, Lyon, Benevent, Borobia, Brindisi, Genua, Lucca, Oviedo, Porto, Ravenna, Vercelli, St-Denis, Verdun, Andechs, Buchhorn, Petershausen, Salem, Unkel am Rhein, Weißenau, Zwiefalten; Blut- bzw. Milchreliquien (sog., Wechselreliquien) in Konstantinopel, Bari, Lucca, Madrid, Neapel, Paris, Ravello bei Neapel, Rom, Venedig. P.-Wallfahrten in Wilfingen bei Säckingen, Oberrotweil am Kaiserstuhl. Patrozinien u. a. in Konstantinopel (von Kaiser Justinian erbaute P.-Kirche 1. Hälfte 6. Jh.), Jerusalem (P.-Kloster in der Jordanswüste), Köln/St. Panthaleon (9./10. Jh.).

Aberglauben: P. vermittelt in Italien günstige Lotterienummern im Traum. – In der Campagna existieren Binden mit Bannsprüchen zu P. gegen Behexung.

Darstellungen in der Kunst: *Gewandung:* als Martyrer im langen Gewand (Köln, Stadtarchiv, Evangeliar, Buchmalerei 12. Jh.); als Arzt (Ceské Budejovice, Ales-Galerie, Gem. um 1530); in engen Beinkleidern, bis zu den Knien reichendem Rock (Regensburg, St. Emmeram, Emmeramsschrein, Relief Mitte 15. Jh.). *Attribute:* Salbspatel, Ärztebesteck

(Wien, Kunsthistorisches Museum, Relief 12. Jh.); Ärztebesteck, Kranke zu Füßen (Dolianova, Pfarrkirche, Gem. v. 1503); Ärztebesteck, Palme (Köln, St. Pantaleon, Siegelreliefs 1267, 1480); Schwert (Köln, St. Pantaleon, Glasmalerei 1622); Nagel in der Hand (Hannover, Kestner-Museum, Holzschnitt um 1500); auf das Haupt genagelte Hände (Sülzenbrücken/Thüringen, Stickerei vor 1400); Geißel und Rute (Köln, Stadtarchiv, Evangeliar 12. Jh.). *Besondere Szenen:* Heilung eines Kindes (Venedig, S. Pantaleo, Gem. v. P. Veronese 1587). *Martyrium:* Hände aufs Haupt genagelt (Regensburg, St. Emmeram, Emmeramsschrein, Relief Mitte 15. Jh.); nackt am Querholz festgebunden (Grünow/Mecklenburg, Fig. 16. Jh.); Enthauptung und Glorie P.'s (Venedig, S. Pantaleo, Fresko v. G. A. Fumiani 17/18. Jh.). *Zyklen:* Sant'Angelo in Formis, Wandmalerei 11. Jh.; Wolfenbüttel/Bibliothek Cod. ang. 4,11,2, Buchmalerei 1. Hälfte 12. Jh.; Chartres/Kathedrale, Glasmalerei um 1250; Unkel am Rhein, Reliquienschrein, Reliefs um 1460; Dolianova/Pfarrkirche, Gem. v. 1503; Granada/Provinzmuseum, Gem. v. J. de Sevilla 1675/80.

Paschalis Babylón

Franziskanerlaienbruder, Bekenner, hl.

Fest: 17. 5.

Leben: * 16. 5. 1540 in Torrehermosa. Lebte zunächst als Hirte, trat 1564 in das Franziskanerkloster Montforte bei Alicante als Laienbruder ein, Dienst in Demut und Hilfsbereitschaft im Refektorium und als Pförtner. Bekannt seine Liebe zu den Armen und seine ausgeprägte eucharistische Verehrung. P. erhielt mystische Visionen. † in Villarreal (Castellón de la Plana) 17. 5. 1592. Seligsprechung 1618, Heiligsprechung 1690.

Patronat: Diözese Segorbe-Castellón de la Plana (seit 1961), Eucharistische Kongresse

(seit 1897) und eucharistische Vereinigungen, Sakramentsbruderschaften, Hirten, Köche, in Italien Schutzpatron der Frauen.

Verehrung und Kultorte: Grab im Kloster Villarreal bei Valencia. 1936 im spanischen Bürgerkrieg verwüstet, die Reliquien verbrannt. Votivtempel der eucharistischen Weltkongresse in Villarreal.

Darstellungen in der Kunst: *Gewandung:* Franziskanerhabit, Strickgürtel, Kapuze (Ehingen, Liebfrauenkirche, Fig. 18. Jh.); als Schafhirte (Villeforte Padri, Fig. 18. Jh.). *Attribute:* Hirtenstab, Gartenschaufel (Aranjuez, P.-Kloster, Gem. v. G. B. Tiepolo um 1769); Phyxis (Ehingen, Liebfrauenkirche, Fig. 18. Jh.); in Anbetung der Monstranz (Straubing, Schutzengelkirche, Gem. v. C. D. Asam, Anfang 18. Jh.), mit Bußkette (Villeforte Padri, Fig. 18. Jh.). *Besondere Szene:* Die Aufnahme von P. in den Orden (Körtinghausen/Westfalen, Sammlung Fürstenberg, Gem. v. G. Odazi 18. Jh.).

Patricius

(Patrick) Bischof, hl.

Fest: 17. 3.

Leben: * um 385 in Bannauem Taberniae, vermutlich dem heutigen Ravenglass/Cumberland als Sohn des Decurio und Diakons Calpurnius. 401 mit 16 Jahren nach Irland verschleppt, als Sklave verkauft, diente als Hirte. Innerliche Läuterung, 407 Flucht in die Heimat. Studium auf dem Festland, lebte als Mönch wahrscheinlich in Kloster Lérins bei Nizza, dann als Kleriker in Auxerre, lernte Italien und die Mönchskolonien im Tyrrhenischen Meer kennen, 432 als Missionar in Irland, wo P. Nachfolger v. Palladius als Bischof wurde. P. stand unter dem Schutz des Hochkönigs Loegaire und vieler Stammeskönige, schuf eine Kirchenorganisation mit dem Bischofssitz Armagh und weiteren Bistümern. † um 461.

Legende: P. erklärt den Heiden anhand des dreiblättrigen Klees das Geheimnis der Dreifaltigkeit.

Patronat: Apostel Irlands, der Schulbrüdergenossenschaft S. P. in Tullow (seit 1808) und der Missionsgesellschaft S. P. for Foreign Missions in Kiltegan (seit 1932); der armen Seelen, Bergleute, Böttcher, Friseure, Schmiede, Vieh.

Verehrung und Kultorte: Irland, Rouen, Lérins, Nordamerika, Australien, Oststeiermark; Wallfahrt in Lough Derg/Irland, Croagh Patrick/Irland, Hohenstadt/Schwaben.

Aberglauben: Am P.-Tag ist in Irland immer schönes Wetter, damit man feiern und trinken kann. – Am P.-Tag opfert man einen schwarzen Hahn.

Darstellungen in der Kunst: *Gewandung:* als Bischof (Hohenstadt/Schwaben, Fig. Ende 14. Jh.). *Attribute:* Schlange (Dublin, Nationalmuseum, Relief 15/16. Jh.); Kleeblatt (New York, St. P., Glasmalerei v. H. Clarke 20. Jh.); Vieh (Rouen, St. Patrice, Glasmalerei 16. Jh.). *Besondere Szene:* Heilung eines Kranken (Padua, Museo Civico, Gem. v. G. B. Tiepolo 18. Jh.).

Paul vom Kreuz

Ordensgründer, Passionist, hl.

Fest: 19. 10. (vor der Kalenderreform 28. 4.).

Leben: * 1694 in Ovada/Piemont als Sohn der verarmten Adelsfamilie Danei; arbeitete zunächst im väterlichen Kaufmannsgeschäft, meldete sich mit 19 Jahren als Soldat der Republik Venedig, um an einem Feldzug gegen die Türken teilzunehmen. 1716 Entschluß zu einem Leben der Vollkommenheit, erhielt 1720 von Bischof Francesco Arborio di Gattinara von Alessandria/Piemont das schwarze Büßergewand, lebte 40 Tage in der Einsamkeit von Castellazzo, wo er unter Gebet und Buße die Ordensregel verfaßte, bekam 1725 von Papst Benedikt XIII. die Erlaubnis zur Gründung eines Ordens. Pflegte

1726–1728 Kranke in S. Gallicano. Zusammen mit seinem Bruder erhielt P. die Priesterweihe; 1728 am Monte Argentario bei Orbetello Gründung der ersten Niederlassung der Passionisten, 1741 mildere Ordensregel gegenüber der ersten Fassung von Papst Benedikt XIV. approbiert. P. wurde 1769 Ordensgeneral, verlegte 1773 den Sitz in das Kloster Giovanni e Paolo in Rom. † 18. 10. 1775 in Rom, begraben in SS. Giovanni e Paolo. P.'s Passionsmystik war angeregt von Theresia von Ávila, Johannes vom Kreuz und Franz von Sales; auf dieser Grundlage bedeutender Prediger. Seligsprechung 1853, Heiligsprechung 1867.

Darstellung in der Kunst: *Gewandung:* schwarze Soutane mit Ordensemblem. *Attribute:* Totenschädel, Kruzifix (Itri, Passionistenkirche, Gem. v. S. Conca 19. Jh.).

Paul Miki

(Michi), Jesuit, Martyrer, hl.

Fest: 6. 2. (Tag des Martyriums), vor der Kalenderreform 15. 2.

Kirchengeschichtlicher Hintergrund: In den Verfolgungen, denen Christen in Japan, sowohl Einheimische als auch Missionare, die seit 1549 in Japan wirkten, durch das 1587 erlassene Dekret des Shogun Toyotomi Hideyoshi ausgesetzt waren, wurden am 5. oder 6. 2. 1597 sechsundzwanzig Christen, sechs Franziskaner, drei Jesuiten, und 17 Mitglieder des 3. Ordens des hl. Franziskus an Kreuze gefesselt und durch Lanzenstiche umgebracht. Eine weitere Verfolgungswelle begann 1614 und führte zu einem Christenaufstand 1637, in dessen Folge 1640 das gesamte Christentum ausgerottet wurde. Erst 1873 gewährte Japan Religionsfreiheit, die 1899 in die Verfassung aufgenommen worden ist. Von den zahlreichen Martyrern werden 205 als Heilige bzw. Selige verehrt, darunter die drei Jesuiten Paul Miki, Johannes Soan und Jakob Kisai.

Leben: Paul Miki, einer der Jesuitenzöglinge, der als hinreißender Prediger und Katechet galt, predigte in Nagasaki noch vom Kreuz aus zur Menge, ehe er starb. – Jakobus Kisai (Ghisai) und Johannes Goto wurden auf gleiche Weise umgebracht.

Darstellungen in der Kunst: *Gewandung:* als Jesuiten in schwarzer Soutane (Tournai, S. Nikola, Gem. 18. Jh.). *Martyrium:* nur der drei Jesuiten am Kreuz (München, Staatliche Graphische Sammlung, Kupferstich v. A. Bolswert 17. Jh.); von Lanzen durchbohrt (Rimini, Museum, Gem. v. Canlassi gen. Cagnacci 17. Jh.); sämtlicher japanischer Martyrer (Mailand, Brera, Gem. v. A. Tanzio da Varallo um 1627).

Paul von Theben

Urvater der Eremiten, hl.

Fest: 15. 1. (Translationsfest 27. 1.).

Leben: * 228 am Rand der Thebais als Sohn reicher Eltern, während der Christenverfolgung unter Decius Flucht ins Gebirge, lebte 60 Jahre in einer Höhle. P. wurde 113jährig von Antonius Eremita gefunden, beim 2. Besuch des Antonius war P. bereits tot.

Legende: s. Stichwort »Antonius Abbas«.

Patronat: Pauliner, Korb- und Mattenflechter.

Verehrung und Kultorte: Wadi Araba, Der Amba Bolos (Pauluskloster); Gebeine seit 12. Jh. in Konstantinopel, seit 1240 in Venedig/S. Giuliano, 1381 in Buda im Kloster des 1212 gegründeten Ordens des hl. Paulus mit Augustinerregel, Anerkennung 1308 von Papst Clemens V.

Darstellungen in der Kunst: *Gewandung:* im aus Palmblättern geflochtenen Hemd (Höchst, St. Justinus, Fig. um 1460); in langem Rock mit Kapuze und Skapulier (Nürnberg, Frauenkirche, Gem. v. Tucherretabel Mitte 15. Jh); als Büßer (Madrid, Prado, Gem. v. J. Ribera 17. Jh.). *Attribute:* Rabe (Basel, Kunstmuseum, Gem. 15. Jh.); Brot brechend

(London, British Museum, Gem. v. L. Limosin 16. Jh.). *Zyklus:* siehe auch unter »Antonius Abbas«, selbständiger P.-*Zyklus:* Paris/Bibliothèque Nationale, Les belles Heures de Jean de France, Buchmalerei 14. Jh.

Paulin von Trier

Bischof, Martyrer, hl.

Fest: 31. 8.

Leben: wahrscheinlich Aquitanier; 346 Nachfolger von Bischof Maximinus in Trier. P. stand im Arianismusstreit auf seiten von Bischof Athanasius und weigerte sich, an der Synode von Arles 353 als einziger der anwesenden Bischöfe, Athanasius zu verurteilen. P. wurde seines Amtes enthoben und von Kaiser Konstantius II. nach Phrygien verbannt. † ebendort am 31. 7. 358.

Verehrung und Kultorte: wegen der Entbehrungen in der Verbannung als Martyrer verehrt, Gebeine von Bischof Felix nach Trier übertragen, in der Krypta der um 400 erbauten Paulinuskirche beigesetzt. Wiederauffindung des Sarges 1072.

Darstellungen in der Kunst: *Gewandung:* als Bischof im pontifikalen Meßornat mit Kasel und Pallium (Trier, Liebfrauenkirche, Willibrordustragaltar, Relief 12. Jh.). *Attribute:* Stern über dem Buch, Palme (Trier, St. Paulin, Fig. um 1760); Schwert (Trier, St. Paulin, Fig. v. F. Tietz um 1750). *Besondere Szenen:* P. auf der Mailänder Kirchenversammlung (Trier, St. Paulin, Gem. v. L. Counet 1712); P. predigt in Phrygien (Trier, St. Paulin, Gem. v. L. Counet 1712). *Zyklus:* Trier/St. Paulin, Fresko v. Ch. Th. Scheffler 1744.

Paulinus von Nola

Bischof, hl.

Fest: 22. 6.

Leben: * 353/354 bei Bordeaux als Sohn einer christlichen Senatorenfamilie, erhielt P. von Ambrosius von Mailand christliche

Unterweisung, wurde wohl noch vor 379 Statthalter in Kampanien; 385 Heirat mit der Spanierin Theresa, von der er einen Sohn erhielt. P. empfing um 390 in Bordeaux die Taufe. Nach dem frühen Tod des Kindes entschloß sich P., der Welt zu entsagen, lebte mit seiner Gemahlin – aber nicht mehr in ehelicher Gemeinschaft – in Nola in der Nähe des Grabes des hl. Felix, gründete nach dem Vorbild Martins von Tours eine Mönchsgemeinschaft, entfaltete rege Bautätigkeit. 409 wurde P. zum Bischof gewählt. P. galt bereits den Zeitgenossen als Vorbild christlicher Entsagung. Von P.'s 35 Gedichten sind 14 dem hl. Felix gewidmet, zwei Ausonius, welche besonders den Gegensatz zwischen heidnischem und christlichem Kulturwillen aufzeigen. Der Briefwechsel mit Augustinus, Martin von Tours und Sulpicius Severus beschäftigt sich u. a. mit Fragen der liturgischen und außerliturgischen Frömmigkeit. † 22. 6. 431 in Nola.

Legende: P. begibt sich anstelle des Sohnes einer Witwe freiwillig in Gefangenschaft der Westgoten.

Patronat: der Städte Nola und Regensburg; Müller

Verehrung und Kultorte: Leichnam im 7. oder 8. Jh. in Benevent, um 1000 nach Rom transferiert, 1908 von Pius X. nach Nola zurückgegeben.

Darstellungen in der Kunst: *Gewandung:* als Bischof (Stuttgart, Landesbibliothek, Zwiefaltener Martyrium, Buchmalerei 12. Jh.). *Attribute:* Schaufel, Korb, Gießkanne (Kupferstich in Giulini, Tägliche Erbauung eines wahren Christen, Wien – Augsburg 1753/1755).

23 Paulus

Apostel, Heidenmissionar, Martyrer, hl.

Fest: 29. 6. (zusammen mit Petrus), 25. 1. (Bekehrung P.'s), 18. 11. (Weihe der Basilika S.Paolo fuori le mura), 16. 4. (Translation des Hauptes), 6 .7. (1. Ankunft P.'s in Rom), 1. 9. (Wiedererlangung der Sehkraft P.'s), 21. 2. (Maronitischer Ritus), früher 30. 6. (Eigenfest, nach der Liturgie- und Kalenderreform Fest der Martyrer von Rom).

Leben: P.-Briefe und Apostelgeschichte im Neuen Testament sind Hauptquelle: * als Saulus um 5–10 n. C. aus einer jüdischen Diasporafamilie in Tarsus, gehörte dem Stamm Benjamin an (Röm 11,1)., Ausbildung in Jerusalem bei Gamaliel d. Ä. (Apg 22,3), studierte gründlich die Schrift und die jüdische Tradition als aramäisch sprechender Pharisäer mit Griechischkenntnissen. Nach jüdischer Sitte übte P. für den lebensnotwendigen Unterhalt das Handwerk eines Zeltmachers aus (Apg 18,3). Später machte ihn dieses Handwerk den Gemeinden gegenüber autark. Ursprünglich Gesetzesfanatiker und Todfeind der jungen Kirche (Apg 5, 34–39), nach Apg 7, 58 bei der Steinigung des Diakon Stephanus anwesend. Reise im Auftrag des Synedriums von Jerusalem mit einem Empfehlungsschreiben nach Damaskus (1 Kor 15,8, Gal. 1, 15–16), 33/34 bzw. 35/36 Wende im Leben durch Bekehrung vor Damaskus mit Berufung zum Apostelamt. P. bezeichnete sich selbst als Fehlgeburt (Röm 15, 15–16). Saulus nimmt kurz vor Antritt der 1. Missionsreise den Namen P. an. Anschließend als Völkerapostel auf drei Missionsreisen 44–49 mit Barnabas und Markus (Apg 13,1 ff), 50–52 mit Timotheus und Silas (Apg 15, 26 ff), 53–58 3. Reise (Apg 18,23 ff). 58–60 Gefangenschaft unter Felix und Festus in Caesarea, 61 Reise nach Rom mit erster Gefangenschaft bis 63, (Apg 28,17 ff), Reise nach Kleinasien; im ersten Clemensbrief wird von einer weiteren Reise nach Spanien in Begleitung von Sergius, dem ersten Bischof v. Narbonne, berichtet. Eine 2. Gefangenschaft in Rom während der Christenverfolgungen unter Nero 64 und die Enthauptung, historisch nicht durch Quellen belegt. Nach Eusebius † 67. P. bewahrte die christlichen Gemeinden vor dem Fall in synkretistische, gnostische Lehren; erfuhr Wiederstand seitens der Judenchristen, da nach ihm im Glauben und in der Rechtfertigung kein Unterschied zwischen Judenchristen und Heidenchristen besteht. Genialer Organisator, der seine Mission auf Zentren beschränkte, von denen aus die Frohbotschaft des Evangeliums weiter ausstrahlen konnte. Großer theologischer Einfluß durch seine Briefe, weil P. das Wort Gottes gedanklich-systematisch zu durchdringen suchte und somit als Begründer der spekulativen Theologie gilt, zum Beispiel im Römerbrief, wo er Fragen um Schuld des Menschen, Heilsbedürftigkeit des Menschen und Rechtfertigung und Gnade, sowie Tod und Auferstehung Jesu behandelte.

Legende: nach den Paulusakten Ende des 2. Jh.: P. bekehrt Thekla durch seine Predigt in Ikonium. – Deren Verlobter fühlt sich durch die Enthaltsamkeit Theklas betrogen

und hetzt die Behörden gegen P. auf. – P. wird verhaftet und von Thekla heimlich besucht, was jedoch aufgedeckt wird. – P. wird zum Feuertod verurteilt, doch Wasser und Hagel verhindern die Hinrichtung. Thekla kommt ebenfalls frei. – Thekla folgt P. in Männerkleidern nach Antiocheia und lebt im Haus der Triphania, wo sich ein Jüngling namens Alexander in sie verliebt. – Thekla wird wilden Tieren vorgeworfen, doch verteidigt sie ein Löwe gegen die anderen Bestien. – Thekla wird ins Wasser geworfen, wo ein Blitz die Robben tötet und andere Tiere von Triphanias Frauen mit Gewürzen besänftigt werden. – Thekla bleibt auch auf dem Scheiterhaufen unversehrt. – Im Zusammenhang mit dem Bekenntnis des kaiserlichen Mundschenks Patroclus zu Christus vor Nero wird P. als Rädelsführer verhaftet und zum Tod durch das Schwert verurteilt. – Bei der Hinrichtung spritzt Milch statt Blut auf die Gewänder der Soldaten. – Bei dem dreimaligen Aufspringen des Hauptes nach der Enthauptung an der Straße nach Ostia entspringen an den Stellen drei Quellen.

Patronat: nach P. benannter Orden und religiöse Genossenschaften, Arbeiter/Arbeiterinnen, Zeltmacher, Weber, Sattler, Seiler, Korbflechter, Schwertfeger, Theologen, Tauben, katholische Presse; gegen Unwetter auf dem Meer, Schlangenbiß, für Regen und Fruchtbarkeit der Felder.

Verehrung und Kultorte: Rom, die von Kaiser Konstantin errichtete Basilika S. Paolo fuori le mura an der Via Ostiense; Hauptreliquie in Rom/Lateranbasilika (seit 16. 4. 1370), Reliquien in S. Paolo alle Tre Fontane an der Via Laurentina, S. Maria in Via lata, SS. Pietro e Paolo in Carcere, S. Paolo alla Regola (Armreliquie), S. Agnese an der Piazza Navona (Tuchreliquie von der Augenbinde Plautillas), S. Ignazio (Zahnreliquie), S. Lorenzo in Damaso (Bußzingulum), S. Matteo in Merulana, SS. Eustachio e Prassede

(Kleiderfragmente). Besondere Verehrung in Tarsos, Rom, Malta, Corvey, Frankfurt am Main, London, Münster, Saragossa, Valladolid, Utrecht.

Aberglauben: Der Festtag P.'s spielt im Brauchtum keine Rolle. P.'s Bekehrung (25. 1.) dagegen ist sog. Halbwintertag, verbunden mit der Vorstellung, daß sich an diesem Tag alle Tiere im Winterschlaf von der einen auf die andere Seite legen. – Wichtiger Lostag: bei Regen kommt teurere Zeit, bei hellem und klarem Wetter gibt es ein gutes Jahr. – Bei Schnee oder Regen gibt es bald großes Blutvergießen unter Mensch und Vieh. – Bei Nebel tritt eine Pestepidemie auf. – Orakelbrauchtum: Die Mädchen sollen sich das Deckbett verkehrt herum legen und P. bitten, daß sie ihren Bauch nicht sähen. – Wenn man sich nackt und verkehrt herum ins Bett legt, erscheint der zukünftige Ehepartner. – 1382 erschien bei einer Viehseuche in Galmaarde bei Gent P. und verteilte an die Hirten kleine, weiße Küchelchen für das Vieh, worauf die Seuche verschwand. Seitdem gibt es P.-Brötchen oder P.-Küchelchen. – P.-Brötchen sind Abwehr gegen den Saatwurm.

Darstellungen in der Kunst: *Gewandung:* als Apostel in langer, gegürteter Tunika und Mantelpallium (Reims, Gerichtsportal des Nordquerhauses, Fig. um 1230). *Attribute:* Schwert (Hannover, Landesmuseum, Gem. v. A. van Dyck 1618); zwei Schwerter als Analogie zu den Schlüsseln Petri (Nürnberg, St. Sebald, Sebaldusgrabmal, Bronzefig. v. P. Vischer um 1510); gezücktes Schwert (Florenz, Uffizien, Gem. v. G. Bellini 15. Jh.); Schriftrolle (Palermo, Capella Palatina, Mosaik 12. Jh.); Schriftrolle im Zingulum, liegender Pan zu Füßen (London, Church of the Ascension, Gem. v. F. Shields 1888); Buch (München, Alte Pinakothek, Gem. v. A. Dürer 1526); Schriftrolle über dem Schwertknauf (Eisenberg, prot. Kirche, Glasmalerei um 1900); umgestürzter Altar des unbekannten Gottes (Castelgandolfo, Villa Torolonia, Fresko v. M. Seitz 1835/44); drei Quellen (Berlin, Staatliche Museen, Gem. v. Meister v. Schöppingen 1450/75); durchsichtiges Blumengefäß mit Löwen als Blumenwurzel (Rom, Peterskirche, Portalrelief v. A. Filarete vor 1445); mit dem abgeschlagenen Kopf in der Hand (Stuttgart, Landesbibliothek, Zwiefaltener Martyrologium, Buchmalerei 12. Jh.). *Besondere Szenen:* Traditio Legis (Tivoli, S. Silvestro, Wandmalerei 13. Jh.); als Briefschreiber sitzend (Schwarzrheindorf, Doppelkapelle, Wandmalerei 12. Jh); P. predigend vor den Adressaten der Briefe (Paris, Louvre, Elfenbeinrelief 6./7. Jh.); P. einen Brief faltend (Toledo, Greco-Museum, Gem. aus der Greco-Schule 16. Jh.); Übergabe des Galaterbriefs an Boten (Wien, Albertina, Holzschnitt v. A. Altdorfer 1533); P. mit Büchern in der Landschaft, im Hintergrund kenternde Schiffe im Meer (Leiden, Museum, Gem. v. L. van Leyden 1526); P. in der Landschaft (Paris, Louvre, Gem. v. G. Ferrari 1543); P. im Gefängnis (Stuttgart, Staatsgalerie, Gem. v. Rembrandt 1627); die Predigt P.'s (Neustift bei Freising, Fig. v. I. Günther 18. Jh.); Predigt vor den Bewohnern zu Lystra (Marostica, S. Antonio, Gem. v. J. u. F. Bassano 16. Jh.); Predigt in Athen vor dem Altar des unbekannten Gottes (Wien, Kunsthistorisches Museum, Gem. v. J. Zick 18. Jh.); Bekehrung P.'s mit herabstürzendem Engel (Madrid, Museo Cerralbo, Gem. v. Juan de la Corte 1642); Bekehrung P.'s mit scheuendem Pferd (Rom, S. Maria del Popolo, Gem. v. M. Caravaggio 1601); P.'s Flucht über die Stadtmauer (Naturns, Prokuluskirche, Wandmalerei um 770/80); P. und Barnabas werden von den Bewohnern von Lystra als Götter gefeiert (Paris, Louvre, Gem. v. M. Corneille le Père 1644); Schiffbruch vor Malta (London, National Gallery, Gem. v. A. Elsheimer um 1598); P. nimmt vom Schlangenbiß keinen Schaden (Canterbury, Kathedrale, Wandmalerei 12. Jh.); Heilung des Vaters des Publius (Lilienfelder Concordantia Caritatis, Cod. 151, Buchmalerei Mitte 14. Jh.); Abschied der Apostelfürsten (Graz, Landesmuseum Johanneum, Gem. v. M. J. Schmidt um 1778); Steinigung des P. ohne Todesfolge (Marseille, Musée des Beaux-Arts, Gem. J. B. de Champaigne 1667); Verurteilung und Enthauptung P.'s (Paderborn, Diözesanmuseum, Abdinghofer Tragaltar v. Roger v. Helmarshausen, Relief um 1100); Enthauptung mit Quellenwunder (Rom, S. Paolo alle Tre Fontane, Fig. v. A. Algardi 17. Jh.); abgeschlagenes Paulushaupt (Münster, Westquerhaus des Domes, Fig. um 1225/35). *Zyklen:* sehr zahlreich, u. a. Città del Vaticano/Bibliotheca Vaticana MS Barb. lat. 4406, Zeichnungen des Zyklus von S. Paolo fuori le Mura; Monreale/Kathedrale, Mosaiken 12. Jh.; Palermo/Capella Palatina, Mosaiken 12. Jh.; Chartres/Kathedrale, Glasmalerei

13. Jh.; Augsburg/Staatsgalerie, Gem. v. H. Holbein d. Ä. 1504; London/Victoria and Albert Museum, Kartons für die Wandteppiche der Sixtina v. Raffael um 1525; London/St. Paul, Kuppelmalerei v. J. Thornhill 19. Jh.; Genf/St. Paul, Gem. v. M. Denis 1904.

Perpetua und Felicitas
Martyrerinnen, hl.

Fest: 7. 3., vor der Kalenderreform 6. 3., in ostkirchlichen Riten 2. 2. bzw. 4. 3.

Leben: Nachrichten von Perpetua selbst und von Augenzeugen überliefert, aus denen jugendliche Glaubensfreude spricht: P. * in Karthago als Kind vornehmer Eltern; P. hatte einen Sohn, war als Erwachsene Christin geworden und hatte die Taufe erhalten, was unter Septimius Severus bei Todesstrafe verboten war. P.'s Vater versuchte vergeblich, die Tochter vom Christentum abzubringen. P. erlitt das Martyrium mit 22 Jahren zusammen mit anderen Christen am 7. 3. 202/203 anläßlich einer Raubtiervorstellung zum Geburtstag von Publius Septimius Geta, dem Sohn des Kaiers Septimius Severus, in der Arena von Karthago. P. hatte in der Nacht vor der Hinrichtung ein Gesicht ihres kommenden Martyriums. Angesichts der Standhaftigkeit der Christen wurde auch der Gefängniswärter Pudens Christ. – F. war Sklavin, verheiratet, möglicherweise mit dem Mitgefangenen Revocatus, und gebar zwei Tage vor ihrem Martyrertod eine Tochter, die von einer ihrer Schwestern an Kindes statt angenommen wurde. P. und F. wurden in der Arena wilden Kühen vorgeworfen.

Verehrung und Kultorte: P. und F. zählen zu den Kanonheiligen, die mit sechs weiteren Martyrerinnen im Römischen Kanon (Kanon I) beim nach der Wandlung gesprochenen Gebet »Nobis quoque peccatoribus« (= auch uns, deinen sündigen Dienern) erwähnt werden. Reliquien in Beaulieu/Corrèze, Berry, Vierzon.

Darstellungen in der bildenden Kunst: *Gewandung:* als Frauen, P. in vornehmer Tracht mit Halsschmuck und Kopfputz, F. in schlichter, schmuckloser Tracht mit einfachem Kopftuch (Ravenna, Erzbischöfliche Kapelle, Mosaikmedaillons 6. Jh.). *Attribute:* wilde Kuh, Kind auf dem Schoß (Vich, Bischöfl. Museum, Gem. 15. Jh.). *Zyklus:* Barcelona/Diözesanmuseum, Antependium des P.-Altars 14. Jh.

19
20
22

Petrus

Apostel, Bischof von Rom, 1. Papst, Martyrer, hl.

Fest: 29. 6. (zusammen mit Paulus, ursprünglich Fest aller zwölf Apostel), 22. 2. (Kathedra Petri seit der Rubrikenreform 1960, im 4. Jh. als Petri Stuhlfeier eingeführt, um heidnisches Totengedächtnis zu verdrängen, in Gallien seit 6./7. Jh. am 18. 1. Gedächtnis an die Übertragung des Hirtenamtes, so daß zwei Feste vorhanden waren. Deswegen wurde in Rom das Fest zum Gedächtnis an die Übertragung des Hirtenamtes auf Grund einer Mißdeutung als Amtsantritt P.'s als ›Bischof von Antiochia aufgefaßt), 1. 8. Jahrestag der Kirchweihe S. Pietro in Vincoli/Rom 432, Petri Kettenfeier genannt.

Leben: In den Evangelien und der Apostelgeschichte wird P. 150 mal erwähnt: * in Bethsaida/Galiläa als Simon, Sohn eines Jonas oder Johannes, der Name P. von Jesus bei Cäsarea Philippi in einer Verheißung gegeben (Mt 16, 18f). P. war bei der Berufung durch Jesus in Kapharnaum verheiratet, von Beruf wie sein Bruder Andreas Fischer (Mk 1, 21–29). Jesus heilte die Schwiegermutter des P. (Mk 1,30). P. gehörte zu den vertrautesten Gefährten Jesu neben Jakobus und Johannes. In den Evangelien wird die Vorrangstellung P.'s als Wortführer deutlich. P. wird mit spontanen und impulsiven Wesenseigenschaften geschildert, die in der Leidensgeschichte Jesu deutlich hervortreten: Noch auf dem Weg zum Ölberg wollte er sein Leben für Jesus hingeben (Mk 14,31), schlug bei der Gefangennahme Jesu blindlings auf den Knecht des Hohenpriesters ein (Jo 18,10) und mußte dann bei der Verleugnung Jesu eine schmerzliche Demütigung erleiden (Mt 26,29 ff). Jesus übertrug P. nach dreimaligem Liebesbekenntnis die oberste Hirtengewalt (Jo 21, 15–17). Dem P. erschien Jesus zuerst nach seiner Auferstehung, dann erst allen Jüngern zugleich (1 Kor 15,5). Nach Pfingsten wirkte P. in der Gemeinde zu Jerusalem, Predigt in Samaria, Lydda und Joppe, erweckte dort Tabitha vom Tode (Apg 8–9) und hatte das Gesicht von den reinen und unreinen Tieren, was ihm bedeutete, daß auch die Heiden zur Frohbotschaft berufen sind. In Cäsarea Taufe des Heiden Cornelius (Apg 10). Um 44 von Herodes Agrippa festgenommen, in der Nacht vor der Hinrichtung durch einen Engel wunderbar errettet, anschließend in Antiochia. Dort Auseinandersetzungen mit Paulus wegen seiner Haltung in der Frage der Heidenchristen (Gal 2, 11 ff). 50/51 Apostelkonzil in Jerusalem, später auf einer Visitationsreise in Kleinasien, vermutlich auch in Korinth, was zu Parteiungen innerhalb der Christengemeinde führte, wie in dem um 57 verfaßten Korintherbrief des Paulus angedeutet ist (1 Kor 1,12). Der Aufenthalt in Rom ist historisch erwiesen, aber exakter Zeitpunkt und Dauer nicht genau festzulegen. P. beherrschte das Lateinische und Griechische nicht sicher und bediente sich des Markus als Übersetzer (Papias). Martyrium um 64/67 in Rom, gekreuzigt während der Christenverfolgung Neros.

Legende: nach den apokryphen Petrusakten um 200/210: P. demonstriert an seiner gelähmten Tochter, daß angebliches Leiden eine Gottesgabe sein kann, um ihre Jungfräulichkeit zu bewahren. – P. reist zu Schiff nach Rom und besiegt Simon Magus endgültig. – P. heilt eine blinde Frau. – P., am Leben

Petrus

bedroht, verläßt auf Bitten der Brüder die Stadt Rom und begegnet Christus, der auf seine Frage antwortet, daß er nach Rom ginge, um erneut gekreuzigt zu werden, worauf P. sofort in die Stadt zurückkehrt. – P. läßt sich umgekehrt am Kreuz aufhängen, um nicht auf gleiche Weise wie Christus zu sterben.
Patronat: Patron des karolingischen Königshauses, Stadtpatron von Genf, Patron der Bistümer Rom, Berlin, Lausanne-Genève-Fribourg; Fischer, Schiffer, Schlosser, Brückenbauer, Schmiede, Metzger, Steinbrucharbeiter, Uhrmacher; gegen Fieber, Fallsucht, Diebe, Schlangen.
Verehrung und Kultorte: Aedicula um 160/180 unter St. Peter als Bestattungsort, Sgraffiti in S. Sebastiano an der Via Appia weisen die Stätte ebenfalls als vermuteter Bestattungsort der Gebeine aus – zwei widersprüchliche Traditionen, die zur Hypothese von Translationen führten. – Zu Beginn des 3. Jh. Tropaion am Ort des Martyriums von der christlichen Gemeinde errichtet. Gedenkstätten in Upenna, Henchir, Megrun, Orléansville in Nordafrika. – P.-Reliquien in Rom/St. Peter (Kathedra, seit 11. Jh., eigentlich Elfenbeinthron um 870 aus dem Besitz Karls des Kahlen); Rom/S. Prassede (Altartisch des P.); Rom/S. Maria in Trastevere; Rom/S. Cecilia in Trastevere; Rom/S. Maria in Campitelli; Rom/S. Gregorio al Celio; Rom/SS. Giovanni e Paolo; Jerusalem/S. Peterin Gallicantu; Venedig/S. Pietro in Castello (P.'s Kathedra aus Antiochien); London/Kathedrale (Kelch P.'s aus Antiochien); Rom/S. Pietro in Vincoli (Ketten); Metz/Kathedrale (Kettenglieder); Minden/Dom (Kettenglieder); Chambéry (Nagel vom Kreuz P.'s); Venedig/S. Marco (Messer P.'s, mit dem er Malchus das Ohr abschnitt); Aachen/Domschatz (Kettenglieder); Limburg/Dom (Teil des Stabes, mit dem Bischof Maternus von P. erweckt wurde); Köln/Dom (weiterer Teil des Stabes); Maastricht/Kathedrale (P.'s-Schlüssel 12. Jh.); Lodi Vecchio (P.'s-Schlüssel); P.-Kirchen, zahllos, berühmte u. a. in Ravenna (4. Jh.), Rom/S. Peter, Rom/S. Pietro in Montorio (galt seit 14. Jh. als Ort des Martyriums).
Aberglauben: P. gilt als Wetterregent. – P.-Schlüssel helfen gegen Tollwut und Schlangenbiß. – In Erfurt darf niemand zum Bürgermeister gewählt werden, der den Vornamen P. trägt. – An Petri Stuhlfeier (22. 2.) Beginn des Frühlings mit zahlreichen Frühlingsbräuchen, die mit P. unmittelbar nichts zu tun haben (Wintervertreibungen u. ä.). – In den Niederlanden ist der 22. 2. Heischtag der Kinder.
Darstellungen in der Kunst: *Gewandung:* als Apostel in langer, gegürteter Tunika und Mantelpallium (München, Alte Pinakothek, Gem. v. A. Dürer 1526); als thronender Prediger (Rom, S. Peter, Fig. v. A. di Cambio um 1300); als Papst in Pluviale und Tiara (Köln,

Wallraf-Richartz-Museum, Gem. v. Meister der Verherrlichung Mariens 2. Hälfte 15. Jh.). *Attribute:* Schlüssel mit großem Bart (Darmstadt, Hessisches Landesmuseum, Gem. eines Wormser Meisters um 1250); zwei Schlüssel als Zeichen des Bindens und Lösens (Ballamont, Pfarrkirche, Fig. v. Syrlin d. J. 1496/99); Tiara in der Hand (Regensburg, Dom, Trumeaupfeiler des Westportals, Fig. um 1425); Kreuzstab (Döbeln/Sachsen, Nikolaikirche. Gem. um 1515); Handkreuz (Bamberg, Dom, Adamspforte, Fig. um 1240); Hahn (Doxan/Böhmen, Prämonstratenserkirche, Fig. 1708); Fisch (Regensburg, Nikolauskapelle des Domes, Schlußsteinrelief Ende 15. Jh.); Flamme des hl. Geistes, Schlüssel auf Buch (Wien, Kunsthistorisches Museum, Gem. v. R. Mengs 18. Jh.). *Besondere Szenen:* Berufung P.'s nach Mt 4, 18–20 (Ravenna, S. Apollinare Nuovo, Mosaik 493/526); Heilung der Schwiegermutter des P. (Escorial, Codex Aureus Spirensis, Buchmalerei 11. Jh.); reicher Fischfang nach Lk 5,1–11 (Rom, Sixtinische Kapelle, Gem. v. D. Ghirlandajo 1481/83); P. als Menschenfischer (Florenz, Uffizien, Gem. v. G. Bellini um 1488); Rettung Petri aus dem Meer nach Mt 14, 24–32 (Città del Vaticano, Stanza della Cleopatra, Gem. v. D. da Volterra 16. Jh.); Dem Schiff der Kirche und P. kommt Rettung durch Christus zu, sog. Navicella (Rom, Museo Petrino, Mosaikkopie nach Giotto 17. Jh.); P. steuert das Schiff der Kirche (New York, Pierpont Morgan Library MS 799, Buchmalerei um 1480); Schlüsselübergabe des Himmelreiches an P. (München, Bayerische Staatsbibliothek, Goldenes Evangelienbuch Heinrichs II., Buchmalerei zwischen 1002 und 1014); P. empfängt vom Jesusknaben die Schlüssel (Città del Vaticano, Gem. von C. Crivelli 1488); Allegorie »Weide meine Schafe« (London, Victoria and Albert Museum, Karton für die Teppiche der Sixtina v. Raffael 1515/16); Wunder mit dem Zinsgroschen im Fisch nach Mt 17, 24–27

(Liverpool, Museum, Elfenbeinrelief des Magdeburger Antependiums um 970); P. bei der Verklärung Christi (Speyer, Historisches Museum der Pfalz, Gem. vom Meister des Marienlebens um 1470); P. weigert sich, sich von Jesus die Füße waschen zu lassen (Mainz, Landesmuseum, Gebetbuch des Kardinals Albrecht von Brandenburg, Buchmalerei v. S. Bening um 1530); P. schläft am Ölberg (Mainz, Landesmuseum, Gebetbuch des Kardinals Albrecht von Brandenburg, Buchmalerei v. S. Bening um 1530); P. schlägt Malchus das Ohr ab (St. Florian, Gem. von A. Altdorfer 1518); P. flieht mit den Jüngern bei der Gefangennahme Jesu (Mainz, Landesmuseum, Gebetbuch des Kardinals Albrecht von Brandenburg, Buchmalerei v. S. Bening um 1530); Ankündigung der Verleugnung Jesu durch P. (Paris, Louvre, Gem. v. D. Teniers 17. Jh.); Verleugnung P.'s vor der Magd (Naumburg, Westlettner, Fig. v. Naumburger Meister um 1250/60); Verleugnung P.'s vor den Soldaten am Feuer (Nantes, Musée des Beaux-Arts, Gem. v. G. de La Tour 1650); Reue Petri (Kattenhorn, Petruskirche, Glasmalerei v. O. Dix 1959); Heilung des Lahmgeborenen (München, St. P., Fresko v. J. B. Zimmermann 1753); Straftod von Ananias und Saphira nach Apg 5, 1–10 (Avignon, Musée Calvet, Relief Ende 4. Jh.); Befreiung des P. aus dem Gefängnis des Herodes nach Apg 4,3 (Città del Vaticano, Stanza d' Eliodoro, Fresko v. Raffael 1512); Vision zu Joppe (Rom, Comodillakatakombe, Wandmalerei 4./5. Jh.); Schattenwunder nach Apg 5, 14–16 (Florenz, S. Maria del Carmine/Brancaccikapelle, Fresko v. Masaccio um 1425); Sturz des Simon Magus durch P. nach Apg 8, 9–24 (München, St. Peter, Gem. v. J. Pollak um 1490); Erweckung der Tabitha nach Apg 9 (Florenz, Palazzo Pitti, Gem. v. Guercino 17. Jh.); Taufe des Centurio Cornelius nach Apg 10 (Lüttich, St-Barthélemy, Taufbecken, Relief v. R. von Huy 1107/18); Traditio legis (Rom, S. Costanza, Mosaik

4. Jh.); Heilung der Tochter P.'s (Bonn, Landesmuseum, Gem. v. Meister B. v. Nördlingen 15. Jh.); Erweckung des Sohnes des Stadthalters Theophilus von Antiochien (Florenz, S. Maria del Carmine/Brancaccikapelle, Gem. v. F. Lippi 15. Jh.); Taufe des Processus und Martinianus durch P. (Rom, St. Peter, Gem. v. G. Passeri 17. Jh.); Messe des P. mit Asprenus und Candida (Neapel, S. Pietro ad Aram, Fresko 15. Jh.); Begegnung P.'s mit Christus vor Rom (London, National Gallery, Gem. v. A. Carracci 16. Jh.); Kreuzaufrichtung P.'s (Rom, S. Maria del Popolo, Gem. v. M. Caravaggio 1601); Kreuzigung P.'s (Aulnay-de-Saintonge, Tympanonrelief 12. Jh.); P. als Offiziant beim Marientod (Pfullendorf, Seitenkapelle, Gem. v. J. Stokker um 1500); P. als Himmelspförtner (Köln, Wallraf-Richartz-Museum, Gem. v. S. Lochner um 1440). *Zyklen*: Rom/Alt-St. Peter, Wandmalerei um 681 (nicht erhalten); Müstair, Wandmalerei um 800; München/Bayerisches Nationalmuseum, Kunigundenmantel Stickerei frühes 11. Jh.; Palermo/Capella Palatina, Mosaiken 12. Jh.; Monreale/Dom, Mosaiken 12. Jh.; S. Pietro a Grado, Fresken um 1300; Beauvais, Teppiche um 1460; München/St. Peter, Gem. v. J. Pollack um 1490 und Fresken v. J. B. Zimmermann 1753/1756; Florenz, Uffizien, Gem. v. H. von Kulmbach 16. Jh.

Petrus Canisius

Jesuit, Kirchenlehrer, hl.
Fest: 27. 4.
Leben: * 8. 5. 1521 in Nijmegen als Sohn des Bürgermeisters Jakob Kanijs. 1536–1546 Studium in Köln, 1538 Baccalaureus der freien Künste, 1540 Magister artium. P. kam in Köln in Kontakt mit Vertretern der Devotio moderna und der deutschen Mystik, gegen den Willen der Eltern Aufnahme des Theologiestudiums, 1543 ignatianische Exerzitien bei Petrus Faber und Eintritt in den Jesuiten-

orden. P. hielt seit 1544 Vorlesungen, übersetzte die Werke Kyrills von Alexandrien und Leos I. in die deutsche Sprache; 1546 Priesterweihe, trat als Sprecher der Katholiken gegen den protestantisch gewordenen Erzbischof von Köln Hermann von Wied auf, 1547 von Kardinal Otto Truchseß von Waldburg als Privattheologe auf das Konzil von Trient bestellt; 1548 in Messina Gründung des Jesuitenkollegs. 1549 am Tag der Profeß Herz-Jesu-Offenbarung am Grab des Apostels Petrus in Rom, im selben Jahr zum Doktor der Theologie in Bologna promoviert. P. war der eigentliche Träger der Gegenreformation, 1549–1552 Professor der Theologie in Ingolstadt, 1552–1554 Professor und Domprediger in Wien, 1571–1577 in Innsbruck, 1556–1569 erster Provinzial der oberdeutschen Provinz, die Süddeutschland, Österreich, Ungarn und die Schweiz umfaßte. P. gründete zahlreiche neue Jesuitenkollegien, darunter München, Innsbruck, Würzburg, Fribourg, Hall in Tirol und Augsburg, wo unentgeltlich der Unterricht erteilt wurde. Unter den schriftstellerischen Arbeiten ist der Katechismus für Studenten 1555, für Kinder 1556 und für Mittelschüler 1558 hoch bedeutsam, der zu Lebzeiten P.'s 200 Auflagen erzielte. Kontroversen mit seinem Amtsnachfolger Paul Hoffaeus führten 1580 zur Versetzung P.'s nach Fribourg, wo P. im Auftrag Papst Gregors XIII. das Hieronymus-Kolleg gründete. Als ihn Jesuitengeneral Rudolf Aquaviva zurückholen wollte, ließen ihn die Bevölkerung und der Klerus aus Fribourg nicht mehr fort. † 21. 12. 1597 in Fribourg, begraben in der Michaelskirche. Seligsprechung 1864, Heiligsprechung 1925.

Patronat: Apostel Deutschlands, katholische Schulorganisation Deutschlands seit 1921, Diözese Brixen (seit 1925), Diözese Innsbruck (seit 1964).

Verehrung und Kultorte: deutschsprachige Ordensprovinzen der Jesuiten, Fribourg/St. Michael, in den Diözesen Berlin, Köln, Lausanne-Genève-Fribourg, Mainz, Meißen, Aachen, Augsburg, Eichstätt, Fulda, Regensburg, Feldkirch, Wien, Sitten.

Darstellungen in der Kunst: *Gewandung:* als Jesuit in schwarzer Soutane (Fribourg, Kantonalmuseum, Glasmalerei 1591); im Mantel (München, St. Michael, Gem. 17. Jh.). *Attribute:* Feder, Katechismus, Kruzifix (Manresa, Gem. v. M. Coronas 1903); Hammer [malleus hereticorum] ('s-Heerenberg, Gem. 18. Jh.). *Besondere Szenen:* P. predigt vor Kardinälen und Herrschern (Fribourg, Gem. v. P. Wuilleret 1635); P. als Lehrer des Katechismus ('s-Heerenberg, Bonifatiushaus, Gem. v. F. Langenberg 1912); P. als Wiederleger der Magdeburger Centuriatoren ('s-Heerenberg, Gem. v. P. Gigliardi 1865); Herz-Jesu-Vision P.'s (Wien, Jesuitenkolleg am Freinberg, Gem. v. J. Kessler 1875); Sendung P.'s nach Deutschland durch Ignatius (Valkenburg, Ignatiuskolleg, Gem. v. F. W. Mengelberg 19. Jh.); P. wird auf dem Sterbelager von der Gottesmutter getröstet (Fribourg, Michaelskirche, Gem. v. F. Bonnet 1864); Triumph P.'s (Wien, Jesuitenkolleg am Freinberg, Gem. v. P. v. Deschwanden 1864).

Petrus Ludwig Maria Chanel

Martyrer, hl.

Fest: 28. 4.

Leben: * 12. 7. 1803 in Potière/Dep. Ain, trat 1831 drei Jahre nach der Priesterweihe bei den Maristen ein; zunächst in Tahiti und auf der Insel Tonga erfolglos, wirkte schließlich als Missionar auf der zu den Fidschi zählenden Insel Futuna/Ozeanien. Dort von dem Häupling Niuliki aufgenommen. Bald erwuchsen P. Feinde im sog. Ältestenrat des Häuptlings. Als der Sohn des Häuptlings Christ wurde, ließ Niuliki durch seinen Ersten Minister Musumusu P. und zwei weitere Männer am 28. 4. 1841 ermorden. Wenige Jahre später ließ sich die gesamte Bevölkerung taufen. Seligsprechung 1889, Heiligsprechung 1954.

Keine Darstellungen in der christlichen Kunst.

Petrus Chrysologus

Bischof, Kirchenlehrer, hl.

Fest: 30. 7 (vor der Kalenderreform 4. 12).

Leben: * um 380 in Forum Cornelii bei Imola, Erziehung durch Bischof Cornelius von Imola, 431 Bischof von Ravenna, eng mit Papst Leo d. Gr. verbunden im Kampf gegen Monophysiten, besonders gegen Eutyches von Konstantinopel. Galt als hervorragender Kanzellehrer, was ihm den Beinamen Chrysologus (= Goldredner) eintrug. 183 seiner Predigten haben sich erhalten. † 3. 12. 450 in

Forum Cornelii. Zum Kirchenlehrer 1729 ernannt.
Patronat: gegen Fieber und Tollwut.
Darstellung in der bildenden Kunst: *Besondere Szenen:* P. bei der Epiklese mit der Hostie vor dem Altar (Imola, Dom, Gem. vor 1568); P. vor dem Altar im Sterben (Ravenna, Dom, Gem. v. P. Benvenuti frühes 19. Jh.).

Petrus Damiani
Benediktiner, Kardinal, Bischof von Ostia, Kirchenlehrer, hl.
Fest: 21. 2. (vor der Kalenderreform 23. 2.).
Leben: * 1007 in Ravenna; sein Bruder Damian ermöglichte P. nach entbehrungsreicher Jugend das Studium in Ravenna, Faenza und Parma. Aus Dank für diese Hilfe Annahme des Beinamens Damiani. 1035 Benediktiner im Eremitenkloster Fonte Avellana bei Gubbio, 1043 Prior. Entschiedener Reformer des geistlichen Lebens und über die Ordensgemeinschaft hinaus der Kirche. P. bekämpfte in seinen Schriften »Liber gratissimus« und »Liber Gomorrhianus« die Abhängigkeit der Kirche vom Staat, die Unfreiheit der Klöster gegenüber kirchlichen und weltlichen Herrschaften, die Simonie der geistlichen Ämter und weltliches Feudalgehabe innerhalb der Kirche. P. trat in Kontakt mit der Kurie und wurde von Papst Stephan IX. 1057 zum Kardinalbischof von Ostia ernannt. Als geschickter Diplomat vermittelte P. 1059/60 in Mailand zwischen Bischof Wido und der Reformbewegung unter Diakon Arialdus; 1061/1064 bekämpfte P. den Gegenpapst Honorius II. 1063 nahm P. das Kloster Cluny in Schutz vor Bischof Mâcon, 1066 untersuchte P. die Anklage der Mönche von Vallombrosa gegen ihren simonistischen Bischof; 1069 in Mainz bei Kaiser Heinrich IV., um ihn von der Ehescheidung abzubringen; 1072 Aussöhnung Ravennas mit Papst Alexander II. † 22/23. 2. 1072 in Faenza im Kloster S. Maria foris portam. Beigesetzt in Faenza. Keine formelle Kanonisation, 1828 Kirchenlehrer.
Patronat: gegen Kopfweh.
Verehrung und Kultorte: Leichnam 1828 aus Faenza/S. Michele in den Dom transferiert, seit 1569 Fest bei den Kamaldulensern, seit 1828 Fest allgemein eingeführt.
Darstellungen in der Kunst: *Gewandung:* als Bischof mit Mitra (Perugia, S. Giuliana, Fresko 13. Jh.); als Kardinal mit Cappa magna (Rott am Inn, Fig. v. I. Günther 1763); als Eremit in der Einsiedlerkutte (Faenza, Bischöfl. Palais, Gem. v. B. Gennari d. J. um 1700). *Attribute:* schwebender Kardinalshut (Ravenna, Accademia, Gem. v. A. Fabriano 15. Jh.); Kreuzstab (Rott am Inn, Fig. v. I. Günther 1763); Putto mit Kardinalshut, Totenschädel, Engel, der eine Fackel in den Rachen eines Drachen stößt, Kreuz und Geißel, Jesuskind und Gottesmutter mit Marienoffi-

zium im aufgeschlagenen Brevier (Faenza, Bischöfl. Palais, Gem. v. B. Gennari d. J. um 1700). *Zyklus:* Faenza/Kathedrale, P.-Kapelle, Reliefs 19. Jh.

Petrus Nolascus
Mercedarier, hl.

Fest: 25. 12. (vor der Kalenderreform 31. 1.).

Leben: * um 1182 in Recaudum südlich von Toulouse; P. entstammte einem Rittergeschlecht, nahm 15jährig am Kreuzzug gegen die Albigenser teil und wuchs am Hof Jakobs I. von Aragón auf. Zusammen mit Raimund von Peñafort Gründung des Ordens der sel. Jungfrau Maria vom Loskauf der Gefangenen. P. befreite insgesamt ca. 900 Gefangene. † 25. 12. 1249 (oder 1256) in Barcelona. Heiligsprechung 1628.

Legende: Visionen bestärken P. zur Ordensgründung. – P. erhält von der Gottesmutter persönlich das Ordensgewand. – Jesus Christus weist P. auf das Marienbild von El Puig hin. – Jesus weissagt P. die Einnahme von Valencia. – P. wird von Piraten in ein steuerloses Schiff gesetzt und segelt mit seinem Mantel zum Hafen. – Sein Namenspatron erscheint P. in einer Vision am Kreuz. – Er öffnet P. in der Christnacht persönlich die Himmelstür.

Patronat: Gefangene.

Darstellungen in der Kunst: *Gewandung:* im weißen Habit der Mercedarier mit dem aragonesischen Wappen (Lima, Mercedarier-Konvent, Gem. v. F. Matínez 1. Hälfte 18. Jh.). *Attribute:* Fahne (Segovia, S. Andrés, Fig. 17. Jh.); befreite Gefangene zu Füßen (Castellón de la Plana, Kapuzinerkloster, Gem. v. F. Zurbarán 17. Jh.); Kette (Kupferstich als Illustration zu Weigel, Columnae militantis ecclesiae, Nürnberg 1725); Stab mit Doppelkreuz (Barcelona, Archivio Histórico de la Ciudad, Gem. 18. Jh.); Olivenzweig, Sternenaureole (Madrid, Facultad de Veterinaria, Gem. v. G. de Crayer

17. Jh.). *Besondere Szenen:* Geburt P's (Córdoba, Museum, Gem. v. C. Guzmán 17. Jh.); Einkleidung P.'s im Orden (Paris, Chapelle de la Sorbonne, Gem. v. S. Bourdon 17. Jh.); Maria reicht P. das Ordensgewand (St-Amas-Soult/Dep. Tarn, Gem. v. F. Zurbarán 17. Jh.); P. und die Auffindung des Marienbildes von El-Puig (Valencia, Museum, Gem. v. J. J. Espinosa 1660); P. im steuerlosen Boot ausgesetzt (Madrid, Prado, Gem. v. F. Zurbarán 17. Jh.). *Zyklus:* Sevilla/Museum, Gem. v. F. Pacheco 1611.

Petrus von Verona
(Petrus Martyr), Dominikaner, hl.

Fest: 6. 4. (vor der Kalenderreform 29. 4.), Translationsfest am 4. 6.

Leben: * um 1205 in Verona als Sohn zur Sekte der Albigenser zählender Eltern, 1221/22 in Bologna Schüler des hl. Dominikus, 1232 päpstlicher Gesandter in Mailand, 1240 Prior in Asti, 1241 Prior in Piacenza, 1251 päpstlicher Gesandter in Cremona und Prior, Inquisitor in Como und Mailand; als Prediger beim Volk geliebt, von den Katharern gehaßt. Von zwei gedungenen Mördern am 6. 4. 1252 in Farga mit Dolchstichen ermordet. Beigesetzt in Mailand/S. Eustorgio. Heiligsprechung 1253.

Legende: Auswahl nach der Legenda aurea: P. widerlegt als Kind die Irrlehren seines katharischen Oheims. – P. läßt durch sein Kreuzzeichen eine Wolke zwischen Sonne und dem zuhörenden Volk aufziehen, um die Ketzer zu beeindrucken. – P. heilt einen Lahmen mit Hilfe des Kreuzzeichens. – P. heilt das Geschwulst des Sohnes eines Edelmannes, indem er die Stelle mit seinem Pilleolus bedeckte. – Die geraume Zeit später ausgebrochenen Leibschmerzen des Edelmannes verschwinden, als dieser den Pilleolus P.'s auf seine Brust legte und einen Wurm mit zwei Köpfen erbricht. – P. heilt ein stummes Kind. – P. heilt das gebrochene

Petrus von Verona

Bein (Var.: den gebrochenen Fuß) eines jungen Mannes. – Bei der Messe erscheint P. die Gottesmutter. – P. erweckt einen ertrunkenen Knaben. – P. hält ein durchgegangenes Pferd auf. – Wunder nach dem Tod P.'s: Die Lampen am Grab P.'s entzünden sich von selbst. – P. rettet einen Spötter vor dem Erstickungstod. – P. rettet ein Schiff aus Seenot. – P. macht ein totgeborenes Kind lebendig, um den Ehefrieden wiederherzustellen. – In Utrecht spotten Frauen auf dem Markt über P., daraufhin wird der gesponnene Faden blutig. – Ein Spötter über die Dominikaner in Utrecht wird vom Fieber heftig befallen und von P. geheilt.

Patronat: Patron der Lombardei und des Herzogtums Modena, Stadtpatron v. Como, Cremona, Inquisition, Wöchnerinnen; gegen Kopfschmerzen, Blitz (für Rom und Piacenza), Sturm und Ungewitter, gute Ernte, in Selztal, Mitterndorf und Werfenau gegen Ungeziefer auf dem Feld.

Verehrung und Kultorte: Reliquien in Mailand/S. Eustorgio, Dominikanerorden, Friesach/Dominikanerkloster (Wallfahrt mit Brunnenheilwasser), Graz, Wien, Lienz/Tirol.

Aberglauben: P. werden Weidenzweige und kleine Holzkreuze geweiht gegen Ungewitter, Zauberei im Feld und Ungeziefer. – In Luxemburg heißen an Abzehrung leidende Kinder »Peter-Mailands-Kinder«. Zur Heilung wiegt man das Kind in Korn, das erbettelt sein muß, auf. – In Eutsch bei Wittenberg ist auf Grund einer Verwechslung der 29. 4. Heischtag der Kinder.

Darstellungen in der Kunst: *Gewandung:* als Dominikaner in langem, gegürteten Kleid, Skapulier, Kappa und Kapuze mit klaffender Wunde am Scheitel (Köln, St. Andreas, Fig. frühes 16. Jh.). *Attribute:* Schwert, das die rechte Schulter durchbohrt, Palme, Zeigefinger am Mund (Florenz, S. Marco, Fresko v. Fra Angelico 15. Jh.); Kreuzbanner (Perugia, Capella del Gonfalone, Gem. v. Bonfigli 1464); Schriftrolle (Florenz, Kloster S. Domenico del Maglio, Fresko v. Nardo di Cione-Nachfolger 14. Jh.); Handkreuz (Cingoli, S. Domenico, Gem. v. L. Lotto 1539); Krummsäbel in der Hand (Köln, St Andreas, Fig. frühes 16. Jh.); Dolch im Herz (Bergen, Museum, Fig. aus Opdal 16. Jh.); drei Krummsäbel im Kopf, Lorbeerzweig mit drei Kronen (Maria Medingen, Klosterkirche, Fig. um 1750). *Martyrium:* Wien/Kunsthistorisches Museum, Gem. v. G. Vasari 16. Jh.). *Zyklen:* Mailand/S. Eustorgio, Capella Portinari, Wandmalerei v. G. di Balduccio 1339; Mailand/S. Eustorgio, Fresken v. V. Foppa 1468; Florenz/S. Maria Novella, Fresken v. A. Bonaiuti da Firenze 15. Jh.

Philipp Neri

Oratorianer, hl.

Fest: 26. 5.

Leben: * 21. 7. 1515 in Florenz als Sohn eines Rechtsanwaltes und Alchemisten, stark beeinflußt von den Dominikanern von S. Marco; zunächst Kaufmannsgehilfe 1533. 1551 in Rom Erzieher der Kinder des Florentiners Galeotto del Caccia; führte in dessen Haus ein Leben caritativer und seelsorglicher Tätigkeit in Krankenpflege. Studium der Theologie. 1548 gründete P. zusammen mit seinem Beichtvater Perisano Rosa die Bruderschaft von der Hl. Dreifaltigkeit zur Pflege von Romreisenden. 1551 Priesterweihe, P. schloß sich einer Priestergemeinschaft bei S. Girolamo della Carità an, aus der das Oratorium P.'s erwuchs. 1583 Übersiedlung nach S. Maria in Vallicella. Ziel war die sittliche Erneuerung Roms. Erneuerer der Kirchenmusik, z. B. hat die Musikgattung des Oratoriums als geistlich-musikalische Schilderung von dem Oratorium P.'s ihren Namen. P. regte Kardinal Baronius zu seinen Annalen und Antonio Boasio zu archäologischen Katakombenerforschungen an. Cha-

rakterzug war sein heiteres Wesen. † 26. 5. 1595 in Rom. Seligsprechung 1615, Heiligsprechung 1622.
Legende: P. heilt Papst Clemens VIII. von der Gicht. – P. schützt einen Mann vor einem Dolchstoß.
Patronat: Oratorianer.
Verehrung und Kultorte: Leichnam in Rom/Oratorio S. Maria in Vallicella, Totenmaske dort und in Neapel/Convento dei Gerolamini.
Darstellungen in der Kunst: *Gewandung:* in schwarzer Soutane und Birett (Bologna, Oratorium, Portrait v. F. Zuccaro 1593); als Krankenpfleger mit weißer Schürze über schwarzer Soutane (Rom, S. Spirito in Saxia, Gem. spätes 18. Jh.). *Attribute:* Lilie, Engel mit Buch (Rom, S. Maria in Vallicella, Fig. v. A. Algardi 1640); Meßdiener (Wien, Akademie, Gem. v. G. Giaquinto 18. Jh.). *Besondere Szenen:* Begegnung P.'s mit Karl Borromäus (Neapel, Kirche der Hieronymiten, Gem. v. L. Giordano 1704); P. im Gebet mit Marienvision (Padua, Dom, Gem. v. G. B. Tiepolo 18. Jh.); Kreuzvision P.'s (Rom, S. Maria in Vallicella, Gem. v. G. Reni 17. Jh.); Krankenpflege P.'s (Bologna, S. Procolo, Gem. v. G. Graziani 18. Jh.). *Zyklen:* Rom/Santa Maria in Vallicella, Gem. v. C. Roncalli gen. Pomaranzio vor 1621; Neapel/Gerolamini-Kirche, Fresken v. F. Solimena um 1700; Pistoia/S. Prospero e Filippo Neri, Gem. v. G. Gambarini 18. Jh.

Philippus
Apostel, Martyrer, hl.
Fest: 3. 5 zusammen mit Jakobus d. J. (1956 nach Einführung des Festes Joseph der Arbeiter vom 1. 5. auf den 3. 5. verlegt), griechische Riten 14. 11., armenische Riten 17. 11., Translationsfest am 28. 2., in Einsiedeln am 4. 5.
Leben: P. stammte aus Bethsaida und gehörte zu den Jüngern Johannes des Täufers, P. führte Jesus auch Nathanael zu (Jo 1, 43–46), war befreundet mit Andreas. Im Neuen Testament erwähnt bei der Brotvermehrung (Jo 6,5–7), wo er feststellt, daß Brot für 200 Denare nicht reichen wird; verschafft einigen Hellenen Zutritt bei Jesus (Jo 12,21–22) und muß sich von Jesus auf seine Bitte, ihm den Vater zu zeigen, zurechtweisen lassen, daß der, der Jesus sieht, auch den Vater gesehen hat (Jo 14,8).
Legende: häufige Verwechslungen mit dem in der Apostelgeschichte erwähnten Diakon Philippus; laut legenda aurea predigt P. zwanzig Jahre im Land Scythia. – Als P. vor ein Götzenbild geführt wird, damit er opfere, kommt unter dem Abbild ein Drache hervor, der den Sohn des Priesters und zwei Tribunen tötet sowie die Menge durch seinen giftigen Atem krank macht. – P. verbannt den

Philippus

Pirmin   374

Drachen und heilt die Kranken. – P. hat zwei Töchter, durch die viele zum Glauben bekehrt werden. – P. erleidet im Alter von 87 Jahren das Martyrium am Kreuz (Var.: P. wird gesteinigt.).

Patronate: Brabant, Sorrent, Philippeville, Dieppe, Luxemburg (das oft erwähnte P.-Patronat in Speyer bezieht sich auf den sel. P. von Zell); der Hutmacher, Krämer, Konditoren, Gerber, Walker; Schutzherr im Kampf.

Verehrung und Kultorte: Leichnam angeblich in Ephesus bestattet; Reliquien in Rom/SS. Duodici Apostoli; Florenz/S. Giovanni, Paris, Köln, Kloster Andechs (Ebenholzreliquiar v. 1620), Prag, Toulouse, Troyes. Wallfahrten in Pichl/Steiermark, St. Philippen/Kärnten, Pisweg/Kärnten.

Aberglauben: Die Nacht vor dem ursprünglichen Fest P.'s, die sog. Wallpurgisnacht oder Hexennacht, wird in Oberösterreich Philippinacht genannt und ist Freinacht für ungestraftes Verüben von Unfug. Näheres bei »Walpurga«. – In Ungarn führt man den Brauch des Maibaums auf P. und Walpurga zurück, weil angeblich beide das Land der Magyaren durchreist haben, dabei geschmäht worden sind und zum Zeichen wider die Verleumder einen Zweig in die Erde gesteckt haben, der sofort zu grünen begann.

Darstellungen in der Kunst: *Gewandung:* als Apostel in langem gegürteten Gewand, Mantelpallium oder Kappa (St-Denis, Abteikirche, Relief vor 1151). *Attribute:* Buch (Ravello, Relief 12. Jh.); Schwert (Aachen, Domschatz, Marienschrein, Relief 1220/38); bezwungene Königin von Hierapolis zu Füßen (Chartres, Südportal, Fig. um 1210); Lanze (Köln, Wallraf-Richartz-Museum, Gem. vom Veronikameister um 1415); Stein (Einsiedeln-Dorf, Fig. um 1500); Schlange (Kopenhagen, Nationalmuseum, Fig. Mitte 15. Jh.); Perlenkranz (Wien, Albertina, Kupferstich v. I. v. Meckenem 2. Hälfte 15. Jh.); Crux gemina mit doppeltem Querbalken (Prag, Narodni Galeria, Gem. v. Wittingauer Altar 1385/

90); Crux Commissa – T-förmiges Kreuz (Tübingen, Stiftskirche, Fig. um 1480); Crux immissa – mit einem Querbalken (München, Bayerisches Nationalmuseum, Fig. v. T. Riemenschneider um 1500); Kreuzstab (Wien, Kunsthistorisches Museum, Gem. v. J. U. Mayr 1653). *Besondere Szenen:* Aufforderung P.'s an Jesus, seinen Vater zu zeigen (Venedig, Accademia, Gem. v. P. Veronese 1. Hälfte 16. Jh.); Vertreibung des Drachens durch P. (Florenz, S. Maria Novella, Fresko v. P. Lippi 1502). *Martyrium:* P. wird gegeißelt und am Kreuz hängend gesteinigt (Brüssel, Museum, Tragaltar v. Stavelot, Relief 1150/60); Kreuzaufrichtung P.'s (Krems, St. Veit, Chorgestühlrelief v. J. M. Götz 1735); Kreuzigung mit Kopf nach unten (Rom, S. Maria in Trastevere, Grabmal des Kardinals Philipp v. Alencon um 1400); Kreuzigung (Versailles, Schloßkapelle, Bronzerelief v. F. Ladatte 1732); Steinigung P.'s (Sedletz bei Kuttenberg/Böhmen, Gem. v. M. L. Willmann um 1701). *Zyklen:* Chartres/Kathedrale, Glasmalerei 13. Jh.; Arezzo/S. Domenico, Fresken v. Spinello Aretino 14. Jh.; München/Alte Pinakothek und Wien/Kunsthistorisches Museum, Gem. v. Meister der Philippuslegende 1518.

Pirmin

Benediktiner, Abtbischof, Glaubensbote, hl.
Fest: 3. 11.
Leben: * entweder in Gallien oder Spanien, wirkte als Klostergründer am Oberrhein, Reichenau 724, Murbach 727, Hornbach bei Zweibrücken 742; reformierte zahlreiche Klöster, u. a. Schuttern, Gengenbach, Schwarzach. Verfasser eines Handbüchleins für Missionare (»Scarapsus«). † 3. 11. 753 in Hornbach.
Legenden: P. vertreibt mit seinem Stab alles Gewürm von der Insel Reichenau. – P. läßt mit seinem Stab zahlreiche Quellen hervorbrechen.

S. PIRMINIVS EPISCOPVS.

Patron: Pfalz, Elsaß, Kloster Reichenau, Innsbruck; gegen Rheuma, Augenleiden, Pest, Schlangen und Ungeziefer, Speisevergiftungen.
Verehrung und Kultorte: Leichnam bestattet in Hornbach (Grab heute an der prot. Kirche ergraben, Gedenkstätte), 1558 nach Speyer, 1576 nach Innsbruck. Wallfahrt seit 1953 an der kath. Kirche Hornbach, zahlreiche Patrozinien im Bistum Speyer, z. B. St. Ingbert, Pirmasens u. a.
Aberglauben: Durch P.'s Stab wurde in Luxemburg bei Esch eine Quelle gesegnet, an der skrophulöse Kinder geheilt werden. – Einen P.-Gürtel legten sich in der Pfalz schwangere Frauen zur glücklichen Entbindung um.
Darstellungen in der Kunst: *Gewandung:* als Priester in Meßkasel (Solothurn, St. Ursus, Hornbacher Sakramentar, Buchmalerei 10. Jh.); als Abt mit Stab und Mitra (London, Victoria and Albert Museum, Emailplatte an Abtsstab v. 1351). *Attribute:* Kirchenmodell (St. Gallen, Stiftsarchiv/Kopialbuch v. Pfäfers, Buchmalerei 1590); Frosch, Schlange (Reichenau/Mittelzell, Glasmalerei 1556). *Besondere Szene:* P. vertreibt das Gewürm (Nürnberger Holzschnitt-Illustration v. A. Koberger 1488).

Pius V.
Papst, hl.
Fest: 30. 4. (vor der Kalenderreform 5. 5.).
Leben: * 17. 1. 1504 in Bosco bei Alessandria als Michele Chislieri; 1518 Eintritt in den Dominikanerorden, 1528 Priesterweihe, Ordensrektor in Pavia, später Prediger, Prior, Provinzial der Lombardei und Inquisitor für Como und Bergamo. 1551 auf Empfehlung Kardinal Giampietro Caraffas von Papst Julius III. zum Generalkommissar der römischen Inquisition ernannt; 1556 Bischof von Sutri und Nepi bei Rom, 1557 Kardinal, 1558 Großinquisitor, 1560 Bischof von Mondovì. Karl Borromäus setzte sich für P. nach dem Tod von Papst Pius IV. ein, so daß P. am 7. 1. 1566 zum Papst gewählt wurde. P. sah in der Durchführung des Tridentinischen Konzils seine Hauptaufgabe, merzte den Nepotismus aus und berief reformfreudige Kleriker ins Kardinalskollegium. P. setzte u. a. die Residenzpflicht der Bischöfe, die strikte Einhaltung des Zölibates durch, gab 1566 den Katechismus Romanus heraus, 1570 das neue Meßbuch. In seiner Regierungszeit gelang der Sieg in der Seeschlacht von Lepanto über die Türken am 7. 10. 1571. Als Folge führte P. das Rosenkranzfest ein. † 1. 5. 1572. Bestattet in Rom, S. Maria Maggiore. Seligsprechung 1672, Heiligsprechung 1712.
Darstellungen in der Kunst: *Gewandung:* als Dominikaner im weißen Habit mit roter Papstmozetta (Blackburn, Stonyhurst College, Gem. v. F. Zuccari Ende 17. Jh.). *Attribute:* Kreuz und lose herabhängende Beine als Anspielung auf eine Vergiftungslegende (Wien, Dominikanerkonvent, Gem. Anfang

18. Jh.); Kreuz (Maria Medingen, Klosterkirche, Fig. v. F. K. Schwertle 1765); Kreuz, Rosenkranz, Schlüssel, Tiara (Antwerpen, St. Paul, Reliquienbüste v. C. de Nole 16. Jh.). *Besondere Szenen:* Seeschlacht von Lepanto mit Rosenkranzverleihung an Dominikus (Prien/Chiemsee, Fresko v. J. B. Zimmermann 1738); Wunder der Mehlvermehrung im Nonnenkloster durch P. (Prato, St. Nikolaus, Gem. 18. Jh.); P. überreicht dem polnischen Legaten Reliquien in Form von Erde aus den Katakomben (Perugia, S. Domenico, Gem. v. G. Laudati 17. Jh.). *Zyklen:* Rom/Santa Maria Maggiore, Reliefs am P.-Grab v. Silla Longhi da Viggiù und Gillis van den Vliete 1586.

Pius X.

Papst, hl.

Fest: 21. 8.

Leben: * 2. 6. 1835 in Riese bei Castelfranco/Venetien. Als Sohn einfacher Bauern arm aufgewachsen, 1858 Priesterweihe und Kaplan in Tombolo, 1867 Pfarrer in Salzano bei Mestre, 1875 Cancellario in Treviso und Spiritual am Priesterseminar, 1884 Bischof v. Mantua, 1883 Patriarch von Venedig; im Konklave nach dem Veto des österreichischen Kaisers gegen Kardinal Mariano Rampolla del Tindaro am 4. 8. 1903 zum Papst gewählt. P. suchte Zusammenarbeit von Kirche und Staat, entspannte 1905 die Verhältnisse in Italien nach dem Verlust des Kirchenstaates, vermittelte in Grenzkonflikten zwischen Bolivien, Peru und Brasilien, schloß 1906 mit dem Kongo ein Missionskonkordat. Heftiger Widerstand in Deutschland gegen den Antimodernisteneid und gegen die Enzyklika zur 300-Jahrfeier des hl. Karl Borromäus wegen darin enthaltener Anwendungen bestimmter Bibelstellen gegen die Protestanten. Fehlschläge in der Politik mit Frankreich (Aufkündigung des Konkordates von 1802), Portugal und Spanien (Ab-

Hl. Herrscher und Rebellen

58 *Reliquiar des hl. Königs Stephan, Domschatz/Kalocsa*

59 *Reliquiar des hl. Ladislaus, Kathedrale/Györ*

60 *König Ludwig IX. von Frankreich, Miniatur, Musée du Petit Palais/Paris*

61 *Karlsschrein, Münster/Aachen*

62 *Hl. Elisabeth von Thüringen, Glasgem., Elisabethkirche/Marburg*

63 *Szenen aus dem Leben der hl. Hedwig, Gem. v. Meister des Langendorfer Marientodes, Nationalmuseum/Warschau*

64 *Der hl. Johannes v. Nepomuk hört die Beichte der Königin, Gem. v. Filippo Evangelisti, Nationalmuseum/Prag*

65 *Ermordung des Thomas Becket, Fresko, S. Giovanni e Paolo/Spoleto*

66 *Hl. Johanna v. Orléans, Denkmal/Paris*

59

60

61

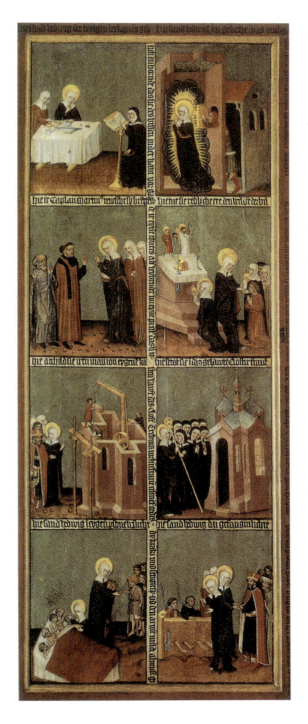

bruch der diplomatischen Beziehungen 1910). Auf religiösem Gebiet rigoroser kämpferischer Einsatz gegen humanistische und naturhafte weltanschauliche Strömungen, falls sie das Übernatürliche preisgaben. P. setzte das Alter für Erstkommunikanten herab, was den Papst populär machte. † 20. 8. 1914. Seligsprechung am 3. 6. 1951, Heiligsprechung am 29. 5. 1954.

Patronate: Esperantisten, Päpstliches Werk der Hl. Kindheit (seit 1955).

Darstellungen in der Kunst: als Papst (München, Frauenkirche, Mosaikbild von S. Frank 1960).

Polykarp von Smyrna

Bischof, Martyrer, hl.

Fest: 23. 2. (vor der Kalenderreform 26. 1., bei Melchiten 25. 1.).

Leben: vom Apostel Johannes zum Bischof von Smyrna bestellt: P. verhandelte mit Papst Anicet um 155 in Rom über den Tag und den Inhalt des Osterfestes, ohne daß es zu einer Einigung gekommen ist. Vom P. ist ein Brief an die Philipper erhalten (wohl aus zwei Schreiben kompiliert) und ein Brief des Ignatius von Antiochien an Polykarp. Die Martyrerakten P.'s stellen den ältesten erhaltenen, zuverlässigen Leidensbericht dar, von Marcion kurz nach P.'s Tod in Form eines Schreibens der Gemeinde Smyrna an die Kirche von Philomelium in Phrygien: Danach forderte Pöbel anläßlich von Festspielen P. als Opfer. Vor dem gefüllten Theater in Smyrna legte der 86jährige P. ein Bekenntnis zu Christus ab, wurde zum Feuertod verurteilt, aber durch einen Dolchstoß am 23. 2. 155/156 hingerichtet.

Legende: P. zum Tod auf dem Scheiterhaufen verurteilt, bleibt von den Flammen des Scheiterhaufens unversehrt, da sich das Feuer wie ein Segel um ihn wölbt.

Verehrung und Kultorte: Der Leichnam P.'s wurde laut Martyrerakten auf dem Berg Mu-

stasia bei Smyrna bestattet. – Dorthin alljährliche Wallfahrt mit Gedächtnis des Todes als Geburtstagsfeier (ältestes Zeugnis der Heiligenverehrung in der Geschichte der Kirche). Reliquien in Rom/S. Ambrogio della Massima.

Darstellungen in der Kunst: *Gewandung:* als Martyrer (Ravenna, S. Apollinare Nuovo, Mosaik 6. Jh.); als Bischof (Lyon, Kathedrale, Glasmalerei 13. Jh.). *Besondere Szene:* P. begegnet dem hl. Ignatius von Antiochien auf der Reise nach Rom (Rom, S. Clemente, Gem. v. G. Triga 18. Jh.). *Martyrium:* Linz/Oberösterreichisches Landesmuseum, Gem. v. 1515.

Pontianus

Papst, hl.

Fest: 13. 8.

Leben: * als Sohn des Römers Calpurnius; von 230 – 235 römischer Papst. Unter Papst Callixtus I. war es 217 zu einem Schisma gekommen, weil der Priester Hippolyt Callixtus eines unlauteren Lebenswandels beschuldigte; das Schisma währte noch unter P. 235 beendete es Kaiser Maximinus Thrax auf radikale Weise, indem er P. und seinen Widersacher Hippolyt gemeinsam in die Bergwerke von Sardinien verbannte. Dort verzichtete Hippolyt auf seine Ansprüche und kehrte zur Einheit der Kirche zurück; P. starb in der Verbannung.

Patronat: Stadtpatron von Velletri.

Verehrung und Kultorte: Leichnam von Papst Fabian nach Rom transferiert, 1909 in der Callixtuskatakombe gefunden.

Darstellungen in der Kunst: *Gewandung:* als Papst (Rom, S. Paolo fuori le Mura, Fresko aus dem Papstbilderzyklus). *Besondere Szene:* Reliquientranslation (Velletri, Kathedrale, Fresko 14/15. Jh.).

Q

Quiricus von Tarsus
Martyrer, hl.

Fest: 16. 6. (ostkirchliche Riten 13. oder 15. 7.).

Legende: dreijähriger Sohn der hl. Julitta, der ebensowenig wie seine Mutter dem Christenglauben abschwören will, wird vom römischen Stadthalter Alexander auf den Stufen seines Thrones zerschmettert, während Julitta gekreuzigt und enthauptet wird. – (Var.: Q. werden Nägel in den Kopf geschlagen. – Q. wird zersägt.). – Die Leichname von Q. und seiner Mutter werden verbrannt.

Patronat: zusammen mit Julitta in ostkirchlichen Riten Schutzpatron der Ärzte.

Verehrung und Kultorte: Reliquien im Dom von Nevers und Bourgos. Kult in Florenz, Toulouse u. Spanien.

Darstellung in der Kunst: *Gewandung:* im Lendenschurz (Paris, St.-Nicolas-du-Chardonnet, Gem. v. Louis Durameau 1767); in antiker Kindertoga auf dem Arm seiner Mutter Julitta (Barcelona, Museo de Arte de Cataluna, Antependium 12. Jh.); als Orant (Rom, S. Maria Antiqua, Wandmalerei 1. Hälfte 8. Jh.). *Attribute:* Nägel, Säge (Barcelona, Diözesanmuseum, Gem. v. P. Garcia 15. Jh.); Martyrerpalme (München, Bayerisches Nationalmuseum, Tafel des Traminer Altars um 1500); Kinderklapper (Jarzé /Anjou, Fig. 15. Jh.). *Martyrium:* Q. werden Nägel in den Kopf geschlagen (Lissabon, Museum, Gem. v. J. Affonso 16. Jh.); Q. wird zersägt (Nevers, Musée Municipal, Wandteppich v. 1521). *Zyklen:* nur im Zusammenhang mit Julitta.

Quirinus von Neuß
Martyrer, hl.

Fest: 30. 3. (Translationsfest 30. 4.).

Legende: nach der legendären, historisch nicht haltbaren Vita aus dem 5./6. Jh.: Q. soll als Tribun unter Kaiser Hadrian (117–138) gefangene Christen bewachen, darunter Papst Alexander I. – Q. will dann glauben, wenn er die getrennt gefangen gehaltenen Hermes und Alexander in einer Zelle findet. – Ein Engel führt A. zu Hermes in den Kerker. – Papst Alexander heilt Balbina, die Tochter Q.'s. (Var.: A. läßt Balbina die Ketten Petri suchen, nach deren Kuß Balbina vollständig gesundet). – Q. und Balbina lassen sich von Alexander taufen. – Beide erleiden das Marytrium durch Zerstückelung ihrer Körper. – Ein Habicht, dem man die abgeschnittene Zunge Q.'s zuwirft, läßt sie unversehrt liegen.

Patronat: Stadtpatron von Neuß, Ritterstand, gegen Pest, Gicht, Rheuma, Kopfleiden, Hautkrankheiten, Patron der Pferde, Rinder.
Verehrung und Kultorte: Reliquien in Rom, 1050 als Geschenk von Papst Leo IX. an die Äbtissin Gepa nach Neuß in das Benediktinerinnenstift transferiert, heute im Q.-Dom, Wallfahrt in Neuß nach der Belagerung der Stadt durch Karl den Kühnen 1475; Skandinavien vor der Reformation.
Aberglauben: Die Vorstellung, daß St. Grein (volkstümlich für Q.) Fisteln und Blattern besonders wirkungsvoll heilt, kehrt sich als Fluchwort um, wenn man besonders in Luxemburg jemanden die Greinsblattern wünscht. – Ein Kölner Büchsenschütze bekommt Blattern, wenn er des Heiligen flucht. – Wer in Neuß aus dem zu einem Becher geformten Schädel des hl. Q.-Wasser aus dem Q.-Brunnen an der Westseite der alten Abtei trinkt, erfährt Linderung der Krankheiten. – In Nürnberg hilft der Q.'s-Trunk gegen Hirn- und Kopfschmerzen. – In Luxemburg wird Greinswasser am 4. Sonntag nach Ostern gesegnet und in Flaschen gegen Skrofeln und andere Übel mitgenommen. – Am 30. April gesegnetes Wasser hilft in Neuß, offene Wunden zu schließen und Pferde vor Unheil zu bewahren. – Reiterumzüge und Prozessionen am 30. April in der Gegend von Aachen und in der Eifel werden mit einer Wassersegnung, bes. in Zülpich, verbunden. – Mädchen in Neuß, die mit 30 Jahren noch keinen Mann haben, müssen den hl. Q. scheuern gehen, d. h. das kupferne Standbild auf der Kuppel des Münsters am Rücken kratzen.
Darstellungen in der Kunst: *Gewandung:* als römischer Krieger (Darmstadt, Hessisches Landesmuseum, Buchmalerei des Lochner-Gebetbuchs 15. Jh.); als Ritter in Harnisch, Mantel und Barett (München, Alte Pinakothek, Altargem. v. S. Lochner 15. Jh.); als römischer Offizier (Regensburg,

Stadtmuseum, Votivbild aus Graslitz/Böhmen 1798). *Attribute:* Schild mit neun Kugeln als Wappen von Neuß, Standarte, (St. Goar, Pfarrkirche, Fresko um 1475); Lanze und Schild (Kunsthandel, Gem. aus Aachen, 16. Jh.); Säge (Camblain/Dep. Nord, Pilgerabzeichen); Kranke, Neußer Stadtwappen tragender Engel, Votivgaben (München, Staatliche Graphische Sammlung, Kupferstich v. Monogrammist M 15. Jh.); Stadtansicht von Neuß (Neuß, Clemens-Sels-Museum, Gem. 17. Jh.). *Besondere Szenen:* Votivbilder mit Pferden und Rindern. *Martyrium:* S. Maria della Querce bei Florenz, Fresko 15. Jh. *Zyklen:* Lambrecht/ehem. Dominikanerinnenkirche, Wandmalerei 15. Jh.; Köln/St. Kunibert, Altargem. 15. Jh.; Wimpfen a. B./ev. Pfarrkirche, Q.-Altar Anfang 16. Jh.

Quirinus von Siscia

(Sisseck), Bischof, Martyrer, hl.

Fest: 4. 6.

Leben: Martyrer während der diokletianischen Christenverfolgungen.

Legende: Q., Bischof v. Siscia (Sisseck) an der Save südöstlich von Zagreb, wird während der Christenverfolgung unter dem Ostkaiser Galerius auf der Flucht ergriffen und dem Stadthalter der Provinz Unter-Pannonien Maximus (eigentlich Maximinus) vorgeführt. – Q. weigert sich, Weihrauch zu opfern und wird zusammengeschlagen. – Nach drei Tagen wird er Amantius, dem Stadthalter Ober-Pannoniens überstellt. In Sabaria (Szombathely, Steinamanger) in Westungarn wird ihm nach Verhör und Folter ein Mühlstein um den Hals gehängt und in dem Fluß Sibaris (Güns) am 4. 6. 308/309 ertränkt. – Der aufgefundene Leichnam wird in der Basilika v. Szombathely bestattet. – Ende 4./Anfang 5. Jh. nach Rom in das sogenannte Platonia bei S. Sebastiano an der Via Appia transferiert.

Patronat: Abtei Isola.

Verehrung und Kultorte: Reliquien in Rom/S. Maria in Trastevere (seit 1140), Mailand/Dom, Aquileia, Ungarn.

Darstellungen in der Kunst: *Gewandung:* als römischer Martyrer (Rom, Kalixtuskatakombe, Krypta der hl. Cäcilia, Wandmalerei 5. Jh.); als Diakon (Nürnberg, Germanisches Nationalmuseum, Gem. v. H. L. Schäufelein 1506/07); als Bischof mit Mitra und Stab (Isola, Abtei, Gem. v. S. di Pietro 1471). *Attribute:* Buch (Quer, St. Q., Fig. um 1500); Mühlstein auf dem Buch (St. Wolfgang/Niederbayern, Fig. v. 1738); Mühlstein zu Füßen (Bergamo, Accademia Carrara, Gem. v. Borgognone um 1500). *Besondere Szenen:* Q. schwimmt auf dem Mühlstein und segnet die Gläubigen (Isola, Abtei, Gem. v. S. di Pietro 1471). *Martyrium:* Wien/Österreichische Galerie, Gem. v. F. A. Maulbertsch 18. Jh.

R

Raimund von Peñafort
Dominikaner, hl.
Fest: 7. 1. (vor der Kalenderreform 23. 1.).
Leben: * um 1176/80 in Villafranca del Panadés bei Barcelona; Studium in Barcelona und Bologna, wo er Doktor decretorum und Professor für Kirchenrecht wurde und eine 1877 wiederentdeckte Rechtssammlung verfaßte. 1220 Rückkehr nach Spanien und Übernahme eines Kanonikates, 1222 Abfassung der Statuten für die von Petrus Nolascus gegründeten Mercedarier, Eintritt in den Dominikanerorden, 1223–1229 Lehrer an der Ordenshochschule, 1230 von Papst Gregor IX. als Kaplan und Pönitentiar an die Kurie berufen, wo er im Auftrag des Papstes die Päpstlichen Dekretalen sammelte und zusammenfaßte; 1234 veröffentlicht. 1238 vollendete R. eine Kasuistik, in der er den Beichtvätern die notwendigen rechtlichen Kenntnisse in leicht faßlicher Form darlegte. Großer Einfluß des Werkes auf das Beicht- und Bußwesen der Kirche. 1238–1240 erster Ordensgeneral; kodifizierte die Statuten des Ordens neu, wirkte als Rechtsberater und Beichtvater König Jakobs I. von Aragón. Mit Raimundus Lullus Organisation der Mauren- und Judenmission; Gründung von Schulen zum Studium orientalischer Sprachen. R. regte Thomas von Aquin zur Abfassung der Summa contra gen-

tiles an. † 6. 1. 1275 in Barcelona. Seligsprechung 1553, Heiligsprechung 1601.
Legende: R. segelt auf seiner ausgebreiteten Kappa mit dem Reisestab als Segel von Mallorca aus über das Mittelmeer. – R. erweckt einen toten Knaben.
Patronat: Kirchenrechtsgelehrte (seit 1647).
Verehrung und Kultorte: beigesetzt in Barcelona; nach einem Staubwunder am Grabmal 1297 Translation.
Darstellungen in der Kunst: *Gewandung:* als Dominikaner in der Ordenstracht (Barcelona, Marmorgrab, Fig. 14. Jh.). *Attribute:* Lilienzweig (Bern, Dominikanerkirche, Wandmalerei 1495); Schlüssel (Palermo, Museo Pepoli, Gem. v. V. Carrera 1602); Handkruzifix (Friesach, Dominikanerkirche 18. Jh.). *Besondere Szenen:* R. vor Muttergottesbild (Maria Medingen, Nonnenchor, Gem. um 1720); wunderbare Meerfahrt (Bologna, S. Domenico, Gem. v. L. Carracci um 1610); Erweckung eines toten Knaben (Florenz, S. Maria Novella, Gem. v. J. Ligozzi 16. Jh.).

Raphael
Erzengel, hl.
Fest: 29. 9.
Biblische Bezeugung: R. ist im Buch Tobias erwähnt, wo er als Reisegefährte des jungen Tobias fungiert und ihn anweist, den gefähr-

lichen Fisch zu fangen und die Leber zu entnehmen. Damit bannt R. den bösen Dämon Asmodäus, der die Frau des Tobit quält, und heilt den alten Tobit von der Erblindung.
Patronat: Apotheker, Auswanderer, Bergknappen, Dachdecker, Kranke, Pilger, Reisende, Schiffsleute, Raphaelsverein zum Schutz kath. Auswanderer (seit 1871).
Darstellungen in der Kunst: *Gewandung:* in Tunika, Divitision, Chlamys und Loros (S. Angelo in Formis, Wandmalerei 12. Jh.); in der Tracht eines vornehmen Edelmannes (Florenz, S. Spirito, Gem. v. F. Botticini 15. Jh.). *Attribute:* den kleinen Tobias an der Hand führend (Paris, Bibliothèque Nationale, Kupferstich v. G. de Jode 16. Jh.); Salbendose in der Hand (Turin, Galleria, Gem. v. A. del Pollaiuolo 1465); Arma Christi (Köln, Dreikönigsschrein, Fig. v. N. v. Verdun um 1200). *Besondere Szenen:* die Abreise von Tobias und Raphael (Budapest, Szépmüvészeti Múzeum, Gem. v. D. Bleker 17. Jh.); Tobias und der Fisch (London, National Gallery, Gem. v. Domenichino 17. Jh.); die Hochzeit des Tobias mit Sarah (Köln, Wallraf-Richartz-Museum, Gem. v. H. Terbrughen 17. Jh.); die Heimkehr des Tobias (Paris, Louvre, Gem. J. v. Hemessen 16. Jh.); R. verläßt Tobias (Paris, Louvre, Gem. v. Rembrandt 1637); R. stößt die Krone vom Haupt der Synagoge (Parma, Dom, Relief v. B. Antelami 1178/79).

Remigius von Reims

Bischof, hl.

Fest: 13. 1.

Leben: * um 436 bei Laon aus vornehmer gallo-römischer Familie; mit 22 Jahren Bischof von Reims. R. stand mit dem Frankenkönig Chlodwig I. seit dessen Thronbesteigung in Verbindung und forderte ihn in einem Glückwunschschreiben anläßlich der Thronbesteigung zur Zusammenarbeit auf. Taufe Chlodwigs zu Weihnachten 498/99 und Beginn der Frankenmission. R. gründete die Diözesen Arras, Laon, Thérouanne und Tournai-Cambrai; 514 Synode. † 13. 1. 533 in Reims.

Legende: Die Geburt von R. wird einem blinden Einsiedler geweissagt, der um den Frieden der Kirche von Frankreich betet; doch die Mutter von R., Clima, glaubt dies nicht, da sie zu betagt ist. – Der Eremit erhält am Tag der Geburt von R. sein Augenlicht wieder. – R. ist so sanftmütig, daß zu ihm als jungem Bischof die Vögel zutraulich auf seinen Tisch fliegen und Brosamen aus seiner Hand nehmen. – Als R. bei einer Frau zu Besuch ist, geht der Wein aus, da geht R. in den Keller, bezeichnet das Faß mit dem Kreuz, so daß es sich wieder füllt und überfließt. – Bei der Taufe Chlodwigs fehlt das Chrisam, das von einer Taube vom Himmel in einer Ampulle gebracht wird. – R. heilt Besessene in Toulouse. – R. heilt einen Blinden. – R. bestraft betrunkene Bauern, die angesichts einer von R. vorhergesagten Hungersnot Kornvorräte verbrannt haben, dadurch, daß künftig ihre männlichen Nachkommen Krüppel werden und ihre weiblichen Kröpfe bekommen.

Patronat: Stadt und Diözese Reims; gegen Pest, Epidemien, Fieber, Halsweh, Schlangen, religiöse Gleichgültigkeit, Verzagtheit, Versuchungen.

Verehrung und Kultorte: Beigesetzt in der Abteikirche St-Remi in Reims; Translationen der Reliquien um 565, 852, 1650, 1. 10. 1949. Unter den Reliquien befand sich auch die Sainte Ampoule (1793 zerstört) mit dem der Legende nach vom Himmel gesandten Salböl zur Taufe Chlodwigs, was zu einer Verknüpfung der R.-Verehrung mit den Primatsansprüchen der Bischöfe von Reims bei der Königssalbung führte. Weitere Reliquien u. a. auf dem Remigiusberg in der Nordpfalz.

Aberglauben: Im Allgäu wallfahrtet man wegen schwer erkrankter Kinder zu R. nach Rohdorf bei Isny und legt während der Messe zwei Kleidchen des erkrankten Kindes und ein Geldstück unter den Altar, müssen Kleidchen und ein Gebetszettel neun Tage unter dem Kopfkissen des Kindes liegen, bis zur Heilung oder zur Entschlafung.

Darstellungen in der Kunst: *Gewandung:* als Bischof mit Glockenkasel und Pallium (Reims, St-Remi, Fig. um 1180); als Bischof in Kasel, Dalmatik, Albe, Mitra (Sentenhart, Pfarrkirche, Fig. 16. Jh.); Bischof im Pluviale, Mitra (Weiler, Pfarrkirche, Fig. 16. Jh.). *Attribute:* Salbgefäß (Aachen, Suermondt-Museum, Fig. 2. Hälfte 12. Jh.); Taube mit Salbgefäß, im aufgeschlagenen Buch ruhend (Privatbesitz, Kupferstich 1. Hälfte 16. Jh.); Stab, Lampe (Sentenhart, Pfarrkirche, Fig. 16. Jh.); kniendes Mädchen (Weiler, Pfarrkirche, Fig. 16. Jh.). *Besondere Szenen:* Salbölwunder (Amiens, Musée de Picardie, Elfenbein 10. Jh.); Taufe Chlodwigs (Chartres, Kathedrale, Relief 13. Jh.); Taufe Chlodwigs mit seinem Gefolge (Rom, S. Luigi dei Francesi, Fresko v. G. Siccolante 16. Jh.); Blindenheilung (Rom, S. Luigi dei Francesi, Gem. 17. Jh.); Heilung der Besessenen (Reims, St-Remi, Lapidarium, Relief 14. Jh.); R. segnet ein Weinfaß (New York, Metropolitan Museum, Gem. 15. Jh.); R. bestraft Bauern (New York, Metropolitan Museum, Gem. 15. Jh.); Vögel essen von der Tafel des R. (München, Bayerische Staatsbibliothek clm 6, Buchmalerei 1362). *Zyklen:* Reims/Kathedrale, Callixtusportal, Relief 1225/30); Chartres/Kathedrale, Glasmalerei 13. Jh.

Rita

Rita von Cascia
Augustinereremitin, hl.

Fest: 22. 5.

Leben: * um 1380 in Roccaporna bei Cascia östlich von Spoleto. Wurde von ihren Eltern gegen ihren Wunsch mit einem brutalen Mann verheiratet. Nach dessen Ermordung und dem Tod der beiden Söhne Eintritt in das Augustinerinnen-Eremitenkloster in Cascia nach mehrmaliger Abweisung. R. zeichnete sich durch tiefe mystische Verehrung des Gekreuzigten aus. 15 Jahre vor ihrem Tod Empfang der Stigmen der Dornenkrone. † 22. 5. 1457 in Cascia. Seligsprechung 1627, Heiligsprechung 1900.

Legende: R. bittet Gott nach der Ermordung ihres Gatten, daß er ihre Söhne zu sich nehme, um Blutrache zu verhindern. – R. erbittet auf dem Krankenlager im Januar, vor ihrem Tod nochmals eine Rose aus dem elterlichen Garten zu sehen, die man mitten im Winter dort erblüht vorfindet.

Patronat: Rita-Schwestern; nach R. benannte Caritaswerke; Helferin in aussichtslosen Nöten.

Verehrung und Kultorte: Bestattet in Cascia, 1703 Leichnam unverwest aufgefunden, am Festtag Weihe der R.-Rosen.

Aberglauben: R.-Öl wird besonders von Augustinerinnen und Augustinern, zum Beispiel in Würzburg, als volksmedizinisches Heilmittel ausgegeben.

Darstellungen in der Kunst: *Gewandung:* als Nonne in dunklem Mantel mit weißem Schleier (La Granja, Pfarrkirche, Fig. v. L. S. Carmona 17. Jh.). *Attribute:* Stirnwunde, Kruzifix (La Granja, Pfarrkirche, Fig. v. L. S. Carmona 17. Jh.); Palmzweig mit drei Kronen in der Hand (Lissabon, Museum, Gem. 18. Jh.); Dorn (bei einigen volkstümlichen süditalienischen Darstellungen und Andachtsbildchen); Rose, Bienen (Cascia, Gem. v. F. Ferrazzi 20. Jh.); zwei Kinder (Barcelona, Archivio Histórico de la Ciudad, Holzschnitt 17. Jh.). *Besondere Szene:* Verwundung R.'s durch den Dorn Christi (Bologna, Kupferstich aus: C. Rabbi da Bologna, Vita della R. 1774). *Zyklus:* Cascia/Augustinereremitinnenkloster, Gem. v. F. Ferrazzi 20. Jh.

Robert Bellarmin
Jesuit, Kardinal, Erzbischof v. Capua, Kirchenlehrer, hl.

Fest: 17. 9. (vor der Kalenderreform 13. 5.).

Leben: * 4. 10. 1542 in Montepulciano, Neffe des Papstes Marcellus II.; Ausbildung am Jesuitenkolleg der Heimatstadt; 1560 Eintritt in die Gesellschaft Jesu, Studium in Rom, Padua, Löwen; 1570 Priesterweihe; bis 1576 Prediger und Professor der Theologie in Löwen. Verfasser u. a. des »Index Haereticorum und einer Sakramententheologie. 1576 von Papst Gregor XIII. nach Rom berufen, wo er als Kontroverstheologe tätig war; in dieser Zeit entstand sein Hauptwerk, die »Disputationes de controversiis christianae fidei adversus huius temporis haereticos« (= Auseinandersetzungen über Streitfragen des christlichen Glaubens gegen die Häretiker dieser Zeit); betreute Aloysius von Gonzaga, für dessen Seligsprechung er eintrat. 1592 Rektor des Römischen Kollegs, 1594/97 Provinzial in Neapel. Von Papst Clemens VII. 1597 als Konsultor des Hl. Offiziums zum Rektor der Pönitentiarie an St. Peter berufen, 1597 Herausgabe des kleinen Katechismus für das Volk. 1599 Kardinal; wegen Differenzen im Gnadenlehrenstreit 1602 als Erzbischof nach Capua berufen. Dort Engagement in sozialen Belangen; R. nahm Stellung zur Frage der Parzellierung von Landbesitz und führte Maßnahmen zur Arbeitsbeschaffung für die arme Bevölkerung durch. Ab 1605 wieder in Rom als Mitglied des Hl. Offiziums, Protektor der Cölestiner und des Collegium Germanicum. 1607 Administrator der Diözese Montepulciano. R. griff in den Streit zwischen Papst

Paul V. und der Republik Venedig und in die Kontroverse um König Jakob I. von England über die Einführung eines romfeindlichen Treueeides ein. R. schrieb 1610 ein Werk über die Vollmachten des Papstes in zeitlichen Dingen, wurde beauftragt, Galilei die Verurteilung des Kopernikanischen Weltsystems durch die Indexkommission mitzuteilen. 1615–1620 Vorsitzender der Textrevision des griechischen Neuen Testamentes. – Persönlich führte R. ein asketisches Leben; mit Franz von Sales und Philipp Neri freundschaftliche Beziehungen. † 17. 9. 1621. Seligsprechung 1923, Heiligsprechung 1930, Ernennung zum Kirchenlehrer 1931.

Verehrung und Kultorte: Rom/Il Gesù; Leichnam 1923 nach S. Ignazio übertragen.

Darstellungen in der Kunst: *Gewandung:* als Kardinal mit Mozetta und Birett (Madrid, Jesuitenkolleg, Gem. v. B. Passarotti 16. Jh.).

Rochus von Montpellier
Bekenner, hl.

Fest: 16. 8.

Legende: * 1295 in Montpellier, hat R. seine Eltern früh verloren. – R. verschenkt sein Vermögen an die Armen. – R. pilgert 1317 nach Rom. – R. pflegt auf dem Weg Pestkranke und heilt sie durch das Zeichen des Kreuzes. – Auf der Rückreise wird R. selbst pestkrank, wird in einer Waldhütte vor Piacenza von einem Engel gestärkt und vom Hund eines leichtlebigen Bürgers namens Gothard mit Brot versorgt . – Der Engel heilt R. – R. wird als Spion in Montpellier eingekerkert, weil er seine vornehme Herkunft aus Demut verschweigt. – R. stirbt im Gefängnis nach fünfjähriger Haft am 16. 8. 1327. – Christus offenbart in einer geheimnisvollen Schrift an der Wand R. als Helfer in Pestnöten.

Patronat: Montpellier, Parma, Venedig; Apotheker, Ärzte, Bauern, Bürstenbinder, Chirurgen, Gärtner, Gefangene, Kunsthändler, Pflasterer, Tischler, Totengräber, Siechenhäuser, Spitäler; gegen Pest, Viehseuchen.

Verehrung und Kultorte: 1485 Translation der angeblichen Gebeine von Montpellier nach Venedig; Reliquien in Antwerpen, Arles, Lissabon, Venedig. Gelegentlich unter die Nothelfer gezählt; sehr volkstümlicher Heiliger; zahlreiche Kapellenwallfahrten, u. a. auf den Rochusberg bei Bingen.

Aberglauben: Wallfahrer zum hl. R. mußten nach Zahl der Geschwüre am Körper Geldstücke, Halme oder Strohbesen opfern, eine auf sympathetischer oder homöopathischer Grundlage beruhende Gabe.

Darstellungen in der Kunst: *Gewandung:* als jugendlicher Pilger in Pilgertracht, Schuhe, Stiefel, Mantel mit Schulterkragen (Zülpich, Fig. um 1500). *Attribute:* Wunde am Bein mit Zeigegestus (Deruta, S. Francesco, Wandmalerei v. F. di Lorenzo 1478); Schwert, Salbdose (Gubbio, Pinacoteca Communale, Gem. v. O. Merlini Anfang 16. Jh.); Pilgertasche (Obersimonswald, Fig. Ende 15. Jh.); Pilgerflasche (Kiedrich, St. Valentin, Fig. Ende 15. Jh.); Pilgerstab (Köln, Wallraf-Richartz-Museum, Gem. v. Meister der hl. Sippe 1493/94); Engel (Köln, Wallraf-Richartz-Museum, Gem. v. Meister der hl. Sippe um 1500/10); Engel mit Salbgefäß und Spatel (Mainz, Gutenberg-Museum, Wiegendruck, Holzschnitt 1459); Engel und Hund mit Brot im Maul (München, Alte Pinakothek, Gem. v. Q. Massys Ende 15. Jh.); Hund (Utrecht, Erzbischöfl. Museum, Fig. Anfang 16. Jh.); Brot (Ovenhausen, Kirche, Fig. 16. Jh.). *Besondere Szenen:* Christus erscheint R. (Arezzo, Museo Civico, Gonfalone [rechteckige Fahne], Gem. v. B. della Gatta 15. Jh.); Hund bringt R. Brot (Florenz, S. Felice, Gem. 16. Jh.); Einkerkerung und Tod des R. (Modena, Galeria Estense, Gem. v. G. Reni 17. Jh.); R. als Patron der Pestkranken (Alost, St. Martin, Gem. v. P. P. Rubens um 1600). *Zyklen:* Antwerpen/Jakobskirche, Altar v.

1517; Brügge/Städtisches Museum, Gem.
16. Jh.); Venedig/S. Rocco, Gem. v. J. Tintoretto 16. Jh.).

Romuald von Camaldoni
Ordensgründer, Kamaldulenser, hl.
Fest: 19. 6.
Leben: * um 952 in Ravenna; Sproß einer adeligen Familie, wahrscheinlich der Onestri. Nach einem weltlichen Jugendleben Eintritt in den Benediktinerorden in S. Apollinare in Classe. 975 verläßt R. das Kloster, lebte als Einsiedler und schloß sich dem Einsiedler Marinus an. R. floh 978 mit dem gestürzten Dogen Pietro Orseolo in die Pyrenäen und scharte im Kloster Cuxá bei Prades eine Eremitengemeinschaft um sich; 987/88 Rückkehr nach Italien. Kaiser Otto III. übertrug R. die Abtswürde v. S. Apollinare in Classe, die er ein Jahr später wieder niederlegte. Um 1012 Reform von Camaldoli bei Arezzo, das zum Stammkloster der Kamaldulenser, eines Benediktinerzweigordens, wurde. † 19. 6. 1027 beim Kloster Val di Castro. 1032 Heiligsprechung.
Patronat: Kamaldulenser.
Verehrung und Kultorte: Gebeine 1466 in Val di Castro erhoben, 1481 nach Fabriano übertragen.
Darstellungen in der Kunst: *Gewandung:* als langbärtiger Greis in weißem Habit der Kamaldulenser (Treviso, S. Niccolò, Fresko v. T. da Modena 14. Jh.); in Ordenstracht der Benediktiner mit schwarzem Habit (Venedig, Museo Correr, Gem. v. A. Zanchi 18. Jh.); als Abt in pontifikaler Gewandung (Borselli, S. Margherita di Tosina, Gem. v. M. di Nardo 15. Jh.). *Attribute:* Wanderstab (Treviso, S. Niccolò, Fresko v. T. da Modena 14. Jh.); T-Stab (Florenz, Accademia, Gem. um 1365); aufgeschlagenes Buch, Modell der Eremitei (Fabriano, S. Maria del Popolo, Fresko 1473); Totenkopf (Venedig, Accademia, Gem. v. J. C. Loth 17. Jh.). *Besondere*

Szenen: Benedikt übergibt R. die Ordensregel (Florenz, Galleria degli Uffizi, Gem. 14. Jh.); Vision R.'s von der Himmelsleiter (Jérez de la Frontera, Kirche, Gem. v. B. E. Murillo 17. Jh.); R. deutet den Mitbrüdern die Vision von der Himmelsleiter (Città del Vaticano, Vatikanische Museen, Gem. v. A. Sacchi 17. Jh.); Engel weisen R. auf die Himmelsleiter hin (Venedig, Museo Correr, Gem. v. A. Zanchi 18. Jh.); Maria hält die Himmelsleiter (Rio de Janeiro, S. Bento, Gem. v. R. de Pilar 1684); Guarinus v. Cuxá und Petrus Ursoleus vor Abt R. (Venedig, Museo Correr, Gem. v. G. da Asola 16. Jh.); Engel wehrt Dämonen ab (Ravenna, Galleria dell' Accademia, Gem. v. Guercino 17. Jh.);

R. verweigert Otto III. wegen des ungesühnten Mordes an Senator Crescentius den Zutritt zur Kirche (Antwerpen, Musée Royal des Beaux-Arts, Gem. Fra-Angelico-Schule 15. Jh.). *Zyklen:* u. a. Florenz/S. Maria degli Angeli, Fresken v. D. Mascagni um 1600; Fabriano/SS. Biagio e R., Fresken v. P. Rossi 1674 und L. Malatesta um 1500; Bielany, Fresken v. Dolabella 1643.

Rosa von Lima

Dominikanerterziarin, hl.
Fest: 23. 8. (vor der Kalenderreform 30. 8.).
Leben: * 20. 4. 1586 in Lima als Tochter von Gasparo de Florez und Maria de Oliva. R. soll schon als Kind außergewöhnlichen Gebetseifer gezeigt haben. R. wurde von zahlreichen Krankheiten geplagt und erlebte ein qualvolles Gefühl der Verlassenheit. R.'s Leiden waren begleitet von mystischen Visionen. R. lebte im Elternhaus; die letzten drei Jahre ihres Lebens verbrachte sie im Haus des königlichen Beamten Gundisalvi. † 24. 8. 1617. Seligsprechung 1668, Heiligsprechung 1671.
Legende: Bei der Heiligsprechung R.'s ging im Vatikan ein Rosenregen nieder.
Patronat: Amerika, Peru, Philippinen, Westindien, Lima, Blumenhändler, Gärtner.
Darstellungen in der Kunst: *Gewandung:* als jugendliche Dominikanerterziarin mit schwarzem Schleier des 2. Ordens (Madrid, Prado, Gem. v. C. Coello 17. Jh.). *Attribute:* Kranz von Rosen, Rosenkranzkette (Lima, S. Rosa, Gem. v. A. Medoro 1617); Kranz (Florenz, Palazzo Pitti, Gem. v. C. Dolci 1668); Rose, Dornenkrone (Lima, S. Domingo, Fig. v. M. Cafa 17. Jh.); Christkind auf Rosenstrauß sitzend (Lima, S. Catarina, Gem. 17. Jh.); Kind auf dem Arm (Antwerpen, St. Paul, Fig. v. A. Quellinus d. J. 17. Jh.); Anker (Sittard, R.-Kapelle, Gem. 17. Jh.). *Besondere Szenen:* R. wird vom Jesusknaben mit Rosen bekränzt (Madrid, Pra-

do, Gem. v. C. Coello 17. Jh.); R. mit Weißen und Eingeborenen Perus (Rom, S. Maria sopra Minerva, Gem. v .L. Baldi 18. Jh.); R. wird von Turibius von Mongrovejo gefirmt (Mayorga, Pfarrkirche, Fig. 17. Jh.).

Rupert von Salzburg

Bischof, hl.
Fest: 24. 9. (vor der Kalenderreform 24. 3. Zusammen mit Modestus 24. 11. (vor der Kalenderreform 27. 9.).
Leben: R. stammte aus dem Geschlecht der Robertiner von Worms, dort Bischofsweihe. Im Zusammenhang der Missionsbestrebungen der karolingischen Hausmeier 696 nach Bayern; gründete in Salzburg das Benediktinerkloster St. Peter und das Frauenkloster auf dem Nonnberg; dort R.'s Nichte Erentrud erste Äbtissin. Predigtreisen in Österreich; Kirchengründungen in Seekirchen am Wallersee, Pongau, Bischofshofen, Maxglan. Als Bischof war R. Klosterbischof irischer Art ohne fest umrissenen Diözesansprengel. † 27. 3. 718.
Legende: R. bekehrt Herzog Theodor. – R. missioniert in Enns, Regensburg und Lorch. – R. stiftet das Gnadenbild von Altötting. – R. transloziert die Reliquien des hl. Amandus. – R. weiht den hl. Vitalis zum Bischof. – R. stirbt während der Messe am Altar.
Patronat: Stadt Salzburg, Salzburger Land, Kärnten; gegen tollwütige Hunde, Rotlauf, Salzbergbau.
Verehrung und Kultorte: Leichnam 774 in den von Bischof Virgil erbauten Dom in Salzburg.
Darstellungen in der Kunst: *Gewandung:* als Bischof in pontifikaler Meßkleidung mit Kasel und Pallium (Salzburg, St. Peter/Stiftsbibliothek, Antiphonar von St. Peter, Buchmalerei 12. Jh.); als Bischof im Pluviale mit Mitra (Wien, Kunsthistorisches Museum, Fig. v. 1518); im Schutzmantel für Bergknappen (Dürnberg, Fig. um 1740). *Attribute:*

Krummstab (München, Bayerische Staatsbibliothek clm 15812, Buchmalerei 12. Jh.); Salzkübel in der Hand (Wien, Kunsthistorisches Museum, Fig. v. 1518); Salzkübel auf dem Buch (Kirchloibersdorf, Fig. um 1500); Salzkübel zu Füßen (Salzburg, Stift Nonnberg, Fig. Ende 15. Jh.); Bergknappen zu Füßen (Dürnberg, Fig. um 1740); Gnadenbild von Altötting in der Hand (Ettal, Fig. v. J. B. Straub 1757/62). *Zyklus*: Salzburg/St. Peter, Wandmalerei v. T. Sing 1660 und F. X. König 1757.

S

Scholastika

Benediktinerin, Äbtissin, hl.

Fest: 10. 2.

Leben: * um 480 in Nursia, Schwester des hl. Benedikt; schon als Kind galt sie als gottgeweihte Jungfrau, lebte in Kloster Roccabotte bei Subiaco, dann in Piumarola, zuletzt in der Nähe von Montecassino. S. traf sich einmal jährlich zu einem geistlichen Gespräch mit ihrem Bruder Benedikt. † um 547 in Nursia.

Legende: laut Leben und Wunder des hl. Benedikt von Papst Gregor d. Gr.: Bei der letzten Begegnung von S. mit ihrem Bruder bewirken das Gebet und der Tränenstrom von S. ein großes Unwetter, das Benedikt zum längeren Verweilen zwingt. – Benedikt sieht beim Tod von S. deren Seele in Gestalt einer Taube in den Himmel eingehen.

Patronat: Benediktinerinnen, Stadtpatronin von Le Mans, Vich in Katalonien, Subiaco; gegen Blitz und um Regen.

Verehrung und Kultorte: Die Gebeine von S. und Benedikt angeblich in der 2. Hälfte des 7. Jh. nach Fleury, dann nach St-Benoît-sur-Loire und nach Le Mans transferiert; Teile des Leichnams als Reliquien 874 nach Juvigny-sur-Loison abgegeben. Nach Auffindung des Benediktgrabes unter dem Hochaltar von Montecassino 1960 kommt dieser Reliquientranslation kaum noch historischer Wert zu. Kloster S. Scolastica in Subiaco.

Darstellungen in der Kunst: *Gewandung:* in schwarzer Ordenstracht der Benediktinerinnen (Subiaco, Sacro Speco, Fresko v. Conxolus spätes 13. Jh.); in langem Kleid, vorne offenem Mantel, Wimpel, Weihel und Schleier (Salzburg, Stift Nonnberg, Fig. 16. Jh.); in weitärmeliger Flocke (Mallersdorf, Abteikirche, Fig. v. I. Günther 1768/80). *Attribute:* Handkreuz (Palermo, Capella Palatina, Mosaik 12. Jh.); Palme (Mailand, Brera, Gem. v. A. Mantegna 15. Jh.); Buch, Äbtissinnenstab (New York, Pierpont Morgan Library, Stundenbuch der Katharina v. Kleve, Buchmalerei 1. Hälfte 15. Jh.); Taube (Blaubeuren, Hochaltar, Fig. v. G. Erhard 1493/94); Taube vor der Brust (Amorbach, Klosterkirche, Fig. um 1749). *Besondere Szenen:* Tod der S. (Padua, S. Giustina, Gem. v. L. Giordano 17. Jh.). *Zyklen:* Subiaco/Sacro Speco, Fresken 14./15. Jh.; Stift Raigern, Gem. v. J. Führich nach Mitte 19. Jh.; zu weiteren Szenen siehe auch Stichwort »Benedikt«.

Sebald

Pilger, Einsiedler, hl.

Fest: 19. 8.

Leben: keine historisch greifbare Persönlichkeit, Heiligsprechung am 26. 3. 1425.

Legende: lt. Überlieferung des späten 14. und frühen 15. Jh.: [stereotype Motive aus dem Leben von Pilgerheiligen]: S. wird als

Sohn des Königs von Dänemark geboren (Var.: S. stammt aus Franken, Frankreich, Ungarn oder aus der Theißebene in Rumänien). – S. wird zur Erziehung nach Paris geschickt und heiratet später eine französische Königstochter. – S. verläßt in der Hochzeitsnacht seine Braut, um als Eremit zu leben. – S. bricht nach 15 Jahren in der Einsiedelei zu einer Wallfahrt nach Rom auf, wo er den Iren Willibald und Wunibald begegnet und sich ihnen auf ihrer Missionsreise anschließt. – S. verwandelt, als die drei dem Hungertod nahe sind, Steine in Brot (Var.: Engel bringen den drei Missionaren Brot vom Himmel). – In Vicenza stößt ein Mann während der Predigt Lästerungen gegen S. aus, woraufhin ihn die Erde verschluckt. – Auf das Gebet von S. gibt die Erde den Mann frei, der sich bekehrt. – S. überquert auf seinem ausgebreiteten Mantel die Donau. – In der Herberge eines Mannes, der mit dem Holz geizt, friert der kranke S. und verwandelt Eiszapfen in Brennholz. – S. erhält von einem Mann gegen das Verbot der Heiden einen Fisch als Speise, daraufhin wird der Mann geblendet, von S. jedoch sofort geheilt. – S. lebt in einer Einsiedelei bei Nürnberg und gibt einem sein entlaufenes Vieh suchenden Mann den Ratschlag, trotz Dunkelheit nach den Tieren zu suchen, als plötzlich die erhobenen Hände des Mannes Licht spenden und so das Vieh im Gehölz gefunden werden kann. – S. leistet Beistand gegen Wegelagerer. – S. hilft in Seenöten. – S. bittet eine Frau, nach seinem Tod seinen Leichnam auf einen Ochsenkarren zu legen und ihn dort zu begraben, wo die Tiere anhalten. Die Ochsen halten in Nürnberg an der Stelle der späteren Sebalduskirche an. – Zahlreiche posthume Wunder ereignen sich am Grab von S.
Patronat: Stadtpatron von Nürnberg, Viehpatron in Oberbayern, Nothelfer in vielen Anliegen.
Verehrung und Kultorte: Grab und Reliquien in Nürnberg/St. Sebald, dort Wallfahrt mit Heilbräuchen (Durchschlüpfen unter dem Sarg; die Hauptreliquie wird vor Frauen in Kindesnöten gebracht), Schwäbisch Gmünd/S.-Kapelle 1505, Wallfahrtsorte in Egling/Oberbayern seit 1512, Heiligenstein bei Steyr mit S.-Grotte 1413.
Darstellungen in der Kunst: *Gewandung:* als Pilger im Pilgermantel und Hut mit aufgeschlagener Krempe und Muschel (Schwäbisch Gmünd, Glasmalerei 1506). *Attribute:* Pilgerstab, Kirchenmodell (Nürnberg, St. Sebald, Sebaldusgrab, Fig. v. P. Vischer 1519); Aschenkuchen (Die Heiligen der Sipp-, Mag- und Schwägerschaft Kaiser Maximilians I., Holzschnitt v. L. Beck 1518). *Zyklen:* Nürnberg/Germanisches Nationalmuseum, Bildteppich 1. Viertel 15. Jh.; Nürnberg/Germanisches Nationalmuseum und Schwäbisch-Gmünd/Heiligkreuz, S.-Altar, Gem. v. 1508; Nürnberg/St. Sebald, S.-Grab, Fig. v. P. Vischer 1519.

Sebastian

36

Martyrer, hl.
Fest: 20. 1.
Leben: laut Ambrosius aus Mailand gebürtig und in Rom als Martyrer, vermutlich in der 2. Hälfte des 3. Jh. gestorben.
Legende: nach der Passio des 5. Jh.: S. ist in Narbonne geboren und in Mailand aufgewachsen. – S. wird von Kaiser Diokletian und seinem Mitkaiser Maximian wegen seiner vornehmen Wesensart zum Offizier der Leibwache ernannt. – S. ist Christ und nutzt sein Amt, um verfolgten Christen zu helfen. – S. besucht auf Bitten der Mutter die Zwillingsbrüder (Var.: auf Bitten ihrer Mütter die beiden jungen Christen) Marcelianuns und Marcus, die im Haus des Nicostratus gefangen sind und enthauptet werden sollen. – Ein Engel hält S. zum Vorlesen der Schrift das Buch. – S. bekehrt Zoe, die Frau des Hausherrn, und heilt sie von einer schlimmen Krankheit. – S. heilt den höchsten Richter

der Stadt Rom, Cromatius, nachdem dieser zuließ, daß alle seine Götzenbilder zerschlagen wurden. – Vor Diokletian angeklagt, wird S. auf Befehl des Kaisers an einen Baum gebunden und von numidischen Pfeilschützen durchbohrt. – Nachdem er für tot gehalten wird, pflegt ihn die Witwe des Martyrers Kastulus wieder gesund. – S. tritt genesen vor den Kaiser und hält ihm die Sinnlosigkeit seiner Verfolgungen vor. – S. wird mit Knüppeln erschlagen und sein Leichnam in die Cloaca Maxima geworfen. – S. erscheint der Christin Lucina im Traum und weist ihr den Ort. – Der Leichnam wird in S. Sebastiano ad catacumbas beigesetzt.

Patronat: einer der 14 Nothelfer, Pestheiliger nach der Pestepedemie von 680 in Rom; Viehpatron, Schützen, Schützenbruderschaften, Soldaten, Jäger, Büchsenmacher, Feuerwehrleute, Zinngießer, Steinmetze, Gärtner, Polsterer, Eisenhändler, Gerber, Kreuzritter, Kriegsinvaliden, Töpfer, Tuchmacher, schwache und kränkliche Kinder, Sterbende; gegen Religionsfeinde.

Verehrung und Kultorte: Grab in Rom ursprünglich kleiner Loculus am Eingang der Katakombe an der Via Appia; im 4. Jh. darüber Apostelbasilika, heute S. Sebastiano, errichtet; unter Innozenz I. zu Beginn des 5. Jh. zu einer Confessio erweitert; unter Papst Sixtus II. (432–440) Verehrung über die ganze Kirche ausgebreitet. Papst Gregor IV. (827–844) übertrug das Haupt in die Kirche SS. Quattro Coronati, die Gebeine nach St. Peter; Armreliquie 1250 in der Franziskanerkirche in Hagenau/Elsaß, weitere (unechte) Reliquien in Soissons, St-Médard seit 826, Hirnschale im Kloster Ebersberg bei München, in Florenz, Moret, Basel, Muri, Bern, Schwyz, Zwiefalten, Speyer, Koblenz. Zahlreiche Wallfahrtsstätten und Pestsäulen, S.-Bruderschaften.

Aberglauben: S.-Pfeile aus Metall schützen vor der Pest (1630 von Jesuiten in München verkauft). – Wein, in den S.-Pfeile getaucht sind, hat ebenfalls schützende Wirkung. – Am S.-Tag muß das Vieh fasten, um vor Krankheit bewahrt zu bleiben. – Am S.-Tag sind die Bäume heilig und dürfen nicht beschnitten werden. – Am S.-Tag beginnt der Saft im Baumstamm zu steigen.

Darstellungen in der Kunst: *Gewandung:* als Jüngling in weißer Tunika (Rom, Callixtus-Katakombe, Wandmalerei um 495); als bärtiger Mann (Palermo, Capella Palatina, Mosaik 12. Jh.); als alter Krieger in byzantinischer Tracht (Rom, S. Giorgio in Velabro, Wandmalerei 13. Jh.); als Krieger in Rüstung (Köln, St. Maria im Kapitol, Wandmalerei 2. Hälfte 15. Jh.); in vornehmer bürgerlicher Kleidung (Erfurt, Barfüßerkirche, Gem. 1445); mit Pfeilen im bekleideten Körper (Camerino, Pinakothek, Gem. v. G. di Giovanni 1463); als Akt an Baum gebunden, Pfeile im Körper (Beaune, Hospital, Gem. v. R. v. d. Weyden um 1430); als frei stehender Akt ohne Pfeile (Sansepolcro, Chiesa dell' Ospedale, Gem. v. P. della Francesca um 1450); als freistehender Akt mit Mantel (Regensburg, Domschatz, Silberfig. 1505); als am Baum festgebundener Akt ohne Pfeile (Empoli, Fig. v. A. Rosellino 2. Hälfte 15. Jh.); als kniend am Baum festgebundener Akt mit Pfeil im Körper (Palencia, Kathedrale, Gem. v. El Greco um 1580); als niedersinkender, in die Pfeile stürzender Akt (München, Neue Pinakothek, Gem. v. A. Weisgerber 1912/13); im Schutzmantel als Pestheiliger (S. Gimignano, S. Agostino, Wandmalerei v. B. Gozzoli um 1465). *Attribute:* Handkreuz (Barletta, S. Sepolcro, Wandmalerei 13. Jh.); Schwert, Schild, Lanze (Freiburg, Münster, Fig. Ende 13. Jh.); Krone (Rom, S. Pietro in Vincoli, Mosaik um 680); zwei Pfeile in der Hand (Sanginesio, Pinacoteca, Gem. v. S. Folchetti 1492); Baumstamm in der Hand (Rethwisch/Mecklenburg, Fig. Mitte 16. Jh.); Pfeil und Bogen (Barcelona, Kathedrale, Gem. v. P. Alemany Ende 15. Jh.); Palme (Antwerpen, Museum Mayer-van-den-Bergh,

Gem. v. A. di Puccinelli 1. Hälfte 14. Jh.);
Schwert (Paris, Louvre, Gem. Anfang 15. Jh.);
Schild mit Pestpfeilen (Schliersee, Fahnenstickerei 1731). *Besondere Szenen:* S. hilft
Marcelianus und Marcus (Venedig, S. Sebastiano, Gem. v. P. Veronese 1558). *Martyrium:* S. wird von Pfeilschützen mit Pfeilen durchbohrt (Köln, Wallraf-Richartz-Museum, Gem. v. Meister der hl. Sippe um
1500); Engel befreien S. vom Baum (Paris,
Louvre, Gem. v. A. van Dyck 1. Hälfte
17. Jh.); Irene pflegt S. (Tours, Museum,
Gem. v. E. Le Sueur 17. Jh.). *Zyklen:* zahlreich, u. a. Florenz/Dom, Gem. v. G. del
Biondo 2. Hälfte 14. Jh.; Padua/Museo Civico, Wandmalerei 15. Jh.; Venanson/S.-Kapel-
le, Wandmalerei um 1481; St. Florian/Gem.
v. A. Altdorfer 1518; Amorbach/Pfarrkirche,
Gem. v. J. Zick 1753.

Servatius von Tongern
Bischof, hl.

Fest: 13. 5.

Leben: identisch mit Sarbatios, einem der
Hauptgegner der Arianer auf der Synode von
Sardika 342; bereits vor 345 Bischof von
Tongern/Belgien, 350 Gesandter des Gegen-
kaisers Magnentius bei Konstantius II. in
Edessa. 359–360 Teilnehmer an der Synode
von Rimini, wo S., wie der übrige Episkopat
von kaiserlichen Beamten unter Druck ge-
setzt, der vage propagierten Formel »der
Ähnlichkeit des Sohnes mit dem Vater« zu-
stimmte. 366 und 384 Romreisen. † 384 in
Maastricht.

Legende: S. ist ein Enkel der Esmeria, der
Schwester der hl. Anna und zählt somit zur
hl. Sippe. – S. empfängt von Petrus einen
Schlüssel, an dem die Feilspäne der Ketten
Petri hängen. (Var.: Der Schlüssel fällt vom
Himmel aus den Wolken herab). – S. kann
mit dem Schlüssel allen, die darum bitten,
den Zugang zum ewigen Leben aufschlie-
ßen. – Ein Engel bringt S. die Pontifikalien

vom Himmel. – S. schlägt in Speyer eine
Quelle aus dem Boden. – S. tötet einen Drachen. – S. gerät in die Gefangenschaft des
Hunnenkönigs Attila, wo ein Adler S. im
Schlaf beschützt. – Angesichts dieses Wunders bekehrt sich Attila. – S. sagt den Vandaleneinfall von 406 voraus. – S. erleidet das
Martyrium, indem er mit Holzschuhen beworfen wird. – Engel bedecken den Leichnam von S. – Diebe, die in die zu der Grabeskirche gehörenden Weinberge einbrechen,
werden versteinert und können sich erst
nach Anrufung von S. wieder bewegen.

Patronat: Maastricht, Quedlinburg, Goslar,
Limburg/Lahn, Tongern, Bistumspatron v.
Worms; Tischler, Schlosser; gegen Fuß-
schmerzen, Frostschäden (Eisheiliger), Fieber, Schweinerotlauf, Lahmheit, vor Mäuse-
und Rattenplage.

Verehrung und Kultorte: S.-Grab in Maastricht; wird auf Wallfahrten u. a. von Karl
Martell, Karl d. Gr., Heinrich II., Heinrich
III., Maximilian von Österreich, Karl V.,
Norbert von Xanten und Bernhard von Clairvaux aufgesucht. Große Verbreitung nach
dem Vandaleneinfall 406 in Westeuropa,
vornehmlich im Mosel- und Rheingebiet.

Aberglauben: Eisheiliger: Wenn es am S.-
Tag regnet, wächst das Korn bis auf den
Halm. – Die Grabesstätte des S. grünt auch
im Winter und wird nie von Schnee bedeckt.
– S.-Wasser hilft gegen Fieber, wenn es in der
Festoktav getrunken wird. – S. hat bei Spey-
er eine Quelle zum Sprudeln gebracht, in-
dem er mit dem Finger auf den Boden ein
Kreuz zeichnete. – Vieh, das in Westfalen am
S.-Tag geboren wird, verunglückt.

Darstellungen in der Kunst: *Gewandung:*
als Bischof in pontifikaler Meßkleidung
(Gurk, Dom, Wandmalerei um 1220); in Pluviale und Mitra (St. Vith/Eifel, Fig. um 1500);
in Kutte (Quedlinburg, Schloßkirche, Reliquiar um 1200). *Attribute:* Schlüssel (Lüttich,
St. Servais, Fig. 14. Jh.); Fahne am Krummstab (New York, Pierpont Morgan Library,

Stundenbuch der Katharina von Kleve, Buchmalerei 1. Hälfte 15. Jh.); Drache (Boppard, Karmelitenkirche, Glasmalerei 15. Jh.); männliche Gestalt zu Füßen (Schwimbach/ Mittelfranken, Gem. 1511); Holzschuhe (Nürnberg, Germanisches Nationalmuseum, Gem. v. B. Striegel 1528). *Besondere Szenen:* S. in der Schreibstube (Nürnberg, Germanisches Nationalmuseum, Gem. v. B. Striegel 1528); Übergabe der silbernen Schlüssel an S. durch Petrus (Duisburg, Salvatorkirche, Wandmalerei Anfang 15. Jh.). *Zyklus:* Maastricht/Portikus der S. Kirche, Relief 12. Jh.

Severin von Köln
Bischof, hl.
Fest: 23. 10.
Leben: als Bischof von Köln † um 400.
Legende: S. sieht in einer Vision, wie Engel die Seele des hl. Martin in den Himmel tragen. – S. kann den himmlischen Gesang der Engel wahrnehmen. – Ein Bräutigam verläßt seine Braut bei der Hochzeit und wird Einsiedler, der zu Gast bei S. ist. – S. reist zum Besuch seiner Vaterstadt Bordeaux ab. – S. erweckt in Bordeaux einen toten Knaben. – S. stirbt in Bordeaux. – Die Reliquien von S. beschützen die Stadt gegen einen Angriff der Goten. – Auf das Gebet zu S. endet eine dreijährige Dürre in Köln. – Ein Kölner Geistlicher träumt, er müsse die Reliquien von S. aus Bordeaux nach Köln zurückbringen, damit die Stadt gerettet wird.
Patronat: Stadt Köln, der Weber, für gutes Wetter, gegen Unglück.
Verehrung und Kultorte: Reliquien in der S.-Kirche in Köln in einem kostbaren Goldschrein, der in der französischen Revolution eingeschmolzen wurde.
Darstellungen in der Kunst: *Gewandung:* als Bischof in pontifikaler Meßkleidung mit Kasel ohne Mitra (Köln, St. Severin, Goldemail Ende 11. Jh.); als Bischof in pontifikaler

Meßkleidung in Kasel mit Mitra (Köln, St. Severin, Wandmalerei 2. Hälfte 12. Jh.); als Bischof im Pontifikalornat mit Pluviale und Mitra (Berlin, ehem. Kaiser-Friedrich-Museum, Gem. v. Meister der hl. Sippe Ende 15. Jh.). *Attribute:* Kirchenmodell von St. Severin (Ruppichteroth, Glasmalerei um 1400). *Besondere Szenen:* S. trifft in Bordeaux ein (Köln, Wallraf-Richartz-Museum, Gem. v. Meister der Ursulalegende und Werkstatt 1499/1501); S. erweckt einen Toten (Köln, Wallraf-Richartz-Museum, Gem. v. Meister der Ursulalegende und Werkstatt 1499/1501). *Zyklus:* Köln/St. Severin, Gem. v. Meister von St. Severin um 1500.

Severin von Norikum
Abt, hl.
Fest: 8. 1.
Leben: S. lebte als Mönch im Orient, kam nach Attilas Tod nach Norikum und missionierte in Favianis (Mautern an der Donau?) als politisch-geistiger Führer einer rechtgläubigen Minderheit gegenüber den arianischen Rugiern. S. erreichte Glaubensfrieden unter den streitenden Parteien. Durch karitative Tätigkeit linderte er die Not der Bevölkerung, gründete Klöster in Favianis-Mautern, Lauriacum (Lorch/Enns) und in Bojotro (Passau). † in Favianis am 8. 1. 482.
Legende: S. erweckt den Priester Silvinus zum Leben. – Maximus von Norikum wandert unter Führung eines Bären über die Alpen, um den hl. S. zu sehen. – Der bereits verstorbene S. erscheint beim Exorzismus einer Frau und zwingt den Teufel zum Ausfahren. – S. warnt Bischof Konstantius von Lorch vor einem Überfall der Barbaren. – S. verteilt in der Basilika Olivenöl an die notleidende Bevölkerung. – S. wendet durch seinen Zuspruch den Getreiderost ab, den Gott wegen der Hartherzigkeit der den Kirchenzehnten verweigernden Bürger verhängt hat.

Patronate: Bayern, Erzherzogtum Österreich, Diözesanpatron von Linz; um Fruchtbarkeit der Weinstöcke.

Verehrung und Kultorte: Leichnam bei der von Fürst Odoaker durchgeführten Umsiedlung der Römer von Norikum nach Neapel nach Montefeltre/St. Leo bei San Marino, anschließend nach Castellum Lucullanum bei Neapel, am 10. 10. 910 nach Neapel/SS. Severino e Sossio transferiert; seit 1807 in Frattamaggiore bei Aversa. Besonders verehrt in den Bistümern Passau, St. Pölten und Wien.

Darstellung in der Kunst: *Gewandung:* als Pilger (Passau, S. Severin, Fig. um 1470); als Mönch (Monreale, Kathedrale, Mosaik 12. Jh.); als Bischof (Altstädten, Fig. v. A. Sturm Mitte 18. Jh.); als Abt mit Pannisellus (Passau, Dom, Trenbachkapelle, Fig. v. 1519). *Attribute:* Ölkrug (Lorch, Münzrelief v. F. Mayr 20. Jh.); eucharistische Symbole (Salzburg, Dom, Portalrelief v. G. Manzú 1958). *Zyklen:* Neapel/SS. Severino e Sossio, Predellenbilder, Mitte 15. Jh.; Lorch/Enns, Portalrelief v. P. Dimmel 1971.

Sieben Stifter des Servitenordens

(Sette SS. Fondatori), hl.
Fest: 17. 2.
Leben: Buonfiglio dei Monaldi, Giovanni di Buonagiunta, Benedetto dell'Antella, Bartolomeo degli Amidei, Ricoverino dei Lippi-Ugoccioni, Gheradino di Sostegno und Alessio de'Falconieri schlossen sich zu einer Marienbruderschaft zusammen und gründeten 1233 eine Einsiedelei am Monte Senario bei Siena. Sie nannten sich Orden der Diener Mariens (Serviten); 1240 nahmen sie die Augustinerregel und den schwarzen Habit an. Angelehnt an die Dominikanerregel schrieb der erste Generalprior Buonfiglio die Konstitutionen auf, die 1249 von Papst Innozenz IV. bestätigt worden waren. 1276 löste Papst Innozenz V. den Orden wieder auf, Niko-

laus IV. ließ ihn 1290 erneut ins Leben rufen, 1304 wurde die Gründung durch Papst Benedikt XI. feierlich bestätigt. Die Serviten gelten seit 1424 als Bettelorden. Heiligsprechung 1888.

Verehrung und Kultorte: Reliquien am Monte Senario seit dem 14. Jh. verehrt.

Darstellungen in der Kunst: *Gewandung:* schwarzer Ordenshabit (Florenz, S. M. Annunziata, Gem. v. T. Gaddi 1332). *Attribute:* Geißel, Totenkopf, Marienmonogramm, Regelbuch (Bologna, S. M. dei Servi, Gem. v. G. M. Crespi um 1700); Lilien, Rosenkranz (Florenz, S. M. Annunziata, Gem. v. A. Allori 18. Jh.). *Besondere Szenen:* Die Stifter unter dem Schutzmantel Mariens (Florenz, S. M. Annunziata, Fresko 2. Hälfte 15. Jh.); Überreichung des Skapuliers durch Maria (Florenz, S. M. Annunziata, Gem. v. N. Nannetti 1. Hälfte 18. Jh.). *Zyklen:* Pistoia, Kreuzgang, Gem. v. 1602; Florenz/Kreuzgang von S. M. Annunziata, Gem. v. Occetti 1604; Monte Senario, Gem. v. A. Pillari 18. Jh.

Siebenschläfer von Ephesus

Martyrer, hl.
Fest: 27. 7., 27. 6. (Deutschland, Frankreich), 2. 8., 22./23. 10. (byzantinische Riten), 22. 10. (orientalische Christen).
Legende: SS. sind nach der syrischen Legende des 5. Jh. christliche Jünglinge (Var.: Hirten, 8 Jünglinge), die sich vor dem heidnischen Götzenopfer in einer Höhle am Berg Ochlon bei Ephesus verbergen. – Als Decius das Versteck ausgekundschaftet hat, läßt er den Zugang zur Höhle vermauern, um die SS. dem Hungerstod preiszugeben. – SS. schlafen aber nur ein und erwachen 437 (Var.: 443) und legen so Zeugnis für die Auferstehung der Toten ab. – Erst dann entschlafen sie endgültig.

Patronat: Schiffer; gegen Fieber, Schlaflosigkeit.

Verehrung und Kultorte: Ephesus, dort zwischen 408 und 450 von Kaiser Theodosius II. erbaute Kirche bezeugt, Wallfahrt am Panajir Dagh und Arbissos/Kappadozien und Bretagne mit christlich-islamischen Wallfahrten. Reliquien in Marseille/St. Victor, Guadix/Spanien, Stegaurach. Verehrung in Arras, Esslingen, Faras, Hollerich, Keßlingen, Kiew, Marmoutier, Marseille, Möhn, Mont vor Malmédy, Noirmoutier, Obersimonswald/Baden, Pontpierre, Prüm/Eifel, Paphos/Zypern, Rom, Rotthof/Niederbayern, Stephansfeld, Stiffel/Dep. Côtes-du-Nord, Salerno.

Aberglauben: SS.-Tag ist Lostag für das Wetter. – Gegen Kopfweh und Schlafsucht wird am SS.-Tag in Österreich Eisenkraut eingesammelt.

Darstellungen in der Kunst: *Gewandung:* als Jünglinge in Schlafstellung (Brauweiler, Kapitelsaal, Wandmalerei 3.Viertel 12. Jh.); als Soldaten in Tropfsteinhöhle (Rotthof, Stuckfig. v. J. B. Modler 1757); als Kinder (Stuttgart, Landesbibliothek, Stuttgarter Passionale, Buchmalerei um 1130); als stehende Jünglinge (Marseille, St. Victor, Krypta, Relief 3. Jh.); als Oranten (Rom, Via Appia, Oratorium, 1.Hälfte 12. Jh. [zerstört]). *Attribute:* Hirtentasche bzw.Proviantbeutel (Stegaurach, barocke Fig.). *Besondere Szenen:* SS. kommen aus der Höhle (Paris, Bibliothèque Nationale lat. 245, Buchmalerei v. J. Fouquet-Umkreis 15. Jh.). Ein SS. kauft mit dezischer Währung zur Zeit des Theodosius Brot (Paris, Bibliothèque Nationale lat. 242, Buchmalerei um 1375). – SS. verkünden König Eduard dem Bekenner nahendes Unheil, indem sie sich im Schlaf umdrehen (London, Westminsterabtei, Kapelle Eduard des Bekenners, Relief Anfang 15. Jh.).

Sigismund von Burgund
König, hl.

Fest: 1. 5. (im Bistum München-Freising und Sitten 2. 5.).

Leben: S. trat unter dem Einfluß des Bischofs Avitus v. Vienne 496/99 vom arianischen zum rechtgläubigen Bekenntnis über; 516 nach dem Tod seines Vaters Gundobald Übernahme der Regierung: S. ließ 516/522 seinen Sohn Sigrich aus erster Ehe mit seiner Frau Ostrogotha auf Anstiften der zweiten Ehefrau erdrosseln, da dieser nach wahrheitswidriger Behauptung seiner Frau nach der Herrschaft trachte. S. büßte für das Verbrechen im Kloster St-Maurice (Kanton Wallis), Stiftung eines ununterbrochenen Chorgesangs. Im Krieg gegen die Franken nach Ausbleiben der Unterstützung von dem Ostgotenkönig Theoderich d. Gr. 523 besiegt und vom Frankenkönig Chlodomir gefangengenommen, nach Orléans gebracht und bei Coulmiers(Loiret) zusammen mit Mitgliedern seiner Familie in einem Brunnen ertränkt. 535 in der Abteikirche von St. Moritz, die Leichen seiner Söhne in der Pfarrkirche von St. Moritz beigesetzt.

Patronat: Diözesanpatron v. Freising, Cremona; gegen Sumpffieber und Bruch.

Verehrung und Kultorte: Leichnam in St. Moritz/Abteikirche St. Johannes, Reliquien u. a. Matzenheim/Elsaß (Hirnschale, ursprünglich in St. Sigismund seit 676), in Benediktbeuern (11. Jh.), Stablo, Gorze/Lothringen), Trier (12. Jh.), Himmerod, Zwiefalten, Plock, Oberlana; Regensburg/St. Emmeram (13. Jh.), Prüfening, Ranshofen, Prag/ St. Veit, Freising (in beide Kirchen 1354 durch Kaiser Karl IV. aus dem Elsaß überführt), Wien (16. Jh.), Heiligenstein/Pfalz (20. Jh.). Verehrung seit dem frühen Mittelalter in Burgund, Frankreich, Schweiz, Deutschland, Italien und Spanien; Mittelpunkt der Verehrung bis ins 18. Jh. war Freising.

Darstellungen in der Kunst: *Gewandung:* als jugendlicher König (Hildesheim, Dom-

schatz, Oswaldreliquiar, Relief Ende 12. Jh.);
als alter bärtiger König mit Krone (München, Alte Pinakothek, Gem. v. H. Burgkmair 16. Jh.); als König mit Hut und Barett
(Karlsruhe, Kunsthalle, Gem. v. H. Burgkmair 16. Jh.); als Mönch im Habit mit Insignien (Kaden/Böhmen, Gem. um 1470); in römischer Gewandung (Rimini, Tempio Malatestiano, Fig. v. A. di Duccio um 1450); in
römischer Gewandung mit Krone (Lucca, S. Frediano, Relief v. J. della Quercia um 1420);
in Rüstung und Mantel (Freising, Dom, Fig.
v. P. Dirr 1624). *Attribute:* Schwert (Freiburg, Münster, Westturm, Fig. um 1300);
Reichsapfel (Stuttgart, Staatsgalerie, Gem.
aus Mühlhausen 1385); Palme (Heiligenstein/Pfalz, Pfarrkirche, Fig. 18. Jh.). *Martyrium:* Colle di Val d'Elsa, Kolleg v. Casole,
Gem. v. A. di Nicolò 1498). *Zyklen:* St. Moritz/Abteikirche, Reliquienschrein, Reliefs
3. Viertel 14. Jh.; Freising/Dom, Gem. v. H.
Wertinger 1498; Saint-Sigismond bei Orléans/Pfarrkirche, Glasmalerei 19. Jh.

Silvester I.

Papst, hl.

Fest: 31. 12. (in ostkirchlichen Riten 2. 1.).

Leben: Pontifikat 314–335.

Legende: S. wird von dem Priester Cyrinus
im Glauben unterwiesen. – S. nimmt den
Missionar Timotheus bei sich auf. – Nach
dessen Martyrium wird S. vom Richter Tarquinius aufgefordert, das Götzenopfer zu leisten; nach dessen Weigerung läßt er S. in den
Kerker werfen. – Dem Richter bleibt beim
Mahl eine Gräte im Hals stecken, woran er
stirbt. – S. wird aus dem Gefängnis befreit
und nach dem Tod des Papstes Malachias zu
dessen Nachfolger vom Volk gewählt. – S.
führt die Quatembertage und das wöchentliche Fasten an Mittwoch, Freitag und Samstag ein. – Vor Konstantin, der die Christen
verfolgt, flieht S. und hält sich in einem Berg

verborgen. – Als Konstantin vom Aussatz
befallen wird, soll er nach Rat der Götzenpriester 3000 Kinder opfern, weigert sich
aber angesichts der trauernden Mütter, dies
zu tun. – Im Schlaf erscheinen Petrus und
Paulus dem Kaiser und gebieten ihm, S. aus
dem Berg Sirapte (d. i. Soracte) zu holen, der
ihm einen Brunnen weisen werde, in den er
dreimal untertauchen müsse. – Der Kaiser
identifiziert die ihm erschienenen Apostel
anhand zweier Bilder, die ihm S. zeigt. –
Konstantin läßt sich von S. im Glauben
unterweisen und empfängt die Taufe. – S. disputiert auf Grund des Verlangens der Kaiserin Helena unter dem Schiedsgericht der
Heiden Kraton und Zenophilos siegreich mit
zwölf jüdischen Schriftgelehrten. – Der jüdische Schriftgelehrte Zambri tötet einen
Stier durch Aussprechen des Gottesnames
nach Deuteronomium 32,39, doch S. verlangt, daß er ihn auf Grund der gleichen Bibelstelle wieder lebendig mache, was nicht
gelingt, wohl aber S., der den wilden Stier
zum Leben erweckt und darüber hinaus
zahm macht. – Helena bekehrt sich auf
Grund des Stierwunders. – S. bindet den
Teufel in Gestalt eines Drachens mit einem
Faden und schließt ihm das Maul mit dem
Siegel Gottes. – S. ist bei der Auffindung des
Kreuzes durch die hl. Helena anwesend. –
Kaiser Konstantin übergibt S. die Insignien
Kreuzstab und Tiara als Zeichen der päpstlichen Würde. – Der Kaiser führt das Pferd,
auf dem S. reitet, am Zügel (sog. Zeremoniell
des Stratorendienstes). – Konstantin macht
der Kirche eine Schenkung, in der er auf
Grund seiner Heilung vom Aussatz als Dankerweise dem Papst alle Kirchen der Erde
einschließlich der vier orientalischen Patriarchate unterstellt, die Laterankirche zum
Haupt aller Kirchen erklärt, den Päpsten den
Lateranspalast schenkt und den Päpsten kaiserliche Insignien und Würden verleiht, die
Kardinalkleriker den Senatoren im Rang
gleichstellt und zum Patriziat und Konsulat

qualifiziert, ferner das gesamte Abendland als Staatsgebiet der Kirche überträgt.
Patronat: ehem. Kirchenstaat; Haustiere, gutes Futterjahr.
Verehrung und Kultorte: Leichnam in der Priscilla-Katakombe an der Via Salaria beigesetzt, 762 nach S. Silvestro e Capite transferiert, eine andere Version spricht von einer Translation der Gebeine zur Abtei Nonantola bei Modena. In Deutschland früheste Verehrung im 11. Jh. in Bamberg nachweisbar. Aus politischen Gründen wurde bis zum Erweis der Konstantinischen Schenkung als Fälschung unter Papst Paul V. der S.-Kult im Kirchenstaat gepflegt.
Aberglauben: in der Regel im Zusammenhang mit Neujahr. Am S.-Tag ist ein Blick in die Zukunft möglich, wenn man mannigfache regional unterschiedliche Handlungen vollzieht, etwa durchs Schlüsselloch der Kirche schaut oder aus Figuren des gegossenen Bleis orakelt u. ä. – Wer in der S.-Nacht eine Muskatnuß heimlich kauft und das Jahr über in der Tasche trägt, bricht sich auch bei schwersten Stürzen nicht die Knochen. – Wer in der S.-Nacht nackt auf dem Friedhof Moos von einem Holzkreuz kratzt, kann damit Gicht heilen. – Wer in der S.-Nacht keinen Schatten wirft, muß sterben.
Darstellungen in der Kunst: *Gewandung:* als Bischof in pontifikaler Meßkleidung (Goldbach bei Überlingen, S.-Kapelle, Fig. 14. Jh.); als Papst mit den Insignien Tiara und rotem Mantel (Rom, SS. Quattro Coronati, Fresko 1246); als Papst in goldenem Pluviale (Blaubeuren, Hochaltar, Gem. 1493/94). *Attribute:* Buch, Kreuzstab mit drei Querbalken (Airischwand bei Freising, Fig.

16. Jh.); Stier (als Hinweis auf die Stiererwekkung) auf dem Buch (Siegertsbrunn/Oberbayern, Fig. 17. Jh.); Stier zu Füßen (Neufahrn bei Wolfratshausen, Fig. um 1500); aufblickender Stier (Berghofen bei Sonthofen, Fig. frühes 15. Jh.); Schlange auf dem Buch (Salzburg, St. Peter, Gem. um 1490); Muschel als Hinweis auf Taufe Konstantins (Ellwangen, Fig. Ende 15. Jh.); Drachen (Daroca bei Zaragoza, Pfarrmuseum, Gem. Bermejo zugeschrieben Ende 15. Jh.). *Besondere Szenen:* S. hält das hl. Kreuz empor (Lateran, Baptisterium, Fresko v. C. Maratti 1648/50); S. und Konstantin verehren das von Helena gefundene hl. Kreuz (Nürnberg, St. Lorenz, Kaiserfenster, Glasmalerei 1477); S. tauft Kaiser Konstantin (Philadelphia, Museum of Art, Samuel H. Kress Collection, Teppichweberei nach Rubens 1622–30); S. erwartet oben an der Treppe Kaiser Konstantin (Rom, SS. Apostoli, Sakristei, Fresko v. D. Bruschi 1882); Begegnung von S. und Konstantin zu Pferde (Città del Vaticano, Sala di Costantino, Relief vor 1522); Konstantin und S. im Triumphwagen (Chartres, Kathedrale, Glasmalerei 13. Jh.); S. entfernt dem Präfekten eine im Hals stekkengebliebene Fischgräte (Rom, Galleria Doria Pamphili, Predella v. F. Peselino 15. Jh.); S. konsekriert Kirchen (Capranica Sabina, Einsiedelei La Mentorella, Türrelief 13. Jh.); S. überwindet den Drachen (Calvi bei Capua, Grotta dei Santi, Fresko um 1100). *Zyklen:* Rom/SS. Quattro Coronati, Wandmalerei 1246; Pisa/S. Silvestro, Reliefs 13. Jh.; Florenz/S. Croce, Bardi-Kapelle, Gem. v. M. di Banco 14. Jh.

Simon Zelotes

Apostel, hl.

Fest: 28. 10.

Leben: erwähnt in den synoptischen Evangelien und in der Apostelgeschichte. S. trägt den Beinamen »Zelotes« (= der Eiferer) als Hinweis auf seine Zugehörigkeit zur Partei der Zeloten, ein weiterer Beiname ist »Kananaios«, was zur irrtümlichen Identifikation von S. mit dem Bräutigam beim Wunder zu Kanaa führte. S. wirkte vermutlich in der jüdischen Diaspora Ägypten und Armenien. Nach 1 Kor 9,5 sind Simon und Juda noch um 57 n. C. tätig.

Legende: S. und Judas Thaddäus wirken 13 Jahre in Babylonien und Persien. – S. und Judas weissagen dem Herzog, daß der König der Inder durch Gesandte Unterwerfung anbieten und ein großes Blutvergießen vermieden werde. – S. und Judas zeigen Zauberern die Wirkungslosigkeit ihrer Götter, indem sie mit den Händen Schlangen auflesen und gegen die Zauberer schleudern. – S. und Judas befehlen den Schlangen, das Gift aus den Körpern der Zauberer wieder herauszusaugen. – S. und Judas beweisen die Unschuld eines Diakons, indem sie ein Neugeborenes die Unschuld bezeugen lassen. – S. und Judas lassen in Suanir aus den Götzenbildern böse Geister in Gestalt zweier Mohren ausfahren, die die Bilder anschließend zerbrechen. – Daraufhin werden S. und Judas von den Götzenpriestern der Stadt getötet, S. mit einer Säge, Judas mit einer Keule.

Patronat: S.-Bruderschaften in Österreich, Patron des Rathauses von Goslar; der Färber, Gerber, Holzschläger, Lederarbeiter, Maurer, Weber und Pantoffelhelden (sog. Siemandlbruderschaften in Krems seit 1747 nachgewiesen).

Verehrung und Kultorte: Reliquien in Rom/ St. Peter, Hersfeld, Köln, Reeken bei Münster, Wallfahrten in Potsmös und St. Simon bei Seeg.

Aberglauben: S.-Tag bezeichnet das Ende der Weidezeit, Wetterlostag für den Winteranfang. In Ungarn heißt ein Sprichwort »Es naht der S.-Tag, weh dem, der in bloßer Unterhose ist«. – Unglückstag, weil am S.-Tag die Sintflut angefangen hat (vgl. Schiller, Wilhelm Tell: »Es rast der See und will sein Opfer haben«). – Am S.-Tag soll der Mann

Simon

seinem Weib nicht widersprechen. – Steht am S.-Tag die Frau früher als der Mann auf, so führt sie für ein Jahr das Regiment.

Darstellungen in der Kunst: *Gewandung:* als Apostel in gegürteter Tunika und Mantelpallium (Krems, Pfarrkirche, Fig. v. A. Krimmer 1706); in Kappa mit Kapuze (München-Blutenburg, Fig. 15. Jh.). *Attribute:* Schriftrolle (Ravello, Türrelief v. Bonanus v. Pisa 12. Jh.); Buch, in dem S. blättert (Madrid, Prado, Gem. v. P. P. Rubens 1613); Säge (Doberan, Hochaltar, Gem. 2. Hälfte 14. Jh.); aufgeschlagenes Buch, Säge (Tübingen, Stiftskirche, Fig. um 1480); Lanze (Arbe, Dom, Email Ende 12. Jh.); Schwert (Chartres, Südportal, Fig. v. 1210/15); Beil (Köln, St. Ursula, Wandmalerei um 1280); Anker (Göttweig, Benediktinerstift, Graphisches Kabinett, Kupferstich v. Goetz und Klauber, um 1750); Brille (Aachen, Domschatz, Apostelantependium um 1481). *Besondere Szene:* S. in der Löwengrube und Befreiung durch einen Engel (Città del Vaticano, Museen, Gem. v. M. B. Mandl 17. Jh.). *Martyrium:* Zersägung von S. (Krems, Stadtpfarrkirche, Chorstallen, Relief v. J. M. Götz 1736); mit Knüppeln, Schwert und Hellebarde niedergeprügelt (Città del Vaticano, Vatikanische Museen, Gem. 15. Jh.). *Zyklen:* Chartres/Kathedrale, Glasmalerei 13. Jh.; Vich/Erzbischöfl. Museum, Gem. v. L. Borrassa 1414.

Sophia

mit ihren drei Töchtern Fides, Spes, Caritas (Pistis, Elpis, Agape) von Rom, Martyrerin, hl. **Fest:** 30. 9. (Mutter), 1. 8. (Töchter), in griechischen Riten am 1. 8. bzw. 17. 9.

Kirchenhistorischer Hintergrund: Seit dem jüdischen Exil in Babylon wird die Weisheit als Gott innewohnende Eigenschaft oder als reale Erscheinungsweise inmitten der Welt gesehen. Die Personifizierung der Eigenschaft, die wie eine Person mit Gott spricht und ihm bei der Erschaffung der Welt zur Seite steht oder ihre Freude an den Menschenkindern hat, wird in der Weisheitsliteratur angedeutet, z.B. Spr. 8, 22–36. Entsprechend wurde die Weisheit als Eigenschaft Christus zugewiesen (Prolog zum Johannesevangelium), und Kirchen, die Christus geweiht waren, trugen diesen Titel, wie die Hagia Sophia in Konstantinopel, Kiew, Jerusalem, Nowgorod, Thessaloniki, Ohrid und Sofia.

Legende: nach der Passio des 7. Jh. aus Mailand wurde aus der Christus zugewiesenen Eigenschaft eine Person: S. stammt aus Mailand und verteilt nach dem Tod ihres Mannes das Vermögen an die Armen. – S. geht nach Rom und wird von der vornehmen Frau Thessaminia aufgenommen. – Unter Kaiser Hadrian werden S. und ihre Töchter als Christinnen angeklagt. – Die Töchter erleiden das Martyrium durch Abziehen der Haut, Detraktion der Brust, Werfen in den Feuerofen und Durchbohrung und Enthauptung mit dem Schwert nach zahlreichen Wundern und werden von ihrer Mutter bestattet. – S. stirbt drei Tage später eines natürlichen Todes.

Patronat: Witwen.

Verehrung und Kultorte: eine Verehrung der hl. S. mit den Töchtern in Rom unter der Kirche S. Pancrazio an der Via Aurelia; die drei Töchter sind auf dem Epitaph nicht namentlich genannt. Die lateinische Verehrung konzentriert sich auf ein Grab am 18. Meilenstein an der Via Appia und einem Kult des 6. Jh. in der Callixtuskatakombe mit Sophia und ihren Töchten, deren Namen mit Tugend-Bezeichnungen verbunden worden sind. Trotz der Übertragung der Namen und Legendenzügen der Heiligen von denen der Via Appia auf die der Via Aurelia blieben die Feste getrennt bestehen. Reliquien unter Papst Paul I. im 8. Jh. nach S. Silvestro in Campo Marzio transloziert, am 10. 5. 778 sind weitere Reliquien durch Bischof Remigius von Straßburg in das Frauenkloster Eschau/Elsaß gelangt.

Aberglauben: Wer in Bedrängnis ist, soll eine S.-Messe mit eigenem Meßformular lesen lassen und zu Ehren der Heiligen vier Kerzen opfern (Brauch soll auf eine Messe von Papst Leo III. in der Pfalz Karls d. Gr. in Paderborn zurückgehen).
Darstellungen in der Kunst: *Gewandung:* als Matrone in gegürtetem Kleid, Mantel, Wimpel, Kopftuch oder Haube, Töchter in Mädchenkleidung zu Füßen (Eschau, Fig. Ende 15. Jh.); als Matrone mit den Töchtern auf dem Arm (Opperkofen, Fig. 15. Jh.); Töchter im langen Kleid (Köln, Dom, Agneskapelle, Wandmalerei 14. Jh.). *Attribute:* Krone in verhüllten Händen von S. (Vallerano, Grotta di Salvatore, Wandmalerei 9./10. Jh.); Palmzweig in der Hand von S. (Wien, St. Stephan, Fig. spätes 15. Jh.); Schwerter in den Händen der Töchter (Köln, Dom, Agneskapelle, Wandmalerei 14. Jh.); S. mit Lilienszepter und Krone, Töchter mit Schwert in der Hand, Brust im Arm, Haut über den Armen (Warschau, Nationalmuseum, Gem. um 1460). *Zyklus:* Sásová/Ungarn, Gem. um 1440.

Stanislaus Kostka
Jesuit, hl.
Fest: 13. 11. (Da der Todestag des Hl. mit dem Fest Mariä Himmelfahrt zusammenfiel, wurde wegen des Patronates ein Festtag gewählt, der während des Schuljahres gefeiert werden kann.)
Leben: * 28. 10. 1550 in Schloß Rostkow in Masowien, entstammte dem polnischen Hochadel. 1564 Aufnahme des Studiums nach häuslichem Unterricht in Wien am Jesuitenkolleg, Reise zusammen mit seinem Bruder Paul und dem Hauslehrer Bilinski. In Wien wohnte S. ein Jahr im Konvikt der Adeligen, anschließend bei dem Lutheraner Kimberker. S. wurde Mitglied der von den Jesuiten geleiteten Bruderschaft der hl. Barbara zur Pflege der Andacht zum hl. Altarsakrament, bat sechs Monate später bei dem

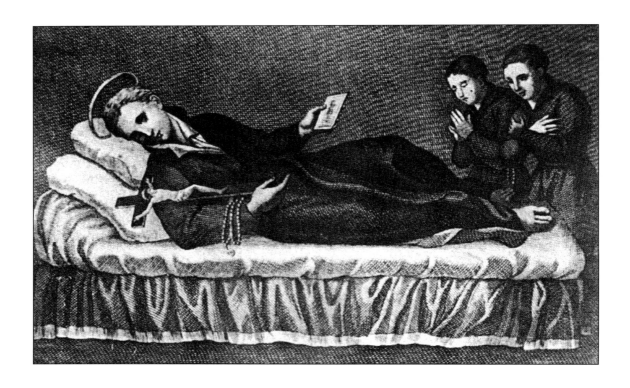

österreichischen Vizeprovinzial P. Maggi um Aufnahme in das Noviziat des Jesuitenordens, der Schwierigkeiten seitens des adeligen Vaters befürchtete und deswegen die Aufnahme verweigerte. S. entfloh nach Dilligen zu Petrus Canisius, der S. wegen der politischen Schwierigkeiten nach Rom zum Generaloberen Franz Borgia sandte. Dieser nahm S. am 28. 10. 1567 in das Noviziat auf. Durch die Strapazen der Flucht und Reise geschwächt, starb S. am 15. 8. 1568 am Wechselfieber. Gerühmt wurden an S. seine Reinheit und sein Starkmut. Seligsprechung 1670, Heiligsprechung 1726.

Legende: S. erträgt harte Worte und Mißhandlungen durch seinen Bruder in Wien mit größter Geduld. – S. wird die hl. Kommunion von Engeln gebracht. – S. erscheint die Gottesmutter und legt ihm ihr Kind in den Arm. – Auf der Flucht behindert ein Engel das Pferd des S. verfolgenden Bruders. – S. befreit durch sein Gebet einen Mitbruder von Versuchungen. – S. muß in einem Brunnen die durch das Gebet in ihm hervorgerufene mystische Glut kühlen. – S. heilt einen im Sterben liegenden Gelähmten. – S. rettet einen in den Brunnen gefallenen Jungen. – S. bezieht nach einer Predigt des Petrus Canisius dessen Wort, man solle jeden Monat so beginnen, als sei es der letzte des Lebens, obwohl gesund, auf sich. – S. befreit nach seinem Tod die Stadt Lublin von der Pest.

Patronat: Polen (seit 1671), Stadtpatron von Warschau, Posen, Lublin, Lemberg, Gnesen; der studierenden Jugend, der Novizen des Jesuitenordens; gegen Fieber, Augenleiden, Gliederbrüche.

Verehrung und Kultorte: Leichnam in Rom/S. Andrea al Quirinale; Reliquien in Neuhausen-Fildern und Starawies.

Darstellungen in der Kunst: *Gewandung:* als jugendlicher Ordensmann im Talar der italienischen Jesuiten mit breitem Wollgürtel, Mantel mit stehendem steifen Kragen (Opole Lubelskie, Gem. 18. Jh.). *Attribute:*

Lilie, Marienbild (Dresden, Hofkirche, Fig. v. L. Mattielli um 1740); Jesuskind im Arm (Speyer, Historisches Museum der Pfalz, Domschatzkammer, Fig. v. P. Egell um 1730); Kruzifix, Rosenkranz (Rom, S. Andrea al Quirinale, Fig. v. P. Legros 1703); Das Attribut Wanderstab nicht durch Beispiele belegt. *Besondere Szenen:* Maria zeigt S. das Jesuskind (Rom, S. Andrea al Quirinale, Gem. v. C. Maratti 1687); Befreiung Lublins von der Pest durch S. (Krakau, St. Peter, Gem. 18. Jh.). *Zyklen:* Rom/S. Andrea al Quirinale, Gem. v. A. Pozzo 2. Hälfte 17. Jh.

Stanislaus von Krakau

Bischof, Martyrer, hl.

Fest: 11. 4. (vor der Kalenderreform 7. bzw. 8. 5.).

Leben: * um 1030, Studium in Gnesen, vielleicht auch in Paris; Pfarrer in Czembocz, Kanoniker und seit 1072 Bischof von Krakau; wurde nach Differenzen mit dem jähzornigen König Boleslaw II. von Polen am 11. 4. 1079 als Verräter verurteilt und von Boleslaw eigenhändig am Altar während der Messe in der Michaelskirche vor den Toren Krakaus erschlagen. Als Martyrer für kirchliche Interessen ist S. von besonderer politischer Bedeutung. Heiligsprechung 1254 in Assisi.

Legende: S. hält König Boleslaw seinen unmoralischen Lebenswandel vor. – S. tadelt Boleslaw, weil er Wöchnerinnen junge Hunde statt ihrer Kinder an die Brust legen läßt. – S. erweckt Piotrowin, der als Zeuge für den rechtmäßigen Erwerb eines Kirchengrundstücks vor dem König auftritt. – Der Leichnam von S. wird an einem Teich zerstückelt, wobei ein Fisch den Finger verschluckt. – Ein Adler bewacht die Leichenteile von S. – Bei der Kanonisierung ereignet sich eine Totenerweckung als posthumes Wunder von S. – S. hilft in der Schlacht von Grunwald. Ein weiterer Legendenkreis verfolgt das Schicksal Boleslaws; seine Exkommunikation und

Stephan I. 416

Vertreibung durch Papst Gregor VIII., die Pilgerreise nach Ossiach und sein Dienst in der Klosterküche, sowie Beichte und Tod des Königs.

Patronat: Nationalheiliger Polens, des Erzbistums Krakau.

Verehrung und Kultorte: Leichnam zuerst in Krakau/Skałka-Kirche, 1088 in die Wawel-Kathedrale transferiert.

Darstellungen in der Kunst: *Gewandung:* als Bischof in Pontifikalkleidung (Stary Zamek, Relief 2. Hälfte 13. Jh.); als Bischof in Pluviale und Dalmatik (Warschau, Narodowa, Catalogus Archiepiscoporum Gnesnensium et Cracoviensium, Buchmalerei v. S. Samostrzelnik 1535). *Attribute:* Schwert, Martyrerpalme (Rom, S. Stanislas, Gem. v. A. Gramatica um 1594); auferweckter Toter zu Füßen (Breslau, Museum der bildenden Künste, Gem. 16. Jh.); auferweckter Toter an der Hand (Krakau, Wawel-Kathedrale, Relief 1510). *Besondere Szenen:* Gerichtsszene (Warta, Franziskanerkirche, Gem. v. T. Doilabella 1. Hälfte 17. Jh.); *Martyrium:* Assisi/S. Francesco, Unterkirche, Fresken der Giotto-Schule 14. Jh.; St. Florian/Stiftsgalerie, Gem. v. N. Breu um 1508. *Zyklen:* Krakau/Wawel-Museum, Gem. 15. Jh.; Krakau, Wawel-Kathedrale, Reliquiar-Reliefs um 1500; Pławno, Altarreliefs Anfang 16. Jh.; Budapest/Museum der schönen Künste, Gem. Ende 15. Jh.

58 **Stephan I.**

König von Ungarn, (Szent István) hl.

Fest: bis 1969 2. 9., heute 16. 8., in Ungarn: 20. 8. (Begräbnistag, Nationalfeiertag).

Leben: * um 970 als Sohn des Arpádenfürsten Géza, wohl in Esztergom. 996 (?) Heirat mit Gisela, der Schwester Kaiser Heinrichs II., 997 Regent; Weihnachten 1000 zum ersten König der Ungarn gekrönt. S. verkörperte die Idee eines Rex et sacerdos und gab seinem Reich eine christliche Verfassung. S.

Ordensheilige I

67 *St. Benedikt, Miniatur, Vatikanische Bibliothek*

68 *Kloster Monte Cassino, Begräbnisstätte der Heiligen Benedikt und Scholastika*

69 *Hl. Hildegard, Miniatur, Staatsbibliothek/Lucca*

70 *Bernhard v. Clairvaux predigt dem Teufel, Miniatur, Bibliothèque Nationale/Paris*

71 *Franz v. Assisi predigt den Vögeln (Ausschnitt), Fresko v. Giotto, S. Francesco/Assisi*

72 *Grab des hl. Franziskus, Krypta, S. Francesco/Assisi*

73 *Die hl. Klara läßt sich von Franziskus die Haare schneiden, Glasgem., ehem. Klosterkirche/Königsfelden*

74 *S. Antonio/Padua, Begräbnisstätte des hl. Antonius*

bekämpfte erfolgreich jede heidnische Reaktion und schuf eine kirchliche Struktur mit zwei Erz- und acht Bistümern. Die Königskrone wurde S. von Papst Silvester II. gesandt. S. galt als guter, gerechter und zielbewußt handelnder König. † 15. 8. 1038, begraben in der Kathedrale von Székesfehérvár. Heiligsprechung 1083 zusammen mit seinem Sohn Emerich durch Papst Gregor VII.

Legende: S. erhält durch einen missionierenden Priester im Auftrag Bischof Pilgrims von Passau die Taufe. – S.'s Brautfahrt nach Scheyern. – S. wird vom hl. Adalbert von Prag gefirmt. – S. heilt Kranke. – S. bietet Ungarn der Gottesmutter (Patrona Hungariae) an. – S. erhält von Papst Silvester eine Bulle mit apostolischen Privilegien, u. a. darf ihm das einem Erzbischof zustehende Vortragskreuz mit doppeltem Querbalken vorangetragen werden (seit 1576 bekannt). – Der Fürbitte S.'s wird 1687 der Sieg über türkische Heere bei Budapest verdankt (Stiftungslegende zur Einführung allgemeiner liturgischer Verehrung).

Patronat: Nationalheiliger von Ungarn, Orden des hl. Stephan; Pferde.

Verehrung, Kultorte: Grab in Székesfehérvár, Reliquien in Budapest, Zagreb; in Analogie zu den hl. Dreikönigen Schrein mit Reliquien von S. Ladislaus und Emerich in Aachen und Köln.

Aberglauben: Wer am 20. 8. mit einer Flinte schießt, trifft mit S. Hilfe immer ins Ziel. – Der Brunnen bei Pösteny/Ungarn offenbart am Namenstag des Hl. (26. 12.) Jungfrauen, wenn sie ihren König als Landespatron anrufen und Krüge mit Wasser füllen, ihren zukünftigen Mann.

Darstellungen in der Kunst: *Gewandung:* als alter König mit Krone und Insignien (Città del Vaticano, Bibliotheca Vaticana, Ungarischer Krönungsmantel 1031); als Reiter (Budapest, Statue v. A. Strobl 1906; Székesfehérvár von F. Sidló 1938, Györ von F. Medgyessy 1940/50). *Attribute:* Krone,

Globus und Kreuz als Hinweise auf missionarische Tätigkeit (Zsigra [Zegra], Wandmalerei Mitte 14. Jh., Chorgestühl von St. Stephan in Wien 1476). *Besondere Szenen:* Taufe von S. (Budapest, Nationalgalerie, Gem. v. G. Benczur 1875); Gründung der Abtei Pannonhalma (Budapest, Nationalgalerie, Gem. v. I. Dorffmaister 1792); S. mit der Jungfrau Maria (Györ, St. Ignáz, Gem. 1643); S. bietet der Gottesmutter das Patronat über Ungarn an (Györ, Kathedrale, Gem. v. J. L. Kracker 1773). *Zyklen:* Budapest/Nationalbibliothek, Illustrationen zur Képes Krónika um 1360; Mateóc (Matejovce), Gem. um 1450; Scheyern/Fürstenkapelle 1625 (nach Vorbild von 1382); Città del Vaticano, Fresken v. A. Durante 1613.

Stephanus

32

Erzmartyrer, hl.

Fest: 26. 12. (seit Ende des 4. Jh. bezeugt, seit dem 9. Jh. bis 1955 Festoktav), 3. 8. Fest der Auffindung der Gebeine (vom 9. Jh. bis 1960 begangen), auch St. Stephan im Schnitt genannt.

Leben: nach Apg 6,1–8,2 wurden wegen der Auseinandersetzungen zwischen Juden- und Heidenchristen in Jerusalem sieben Männer ausgewählt, die die Apostel vom täglichen Tischdienst beim Liebesmahl entlasten sollten, darunter der dem Kreis der griechisch sprechenden Juden angehörende S. Er verursachte durch Missionspredigten in der Synagoge der Libertiner (ehemaliger freigelassener Sklaven und deren Nachkommen), sowie weiterer synagogaler Gemeinschaften, (von denen die Cyrenäer, Alexandriner, der Juden aus Kilikien und Asia genannt werden) Streit, was mit der Anklage vor dem Hohen Rat wegen frevelhafter Reden gegen Tempel und Gesetz endete. Nach dem mosaischen Gesetz (Lev. 24,11) wurde S. daraufhin gesteinigt.

Stephanus

Legende: Auswahl von Legenden nach der Vita fabulosa 10./11. Jh.: Kurz nach der Geburt wird S. vom Teufel entführt. – In der Wiege bleibt ein Wechselbalg zurück. – S. wird von einer Hirschkuh genährt und von Bischof Julian gefunden und nach Aufforderung durch die Hirschkuh von Julian adoptiert. – Als junger Mann kehrt S. zu seinen Eltern zurück und spricht den Exorzismus über den Wechselbalg, worauf ein Dämon mit Hörnern, Fledermausflügeln und langem Schwanz entflieht. – Bei einem Festmahl im Hause der Eltern von S. verwandelt sich plötzlich der Wein in Blut als Zeichen des Martyriums des Sohnes. – Nach der Steinigung halten wilde Tiere bei dem Leichnam Wache. – Gamaliel und Nikodemus begraben S. in einem Acker des Gamaliel. – Auswahl von Episoden aus der englisch-skandinavischen Weihnachtslegende des 12. Jh.: S. war Diener (Var.: Stallknecht) am Hof des Königs Herodes. – S. sieht den Stern von Bethlehem und deutet das Ereignis dem Herodes. – Bei einem Festmahl erhebt sich ein gebratener Hahn vom Teller und kräht »Christus natus est«. – Im Zorn läßt Herodes den S. steinigen. – Auswahl posthumer Legenden nach der Legenda aurea: Im Jahr 415 erscheint Gamaliel dem Priester Lucian und offenbart die verborgene Grabstätte des S. – Ein kranker Heide in der Stadt Martialis, der eine Nacht auf Blumen vom S.-Altar geruht hat, läßt sich am nächsten Morgen taufen.

Patronat: Diözese Wien; der Pferde, Pferdeknechte Böttcher, Kutscher, Maurer, Schleuderer, Schneider, Steinhauer, Weber Zimmerleute; gegen Kopfweh, Seitenstechen und Steine.

Verehrung und Kultorte: Leichnam angeblich am 3. 8. 415 in Kafar Gamala 15 km vor Jerusalem gefunden (1916 wurden von Salesianern Reste einer kleinen Kirche mit Felsengrab entdeckt, das möglicherweise die von Lucianus erwähnte Grabesstätte war).

Reliquientranslation nach Jerusalem zur Kirche auf den Sion, nach Konstantinopel; Reliquien 560 nach Rom/S. Lorenzo fuori le Mura, Zwiefalten seit 1141 (linke Hand), seit dem 5. Jh. wird als Stätte des Martyriums ein Platz 350 m nördlich des Damaskustores in Jerusalem gezeigt; dort wurde von Kaiserin Eudokia 455/60 eine Kirche errichtet, die im 7. Jh. von den Persern niedergebrannt wurde (1882 ergraben, als die École Biblique errichtet wurde). Sog. Kanonheiliger; Verehrung auf zwei Wegen vom Orient ausgestrahlt: a) Ancona, Neapel, Nordafrika, Rhône-Mündung, Arles, Konstanz; b) Norditalien, Chur, Passau, Wien. Im späten Mittelalter wurde hauptsächlich von den Königshäusern Verehrung und Kult gefördert, besonders von Stephan von Ungarn.

Aberglauben: Anrufungen in zahlreichen Beschwörungsformeln und beim Brauchen. – In Schlesien und Polen wird der Priester nach der Messe am S.-Tag beim Verlassen der Kirche mit Hafer beworfen, in Beuthen bewerfen sich die Kirchenbesucher gegenseitig, wohl eine Imitation der Steinigung S.'s. – Die Rücken der Mädchen werden in der Morgenfrühe von den Knaben mit Ruten, zum Teil, etwa in Böhmen mit den Barbarazweigen, geschlagen. – Gelegentlich geschieht dies im Sinne eines Fruchtbarkeitszaubers umgekehrt oder wechselseitig. – Wer am S.-Tag in Viöl (Schleswig) zuletzt das Bett verläßt, muß im Nachthemd auf einer Heugabel unter Spott der anderen zum Nachbarn reiten, wo er dann Leckerbissen erhält. – Am ersten Schultag wird über die Knaben das S.-Gebet gesprochen, damit sie beredsam werden. – Der S.-Trunk ist seit der Karolingerzeit üblich und damit der ältest bezeugte Minnetrunk. – Der S.-Wein, der in der Kirche gesegnet wird, soll Rotwein sein, und im Grund des Bechers soll ein Stein liegen. – In Württemberg erhielten Arme S.-Brot als Spende. – Blumen, die auf den S.-Altar gelegt worden waren, brachten Kranken

Gesundheit. – Die Tücher vom S.-Altar haben Heilwirkung. – Am S.-Tag wird Wasser geweiht, mit dem der Bauer Speisen, Scheunen und Felder gegen Hexen und böse Geister besprengt. – Das am S.-Tag geweihte Salz wird zu einer Scheibe geformt und in den Stall gehängt. – Man gibt dem Vieh vor dem Auftrieb im Frühjahr von dem Salz zu schlecken. – Der Bauer soll S.-Salz schlekken, wenn er eine längere Wanderung unternimmt. – Wild, das vom S.-Salz schleckt, läßt sich von Wilderern leicht einfangen. – Am S.-Tag wird Hafer geweiht und man gibt es den Pferden als Schutz vor Krankheiten. – Der am S.-Tag vorgenommene Aderlaß bei Pferden schützt diese vor Krankheiten. – Zusätzlich reiches Brauchtum zu Weihnachten und Jahreswechsel, das nicht direkt mit S. in Verbindung steht, etwa das Steffeln der Jungen (Verstellen von Gegenständen) oder die Hufeisenbräuche als Glücksbringer zum Neuen Jahr u. ä.

Darstellungen in der Kunst: *Gewandung:* als jugendlicher Diakon in weißer Tunika (Rom, S. Lorenzo fuori le Mura, Mosaik 6. Jh.); als Diakon in Amikt, Albe, Stola, Manipel und Dalmatik (Oxford, Meton College Chapel, Glasmalerei um 1300); in reich gemusterter Dalmatik (Mailand, Sammlung Rasini, Gem. v. V. Foppa Anfang 16. Jh.); Dalmatik mit über dem Gewand getragener Stola (Goslar, Städtischer Kunstbesitz, Fig. Ende 13. Jh.). *Attribute:* Evangelienbuch, Palme (Darmstadt, Hessisches Landesmuseum, Gem. Mitte 13. Jh.); Steine im Nimbus (Rom, S. Cecilia in Trastevere, Fres-

Suso

ko v. P. Cavallini um 1293); Steine am Kopf (Paris, Bibliothèque Nationale lat. 9471, Stundenbuch v. Rohan, Buchmalerei 1. Hälfte 15. Jh.); Steine in der Hand (Bamberg, Dom, Adamspforte, Fig. 13. Jh.); Steine auf dem Buch (Breisach, Münster, Fig. v. Meister HL 1526); Steine im Bausch der gerafften Dalmatik (Gent, S. Bavo, Genter Altar, Gem. v. H. und J. van Eyck 1432); Rauchfaß (Kansas, Gallery of Art, Gem. v. V. Carpaccio, frühes 16. Jh.); Weihrauchschiffchen (Matelica, Museo Piersanti, Gem. v. J. Bellini 15. Jh.); emporgehaltenes Evangelienbuch (Arles, St-Trophîme, Kreuzgang, Relief 2. Hälfte 12. Jh.). *Besondere Szenen:* Weinwunder im Hause der Eltern von S. (Beauvais, St. Étienne, Glasmalerei 1526); Begräbnis (Arras, Musée municipal, Gem. v. E. Delacroix 1862). *Martyrium:* S. unter Steinhaufen liegend (Buchdeckelfragment Metzer Schule um 850); Steinigung des knienden S. (Paris, Louvre, Gem. v. A. Carracci um 1604); S. empfängt von Engeln Martyrerkrone und Palme (Edinburgh, National Gallery of Scotland, Gem. v. A. Elsheimer um 1602/05). *Zyklen:* sehr zahlreich: a) nach der Apostelgeschichte: Chartres/Südquerhaus, Fig. frühes 13. Jh.; Gimel, Reliquienschrein, Reliefs spätes 12. Jh.; Città del Vaticano/Kapelle von Nikolaus V., Fresken v. Fra Angelico um 1449; Pápa/Stephanskirche, Gem. v. F. A. Maulpertsch 1782. b) Legende und biblische Schilderungen: Sens/Kathedrale, Reliefs nach 1268; Paris/Musée Cluny, Wandteppiche 1502. c) Reliquienauffindungs- und Translationszyklen: Città del Vaticano/Vatikanische Museen, Gem. v. B. Daddi 14. Jh.; Rom/S. Lorenzo fuori le Mura, Wandmalerei 2. Hälfte 13. Jh. d) nach der vita fabulosa: Lentate/Oratorium, Fresken 2. Hälfte 14. Jh mit 43 Szenen. e) nach der englisch-skandinavischen Weihnachtslegende: Dädesjö/Schweden, Deckenmalerei Ende 13. Jh.; Windsor/St. George's Chapel, Gem. Ende 15. Jh.

Suso, gen. Amandus

(Heinrich Seuse), Dominikaner, Mystiker, sel.

Fest: 23. 1. (vor der Kalenderreform 2. 3.).

Leben: * 21. 3. 1295 in Konstanz; Eintritt in das dortige Dominikanerkloster. Nach fünf Jahren hatte S. ein inneres Gnadenerlebnis von nachhaltigster Wirkung. Anschließend traten immer wieder mystische Ekstasen und Visionen auf. S. lebte dabei entbehrungsreich und asketisch mit dem Ziel, volle Herrschaft über sich selbst zu erlangen und höchste Gelassenheit in Gott zu erzielen. Studium in Konstanz, 1322 an das Studium Generale seines Ordens nach Köln zu Meister Eckard geschickt, dessen Schüler S. wurde. 1326 Rückkehr nach Konstanz. Dort in den Inquisitionsprozeß seines Lehrers vor der päpstlichen Behörde in Avignon verwickelt. S. schrieb 1328 das »Büchlein der ewigen Weisheit«, und mußte sich, weil er darin Meister Eckard verteidigte, 1330 vor dem Generalkapitel seines Ordens in Maastricht verteidigen. 1334 entstand das vielgelesene Andachtsbüchlein »Horologium Sapientiae«. Seit 1335 in der Seelsorge tätig, Verbindung zu Johannes Tauler. Im Kampf Kaiser Ludwigs IV. des Bayern gegen Papst Johannes XXII. mußten die papsttreuen Dominikaner 1339–1347 unter S. als Prior nach Dießenhofen im Kanton Thurgau ins Exil gehen. Wegen Verleumdungen 1348 nach Ulm strafversetzt. † 1366. Seligsprechung 1831.

Legende: S. sticht sich nach Kapitel 4 seiner Selbstbiographie mit einem Griffel das IHS-Monogramm und einen Kranz mit Rosen auf die Brust.

Darstellungen in der Kunst: *Gewandung:* als Dominikaner im Habit (Einsiedeln, Stiftsbibliothek Hs. Nr. 710, Buchmalerei Ende 14./Anfang 15. Jh.). *Attribute:* IHS-Monogramm auf der Brust, Rosenkranz in der rechten Hand, Stichel (Schloß Lichtenstein/Württemberg, Gem. um 1470); IHS-Monogramm, Stichel (Sevilla, Museum,

Gem. v. F. Zurbarán um 1640/45); Rosenkranz um den Kopf (Wolfenbüttel, Herzog-August-Bibliothek Cod. 78. 5, Buchmalerei 15. Jh.); seraphischer Christus im Weinstock (Ulm, Staatsbibliothek, Holzschnitt v. A. Sorg 1482); Rosenstaude mit Jesusknaben (Nürnberg, Germanisches Nationalmuseum, Holzschnitt um 1470/80) Jesuskind, das S. den Rosenkranz auf das Haupt setzt (Maria Medingen, Chorgestühl, Relief um 1720); Hund mit Lappen (Nürnberg, Germanisches Nationalmuseum, Holzschnitt um 1470/ 80); drei Rosen aus dem Herzen wachsend (Bern, Französische Kirche, Wandmalerei vom Meister mit der Nelkensignatur 1495); flammendes Herz (Maria Medingen, Chorgestühl, Relief um 1720). Das in der Literatur zu findende Attribut des Teufels in Gestalt eines Mohren mit Pfeil und Bogen nicht durch Beispiele belegt. *Besondere Szenen:* S. tauscht die Herzen mit Christus und Maria (Paris, Louvre, Gem. v. J. van Cleve um 1530); Predigt S.'s mit der in ein Räderwerk der Uhr greifenden Gottesmutter (Wien, Österreichische Nationalbibliothek Cod. 2574, Buchmalerei um 1470).

T

Thekla

Gefährtin des Apostel Paulus, Martyrerin, hl.

Fest: 23. 9.

Legende: nach den »Acta Pauli et Theclae« des 2. Jh., die von Tertullian und Hieronymus als apokryph abgelehnt worden sind: T. wird in ihrem Geburtsort Ikonium vom Apostel Paulus bekehrt. – T. sagt sich daraufhin von ihrem Bräutigam los. – Mutter und Verlobter verklagen T. vor Gericht. – P. wird verhaftet, T. besucht ihn im Gefängnis. – T. wird zum Tod auf dem Scheiterhaufen verurteilt, doch Regen und Hagel retten sie. – T. wird freigelassen und trifft den Apostel Paulus auf der Straße nach Daphne, schließt sich ihm an und kommt nach Antiochia. – T. weist einen weiteren Liebhaber, den Syrer Alexander ab. – T. wird erneut verklagt und zum Tierkampf in der Arena verurteilt. – T. springt während des Kampfes in eine Wassergrube, um sich selbst zu taufen. (Var.: T. wird in einen Wassergraben mit wilden Seetieren geworfen.). – Die Tiere rühren T. nicht an. – T. wird freigelassen, kehrt nach Ikonium zurück, bekehrt Mutter und Verlobten. – T. gründet in Ikonium eine Jungfrauengemeinschaft. – T. stirbt eines seligen Todes (Var.: T. verschwindet eines Tages zwischen Felsen und wird entrückt).

Patronin: der T.-Bruderschaften, der Sterbenden, (da im 14. Jh. in das Sterbegebet »Libera me« wegen ihrer dreifach erduldeten Pein aufgenommen); gegen Pest, Feuer.

Verehrung und Kultorte: seit dem 4. Jh. in Seleukeia (T.-Kirche in Silifke), Reliquien in Tarragona (seit 1319), Bethphage bei Jerusalem (Kirchenpatronat um 530); Ausbreitung der Verehrung über Oberitalien bis Köln und den bayerischen Raum, sowie nach Spanien um Tarragona, Stadtpatronin von Este.

Darstellungen in der Kunst: *Gewandung:* halbnackt an Pfahl gebunden (Kansas City, W. Rockhill Nelson Collection, Marmorelief 5. Jh.); als Orantin in Tunika (London, British Museum, Kölnische Glasschale 4. Jh.); als Jungfrau in langem, gegürteten Kleid und Mantel (München, Georgianum, Gem. spätes 15. Jh.); mit Maphorion (Kopenhagen, Museum, Altar, Relief um 1140). *Attribute:* Buch (Kopenhagen, Museum, Altar, Relief um 1140); zahmer Löwe an der Leine (München, Georgianum, Gem. spätes 15. Jh.); Löwe (Mailand, Dom, Fig. v. Niccolò da Venezia 14. Jh.); Löwe, Bär (Erfurt, Dommuseum, Fig. 15. Jh.); Taube, huldigende Frauen (Mailand, Dom, Alabasterrelief 10. Jh.); Säule mit Flamme (München, Privatbesitz, Fig. um 1500); T.-Kreuz (Egea de los Caballeros, S. Maria, Gem. Anfang 16. Jh.); Armreliquiar

(Barcelona, Kathedrale, Gem. v. P. Alemany
Ende 15. Jh.); Kruzifix, Schlangen (Maria
Bühel, Wallfahrtskirche, Fig. 1769); Palmzweig (Washington, National Gallery, Gem.
v. El Greco 1597). *Besondere Szenen:* T. auf
dem Scheiterhaufen als Orantin (Stuttgart,
Landesbibliothek Cod. 2°57, Buchmalerei
12. Jh.); T. auf dem Sterbebett, von Christus
und Maria umgeben (Welden, T.-Kirche,
Gem. v. P. Riepp 1758); T. erhält vom Himmel eine Schüssel mit Brot [Eulogienbrot]
(Welden, T.-Kirche, Fresko v. J. B. Enderle
1759); T. als Pestpatronin (Este, Kirche, Gem.
v. G. B. Tiepolo 18. Jh.). T. hört die Predigt
des hl. Paulus (Augsburg, Städtische Kunstsammlungen, Gem. v. H. Holbein d. Ä. um
1503). *Zyklen:* Tarragona/Kathedrale, Mar-
morreliefs 12/13. Jh.; Tarragona, Reliefs v. P.
Johan um 1426.

Theobald von Provins

(Thibaut, Thibault), Eremit, Priester, Kamaldulenser, hl.
Fest: 30. 6.
Leben: * 1017 zu Provins, stammte aus der
Grafenfamilie von Brie und de Champagne.
T. verweigerte den Kriegsdienst, verließ
heimlich seine Eltern, um mit seinem
Freund Walter nach St-Remy zu gehen. T.
und Walter ließen sich in Pettingen (Luxemburg) nieder, verdienten ihren Lebensunter-
halt als Maurer und Bauernknechte. Ge-
meinsame Pilgerfahrt nach Compostela und
Rom; ließen sich dann als Einsiedler beim
Kamaldulenserkloster Vangadizza in der Nähe von Salanigo nieder. Abt Petrus erteilte T.
die Priesterweihe, 1065 Ablegung der Ordensgelübde. † 30. 6. 1066/67, zwei Jahre
nach Walter. Heiligsprechung 1073.
Legende: Bischof Theobald von Vienne sagt
die hohe Begnadung des neugeborenen Kindes voraus. – Eremit Burchard offenbart T.
sein künftiges Einsiedlerleben. – T. und Walter tauschen ihre Kleider gegen Pilgertuni-

ken ein. – Der Teufel versucht durch Fest-
klammern am Bein, einen Kniefall T.'s vor
St. Jakobus in Compostela zu verhindern. –
Soldaten versuchen vergeblich, den Leichnam T.'s zu stehlen.
Patronat: Gürtelmacher von Paris, Gerber,
Kohlenbrenner, der sieben Handwerke in
Luxemburg; gegen Fieber, Gicht, Augenleiden, Angstzustände, trockenen Husten, Unfruchtbarkeit.
Verehrung und Kultorte: Leichnam in Vicenza begraben, Translation nach Vangadi-
ce, Reliquien durch T.'s Bruder Arnulf auch
in Provins, Benediktinerabtei Ste-Colombe
bei Sens und Lagny, St-Thibault-des-Vignes.
Besondere Verehrung auch in Vicenza, Luxemburg, in den Bistümern Dijon, Sens, Paris, Soissons, Meaux, Trier/Dom.
Darstellungen in der Kunst: *Gewandung:*
als bärtiger, langhaariger Edelmann in Para-
detracht, Reitstiefeln; Sporen (Paris, Lithographie von Perrot um 1830); als jugendlicher Jäger in Tunika (Commarin, Fig. v.
H. P. Wier 1653); als Ritter (Provins, St-Thi-
baut, Fig. 12. Jh.); als Priester in Meßkasel
(St-Thibaut-en-Auxois, Prioratskirche, Fig.
um 1310); als Eremit (St-Riquier, Abteikirche, Fig. um 1520). *Attribute:* Falken, Jagdta-
sche (Commarin, Fig. v. H. P. Wier 1653);
Buch, Pilgerstab, Feldflasche, gekrümmte
Teufelsgestalt (Huy, Kirche der Brüder vom
Hl. Kreuz, Relief 17./18. Jh.). *Zyklen:* St-Thi-
baut-en-Auxois/Prioratskirche, Reliefs um
1320/30; St-Thibaut-en-Auxois/Prioratskir-
che, Altar-Reliefs 14. Jh.

Theodul von Sitten

Bischof, hl.
Fest: 16. 8.
Leben: erster Bischof des Wallis, 381 Teilnahme an der Synode von Aquileia, 393 an
der von Mailand. Nach Eucherius von Lyon
hat T. die Gebeine des hl. Mauritius gefunden und in St-Maurice beigesetzt.

Legende: T. heißt den Teufel, eine ihm vom Papst geschenkte Glocke ins Wallis zu tragen. – Karl d. Gr. hat T. Hoheitsrechte über das Wallis übertragen.

Patronat: Wallis, Walsergebiete in Oberitalien, Vorarlberg , Schweiz; der Glocken, der Winzer, Vieh und Wetter.

Verehrung und Kultorte: Gebeine vermutlich von Martinach nach Sitten übertragen, im 12./13. Jh. in Valeria bei Sitten, seit 1798 verschollen. Wallfahrt in Valeria im Mittelalter bezeugt.

Darstellungen in der Kunst: *Gewandung:* als Bischof in Pontifikalien mit Mitra und Stab (Oberwesel, Liebfrauenkirche, Wandmalerei 15. Jh.). *Attribute:* Schwert (Sitten, Kathedrale, Fig. 16. Jh.); Schwert nach unten gewandt, an der Klinge festgehalten (Fribourg/Schweiz, Notre-Dame, Fig. 17. Jh.); kleiner Teufel zu Füßen (Zürich, Schweizerisches Landesmuseum, Glasmalerei um 1510); Traube in der Hand (Christberg/Vorarlberg Fig. 16. Jh.); Traube auf dem Buch (Sitten, Valeria-Museum, Fig. 16. Jh.); Glocke zu Füßen (Bihlafingen/Württemberg, Fig. Ende 15. Jh.); Mitra in der Hand (Oberfrütti in Val Formazza,Kapelle Fig. Ende 15./Anfang 16. Jh.); Teufel und Glocke (Rottenburg, Diözesanmuseum, Fig. Ende 15. Jh.); Steinhammer und Erzstufe (St. Bartholomäberg/Vorarlberg, Gem. um 1525). *Besondere Szene:* Teufel trägt T., der in der Glocke sitzt (Altsellen, Jodernkapelle, Gem. wohl 18. Jh.). *Zyklus:* Sitten/Valeria-Kirche, Gem. v. 1596.

80 Theresia von Ávila

(Theresia von Jesus, die Große), Karmelitin, hl.

Fest: 15.10; weil T.'s Todestag mit dem Fest des hl. Franz von Assisi zusammenfiel, wurde das Fest auf den folgenden Tag verschoben, der 1580 wegen Eintritts der gregorianischen Kalenderreform der 15.10. wurde.

Leben: * 28. 3. 1515 zu Ávila als Tochter des Adeligen Alonso de Cepeda und Beatrix de Ahumeda. T. war als Kind sehr selbständig und selbstbewußt, wollte mit sieben Jahren bei den Mauren den Martertod erleiden. Mit zwölf Jahren nach dem Tod der Mutter Weihe an die Gottesmutter, anschließend unter Einfluß einer Freundin weltliche und areligiöse Phase, 1530 zur Erziehung bei den Augustinerinnen, 1532 aus gesundheitlichen Gründen entlassen, 1535 Eintritt in das Karmelkloster »Zur Menschwerdung« in Ávila, wurde schwer krank, lag am 15. 8. 1539 im Koma, anschließend lange gelähmt und konnte auch nach drei Jahren noch nicht gehen. Mystische Erlebnisse, 1543 Hinwendung an die Mystik unter Einfuß ihres Beichtvaters Vincente Baron. Im Kloster kamen Intrigen gegen T. auf. 1556 in einer Vision eine mystische Verlobung mit Christus, seit 1560 nach einer Höllenvision Ablegung des Gelübdes, immer das jeweils Vollkommenere zu tun. Beginn der Reform des Karmeliterordens mit stärkerer Betonung des Einsiedlerischen mit Hilfe von Petrus von Alcántara gegen den Widerstand im Orden. T. gründete in Ávila 1562 den Zweigorden der Unbeschuhten Karmelitinnen. † 4. 10. 1582. Seligsprechung 1614, Heiligsprechung 1622, Fest durch Papst Clemens IX. mit Duplex-Charakter als erster Festtag einer Bekennerin, die nicht Martyrerin war. – Reiche schriftstellerische Tätigkeit, sucht in der »Seelenburg« betitelten Schrift das mystische Erleben systematisch zusammenzufassen.

Patronat: Spanien, Stadtpatronat v. Ávila, Alba de Tormes, Neapel, Erzbistum Mexiko, Unbeschuhte Karmelitinnen; in geistlichen Nöten, für das innere Leben, der Armen Seelen im Fegefeuer, der Bortenmacher, gegen Herzleiden.

Verehrung und Kultorte: Leichnam zunächst in Ávila, seit 1586 in Alba de Tormes/Ordenskirche.

Darstellungen in der Kunst: *Gewandung:* als Nonne in Karmelitinnentracht (Sevilla, Karmelitinnenkonvent, Gem. v. J. de la Miseria 1576). *Attribute:* Taube, Spindel (Rom, Biblioteca Vaticana, Kupferstich v. F. Villamana 1614); Schreibpult, Feder, Buch (Madrid, Nationalbibliothek, Kupferstich v. C. Galle Anfang 17. Jh.); Birett und Kette (Jaén, Kathedrale, Relief um 1730); Putto, Pfeil und flammendes Herz (Rom, St. Peter, Fig. v. F. della Valle 1754); von Pfeil durchbohrtes Herz (Dresden, Hofkirche, Fig. v. L. Matielli 18. Jh.); Pfeil (Wien, Kirche am Steinhof, Glasmalerei v. K. Moser 1907); Regelbuch (Ávila, Klosterkirche, Fig. 17. Jh.); Klostermodell (Aachen, Suermondt-Museum, Fig. 17. Jh.); zwei aus der Brust T.'s wachsende Äste (Paris, Kupferstichkabinett, Kupferstich v. J. Matheus um 1620). *Besondere Szenen* (Auswahl): T.'s Vision von der Hl. Dreifaltigkeit (Aix-en-Provence, Museum, Gem. v. Guercino 17. Jh.); Vision von der Taube (Rotterdam, Museum Boymans-van Beuningen, Gem. v. P. P. Rubens um 1600); Christus erscheint T. und ernennt sie zu seiner Braut (Rouen, Museum, Gem. v. J. Jouvenet um 1700); Christus zeigt T. seine Wundmale (Aix-en-Provence, Museum, Gem. v. Ph. de Champaigne Mitte 17. Jh.); T. erhält von Maria eine Kette und von Joseph einen Mantel (Wien, Kunsthistorisches Museum, Gem. v. C. de Crayer 17. Jh.); Transverberation der hl. T. (Rom, S. Maria della Vittoria, Fig. v. L. Bernini 1646); T. empfängt von Petrus von Alcántara die Kommunion (Madrid, Collección Adanero, Gem. v. C. Coello 1670). *Zyklus:* Madrid/Nationalbibliothek, 60 Stiche von A. v. Westerhout 18. Jh..

81 **Theresia** von Lisieux

(Theresia vom Kinde Jesus), Karmelitin, hl.
Fest: 1. 10. (vor der Kalenderreform 3. 10.).
Leben: * 2. 1. 1873 zu Alençon in der Normandie als 9. Kind von Louis-Joseph-Stanislas Martin und der Marie-Azélle Guérin; verlor mit vier Jahren ihre Mutter und zeigte als Kind ungewöhnlichen religiösen Ernst, durchstand auch eine skrupelantische Phase. Mit 15 Jahren versuchte T., in den Karmel von Lisieux einzutreten, doch Bischof Hugonin von Bayeux untersagte es ihr, erst am 9. 4. 1889 wurde ihr Wusnch erfüllt. Ihre Motivation war die Rettung von Seelen; 1893 2. Novizenmeisterin. T. schrieb auf Anweisung ihrer Oberin ihre Autobiographie; 1896 begann ihre Todeskrankheit, der T. am 30. 9. 1896 erlag. – T. litt besonders in ihrer Krankheit unter dem Gefühl der Gottverlassenheit, doch opferte sie ihre inneren Leiden zur Rettung der Seelen auf. T. suchte als bleibendes Verdienst einen »kleinen Weg zur Vollkommenheit« in einer ganz gewöhnlichen Askese und dokumentierte so im Bild eines Fahrstuhls die Allmacht der Gnade Gottes, die auch dem Schwächsten zuteil werden kann. Seligsprechung am 29. 3. 1923, Heiligsprechung 17. 5. 1925.
Patronat: Weltmission, Petruswerk der Glaubensverbreitung (seit 1927), Frankreich (seit 1944).
Darstellungen in der Kunst: zahlreiche authentische Photographien, ansonsten künstlerisch geringwertige Darstellungen: *Gewandung:* als jugendliche Nonne in Ordenstracht (Rom, Propaganda Fide, Fig. 20. Jh.). *Attribute:* Buch, Jesusknabe, Schweißtuch, Rosen (Lisieux, Karmel, Fig. 20. Jh.). *Besondere Szene:* T. im Rosenregen (München, einst Deutsche Gesellschaft für christliche Kunst, Gem. v. F. Feuerstein 1928).

Thomas *26*

Apostel, hl.
Fest: 3. 7. (bis zur Kalenderreform 1969 21. 12., in griechischen Riten 6. 10.).
Biblische Bezeugung: T. ist der Beiname des Apostels, der bei Jo 11,16 korrekt mit »Didymos« (= Zwilling) übersetzt wird; der eigentliche Name ist nicht überliefert, erwähnt in den Apostelverzeichnissen (Mt 10,3; Mk 13,18; Lk 6,15; Apg 1,13). Bei Johannes dreimal Wortführer: bei der Nachricht vom Tod des Lazarus drückt T. ebenfalls seine Bereitschaft zum Sterben aus (Jo 16), in der Abschiedsrede fragt er »Herr, wir wissen nicht, wohin du gehst, wie sollen wir den Weg wissen?« (Jo 14,5). Die bekannteste Szene ist der Thomaszweifel an der Auferstehung Christi und der geforderte Beweis, die Hand in die Seitenwunde legen zu dürfen (Jo 20,24–29).
Legende: In der Kirchenvätertraditon widersprechende Angaben zum weiteren Lebensweg: Missionsreisen nach Persien, zu den Parthern, Indien. Ob T. das Martyrium in Kalamina durch das Schwert erlitten hat, zweifelhaft, denn Clemens von Alexandrien spricht von einem natürlichen Tod bei Herakleon. Nach den apokryphen Thomasakten 3. Jh.: T. ist Zwillingsbruder Jesu, ist ebenfalls Zimmermann und hat Jesus sehr ähnlich gesehen. – Nach der Legenda aurea: T. bricht auf Geheiß Jesu nach Indien auf, wo König Gundaphar den besten Baumeister der Welt sucht. – T. nimmt an einer Hochzeit teil, die unterwegs ein König ausrichtet und alle einlädt; bei dieser Hochzeit ist eine jüdische Flötenbläserin, die in T. den Landsmann erkennt und auf hebräisch ein paar Verse singt. – Als T. verträumt lauscht, schlägt ihn ein Mundschenk auf die Wange, der wenig später deswegen von einem Löwen zerissen wird; ein Hund trägt die rechte Hand des Verwegenen zu den Gästen an den Tisch. – Auf dieses Wunder hin bekehren sich die Jüdin und das Brautpaar. – In Indien soll T. den Palast bauen, doch verteilt er das

Geld unter die Armen, predigt und bekehrt viele zum Christentum, weil er einen himmlischen Palast bauen will. – Als T. nach der Rückkehr des Königs ins Gefängnis geworfen wird, bezeugt der verstorbene und kurz zum Leben zurückgekehrte Bruder des Königs den von T. erbauten himmlischen Palast. – T. ruft die Armen zusammen, als in einer Lichterscheinung die Gebrechlichen zunächst zu Boden stürzten, aber von T. alle geheilt werden. – Nach Wiedererlangung der Freiheit predigt T. im Landesinneren, bekehrt Migdonia, die Schwester des Königs Gundophor, und Sentice, die Frau des Königsfreundes Carsius. – Migdonia beschließt nach der Predigt von T. eine Josephsehe zu führen. – Um sie von dem Beschluß abzubringen, sendet der König seine Gemahlin zu ihr, und auch diese faßt den Entschluß zur ehelichen Enthaltsamkeit. – Da läßt Carsius T. ins Gefängnis werfen; T. wird gefoltert, doch können ihm glühende Platten, auf denen er mit bloßen Füßen steht, nichts anhaben, weil aus ihnen ein Quell entspringt. – Ein feuriger Ofen, in den T. geworfen wird, kühlt sofort ab. – Vor den König geführt, soll T. den Göttern opfern, doch zerschmelzen die Götzenbilder wie Wachs. – Daraufhin durchstoßen ihn die Götzenpriester von hinten mit einer Lanze.

Patronat: Ostindien, Portugal, Stadtpatron von Urbino, Parma, Riga, Kirchenstaat, Magistrato dei sei de la Mercanzia in Florenz, Thomasinseln; Heiratswillige, Architekten, Bauarbeiter, Geometer, Maurer, Steinhauer, Zimmerleute, Theologen.

Verehrung und Kultorte: Grabstätte in Mailapur-Madras am Golf von Bengalen, Traslation der Gebeine am 3. 7. nach Edessa, Reliquien in Rom/S. Croce (Finger), Ortona bei Chieti, Prato/Dom (T.-Gürtel).

Aberglauben: ursprünglicher Festtag war die längste Nacht des Jahres, dem T.-Tag haftet viel Unheimliches an, so Unglückstag, weil Luzifer aus dem Himmel gestoßen wurde. –

1. Rauhnacht im Weihnachtsbrauchtum. – T.-Tag dient der Erforschung der Zukunft mit mannigfachem Brauchtum, so kann man anhand der Knödel mit eingeschlossenen Losnummernzetteln auf die Zahl setzen, die im zuerst aus dem kochenden Wasser aufgetauchten Knödel sich findet. – Man muß sich in dieser Nacht verkehrt herum ins Bett legen, dann träumt man die wichtigsten Ereignisse des kommenden Jahres u. ä.

Darstellungen in der Kunst: *Gewandung:* in der üblichen Apostetracht mit langer, gegürteter Tunika und Mantelpallium (Arbe, Dom, Emailplatte 12. Jh.); als jugendlicher Apostel (Ravenna, S. Vitale, Mosaik 6. Jh.); als bärtiger Apostel (Siegburg, St. Servatius, Honoratusschrein, Fig. 1183); als Priester in Kasel (Wienhausen, Kloster, Fig. um 1520). *Attribute:* Schriftrolle (Monreale, Dom, Türrelief v. Barisanus v. Trani 2. Hälfte

12. Jh.); Schwert (Mettlach, Pfarrkirche, Kreuzreliquiar, Niello um 1220/30); Winkelmaß (Köln, Wallraf-Richartz-Museum, Gem. v. Meister des Bartholomäusaltars 1499); Steinwürfel (Schweinfurth, Johanneskirche, Taufbecken, Relief 1367); Steine im Gewandbausch (Kempen, Heilig-Geist-Kapelle, Fresko 13. Jh.); Lanze (Wimpfen im Tal, Stiftskirche, Fig. Ende 13. Jh.); bezwungener König von Indien zu Füßen (Chartres, Kathedrale, Türgewände Fig. um 1210/15); Kelch, Buch (Wienhausen, Kloster, Fig. um 1520); Herz (Buchau am Federsee, Stiftskirche, Relief 2. Hälfte 18. Jh.). *Besondere Szenen:* Zweifel des T. im älteren Typus: Christus hebt die Hand vor Thomas, ohne direkt auf die Wunde zu weisen (Venedig, S. Marco, Mosaik 12. Jh.); Zweifel des T. im mittleren Typus: Christus läßt Thomas die Wunde berühren (München, Bayerische Staatsgemäldesammlungen, Gem. v. S. Cantarini 17. Jh.); Zweifel des T. im neueren Zypus: Christus führt die Hand des T. zur Seitenwunde (Köln, Wallraf-Richartz-Museum, Gem. v. Meister des Bartholomäus-Altars 1498/99); Zweifel des T. im isolierten Typus: Christus und Thomas alleine ohne die übrigen Jünger (Berlin, Kupferstichkabinett, Große Passion v. A. Dürer 1511); Zweifel des T. als Wiedersehen ohne Berührung mit dem Auferstandenen (Seebüll, Ada- und Emil Nolde-Stiftung, Gem. v. E. Nolde 1912); Zweifel des T.: T. betrachtet die Handwunde (Antwerpen, Musée Royal des Beaux-Arts, Gem. v. P. P. Rubens 1613/15); Gürtelspende Mariens an T. (Berlin-Dahlem, Staatliche Museen Preußischer Kulturbesitz, Gem. v. M. di Banco 14. Jh.); Gürtelspende Mariens an T. bei der Marienkrönung (Città del Vaticano, Vatikanische Museen, Gem. v. Raffael um 1503); Gürtelspende Mariens an T. bei der Himmelfahrt Mariens (Siena, Oratorio di S. Bernardino, Fresko v. Sodoma 16. Jh.). *Martyrium:* T. wird mit dem Schwert enthauptet (Stuttgart, Landesbibliothek Cod. hist 2°

415, Buchmalerei 12. Jh.); T. wird mit der Lanze von zwei dunkelhäutigen Knechten erstochen (Esslingen, St. Dionys, Glasmalerei Ende 13. Jh.); T. wird am Altar mit der Lanze erstochen (Wien, Kunsthistorisches Museum, Gem. v. B. van Orley um 1515); T. wird rücklings mit der Lanze erstochen (Aus den Apostelmartern, Holzschnittfolge v. L. Cranach d. Ä. 1512). *Zyklen:* zahlreich, u. a. Wienhausen/Kloster, Bildteppich um 1380; Vercelli/Dom, Archivio Capitolare, Buchmalerei Ende 12. Jh.; Semur-en-Auxois/Prioratskirche, Reliefs um 1240/50; Bourges/Kathedrale, Glasmalerei 13. Jh.

Thomas von Aquin

Dominikaner, Kirchenlehrer, hl.

Fest: 28. 1. (vor der Kalenderreform 7. 3.).

Leben: * um 1225 auf dem väterlichen Schloß Roccasecca bei Montecassino (Landschaft Aquino) als 4. Sohn des langobardischen Adeligen Landulph und der Theodora, einer Adeligen aus Neapel. Mit 5 Jahren Oblate in der Benediktinerabtei Montecassino, mit 14 Jahren Studium der aristotelischen Philosophie, bat 1243/44 um Aufnahme in den noch jungen Dominikanerorden. T. weilte in Rom, anschließend Weiterstudium in Bologna, Neapel, Paris und Köln, Schüler des Albertus Magnus. 1252–1259 Lehrer der Theologie in Paris, seit 1257 im Professorenkollegium; 1260 Hauptprediger seines Ordens und Tätigkeit am Hof Papst Urbans IV. in Orvieto und Papst Clemens' IV. in Viterbo; 1265 Leiter des Ordensstudiums in S. Sabina in Rom und Lector Curiae bei Papst Clemens IV.; 1269–1272 wieder in Paris als Professor. Papst Gregor X. berief T. zum Konzil von Lyon, T. wurde aber 1274 plötzlich krank. † in der Zisterzienserabtei Fossanova am 7. 3. 1274. – Die bedeutendsten Werke des T. im Zusammenhang der Scholastik sind die »Summa contra gentiles«, eine

Auseinandersetzung mit der arabischen Philosophie, und die »Summa theologica«, die eine glänzende Zusammenschau und Ordnung theologischer Einzelerkenntnisse bietet. T.'s Verdienst liegt in der Einfügung des Aristotelismus in das spekulativ-theologische Denksystem und in der Synthese von platonischem Gedankengut, augustinischer Lehre und Aristoteles, ferner das Streben nach der Erkenntnis der natürlichen und übernatürlichen Wahrheit in einem erkenntnistheoretischen System. Sorgfalt der Problemstellung, Klarheit der Gedanken, Logik der Beweisführung und Sachlichkeit in der Darstellung zeichnen T.'s Werke aus. – Den Zeitgenossen galt T. als der überragende Denker, zugleich von liebenswürdig-abgeklärtem Wesen. Papst Leo XIII. verpflichtete die Seminaristen, die scholastische Methode des T. zum Inhalt ihres Studiums zu machen. Dazu trat Hymnendichtung, darunter die eucharistischen Hymnen »Pange lingua« und »Lauda Sion Salvatorem«, die das Kirchenlied des späten Mittelalters beeinflußten. Heiligsprechung 1323, seit 1567 Kirchenlehrer.

Legende: T. soll nach dem Willen der Eltern Prior des Benediktinerklosters Montecassino werden, wird aber, als er gegen den Willen der Familie dem Dominikanerorden beitritt, von seinen Brüdern entführt und zwei Jahre im Familienschloß arrestiert, wobei man ihm eine junge Frau, die T. verführen soll, mit in sein Zimmer sperrt; T. vertreibt sie mit einem brennenden Holzscheit. – T. wird von zwei Engeln besucht, die ihm den Gürtel der Keuschheit anlegen, so daß er kein körperliches Verlangen nach einer Frau mehr verspürt. – Von den Mitschülern des Albertus Magnus wird T. wegen seiner Wortkargheit und seiner korpulenten Gestalt »der stumme Ochse« genannt, von dem Albertus Magnus einmal sagte: »Dieser stumme Ochse wird einmal brüllen, daß die ganze Welt zusammenfährt«. – Als T. an der Tafel Ludwigs IX. von Frankreich sitzt, springt er, der sonst Tafelfreuden nicht abgeneigt ist, plötzlich auf, schlägt auf den Tisch, daß die Nüsse von der Tafel im Zimmer herumspringen und ruft der erschrockenen Tafelrunde zu: »Das wird sie erledigen«. T. war die Widerlegung der manichäischen Irrlehre gelungen. – T. stillt bei einer Fahrt zu Schiff einen Seesturm.

Patronat: Dominikaner, katholische Hochschulen (seit 1880), Theologen, studierende Jugend, Bleistiftfabrikanten, Buchhändler, Bierbrauer; der Keuschheit, gegen Ungewitter

Verehrung und Kultorte: Leichnam in Toulouse/St-Etienne, Reliquien in Toulouse/St-Sernin (Schädel), Rom/S. Maria sopra Minerva (Arm).

Darstellungen in der Kunst: *Gewandung:* als Dominikaner im Ordensgewand mit Habit, Gürtel, Skapulier und Kappa mit Kapuze und Birett (Wismar, St. Jürgen, Fig. Ende 15. Jh.); mit schwarzem Habit und weißem Skapulier (Ingolstadt, Bürgersaal Maria de Victoria, Fig. v. J. M. Fischer 1763); über dem Ordensgewand schwarzer Magistertalar (Nürnberg, Germanisches Nationalmuseum, Gem. v. H. Pleydenwurff 15. Jh.); mit Magisterhaube, die bis über die Ohren reicht (Dortmund, Propsteikirche, Gem. v. D. Bagaert um 1490); als massiger thronender Dominikaner (Leipzig, Dominikanerkirche, Fig. um 1400); mit Sternen und Kreuzen übersäte Kappa (Ravenna, Accademia di Bel-

le Arti, Gem. v. N. Rondinello um 1500). *Attribute:* Tintenfaß, Buch, Federkiel (Bern, Abegg-Stiftung, Gem. v. S. Botticelli um 1500); leuchtender Stern auf der Brust (Aachen, Paulskirche, Fig. 1652); Edelstein (Siena, S. Spirito, Gem. v. Sodoma um 1500); Taube des Hl. Geistes (Koblenz, Dominikanerkloster, Fig. 1754); Inspirationsengel (Niederaltaich, Benediktinerkirche, Zeichnung für ein Fresko v. W. A. Haindl um 1720); Magisterkette mit der Sonnenscheibe (Dillingen, Studienkirche, Fresko v. T. Scheffler 1750/51); goldene Kette mit Sonnenscheibe (Aachen, St.Paul, Fig. 1652); Rosenkranz (St. Katharinental, Fig. v. G. A. Machein 1738); Kelch (Wismar, St. Jürgen, Fig. Ende 15. Jh.); Kelch mit Hostie (Palencia, Kathedrale, Fig. 18. Jh.); Monstranz (barocke Andachtsbilder); IHS-Monogramm (Baltimore, Walters Art Gallery, Keramikplatte um 1520); mit Füßen getretene Mitra (Wismar, St. Jürgen, Fig. Ende 15. Jh.); Stab, Doppelkreuz (Maria Medingen, Fig. um 1750); Kirchenmodell (Vich, Kathedrale, Fig. v. P. Oller Ende 15. Jh.). *Besondere Szenen:* die Versuchungsszene im Arrest (Brügge, Erlöserkirche, Gem. v. C. de Crayer 1644); T. wird von zwei Engeln gegürtet (Budapest, Szépmüvészeti Múzeum, Gem. v. Sasetta 15. Jh.); nächtliches Gebet T.'s mit Elevation (Città del Vaticano, Vatikanische Museen, Gem. v. S. di Sassetta 15. Jh.); der Gottesdienst T.'s am Passionssonntag (Florenz, S. Maria Novella, Gem. v. Orcagna 14. Jh.); T. an der Tafel König Ludwigs (Basel, Öffentliche Kunstsammlung/Kunstmuseum, Gem. v. M. Deutsch Anfang 16. Jh.); Übergabe des Festoffiziums vom Fronleichnamstag an Papst Urban IV. (Orvieto, Dom, Fresko v. U. di Prete Ilario 14. Jh.); Besuch bei Bonaventura (Berlin, ehem. Kaiser-Friedrich-Museum, Gem. v. F. Zurbarán 1629 [Kriegsverlust]); Sacra Conversatione (Venedig, S. Maria del Rosario, Gem. v. S. Ricci 1732/34). *Zyklen:* u. a. Ávila/S. Thomas von Aquin, Gem. v. A. Berruguete 15. Jh.

Thomas Becket

65 Thomas Becket
von Canterbury

Erzbischof, Martyrer, hl.

Fest: 29. 12. (Translationsfest 7. 7., Fest der Regressio de exilio 1. 12.).

Leben: * um 1118 als Sohn eines Kaufmanns in London; Ausbildung bei den Regularkanonikern von Merton, anschließend Studium in Paris. Erzbischof Theobald von Canterbury nahm T. 1141 in seinen Klerus auf; Studium des Kirchenrechtes in Bologna und Auxerre; Archidiakon von Canterbury. 1155 Lordkanzler und Vertrauter König Heinrichs II.; 1162 durch seinen Gönner Erhebung auf den Erzbischofsstuhl von Canterbury. T. begann ein aszetisches Leben, trug Benediktinerhabit und gab dem König das Kanzleramt zurück. T. setzte sich wie früher für den König nunmehr für die Vorrechte und Privilegien der Kirche ein. Konflikt zwischen König und Erzbischof 1164 anläßlich Kompetenzabgrenzungen um kirchliche und weltliche Gerichtsbarkeit, 1164 Flucht T.'s vor Prozessen nach Frankreich. Nach einem Scheinfrieden 1170 Rückkehr nach England, dort am 29. 12. 1170 von vier Edelleuten aus der Umgebung des Königs in der Kathedrale von Canterbury ermordet. Heiligsprechung 1173. König Heinrich söhnte sich am 27. 9. 1172 mit der Kirche aus, leistete am 12. 7. 1174 am Grab des Erzbischof öffentlich Buße.

Legende: T. stammt von einer sarazenischen Prinzessin ab, die nach London gekommen ist und Gilbert Becket heiratete. – Um T. zu verhöhnen, wird seinem Pferd der Schwanz abgeschnitten. – T. gibt Ring und Kranz Papst Alexander III. (ursprünglicher Kern der Legende beruht in der Verweigerung des Rücktrittsangebotes T.'s durch den Papst). – T. erfährt eine Christuserscheinung.

Verehrung und Kultorte: Reliquien seit 1220 in kostbarem Schrein in Canterbury mit Wallfahrt, 1538 Schrein durch König Heinrich VIII. von England zerstört und Bildnisse verboten. Verehrung in ganz Europa.

Darstellungen in der Kunst: *Gewandung:* Kasel mit Pallium (Monreale, Dom, Mosaik 12. Jh.); mit Mitra (Anagni, Kathedrale, Fresko 12. Jh.[zerstört]); mit Rationale und Stab (Hadleigh/Essex, Fig. 13. Jh.); als Kephalophore Schädelkalotte tragend (Wells, Kathedrale, Fig. 13. Jh.); in Talar und Rochett (Gurk, Dom, Fig. um 1630). *Attribute:* Kirchenmodell (Wismar, St. Jürgen, Fig. Ende 15. Jh.); Palme (Wittelsbacher Hausbesitz, Fig. v. J. Seld 1492); Schwert, Kreuzstab (Gurk, Dom, Fig. um 1630). *Besondere Szenen:* Vertreibung und Verhöhnung T.'s (Hamburg, Kunsthalle, Gem. v. Meister Franke 1424). *Martyrium:* Chartres/Kathedrale, Relief, um 1225; München/Bayerisches Nationalmuseum, Mitra, Stickerei Anfang 13. Jh.; Spoleto/S. Giovanni e Paolo, Fresko Ende 12. Jh. *Zyklen:* zahlreich. u. a. Sens/Kathedrale, Glasmalerei um 1206; London/British Museum, Queen-Mary-Psalter, Buchmalerei 13. Jh.

Timotheus und Titus

Gefährten des Apostel Paulus

Fest: 26. 1. (vor der Kalenderreform Timotheus 21., 22., 24. 1./Titus 26. 1.).

Biblische Bezeugung: In Phil. 2, 19–22 Tim. als Mitarbeiter des Apostels Paulus erwähnt, anschließend wohl Bischof in Ephesus, Tit. als Schüler und Begleiter des Apostels wohl in Korinth, Dalmatien und Kreta tätig.

Patronat: Tit. von Kreta, gegen Freigeisterei.

Verehrung und Kultorte: 356 Gebeine v. Tim. nach Konstantinopel transferiert, Reliquie von Tit. (Haupt) in Venedig/S. Marco.

Darstellungen in der Kunst: *Gewandung von Tim.:* in Tunika (Città del Vaticano, Bibliotheca Vaticana, Goldglas 5. Jh.); als Bischof im Meßornat (Paris, Musée Cluny, Glasmalerei um 1150). *von Tit.:* Sao Paulo/Kathedrale, Fig. v. T. Fiedler um 1955.

Turibio von Mongrovejo
Bischof, hl.
Fest: 23. 3.
Leben: * 16. 11. 1583 in Mayorga de Campos, 1575 zum Inquisitor von Granada ernannt, 1580 Erzbischof von Lima. Das von ihm einberufene Provinzialkonzil wurde zur Charta der südamerikanischen Kirche. † 23. 6. 1606 in Lima. Seligsprechung 1679, Heiligsprechung 1726.

Patronat: Lima, Peru.
Verehrung und Kultorte: Leichnam in der Kathedrale von Lima.
Darstellungen in der Kunst: *Gewandung:* als Erzbischof (Mayorga, Fig. 18. Jh.). *Besondere Szene:* T. besucht Eingeborene (Piacenza, Galleria del Collezione Alberoni, Gem. v. S. Conca 18. Jh.).

U

56 Ulrich von Augsburg

Bischof, hl.

Fest: 4. 7.

Leben: * um 890 in Augsburg als Sohn des alemannischen Edelings Hupald, des späteren Grafen von Dillingen. Mit 10 Jahren Besuch der Klosterschule St. Gallen, 908/909 Priesterweihe durch den Augsburger Bischof Adalbero; 28. 12. 923 Bischofsweihe durch Bischof Heriger von Mainz. Von König Heinrich I. mit Gütern beschenkt. U. unterstützte Heinrich beim Aufstand seines Sohnes Liutolf 953/54 mit bewaffneter Macht, konnte aber zwischen Vater und Sohn in dem Konflikt erfolgreich vermitteln. Nach wiederholten Ungarneinfällen ließ U. Augsburg mit einer starken Mauer umgeben, beim Angriff der Ungarn 955 leitete U. die Verteidigung der Stadt und sandte eine Mannschaft unter Führung seines Bruders Dietpald aufs Lechfeld, wodurch er Otto I. am 10. 8. 955 zu seinem Sieg über die Ungarn verhalf. 962 Rückzug von allen weltlichen Geschäften. U. widmete sich fortan dem Aufbau seines Bistums; U. unternahm Visitationsreisen, unterstützte Klöster wie Benediktbeuern und gründete 968 das Kanonissenstift St. Stephan. Um 940 brachte U. Reliquien der Thebäischen Legion nach Augsburg. 972 versuchte U. auf sein Bischofsamt zu verzichten, um in ein Kloster eintreten zu können, doch ging die Reichssynode nicht auf sein Anliegen ein. † 4. 7. 973. Heiligsprechung am 31. 1. 993 in der ersten förmlichen feierlichen Kanonisation eines Heiligen durch Papst Johannes XV.

Legende: U. gibt am Donnerstag den Boten des Bischofs von Konstanz ein Stück Fleisch mit, die es, um Bischof U. in schlechten Ruf zu bringen, am Freitag vorweisen wollen, doch hat sich das Fleisch auf wunderbare Weise in einen Fisch verwandelt. – U. reitet mit seinem Kaplan Herewig bei Hochwasser durch die Wertach. – U. läßt am Osterfest einen Liebestrunk kreisen. – Dem im Alter gebrechlich gewordenen U. bringen zwei Engel Kelch und Hostienteller zum Altar. – U. erscheint bei der Segnung des Chrisams am Gründonnerstag die Rechte des Herrn, von Lichtstrahlen umgeben.

Patronat: Stadt und Diözese Augsburg; Weber, Sterbende, Weinbauern, Winzer, Fischer, Wandersleute; in Wassergefahr, gegen Überschwemmungen, gegen Rattenplagen.

Verehrung und Kultorte: Grabeskirche seit 1071 nachweislich St. U. und Afra in Augsburg, zahlreiche Kirchenpatronate in Bayern, Württemberg, Allgäu, Elsaß, Grödner Tal, Schweiz und Belgien.

Aberglauben: Lostag für das Wetter (Getreide gibt schlechtes Mehl, wenn es am U.'s-Tag regnet). – U.'s-Erde schützt gegen Rat-

ten. – U.'s-Minne in Schwaben hilft gegen Widerwärtigkeiten. – U.'s-Brunnen sind ein Heilmittel gegen Augenkrankheiten. U.'s-Schlüssel wie beim Hubertusschlüssel Brenneisen gegen Tollwut.
Darstellungen in der Kunst: *Gewandung:* als bärtiger Bischof in Pontifikalkleidung mit Meßkasel (Augsburg, St. U. und Afra, Kupfergravur 1187); als Bischof in Pontifikalkleidung mit Pluviale (Blaubeuren, Rückseite des Hochaltars, Gem. 1494); als Reiter (Augsburg, Bischöfliches Priesterseminar, Gem. Ende 17. Jh.). *Attribute:* Fisch auf dem Buch (München, St. Peter, Relief Ende 14. Jh.); Ratten (Köln, St. Andreas, Gem. um 1540). *Besondere Szenen:* Die Verwandlung des Fleisches in einen Fisch (Augsburg, Staatliche Gemäldesammlung, Gem. v. H. Holbein d. Ä. 1512); U. reitet durch die Hochwasser führende Wertach (Stuttgart, Landesbibliothek Cod 2°58, Buchmalerei 12. Jh.); Ein Engel übergibt U. das Siegeskreuz in der Schlacht auf dem Lechfeld (Augsburg, Dom, Ulrichskreuz, Relief v. J. Seld 1494); die Schlacht auf dem Lechfeld (Zell bei Eggenfelden, Gem. 18. Jh.). *Zyklen:* Augsburg/St. U., Fastentuch, Stickerei 12. Jh.; Kaufbeuren/Blasiuskapelle, Gem. um 1485; Augsburg/St.U., Gem. v. Meister der St. Ulrichslegende 1453/55.

Urban I.
Papst, hl.
Fest: 25. 5.
Leben: U. regierte 222–230.
Legende: U. tauft den Bräutigam der hl. Caecilia, Valerian. – U. begräbt die hl. Caecilia. – U. stürzt Götzenbilder um, die 22 Opferpriester erschlagen. – U. und seine Gefährten werden enthauptet. – U. weist die Geistlichen an, daß Kelch und Patene aus Silber oder Gold gefertigt sein müssen.
Patronat: In Deutschland durch das Zusammentreffen des Festtages mit dem Ende der Weingartenbestellung, seit dem 13. Jh. Winzerpatron (vermutlich übertragen von Bischof Urban von Langres [5.Jh] auf Papst Urban); gegen Frostgefahr.
Verehrung und Kultorte: Grabstätte, ob bei St. Callixtus oder St. Prätextat in Rom unklar, unter Papst Paschalis I. Translation nach S. Cecilia 849.
Aberglauben: Im deutschen Recht des Mittelalters Stichtag des Eigentums am Ertrag der bearbeiteten Weingärten. Reiches Brauchtum mit Flur- und Bittprozessionen, Urbansumritten, Eintauchen von U.'s-Figuren in Bäche, U.'s-Spende (aus dem Brauchtum der U.'s-Brötchen) in Wein und Naturalien Rheingauer Winzer für Alte und Kranke (nach 1945 aufgekommen). U.'s-Minne nach dem Umherziehen mit einer U.-Statue in Schwaben belegt. Außerdem Lostag für das Wetter: Sonnenschein am U's.-Tag beschert einen guten Weinjahrgang.
Darstellung in der Kunst: *Gewandung:* als Papst im Pontifikalornat mit Tiara (Würzburg, Mainfränkisches Museum, Fig. der Riemenschneider-Werkstatt um 1500); als Winzer mit Krone (Waiblingen, Heimatmuseum, Prägedruck 1822). *Attribute:* Kreuz-

stab, Buch (Straßburg, Münster, Glasmalerei 13. Jh.); als Bischof mit Mitra und Krummstab (Püßberg, Fig. um 1530); Schwert (Hukkarde, Fig. Anfang 15. Jh.); Traube (Fuchsstadt, Fig. um 1500); Traube auf Buch (Salz bei Bad Neustadt an der Saale, Fig. um 1500); Weinrebe (Wien, St. Stephan, Gem. 15. Jh.); Traube im Kelch (Gumperda, Fig. 15. Jh.); Bütte (Waiblingen, Heimatmuseum, Prägedruck 1822). *Zyklen:* u. a. S. Urbano alla Caffarella/Oberkirche, Fresken 11. Jh. (zerstört); Rom/S. Cecilia, Fresken 11. Jh.

Ursula und Gefährtinnen
Jungfrauen, Martyrerinnen, hl.
Fest: 21. 10.
Kirchenhistorischer Hintergrund: Im Chor der U.-Kirche in Köln findet sich eine Inschrift des 5. Jh., die besagt, daß ein Clematius, durch himmlische Gesichte aus dem Orient herbeigeführt, auf Grund eines Gelübdes die Basilika erneuert hat, die sich an der Stelle erhebt, wo hl. Jungfrauen im Namen Christi ihr Blut vergossen haben. Vermutlich lag der Zeitpunkt dieses Martyriums während der diokletianischen Verfolgung. Obwohl Zahl und Namen der Martyrer fehlen, wissen dann spätere liturgische Kalendarien von 5, 8, 11 Heiligen, darunter eine Jungfrau Pinnosa bzw. Ursula. In einer Predigt des 8. Jh. sind es 1000; seit dem 10. Jh. wird von 11000 Jungfrauen gesprochen. Die Zahl dürfte vermutlich auf einen Lesefehler zurückgehen: die Abkürzung hieß vermutlich »Ursula et XI. M.V.« (= Ursula und 11 jungfräuliche Martyrerinnen) und wurde irrigerweise als »Ursula et undecim mille virgines« = (Ursula und 11 000 Jungfrauen) aufgelöst.
Legende: 1. Fassung 10. Jh.; 2. ins Phantastische ausgeweitete Fassung des 11. Jh.: danach wird U., Tochter des britannischen Königs, trotz des Gelübdes der Jungfräulichkeit von einem heidnischen Königsohn Aetherius zur

Gemahlin begehrt. – Im Falle ihrer Weigerung droht der König mit Krieg, deswegen erbittet sich U. eine dreijährige Frist und macht die Bekehrung des Bräutigams zum Christentum zur Bedingung. – Von ihrem Vater erbittet sich U. die Begleitung von 10 vornehmen Jungfrauen mit 1000 weiteren Mädchen und Schiffe. U. segelt mit ihren Gefährtinnen von Britannien ab, gerät in einen Sturm und wird in die Waalmündung getrieben. – Von dort fahren sie rheinaufwärts nach Köln. – Von einem Engel erhalten U. und Gefährten die Weisung, eine Wallfahrt nach Rom zu unternehmen, weswegen sie bis Basel zu Schiff fahren und die restliche Strecke zu Fuß gehen, von Papst Cyriakus begrüßt werden, und auf dem gleichen Weg nach Köln zurückkehren. – Die Stadt wird gerade von den Hunnen belagert, die Jungfrauen mit Pfeilschüssen niedergestreckt, doch U. wird wegen ihrer Schönheit vom König begehrt. – Da sich U. weigert, wird auch sie durch einen Pfeilschuß getötet.
Patronat: Universität Sorbonne Paris, Universität Coimbra, Ursulinen, Jugend, Eheleute, Lehrerinnen, Tuchhändler, kranke Kinder.
Verehrung und Kultorte: U.-Verehrung von den Zisterziensern gefördert; 1106 in einem römischen Gräberfeld gefundene Gebeine werden als Leichnam der hl. U. und Gefährtinnen angesehen; zu den Eigentümlichkeiten des Kultes gehören U.-Schifflein in der Vorstellung einer geistlichen Fracht frommer Werke als Bruderschaftsabzeichen und als Bild des Lebens als irdischer Pilgerfahrt.
Darstellungen in der Kunst: *Gewandung:* als junge Königstochter in vornehmer Kleidung, gegürtet, mit Krone über offenem Haar (St. Wallpurgen, Filialkirche, Glasmalerei 13. Jh.); in gegürtetem Kleid mit engen, vorne lang herabhängenden Ärmeln und Mantel mit Krone (Stift Admont, Liber matutinalis, Buchmalerei um 1180); langes Unterkleid, reich verziertes Obergewand mit mittels

Ursula

einer Lasche geschlossenem Mantel (Köln, St. Kunibert, Glasmalerei 13. Jh.); in langem Kleid und faltenreichem Mantel (Linz, Pfarrkirche, Wandmalerei 13. Jh.); in modischer Zeittracht (Köln, Wallraf-Richartz-Museum, Gem. v. Meister von St. Severin 1505/10); mit Schleier (Frankfurt, Städel, Gem. A. Vanni zugeschrieben 15. Jh.); mit Kopfputz (Amsterdam, Rijksmuseum, Fig. v. Meister des weiblichen Steinkopfs um 1520/30); mit offenem Haar ohne Kopfbedeckung (Barcelona, Museu d'Art de Catalunya, Gem. Ende 13. Jh.); im Schutzmantel (Köln, St. Andreas, Fresko um 1340); als Büstenreliquiar (Köln, U.-Kirche, Goldene Kammer, Reliquiare Ende 13. Jh.). *Attribute:* Pfeil (Köln, St. Kunibert, Glasmalerei 13. Jh.); mehrere Pfeile (Karlsruhe, Kunsthalle, Gem. v. H. Holbein d. Ä. 1522); Pfeil und Bogen (Cardona, Kollegiatskirche, Gem. 15. Jh.); Kreuzfahne als Standarte (Taufers, St. Johann, Wandmalerei 14. Jh.); zwei Kreuzfahnen (Bologna, Pinacoteca Nazionale, Gem. v. 1452); Schiffchen (Sitges, Hospital de S. Juan Bautista, Fig. um 1544). *Besondere Szenen:* U. in der Schar der 11000 Jungfrauen (Venedig, S. Lazzaro, Gem. v. J. Tintoretto um 1547). *Zyklen:* zahlreich, u. a. Köln/Wallraf-Richartz-Museum, U.-Legende, Gem. v. dem Kölnischen Meister v. 1456, 1455/60; Köln/Wallraf-Richartz-Museum, Gem. v. Meister der Ursulalegende 1492/96; Brügge/Johannesspital, Ursulaschrein, Gem. v. H. Memling vor 1489.

V

Valentin von Rätien
Bischof, hl.
Fest: 7.1.
Leben: war Bischof im 5. Jh., die Diözese ist nicht bekannt. † wahrscheinlich in Mais-Meran auf dem Zenoberg.
Legende: entspricht der des V. von Terni bzw. Rom. Nach dem Anonymus Passaviensis (12. Jh.) versucht V. dreimal in Passau zu wirken, wird jedesmal vertrieben und geht deswegen nach Südtirol.

S. VALENTINVS EPISCOPVS.

Patronat: Krüppel, Epileptiker, ebenfalls v. Bischof V. v. Terni übernommen.
Verehrung und Kultorte: Leichnam in Mais-Meran auf dem Zenoberg, dort ließ sich auch Korbianian v. Freising begraben. Überführung der Gebeine durch Herzog Thassilo III. von Bayern nach Passau, St. Stephan 764. Erhebung der Gebeine 1120. Wallfahrten während des Mittelalters u. a. in Kiedrich, Mertesheim.
Darstellungen in der Kunst: In der Regel beziehen sich V.-Darstellungen in bischöflicher Gewandung nördlich der Alpen auf V. von Rätien: *Gewandung:* als Bischof im Ornat mit Stab (Schwerin, Museum, Fig. um 1435). *Attribute:* Epileptiker zu Füßen (Nürnberg, Germanisches Nationalmuseum, Gem. v. einem Meister der Donauschule um 1520). *Besondere Szene:* Predigt V.'s gegen die Arianer (München, St. Bonifaz, Gem. 19. Jh.). *Zyklus:* Augsburg/Staatsgalerie, Gem. v. B. Zeitblom um 1500.

Valentin von Rom
Priester, Martyrer, hl.
Fest: 14. 2.
Leben: keine historische Person.
Legende: Der Rhetor Kraton sucht mit seinem erkrankten Sohn Ärzte auf. – Kraton bietet V. Geld für die Heilung seines Sohnes an. – V. betet für die Heilung des Sohnes. – Kraton läßt sich taufen. – V. wird in der

Christenverfolgung unter Kaiser Claudius 269 enthauptet.

Verehrung und Kultorte: Leichnam beigesetzt an der Via Flaminia, wo im 4. Jh. zwei Begräbnisstätten von zwei namensgleichen Martyrern (des Priesters am 2. Meilenstein im Stadtgebiet von Rom und des Bischofs von Terni am 63. Meilenstein) existierten. Obwohl das römische Martyrologium von zwei Martyrern ausgeht, dürfte es sich bei den beiden Martyrern um die gleiche Person handeln, zumal es von der Basilika am 2. Meilenstein lediglich heißt, daß sie die Basilika des V. genannt wird und man möglicherweise dahinter einen Stifter vermuten könnte, so daß alle Verehrung am 14. 2. dem V. von Terni zugesprochen werden muß.

Darstellung in der Kunst: V.-Darstellungen im bischöflichen Gewand beziehen sich südlich der Alpen auf V. von Terni, nördlich der Alpen auf V. von Rätien: *Gewandung:* als Priester mit Kasel (Rom, S. Maria Antiqua, Wandmalerei 757/67); als Kephalophore in Dalmatik (Stuttgart, Landesbibliothek Cod. hist 2° 414, Buchmalerei 12. Jh.). *Attribute:* Palmzweig (Stuttgart, Landesbibliothek, Cod. hist 2° 414 Buchmalerei 12. Jh.); Schwert (New York, Pierpont Morgan Library, Stundenbuch der Katharina v. Kleve, Buchmalerei 15. Jh.). *Besondere Szenen:* V. als Priester tauft die hl. Lucilla (Bassano, Museum, Gem. v. J. Bassano 16. Jh.). *Martyrium:* V. als Priester wird von zwei Schergen erschlagen (Kupferstich v. Callot 1636).

Valentin von Terni

Bischof, Martyrer, hl.

Fest: 14. 2.

Leben: Bischof von Terni, erlitt das Martyrium.

Verehrung und Kultorte: im 8. Jh. an der Via Flaminia bei Terni Basilika des hl. V. bezeugt. Reliquien 1605 in die Basilika von Terni transferiert; ferner in Rouffach/Elsaß.

Darstellungen in der Kunst: In der Regel beziehen sich V.-Darstellungen in bischöflichem Gewand südlich der Alpen auf V. von Terni; nördlich der Alpen nur in Rouffach im Elsaß dargestellt. *Gewandung:* als Bischof in pontifikalem Ornat (Rouffach/Elsaß, Reliquiar, Fig. 15. Jh.). *Besondere Szenen:* V. heilt den Sohn des Kraton (Venedig, S. Luca, Gem. v. J. C. Loth 17. Jh.); *Martyrium:* V. wird enthauptet (Venedig, Biblioteca Nazionale Marciana, Breviarium Grimani, Buchmalerei 12. Jh.). *Zyklus:* Bussolengo bei Verona, Wandmalerei um 1400.

Veronika   18

Martyrerin, hl.

Fest: 27. 2.

Legende: seit dem 4. Jh. im Abendland verbreitet: Eine der klagenden Frauen am Kreuzweg Jesu namens V. reicht Jesus ein Schweißtuch, damit er sich das Gesicht trockne. J. drückt sein Gesicht darauf, so daß ein Abdruck zurückbleibt. – Später wird V. mit der blutflüssigen Frau (Mt 9,20) oder mit Martha von Bethanien identifiziert: Als laut Pilatusakten Kaiser Tiberius in schwerer Krankheit einen Boten zu Jesus schickt, um Heilung zu erlangen, erfährt er, daß Pilatus Jesus hingerichtet habe, und läßt in seinem Zorn Pilatus gefangen nehmen. – Dafür ruft er die blutflüssige Frau, die Jesu Antlitz zu Lebzeiten in ein Tuch hat einprägen lassen, zu sich, wird selbst beim Anblick des Bildes geheilt und läßt sich taufen. – Das Tuch geht in Besitz von Papst Clemens über (Var.: Es gelangt 705 unter die Reliquien von St. Peter). – V. wirkt anschließend als Missionarin im Médoc.

Patronat: Leinenweber, Leinenhändler, Wäscherinnen, Weißnäherinnen, Fürsprecherin für einen guten Tod, Helferin bei schweren Verwundungen, Blutungen.

Verehrung und Kultorte: Leichnam angeblich begraben in Soulac, Reliquien in Bor-

deaux/St-Sernin. V.-Legende Bestandteil jedes Kreuzwegs.

Darstellungen in der Kunst: *Gewandung:* als stehende Matrone mit gegürtetem Kleid und Mantel, mit Wimpel und Kopftuch (Wien, St. Stephan, Chorgestühl 15. Jh.); als stehende Matrone mit Haube und dünnem Schleier (Köln, Wallraf-Richartz-Museum, Gem. v. westfälischem Meister in Köln um 1415/20). *Attribute:* Tuch mit dem Antlitz Christi in den Händen (München, Alte Pinakothek, Gem. Anfang 15. Jh.). *Besondere Szenen:* Die Heilung des Tiberius durch V. mit dem Schweißtuch (New York, Sammlung Lehmann, Gobelin um 1510); Grab und Schrein der hl. V. (Soulac, Kapitelle, Relief 12. Jh.); V. begegnet dem kreuztragenden Christus (Kupferstich v. M. Schongauer um 1479).

Vinzenz Ferrér
Dominikaner, hl.
Fest: 5. 4.
Leben: * um 1350 in Valencia, Eintritt mit 17 Jahren in das dortige Dominikanerkloster; Studium in Lérida und Barcelona, wirkte nach der Priesterweihe um 1375 als Dozent der Philosophie, ab 1377 als Prediger, ab 1385 zugleich Lehrer an der Kathedralschule in Valencia. Durch VF.'s Freundschaft mit Kardinal Pedro di Luna, dem späteren Papst Benedikt XIII., Einsatz auf seiten Benedikts während des Papstschismas zwischen 1378/1417 bis zum Konzil von Konstanz, da VF. die Wahl Urbans VI. für erzwungen und damit als ungültig ansah. VF. glaubte infolge des Papstschismas an den baldigen Weltuntergang und bekam deswegen Schwierig-

keiten mit seinem Ordensbruder und Inquisitor Nicolaus Eymericus 1399/1409. Bußprediger in Katalonien, Marseille, an der Riviera; starke Auseinandersetzungen mit Geißler-Bewegungen (sog. Flagellanten). 1412 vollzog sich für VF. eine Wende, zumal auf dem Konzil von Pisa 1409 ein dritter Papst gewählt wurde, indem VF. zur Überzeugung gelangte, auch sein Freund Benedikt XIII. müsse zurücktreten, doch blieb sein Einfluß auf ihn ohne Erfolg. Erst als VF. König Ferdinand I. von Aragon dazu brachte, im Namen der spanischen Könige Benedikt XIII. den Gehorsam aufzukündigen, war der Weg für die Wahl des neuen Papstes Martin V. frei, der seinerseits VF. als Bußprediger nach Frankreich sandte. † 5. 4. 1419 in Vannes. Heiligsprechung 1458.

Legende: Der Bischof von Valencia wahrsagt den Eltern die Geburt eines Sohnes. – VF. treibt einen Teufel aus einer Frau aus und spricht den Exorzismus über Johannes aus Nantes. – Zwei Männer sind nach einem Ermordungsversuch gelähmt, bekehren sich und werden geheilt. – Eine Wahnsinnige zerstückelt das eigene Kind, das von VF. wieder erweckt wird. – VF. erweckt eine verstorbene junge Frau in Salamanca. – VF. bannt Gewitter. – VF. wirkt bei einer Zelebration ein Wunder und speist 200 Männer. – VF. gelingen Bekehrungen von Gesetzlosen im Tal des Verderbens und von Sonnenanbetern. – VF. bekehrt Menschen unter König Mohammed Aben Baha in Granada. – VF. kleidet bekehrte maurische Prinzessinnen als Ordensfrauen ein.

Patronat: Valencia, Vannes; Bleigießer, Dachdecker, Holzarbeiter, Ziegelmacher; gegen Kopfschmerzen, Epilepsie und unbestimmte Krankheitssymptome.

Verehrung und Kultorte: Leichnam begraben in Vannes/Bragne; Verehrung gefördert durch Kaiser Karl VI. in Österreich und namentlich in der Steiermark; im Dominikanerorden verbreitet.

Aberglauben: VF.-Wasser, von den Dominikanern gesegnet, hilft Krankheiten zu lindern.

Darstellungen in der Kunst: *Gewandung:* als Dominikaner in Ordenstracht mit langem, gegürtetem Kleid, Skapulier, Kappa mit Kapuze (Venedig, SS. Giovanni e Paolo, Gem. v. G. Bellini um 1464); als Dominikaner in Predigtgestus mit Engelsflügeln (Wimpfen am Berg, Dominikanerkirche, Fig. 18. Jh.). *Attribute:* IHS-Monogramm auf der Brust, Lilie (Trier, Welschnonnenkirche, Fig. 18. Jh.); Flamme über dem Haupt (Siena, S. Spirito, Fig. v. G. Cozzarelli um 1500); Flamme in der Hand (Venedig, SS. Giovanni e Paolo, Gem. v. G. Bellini um 1464); Sonne (Prag, Karlsbrücke, Fig. v. F. M. Brokoff 1712); offenes Buch mit Text aus Apokalypse 14,7 (Recanati, S. Domenico, Gem. v. L. Lotto 16. Jh.); offenes Buch mit Text Psalm 61,8 (Sanginesio, Kirche, Gem. v. P. Alemanno 1485); Kardinalshut zu Füßen als Hinweis auf abgelehnte Würden (Castelvetrano, S. Domenico, Gem. 15. Jh.); Posaune (Krems, Dominikanerkloster, Relief v. J. Gallo um 1730); Satan und Flammenschwert (Ehrenhausen/Steiermark, Gem. 18. Jh.); nacktes Kind im Becken (Waidhofen an der Thaya, Bildstock Fig. 18. Jh.); Bratspieß (Friesach, Dominikanerkloster, Gem. 18. Jh.); Glocke (Barcelona, Kathedrale, Gem. 16. Jh.). *Besondere Szenen:* V. erweckt ein Kind (Bologna, S. Domenico, Gem. v. D. Creti 18. Jh.); VF. weist auf Christus als Weltenrichter (Budapest, Szépművészeti Múzeum, Gem. v. A. del Verrocchio-Werkstatt 15. Jh.). *Zyklen:* u. a. Wien/Kunsthistorisches Museum, Gem. v. B. degli Erri 15. Jh.; Florenz/Stibbert-Museum, Gem. v. D. Ghirlandajo/Schule 16. Jh.; Castelvetrano/S. Domenico, Gem. 15. Jh.

Vinzenz von Paul
Priester, Ordensgründer, hl.
Fest: 27. 9.
Leben: * 24. 4. 1581 zu Pouy bei Dax, Studium in Toulouse, Priesterweihe, 1604 Baccalaureus der Theologie, anschließend in Rom. Die Gefangenschaft bei den Mauren 1605/07 ist umstritten. 1608 Paris, 1612 Pfarrer in Clichy; legte das Gelübde ab, sein Leben den Armen zu widmen. 1617 Aufnahme der Landmission, gründete mit Weltpriestern eine Missionskongregation, die sich »Lazarizsten« nannte, und eine Vereinigung von Bürgersfrauen zur Betreuung Armer und Kranker, aus denen die Vinzentinerinnen hervorgingen. V. wurde Organisator der Caritas in Frankreich. Während der blutigen Aufstände der Fronde Einrichtung von Volksküchen. V. rettet Provinzen vor der Verelendung. V. stand König Ludwig XIII. beim Tode bei. V. war mit Franz von Sales befreundet. † 27. 9. 1660 in Paris. Seligsprechung 1729, Heiligsprechung 1737.

Patronat: Lazaristen, Vinzentinerinnen, caritative Organisationen und Vereine, Krankenhäuser, Waisenhäuser, Gefangene, Klerus; für das Wiederfinden verlorener Gegenstände.

Darstellungen in der Kunst: *Gewandung:* in Soutane (Paris, Mutterhaus der Lazaristen, Gem. v. S. Francois um 1660); in Soutane mit Superpelliceum (Paris, St-Etienne, Gem. v. S. Bourdon 1649). *Attribute:* Kruzifix (Rom, S. Peter, Fig. v. P. Bracci 17. Jh.); Kind auf dem Arm (Paris, St-Julien-le-Pauvre, Fig. 18. Jh.); flammendes Herz, Kind zu Füßen (Andachtsbild, Stich v. L. Zucchi 17. Jh.). *Besondere Szenen:* sehr zahlreiche Motive,

u. a. Vision von den Erdkugeln während der
Messe (Andachtsbild, Stich 18. Jh.); V. wird
während der Predigt von Engeln umschwebt
(Bergamo, S. Catarina, Gem. v. G. A. Petrini
18. Jh.); V. wird von König Ludwig XIII. als
Genralalmosenier der Galeerensträflinge
eingesetzt (Paris, St-Marguerite, Gem. v. J.
Restout 18. Jh.); V. als Generalalmosenier
(Paris, Eglise de la Trinité, Gem. v. Lecomte
du Nouy 19. Jh.); V. nimmt den Platz eines
Galeerensträflings ein (Gaillac, St-Michel,
Gem. v. F. Dufau 19. Jh.); F. von Sales überträgt V. das Superiorat über die Visitantinnen (Paris, St-Marguerite, Gem. v. J. Restout
18. Jh.); V. übergibt den Vincentinerinnen
ein Findelkind (Werl, Krankenhauskapelle,
Glasmalerei v. E. Lammers 1951). Sämtliche
Motive aufgeführt bei L. de Lanzac de Labo-
rie, Saint V.,Paris 1927.

42 **Vinzenz** von Zaragoza
Diakon, Martyrer, hl.
Fest: 22. 1.
Leben: während der diokletianischen Christenverfolgung in Valencia ins Gefängnis geworfen. V. erlitt 304 das Martyrium.
Legende: nach der Passio von Prudentius
und der Legenda aurea: V. ist Diakon bei Bischof Valerius. – Da V. besser predigen kann
als der Bischof, überläßt dieser V. dieses
Amt. – Während der Christenverfolgung
werden V. und Valerius eingekerkert, um sie
verhungern zu lassen, doch treten sie unent-
wegt vor den Richter und weigern sich, den
Götzen zu opfern. (Var.: V. stürzt Götzenbilder um). – Valerius wird in die Verbannung
geschickt, V. jedoch gefoltert, indem er mit
Haken und Zangen zerfleischt wird (Var.: V.
wird am Schrägkreuz gestreckt und mit flüssigem Blei übergossen.). – V. wird auf dem
glühenden Rost gebraten. – Zurück ins Gefängnis gebracht, soll V. auf Scherben ruhen,
die sich in zarte Blumen verwandeln, worauf
sich die Gefängniswächter bekehren. – V.

soll noch weitere Plagen erleiden, doch
stirbt er auf seinem Lager. – Der Leichnam
wird auf das freie Feld gelegt, von Engeln be-
wacht. – Ein Rabe vertreibt einen gefräßigen
Wolf an der Leiche. – Der Leichnam wird,
mit einem Mühlstein beschwert, ins Meer
geworfen und kehrt sofort an Land zurück. –
Engel begraben den Leichnam.
Patronat: Portugal, der Weinberge von Vi-
gneron, Winzerpatron in Deutschland und
Frankreich, weil man irrtümlich in seinem
Namen den Bestandteil des Wortes vin
(Wein) sah, Weinhändler in Paris, Wingert-
schützen, Weinbergwächter, Holzfäller in
Salzburg und Zaragoza, Dachdecker, Töpfer,
Weber in Frankreich, Ziegelmacher, Seeleu-
te.
Verehrung und Kultorte: Gebeine in Valen-
cia, Tunikareliquie seit 531 durch König
Childebert I. in Paris/St-Chapelle als Gegen-
stück zum Mantel des hl. Martin.
Aberglauben: Lostag für das Wetter, weil bei
Sonnenschein am V.-Tag der Wein beson-
ders gut gedeiht, Markttag und Tanzfeste;
gilt auch als Tag der Vogelhochzeit.
Darstellungen in der Kunst: *Gewandung:* in
Phänula im Orantengestus (Rom, Katakombe des Pontian, Fresko 6./7. Jh.); als Diakon
des byzantinischen Ritus (Cefalù, Kathedrale, Mosaik 12. Jh.); als Diakon des lateinischen Ritus in Dalmatik (Rouen, St-Vincent,
Glasmalerei 1525). *Attribute:* Weihrauchfaß
(Cefalù, Kathedrale, Mosaik 12. Jh.); Buch
(Breslau, Dom, Gem. 1468); Mühlstein (Wismar, St. Jürgen, Fig. 15. Jh.); Gefängnisturm,
Engel (Abeida/Huesca, Gem. 15. Jh.); Reifen
(Lübeck, Heilig-Geist-Spital, Gem. Ende
15. Jh.); Rabe zu Füßen (Chartres, Kathedrale, Südportal, Fig. 1215); Schiff (Belém, Hie-
ronymuskirche, Fig. v. N. Chanterene 1517);
zwei Raben auf dem Schiff (Montefalco, S.
Francesco, Gem. v. A. Romano 15 [?]. Jh.);
Feuerhaken (Heiligenblut, Fig. 1520); Kette (Greenville/South Carolina, Collection
of Bob-Jones-University, Gem. v. F. Goya

18. Jh.); Schrägkreuz (Barcelona, Museu d'Art de Catalunya, Gem. v. B. Martorell 15. Jh.); Maure zu Füßen (Washington, Hispanic Society of America, Fig. 14. Jh.); Rost (Breslau, Dom, Relief 1591); Stab mit drei Widerhaken (New York, Pierpont Morgan Library, Stundenbuch der Katharina von Kleve, Buchmalerei 15. Jh.); Zweig mit Blumen (Slavetin/Böhmen, Wandmalerei 16. Jh.); Hacke (Hallstatt, Marienaltar, Fig. v. Meister Astl um 1515). *Martyrium:* V. wird am Balken aufgehängt und mit Haken zerfleischt (Stuttgart, Landesbibliothek Cod. hist. 2°54, Buchmalerei 12. Jh.); V. wird auf dem Rost gebraten (Berzé-la-Ville, Wandmalerei 12. Jh.). *Zyklen:* u. a. Galliano bei Como/S. Vincenzo, Wandmalerei um 1007; Bern/Historisches Museum, Teppiche 1515; Barcelona/Museu d'Art de Catalunya, Gem. v. J. Huguet 1456/60.

Virgil von Salzburg
Bischof, hl.

Fest: 24. 9. (in den Diözesen Salzburg und Gurk-Klagenfurt 24. 11.).

Leben: * um 700, irischer Mönch, verließ um 742 Irland, um in Germanien zu missionieren, 743 am Hof Pippins, wo V. an Herzog Odilo von Bayern weiterempfohlen wurde. 745 mit dem Bischofsstuhl von Salzburg betraut, den V. nach irischer Sitte als Abt des Stiftes St. Peter in Personalunion versah. Wegen des Streites mit Bonifatius um die unkanonische Bestellung zum Bischof, der Verwendung einer grammatikalisch nicht korrekten Tauformel und der Lehre von der Kugelgestalt der Erde war keine Bischofsweihe möglich; V. mußte sich durch seinen Weihbischof Dobdagrecus vertreten lassen, bis Papst Zacharias 748 auf Anfrage von Bonifatius in der Tauformel für Virgil, in der Frage der Bischofsernennung gegen ihn entschied. Zur wissenschaftlichen Auseinandersetzung, um die Behauptung V.'s, daß

es Antipoden und somit auch Bewohner auf der gegenüberliegenden Seite der Erde gäbe, was Bonifatius als Widerspruch zur kirchlichen Lehre auffaßte, äußerste sich der Papst nur sehr zurückhaltend. V. konnte erst nach dem Tod des Bonifatius die Bischofsweihe am 15. 6. 755 empfangen. 767 Missionierung von Kärnten durch Entsendung von Chorbischof Modestus und vier Priestern. V. erbaute den ersten Dom von Salzburg und übertrug am 24. 9. 774 die Reliquien des hl. Rupert sowie von Chuniald und Gislar. † 25. 11. 784. Heiligsprechung 1233.

Verehrung und Kultorte: Leichnam im Dom von Salzburg begraben.

Darstellungen in der Kunst: *Gewandung:* als Bischof in Pontifikalkleidung mit Pluviale und Mitra (Karlsruhe, Staatliche Kunsthalle, Gem. Ende 15. Jh.). *Attribute:* Kirchenmodell (Tamsweg, St. Leonard, Glasmalerei 15. Jh.). *Besondere Szene:* Bischofsweihe von V. (Salzburg, Dom, Oratorium, Gem. 1672). *Zyklus:* Salzburg/Dom, Fresken 1672.

Vitus
(Veit), Martyrer, Nothelfer, hl.

Fest: 15. 6.

Leben: als Person im Martyrologium Hieronymianum um 450 erwähnt.

Legende: * in Sizilien als Sohn heidnischer Eltern; sein Vater Hylas will V. mit allen Mitteln vom christlichen Glauben abbringen. – V. wird vor den Präfekten Valerius geschleppt. – Als die Häscher ihn schlagen wollen, erlahmen ihre Arme. – Die verdorrte Hand des Richters heilt V. – Der Vater sieht zuhause sieben Engel um sein Kind stehen. – Der Vater wird durch das überirdische Licht der Engel mit Blindheit geschlagen. – Auch durch ein Stieropfer vor Jupiter läßt sich die Blindheit nicht heilen. – V. entflieht auf Geheiß des Engels mit seinem Erzieher Modestus und seiner Amme Kreszentia in ein fer-

Vitus   456

nes Land. – Ein Adler versorgt die Flüchtigen
mit Speise. – V. treibt einen Teufel aus einem Besessenen vor Kaiser Diokletian aus,
weil der Teufel erklärt, nur vor V. weichen
zu wollen. – V. verweigert anschließend das
Götzenopfer. – Ein Engel löst die Fesseln von
Modestus, Creszentia und V. – V. wird in einen glühenden Ofen (Var.: Kessel mit siedendem Öl) geworfen, aus dem er unversehrt
herausklettert. – Ein wilder Löwe wird von
V. gezähmt. – Während weiterer Folter bebt
die Erde; Götzentempel stürzen ein. – Der
Kaiser fühlt im Zorn sich von einem Kind
überwunden. – Ein Engel entführt V., Modestus und Krescentia in ihre Heimat, wo sie
friedlich sterben.

Patronat: sächsisches Kaiserhaus, Sizilien,
Böhmen, Pommern, Sachsen, Insel Rügen,
Corvey, Ellwangen, Höxter, Krems, Mön-
chengladbach, Prag; Jugend, Kupfer und Kes-
selschmiede, Bierbrauer, Schauspieler, Winzer, Apotheker, Bergleute; für die Bewah-
rung der Keuschheit, gegen Langschlaf,
Besessenheit, Tobsucht, Krüppel, Lahme,
Taube, Stumme, Blinde, Augenkrankheiten,
Epilepsie (»Veitstanz«), Tanzwut, Hysterie,
Krämpfe bei Kindern, Bettnässen, Unfruchtbarkeit, Hundebiß, Schlangenbiß, Blitz, Unwetter, Feuergefahr, Erdbeben, der Aussaat
und Ernte, Hühner, Haustiere, Hunde.

Verehrung und Kultorte: Gebeine in Luca-
nia/Sizilien seit 583, 756 durch Abt Fulrad
nach St-Denis, 836 von Abt Hilduin ins Kloster Corvey transferiert, für Prag an Wenzes-
laus von Böhmen als Reliquie ein Arm von
Corvey aus abgegeben, für die St. Veit erbaut
wurde. Für Prag durch Karl IV. weitere, einst
in Pavia befindliche Reliquien erworben. Besonders verehrt auf der Insel Reichenau, in
St. Gallen, Bayern, Kärnten, Friaul, 150 weitere Orte mit Reliquien; 1300 Kirchenpatronate deuten die Beliebtheit des hl. V. an.

Aberglauben: V.-Tag vor der gregorianischen
Kalenderreform Mittsommertag, beliebter
Markttag, V.-Feuer anstelle der Johannis-

Ordensheilige II

75 *Der hl. Dominikus als Begründer der*
    Inquisition, Gem. v. Pedro Berreguette,
    Escorial

76 *Die Heiligen Thomas v. Aquin und*
    Dominikus neben der Muttergottes, Gem.,
    Escorial

77 *Hl. Margareta v. Ungarn, Holzschnitt,*
    Christliches Museum/Esztergom

78 *Grabmal des hl. Ignatius, Il Gesù/Rom*

79 *Wunder des hl. Franz Xaver, Gem. v. Peter*
    Paul Rubens, Kunsthistorisches
    Museum/Wien

80 *Entzückung der hl. Theresia v. Ávila,*
    Fig. v. Gianlorenzo Bernini, S. Maria della
    Vittoria/Rom

81 *Schrein der hl. Theresia von Lisieux, Lisieux*

82 *Der hl. Bruder Konrad, Silberfig., Gnaden-*
    kapelle/Altötting

75

feuer. Zahlreiche volksmedizinische Mittel, um den V.-Tanz zu heilen.
Darstellungen in der Kunst: *Gewandung:* als Knabe in langem, vornehmen Gewand, gelocktem, langen Haar, Barett (Nürnberg, Germanisches Nationalmuseum, Gem. v. H. Burgkmair 1505); in halblangem, gegürteten Untergewand und Mantel (Rottweil, Lorenzkapelle, Fig. v. J. Syrlin d. J. um 1500); in kurzem, gegürteten Rock mit Mantel (Vierzehnheiligen, Fig. v. J. M. Feichtmayr 1764); als Ritter in Rüstung (St. Goar, ev. Kirche, Wandmalerei 1475); als nackter Knabe im Kessel (Schwaz/Tirol, Knappenkapelle, Fig. 16. Jh.); als nackter Knabe im Kessel mit Barett (Krems, Museum, Fig. 1525); im Hermelinmantel mit Krone (Zelina/Böhmen, Gem. 1526). *Attribute:* Palme, Schwert (St. Goar, ev. Kirche, Wandmalerei 1475); Buch (Eichstätt, Bischöfl. Kapelle, Fig. um 1500); Hahn (Hirschaid, Pfarrkirche S. V., Fig. um 1750); Ampel (Schwaz/Tirol, Knappenkapelle, Fig. 16. Jh.); Kessel neben sich (Morzg-Salzburg, Fig. Ende 17. Jh.); Hahn auf Säule (Prag, St. Veit, Fig. um 1700); Kessel in der Hand (Junkenhofen, Fig. 15./16. Jh.); Rabe (Sünninghausen bei Beckum, Fig. 15. Jh.); Vogel (Saretano, Gem. v. A. Niccolò 15. Jh.); Löwe, Ofen, Stock (Wismar, St. Jürgen, Chorgestühl, Relief 15. Jh.); Kirchenmodell (Mönchengladbach-Hardt, St. Nikolaus, Fig. 1720/30); Löwenkopf, umgehängte Tasche (Corvey, Klosterkirche, Fig. 18. Jh.); Öllämpchen (Landsberg, Pfarrkirche, Fig. 15. Jh.). *Mar-*

tyrium: V., Modestus und Krescentia werden im Kessel mit siedendem Öl gemartert (Nürnberg, Germanisches Nationalmuseum, Gem. 1487). *Zyklen:* zahlreich, u. a. Wasenweiler/Friedhofskapelle, Wandmalerei um 1470; Morzg-Salzburg, Gem. um 1480; Wien/Österreichische Galerie im Belvedere, Gem. v. Meister der Veitslegende um 1480.

Walburga
Äbtissin, hl.
Fest: 25. 2.
Leben: * um 710 als Tochter Richards von England, Schwester der hl. Willibald und Wunibald von Eichstätt. Erziehung im Kloster Wimborne bei Bournemouth zusammen mit der hl. Lioba. Auf Wunsch ihres Onkels Bonifatius in die Mission gesandt, wirkte zunächst unter Lioba in Tauberbischofsheim, von 751/752 an im Doppelkloster Heidenheim, dessen Leitung W. nach Wunibalds Tod 761 übernahm. † 25. 2. 779.
Legende: Der Teufel entfacht einen Sturm auf See, der sich auf W.'s Gebet hin legt. – Als W. nach Heidenheim kommt, geht über dem Kloster ein göttliches Licht auf. – W. heilt die Tochter des Burgherrn und schreitet über die Zugbrücke, ohne daß sie die Hunde anfallen. – Als W.'s Gebeine in den Eichstätter Dom überführt werden, stehen beim Kreuzkirchlein die Pferde still, so daß man den Leichnam dort beisetzt.
Patronat: Diözese Eichstätt, Oudenaarde/Belgien; Bauern, Landleute, für das Gedeihen der Feldfrüchte, der Haustiere, bei Hundebiß, Tollwut.
Verehrung und Kultorte: Gebeine am 1. 5. 870 in die Klosterkirche St. W. zu Eichstätt, sog. Myrophore, weil aus dem Grab Öl austritt, das in Fläschchen abgefüllt wird. Seit 893 Reliquien im Frauenkloster Monheim, Furnes/Westbelgien, Walberberg bei Bonn (Hirnschale und Stab), Walburg/Elsaß, Lamberg bei Cham, Ehrenbürg bei Forchheim, Alfen, Wormbach, Scheer/Donau, Walburgisberg bei Weschnitz, Kapelle der Erholungsstätte Heilsbach bei Schönau/Pfalz (seit 1983). Zahlreiche Kirchenpatrozinien in Franken, Bayern und Flandern. Wallfahrt in Eichstätt.
Aberglauben: Die Walpurgisnacht oder Hexennacht, in der die Hexen auf dem Blocksberg im Harz ihr Unwesen treiben, geht auf germanische Vorstellungen zurück und hat zur hl. W. außer der Tagesbezeichnung keine Beziehung.
Darstellungen in der Kunst: *Gewandung:* als Benediktinerin in weitärmeliger Flocke mit Wimpel, Weihel und Schleier (Münster, Landesmuseum, Gem. um 1170); in fürstlicher Kleidung, langem Unterkleid, kürzerem Oberkleid und geschlossenem Mantel mit Schlitzen für die Ärmel (Darmstadt, Hessisches Landesmuseum, Gem. 15. Jh.); in Prunkgewand mit Fürstenhut (ehem. Boppard, Kloster Marienberg, jetzt Köln, Privatbesitz, Gem. um 1410); in kaselartigem Mantel, langem Unterkleid, langem Kopfschleier (Stuttgart, Landesbibliothek, Zwiefaltener Martyrologium, Buchmalerei 12. Jh.); als Äbtissin mit Krone und Stab (Eich-

stätt, St. W., Gruft, Fig. 15. Jh.); als kluge Jungfrau (Münster, Landesmuseum, Gem. des Meisters des Fröndenberger Altares um 1420). *Attribute:* Szepter (Eichstätt, St. W., Votivbild 18. Jh.); Buch (Münster, Landesmuseum, Gem. um 1170); Palmzweig (Darmstadt, Landesbibliothek, Hitda-Codex, Buchmalerei 11. Jh.); brennende Lampe (Münster, Landesmuseum, Gem. des Meisters des Fröndenberger Altares um 1420); Apfel (Eichstätt, St. W., Fig. 11. Jh.); große Krone (Walburgskirchen/Niederbayern, Fig. um 1460); Ölfläschchen (Eichstätt, Dom, Fig. Ende 15. Jh.); dreiteiliger Blütenzweig (Regensburg, Dom, Glasmalerei 14. Jh.); Blumenszepter (Eichstätt, St. W., Luitgerkelch, Email 14. Jh.); Lilienszepter, Kornähren (Nürnberg, Germanisches Nationalmuseum, Gem. v. S. Lochner 15. Jh.); drei Kornähren (Kißlegg, St. Anna, Fig. 18. Jh.); Lilienzweig (Ulm, Städtisches Museum, Gem. v. F. A. Maulpertsch um 1749). *Besondere Szenen:* Schiffswunder der hl. W. (Leipzig, Museum der bildenden Künste, Gem. v. P. P. Rubens um 1610); Die Reliquientranslation der hl. W. (Eichstätt, Kloster St. W., Gruft, Gem. 18. Jh.); Karl d. Gr. empfängt Reliquien für Furnes (Turin, Pinacoteca, Gem. v. B. von Orley 16. Jh.). *Zyklen:* Schloß Maihingen, Wandteppich um 1455; München/Bayerische Staatsbibliothek Clm. 19 162, Federzeichnnungen 15.(?) Jh.); Heilsbach bei Schönau/Pfalz, bemalter Solnhofer Schiefer v. C. Winkler 1983, (umfangreicher und ikonographisch interessanter, künstlerisch anspruchsloser Zyklus).

Waldetrudis
(Waltraud, Waudru, Audru), Äbtissin in Mons, hl.
Fest: 9. 4.
Leben: * als Tochter des Edlen Walbert, Schwester der hl. Adelgundis, heiratete Vin-

zenz Madelgar und wurde Mutter von vier Kindern. Auf ihren Rat hin gründete jedes der Kinder ein Kloster, sie selbst erbaute in Castrilocus ein Kloster, das spätere »Ste-Waudru« in Mons/Belgien. Nach dem Wegzug der Kinder Trennung von ihrem Mann, der ebenfalls Klosterstifter wurde. In Mons nahm W. von Bischof Autbert von Cambrai den Nonnenschleier, zuletzt Äbtissin. † um 688.
Verehrung und Kultorte: Leichnam beigesetzt in Mons, Elevation der Gebeine um 1250; Haupt in besonderem Reliquiar geborgen, das neben anderen Reliquien seit 1349 am Dreifaltigkeitssonntag in einer prunkvollen Prozession in einer Karosse durch die Stadt gefahren wird. – Nach dem Normanneneinfall entwickelte sich aus dem Kloster

eine Benediktinerinnenabtei, später umgewandelt in ein Stift regulierter Augustiner-Chorfrauen, zuletzt weltlicher Augustiner-Chordamen.

Darstellungen in der Kunst: *Gewandung:* als Mädchen ohne Schleier mit Schultermäntelchen (Temse, Notre Dame, Relief v. Ph. Nijs 1750); als Edelfräulein im Prunkgewand und reichem Geschmeide um den Hals (Soignies, St-Vincent-Madelgaire, Fig. 1715); als junge Äbtissin in weltlicher (!) Tracht (Gent, Augustinerkirche St. Stephan, Relief 17. Jh.); als Äbtissin mit Stab und Buch (Herentals, St-Waudru, Gem. um 1585); Kirchenmodell (Antwerpen, Museum Vleeshuis, Fig. 16. Jh.); Kirchenmodell von Mons (Brügge, Museum Gruuthuse, Glasmalerei 17. Jh.); als tief verschleierte Nonne mit Ordensgürtel (Innsbruck, Silberkapelle, Fig. v. S. Godl 16. Jh.); mit modischem Schleier und kleiner Krone (Herentals, Ste-Waudru, Fig. Ende 17. Jh.); im Schutzmantel, der über ihre Töchter gebreitet ist (Mons, Sammlung Madame Marcel Le Tellier, Buchmalerei 2. Hälfte 15. Jh.). *Attribute:* Töchter zu Füßen (Mons, Sammlung Madame Marcel Le Tellier, Buchmalerei 2. Hälfte 15. Jh.); Töchter im Ordenskleid mit Buch und Palmzweig, W. mit Stab, Buch (Herentals, Ste-Waudru, Gem. um 1585); Rosenkranz (Ohain, St-Etienne, Fig. 1759); Kelch (Anderlecht, St-Pierre-et-St-Guidon, Ditmar-Grab, Relief 1439). *Besondere Szenen:* W. kommt mit dem Schiff nach England (Brüssel, Bibliothèque Royale, Chroniques de Hainaut des Jaques Guise, Buchmalerei 1455/68); W. überwacht mit ihren Töchtern den Bau eines Klosters (Mons, Ste-Waudru, Relief v. J. Dubroeucq um 1540); W. erhält Besuch von Adelgundis (Moorsel, St-Gudule, Gem. v. A. Blanckaert 1661); die Stiftdamen erflehen W.'s Schutz (Mons, Ste-Waudru, Gem. 1658).

Wendelin

(Wendalin, Wendel), Einsiedler, hl.

Fest: 20. 10.

Leben: lebte als Einsiedler zur Zeit des Trierer Bischofs Magnerich um 570 im Waldgebirge der Vogesen.

Legende: W. ist als iroschottischer Königsohn geboren. W. hat sich im Anschluß an eine Pilgerfahrt nach Rom als Einsiedler und Hirte im Saarland niedergelassen. – W. treibt im Dienst eines räuberischen Herrn das Vieh zu einem sieben Meilen entfernten Berg, wo er gerne betet, worüber sein Herr erzürnt ist, weil das zum Mahl bestimmte Tier nicht rechtzeitig in seinem Hof eintreffen kann, doch als der Herr zurückgekehrt ist, ist W. bereits mit seiner Herde eingetroffen. Darüber erschrocken, baut ihm der Herr in der Nähe eines benachbarten Klosters eine Zelle. – Die Mönche des Klosters Tholey machen W. zum Abt. – Als W. gestorben ist, lag der Leichnam am nächsten Tag neben dem Grab; man nimmt dies zum Zeichen, spannt Ochsen, die noch nie vor einen Wagen eingespannt waren und läßt sie mit dem Leichnam ziehen; diese bringen W. zu dem Berg, an dem er betete; dort erhebt sich heute die Stadt St. Wendel.

Patronat: Bauern, Hirten, Landleute, Schäfer, für Flur und Vieh, gegen Viehseuchen.

Verehrung und Kultorte: Leichnam in der Kirche St. Wendel, 1360 in den Chor der neuen Kirche transferiert; das Hochgrab entstand in der 1. Hälfte 15. Jh. Charakteristischer Volksheiler mit weit verbreiteter Verehrung im alemannisch-fränkischen Raum, durch Auswanderer auch in Amerika, Ungarn und im Banat.

Darstellungen in der Kunst: *Gewandung:* als Mönch im Habit (St. Wendel, Pfarrkirche, Fig. 14. Jh.); als Eremit (Kirchheim, Fig. 16. Jh.); als Pilger mit Hut (Zellhausen, Fig. um 1500); als Hirtenknabe in Hosen, Stiefeln, kurzer Joppe (Saarbrücken, Privatbesitz, Gem. v. M. Schiestl Anfang 20. Jh.); als

Wendelin

jungendlicher Hirte (Oberwesel, St. Martin, Gem. um 1450); als Hirte im Kapuzenmantel (Reutlingen, Pfarrkirche, Fig. um 1500); als bärtiger Hirte (Hurlach, Fig. 17. Jh.); als Schäferknabe im Bauerngewand (Mönchsberg, Pfarrkirche, Fig. 18. Jh.); als Schäfer (Vierzehnheiligen, Wallfahrtskirche, Fig. v. J. M. Feichtmair 1764); als Abt (Hatzenbühl/Pfalz, Fig. 18. Jh.); als Bischof (Colpach/Luxemburg, Fig. 18. Jh.). *Attribute*: aufgeschlagenes Buch (Kleinheubach, ev. Kirche, Wandmalerei 15. Jh.); geschlossenes Buch (St. Wendel, Pfarrkirche, Fig. 14. Jh.); Wanderstab (St. Wendel, Pfarrkirche, Grabtumba, Relief 14. Jh.); Stab, Muschel, Horn (Rothenburg o. T., St. Wolfgang-Schäferkirche, Fig. um 1500); Rosenkranz (Nürnberg, Germanisches Nationalmuseum, Fig. um 1520); Krone (Münstermaifeld, Stiftskirche, Gem. 15. Jh.); Wurfschaufel (Wallfahrtskirche Birnau, Fig. v. J. A. Feuchtmayr 18. Jh.); mit Keule, Hirtentasche (Frankfurt, Städel, Gem. von H. Baldung-Grien 1525); Schaf und Rind zu Füßen (Miltenberg, Pfarrkirche, Relief um 1500); Hifthorn, Tasche, Schweine (Lautenbach/Elsaß, Relief um 1500); Schafe (Hilzhofen, Relief 16. Jh.); ein Schaf zu Füßen (Riezlern, Relief 16. Jh.); Schaf anspringend (Siessen/Saulgau, W.-Kapelle, Fig. 1780); Rind zu Füßen (Niederburg/Oberpfalz, Fig. 18. Jh.). *Zyklus*: Nußbach/Baden/W.-Kapelle, Wandmalerei 15. Jh.; Stalden bei Zug/W.-Kapelle, Gem. um 1700.

Wenzeslaus

(Václav), Herzog, Martyrer, hl.
Fest: 28. 9.
Leben: * um 903/905 in Altbunzlau aus dem Geschlecht der Přemysliden als ältester Sohn Herzog Wratislaws und seiner Gemahlin Drahomira. Erzogen unter dem Einfluß Ludmillas. Nach dem Tod seines Vaters 921 übte seine Mutter die Regentschaft für den jugendlichen Sohn aus; Drahomira war von großem Haß gegen Ludmilla erfüllt und ließ sie erdrosseln. W. führte nach Übernahme der Regentschaft um 922 einen lauteren Lebenswandel mit großem Gerechtigkeitssinn. W. war um die Christianisierung des Landes bemüht und lehnte sich politisch an das Deutsche Reich und an die Römische Kirche an. In einer heidnisch-nationalistischen Reaktion wurde W. 929 oder 935 von seinem Bruder Boleslaw ermordet.

Legende: W. haut einen Galgen um. – W. betätigt sich als Arbeiter im Weinberg, sät, mäht und drischt selbst Getreide und bäckt Hostien, die er zur Kirche bringt. – W. holt eigenhändig Holz für Arme und wird unerkannt im Wald mißhandelt. – W. besiegt den heidnischen Fürsten Radislaus im Zweikampf durch das Kreuzzeichen (Var.: Ein Engel greift in den Kampf ein und besiegt Radislaus mit dem Kreuz). – W. wird auf dem Reichstag zu Worms von Engeln geleitet, als er zum Empfang beim Deutschen Kaiser Otto geladen ist, der ihm die Reliquien des hl. Vitus und des hl. Sigismund für den neuen Veitsdom schenkt. – Nach der Ermordung W.'s läßt sich das Blut nicht abwaschen.

Patronat: Nationalheiliger Tschechiens, Böhmen, Schlachtenhelfer der böhmischen Heere.

Verehrung und Kultorte: kurz nach dem Mord erfolgte Rehabilitierung und Beisetzung im Veitsdom in Prag; Tumuluskult weitete sich rasch zu böhmisch-mährischem Nationalkult aus, in Deutschland seit 10. Jh. verehrt; Kultpropagierung durch Kaiser Karl IV. als Reichsheiliger. Reliquien in Prag/Veitsdom (Helm, Panzerhemd, Lanze).

Darstellungen in der Kunst: *Gewandung*: als bartloser Jüngling in engen Beinkleidern, halblangem von den Hüften nach unten sich weitenden Rock mit weiten Ärmeln (Stuttgart, Zwiefaltener Passionale, Buchmalerei 12. Jh.); als bärtiger König in Rüstung mit Herzogshut (Prag, Veitsdom, Fig. v. P. Parler 1373); als Ritter in Plattenrüstung (Wien, St.

Stephan, Fig. Ende 15. Jh.); als geharnischter Reiter (Prag, Wenzelsplatz, Fig. v. J. Myslbek 1904); als geharnischter Ritter mit Mantel und Herzogshut (Breslau, Corpus-Christi-Kirche, Gem. v. 1497); mit Kurhut (Aachen, Münster, W.-Altar, Gem. 1387/1400); mit Helm und Rüstung (Erfurt, Lorenzkirche, Fig. v. 1445); mit Krone und Rüstung (Wien, St. Stephan, Fig. Ende 15. Jh.). *Attribute:* Schwert, Lanze, Schild (Nürnberg, Frauenkirche, Fig. Ende 14. Jh.); Adlerschild, Lanze mit Wimpel (Breslau, Corpus-Christi-Kirche, Gem. v. 1497); Szepter, Reichsapfel (Wien, Österreichische Nationalbibliothek Cod. 370, Federzeichnung 14. Jh.); Traube, Presse (Bardowieck, Chorgestühl, Relief 15. Jh.); Kriegsgerät (Tepl, Stiftsmuseum, Fig. 18. Jh.); Gnadenbild der Madonna v. Starà Boleslaw (Prag, Universität, Thesenblatt der Philosophischen Fakultät, Kupferstich v. J. J. Heintsch und B. Kilian 1695). *Besondere Szenen:* Christus krönt W. mit dem Herzogshelm (Wolfenbüttel, Bibliothek, Buchmalerei Ende 10. Jh.). *Martyrium:* Prag, Veitsdom, Gem. v. L. Cranach-Umkreis 1543). *Zyklen:* u. a. Burg Karlstein/Treppenhaus, Wandmalerei Ende 14. Jh.; Prag/Veitsdom, Wandmalerei um 1548.

Wilhelm von Malavalle
Eremit, hl.
Fest: 10. 2.
Leben: W. zog sich 1153 als Einsiedler auf die Insel Lupavicio bei Pisa zurück, ging 1155 in ein ödes Tal Malavalle bei Castiglione. † 10. 2. 1157. 1202 Bestätigung des Kultes. Seine Schüler bildeten die Eremitenkongregation der Wilhelmiten, deren Regel Gregor IX. approbierte.
Legende: W. hat eine ausgelassene Jugend und zieht in plötzlicher Umkehr über Panzer, Helm und Ketten, die er sich hatte anschmieden lassen, ein Büßergewand, pilgert neun Jahre nach Rom und ins Heilige Land, sowie nach Santiago di Compostela. – Einzelmotive: W. wird vom Papst zur Lösung seiner Exkommunikation für die Sünden der

Jugend zum Patriarchen nach Jerusalem geschickt. – W. verteilt sein Gut unter die Armen. – W. läßt sich ein Kettenhemd zur Buße anschmieden. – W. empfängt vom hl.
Bernhard von Clairvaux die Kommunion. –
W. erhält von den Mönchen in der Einöde
den Augustinerhabit. – Durch ein von W. gesegnetes Brot wird ein krankes Mädchen geheilt. – W. wird von Dämonen verprügelt. –
Die Gottesmutter erscheint W. mit zwei
Jungfrauen und heilt seine Wunden.

Patronat: der Wilhelmiten.

Verehrung und Kultorte: Leichnam in Castiglione di Pescaria; Haupt im Dominikanerkonvent Frankfurt/Main, dann in der Jesuitenkirche Antwerpen; Verehrung in Ma-
lavale, und dem Benediktinerkloster Monte
Fabali.

Darstellungen in der Kunst: *Gewandung:*
als Eremit in Kutte (Pisa, Museo Civico,
Gem. v. G. di Jacopone 1391); als Eremit im
Kettenhemd unter der Kutte (Florenz, S.
Apollonia, Gem. v. N. di Bicci 15. Jh.); als
Mönch im Ordenshabit (Orvieto, S. Lorenzo,
Fresko 14. Jh.); im an den Oberarmen ange-
schmiedeten Kettenhemd, Helm und barfuß
(Freiburg, Augustinermuseum, Relief 15./16.
Jh.); im Mönchsgewand über der Rüstung
(Frankfurt, Städel, Gem. v. H. Baldung-Grien
um 1520); in Vollrüstung mit Kutte und
Helm (Nürnberg, Germanisches National-
museum, Gem. um 1520); als Pilger (Straß-
burg, St. W., Glasmalerei 15. Jh.); in Rüstung
mit Pilgergewand (Hoogstraten, Katharinen-
kirche, Glasmalerei um 1530); *Attribute:* T-
Stab, Eisenbänder über der Kopfbedeckung,
Buch (Pisa, Museo Civico, Gem. v. G. di Ja-
copone 1391); auf einem Drachen stehend
(Empoli, Museum, Gem. v. P. Francesco
Fiorentino 1474); T-Stab mit Halbmond als
Griff (Frankfurt, Städel, Gem. v. H. Baldung-
Grien um 1520); Rosenkranz, Schild mit Lilien (Freiburg, Augustinermuseum, Relief
15./16. Jh.). *Besondere Szenen:* W. als Büßer
an einen Baum gefesselt (Wien, Kunsthisto-

risches Museum, Gem. v. S. Rosa 17. Jh.);
das Anschmieden des Kettenhemdes (Straßburg, St. Wilhelm, Relief 15. Jh.); Die Heilung W.'s durch die Gottesmutter (Rom,
S.Agostino, Gem. v. G. Lanfranco 17. Jh.).
Zyklen: u. a. Straßburg/St. W., Glasmalerei
15. Jh.; Privatbesitz, Kupferstich v. A. Collaert um 1600 mit falscher Betitelung des Hl.
(W. von Aquitanien!).

Willibald von Eichstätt
Bischof, Benediktiner, hl.
Fest: 7. 7.
Leben: * 700 in England, Ausbildung im
Kloster Waltham. 720 Reise mit seinem Vater Richard und seinem Bruder Wunibald auf
den Kontinent; weilte 2 1/2 Jahre in Rom,
723–727 im Hl. Land, 727–729 in Konstantinopel. 730–739 als Mönch in Kloster Montecassino. Bei der Rückreise nach Rom 739
von Papst Gregor III. auf Bitten von Bonifatius in die deutsche Mission gerufen. 740
Priesterweihe in Eichstätt, am 21. 10. 741 Bischofsweihe in Sülzenbrücken bei Erfurt. W.
erbaute den ersten Dom von Eichstätt über
dem Grundriß des griechischen Kreuzes. W.
gründete zahlreiche Klöster als Missions-
stützpunkte, darunter Heidenheim mit W.'s
Schwester Walburga als Äbtissin, sowie
Solnhofen. W. diktierte 778 der Nonne Hu-
geburc den Bericht über seine Pilgerreisen.
† 7. 7. 787.

Patronat: Diözesanpatron von Eichstätt.

Verehrung und Kultorte: Leichnam beige-
setzt im Chor des Eichstätter Domes, 989
Übertragung der Gebeine in die Krypta, 1256
Erhebung der Gebeine und Übertragung auf
den Hochaltar des Westchors. 1745 in einer
Marmorurne neu beigesetzt.

Darstellungen in der Kunst: *Gewandung:*
als Bischof in pontifikaler Meßkleidung mit
Kasel und Stab (Eichstätt, Gundekar-Pontifi-
kale, Buchmalerei um 1050/75); als Bischof
in pontifikaler Meßkleidung mit Kasel und

Rationale (Eichstätt, Dom, Fig. v. L. Hering 1514); als Bischof im Pontifikalornat mit Pluviale (München, Bayerisches Nationalmuseum, Fig. 17. Jh.).

53 Willibrord

(Clemens), Benediktiner, Bischof, hl.
Fest: 7. 11.
Leben: * 658 in Northumbrien; im Kindesalter von seinen Eltern Schottenmönchen im Kloster Ripon bei York zur Erziehung übergeben, das wenig später unter Abt Wilfrith die Benediktinerregel annahm. Eintritt in den Benediktinerorden. Im Zusammenhang den Auseinandersetzungen zwischen Wilfrith und Theodor von Canterbury 678 gingen Wilfrith nach Friesland und W. nach Irland in das Kloster Ratmelsigi, dort Priesterweihe. 690 Aufbruch in die friesische Mission, wobei sich W. unter den Schutz der fränkischen Staatsgewalt stellte und sein Missionsgebiet von Pippin zugewiesen bekam, 692 zusätzlich Beauftragung von Papst Sergius; 695 in Rom Bischofsweihe als Erzbischof und Zulegung des römischen Namens Clemens. W. errichtete die Kathedrale in Utrecht, 698 Gründung von Kloster Echternach. Mit dem Tod Pippins 714 brach die Unterstützung für W. zusammen; neues Arbeitsfeld in Thüringen, erst 719 durch Karl Martell und Bonifatius erneute Aufnahme der Missionstätigkeit. † 7. 11. 739 in Echternach.
Legende: W. soll 30 Knaben aus Schleswig-Holstein ins Frankenland mitgenommen haben, um sie christlich zu erziehen. – W. vermehrt am Fest des hl. Wilgils auf wunderbare Weise den Wein.

Patronat: Kirchenprovinz der Niederlande, Diözesen Utrecht, Haarlem, Landespatron von Luxemburg, der Städte Echternach, Deurne, Oss, Vlaardingen; der Bäcker in Nijmwegen, Gastwirte in Amsterdam; gegen Kinderkrankheiten, Epilepsie, Hautkrankheiten.

Verehrung und Kultorte: Beigesetzt in Echternach, Verehrung in Belgien, Deutschland, Niederlande mit einem auf Landesebene gefeierten W.-Sonntag; Springprozession in Echternach am Pfingstdienstag; bei den Altkatholiken.

Aberglauben: W.-Wasser nach besonderer Formel im Rituale Romanum (!) geweiht, hilft gegen das sogenannte »Wildfeuer«, ebenso Wasser, das aus bestimmten W.-Brunnen geschöpft ist.

Darstellungen in der Kunst: *Gewandung:* als Bischof im Pontifikalornat mit Meßkasel und Pallium (Nürnberg, Germanisches Nationalmuseum, Buchdeckel Cod. Aureus, Relief 983/991); als Bischof im Pluviale (Brügge, Museum Groeninge, Gem. v. L. Blondeel 1574). *Attribute:* Mitra, Stab (Xanten, St. Victor, Glasmalerei 1535); Kind auf Buch (Echternach, Basilika, Glocke, Relief 1512); Kind auf Buch kniend, am Boden (Lauterborn, Schloßkapelle, Gem. um 1629); Kreuzstab, Kirchenmodell (Amersfoort, altkatholisches Seminar, Stickerei um 1520); Modell des Utrechter Domes (Huissen, Mariä Himmelfahrtskirche, Gem. v. J. Bijlert [zerst.] um 1650); Faß mit eingesenktem Kreuzstab (Brügge, Museum Groeninge, Altartafel des hl. Georg, Gem. Anfang 16. Jh.); Faß mit Kind (Longuich, St. Maximin, Fig. 18. Jh.); zwei Weinkrüge (Huissen, Mariä Himmelfahrtskirche, Gem. v. J. Bijlert [zerst.] um 1650); Feldflasche (Wulpen, Wallfahrtsfähnchen, applizierter Kupferstich, 1657); Quelle (Gouda, St. Johannes Baptist, Gem. v. J. F. Verzijl 1639); Brunnen (Amsterdam, Rijksmuseum, Stickerei um 1510). *Besondere Szenen:* W. begegnet Pippin (Geijsteren,

Schloß, Fresko 1660); W. zerstört ein Götzenbild (Amsterdam, St. Franz Xaver, Gem. v. J. Collaert 1621); W. empfängt Karl Martell in Echternach (Echternach, Basilika, Gem. um 1640); W. bringt eine Süßwasserquelle in Heiloo hervor (Heiloo, Pfarrkirche, Gem. v. 1631); W. segnet die Echternacher Springprozession (Echternach, Basilika, Gem. v. A. Stevens 1604); *Zyklen:* u. a. Kortrijk/St. Marien, Grafenkapelle, Relief um 1374); Utrecht/Erzbischöfl. Museum, Stickerei um 1510; Echternach, Glasmalerei v. A. Wendling 1937–39.

Wolfgang von Regensburg 54
Benediktiner, Bischof, hl.

Fest: 31. 10.

Leben: * um 924 in Pfullingen als Sohn freier, aber nicht sehr wohlhabender Eltern; Besuch der Klosterschule Reichenau, zusammen mit seinem Studienfreund Heinrich in die Domschule Würzburg, wo W.'s Onkel Poppo Bischof und Kanzler war. Seit 956 Lehrer der Domschule und Domdekan in Trier, wo der Jugendfreund Heinrich Bischof geworden war. 964 von Otto I. in die kaiserliche Kanzlei nach Köln berufen; Ablehnung eines Bischofsstuhls und 965 Eintritt in das Benediktinerkloster Einsiedeln. Nach der Priesterweihe durch Bischof Ulrich von Augsburg 971 Versuch, in Ungarn zu missionieren. Ende 972 von Kaiser Otto II. zum Bischof von Regensburg ernannt, 973 erteilte W. die Zustimmung zur Erhebung Prags als Suffragan von Mainz, nahm eine Güterteilung zwischen Kloster St. Emmeram und dem bischöflichen Stuhl vor, indem er für St. Emmeram Ramwold zum selbständigen Abt ernannte; groß angelegte Klosterreform, Einführung der Benediktusregel in den Kanonissenstiften Ober- und Niedermünster/Regensburg, Einführung der Chrodegangregel für die Domgeistlichkeit. W. war Erzieher der Kinder des Bayernherzogs Heinrich

des Zänkers. Weil W. Kaiser Otto beim Aufstand Heinrichs treu blieb, mußte er Regensburg verlassen und nach Mondsee/Oberösterreich in ein Eigenkloster Regensburgs 976/77 fliehen. † 31.10. 994 in Pupping bei Eferding. Heiligsprechung 1052.

Legende: nach den Viten von Arnold und Otlohs im 11. Jh.: W.'s Mutter glaubt, sie trage einen Stern in ihrem Leib, als sie W. empfangen hat. – Als W. eine strengere Ordensregel in Obermünster einführen will, erscheint zur Unterstützung W.'s der hl. Erhard in von Tränen nassem Gewande wegen des schlechten Zustand seines Klosters. – Während einer Messe W.'s wandern die Reliquien auf dem Altar umher als Zeichen strengerer Ordenszucht. – W. befreit eine Frau von einem bösen Geist, während er Psalmen singt. – W. stillt einen Sturm, den der Teufel zur Störung der Predigt W.'s entfacht hat. – W. heilt eine besessene Frau in der Kirche, während dies ein Kaplan heimlich beobachtet. – W. befreit einen Mann von der Magersucht durch die Eucharistie. – W. belebt seinen Lieblingsschüler Tagino, als er vom Blitz getroffen wird. – W. heilt einen wegen einer Verleumdung W.'s plötzlich gebrechlich gewordenen Ritter. – W. befreit einen Mann von der Fessel der einen Hand, während der hl. Adalbert dies auf Fürbitte bei der anderen Hand tut. – Als dem Boten, der die Firmreise W.'s ausrufen soll, sein Pferd gestohlen wird, taucht plötzlich ein Ersatzpferd auf. – W. kann die Zukunft vorhersehen, weil er die Kinder des Bayernherzogs mit ihren künftigen Titeln anzureden pflegt. – W. führt ein Jahr bei Hitze und Kälte ein Einsiedlerleben und läßt sich dann am Abersee auf dem Falkenstein nieder. – Für den dürstenden Mitbruder läßt W. dort eine Quelle entspringen. – Als der Teufel W. zwischen zwei Felsen zerquetschen will, lehnt sich W. mit ausgebreiteten Armen in Form des Kreuzes an den Berg, worauf seine Eindrücke im Stein zurückbleiben. – Von der Höhe des Berges wirft W. ein Beil in die Tiefe, damit er am Aufschlagort, dem Ufer des Abersees, eine Kapelle bauen kann, aus der St. W. am W.-See wird. – Der Teufel muß W. Spannhilfe leisten und erhält als Lohn den ersten Pilger zugesagt, einen Wolf, den der Teufel vor Wut in der Luft zerreißt. – Als W. zu lange geschlafen hat, will er als Buße seine Hände und Füße gegen einen Stein stoßen, der jedoch wie Teig nachgibt. – Nach fünf Jahren wird W. in der Einsamkeit von einem Jäger wiederentdeckt und nach Regensburg zurückgeholt; als das Kirchlein ihm folgen will, gebietet er ihm, an Ort und Stelle stehen zu bleiben. – Der hl. Otmar sagt W. seinen Tod 22 Jahre nach seiner Bischofserhebung voraus. – W. kündigt Heinrich, dem späteren deutschen Kaiser mit den Worten »post sex« ein Traumgesicht an. Während H. meint, nach sechs Jahren sterben zu müssen, ist in Wahr-

heit seine Krönung zum deutschen Kaiser gemeint.

Patronat: Bayern, Ungarn, Kanton Zug, Stadt und Bistum Regensburg; Bildschnitzer, Hirten, Holzfäller, Köhler, Schiffer, Zimmerleute; gegen Gicht, Bauchweh, Blutfluß, Lähmungen, Ruhr, Schlaganfall, Unfruchtbarkeit, Mißgeburten.

Verehrung und Kultorte: Gebeine 1052 durch Papst Leo IX. feierlich erhoben, beigesetzt in Regensburg, St. Emmeram; Reliquien in Pupping (Herz, Eingeweide, seit 1467); Wallfahrten u. a. in St. W. am Abersee, St. W. am Stein, (Oberösterreich), Zelená Lhota (Böhmen), Chudenitz/Fußspurenkapelle, Verehrung mit Wallfahrt zum Abersee von Sopron (Ungarn) aus.

Darstellungen in der Kunst: *Gewandung:* als Bischof im Pontifikalornat mit Meßkasel (Regensburg, St. Emmeram, Grab, Fig. 14. Jh.); als Bischof mit Pluviale (Kefermarkt, W.-Altar, Fig. 1491/98); als Bischof in nicht liturgischer Kleidung mit Soutane, Rochett, Mozetta, Mitra (Jochberg/Tirol, Fres-

ko 18. Jh.); als Benediktiner im Ordenshabit (Reichenau, Pfarrhof, Gem. v. 1729). *Attribute:* Beil (Mondsee, Urbar, Buchmalerei 1416); Axt (Lautenbach/Baden, Pfarrkirche, Fig. 1510/20); Kirchenmodell (St. Wolfgang am W.-See, Fig. v. M. Pacher 1471/81); Beil im Dach der Kirche (Eggenfelden, Fig. Ende 15. Jh.). *Besondere Szenen:* W. durchquert die Aisne (Düdingen/Schweiz, Gem. 16. Jh.); W. verteilt Korn an die Armen (St.Wolfgang am W.-See, Pfarrkirche, Gem. v. M. Pacher 1471/81); der Teufel hält W. das Meßbuch (München, Alte Pinakothek, Gem. v. M. Pacher 1475/80); die Post-Sex-Vision Heinrichs durch W. (Regensburg, St.Emmeram, Gem. v. Selpelius 1658); W. als Helfer eines verwundeten bayerischen Herzogs (München, Bayerisches Nationalmuseum, Gem. Ende 15. Jh.). *Zyklen:* u. a. St. Wolfgang/Pfarrkirche, Gem. v. M. Pacher 1471/81; St. Wolfgang, Gem. 18. Jh.; Allersberg/Pfarrkirche, Gem. um 1730; Linz/Oberösterreichisches Museum, Wolfgangikasten, Gem. 18. Jh.; Ochsenfurt, Gem. 18. Jh.

X/Z

Xystus

(Sixtus II.), Papst, Martyrer, hl.

Fest: 7. 8. (vor der Kalenderreform 6. 8.).

Leben: X. regierte 257–258. X. milderte die Diskussion um die Gültigkeit einer von Häretikern gespendeten Taufe zwischen seinem Vorgänger Stephan I. und den nordafrikanischen Bischöfen. Bei der Christenverfolgung am 6. 8. 258 im Cömeterium des Callixtus während des Gottesdienstes verhaftet und nach kurzem Verhör enthauptet.

Verehrung und Kultorte: in der Papstgruft des Callixtus-Coemetriums beigesetzt; im 6. Jh. wurde die Kirche S. Crescentiana in S. Sixtus umbenannt; Reliquientranslation unter Papst Leo IV. 847/55. Reliquien in Verden. Kanonheiliger.

Darstellungen in der Kunst: *Gewandung:* als Martyrer (Ravenna, S. Apollinare Nuovo, Mosaik 6. Jh.); als Kephalophore im Meßornat mit Pallium und einfacher Tiara (Stuttgart, Landesbibliothek, Stuttgarter Passionale, Buchmalerei 12. Jh.); als Papst im Pluviale mit dreifacher Tiara (Konopište bei Prag, Gem. in der B. Daddi-Nachfolge 14. Jh.). *Attribute:* doppelter Kreuzstab (Dörndorf, Fig. um 1520); dreifacher Kreuzstab (Wollmesheim, kath. Kirche, Fig. um 1490); Palme (Pisa, S. Francesco, Gem. v. S. Aretino 15. Jh.); Geldbeutel (Dörndorf, Fig. um 1520); Geldbeutel auf Buch (Sindolsheim, Fig. um 1500); Geldstück in der Hand (Polenfeld, Fig. um 1520); Schwert (Zumsweier, Fig. 18. Jh.).

Zeno von Verona

Bischof, hl.

Fest: 12. 4.

Leben: Z. stammte vermutlich aus Afrika, war Bischof in Verona seit 362; † 12. 4. 371/72. Die Bedeutung Z.'s lag in der Bekämpfung des Arianismus und dem Zurückdrängen des Heidentums. – Z.'s Schriften, rund 93 Traktate, sind meist nur skizzenhafte Entwürfe zur Auslegung der Hl. Schrift, zu Taufe, Trinitätslehre und Mariologie. Die Sprache ist an den apologetischen Schriftstellern wie Laktanz, Tertullian oder Cyprian geschult.

Legende: Boten des Kaisers erscheinen bei dem fischenden Z. – Z. heilt einen besessenen Fuhrmann und bringt das durchgehende Fuhrwerk zum Stehen. – Z. heilt die Tochter des Gallienus, worauf Gallienus Z. seine Krone schenkt. – Z. befreit Verona von einer Wassernot. – Bei einer Überschwemmung Veronas drang kein Wasser in die Grabeskirche ein.

Zeno

Patronat: Verona, Pistoia, Wasserpatron.

Verehrung und Kultorte: Über seinem Grab in Verona entstand eine Kirche, Reliquien durch Rhabanus Maurus nach Fulda, Ulm, von dort nach Radolfszell. Zentrum der Verehrung der Zenoberg bei Mais-Meran; durch Korbinian kam der Z.-Kult nach Isen; frühe Belege auch in zwei Regensburger Sakramentaren.

Darstellungen in der Kunst: *Gewandung:* als Bischof in Pontifikalkleidung mit Kasel (Reichenhall, St. Z., Relief 13. Jh.), als Bischof in Pontifikalgewandung mit Pluviale (Schwaz, Knappenkapelle, Fig. 16. Jh.). *Attribute:* Fisch am Bischofsstab (Verona, S. Z., Fig. um 1300); Fischlegel (München, Georgianum, Fig. 13. Jh.); zwei Fische auf Buch (Reichenhall, St. Z., Chorgestühl, Fig. um 1520); zwei Fische auf Fischkasten (Schwaz, Knappenkapelle, Fig. 16. Jh.); Angelrute mit Fisch (Mailand, Brera, Gem. v. F. Morone 1502). *Besondere Szenen:* Z. heilt die Tochter des Gallienus (London, National Gallery, Gem. v. Peselino 15. Jh.); Z. reicht das Banner an Reiter und Fußvolk von Verona (Verona, S. Z., Relief v. Meister Nikolaus um 1135). *Zyklus:* Verona/S. Z., Hauptportal, Reliefs um 1100.